Prentice Hall Realidades 2

Peggy Palo Boyles
OKLAHOMA CITY, OK

Myriam Met
ROCKVILLE, MD

Richard S. Sayers
LONGMONT, CO

Carol Eubanks Wargin

Boston, Massachusetts | Chandler, Arizona
Glenview, Illinois | Upper Saddle River, New Jersey

WE DEDICATE THIS BOOK TO THE
MEMORY OF OUR ESTEEMED COLLEAGUE,

Carol Eubanks Wargin.

Front cover, left: Teenage Boy
Top: Flamenco dancers spinning, Andalucía, Spain
Second from top: Decorative tile at the
Mercado de Colón, Valencia, Spain
Center: Balmy Alley Murals, Mission District,
San Francisco, CA
Second from bottom: Dancer at the Fiesta de
la Lengua, Hanga Roa, Easter Island, Chile
Bottom: Carpets, Teotitlán del Valle,
Oaxaca State, Mexico

Acknowledgments appear on pages 559–561,
which constitute an extension of this
copyright page.

ISBN-13: 978-0-13-369173-3
ISBN-10:   0-13-369173-X
ISBN-NY: 0-13-253515-7

13   V057   15 14

Prentice Hall Realidades 2

"¡Bienvenidos a *Realidades 2* y a realidades.com !"

Realidades Authors

Peggy Palo Boyles

During her foreign language career of over thirty years, Peggy Palo Boyles has taught elementary, secondary, and university students in both private and public schools. She is currently an independent consultant who provides assistance to schools, districts, universities, state departments of education, and other organizations of foreign language education in the areas of curriculum, assessment, cultural instruction, professional development and program evaluation. She was a member of the ACTFL Performance Guidelines for the K–12 Learners task force and served as a Senior Editor for the project. She currently serves on the Advisory Committee for the ACTFL Assessment for Performance and Proficiency of Languages (AAPPL). Peggy is a Past-President of the National Association of District Supervisors of Foreign Language (NADSFL) and was a recipient of ACTFL's K–12 Steiner Award for Leadership in K–12 Foreign Language Education. Peggy lives in Oklahoma City, OK with her husband, Del. Their son, Ryan, works at the University of Texas at Arlington.

Myriam Met

For most of her professional life, Myriam (Mimi) Met has worked in the public schools, first as a high school teacher in New York, then as K–12 supervisor of language programs in the Cincinnati Public Schools, and finally as a Coordinator of Foreign Language in Montgomery County (MD) Public Schools. She is currently a Senior Research Associate at the National Foreign Language Center, University of Maryland, where she works on K–12 language policy and infrastructure development. Mimi Met has served on the Advisory Board for the National Standards for Foreign Language Learning, on the Executive Council of ACTFL, and as President of the National Association of District Supervisors of Foreign Languages (NADSFL). She has been honored by ACTFL with the Steiner Award for Leadership in K–12 Foreign Language Education and the Papalia Award for Excellence in Teacher Education.

Richard S. Sayers

Rich Sayers has been an educator in world languages since 1978. He taught Spanish at Niwot High School in Longmont, CO for 18 years, where he taught levels 1 through AP Spanish. While at Niwot High School, Rich served as department chair, district foreign language coordinator, and board member of the Colorado Congress of Foreign Language Teachers. Rich has also served on the Board of the Southwest Conference on Language Teaching. In 1991, Rich was selected as one of the Disney Company's Foreign Language Teacher Honorees for the American Teacher Awards. Rich has served as a world languages consultant for Pearson since 1996. He is currently the Curriculum Specialist Manager for Pearson in the Mountain Region.

Carol Eubanks Wargin

Carol Eubanks Wargin taught Spanish for 20 years at Glen Crest Middle School, Glen Ellyn, IL, and also served as Foreign Languages department chair. In 1997, Ms. Wargin's presentation "From Text to Test: How to Land Where You Planned" was honored as the best presentation at the Illinois Conference on the Teaching of Foreign Languages (ICTFL) and at the Central States Conference on the Teaching of Foreign Languages (CSC). She was twice named Outstanding Young Educator by the Jaycees. Ms. Wargin passed away in 2004.

Contributing Writers

Sheree Altmann
Lassiter High School
Marietta, GA

Madela Ezcurra
New York, NY

Thomasina Pagán Hannum
Albuquerque, NM

Norah L. Jones
Gladys, VA

Mary A. Mosley, Ph.D.
Fulton, MO

Craig Reubelt
The University of Chicago Laboratory Schools
Chicago, IL

National Consultants

Lucy Amarillo
Yorktown, VA

María R. Hubbard
Braintree, MA

Patrick T. Raven
Milwaukee, WI

Tabla de materias

Mapas xvi
  México xvi
  América Central xviii
  El Caribe xx
  América del Sur *(Parte norte)* xxii
  América del Sur *(Parte sur)* xxiv
  España • Guinea Ecuatorial xxvi
  Estados Unidos xxviii

¡Bienvenidos! .... **xxx**

Study Tips .... **xxxi**

Para empezar

1 ¿Cómo eres tú? **2**
- Talk about what you and other people are like
- Talk about where you and other people are from

2 ¿Qué haces? **8**
- Talk about things you and other people do
- Talk about how often you do certain things

Presentación escrita **13**
- Write an autobiographical poem

realidades.com Ⓥ

eBook, pp. xxxii–13	**Audio Activities**
eBook Activities, pp. xxxii–13	**Puzzles**
Leveled Vocabulary and Grammar Workbook	**Self-test**
	Online Table of Contents, Web Code: jdk-0001

Tema 1 **Tu día escolar**

Capítulo 1A ¿Qué haces en la escuela? 16

A ver si recuerdas...
Vocabulario • Repaso 14
    La escuela
Gramática • Repaso 15
    The verb *tener*; Verbs with irregular *yo* forms

A primera vista
Vocabulario en contexto 18
    School activities and rules
    Items you need for class

Manos a la obra
Vocabulario en uso 22
Gramática
    Stem-changing verbs 27
    Affirmative and negative words 31

¡Adelante!
Lectura
    Para estudiar mejor 34
La cultura en vivo
    Un nuevo escudo de armas 36
Presentación oral
    Director(a) por un día 37

Repaso
Repaso del capítulo 40

Capítulo 1B ¿Qué haces después de las clases? 44

A ver si recuerdas...
Vocabulario • Repaso 42
    El tiempo libre
Gramática • Repaso 43
    The verb *ir*

A primera vista
Vocabulario en contexto
    Extracurricular activities 46

Manos a la obra
Vocabulario en uso 50
Gramática
    Making comparisons 53
    The verbs *saber* and *conocer* 56
    Hace + time expressions 58

¡Adelante!
Lectura *¡A bailar!* 62
Perspectivas del mundo hispano
    ¡Cuántos libros y cuadernos! 64
Presentación escrita
    Mis actividades extracurriculares 65

Repaso
Repaso del capítulo 68

Video

Videocultura
Tu día escolar
Videohistoria
1A *La clase de Esteban*, pp. 20–21
1B *Después de las clases*, pp. 48–49
GramActiva
1A Stem-changing verbs, p. 27

1A Affirmative and negative words, p. 31
1B Making comparisons, p. 53
1B The verbs *saber* and *conocer*, p. 56
Videomisterio
Preparación para *En busca de la verdad*

realidades.com ✔

eBook, pp. 14–69
eBook Activities, pp. 14–69
Leveled Vocabulary and Grammar Workbook
Audio and Video Activities
Canciones de hip hop: *¿Cómo aprendes tú?, ¿Qué haces después de las clases?*

Tutorials: Indefinite and negative expressions; Conjugation of stem-changing verbs; *Saber* and *conocer*
Verb Conjugator: *conocer, empezar, pedir, poder, saber*
Flashcards: Ch. 1A & 1B
Puzzles
Self-test

Tema 2 **Un evento especial**

Capítulo 2A ¿Cómo te preparas? 72

A ver si recuerdas...
Vocabulario • Repaso 70
La ropa y el cuerpo
Gramática • Repaso 71
Verbs and expressions that
use the infinitive

A primera vista
Vocabulario en contexto 74
Getting ready for an event
Daily routines

Manos a la obra
Vocabulario en uso 78
Gramática
Reflexive verbs 80
Ser and *estar* 86
Possessive adjectives 88

¡Adelante!
Lectura
El Teatro Colón: *Entre bambalinas* 90
La cultura en vivo *Cómo hacer un poncho* .. 92
Presentación oral *Un evento especial* 93

Repaso
Repaso del capítulo 96

Capítulo 2B ¿Qué ropa compraste? 100

A ver si recuerdas...
Vocabulario • Repaso 98
¿Quieres ir de compras?
Gramática • Repaso 99
Cardinal numbers

A primera vista
Vocabulario en contexto 102
Shopping / Clothing

Manos a la obra
Vocabulario en uso 106
Gramática
Preterite of regular verbs 110
Demonstrative adjectives 114
Using adjectives as nouns 116

¡Adelante!
Lectura *Los jeans* 118
Perspectivas del mundo hispano
La parranda 120
Presentación escrita
Encontré unas gangas 121

Repaso
Repaso del capítulo 124

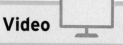

Video

Videocultura
Un evento especial
Videohistoria
2A *¿Más maquillaje?*,
pp. 76–77
2B *Buscando una
ganga*, pp. 104–105
GramActiva
2A Reflexive verbs,
p. 80

2A *Ser* and *estar*, p. 86
2B Preterite of regular
verbs, p. 110
2B Demonstrative
adjectives, p. 114
Videomisterio
Preparación para *En
busca de la verdad*

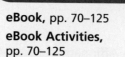

realidades.com

eBook, pp. 70–125
eBook Activities,
pp. 70–125
**Leveled Vocabulary
and Grammar
Workbook**
**Audio and Video
Activities**
Canciones de hip hop:
*¿A qué hora te
despiertas?, ¿Qué
compraste?*

Tutorials: Reflexive
pronouns, actions;
Demonstrative
adjectives; Preterite
Verb conjugator:
*almorzar, buscar,
ducharse, estar, mirar,
lavarse, pagar, pintarse,
secarse, ser, vestirse*
Flashcards: Ch. 2A & 2B
Puzzles
Self-test

Tema 3 Tú y tu comunidad

Capítulo 3A ¿Qué hiciste ayer? 128

A ver si recuerdas...
Vocabulario • Repaso........... 126
    Los quehaceres, La ciudad
Gramática • Repaso 127
    Telling time

A primera vista
Vocabulario en contexto 130
    Running errands around town
    Where people go and what they buy

Manos a la obra
Vocabulario en uso 134
Gramática
    Direct object pronouns: *lo, la, los, las* ... 138
    Irregular preterite verbs: *ir, ser*........... 140
    Irregular preterite verbs: *hacer, tener, estar, poder*........... 142

¡Adelante!
Lectura
    La unidad en la comunidad internacional.. 146
La cultura en vivo
    Los mercados al aire libre........... 148
Presentación oral
    Preparándose para un viaje........... 149

Repaso
Repaso del capítulo........... 152

Capítulo 3B ¿Cómo se va...? 156

A ver si recuerdas...
Vocabulario • Repaso........... 154
    Las preposiciones y los medios de transporte
Gramática • Repaso
    The verbs *salir, decir,* and *venir*........... 155

A primera vista
Vocabulario en contexto 158
    Places in a city or town
    Driving and transportation

Manos a la obra
Vocabulario en uso 162
Gramática
    Direct object pronouns: *me, te, nos* ... 166
    Irregular affirmative *tú* commands 168
    Present progressive: irregular forms 171

¡Adelante!
Lectura
    ¿Qué es manejar a la defensiva?........... 174
Perspectivas del mundo hispano
    El barrio........... 176
Presentación escrita
    Maneja con cuidado........... 177

Repaso
Repaso del capítulo........... 180

Video

Videocultura
Tú y tu comunidad
Videohistoria
3A *¿Qué hiciste esta mañana?*, pp. 132–133
3B *¿Cómo llegamos a la plaza?*, pp. 160–161
GramActiva
3A Direct object pronouns: *lo, la, los, las*, p. 138

3A Irregular preterite verbs: *hacer, tener, estar, poder*, p. 142
3B Irregular affirmative *tú* commands, p. 168
3B Present progressive: irregular forms, p. 171
Videomisterio
En busca de la verdad, Episodios 1 y 2

realidades.com

eBook, pp. 126–181
eBook Activities, pp. 126–181
Leveled Vocabulary and Grammar Workbook
Audio and Video Activities
Canciones de hip hop: *¿Qué hiciste ayer?, ¿Cómo se va?*

Tutorials: Direct object pronouns; Irregular preterite forms; Preterite forms of *estar, tener, ser* and *ir*
Verb conjugator: *creer, decir, dormir, hacer, ir, leer, pedir, poder, salir, seguir, servir*
Flashcards: Ch. 3A & 3B
Puzzles
Self-test

Tema 4 Recuerdos del pasado

Capítulo 4A Cuando éramos niños 184

A ver si recuerdas...
Vocabulario • Repaso 182
  Una celebración
Gramática • Repaso 183
  The suffixes *-ito(a)* and *-ísimo(a)*

A primera vista
Vocabulario en contexto 186
  Toys
  Playing with other children

Manos a la obra
Vocabulario en uso 190
Gramática
  The imperfect tense: regular verbs 194
  The imperfect tense: irregular verbs 196
  Indirect object pronouns 199

¡Adelante!
Lectura
  El grillo y el jaguar 202
La cultura en vivo
  Canciones infantiles 204
Presentación oral
  ¿Cómo eras de niño(a)? 205

Repaso
Repaso del capítulo 208

Capítulo 4B Celebrando los días festivos 210

A primera vista
Vocabulario en contexto 212
  Common etiquette
  Holiday celebrations

Manos a la obra
Vocabulario en uso 216
Gramática
  Preterite and imperfect: describing
  a situation 219
  Reciprocal actions 224

¡Adelante!
Lectura *El seis de enero* 228
Perspectivas del mundo hispano
  El Roscón de Reyes 230
Presentación escrita
  Mi celebración favorita 231

Repaso
Repaso del capítulo 234

Video

Videocultura
Recuerdos del pasado
Videohistoria
4A *¿Cómo era de niña?*, pp. 188–189
4B *La fiesta de San Pedro*, pp. 214–215
GramActiva
4A The imperfect tense: irregular verbs, p. 196

4A Indirect object pronouns, p. 199
4B Preterite and imperfect: describing a situation, p. 219
4B Reciprocal actions, p. 224
Videomisterio
En busca de la verdad, Episodios 3 y 4

realidades.com

eBook, pp. 182–235
eBook Activities, pp. 182–235
Leveled Vocabulary and Grammar Workbook
Audio and Video Activities
Canciones de hip hop: *¿Cómo eras de niño?, ¿Cómo celebran ustedes?*
Tutorials: Imperfect of irregular and regular verbs; Indirect object pronouns; Summary of uses of preterite and imperfect; Reciprocal actions; Use of the imperfect
Verb conjugator: *abrazar, besar, dar, haber, hacer, ir, jugar, saludar, ser, tener, ver*
Flashcards: Ch. 4A & 4B
Puzzles
Self-test

Tema 5 En las noticias

Capítulo 5A

Un acto heroico 238

A ver si recuerdas...
Vocabulario • Repaso 236
  La casa
Gramática • Repaso 237
  Expressions using *tener*
  The use of *¡Qué ...!* in exclamations

A primera vista
Vocabulario en contexto 240
  Natural disasters and crisis situations
  Emergencies, rescues, and heroic acts

Manos a la obra
Vocabulario en uso 244
Gramática
  Preterite and imperfect: other uses 248
  The preterite of the verbs *oír*, *leer*,
  creer, and *destruir* 250

¡Adelante!
Lectura *Desastre en Valdivia, Chile* 256
La cultura en vivo *Las leyendas* 258
Presentación oral
  Y ahora, un reportaje especial 259

Repaso
Repaso del capítulo 262

Capítulo 5B

Un accidente 264

A primera vista
Vocabulario en contexto 266
  Parts of the body
  Accidents
  What happens in emergency rooms

Manos a la obra
Vocabulario en uso 270
Gramática
  Irregular preterites: *venir*, *poner*,
  decir, and *traer* 274
  Imperfect progressive and preterite 277

¡Adelante!
Lectura
  Mejorar la salud para todos 282
Perspectivas del mundo hispano
  Seguridad Social y los servicios médicos ... 284
Presentación escrita
  Documentar el accidente 285

Repaso
Repaso del capítulo 288

Video

Videocultura
En las noticias

Videohistoria
5A *En el noticiero*, pp. 242–243
5B *¡El pobrecito soy yo!*, pp. 268–269

GramActiva
5A Preterite and imperfect, p. 248

5A The preterite of: *oír, leer, creer, destruir*, p. 250

5B Irregular preterites, p. 274

5B Imperfect progressive and preterite, p. 277

Videomisterio
En busca de la verdad, Episodios 5 y 6

realidades.com

eBook, pp. 236–289
eBook Activities, pp. 236–289
Leveled Vocabulary and Grammar Workbook
Audio and Video Activities
Canciones de hip hop: Un acto heroico, Un accidente

Verb conjugator: *creer, decir, destruir, estar, haber, leer, oír, parecer, pedir, pensar, poder, poner, repetir, seguir, sentirse, servir, tener, traer, venir, vestir*

Flashcards: Ch. 5A & 5B
Puzzles
Self-test

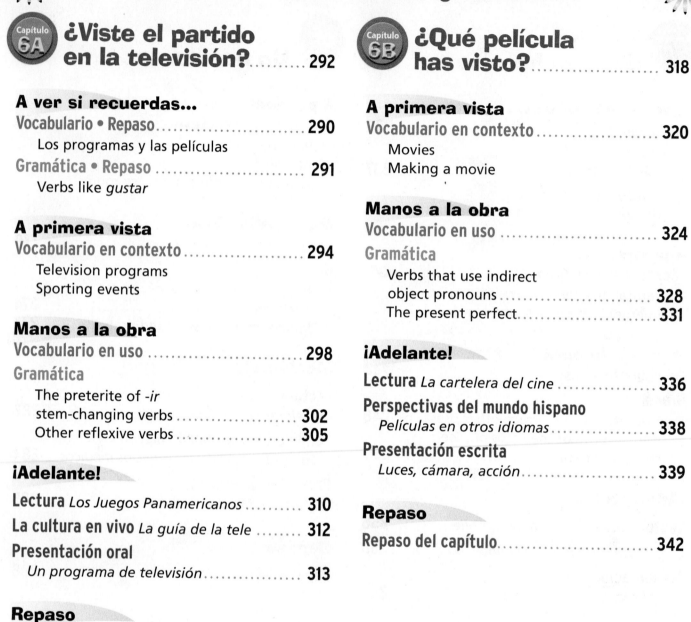

Tema 6 La televisión y el cine

Capítulo 6A ¿Viste el partido en la televisión? 292

A ver si recuerdas...
Vocabulario • Repaso 290
Los programas y las películas
Gramática • Repaso 291
Verbs like *gustar*

A primera vista
Vocabulario en contexto 294
Television programs
Sporting events

Manos a la obra
Vocabulario en uso 298
Gramática
The preterite of *-ir*
stem-changing verbs 302
Other reflexive verbs 305

¡Adelante!
Lectura *Los Juegos Panamericanos* 310
La cultura en vivo *La guía de la tele* 312
Presentación oral
Un programa de televisión 313

Repaso
Repaso del capítulo 316

Capítulo 6B ¿Qué película has visto? 318

A primera vista
Vocabulario en contexto 320
Movies
Making a movie

Manos a la obra
Vocabulario en uso 324
Gramática
Verbs that use indirect
object pronouns 328
The present perfect 331

¡Adelante!
Lectura *La cartelera del cine* 336
Perspectivas del mundo hispano
Películas en otros idiomas 338
Presentación escrita
Luces, cámara, acción 339

Repaso
Repaso del capítulo 342

Video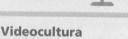

Videocultura
La televisión y el cine
Videohistoria
6A *El partido final*,
pp. 296–297
6B *El mosquito*,
pp. 322–323
GramActiva
6A The preterite of *-ir*
stem-changing verbs,
p. 302

6A Other reflexive
verbs, p. 305
6B Verbs that use
indirect object
pronouns, p. 328
6B The present
perfect, p. 331
Videomisterio
En busca de la verdad,
Episodios 7 y 8

realidades.com

eBook, pp. 290–343
eBook Activities,
pp. 290–343
**Leveled Vocabulary
and Grammar
Workbook**
**Audio and Video
Activities**
Canciones de hip hop:
¿Viste el partido?, ¿Qué
películas has visto?

Tutorials: Past participle;
Present perfect indicative
Verb conjugator:
*aburrirse, alquilar, caer,
casarse, comer, divertirse,
doler, fascinar, gustar,
hablar, hacer, molestar,
morir, ver, vestirse, vivir*
Flashcards: Ch. 6A & 6B
Puzzles
Self-test

Tema 7 Buen provecho

Capítulo 7A
¿Cómo se hace la paella? 346

A ver si recuerdas...
Vocabulario • Repaso 344
La comida
Gramática • Repaso 345
Verbs with irregular *yo* forms

A primera vista
Vocabulario en contexto 348
Cooking expressions
Food and appliances
Following a recipe
Giving directions in the kitchen

Manos a la obra
Vocabulario en uso 352
Gramática
Negative *tú* commands 356
The impersonal *se* 360

¡Adelante!
Lectura
Oda al tomate; Oda a la cebolla 364
La cultura en vivo ¡*Tortillas y tacos!* 366
Presentación oral
Cómo preparar un plato favorito 367

Repaso
Repaso del capítulo 370

Capítulo 7B
¿Te gusta comer al aire libre? 372

A primera vista
Vocabulario en contexto 374
Camping and cookouts
Foods

Manos a la obra
Vocabulario en uso 378
Gramática
Usted and *ustedes* commands 382
Uses of *por* 386

¡Adelante!
Lectura
El Yunque 390
Perspectivas del mundo hispano
La comida mexicana al aire libre 392
Presentación escrita
Comiendo al aire libre 393

Repaso
Repaso del capítulo 396

Video

Videocultura
Buen provecho
Videohistoria
7A *¿Cómo se hace la paella?*, pp. 350–351
7B *Un día al aire libre*, pp. 376–377
GramActiva
7A Negative *tú* commands, p. 356

7A The impersonal *se*, p. 360
7B *Usted* and *ustedes* commands, p. 382
7B Uses of *por*, p. 386
Videomisterio
En busca de la verdad, Episodios 9 y 10

realidades.com

eBook, pp. 344–397
eBook Activities, pp. 344–397
Leveled Vocabulary and Grammar Workbook
Audio and Video Activities
Canciones de hip hop: *¿Cómo se hace la paella?, Parillada*
Tutorials: Impersonal *se*; Negative *tú* commands; Attaching object and reflexive

pronouns to formal commands; Formation of formal commands; Negative formal commands

Verb conjugator: *añadir, cortar, dar, empezar, encender, estar, pagar, perder, picar, poner, probar, servir, usar*

Flashcards: Ch. 7A & 7B
Puzzles
Self-test

Tema 8 Cómo ser un buen turista

Capítulo 8A
Un viaje en avión 400

A ver si recuerdas...
Vocabulario • Repaso 398
Las vacaciones
Gramática • Repaso
The infinitive in verbal expressions 399

A primera vista
Vocabulario en contexto 402
Visiting an airport
Planning a trip
Traveling safely

Manos a la obra
Vocabulario en uso 406
Gramática
The present subjunctive 410
Irregular verbs in the subjunctive 413

¡Adelante!
Lectura Ecuador, país de maravillas 418
La cultura en vivo Los códices 420
Presentación oral
Un viaje al extranjero 421

Repaso
Repaso del capítulo 422

Capítulo 8B
Quiero que disfrutes de tu viaje 424

A primera vista
Vocabulario en contexto 426
Staying in a hotel
Appropriate tourist behavior
Traveling in a foreign city

Manos a la obra
Vocabulario en uso 430
Gramática
Present subjunctive with impersonal
expressions 434
Present subjunctive of
stem-changing verbs 437

¡Adelante!
Lectura Antigua, una ciudad colonial 442
Perspectivas del mundo hispano
La Red Nacional de Ferrocarriles
Españoles 444
Presentación escrita Viajemos juntos 445

Repaso
Repaso del capítulo 446

Video

Videocultura
Cómo ser un buen turista
Videohistoria
8A *¡Buen viaje!*,
pp. 404–405
8B *Un día en Toledo*,
pp. 428–429
GramActiva
8A The present

subjunctive, p. 410
8A Irregular verbs in
the subjunctive, p. 413
8B Present subjunctive
with impersonal
expressions, p. 434
8B Present subjunctive
of stem-changing
verbs, p. 437

realidades.com

eBook, pp. 398–447
eBook Activities,
pp. 398–447
**Leveled Vocabulary
and Grammar
Workbook**
**Audio and Video
Activities**
Canciones de hip hop:
*Un viaje de avión,
Turistas*
Tutorials: Imperfect
subjunctive; Irregular
and regular present
subjunctive; Spelling

changes in present
subjunctive; Subjunctive
in noun clauses with
verbs of feelings and
emotions; Use of the
subjunctive with verbs
of volition

Verb conjugator:
*aprender, dar, dormir,
escribir, estar, hacer, ir,
llegar, pedir, perder,
recordar, saber, ser*

Flashcards: Ch. 8A & 8B

Puzzles

Self-test

Tema 9 ¿Cómo será el futuro?

Capítulo 9A ¿Qué profesión tendrás? 450

A ver si recuerdas...
Vocabulario • Repaso **448**
El mundo natural
Gramática • Repaso **449**
Verbs with spelling changes
in the present tense

A primera vista
Vocabulario en contexto **452**
Professions
Making plans for the future
Earning a living

Manos a la obra
Vocabulario en uso **456**
Gramática
The future tense **460**
The future tense: irregular verbs **462**

¡Adelante!
Lectura
¡Descubre tu futuro! **468**
La cultura en vivo Los artistas naïf **470**
Presentación oral
Mi vida hoy y en el futuro **471**

Repaso
Repaso del capítulo **472**

Capítulo 9B ¿Qué haremos para mejorar el mundo? ... 474

A primera vista
Vocabulario en contexto **476**
What the world may be like in the future
Problems facing the environment
Solutions for the problems of our environment

Manos a la obra
Vocabulario en uso **480**
Gramática
The future tense: other
irregular verbs **484**
The present subjunctive with
expressions of doubt **487**

¡Adelante!
Lectura Protegemos la Antártida **492**
Perspectivas del mundo hispano
La deforestación de los
bosques tropicales **494**
Presentación escrita Prestemos servicio **495**

Repaso
Repaso del capítulo **496**

Apéndices
Vocabulario adicional .. **498**   English-Spanish
Resumen de gramática . **500**   Vocabulary **535**
Verbos .... **504**   Grammar Index **557**
Vocabulario   Acknowledgments **559**
  español-inglés **515**

Video

Videocultura
¿Cómo será el futuro?
Videohistoria
9A *Y tú, ¿qué vas a ser?*, pp. 454–455
9B *¡Caramba, que calor!*, pp. 478–479
GramActiva
9A The future tense, p. 460

9A The future tense: irregular verbs, p. 462
9B The future tense: other irregular verbs, p. 484
9B The present subjunctive with expressions of doubt, p. 487

realidades.com

eBook, pp. 448–497
eBook Activities, pp. 448–497
Leveled Vocabulary and Grammar Workbook
Audio and Video Activities
Canciones de hip hop: *¿Qué profesión*

tendrás?, ¿Qué haremos para mejorar el mundo?
Tutorials: Future tense
Verb conjugator: *decir, haber, hacer, poder, poner, querer, saber, salir, ser, tener*
Flashcards: Ch. 9A & 9B
Puzzles
Self-test

México

La Pirámide del Sol, Teotihuacán, México

Día de la Independencia, México

México

Capital: México, D.F.

Población: 110 millones

Área: 761,606 mi cuadradas / 1,972,550 km cuadrados

Lenguas: español (oficial), náhuatl, lenguas maya, y otras lenguas indígenas

Religiones: católica romana, protestante

Gobierno: república federal

Moneda: peso mexicano

Exportaciones: productos manufacturados, petróleo y sus derivados, plata, café, algodón

Tijuana

Estados Unidos

Ciudad Juárez

Chihuahua

SIERRA MADRE OCCIDENTAL

SIERRA MADRE ORIENTAL

Nuevo Laredo

Monterrey

Golfo de México

México

OCÉANO PACÍFICO

Guadalajara

Querétaro

Mérida

Paracutín

Ciudad de México

Iztaccíhuatl

Popocatépetl

Puebla

Veracruz

SIERRA MADRE DEL SUR

Oaxaca

ISTMO DE TEHUANTEPEC

Belice

Acapulco

Guatemala

Metros	Pies
Más de 3,000	Más de 9,840
2,000–3,000	6,560–9,840
1,000–2,000	3,280–6,560
500–1,000	1,640–3,280
200–500	656–1,640
0–200	0–656

-·-·-· Frontera nacional
✪ Capital
● Ciudad
▲ Volcán o montaña

norte
oeste · este
sur

0   200   400 millas
0   200   400 kilómetros

Arquitectura colonial, Guanajuato, México

América Central

 Guatemala

Capital: Ciudad de Guatemala

Población: 13 millones

Área: 42,043 mi cuadradas / 108,890 km cuadrados

Lenguas: español (oficial), quiché, cakchiquel, kekchi, mam, garifuna, xinca, y otras lenguas indígenas

Religiones: católica romana, protestante, creencias tradicionales mayas

Gobierno: república democrática constitucional

Moneda: quetzal, dólar

Exportaciones: combustibles, maquinaria y equipos de transporte, materiales para construcción, granos

 Honduras

Capital: Tegucigalpa

Población: 7.6 millones

Área: 43,278 mi cuadradas / 112,090 km cuadrados

Lenguas: español (oficial), lenguas indígenas

Religiones: católica romana, protestante

Gobierno: república constitucional democrática

Moneda: lempira

Exportaciones: café, plátano, camarón, langosta, carne, cinc, madera

 **El Salvador**

Capital: San Salvador

Población: 7.1 millones

Área: 8,124 mi cuadradas / 21,040 km cuadrados

Lenguas: español (oficial), nahua

Religiones: católica romana, protestante

Gobierno: república

Moneda: colón salvadoreño, dólar

Exportaciones: elaboración de productos con materiales fabricados en el extranjero, equipos, café, azúcar, camarón, textiles, productos químicos, electricidad

Piscinas termales, cerca del Volcán Arenal, Costa Rica

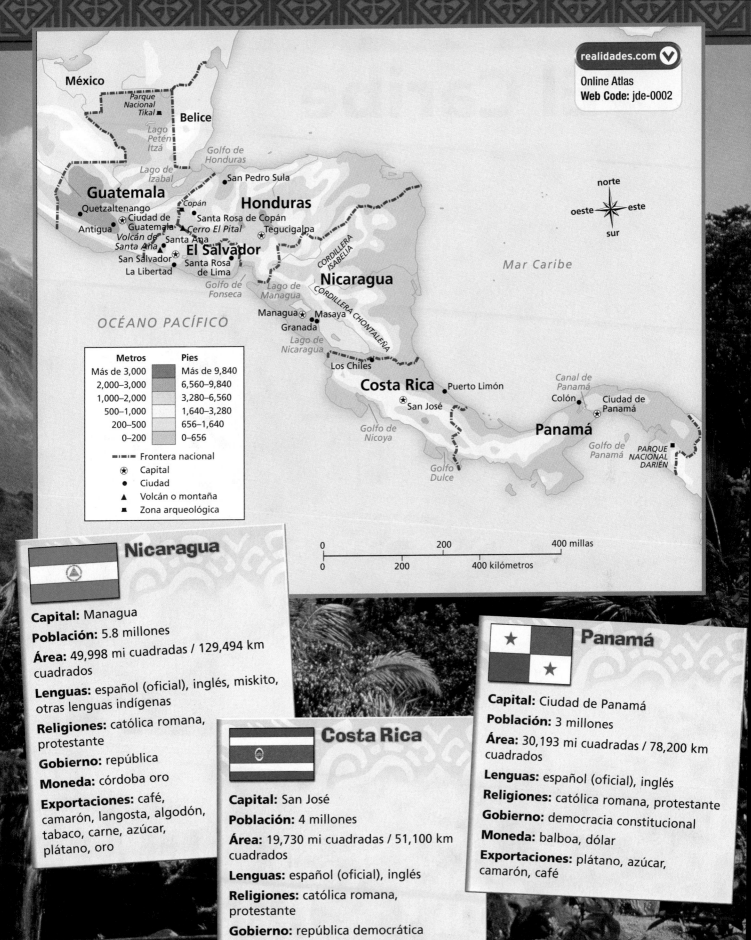

México

Parque Nacional Tikal ▪

Belice

Lago Petén Itzá

Golfo de Honduras

San Pedro Sula ●

Guatemala

Quetzaltenango ●

Copán ●

Lago de Izabal

Ciudad de Guatemala ✪

Santa Rosa de Copán ●

Honduras

Antigua ●

Cerro El Pital ▲

Tegucigalpa ●

Volcán de Santa Ana ▲

Santa Ana ●

San Salvador ✪

El Salvador

La Libertad ●

Santa Rosa de Lima ●

CORDILLERA ISABELIA

Mar Caribe

Golfo de Fonseca

Lago de Managua

CORDILLERA CHONTALEÑA

Nicaragua

OCÉANO PACÍFICO

Managua ✪

Masaya ●

Granada ●

Lago de Nicaragua

Los Chiles ●

Costa Rica

Puerto Limón ●

Canal de Panamá

Colón ●

Ciudad de Panamá ✪

San José ✪

Golfo de Nicoya

Panamá

Golfo de Panamá

PARQUE NACIONAL DARIÉN

Golfo Dulce

norte

oeste · este

sur

Metros	Pies
Más de 3,000	Más de 9,840
2,000–3,000	6,560–9,840
1,000–2,000	3,280–6,560
500–1,000	1,640–3,280
200–500	656–1,640
0–200	0–656

–▪–▪– Frontera nacional
✪ Capital
● Ciudad
▲ Volcán o montaña
▪ Zona arqueológica

0 — 200 — 400 millas
0 — 200 — 400 kilómetros

Nicaragua

Capital: Managua

Población: 5.8 millones

Área: 49,998 mi cuadradas / 129,494 km cuadrados

Lenguas: español (oficial), inglés, miskito, otras lenguas indígenas

Religiones: católica romana, protestante

Gobierno: república

Moneda: córdoba oro

Exportaciones: café, camarón, langosta, algodón, tabaco, carne, azúcar, plátano, oro

Costa Rica

Capital: San José

Población: 4 millones

Área: 19,730 mi cuadradas / 51,100 km cuadrados

Lenguas: español (oficial), inglés

Religiones: católica romana, protestante

Gobierno: república democrática

Moneda: colón de Costa Rica

Exportaciones: café, plátano, azúcar, textiles, componentes electrónicos

Panamá

Capital: Ciudad de Panamá

Población: 3 millones

Área: 30,193 mi cuadradas / 78,200 km cuadrados

Lenguas: español (oficial), inglés

Religiones: católica romana, protestante

Gobierno: democracia constitucional

Moneda: balboa, dólar

Exportaciones: plátano, azúcar, camarón, café

El Caribe

El Capitolio, La Habana, Cuba

El Yunque, Puerto Rico

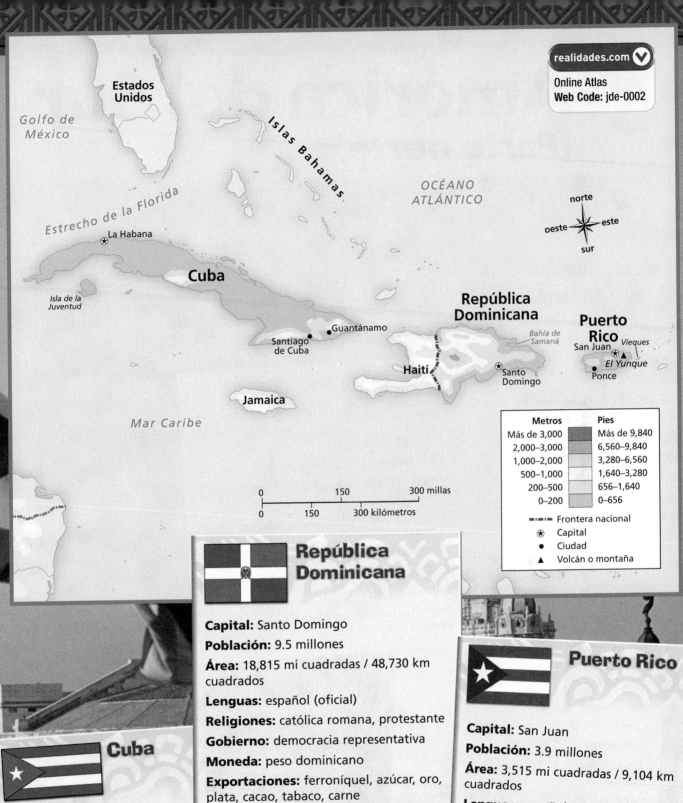

Estados Unidos

Golfo de México

Islas Bahamas

OCÉANO ATLÁNTICO

norte
oeste — este
sur

Estrecho de la Florida

La Habana

Cuba

Isla de la Juventud

Santiago de Cuba

Guantánamo

República Dominicana

Bahía de Samaná

Puerto Rico

San Juan

Vieques

El Yunque

Ponce

Haití

Santo Domingo

Jamaica

Mar Caribe

Metros	Pies
Más de 3,000	Más de 9,840
2,000–3,000	6,560–9,840
1,000–2,000	3,280–6,560
500–1,000	1,640–3,280
200–500	656–1,640
0–200	0–656

–·–·– Frontera nacional
⊛ Capital
● Ciudad
▲ Volcán o montaña

0   150   300 millas
0   150   300 kilómetros

República Dominicana

Capital: Santo Domingo

Población: 9.5 millones

Área: 18,815 mi cuadradas / 48,730 km cuadrados

Lenguas: español (oficial)

Religiones: católica romana, protestante

Gobierno: democracia representativa

Moneda: peso dominicano

Exportaciones: ferroníquel, azúcar, oro, plata, cacao, tabaco, carne

Puerto Rico

Capital: San Juan

Población: 3.9 millones

Área: 3,515 mi cuadradas / 9,104 km cuadrados

Lenguas: español e inglés (lenguas oficiales)

Religiones: católica romana, protestante

Gobierno: estado libre asociado de los Estados Unidos

Moneda: dólar estadounidense

Exportaciones: productos manufacturados, petróleo y productos derivados, plata, café, algodón

Cuba

Capital: La Habana

Población: 11.3 millones

Área: 42,803 mi cuadradas / 110,860 km cuadrados

Lenguas: español (oficial)

Religiones: católica romana, protestante, y otras religiones

Gobierno: estado comunista

Moneda: peso cubano

Exportaciones: azúcar, níquel, tabaco, mariscos, productos médicos, cítricos, café

América del Sur
(Parte norte)

Colombia

Capital: Bogotá

Población: 45 millones

Área: 439,736 mi cuadradas / 1,138,910 km cuadrados

Lenguas: español (oficial)

Religiones: católica romana

Gobierno: república

Moneda: peso colombiano

Exportaciones: textiles, petróleo y productos derivados, café, oro, esmeraldas, plátano, tabaco, algodón, madera, energía hidroeléctrica

Ecuador

Capital: Quito

Población: 13.9 millones

Área: 109,483 mi cuadradas / 283,560 km cuadrados

Lenguas: español (oficial), quechua, otras lenguas indígenas

Religiones: católica romana

Gobierno: república

Moneda: dólar

Exportaciones: petróleo, textiles, plátano, camarón, cacao, azúcar, carne

Perú

Capital: Lima

Población: 27.9 millones

Área: 496,226 mi cuadradas / 1,285,220 km cuadrados

Lenguas: español (oficial), quechua (oficial), aymara, y otras lenguas indígenas

Religiones: católica romana

Gobierno: república constitucional

Moneda: nuevo sol

Exportaciones: oro, cinc, cobre, pescado y productos de pescado, textiles

Volcán Cotopaxi, Ecuador

Mar Caribe

Maracaíbo • Caracas ✪
Cartagena •

Venezuela

Río Orinoco

Medellín •
Bogotá ✪

Cali •

Colombia

Ecuador

Ecuador

✪ Quito

Chimborazo ▲

Guayaquil •

ISLAS
GALÁPAGOS
(Ecuador)

Golfo de
Guayaquil

Perú

Brasil

Huascarán ▲

Callao •

*Machu
Picchu* ■

Lima • Cuzco •

Bolivia

OCÉANO
PACÍFICO

Titi...

La Paz ✪
Cochabamba •

Sucre ✪

*Nevado
Sajama* ▲

Potosí ✪

Trópico de Capricornio

Chile

Paraguay

Trópico de Capricornio

OCÉANO
ATLÁNTICO

Argentina

Uruguay

Metros	Pies
Más de 3,000	Más de 9,840
2,000–3,000	6,560–9,840
1,000–2,000	3,280–6,560
500–1,000	1,640–3,280
200–500	656–1,640
0–200	0–656

–∎–∎– Frontera nacional
✪ Capital
● Ciudad
▲ Volcán o montaña
■ Zona arqueológica

norte
oeste ✦ este
sur

0   400   800 millas
0   400   800 kilómetros

Bolivia

Capital: La Paz, Sucre

Población: 9.2 millones

Área: 424,164 mi cuadradas / 1,098,580 km cuadrados

Lenguas: español, quechua, aymara (todas lenguas oficiales)

Religiones: católica romana, protestante

Gobierno: república

Moneda: boliviano

Exportaciones: soya, gas natural, cinc, madera, oro

Venezuela

Capital: Caracas

Población: 26.4 millones

Área: 352,144 mi cuadradas / 912,050 km cuadrados

Lenguas: español (oficial), varias lenguas indígenas

Religiones: católica romana, protestante

Gobierno: república federal

Moneda: bolívar

Exportaciones: petróleo y productos derivados, azúcar, plátano, acero, aluminio, energía hidroeléctrica

América del Sur *(Parte norte)* **xxiii**

América del Sur
(Parte sur)

Puerto de Ushuaia, Tierra del Fuego, Argentina

Paraguay

Capital: Asunción

Población: 6.8 millones

Área: 157,047 mi cuadradas / 406,750 km cuadrados

Lenguas: español y guaraní (lenguas oficiales)

Religiones: católica romana, protestante

Gobierno: república constitucional

Moneda: guaraní

Exportaciones: azúcar, carne, tapioca, energía hidroeléctrica

Chile

Capital: Santiago

Población: 16 millones

Área: 292,260 mi cuadradas / 756,950 km cuadrados

Lenguas: español (oficial)

Religiones: católica romana, protestante

Gobierno: república

Moneda: peso chileno

Exportaciones: cobre, pescado, equipos de transporte, fruta, papel y pulpa, productos químicos, energía hidroeléctrica

Argentina

Capital: Buenos Aires

Población: 39.5 millones

Área: 1,068,302 mi cuadradas / 2,766,890 km cuadrados

Lenguas: español (oficial), inglés, francés, italiano, alemán

Religiones: católica romana, protestante, judía

Gobierno: república

Moneda: peso argentino

Exportaciones: carne, aceites comestibles, combustibles y energía, cereales, forraje, vehículos automotores

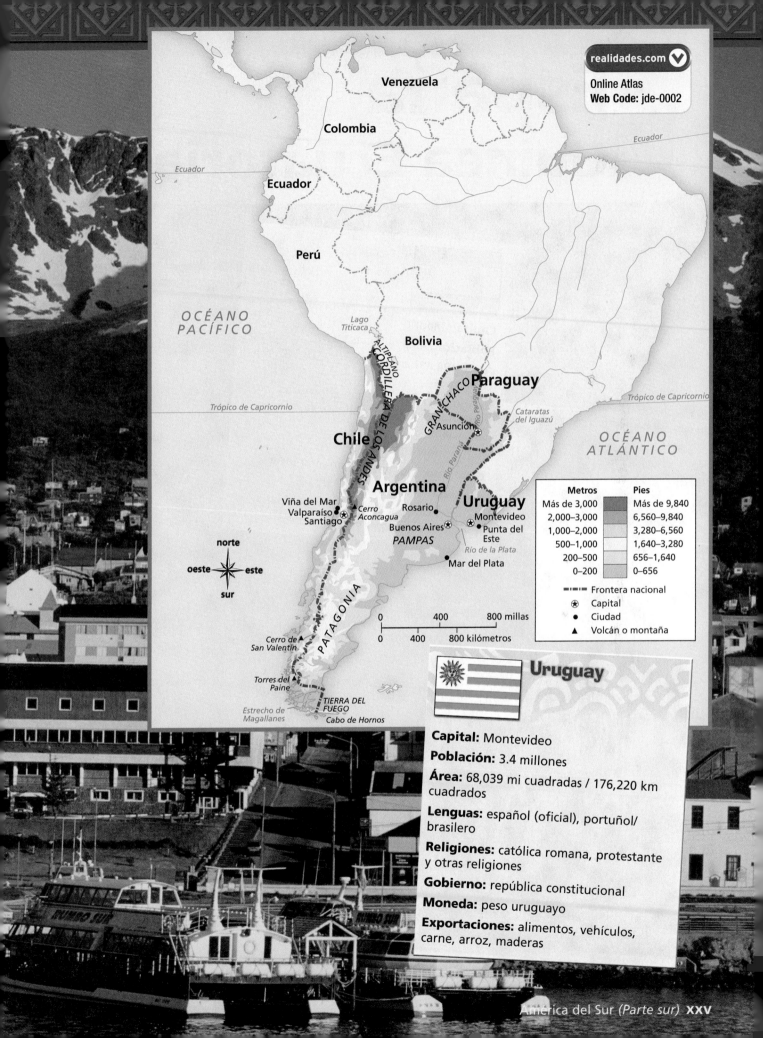

Venezuela

Colombia

Ecuador

Ecuador

Perú

OCÉANO
PACÍFICO

Lago
Titicaca

ALTIPLANO
CORDILLERA DE LOS ANDES

Bolivia

Paraguay

GRAN CHACO

Río Paraguay

Cataratas
del Iguazú

Trópico de Capricornio

Trópico de Capricornio

Asunción ⊛

Chile

Río Paraná

OCÉANO
ATLÁNTICO

Argentina

Uruguay

Viña del Mar
Valparaíso ⊛
Santiago

▲ Cerro
Aconcagua

Rosario

Montevideo

Buenos Aires ⊛

⊛ Punta del
Este

PAMPAS

norte

oeste ✶ este

sur

Río de la Plata

Mar del Plata

Metros	Pies
Más de 3,000	Más de 9,840
2,000–3,000	6,560–9,840
1,000–2,000	3,280–6,560
500–1,000	1,640–3,280
200–500	656–1,640
0–200	0–656

━ ∙ ━ ∙ ━ Frontera nacional
⊛ Capital
● Ciudad
▲ Volcán o montaña

PATAGONIA

0   400   800 millas

0   400   800 kilómetros

Cerro de ▲
San Valentín

Torres del ▲
Paine

TIERRA DEL
FUEGO

Estrecho de
Magallanes

Cabo de Hornos

Uruguay

Capital: Montevideo

Población: 3.4 millones

Área: 68,039 mi cuadradas / 176,220 km cuadrados

Lenguas: español (oficial), portuñol/brasilero

Religiones: católica romana, protestante y otras religiones

Gobierno: república constitucional

Moneda: peso uruguayo

Exportaciones: alimentos, vehículos, carne, arroz, maderas

España
Guinea Ecuatorial

España

Capital: Madrid

Población: 40.3 millones

Área: 194,897 mi cuadradas / 504,782 km cuadrados

Lengua oficial: castellano; **lenguas regionales:** catalán, gallego, vasco, valenciano

Religiones: católica romana

Gobierno: monarquía parlamentaria

Moneda: euro

Exportaciones: alimentos, maquinaria, vehículos automotores

Un molino en Castilla-La Mancha, España

La Sagrada Familia, Barcelona, España

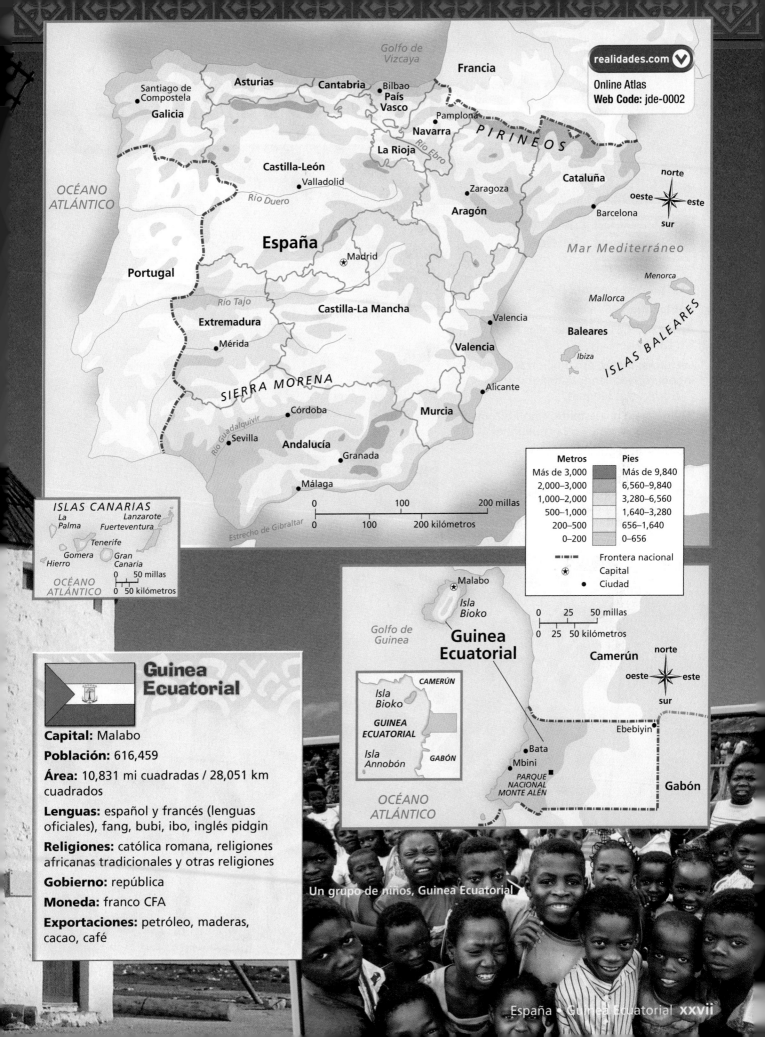

Golfo de Vizcaya

Francia

Asturias **Cantabria** Bilbao **País Vasco**

Santiago de Compostela Pamplona

Galicia **Navarra**

La Rioja Río Ebro

P I R I N E O S

Castilla-León **Cataluña**

Valladolid Zaragoza

OCÉANO ATLÁNTICO Río Duero **Aragón** Barcelona

España norte oeste este sur

Madrid *Mar Mediterráneo*

Portugal Menorca

Río Tajo Mallorca

Extremadura **Castilla-La Mancha** **Baleares**

Mérida Valencia Ibiza *ISLAS BALEARES*

Valencia

SIERRA MORENA Alicante

0 100 200 millas

Córdoba **Murcia**

Sevilla Río Guadalquivir

Andalucía

Granada

Málaga

0 100 200 kilómetros

Estrecho de Gibraltar

ISLAS CANARIAS
La Palma Lanzarote
Fuerteventura
Tenerife
Gomera Gran Canaria
Hierro

OCÉANO ATLÁNTICO

0 50 millas
0 50 kilómetros

Metros	Pies
Más de 3,000	Más de 9,840
2,000–3,000	6,560–9,840
1,000–2,000	3,280–6,560
500–1,000	1,640–3,280
200–500	656–1,640
0–200	0–656

- - - Frontera nacional
⊛ Capital
• Ciudad

Malabo

Isla Bioko

Golfo de Guinea

Guinea Ecuatorial **Camerún**

0 25 50 millas
0 25 50 kilómetros

norte oeste este sur

CAMERÚN
Isla Bioko
GUINEA ECUATORIAL
Isla Annobón *GABÓN*

Ebebiyin

Bata
Mbini
PARQUE NACIONAL MONTE ALÉN **Gabón**

OCÉANO ATLÁNTICO

Guinea Ecuatorial

Capital: Malabo

Población: 616,459

Área: 10,831 mi cuadradas / 28,051 km cuadrados

Lenguas: español y francés (lenguas oficiales), fang, bubi, ibo, inglés pidgin

Religiones: católica romana, religiones africanas tradicionales y otras religiones

Gobierno: república

Moneda: franco CFA

Exportaciones: petróleo, maderas, cacao, café

Un grupo de niños, Guinea Ecuatorial

Estados Unidos

Estados Unidos

Capital: Washington, D.C.

Población: 296 millones

Área: 3,717,813 mi cuadradas / 9,631,418 km cuadrados

Lenguas: inglés, español, otras lenguas indoeuropeas, lenguas asiáticas y del Pacífico, otras lenguas

Religiones: protestante, católica romana, judía, musulmana y otras religiones

Gobierno: república federal

Moneda: dólar estadounidense

Exportaciones: vehículos automotores, equipos aeroespaciales, telecomunicaciones, equipos electrónicos, bienes de consumo, productos químicos, alimentos, trigo, maíz

Ruinas de Square Tower House, Mesa Verde, CO

Un chilenoamericano con la bandera de los Estados Unidos

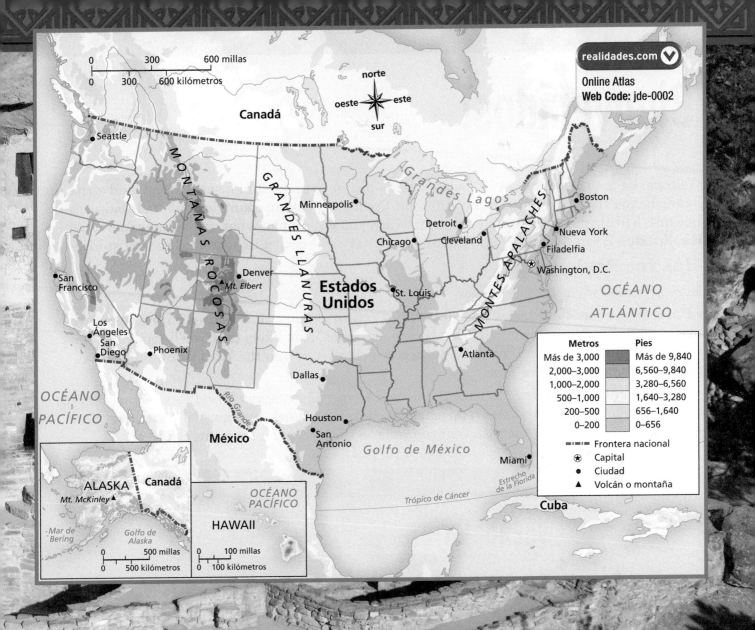

Canadá

norte
oeste · este
sur

Seattle

MONTAÑAS ROCOSAS

GRANDES LLANURAS

Grandes Lagos

Minneapolis

Detroit

Chicago

Cleveland

MONTES APALACHES

Boston

Nueva York

Filadelfia

San Francisco

Denver
▲ Mt. Elbert

Estados Unidos

St. Louis

Washington, D.C.

OCÉANO ATLÁNTICO

Los Ángeles
San Diego

Phoenix

Dallas

Atlanta

OCÉANO PACÍFICO

Río Grande

México

Houston

San Antonio

Golfo de México

Miami

Estrecho de la Florida

Trópico de Cáncer

Cuba

Metros	Pies
Más de 3,000	Más de 9,840
2,000–3,000	6,560–9,840
1,000–2,000	3,280–6,560
500–1,000	1,640–3,280
200–500	656–1,640
0–200	0–656

— · — Frontera nacional
⊛ Capital
● Ciudad
▲ Volcán o montaña

0   300   600 millas
0   300   600 kilómetros

ALASKA   Canadá

Mt. McKinley ▲

Mar de Bering

Golfo de Alaska

OCÉANO PACÍFICO

HAWAII

0   500 millas
0   500 kilómetros

0   100 millas
0   100 kilómetros

El Capitolio, Washington, D.C.

¡Bienvenidos!

Welcome back to **Realidades 2!** You've already begun to understand, speak, read, and write in Spanish. You've also explored many different Spanish-speaking countries and their cultures. Because learning language is a process in which you build upon what you already know, in **Realidades 2** you'll be using and building on what you learned in your first year of study.

Tips for Reviewing

Here are some ways you can review.

• **Para empezar Realidades 2** begins with a review chapter that focuses on the basics from first year: talking about yourself, friends, and activities. It is likely that you'll remember this vocabulary and grammar. If not, use the textbook activities and the **Web Code** links at **realidades.com** for extra practice.

• **A ver si recuerdas** Prior to each theme and some chapters, you'll find this section, the title of which means "Let's see if you remember." It contains a quick summary of vocabulary and grammar from first-year Spanish that connects to the upcoming theme or chapter.

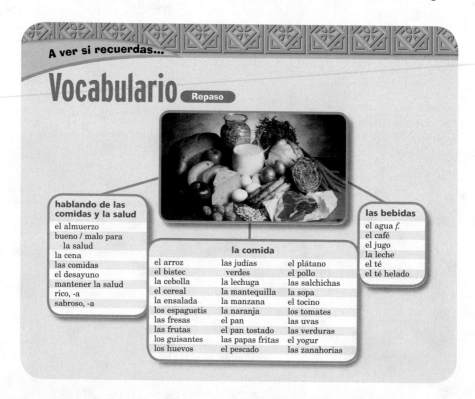

A ver si recuerdas...

Vocabulario Repaso

hablando de las comidas y la salud
el almuerzo
bueno / malo para
 la salud
la cena
las comidas
el desayuno
mantener la salud
rico, -a
sabroso, -a

la comida

el arroz	las judías verdes	el plátano
el bistec	verdes	el pollo
la cebolla	la lechuga	las salchichas
el cereal	la mantequilla	la sopa
la ensalada	la manzana	el tocino
los espaguetis	la naranja	los tomates
las fresas	el pan	las uvas
las frutas	el pan tostado	las verduras
los guisantes	las papas fritas	el yogur
los huevos	el pescado	las zanahorias

las bebidas
el agua *f.*
el café
el jugo
la leche
el té
el té helado

• **Grammar Summary and Glossaries** At the end of the book, you'll find grammar and vocabulary references from both first- and second-year Spanish.

• **realidades.com** Be sure to use the online activities as a review. These will provide further practice in grammar, reading, and writing. You will also find some fun activities to help you practice even more!

Study Tips

Here are some tips to help you learn Spanish.

You don't need to understand everything. When reading a text or listening to someone speak Spanish, don't worry about knowing the meaning of every word. Focus on what you *do* know, and look for context clues to help you with the rest. You'll be surprised at how much you understand!

Look for opportunities to practice your Spanish. If you wait to speak until you think your Spanish is perfect, you will have missed many opportunities to use it. Take risks! You will learn from your mistakes. Concentrate on *what* you are saying, and *how* you say it will soon come naturally.

Look for Estrategia and ¿Recuerdas? boxes. Throughout **Realidades,** you will see boxes that provide a useful strategy or remind you of something you have already learned.

Go beyond the book. Look for ways to practice your Spanish outside of class. You know more language now that you are in Spanish 2, so practice with a friend, watch Spanish television programs, speak with Spanish speakers, or use the Internet. You can also visit the Web site for **Realidades** at **realidades.com.** Throughout the book you'll find **Web Codes** that give you direct access to additional practice and information.

Estrategia

Taking notes
When you are retelling information for a report, it is helpful to jot down key details to include in the report. When you write the report, you build the narrative around retelling the facts.

¿Recuerdas?

You know how to use the imperfect tense to say what someone used to do.

- Siempre **nos reuníamos** para los días festivos.
- Mis primos y yo **jugábamos** mucho.

El primer día de clases En los países hispanohablantes, los estudiantes regresan a las clases en diferentes meses. Por ejemplo, en Uruguay y Chile los estudiantes regresan en marzo porque las vacaciones de verano son de noviembre a febrero. En Colombia, hay tres calendarios para las escuelas. Unas escuelas van de enero a noviembre, el horario tradicional, y otras van de agosto a junio. El tercer calendario va de septiembre a junio, que es igual a los calendarios de los Estados Unidos y de México.

- ¿En qué mes regresas a la escuela después de las vacaciones de verano?

El primer día de clases en el Perú

Para empezar

1 ¿Cómo eres tú?

- Talk about what you and other people are like
- Tell where you and other people are from

2 ¿Qué haces?

- Talk about things you and other people do
- Talk about how often you do certain things

Más práctica

- *Real.* **para hispanohablantes** pp. x–1

realidades.com ✔

- Fondo cultural Activity

1 ¿Cómo eres tú?

jdd-0099

Gloria

Enrique

Sonia

Alicia

Felipe

—Oye, Enrique, ¿eres artístico?

—Sí, según mis amigos soy muy artístico y estudioso. También dicen que soy reservado. Y Gloria, ¿cómo eres tú?

—Bueno . . . mis amigos dicen que soy paciente y trabajadora. Pero según mi hermanito, ¡soy impaciente y perezosa!

—¡Hola, Sonia y Alicia! ¡Uy! ¡Qué deportistas son Uds.!

—Sí, somos muy deportistas y también muy talentosas. ¿Te gusta practicar deportes, Felipe?

—Pues, no. No soy nada deportista, pero me gusta pasar tiempo con mis amigos. Soy sociable y muy simpático.

1 Los chicos

Leer · Escribir · Hablar

Los chicos en las fotos de arriba hablan de cómo son. Usa las fotos y las conversaciones para contestar las preguntas.

1. ¿Cómo es Enrique?
2. Según sus amigos, ¿cómo es Gloria? ¿Y según su hermanito?
3. ¿Cómo son Sonia y Alicia?
4. ¿Quién es sociable?

¿Recuerdas?

Here are some question words that are often used with *ser:*

- ¿Quién(es)?
- ¿Cómo?
- ¿De dónde?

Gramática Repaso

Adjectives

Remember that adjectives describe people, places, and things. In Spanish, adjectives have the same number and gender as the nouns they describe and they usually come after the noun.

Masculine		Feminine	
Singular	**Plural**	**Singular**	**Plural**
serio	serios	seria	serias
deportista	deportistas	deportista	deportistas
trabajador	trabajadores	trabajadora	trabajadoras
paciente	pacientes	paciente	pacientes
joven	jóvenes*	joven	jóvenes

*Note that *jóvenes* needs an accent mark in the plural form.

2 Y tú, ¿cómo eres?

Escribir • Hablar

1. Según tus amigos, ¿cómo eres tú? ¿Artístico(a)? ¿Talentoso(a)? ¿Simpático(a)?

2. ¿Eres paciente o impaciente? ¿Eres trabajador(a) o perezoso(a)?

3. ¿Cómo es tu mejor amigo(a)?

¿Recuerdas?

You already know these words to describe what you and your friends are like:

alto, -a	impaciente
atrevido, -a	inteligente
bajo, -a	ordenado, -a
desordenado, -a	reservado, -a
estudioso, -a	sociable
gracioso, -a	viejo, -a
guapo, -a	

3 ¿Cómo son?

Escribir

Trabajen en grupos para hacer una lista de ocho personas famosas. Luego usen los adjetivos de la *Gramática* y de *¿Recuerdas?* y escriban una frase para describir a estas personas.

Modelo

Marc Anthony
Marc Anthony es talentoso y muy guapo.

El cantante Marc Anthony en concierto

4 Dos jóvenes

jdd-0099

Leer · Escuchar

Lee esta descripción de dos chicas latinoamericanas. Luego escribe los números del 1 al 6 en una hoja de papel. Escucha las frases y escribe *C* si la información es cierta y *F* si es falsa.

> **Nombres:** Alicia Menéndez García y Carmen Díaz Ortiz
>
> **Edades:** Tienen 18 años.
>
> **Residencia:** Viven en Santiago de los Caballeros, República Dominicana, con sus familias.
>
> **Cómo son:** Alicia es una poeta joven. Lee sus poemas en público. Ella es muy inteligente y artística. Carmen no es artística pero le gusta escuchar los poemas de Alicia. Carmen es muy sociable y deportista. Las dos jóvenes son amigas inseparables.
>
> **Amigos:** "Nuestros amigos son graciosos y simpáticos," dicen Alicia y Carmen. "No tenemos tiempo para las personas negativas."

5 ¿Y cómo son tú y tus amigos?

Escribir

Ahora escribe una descripción de tu mejor amigo(a) y de ti. Usa la información de la descripción en la Actividad 4: nombres, edades, residencia y cómo son.

6 Amigos y primos

Leer · Escribir · Hablar

Lee la conversación entre los dos chicos del dibujo. Imagina lo que dicen las chicas sobre los chicos. Escribe la conversación de las chicas usando la conversación de los chicos como modelo. Presenta la conversación a la clase.

Más práctica

- **Guided** Vocab. Flash Cards, Vocab. Check, Gram. Practice pp. 1–6
- **Core** Gram. Practice p. 1
- **Communication** Writing p. 3
- *Real.* para hispanohablantes pp. 2–3

- Audio Activities
- Speak & Record
- Tutorial
- Leveled Workbook
- Flashcards
- Web Code: jdd-0001

Gramática Repaso

The verb *ser*

You have learned to use the verb *ser* with adjectives to tell what someone is like.

> Esas chicas **son bonitas.**

You have also learned to use *ser* with *de* to tell where someone is from.

> **Son de Buenos Aires.**

Remember that *ser* is irregular. Here are its present-tense forms:

(yo)	soy	(nosotros) (nosotras)	somos
(tú)	eres	(vosotros) (vosotras)	sois
Ud. (él) (ella)	es	Uds. (ellos) (ellas)	son

---

7 Así son los compañeros de Alejandro

Leer · Escribir

Escribe la forma correcta del verbo *ser* para completar lo que Alejandro escribe sobre los estudiantes en su clase de español.

Así son los estudiantes en mi clase de español. Ana María __1.__ estudiosa y le gusta mucho leer. Manuel y Marianela practican muchos deportes y __2.__ deportistas. A José Luis le gusta nadar en la piscina grande en el gimnasio; él __3.__ atrevido. A mi compañero Juanito y a mí nos gusta ir a la escuela porque nosotros __4.__ trabajadores. Pero a Mercedes y a Eduardo no les gusta ir a la escuela porque __5.__ perezosos. Carolina dibuja bien y __6.__ muy artística. Manolito y Victoria tocan la guitarra y __7.__ muy talentosos. A mi compañero Ignacio y a mí nos gusta mucho hablar por teléfono y pasar tiempo con amigos porque __8.__ sociables. Pero a mí no me gusta ir al gimnasio porque no __9.__ deportista. Y tú, ¿cómo __10.__ ?

Más práctica

- **Guided** Gram. Practice p. 7
- **Core** Gram. Practice p. 2
- **Communication** Writing p. 4
- *Real.* para hispanohablantes p. 4

 realidades.com

- Tutorial
- Leveled Workbook
- Web Code: jdd-0002

---

8 ¿Y cómo son tus compañeros?

Escribir

¿Cómo son los estudiantes en tu clase de español? Usa la descripción de Alejandro como modelo y escribe cinco o seis frases para describir a tus compañeros.

9 Juego

Escribir · Hablar

Tu profesor(a) te va a dar una tarjeta con el nombre de otro(a) estudiante de la clase. Escribe una descripción de esta persona en la tarjeta. Luego vas a leer la descripción y tus compañeros tienen que adivinar *(guess)* quién es.

> **Modelo**
>
> *Es seria y trabajadora, pero muy simpática. Le gusta la música. Ella e Isabel son buenas amigas. ¿Quién es?*

Nationalities

You have already learned many adjectives of nationality. The Spanish words for these nationalities are based on the country name. Review the chart to see how each nationality relates to the country of origin. Remember that since the nationalities are adjectives, they agree in gender and number with the nouns they describe. They are usually used with the verb *ser*.

País	Nacionalidad	País	Nacionalidad	País	Nacionalidad
Argentina	argentino, -a	El Salvador	salvadoreño, -a	Paraguay	paraguayo, -a
Bolivia	boliviano, -a	España	español, española	Perú	peruano, -a
Chile	chileno, -a	Guatemala	guatemalteco, -a	Puerto Rico	puertorriqueño, -a
Colombia	colombiano, -a	Honduras	hondureño, -a	República Dominicana	dominicano, -a
Costa Rica	costarricense	México	mexicano, -a		
Cuba	cubano, -a	Nicaragua	nicaragüense	Uruguay	uruguayo, -a
Ecuador	ecuatoriano, -a	Panamá	panameño, -a	Venezuela	venezolano, -a

10 Una población diversa

Leer • Escribir

Los Estados Unidos es un país de inmigrantes, donde hay gente de todas partes del mundo. Un grupo importante de los inmigrantes está formado por hispanohablantes. La población hispana representa más de 35 millones de personas, o el 13 por ciento (*percent*) de la población total. Es muy diversa porque hay hispanohablantes de muchos países hispanos. Lee la gráfica sobre esta población y escribe un resumen.

> **Modelo**
>
> *El grupo más grande de hispanohablantes en los Estados Unidos es el grupo de México. Los mexicanos son el 58.5 por ciento . . .*

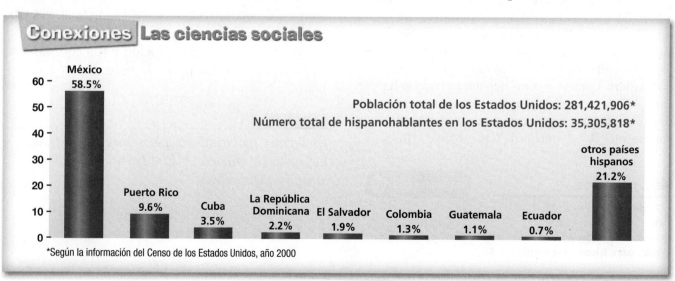

Conexiones **Las ciencias sociales**

México 58.5%

Población total de los Estados Unidos: 281,421,906*
Número total de hispanohablantes en los Estados Unidos: 35,305,818*

otros países hispanos 21.2%

Puerto Rico 9.6% Cuba 3.5% La República Dominicana 2.2% El Salvador 1.9% Colombia 1.3% Guatemala 1.1% Ecuador 0.7%

*Según la información del Censo de los Estados Unidos, año 2000

11 ¿De dónde son?

Hablar

Estos estudiantes le escriben a tu clase por correo electrónico.
Trabaja con otro(a) estudiante y pregúntale de dónde es cada
estudiante y de qué nacionalidad. Después de hablar de estos
chicos, pregunta a tu compañero(a) de dónde es.

Modelo

A —¿De dónde es <u>Teresa</u>?
B —Es de <u>Asunción</u>. Es <u>paraguaya</u>.

Para decir más . . .

estadounidense   U.S. citizen

norteamericano, -a   North
   American (including Canada,
   Mexico, and the United States)

canadiense   Canadian

12 ¿Y de dónde eres tú?

Hablar

Imagina que eres de uno de los países hispanohablantes
que está en el mapa de la Actividad 11. Con otro(a)
estudiante, pregunta y contesta según el modelo.

Modelo

A —¿De dónde eres tú?
B —Soy de San Juan.
A —Ah, eres puertorriqueño(a).

Más práctica

- **Core** Gram. Practice p. 3
- *Real.* **para hispanohablantes**
  pp. 1, 5

realidades.com

- Leveled Workbook
- Web Code: jdd-0003

2 ¿Qué haces?

jdd-0099

Pepe   Paula

—¡Uy! No me gusta nada el invierno. Paula, ¿qué te gusta hacer en el invierno?

—Pues, paso tiempo con mis amigos: escuchamos música, tocamos la guitarra y por la noche bailamos. Lo que más me gusta hacer es practicar deportes.

—¿Qué deportes practicas?

—Monto en bicicleta o corro todos los días para hacer ejercicio. Practico deportes todo el año. ¿Y tú, Pepe?

—No soy muy deportista. A veces nado, por eso me encanta el verano. Generalmente tomo el sol y leo. También escribo canciones. ¿Qué haces en tus vacaciones de verano?

—En el verano a veces patino y también monto en monopatín con mis amigos.

13 Paula y Pepe  jdd-0099

Escuchar

Divide una hoja de papel en dos columnas. En la primera columna escribe *Paula,* y en la segunda escribe *Pepe.* Escucha una lista de actividades. Si Paula hace la actividad, escribe el número de la actividad debajo de *Paula.* Si Pepe la hace, escribe el número debajo de *Pepe.* Usa los dibujos para ayudarte.

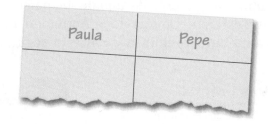

Paula	Pepe

Gramática `Repaso`

Present tense of regular verbs

Remember that in Spanish there are three groups of regular verbs. Their infinitives end in *-ar, -er,* or *-ir.* To form the present tense of a regular verb, you drop the *-ar, -er,* or *-ir* ending from the infinitive and add the appropriate present-tense ending. Use the present tense to talk about what someone is doing or what someone does.

comer

(yo)	**como**	(nosotros) (nosotras)	**comemos**
(tú)	**comes**	(vosotros) (vosotras)	**coméis**
Ud. (él) (ella)	**come**	Uds. (ellos) (ellas)	**comen**

hablar

(yo)	**hablo**	(nosotros) (nosotras)	**hablamos**
(tú)	**hablas**	(vosotros) (vosotras)	**habláis**
Ud. (él) (ella)	**habla**	Uds. (ellos) (ellas)	**hablan**

vivir

(yo)	**vivo**	(nosotros) (nosotras)	**vivimos**
(tú)	**vives**	(vosotros) (vosotras)	**vivís**
Ud. (él) (ella)	**vive**	Uds. (ellos) (ellas)	**viven**

14 ¿Qué hace Claudia los fines de semana?

Leer • Escribir

A Claudia le gusta pasar tiempo con sus amigos. Lee la descripción y completa su historia con la forma apropiada de cada verbo.

Me gusta pasar tiempo con mis amigos los fines de semana. Los viernes generalmente vamos al cine. (Nosotros) **1.** *(vivir)* cerca de un cine donde dan muchas películas. Por lo general, los sábados por la mañana, (yo) **2.** *(correr)* por una hora y luego **3.** *(montar)* en bicicleta. Mis amigos, Carlos y Mario, generalmente **4.** *(montar)* en monopatín y en el invierno **5.** *(esquiar).* Los domingos generalmente (yo) **6.** *(leer)* un libro y hago la tarea para el lunes.

¿Recuerdas?

You can talk about leisure activities using these regular verbs and expressions:

bailar	montar en bicicleta
caminar	montar en monopatín
cantar	nadar
comer	pasar tiempo
correr	patinar
dibujar	practicar deportes
escribir cuentos	tocar la guitarra
escuchar música	tomar el sol
esquiar*	usar la computadora
leer revistas	

*In the present tense, *esquiar* has an accent on the *i* in all forms except *nosotros* and *vosotros: esquío, esquías, esquía, esquiamos, esquiáis, esquían.*

15 Unas preguntas

Escribir

Vas a contestar unas preguntas, pero primero tienes que completarlas. En una hoja de papel, escribe los números del 1 al 7. Luego escribe la palabra apropiada para completar cada pregunta.

1. ¿Con ___ pasas tiempo los fines de semana?
2. ¿ ___ vas al cine, los viernes, los sábados o los domingos?
3. ¿ ___ vives? ¿Está cerca de la escuela?
4. ¿ ___ deportes practicas?
5. ¿ ___ es tu restaurante favorito?
6. ¿ ___ usas la computadora, después de las clases o por la noche?
7. ¿ ___ veces vas a la biblioteca durante la semana?

¿Recuerdas?

Here are the question words you already know:

¿Adónde?	¿Cuánto, -a?	¿Por qué?
¿Cómo?	¿Cuántos, -as?	¿Qué?
¿Cuál(es)?	¿De dónde?	¿Quién(es)?
¿Cuándo?	¿Dónde?	

And here are words you can use to talk about how often you do an activity:

a menudo	el (los) fin(es)	siempre
a veces	de semana	todos los días
después de	nunca	

16 ¿A menudo o nunca?

Hablar • Escribir

Usa las preguntas de la Actividad 15 para hacer una conversación con otro(a) estudiante. Pregúntale con qué frecuencia hace estas actividades. Escribe las respuestas de tu compañero(a) y úsalas para escribir un párrafo.

Modelo

A veces paso los fines de semana con mis amigos. Siempre vamos al cine los sábados . . .

17 Dos preguntas, por favor

Escribir • Hablar

1 Van a trabajar en grupos de tres. Cada estudiante debe escribir en una hoja de papel una actividad que hace.

Modelo

Monto en bicicleta.

2 Pasen la hoja de papel a la persona a su izquierda. Esta persona va a escribir una pregunta usando la información de la primera frase y una palabra interrogativa.

Modelo

¿Cuándo montas en bicicleta?

3 Pasen la hoja de papel a la persona a su izquierda que va a escribir otra pregunta usando la información de la primera frase y otra palabra interrogativa.

Modelo

¿Dónde montas en bicicleta?

4 Pasen la hoja a la persona que escribió la primera frase. Esta persona tiene que leer las preguntas y contestarlas.

Modelo

Monto en bicicleta a menudo. Monto en bicicleta en el parque.

18 Tu tiempo libre

Hablar

Trabaja con otro(a) estudiante y pregúntale adónde va en su tiempo libre. Tu compañero(a) te va a contestar y va a decir con qué frecuencia va.

Modelo

A —*¿Adónde vas en el verano?*
B —*En el verano voy a la piscina todos los días.*

Estudiante B

¿Dónde?	¿Cuándo?
la piscina	todos los días
el centro comercial	siempre
la playa	a veces
el parque	nunca
el gimnasio	a menudo
¡Respuesta personal!	¡Respuesta personal!

Estudiante A

1. en el invierno
2. los fines de semana
3. después de las clases
4. en la primavera
5. en el otoño
6. de vacaciones

19 ¡Enrique!

Leer • Escribir

Lee este artículo de una revista sobre el cantante Enrique Iglesias. Luego contesta las preguntas.

Enrique Iglesias

El cantante Enrique Iglesias es de España pero ahora vive en Miami. Su padre es el famosísimo cantante Julio Iglesias, pero los jóvenes de todo el mundo conocen a Enrique por sus canciones populares como "Bailamos", "Be With You", y "Hero". Por primera vez en la historia de la música latina, recibe en 1996 el premio Grammy como Mejor Artista Latino con su primer disco. Enrique dice que la inspiración de su música viene de la música rock norteamericana y por las influencias latinas, caribeñas y europeas. Dice que "Soy y voy a ser siempre latino, pero mi música no lo es". Cuando no está escribiendo música o cantando en conciertos, le gusta practicar deportes acuáticos, pasar tiempo con su perro, Grammy, y ver la tele, especialmente los programas musicales. Sus amigos dicen que es gracioso, independiente, romántico y optimista.

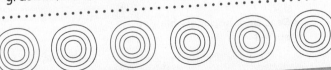

1. ¿Cómo se llama el padre de Enrique?
2. ¿De dónde es Enrique?
3. ¿Dónde vive ahora?
4. ¿Cuándo recibe el premio Grammy?
5. ¿Qué tipo de música le inspira a Enrique?
6. ¿Quién es Grammy?
7. ¿Quién es tu cantante favorito(a)? ¿Por qué te gusta?

20 Juego

Pensar · Escribir · Hablar

1 Escribe palabras que puedes usar para hablar de los tres dibujos. No tienes que escribir frases completas. Piensa en estas preguntas:

¿Qué hacen los jóvenes?

¿Dónde están?

¿Cuándo es?

¿Cómo se llaman ellos?

¿Cómo son ellos?

2 Formen grupos de tres. Decidan quién va a empezar *(start)*. La primera persona habla del primer dibujo por 20 segundos. Su profesor(a) va a decirles cuándo se termina el tiempo. La segunda persona habla del mismo dibujo por 15 segundos sin repetir nada. Su profesor(a) va a decirles cuándo se termina el tiempo. Luego la tercera persona habla del mismo dibujo por diez segundos.

3 Ahora repitan el Paso 2, pero describan el segundo dibujo. Luego repitan lo mismo, pero con el tercer dibujo.

21 Y tú, ¿qué dices?

Escribir · Hablar

1. ¿Qué haces los fines de semana?
2. ¿Cuándo vas al gimnasio: nunca, a veces o todos los días? ¿Por qué?
3. ¿Qué hace tu familia en el verano?

Más práctica

- **Guided** Vocab. Flash Cards, Vocab. Check, Gram. Practice, pp. 8–14
- **Core** Gram. Practice p. 4
- **Communication** Writing p. 5, Integrated Performance Assessment p. 210
- *Real.* **para hispanohablantes** pp. 6–8

realidades.com

- Audio Activities
- Tutorial
- Leveled Workbook
- Flashcards
- Web Code: jdd-0004

Presentación escrita
Poemas en diamante

Task
Write a poem in the shape of a diamond. The poem is going to describe you.

1 **Prewrite** Follow these instructions to write your poem:

1. Escribe tu nombre.
2. Escribe dos adjetivos que no te describen.
3. Escribe tres adjetivos que te describen.
4. Escribe cuatro actividades que haces todos los días.
5. Escribe tres actividades que tú y tus amigos hacen en el verano.
6. Escribe dos actividades que nunca haces.
7. Escribe "¡Así soy yo!"

2 **Draft** Use the information above and write your poem in the shape of a diamond.

3 **Revise** Show your poem to a partner. Your partner will check the following:

- Does the poem include all the information from the *Prewrite* section?
- Did you use the correct forms of the adjectives and verbs?
- Is there anything you should add or change?

Decide whether you want to use your partner's suggestions. Rewrite your draft.

4 **Publish** Put your poem on an $8\frac{1}{2}$" × 11" sheet of paper or poster board. Decorate the sheet or poster with photos, drawings, and other items that are descriptive of you.

5 **Evaluation** Your teacher may give you a rubric for grading the poem. You will probably be graded on:

- correct completion of the task
- use of adjectives and verbs
- attractiveness of the project

Estrategia

Organizing your thoughts
Follow the guidelines of a graphic organizer in a diamond shape as you write your poem. This will help you organize your ideas and improve your writing.

Me llamo Linda.
No soy ni seria ni vieja
Soy alta, sociable, estudiosa.
Todos los días yo escucho música, leo, corro, uso la computadora.
En el verano mis amigos y yo nadamos, cantamos, bailamos.
Nunca patino ni monto en bicicleta.
¡Así soy yo!

Vocabulario Repaso

mi horario

primera hora
segunda hora
tercera hora
cuarta hora
quinta hora
sexta hora
séptima hora
octava hora
novena hora
décima hora

las clases

el arte
las ciencias naturales
las ciencias sociales
la educación física
el español
el inglés
las matemáticas
la tecnología

descripciones de las clases

aburrido, -a
difícil
divertido, -a
fácil
interesante
práctico, -a

en mi mochila

un bolígrafo
una calculadora
una carpeta
una carpeta de argollas
un cuaderno
un diccionario
una hoja de papel
un lápiz
un libro
la tarea

en la sala de clases

un asiento
una bandera
un cartel
un escritorio
una mesa
la papelera
la puerta
un pupitre
un reloj
un sacapuntas
una silla
la ventana

1 Tu escuela

Hablar · Escribir

Un estudiante de América Central estudia en tu escuela este año.
Usa la información del organizador gráfico y dile *(tell him):*

- una clase que tienes   *Tengo . . .*
- el nombre del profesor / de la profesora
  El (La) profesor(a) se llama . . .
- cómo es la clase   *La clase es . . .*

- las cosas que traes a la clase todos los días
  Todos los días traigo . . .
- a qué hora tienes la clase   *Tengo la clase a las . . .*
- si te gusta o no te gusta la clase y por qué
  Me gusta / No me gusta la clase porque . . .

Gramática Repaso

The verb *tener*

Use the verb *tener* to show relationship, possession, or age, or in other expressions such as *tener hambre / sueño / sed.*

(yo)	tengo	(nosotros) (nosotras)	tenemos
(tú)	tienes	(vosotros) (vosotras)	tenéis
Ud. (él) (ella)	tiene	Uds. (ellos) (ellas)	tienen

Use *tener que* + infinitive to say that something has to be done.

> **Tenemos que escribir** mucho en la clase de inglés.

Verbs with irregular *yo* forms

Some verbs are irregular in the *yo* form only.

hacer (*to do, to make*)	poner (*to put*)	traer (*to bring*)
hago	pongo	traigo

Hago la tarea de español todos los días.
Pongo los libros en el escritorio.
Traigo una carpeta a la clase.

---

❷ ¿Qué tienen que hacer?

Escribir

¿Qué tienen que hacer estas personas en sus clases? Escribe frases con una actividad diferente para cada persona.

Modelo

mi amiga (nombre)
Mi amiga Gloria tiene que usar la computadora.

1. yo
2. mi amigo *(nombre)*
3. nosotros
4. mis amigos
5. la profesora
6. tú

Más práctica

* **Guided** pp. 15–16
* **Core** pp. 5–6
* *Real.* para hispanohablantes p. 10

realidades.com ▼
* Leveled Workbook
* Web Code: jdd-0101

❸ ¿Cómo son las clases?

Leer · Escribir

Completa la siguiente conversación con la forma correcta del verbo apropiado. Luego escribe un párrafo para describir tus clases.

A —¿Qué __1.__ *(traer / hacer)* Uds. en la clase de ciencias?

B —Nosotros __2.__ *(tener / hacer)* muchas cosas diferentes. Estudiamos plantas y animales. A veces el profesor __3.__ *(poner / hacer)* un experimento y nosotros __4.__ *(tener / traer)* que escribir nuestras observaciones.

A —¿El profesor __5.__ *(traer / hacer)* animales o insectos a la clase para estudiar?

B —Sí, él __6.__ *(poner / hacer)* un animal sobre la mesa y nosotros lo describimos. A veces los estudiantes __7.__ *(poner / traer)* una planta o una piedra interesante a la clase también.

A —¿ __8.__ *(Traer / Tener)* Uds. mucha tarea en la clase?

B —Sí. Leemos mucho y __9.__ *(traer / hacer)* una prueba cada semana. Yo siempre __10.__ *(poner / hacer)* mi libro de ciencias en mi mochila porque hay tarea todos los días.

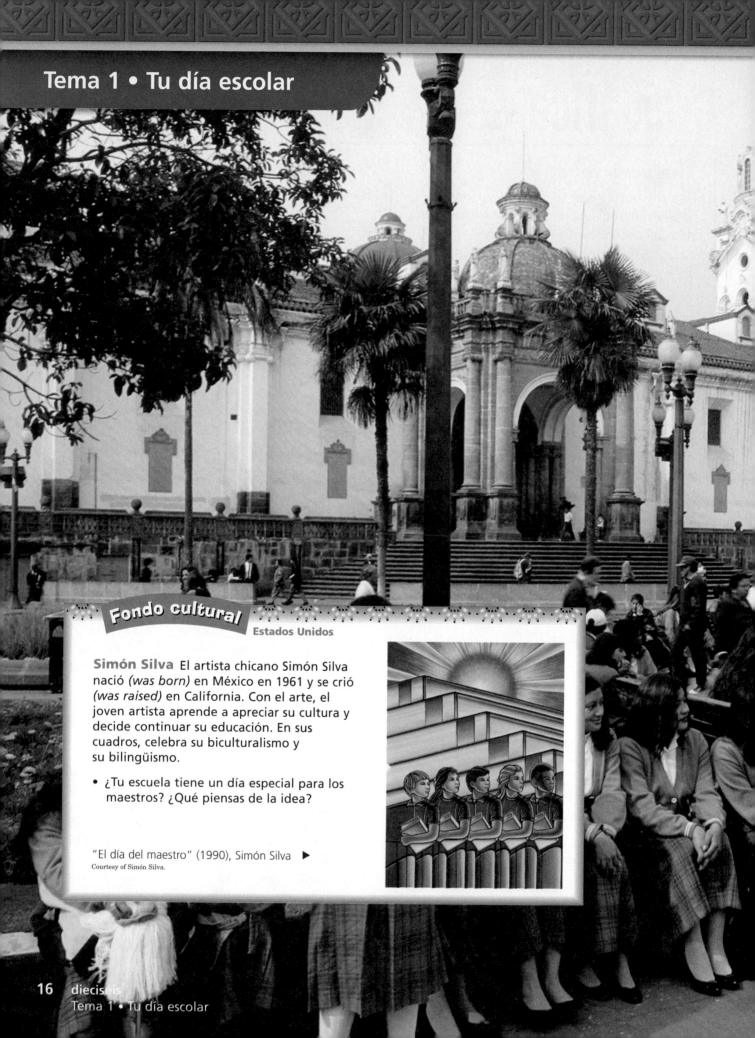

Fondo cultural

Estados Unidos

Simón Silva El artista chicano Simón Silva nació *(was born)* en México en 1961 y se crió *(was raised)* en California. Con el arte, el joven artista aprende a apreciar su cultura y decide continuar su educación. En sus cuadros, celebra su biculturalismo y su bilingüismo.

• ¿Tu escuela tiene un día especial para los maestros? ¿Qué piensas de la idea?

"El día del maestro" (1990), Simón Silva ▶
Courtesy of Simón Silva.

La Plaza de la Independencia,
Quito, Ecuador

¿Qué haces en la escuela?

Chapter Objectives

- Describe classroom objects and activities
- Talk about classroom rules
- Express affirmative and negative ideas
- Compare the school rules and customs in other countries with those of your own school

Video Highlights

Videocultura: *Tu día escolar*

A primera vista: *La clase de Esteban*

GramActiva Videos: stem-changing verbs; affirmative and negative words

Country Connection

As you learn to describe what you do in school, you will make connections to these countries and places:

España
Illinois
Cuba
México
Venezuela
Texas
Chile
Argentina

Más práctica

- *Real.* para hispanohablantes pp. 10–11

realidades.com Ⓥ

- Fondo cultural Activity
- Video Activities
- Online Atlas
- Web Code: jde-0002

Vocabulario en contexto

jdd-0187

¡Hola! Me llamo Miguel. En mi escuela siempre estamos muy ocupados. Vamos a ver lo que hacemos en las clases

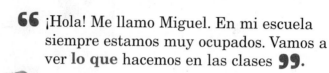

Estos estudiantes **discuten** la tarea en **el laboratorio**.

Estos estudiantes hacen **un proyecto** de arte.

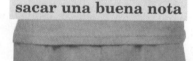

sacar una buena nota

Marcos escribe **un informe sobre** la música latinoamericana.

Victoria **repite las palabras** nuevas para **aprender de memoria** el vocabulario.

La profesora le **explica** a Elena cómo usar la computadora.

La profesora de español de la Escuela Benito Juárez prepara un cartel con **las reglas** de la escuela. ¿Cuáles son las reglas?

Más vocabulario

alguien someone, somebody
ningún, ninguno, -a no, none
prestar atención to pay attention
respetar to respect

Hay que . . .

Hay que llevar el carnet de identidad.

la cinta adhesiva

las tijeras

Hay que traer los materiales a clase.

la grapadora

Hay que entregar la tarea a tiempo.

Hay que estar en el asiento cuando la clase empieza.

hacer una pregunta

Hay que pedir ayuda si no entiendes.

contestar

Se prohíbe . . .

Se prohíbe ir al armario durante las clases.

Se prohíbe almorzar en la sala de clases.

---

1 ¿Qué hacen en la escuela? jdd-0187

Escuchar

Escucha lo que estos estudiantes hacen en la escuela y señala el dibujo apropiado.

2 ¿Qué reglas tienes? jdd-0187

Escuchar

Escucha estas seis reglas. Si tienes la misma regla en tu clase de español, levanta una mano. Si no tienes la regla, levanta las dos manos.

Más práctica

• **Guided** Vocab. Flash Cards pp. 17–22
• **Core** Vocab. Practice pp. 7–8
• **Communication** Writing p. 12
• *Real.* para hispanohablantes p. 12

realidades.com V

• Audio Activities
• Leveled Workbook
• Flashcards
• Web Code: jdd-0102

La clase de Esteban

¿Qué pasa con Esteban el primer día de clases? Lee la historia.

1 **Esteban:** Bienvenidos a la clase de historia. **Algunos de Uds.** me **conocen** como Esteban. Pero hoy soy el profesor.

Pedro: Esteban piensa que es el profesor. ¡Qué divertido!

Pedro   Mamá   Esteban   Lisa   Angélica

5 **Esteban:** ¡No! ¡Se prohíbe ir al armario durante la clase! **Nadie** tiene el libro. Es el primer día de clases.

6 **Esteban:** Mamá, ¿por qué estás aquí en la clase?

Mamá: No tengo idea. ¿Y qué vas a enseñar hoy?

7 **Mamá:** ¿Por qué no empiezas?

Esteban: Es la clase de historia. Pienso **dar un discurso** sobre algunos de los presidentes de los Estados Unidos . . . El primer presidente fue George Washington . . .

2 **Esteban:** Señoritas, ¿saben qué hora es?

Angélica: Hola, Esteban. Son las nueve y seis.

Esteban: Y la clase empieza a las nueve y cinco. ¿Por qué **llegan tarde** Uds.?

Lisa: Pero, ¿por qué estás tú delante de la clase? ¿Dónde está la profesora?

3 **Esteban:** Yo soy el profesor. ¡Y hay que estar en el asiento cuando la clase empieza!

4 **Lisa:** Profesor . . . necesito ir al armario. No tengo el libro.

8 **Mamá:** Esteban. Esteban. ¡Ya es tarde!

Esteban: ¿Qué pasa? ¿Dónde estoy? ¡Ay! El primer día de clases . . .

3 **¿Comprendiste?**

Escuchar • **Hablar**

1. ¿Quién es el profesor de la clase?
2. ¿Quiénes llegan tarde a la clase?
3. ¿Adónde necesita ir Lisa? ¿Por qué?
4. ¿Qué enseña Esteban?
5. ¿Sobre qué da un discurso Esteban?
6. ¿Cuáles son las reglas en la clase de Esteban?

Más práctica

- **Guided** Vocab. Check pp. 23–26
- **Core** Vocab. Practice pp. 9–10
- **Communication** Video pp. 6–8
- *Real.* **para hispanohablantes** p. 13

realidades.com Ⓥ

- Audio Activities
- Video Activities
- Leveled Workbook
- Flashcards
- Web Code: jdd-0103

Vocabulario en uso

4 ¿Qué tienen que hacer?

Escribir • Hablar

1 Estudia los dibujos y escribe frases para describir las actividades que estos estudiantes tienen que hacer en cada clase.

Gloria

Modelo

Gloria tiene que dar un discurso en la clase de historia.

1. Isabel

2. Luis

3. Victoria

4. Marta y Eva

5. David y Clara

6. Mercedes y Ana

2 Habla con otro(a) estudiante sobre lo que ustedes tienen que hacer en sus clases.

Modelo

A —*¿En qué clase tienes que dar un discurso?*

B —*Tengo que dar un discurso en la clase de literatura.*

Para decir más . . .

el álgebra *(f.)* algebra	**la historia** history
la biología biology	**la literatura** literature
la física physics	**la química** chemistry
la geografía geography	*Para más clases, mira la página 14.*
la geometría geometry	

5 ¡Tantas actividades!

Hablar

Con otro(a) estudiante, habla de lo que hacen estos estudiantes en su escuela.

A —¿*Qué hace Lisa en la clase de español?*
B —*Repite las palabras para aprender de memoria el vocabulario.*

6 Tus clases

Escribir • Hablar

1 Haz una lista de cinco clases que tienes. Escribe una frase para describir lo que pasa en cada clase. Usa las expresiones del recuadro.

2 Trabaja con otro(a) estudiante y comparen lo que hacen en diferentes clases.

hacer proyectos	dar discursos
hacer preguntas	escribir informes
aprender de memoria	trabajar en el laboratorio

Modelo

A —*En la clase de inglés, la profesora da muchos discursos.*
B —*En la clase de inglés, la profesora nunca da discursos.*
o: —*No tengo una clase de inglés.*

Modelo

En la clase de inglés, la profesora da muchos discursos.

7 Para ser un(a) buen(a) estudiante

Escribir · Hablar

Completa las frases. Después discute tus opiniones con las de otro(a) estudiante.

Modelo

Para sacar una buena nota, . . .
Para sacar una buena nota, hay que estudiar mucho.

1. Para aprender de memoria el vocabulario, . . .

2. Para entender mejor la tarea, . . .

3. Para leer mejor en español, . . .

4. Para hacer un proyecto de arte, . . .

5. Para ir a la universidad, . . .

6. Para un examen, . . .

¿Recuerdas?

Para has a number of different meanings. Here are some you've seen:

- *in order to*
  Estudio **para** sacar buenas notas.

- *intended for*
  Estos materiales son **para** el proyecto.

- *in (my) opinion*
  Para mí, las reglas son muy buenas.

8 ¿Qué hago?

Hablar

Habla de los problemas que tienes en la escuela. Tu compañero(a) va a decirte lo que debes hacer.

Modelo

sacar malas notas
A —*Saco malas notas en la clase de inglés.*
B —*Tienes que pedir ayuda.*
o: —*Hay que pedirle ayuda a la profesora.*

Estudiante A

1. tener hambre
2. no traer ni tijeras, ni grapadora ni cinta adhesiva
3. no tener la tarea de . . .
4. no entender la tarea
5. no saber las reglas
6. muchas veces llegar tarde
7. hablar mal de los profesores

Estudiante B

saber las reglas
almorzar
entregar la tarea a tiempo
llegar a tiempo
pedir ayuda

traer los materiales a clase
respetar a los demás
prestar atención

Estas estudiantes mexicanos están tomando apuntes (*taking notes*) en clase.

9 ¿Qué aprendes de memoria?

Leer • Escribir • Hablar

En la escuela debes aprender muchas palabras y fechas de memoria. En casa, aprendes números de teléfono y fechas de cumpleaños. Si te gusta la música, también aprendes canciones de memoria. Aquí hay parte de un poema muy famoso, *Versos sencillos*. Lee el poema y busca los cognados para ayudarte a entenderlo mejor. Luego contesta las preguntas.

1. ¿Cuáles son los cognados que te ayudan a entender el poema?
2. ¿Qué le da el poeta a un buen amigo? ¿Y al cruel?
3. ¿Qué palabras riman *(rhyme)* en el poema?
4. ¿Te gusta el poema? ¿Por qué?

Conexiones La literatura

Versos sencillos[1]
José Martí

Cultivo una rosa blanca,
en julio como en enero,
para el amigo sincero
que me da su mano franca.

Y para el cruel que me arranca[2]
el corazón[3] *con que vivo,*
cardo[4] *ni ortiga*[5] *cultivo:*
cultivo una rosa blanca.

* * *

[1]simple [2]pulls out [3]heart [4]thistle
[5]nettle *(a thorny plant)*

10 ¡Aprende el poema!

Leer • Hablar

Lee el poema *Versos sencillos* varias veces. Luego practica con otro(a) estudiante sin mirar las palabras. Tu compañero(a) te puede ayudar. Recita el poema en grupos pequeños o para la clase. Hay que:

- hablar claramente
- expresar emoción
- comunicar los sentimientos del poeta

Estrategia

Memorizing
Repeating out loud is a good strategy for memorizing any text, such as this poem. It will also help you to remember new vocabulary and verbs.

Fondo cultural
Cuba

José Martí (1853–1895) fue un poeta y patriota cubano muy famoso. Él es un símbolo de la independencia de Cuba de los españoles. Los versos que acabas de leer son sólo una pequeña parte del poema *Versos sencillos,* en el que el poeta describe su poesía y la vida *(life)* con palabras sencillas y sinceras. Muchas personas creen que este poema es lo mejor de su trabajo literario. Las palabras de la canción "Guantanamera" son de estos versos.

- ¿Qué poema o poeta es famoso por ser símbolo de la independencia de los Estados Unidos?

Una estatua de José Martí en la ciudad de Nueva York

11 Las reglas de mis clases 👥

Escribir · Hablar

Copia esta tabla. En la tabla, escribe todas tus clases, las horas y las reglas. Luego escribe una descripción.

Trabaja con otro(a) estudiante y habla de las reglas en las clases. ¿Tienen las mismas reglas en las mismas clases? ¿Qué piensa tu compañero(a) de estas reglas?

Clase / Hora	Hay que...	Se prohíbe...
matemáticas /segunda	usar una calculadora	hablar con los amigos

Modelo

A —*En la clase de educación física, hay que llevar uniformes. Se prohíbe tomar refrescos. ¿Qué piensas?*

B —*En mi clase también hay que llevar uniformes y no debes tomar refrescos. ¡Estoy de acuerdo! Son buenas reglas porque ...*

o: —*¡No estoy de acuerdo! No debemos llevar uniformes y me gustaría tomar refrescos.*

12 Y tú, ¿qué dices?

Escribir · Hablar

1. ¿Qué actividades te gusta hacer en tus clases? ¿Cuáles no te gusta hacer?

2. ¿Qué proyectos haces en tus clases?

3. Piensa en las reglas de tus clases. ¿Qué regla(s) no te gusta(n)? ¿Por qué?

4. ¿Cuál es tu clase favorita este año? ¿Qué tienes que hacer en esta clase? ¿Qué se prohíbe?

5. ¿Siempre entiendes todo en tus clases? ¿Qué haces si no entiendes algo?

13 Citas sobre la educación

Leer · Escribir

Lee las citas *(quotes)* sobre la educación. ¿Qué quiere decir cada persona? ¿Piensan que la educación es importante? Escoge dos citas y escribe un párrafo para compararlas. Explica lo que las citas quieren decir y da tu opinión.

"El fundamento verdadero de la felicidad: la educación". —Simón Bolívar (1783–1830), militar y político venezolano

"Según como sea¹ la escuela, así será² la nación entera". —Gabriela Mistral (1889–1957), poeta y educadora chilena

"Todos los problemas son problemas de educación". —Domingo Faustino Sarmiento (1811–1888), escritor, educador y político argentino

Modelo

Las palabras de Gabriela Mistral quieren decir que hay una conexión importante entre la educación y el país. Yo estoy de acuerdo porque ...

¹is ²shall be

Gramática — Repaso

Stem-changing verbs

The stem of a verb is the part of the infinitive that is left after you drop the endings *-ar, -er,* or *-ir.* For example, the stem of *empezar* is *empez-.* Stem-changing verbs have a spelling change in their stem in all forms of the present tense except the *nosotros(as)* and *vosotros(as)* forms.

There are three kinds of stem-changing verbs that you have learned. To review them, here are the present-tense forms of *poder (o → ue), empezar (e → ie),* and *pedir (e → i).*

—Si no **puedes** contestar una pregunta, ¿qué haces?
—Generalmente le **pido** ayuda a otro estudiante o al profesor.

poder (o → ue)

(yo)	**pued**o	(nosotros) (nosotras)	**pod**emos
(tú)	**pued**es	(vosotros) (vosotras)	**pod**éis
Ud. (él) (ella)	**pued**e	Uds. (ellos) (ellas)	**pued**en

empezar (e → ie)

(yo)	**empiez**o	(nosotros) (nosotras)	**empez**amos
(tú)	**empiez**as	(vosotros) (vosotras)	**empez**áis
Ud. (él) (ella)	**empiez**a	Uds. (ellos) (ellas)	**empiez**an

pedir (e → i)

(yo)	**pid**o	(nosotros) (nosotras)	**ped**imos
(tú)	**pid**es	(vosotros) (vosotras)	**ped**ís
Ud. (él) (ella)	**pid**e	Uds. (ellos) (ellas)	**pid**en

GramActiva VIDEO

To learn more about stem-changing verbs, watch the **GramActiva** video.

El verbo *pedir*

¿Recuerdas?

Here are more stem-changing verbs that follow the patterns above.

o → ue	u → ue	e → ie	e → i
almorzar	jugar	entender	servir
costar		pensar	repetir
dormir		preferir	
		querer	

14 Mi clase favorita

Leer • Escribir

Completa las frases con la forma correcta del verbo apropiado.

Es increíble pero mi clase favorita __1.__ *(empezar / entender)* a las siete y media de la mañana. El profesor, el Sr. Díaz, es muy simpático y él __2.__ *(pedir / entender)* que todos tenemos mucho sueño en la mañana. Ningún estudiante __3.__ *(dormir / querer)* en esta clase porque siempre estamos muy activos. Yo creo que los estudiantes __4.__ *(preferir / poder)* las clases que tienen más actividades. Generalmente el Sr. Díaz __5.__ *(repetir / querer)* las instrucciones para las actividades dos o tres veces. A veces nosotros no __6.__ *(entender / servir)* los ejercicios en el libro y __7.__ *(pensar / pedir)* ayuda. El Sr. Díaz siempre __8.__ *(jugar / poder)* ayudarnos.

Hablar · GramActiva

Con otros(as) tres estudiantes, van a hacer dos cubos para su grupo con el modelo que les da su profesor(a).

Escriban un pronombre *(yo, tú, él, ella, nosotros, nosotras, Uds., ellos, ellas)* diferente en cada cara *(side)* del cubo 1. Escriban también un número diferente del 1 al 6 en cada cara.

Escriban un infinitivo diferente en cada cara del cubo 2. Escojan entre los verbos que ves aquí. Escriban también un número diferente del 1 al 6 en cada cara.

almorzar	jugar	preferir
dormir	pedir	querer
empezar	pensar	repetir
entender	poder	servir

Tiren *(Roll)* los dos cubos y, según el resultado, formen una frase. Si la frase es lógica y correcta, reciben los puntos que indican los números en los cubos, pero si la frase no es ni lógica ni correcta, no reciben nada. El grupo con más puntos gana *(wins)*.

Modelo

yo (= 6 puntos)   preferir (= 2 puntos)
Yo prefiero estudiar español y ciencias sociales. (= 8 puntos)

16 Un día típico

Escribir · Hablar

¿Puedes describir tu día típico en la escuela? Usa las palabras y expresiones en el recuadro y escribe un párrafo sobre tus clases, tus compañeros, los profesores y lo que haces durante el día.

yo	almorzar	durante la clase de . . .
mi amigo(a)	empezar	en la cafetería
el (la) profesor(a)	(no) dormir	en la clase de . . .
nosotros	(no) entender	muy temprano
las clases	preferir	sacar buenas /
mis amigos	querer	malas notas

Ahora compara tus descripciones con las de otro(a) estudiante. Hablen de las diferencias y las semejanzas *(similarities)* en el día de cada uno de ustedes.

Estos estudiantes argentinos almuerzan en la cafetería de su escuela.

17 Tu proyecto favorito . . .

Escribir • Hablar

Contesta las siguientes preguntas. Compara tus respuestas con las de otro(a) estudiante.

1. ¿En qué clases haces muchos proyectos?
2. ¿Prefieres hacer proyectos o tomar exámenes? ¿Por qué?
3. ¿Quieres hacer un proyecto en tu clase de español? ¿Qué tipo de proyecto?
4. ¿Pides ayuda cuando tienes que hacer un proyecto? ¿A quién?
5. Cuando haces un proyecto, ¿qué materiales usas?

Unos estudiantes pintan un mural en el barrio de Pilsen, Chicago, Illinois.

Pronunciación

The letters *b*, *v*, and *d* jdd-0188

The letters *b* and *v* are both pronounced the same. When the *b* or *v* is the first letter of a word or follows an *m* or *n*, it is pronounced like the English letter *b*. Listen to and say these words:

bien **v**ecinos tam**b**ién in**v**ierno

In all other positions, the letters *b* and *v* have a softer "b" sound. To produce it, put your lips close together (but not touching) and push the air through them. Listen to and say these words and sentences:

gusta**b**a jó**v**enes ár**b**ol de**v**ol**v**er

Benito **V**ásquez era un hom**b**re que **v**iaja**b**a en **B**rasil.

Mi no**v**io **v**i**v**ía en el Cari**b**e pero ahora **v**i**v**e en **B**uenos Aires.

Like the *b* and *v*, the Spanish *d* can have a hard or a soft sound. The *d* is hard at the beginning of a word or after *n* or *l*, like the *d* in the English word *dough*. Listen to and say these words:

donde **d**esfile fal**d**a cuan**d**o apren**d**er

Otherwise the *d* is soft like the English *th* in the English word *though*. Listen to the soft *d* in these words and repeat them:

ciu**d**ad mo**d**erno cuña**d**o bo**d**a ayu**d**ar

Repeat the following *refranes*. What do you think they mean?

Un hombre que sabe dos lenguas vale por dos.

Quien mucho vive, mucho ve.

"GOOD MORNING." "BUENOS DÍAS."

Más práctica

- **Guided** Gram. Practice pp. 27–28
- **Core** Gram. Practice p. 11
- **Communication** Writing p. 13, Test Prep p. 211
- *Real.* **para hispanohablantes** pp. 14–17

realidades.com
- Audio Activities
- Video Activities
- Speak & Record
- Canción de hip hop
- Animated Verbs
- Tutorial
- Leveled Workbook
- Web Code: jdd-0104

18 ¿Sacas buenas notas?

Leer • Escribir • Hablar

Mira las notas de Nora, una estudiante de Zacatecas, México. Observa cómo son las notas en la escuela de Nora. Observa también el número de asignaturas *(subjects)* que ella estudia.

1. ¿Cuál es la nota más alta de Nora? ¿Y la más baja?

2. ¿Cuántas asignaturas estudia Nora?

3. ¿Qué asignatura(s) estudia Nora que tú no estudias?

4. ¿Para qué semestre son las calificaciones?

Fondo cultural

México

Las notas El sistema de notas, o calificaciones, en México va del 1 (que es la nota más baja) al 10 (que, lógicamente, es la nota más alta). ¡Pero no todas estas notas son buenas! Para aprobar *(pass)* una asignatura necesitas una nota mínima de 6. Notas de 6 y 7 son equivalentes a una nota de "C" en los Estados Unidos. Notas de 8 son equivalentes a una "B" y las de 9 y 10 son como una "A".

• ¿Cómo son tus notas según el sistema de México?

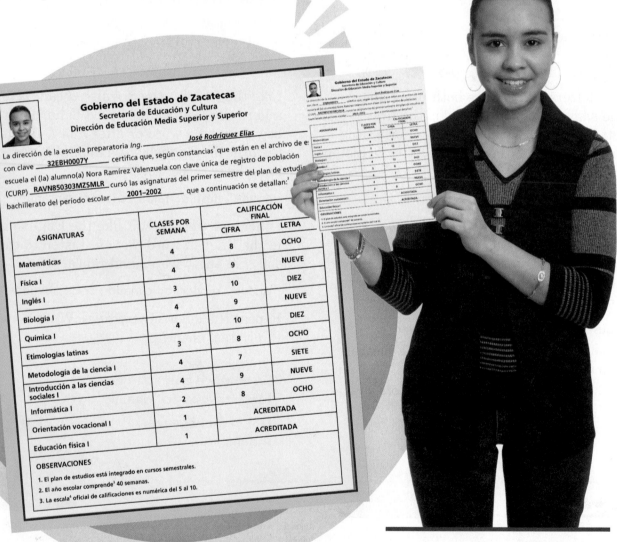

Gobierno del Estado de Zacatecas
Secretaría de Educación y Cultura
Dirección de Educación Media Superior y Superior

José Rodríguez Elías

La dirección de la escuela preparatoria *Ing._____* con clave ___**32EBH0007Y**___ certifica que, según constancias¹ que están en el archivo de esta escuela el (la) alumno(a) Nora Ramírez Valenzuela con clave única de registro de población (CURP) ___**RAVN850303MZSMLR**___ cursó las asignaturas del primer semestre del plan de estudios bachillerato del período escolar ___**2001–2002**___ que a continuación se detallan:

ASIGNATURAS	CLASES POR SEMANA	CALIFICACIÓN FINAL	
		CIFRA	LETRA
Matemáticas	4	8	OCHO
Física I	4	9	NUEVE
Inglés I	3	10	DIEZ
Biología I	4	9	NUEVE
Química I	4	10	DIEZ
Etimologías latinas	3	8	OCHO
Metodología de la ciencia I	4	7	SIETE
Introducción a las ciencias sociales I	4	9	NUEVE
Informática I	2	8	OCHO
Orientación vocacional I	1		ACREDITADA
Educación física I	1		ACREDITADA

OBSERVACIONES

1. El plan de estudios está integrado en cursos semestrales.
2. El año escolar comprende³ 40 semanas.
3. La escala⁴ oficial de calificaciones es numérica del 5 al 10.

Gramática

Affirmative and negative words

By now you know many affirmative and negative words.

Affirmative		Negative	
alguien	*someone, anyone*	**nadie**	*no one, nobody*
algo	*something*	**nada**	*nothing*
algún, alguno(s), alguna(s)	*some, any*	**ningún, ninguno, ninguna**	*no, none, not any*
siempre	*always*	**nunca**	*never*
también	*also, too*	**tampoco**	*neither, either*

> **¿Recuerdas?**
>
> To make a sentence negative, you usually put *no* in front of the verb.
>
> - **No** sacamos buenas notas en la clase de álgebra.
>
> Sometimes you can also use a negative word after the verb.
>
> - **No** estudiamos **nunca** el sábado por la noche.

Alguno, alguna, algunos, algunas, and *ninguno, ninguna* match the number (singular or plural) and gender (masculine or feminine) of the noun to which they refer.

> —¿Uds. van al laboratorio de computadoras en **algunas** clases?
>
> —No, no vamos al laboratorio en **ninguna** clase.

When *alguno* and *ninguno* come before a masculine singular noun, they change to *algún* and *ningún*.

> —¿Vas a dar **algún** discurso en la clase de inglés?
>
> —No, no voy a dar **ningún** discurso.

GramActiva VIDEO

Want to learn more about affirmative and negative words? Watch the **GramActiva** video.

Siempre jugamos.

19 Los profesores muy estrictos

Leer • Escribir

Los profesores de la escuela de Hugo son muy estrictos. Completa las descripciones con la palabra apropiada.

¡La profesora de álgebra es la más estricta de la escuela! __1.__ *(Ninguno/Ningún)* estudiante quiere estudiar con ella. Hay muchas reglas en la clase __2.__ *(también/ tampoco)*. En la clase de historia, tenemos __3.__ *(ninguna/algunas)* reglas, y son muy estrictas. En nuestra escuela __4.__ *(nunca/siempre)* podemos comer __5.__ *(nada/algo)* en clase. __6.__ *(También/Tampoco)* podemos beber. En la clase de ciencias puedo trabajar con __7.__ *(nadie/alguien)* para hacer la tarea. Pero, para la clase de inglés, no podemos trabajar con __8.__ *(nadie/alguien)*. En la clase de español __9.__ *(siempre/nunca)* trabajamos en parejas o en grupos para hacer proyectos. No conozco __10.__ *(ninguna/ alguna)* escuela con tantas reglas. ¡Esta escuela tiene __11.__ *(algunos/algunas)* de los profesores más estrictos!

20 ¿Qué conoces y a quién conoces?

Hablar

Trabaja con otro(a) estudiante y habla de algunas personas y cosas que conoces en tu escuela.

¿Recuerdas?

Conocer means "to know" or "to be familiar with" a person, place, or thing. It is a regular *-er* verb except in the *yo* form: *conozco*. When you say that you know a person, use *a* after the verb.

• **Conozco a** Estela, la amiga de Juan.

• **¿Conoces** la escuela Benito Juárez?

When using *conocer* with *alguien* or *nadie*, use *a* after the verb, since both words refer to a person.

• **¿Conoces a** alguien en esta escuela?

• No, no **conozco a** nadie.

Modelo

estudiantes trabajadores

A —¿Conoces a <u>algunos estudiantes trabajadores</u>?

B —*No, no conozco a <u>ningún estudiante trabajador</u>.*

o: *Sí, conozco a <u>algunos</u>. Enrique y Sara son muy <u>trabajadores</u>.*

1. profesores graciosos
2. estudiantes reservados
3. clase aburrida
4. chica estudiosa
5. libro interesante en la biblioteca
6. buenos lugares para estudiar
7. secretarias de la escuela

21 ¿Y en tu escuela?

Hablar

Haz las siguientes preguntas a otros(as) dos estudiantes. Comparen sus experiencias en diferentes clases.

1. ¿En qué clases puedes comer? ¿En cuáles puedes beber?

2. ¿Cuándo vienes a clases los fines de semana?

3. ¿Cuándo llegas temprano a la escuela? ¿Cuándo llegas tarde a casa?

4. ¿A veces puedes trabajar con alguien en algún proyecto o alguna tarea? ¿En cuál(es)?

5. ¿Cuáles son algunas de las reglas de tu clase de español? ¿Cuáles son algunas de las reglas de tus otras clases?

Fondo cultural

El mundo hispano

¿Más estrictos? En muchos países hispanohablantes *(Spanish-speaking),* las relaciones entre *(between)* los profesores y los estudiantes son más formales que en los Estados Unidos. En muchas escuelas, los estudiantes se levantan *(stand up)* cuando los profesores llegan a la sala de clases. Los estudiantes usan "usted" cuando hablan con un(a) profesor(a), y muchas veces los llaman "profesor" o "profesora" sin decir el apellido *(last name).*

• Piensa en cómo te comunicas con tus profesores. ¿En qué sentido *(way)* es similar o diferente a cómo se comunican en los países hispanohablantes? ¿Cómo afecta las relaciones entre los profesores y los estudiantes?

22 En la sala de clases

Escribir · Hablar

Imagina que tu clase está en un país hispanohablante. Las relaciones entre los estudiantes y los profesores son más formales. En grupos de cuatro, escriban un guión *(script)* sobre diferentes situaciones en la clase. Luego actúen su drama para la clase. Una persona es profesor(a) y los otros son estudiantes.

Modelo

La profesora entra en la sala de clases. Los estudiantes están de pie.
Clase: *Buenos días, profesora.*
La profesora: *Buenos días.*

23 Y tú, ¿qué dices?

Leer · Escribir

Lee lo que Joaquín te escribe por correo electrónico desde México. Luego escríbele una carta a Joaquín para contestar sus preguntas.

¡Hola!

¿Cómo estás? Yo estoy bien, pero tengo muchísima tarea. Tengo que escribir un informe para la clase de inglés. Quiero comparar las clases aquí en México con las clases de los Estados Unidos. ¿Me puedes ayudar? ¿Cuáles son las reglas de tus clases? ¿Qué cosas debes hacer? ¿Hay que llevar el carnet de identidad? ¿Qué se prohíbe? ¿Puedes llegar tarde a las clases? ¿Qué es lo que hay que hacer para sacar buenas notas en tus clases? Por favor, contesta mis preguntas. ¡Gracias!

Joaquín

El español en el mundo del trabajo

El profesor de español, Craig Reubelt, enseña en la *Laboratory Schools* de la Universidad de Chicago. Empezó a estudiar español a los 13 años y vivió en México por dos años. Tiene una maestría *(master's degree)* en Literatura de la Universidad de Chicago. En los veranos, el profesor Reubelt siempre viaja a un país hispanohablante.

- ¿Qué es lo que hay que hacer para ser un(a) buen(a) profesor(a)? ¿Quieres ser profesor(a) de español?

"Me encanta enseñar español y explicar cosas sobre las culturas hispanas".

Más práctica

- **Guided** Gram. Practice pp. 29–30
- **Core** Gram. Practice pp. 12–13
- **Communication** Writing p. 14
- *Real.* para hispanohablantes pp. 18–21

realidades.com
- Audio Activities
- Video Activities
- Speak & Record
- Tutorial
- Leveled Workbook
- Web Code: jdd-0105

Lectura

Para estudiar mejor...

Para comprender bien tus clases y sacar buenas notas, es importante estudiar bien. Pero hay muchos estudiantes que no saben estudiar. A veces no prestan atención y otras veces no piden ayuda cuando no entienden algo. Lee estos consejos *(advice)* para estudiar mejor de la revista española *Okapi*.

Objectives

- **Read and understand an article about good study habits**
- **Make a coat of arms**
- **Describe what you would do if you were principal for a day**
- **Read about Guanajuato, Mexico**

Estrategia

Using heads and subheads
Reading the heads and subheads in an article will often help you anticipate the material being presented. Before you read the magazine article below, try reading the head and subheads. What kinds of advice do you think will be in the article?

¡ENTRE NOSOTROS!

REGLAS DE ORO[1] para estudiar mejor

Silvia López, fiel lectora[2] de *Okapi*, nos da estas interesantes técnicas de estudio para los exámenes. Queremos repetirlas aquí para todos ustedes.

[1]gold   [2]faithful reader

¿Comprendiste?

1. ¿Cierto o falso? No es necesario estudiar a la misma hora todos los días.
2. ¿Según el artículo, es importante ser una persona organizada?
3. ¿Qué consejos del artículo ya *(already)* practicas?
4. ¿Qué piensas de estos consejos? ¿Son fáciles de seguir *(to follow)* en tu casa?
5. ¿Qué otros consejos para estudiar mejor les puedes dar a tus compañeros?

Más práctica

- **Guided** Reading Support p. 31
- **Communication** Writing p. 15, Test Prep p. 212
- *Real.* **para hispanohablantes** pp. 22–23

realidades.com ⌄

- Internet Activity
- Leveled Workbook
- Web Code: jdd-0106

Fondo cultural

El mundo hispano

Revistas para jóvenes Hay muchas revistas para jóvenes en español. Por ejemplo, la revista española *Okapi* tiene artículos sobre temas como los estudios, la vida social, la música, y la escuela. Hay secciones dedicadas a las ciencias, los deportes, la historia, la tecnología, los libros y mucho más.

- ¿Lees una revista similar a *Okapi*? ¿Qué tipos de revistas puedes identificar en esta foto?

¿Qué debes hacer a la hora de estudiar?

Para estudiar mejor necesitas una buena organización del trabajo y unos hábitos saludables. Siempre debes ser positivo. Repite frases como "yo puedo hacerlo" o "soy capaz³". Cuida⁴ tus libros y otros materiales. Generalmente una persona constante, organizada y trabajadora tiene buenos resultados en los estudios.

¿Cómo puedes organizarte para estudiar?

Establece un horario fijo para estudiar y planifica tu tiempo. Tienes que pasar suficiente tiempo para llegar al punto de máxima concentración. También

debes planear unos pequeños descansos de 5 a 10 minutos. Y si no entiendes algo, pide ayuda: ¡Tus padres o tus hermanos mayores te pueden ayudar!

¿Cómo puedes estudiar mejor y sacar buenas notas?

Tienes que cuidarte. Debes comer bien y dormir lo suficiente. Por ejemplo, no es bueno estudiar muy tarde por la noche antes de un examen. Debes estar tranquilo, sin estar ni nervioso ni ansioso. La tranquilidad emocional te ayuda a pensar mejor. También tienes que cuidar tu vista:⁵ cuando lees, el libro debe estar a 35–40 cm de distancia de tus ojos y siempre debes usar una buena lámpara.

³capable   ⁴Take care of   ⁵vision

La cultura en vivo
Un nuevo escudo de armas

Los escudos de armas[1] son una manera antigua de identificar a las familias importantes o a los reyes[2]. Los escudos tienen símbolos, animales y colores que representan a la familia. Hoy, muchas familias continúan usando los escudos de armas. Muchas compañías, universidades y escuelas también usan escudos de armas que son una versión moderna de esta manera de identificación.

¡Compruébalo! ¿Tiene tu escuela un escudo de armas? Investiga si tu escuela tiene uno y cuál es su significado.

Objetivo

Haz un escudo de armas para tu escuela. Si tu escuela tiene uno, haz otro nuevo.

Materiales

- hojas grandes de papel
- lápices de colores

Instrucciones

Trabaja con un grupo de tres o cuatro estudiantes.

1 Piensen en los símbolos de su escuela. ¿Cómo pueden usar estos símbolos en su nuevo escudo?

2 Dibujen la forma de un escudo o hagan una copia del escudo en la Figura 2.

3 Escojan tres o más símbolos.

4 Escojan tres o más colores.

5 Escojan un lema[3] en español para la escuela, por ejemplo, *Siempre listos* o *Salud, trabajo y bienestar.*

6 Dibujen el escudo y preséntenlo a la clase.

[1]coats of arms   [2]kings   [3]slogan

Figura 1 Éste es el escudo del Reino de España. En la parte de arriba está la corona *(crown)* de los reyes.

Figura 2

Presentación oral

Director(a) por un día

Task
You have been invited to be principal for a day. Your first task is to create some new school rules and display them on a poster. Be creative! After you complete the poster, present it to the class.

1 Prepare Make a list of six new school rules. Include three things students must do and three that are not allowed. You want to create a very supportive environment where people will learn better. Then make a poster to illustrate your rules.

2 Practice Using the illustrations on your poster, go through your presentation several times. You can use your notes when you practice, but not when you present. Be sure to:
- include three things that students must do and three things that are not allowed
- use complete sentences
- speak clearly

Estrategia

Brainstorming
Before you prepare a presentation, think of all the possible ideas for your project. List *all* your ideas, without judging whether they are good or bad. Then go back and review your list. Pick the best ones for your presentation.

realidades.com
- Speak & Record

Modelo

Éstas son mis reglas nuevas: Todos los estudiantes deben hacer preguntas si no entienden algo. Y hay que . . . ¡Se prohíbe hablar inglés en la clase de español! Y tampoco deben . . .

3 Present Tell your classmates your new school rules, using the visuals on your poster.

4 Evaluation Your teacher may give you a rubric for how the presentation will be graded. You probably will be graded on:
- how complete your presentation is
- how easy it is to understand you
- how clearly the visuals on your poster illustrate your rules

Preparación para …

En busca de la verdad

Guanajuato

Bienvenidos a Guanajuato, lugar principal del *Videomisterio*. A unos 450 kilómetros al noroeste de la Ciudad de México, Guanajuato tiene una población de más de 141,000 habitantes y es una ciudad con mucha historia. En los dos primeros Temas, van a conocer algunos lugares que tienen importancia en el video *En busca de la verdad*. Van a empezar a ver el video con el Tema 3.

Esta bella ciudad tiene una hermosa arquitectura del período colonial (siglos[1] XVI a XVIII). Esto fue posible gracias a la riqueza[2] de sus minas durante la colonización española de México. Estas minas hicieron de Guanajuato una ciudad muy importante, con costumbres y tradiciones españolas.

Hoy en día, Guanajuato todavía es una de las ciudades mexicanas más importantes en la producción de plata[3]. Sus minas, tal como la *Bocamina de la Valenciana*, son lugares de mucho valor histórico y cultural. ▶

Guanajuato es famosa por sus grandes héroes y batallas de la independencia mexicana (1810–1821). "El Pípila" es un monumento en homenaje al minero Juan José Martines de los Reyes. En 1810 él se convirtió en héroe cuando le prendió fuego[4] a la puerta de la fortificación española, llamada *Alhóndiga de Granaditas*. ▶

Las *estudiantinas* de Guanajuato son grupos de jóvenes que pasean cantando y caminando por las calles. Llevan trajes de diferentes colores y tocan instrumentos musicales.

[1]centuries   [2]riches   [3]silver   [4]set fire

Guanajuato es famosa por sus estrechas y empedradas[5] calles, llamadas *callejones*. También es un gran centro artístico, intelectual y cultural. Aquí nació el muralista Diego Rivera. Hay una respetada universidad en el centro. También hay una gran cantidad de museos, algunos artísticos, como el *Museo Iconográfico del Quixote*, y otros raros[6], como el *Museo de las Momias*.

Guanajuato celebra cada octubre el *Festival Cervantino*. Es en honor al escritor español Miguel de Cervantes y llegan personas de todo el mundo.

¿Sabes que . . . ?

Guanajuato tiene muchas calles subterráneas. Las calles son productos de las viejas minas y antiguos ríos. Éstas permiten que los coches pasen por la ciudad sin afectar la arquitectura colonial y el estilo de vida guanajuatense.

Para pensar

La belleza colonial y la vida cultural de Guanajuato atrae a visitantes de todo el mundo. ¿Qué ciudad estadounidense conoces que hace lo mismo?

[5]narrow and cobblestoned   [6]strange

Repaso del capítulo

Vocabulario y gramática

jdd-0189

To prepare for the test, check to see if you . . .
- know the new vocabulary and grammar
- can perform the tasks on p. 41

to talk about what you do in class

aprender de memoria	to memorize
contestar	to answer
dar un discurso	to give a speech
discutir	to discuss
explicar	to explain
hacer una pregunta	to ask a question
el informe	report
el laboratorio	laboratory
la palabra	word
pedir ayuda	to ask for help
el proyecto	project
sacar una buena nota	to get a good grade

to talk about classroom rules

a tiempo	on time
entregar	to turn in
llegar tarde	to arrive late
prestar atención	to pay attention
la regla	rule
respetar	to respect
se prohíbe . . .	it's forbidden . . .

to name school objects

el armario	locker
el asiento	seat
el carnet de identidad	I.D. card
la cinta adhesiva	transparent tape
la grapadora	stapler
los materiales	supplies, materials
las tijeras	scissors

For *Vocabulario adicional,* see pp. 498–499.

negative and affirmative words

alguien	someone, anyone
algún, alguna, algunos, -as	some, any
nadie	no one, nobody
ningún, ninguno, -a	no, none, not any

(See p. 31 for a complete chart.)

other useful words

conocer	to know
lo que	what
sobre	on, about

almorzar *(o → ue)* to have lunch

almuerzo	almorzamos
almuerzas	almorzáis
almuerza	almuerzan

empezar *(e → ie)* to start, to begin

empiezo	empezamos
empiezas	empezáis
empieza	empiezan

entender *(e → ie)* to understand

entiendo	entendemos
entiendes	entendéis
entiende	entienden

repetir *(e → i)* to repeat

repito	repetimos
repites	repetís
repite	repiten

Más práctica

- **Core** Puzzle p. 14, Organizer p. 15
- **Communication** Integrated
  Performance Assessment p. 213

realidades.com ⊙
- Tutorial
- Flashcards
- Puzzles
- Self-test
- Web Code: jdd-0107

Preparación para el examen

On the exam you will be asked to . . .	Here are practice tasks similar to those you will find on the exam . . .	If you need review . . .

Interpretive

jdd-0189

1 Escuchar Listen to and understand how students describe what they must do and what they cannot do in class

Listen as two students compare their Spanish classes. (a) What are two things that students do in both classes? (b) What are two things that are different? (c) Which class would you prefer? Why?

pp. 18–21 *Vocabulario en contexto*

Interpersonal

2 Hablar Ask and respond to statements made about classroom activities

Your teacher has asked you and a partner to see which classroom activities are the most common. Each of you will make a chart with a list of your classes across the top. Then think of five or six classroom activities and write them down the side of your chart. Write an *X* next to the activities that you do in each class. Then describe how often you do these activities.

Doy discursos en las clases de historia, español e inglés. Hablo sólo español en la clase de español todos los días.

p. 22 Actividad 4
p. 23 Actividades 5–6
p. 24 Actividad 7
p. 28 Actividades 15–16
p. 29 Actividad 17
p. 32 Actividad 21

Interpretive

3 Leer Read and understand a list of typical classroom rules

Read the rules below. Write the numbers 1–5 and then write a *P* for those statements that you think were the idea of *un(a) profesor(a)* or an *E* for those you think were written by *un(a) estudiante.*

1. Se prohíbe hacer la tarea a tiempo.
2. Hay que pedir ayuda si no entiendes.
3. Hay que prestar atención.
4. Se prohíbe traer libros a la clase de literatura.
5. Hay que dormir en las clases.

p. 31 Actividad 19
p. 33 Actividad 23
p. 37 *Presentación oral*

Presentational

4 Escribir Write a paragraph about your favorite class

In a short paragraph, describe your favorite class. Include: (a) what you do in the class; (b) the kind of homework you have.

p. 26 Actividad 12
p. 27 Actividad 14
p. 29 Actividad 17

Cultures

5 Pensar Demonstrate an understanding of coats of arms

You are researching *los escudos* before creating one for an assignment. A list of Web sites gives historical examples from Spanish-speaking countries. Based on what you have learned, what types of decoration would you expect to find on them? Where would they be displayed?

p. 36 *La cultura en vivo*

Vocabulario [Repaso]

los lugares

el café
el centro comercial
el cine
el gimnasio
el parque
el restaurante
el trabajo
la biblioteca
la casa
la iglesia, la mezquita,
    el templo, la sinagoga
la piscina

las actividades

caminar
dormir
escuchar música
hablar por teléfono
ir a la lección de
    (piano)
ir de compras
jugar videojuegos
leer
pasar tiempo con
    amigos
tocar (la guitarra)
trabajar
trabajar como
    voluntario, -a
usar la computadora

los deportes

correr
hacer ejercicio
ir al partido
jugar al (básquetbol,
    béisbol, fútbol, golf,
    tenis, vóleibol)
levantar pesas

1 ¿Qué haces?

Escribir • Hablar

1 En una hoja de papel, dibuja una tabla como la que está aquí. Escoge cinco lugares de la lista de vocabulario y escríbelos en la primera columna de la tabla. Entrevista a dos compañeros(as) de clase. Pregúntales si van a los lugares de la tabla. Ellos deben contestar según el modelo, usando *todos los días, a veces* o *nunca*. Después pregúntales qué hacen en los lugares.

2 Ahora completa la tabla con información personal. Después de hacerlo, compara tu tabla con las de tus compañeros. Guarda *(Keep)* tu tabla para la Actividad 2.

nombre:			
lugares	todos los días	a veces	nunca
el gimnasio			

Modelo

A —¿*Vas al gimnasio después de las clases?*
B —*Sí, a veces voy al gimnasio.*
A —¿*Qué haces allí?*
B —*Levanto pesas y juego al básquetbol.*

Gramática [Repaso]

The verb *ir*

Use *ir* to say where someone is going.

(yo)	voy	(nosotros) (nosotras)	vamos
(tú)	vas	(vosotros) (vosotras)	vais
Ud. (él) (ella)	va	Uds. (ellos) (ellas)	van

¿Recuerdas?

Spanish has two contractions:

a + el = **al**

de + el = **del**

- Mis amigos y yo vamos **al** café después de las clases.
- El nombre **del** café es Café Sol.

ir + a + infinitive

Use *ir + a +* infinitive to tell what someone is going to do.

Vamos a hablar por teléfono después de las clases.

---

2 ¿Adónde vamos?

Escribir

Usa la información de la Actividad 1 para escribir frases que dicen adónde van tus compañeros y tú y qué hacen allí.

Modelo

otro(a) estudiante y tú
Después de las clases Lisa y yo vamos a casa.
Usamos la computadora todos los días.

1. otros dos estudiantes
2. un(a) estudiante y tú
3. un(a) estudiante
4. otros dos estudiantes y tú
5. tú

Más práctica

- **Guided** p. 33
- **Core** pp. 16–17
- *Real.* **para hispanohablantes** p. 30

realidades.com ✓

- Leveled Workbook
- Web Code: jdd-0111

3 ¿Qué vas a hacer?

Escribir

Di qué va a hacer cada una de estas personas. Usa los verbos en el recuadro para contestar las preguntas.

Modelo

¿Qué va a hacer Jorge en el gimnasio?
Él va a jugar al vóleibol.

beber	estudiar	leer
comprar	jugar	nadar

1. ¿Qué van a hacer Uds. en el centro comercial?
2. ¿Qué van a hacer tus hermanos en la piscina?
3. ¿Qué va a hacer Mario en el parque?
4. ¿Qué va a hacer Verónica en la biblioteca?
5. ¿Qué voy a hacer en casa?

"Club Atlético Nueva Chicago" (1937), Antonio Berni

Oil on canvas, 6'¾ x 9' 10¼". Inter-American fund (645.1942). The Museum of Modern Art/Licensed by Scala-Art Resource, NY. Digital Image © 2004 Museum of Modern Art, New York.

Antonio Berni (1905–1981) nació en Rosario, Argentina, y fue uno de los artistas más importantes de Argentina y de América Latina. A veces Berni pintó (painted) cuadros con temas populares como éste que muestra (shows) el equipo de fútbol del barrio. Este cuadro es un buen ejemplo del estilo realista de Berni y vemos cómo pintó a cada uno de los jugadores como individuo.

- ¿Qué importancia tiene el fútbol en la cultura latinoamericana? ¿Qué actividades extracurriculares tienen importancia en tu comunidad? ¿Por qué?

Una escuela de
toreros en España

¿Qué haces después de las clases?

Chapter Objectives

- Talk about extracurricular activities
- Compare people and things
- Say what people know or what they know how to do
- Say with whom or what people are familiar
- Ask and tell how long something has been going on
- Understand cultural perspectives on extracurricular activities

Video Highlights

Videocultura: *Tu día escolar*

A primera vista: *Después de las clases*

GramActiva Videos: making comparisons; the verbs *saber* and *conocer*

Country Connection

As you learn to talk about what you and your friends do after school, you will make connections to:

Más práctica

- *Real.* para hispanohablantes pp. 30–31

realidades.com ✔
- Fondo cultural Activity
- Video Activities
- Online Atlas
- Web Code: jde-0002

Vocabulario en contexto

jdd-0197

Objectives

Read, listen to, and understand information about
- **extracurricular activities**

—En mi escuela los estudiantes **participan** en muchas **actividades extracurriculares.** Les gusta practicar deportes o son **miembros** de algún **club,** como el club de computadoras. Éstas son algunas de las actividades más populares **entre los jóvenes.**

—¿Tienes tú **la oportunidad** de participar en muchas actividades? ¿Tiene tu escuela **tantas** actividades **como** mi escuela? **¿Cuánto tiempo hace que** participas?

el ajedrez

jugar a los bolos

la animadora

el animador

el músico

la música

la banda

el equipo

Tienes que ir a **los ensayos** de la banda o a **las prácticas** del equipo de básquetbol para participar.

grabar una canción   **la orquesta**

la cantante

el coro   **el cantante**

El coro y la orquesta están grabando una canción.

el bailarín   **la fotógrafa**

la bailarina

el fotógrafo

Los dos fotógrafos son miembros del club de **fotografía. Hace dos años que son** miembros del club.

❝ **Conozco** a varios miembros del club de computadoras. Creo que este club es **tan** interesante **como** los otros clubes. En el club puedo . . .

. . . **navegar en la Red.**

. . . **hacer una búsqueda.**

. . . **crear una página Web ❞.**

Ramón **está en línea.** Le gusta **visitar salones de chat.**

❝ Me gusta ir al **club atlético ❞.**

las artes marciales

el hockey

hacer gimnasia

la natación

Más vocabulario
ganar to win, to earn
el pasatiempo pastime

1 **Unos estudiantes muy ocupados** 🔊 jdd-0197

Escuchar

Escucha a un estudiante que describe las actividades en su escuela. Señala cada actividad que él describe.

2 **¿Sí o no?** 🔊 jdd-0197

Escuchar

Escucha las frases. Si lo que escuchas es lógico, señala con el pulgar hacia arriba *(thumbs-up)*. Si la respuesta no es lógica, señala con el pulgar hacia abajo *(thumbs-down)*.

Más práctica

- **Guided** Vocab. Flash Cards pp. 34–40
- **Core** Vocab. Practice pp. 18–19
- **Communication** Writing p. 21
- *Real.* para hispanohablantes p. 32

realidades.com ▼
- Audio Activities
- Leveled Workbook
- Flashcards
- Web Code: jdd-0112

Después de las clases

¿En qué actividades extracurriculares participan Esteban y sus amigos? Vamos a ver.

Estrategia

Using visuals
Using the photographs that accompany the dialogue can help you understand what is being said.

Pedro Lisa Angélica Esteban

1 **Angélica:** Hola, todos. Otro año nuevo. ¡Me encanta el primer día de clases! Hola, Lisa.

Lisa: Hola, Angélica. Esteban, ¿cómo estás?

Esteban: Estoy cansado. No dormí bien anoche.

Lisa: Lo siento. Siéntense.

5 **Angélica:** Prefiero los deportes. Voy a ser miembro* del equipo de fútbol en la primavera. También soy animadora.

6 **Pedro:** Yo prefiero trabajar porque me gusta ganar dinero. También **tomo lecciones** de artes marciales en un club atlético. Me gusta mucho el karate.

7 **Angélica:** ¿Practicas mucho las artes marciales?

Pedro: Participo en algunas competiciones.

Lisa: ¿Ganas a veces?

Esteban: Pedro gana más que "a veces". Él tiene el cinturón negro. ¿Qué piensas de él ahora?

*The word *miembro* is used for both male and female students.

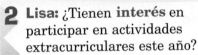

2 **Lisa:** ¿Tienen **interés** en participar en actividades extracurriculares este año?

3 **Esteban:** Hace dos años que soy miembro del club de computadoras. ¿A alguien le interesa **asistir a la reunión** conmigo esta tarde?

4 **Lisa:** Soy miembro de la banda y de la orquesta.

Angélica: ¿Vas a cantar en el coro también? Tienes **una voz** bonita.

Lisa: Sí, gracias. ¿Y tú? ¿Por qué no cantas en el coro? Vamos a **ensayar** hoy.

8 **Angélica:** Pedro, eres muy talentoso.

Pedro: Gracias.

Lisa: Pedro, ¡Eres tan misterioso! ¿Tienes más secretos?

Angélica: Bueno, hay que **volver** a clases. ¡Hasta luego!

3 **¿Comprendiste?**

Escribir • Hablar

1. ¿Dónde están los estudiantes? ¿De qué hablan?

2. ¿En qué actividad participa Esteban? ¿Cuánto tiempo hace que es miembro?

3. ¿Cuáles son las actividades extracurriculares de Lisa?

4. ¿Qué prefiere hacer Angélica?

5. ¿Por qué trabaja Pedro?

6. ¿Qué lecciones toma Pedro? ¿Dónde? ¿Es bueno?

Más práctica

● **Guided** Vocab. Check pp. 41–44
● **Core** Vocab. Practice pp. 20–21
● **Communication** Video pp. 16–17
● *Real.* **para hispanohablantes** p. 33

realidades.com Ⓥ

● Audio Activities
● Video Activities
● Leveled Workbook
● Flashcards
● Web Code: jdd-0113

Vocabulario en uso

4 Las actividades de mis amigos

Leer • Escribir

Completa las frases con la palabra apropiada.

Mis amigos y yo __1.__ *(participamos / volvemos)* en muchas actividades extracurriculares. Mi amiga Raquel tiene una buena __2.__ *(voz / reunión)*. Por eso, canta en __3.__ *(el coro / el ensayo)*. A mi amiga Gloria le encanta el español. Ella es __4.__ *(miembro / reunión)* del club de español. Raquel y Gloria también tocan un instrumento en la orquesta. Tienen __5.__ *(un ensayo / el interés)* todas las tardes. María es muy deportista. __6.__ *(Hace gimnasia / Estudia)* en el gimnasio y también es __7.__ *(animadora / bailarina)* para el equipo de fútbol de la escuela. A mí me gustan los deportes. Por la tarde __8.__ *(practico / asisto)* las artes marciales. Tengo el cinturón amarillo. También me gustan las computadoras. Con mi amigo Pedro, visitamos __9.__ *(salones de chat / la práctica)*. Somos __10.__ *(miembros / jóvenes)* del club de computadoras. Cuando no estamos ocupados con nuestras actividades, nos gusta ir al cine o tomar un refresco en un café.

También se dice . . .

el animador, la animadora = el/la porrista *(México, Colombia)*

jugar a los bolos = jugar al boliche *(Costa Rica, México)*

5 ¿Quién es?

Leer • Escribir

Lee estas descripciones. Para cada una, escribe la palabra que corresponde a la descripción. Después escribe una frase sobre alguien que tú conoces (una persona de tu comunidad o una persona famosa) usando la palabra.

Rubén Blades es un cantante y actor panameño muy popular.

Modelo

Enseña a los estudiantes a crear páginas Web y a hacer búsquedas en la Red.
Es una profesora de la clase de tecnología. La Sra. Ramos es una profesora de tecnología fantástica.

1. Saca fotos como pasatiempo o para su trabajo.

2. Toca un instrumento en la orquesta o en la banda.

3. Canta en un coro o en otro grupo musical. A veces graba canciones también.

4. Baila en programas de la escuela o de la comunidad.

5. Apoya *(He / She supports)* a los equipos deportivos. A veces baila y hace gimnasia también.

6 En tu escuela

Hablar

¿A quién conoces en tu escuela que participa en actividades extracurriculares? Habla con otro(a) estudiante de estas personas.

A —¿Conoces a un miembro de *la banda*?
B — *Sí, conozco a Ryan Johnston. Es un miembro de la banda. Asiste a los ensayos todos los días.*
o: *No, no conozco a ningún miembro de la banda.*
o: *No tenemos banda.*

Estudiante A

1. el club de
2. el equipo de
3.
4. el equipo de
5. el club de
6.

Estudiante B

las reuniones	todos los días
las prácticas	a menudo
los ensayos	a veces

¡Respuesta personal!

7 Escucha y escribe jdd-0198 🔊

Escuchar · Escribir

Escucha lo que dice una estudiante de Managua, Nicaragua, sobre las actividades extracurriculares allí. Escribe los números del 1 al 5 en una hoja de papel y escribe lo que escuchas. Después indica si estas actividades son populares entre los jóvenes de tu comunidad también.

Fondo cultural

El mundo hispano

Las actividades extracurriculares En América Latina, generalmente no hay oportunidades en las escuelas para participar en un coro, equipo deportivo, lecciones de artes marciales u otras actividades después de las clases. Los estudiantes que tienen interés en aprender algún pasatiempo como la fotografía, la música o el baile, van a centros culturales o talleres (*workshops*) en su comunidad.

• ¿Hay centros culturales en tu comunidad? ¿Qué actividades hay allí?

8 Las actividades populares

Escribir • Hablar

1 Escribe tres frases para describir qué actividades haces después de las clases. Usa las actividades del recuadro.

las artes marciales	la orquesta
el hockey	el béisbol
la natación	la música
la fotografía	los videojuegos
la banda	el ajedrez
el coro	

> **Modelo**
>
> *Después de las clases yo voy a casa y navego en la Red. También tomo lecciones de piano. A veces voy a un club atlético.*

2 Habla con tres estudiantes para saber qué hacen después de las clases. Escribe los nombres de los estudiantes y las actividades que hacen ellos.

> **Modelo**
>
> **A** —*¿En qué actividades extracurriculares participas después de las clases?*
> **B** —*Ensayo con la orquesta y después voy al club atlético. También tomo clases de artes marciales.*

3 Escribe cinco frases sobre las actividades que hacen tus compañeros y tú.

> **Modelo**
>
> *Pablo ensaya con la orquesta. Marisa va a casa y navega en la Red.*

Unos amigos juegan a los bolos, Colombia

9 Y tú, ¿qué dices?

Escribir • Hablar

1. ¿Qué te gusta más, ser miembro de un club o participar en un deporte? ¿Por qué?

2. ¿Usas la computadora mucho o poco en tu tiempo libre? ¿Para qué usas más la computadora? ¿Cuánto tiempo pasas en línea cada día?

3. ¿Cuáles son las actividades más populares en tu escuela? Describe por qué son populares.

4. ¿Hay suficientes actividades para jóvenes en tu comunidad? ¿Qué otras actividades debe ofrecer (offer)?

Gramática

Making comparisons

To compare people or things that are equal to one another, you use:

tan + *adjective* + como	as + adjective + as

En mi club, levantar pesas es **tan** popular **como** correr.

To say that things are *not* equal, you can use the negative.

En el club atlético, levantar pesas **no es tan** popular **como** correr.

To say "as much as" or "as many as," you use:

tanto, -a + *noun* + como	as much + noun + as
tantos, -as + *noun* + como	as many + noun + as

Note that *tanto* agrees in gender and number with what is being compared.

Hay **tantas** actrices en el ensayo **como** actores.

¿Recuerdas?

You already know several ways to compare things and people.

más + *adjective* + **que**

menos + *adjective* + **que**

mayor que / menor que

mejor que / peor que

You also know how to say that someone or something is "the most" or "the least":

el / la / los / las + *noun* + **más / menos** + *adjective* + **de**

el / la / los / las + **mejor(es) / peor(es)** + *noun* + **de**

• Cecilia cree que hacer gimnasia es **la actividad más divertida de** la escuela.

GramActiva VIDEO

To learn more about making comparisons, watch the **GramActiva** video.

Mejor . . . que

10 Comparaciones

Leer • Escribir

Estás hablando de personas en tu escuela. Completa las siguientes frases con la palabra apropiada.

1. La canción de Mercedes es ____ (tan / tanta) buena como la de Enrique.

2. Elena no es ____ (tanta / tan) deportista como Angélica.

3. La voz de Catalina es ____ (tan / tanto) bonita como la voz de Victoria.

4. En la banda no hay ____ (tantos / tan) músicos como en la orquesta.

11 En la escuela

Leer • Escribir

Todos hacemos comparaciones. Ahora es tu turno. Completa las siguientes frases y usa la forma apropiada de *tanto*.

1. yo / (no) tener / amigos(as) / como Luz

2. este año nosotros / (no) tener / profesores interesantes / como el año pasado

3. el equipo de fútbol americano / (no) tener / partidos / como el equipo de básquetbol

4. los chicos / (no) tener / oportunidades para hacer gimnasia / como las chicas

5. (no) hay / interés en el club de ajedrez / como en el club de ciencias

12 ¿Qué piensas de . . . ?

Hablar

Habla con otro(a) estudiante sobre lo que Uds. piensan de los siguientes temas. Usen la expresión *tan . . . como* y un adjetivo apropiado. Si prefieren, pueden usar también expresiones como *más . . . que* y *menos . . . que* para expresar sus opiniones.

Modelo

A —*¿Qué piensas de la clase de matemáticas y la clase de ciencias?*

B —*Pienso que la clase de matemáticas es tan difícil como la clase de ciencias. ¿Y tú?*

A —*Pienso que la clase de matemáticas es más interesante que la clase de ciencias.*

Estudiante A

1. la música clásica / la música rock
2. el fútbol americano / el fútbol
3. jugar a los bolos / jugar al ajedrez
4. los deportes de verano / los deportes de invierno
5. hacer gimnasia / practicar las artes marciales
6. practicar la fotografía / crear una página Web

Estudiante B

bonito, -a	fácil
emocionante	interesante
difícil	aburrido, -a

¡Respuesta personal!

13 Las actividades más populares

Escribir • Hablar

1 Trabaja con otro(a) estudiante. Escriban tres preguntas que pueden hacerles a los otros estudiantes de la clase sobre diferentes categorías de actividades, pasatiempos, deportes y personas.

Modelo

Para ti, ¿cuál es la actividad extracurricular más importante?

En tu opinión, ¿quién es el (la) cantante más talentoso(a) de la escuela?

2 Cada estudiante debe hablar con otros(as) dos compañeros(as) y hacerles las preguntas. Escribe sus respuestas. Con tu compañero(a), comparen las respuestas a sus preguntas.

3 Hagan una presentación sobre las opiniones de sus compañeros de clase.

Modelo

Muchos estudiantes piensan que la actividad extracurricular más importante es el deporte en equipos. Otros estudiantes dicen que el coro y la banda son tan importantes como los deportes.

Fondo cultural

El mundo hispano

Los deportes más populares El fútbol es el deporte preferido entre muchos jóvenes hispanohablantes. En la República Dominicana, Puerto Rico, Cuba, Venezuela y otros países, el béisbol es tan popular como el fútbol y muchas veces es el deporte más popular.

• ¿Cuáles son los deportes más populares en tu ciudad? Compara estos deportes con los de los jóvenes hispanohablantes. En tu opinión, ¿qué deporte es el mejor? ¿Por qué?

14 Los músicos

Escribir • Hablar

Mira estos dos cuadros del gran artista colombiano Fernando Botero. ¿En qué sentido (*way*) son similares? ¿En qué sentido son diferentes?

1 Copia el diagrama de Venn y escribe Cuadro 1 y Cuadro 2 encima de los círculos según el modelo. Escribe las características diferentes de cada cuadro en el círculo apropiado y las características similares en la intersección de los círculos. Luego escribe tres frases comparando los cuadros.

"Los músicos" (1979), Fernando Botero
Oil on canvas, 74(1).75 x 85.5 in. © Fernando Botero courtesy of the Marlborough Gallery, NY.

"Tres músicos" (1983), Fernando Botero
Oil on canvas, 64.5 x 48.5 in. © Fernando Botero courtesy of the Marlborough Gallery, NY.

2 Trabaja con un grupo de tres. Lee una de tus frases. En grupo, escriban una comparación de los dos cuadros. Usen las ideas de todos los miembros del grupo. Presenten su comparación a la clase.

Modelo

Cuadro 1 *Los dos* *Cuadro 2*

nueve músicos *músicos grandes* *tres músicos*

Los músicos en el primer cuadro son tan grandes como los músicos en el segundo cuadro.

Modelo

Hay más músicos en el primer cuadro que en el segundo cuadro.

Más práctica

- **Guided** Gram. Practice pp. 45–46
- **Core** Gram. Practice p. 22
- **Communication** Writing p. 22
- ***Real.* para hispanohablantes** pp. 34–37

realidades.com ▼

- Audio Activities
- Video Activities
- Speak & Record
- Tutorial
- Leveled Workbook
- Web Code: jdd-0114

Fondo cultural

Colombia

Fernando Botero es conocido por su estilo de arte único (*unique*). Es famoso tanto por sus cuadros como por sus esculturas. Esta escultura de un pájaro sufrió daños (*was damaged*) durante una explosión en 1995. Con el material dañado, Botero hizo una nueva escultura y la dedicó a la paz.

- Compara esta escultura con los cuadros de Botero. También compara la escultura con las esculturas en tu comunidad. ¿En qué sentido son similares y en qué sentido son diferentes?

"El Pájaro" (Little Bird or The Sparrow) (1988), Fernando Botero. Medium series, bronze sculpture. Courtesy of Jeremy Horner. © 2003 Corbis.

Gramática `Repaso`

The verbs *saber* and *conocer*

You already know the present-tense forms of *saber* and *conocer*. *Saber* and *conocer* both follow the pattern of regular *-er* verbs in the present tense, but each has an irregular *yo* form.

(yo)	sé	(nosotros) (nosotras)	**sab**emos
(tú)	**sab**es	(vosotros) (vosotras)	**sab**éis
Ud. (él) (ella)	**sab**e	Uds. (ellos) (ellas)	**sab**en

(yo)	**cono**zco	(nosotros) (nosotras)	**conoce**mos
(tú)	**conoce**s	(vosotros) (vosotras)	**conocé**is
Ud. (él) (ella)	**conoce**	Uds. (ellos) (ellas)	**conoce**n

• *Saber* means to know facts and information. You can also use *saber* with the infinitive of another verb to say that you know how to do something.

> ¿Sabes si tenemos tarea para mañana?
>
> ¿Sabes quién es el director de la banda?
>
> Sé jugar al ajedrez.

• *Conocer* means to know a person or to be familiar with a place or thing.

> ¿Conoces al profesor de esta clase? No, no lo conozco.
>
> ¿Conoces el club atlético de la calle Ocho?

GramActiva VIDEO

To learn more about *saber* and *conocer*, watch the **GramActiva** video.

Sé mucho.

15 Tu profesor(a) quiere saber

Escuchar • GramActiva

En una hoja de papel, escribe *No lo conozco* por un lado y *No lo sé* por el otro. Tu profesor(a) quiere saber lo que sabes y lo que conoces. Escucha sus frases y contesta cada una en el negativo. Muestra el lado apropiado del papel según lo que dice.

No lo conozco.

No lo sé.

16 ¡Qué emocionante!

Leer • Escribir

1 Imagina que un estudiante de intercambio *(exchange student)* viene a tu escuela. Completa las frases de su correo electrónico con las formas apropiadas de los verbos *saber* y *conocer*.

2 Escríbele una carta por correo electrónico a este estudiante y contesta sus preguntas.

¡Hola!

Voy a ser un nuevo estudiante en tu escuela y tengo muchas preguntas. ¿Puedes ayudarme? Yo no __1.__ nada de tu escuela. ¿Es grande? ¿ __2.__ tú cuántos estudiantes hay? ¿ __3.__ tú a muchos estudiantes? ¿Cómo son? ¿ __4.__ al director de la escuela? ¿Es muy estricto? ¿ __5.__ si tiene muchas reglas? ¿ __6.__ qué tipo de actividades extracurriculares hay en la escuela o comunidad? Soy miembro de una banda en mi comunidad. Toco la trompeta. ¿ __7.__ tocar algún instrumento musical? Me gusta salir con mis amigos después de las clases. ¿ __8.__ muchos lugares bonitos adónde ir? Quiero __9.__ toda la ciudad donde vives.

Escríbeme pronto.

Rogelio

17 ¿Conoces a tu compañero(a)?

Hablar • Escribir

1 Habla con otro(a) estudiante para conocerlo(la) mejor. Usa el verbo *saber* o *conocer* y hazle preguntas. Escribe sus respuestas.

Modelo

A — *¿Conoces la música de Rubén Blades?*
B — *Sí, la conozco.*
A — *¿Sabes jugar al vóleibol?*
B — *No, no sé jugar al vóleibol, pero sé jugar al fútbol.*

Estudiante A

muchos estudiantes en esta escuela
un buen club atlético
un buen salón de chat para visitar
navegar en la Red

otras ciudades
crear una página Web

¡Respuesta personal!

Estudiante B

¡Respuesta personal!

2 Usa las respuestas de tu compañero(a) y escribe un párrafo sobre él (ella).

Modelo

Mario es un chico muy talentoso. Sabe jugar al fútbol y al béisbol y sabe usar la computadora. Sabe crear páginas Web y conoce muchos salones de chat . . .

Más práctica

- **Guided** Gram. Practice pp. 47–48
- **Core** Gram. Practice p. 23
- **Communication** Writing p. 23
- ***Real.* para hispanohablantes** pp. 38–39

realidades.com ▼

- Audio Activities
- Video Activities
- Speak & Record
- Canción de hip hop
- Animated Verbs
- Tutorial
- Leveled Workbook
- Web Code: jdd-0115

En el club de computadoras

Gramática

Hace + time expressions

To ask how long something has been going on, use:

¿Cuánto tiempo + hace que + present-tense verb?

¿Cuánto tiempo hace que eres miembro del club atlético?

How long have you been a member of the athletic club?

¿Cuánto tiempo hace que Uds. practican con el equipo de básquetbol?

How long have you been practicing with the basketball team?

To tell how long something has been going on, use:

Hace + period of time + que + present-tense verb

Hace más de dos años que soy miembro del club atlético.

I've been a member of the athletic club for more than two years.

Hace tres semanas que practicamos con el equipo de básquetbol.

We've been practicing with the basketball team for three weeks.

18 Hace mucho tiempo que . . .

Escribir • Hablar

1 Escribe seis frases para decir cuánto tiempo hace que estos estudiantes hacen diferentes actividades.

Modelo

dos años / Esteban / ser miembro del club
Hace dos años que Esteban es miembro del club de computadoras.

1. diez meses / Pedro / tomar lecciones

2. muchos años / Lisa / hacer

3. un año y medio / Juan y Alberto / participar

4. dos años / yo / ser miembro del club

5. un año / Marta / ser

6. seis años / tú y yo / jugar

2 Trabaja con otro(a) estudiante. Pregunta y contesta sobre las actividades de los estudiantes.

Modelo

A —*¿Cuánto tiempo hace que Esteban es miembro del club de computadoras?*
B —*Hace dos años que es miembro del club.*

19 Una entrevista

Escribir • Hablar

1 Escribe cinco frases sobre tus actividades favoritas y tus pasatiempos.

2 Entrevista a otro(a) estudiante para saber en qué actividades participa y cuándo empezó a practicarlas. Escribe las respuestas de tu compañero(a).

Modelo

A —¿En qué actividades participas?
B —Me encanta esquiar en el invierno.
A —¿Cuánto tiempo hace que esquías?
B —Hace diez años que esquío.

20 Juego

Escribir • Leer • Escuchar

Usa la información de la Actividad 19 y escribe una descripción de tu compañero(a). No debes incluir el nombre de tu compañero(a) en la descripción. Pon la descripción en una bolsa. Otro(a) estudiante toma una descripción y la lee delante de la clase. La clase tiene que identificar a quién describe.

Modelo

A esta persona le gusta practicar deportes. Hace diez años que . . .

21 Una cantante famosa

Leer • Hablar

Lee esta descripción de una cantante famosa. Después trabaja con otro(a) estudiante para contestar las preguntas.

Celia Cruz

Reina[1] de la salsa

Hace más de 50 años que el mundo[2] conoce y admira a Celia Cruz. Esta cantante y actriz cubana vivió en los Estados Unidos desde[3] los años 60 hasta[4] su muerte, en 2003. Todos la conocen por su música de "salsa". Celia grabó[5] más de 70 discos y recibió 18 nominaciones al Grammy. Recibió su primer Grammy en el año 1989. También conocemos a Celia por sus películas, como *The Mambo Kings,* una película con Antonio Banderas y Armand Assante. Ella es tan famosa que hay una estrella[6] en el Boulevard de Hollywood con su nombre. Otra cantante famosa, Gloria Estefan, dice que "Celia ejemplifica la energía y el espíritu de la música cubana y latina".

[1]Queen [2]world [3]since [4]until [5]recorded [6]star

1. ¿Por qué conoce el mundo a Celia Cruz?
2. ¿Hace cuántos años el mundo conoce a Celia Cruz?
3. ¿De dónde es Celia? ¿Cuánto tiempo hace que ella recibió su primer Grammy?
4. ¿Cómo sabemos que Celia es muy famosa?

Más práctica

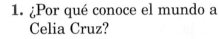

- **Guided** Gram. Practice pp. 49–50
- **Core** Gram. Practice p. 24
- **Communication** Test Prep p. 214
- **Real.** para hispanohablantes p. 40

realidades.com

- Audio Activities
- Video Activities
- Speak & Record
- Tutorial
- Leveled Workbook
- Web Code: jdd-0116

22 Dibuja una página Web

Leer · Hablar · Escribir · Dibujar

Trabaja con otro(a) estudiante y dibujen una página Web sobre una actividad extracurricular favorita.

Conexiones │ La computación

Para crear una página Web, pueden empezar a trabajar sin usar una computadora. Dibujen un tablero *(storyboard)* para la página principal. Decidan cómo van a ilustrar la página y qué enlaces *(links)* van a tener. Preparen una presentación de su página Web. Usen la página Web del Club de fotografía de la Escuela Secundaria Vallejo como modelo.

Club de fotografía
Escuela Secundaria Vallejo

- Horario de reuniones
- Lugar
- Exposición de trabajos
- Equipo* necesario

*Equipment

Trabaja con tu compañero(a) y comparen la página Web que Uds. dibujaron con una verdadera página Web de deportes. Luego contesta las siguientes preguntas.

1. ¿Qué información tienen las dos páginas? ¿Qué otra información tiene la verdadera página Web?
2. ¿Qué información no tiene tu página Web?
3. ¿Qué puedes cambiar para dibujar una página Web mejor?

Exploración del lenguaje

Nouns and verbs

In Spanish, you can turn some verbs into nouns by dropping the final *r* of the infinitive and adding *-ción*. The *-ción* ending is equivalent to the *-tion* ending in English. The nouns formed in this way are feminine:

decorar → la decoración

preparar → la preparación

¡Compruébalo! What are the corresponding nouns for each of the following verbs?

celebrar   explicar   observar   participar

And what are the corresponding verbs for these nouns?

comunicación   presentación

graduación   repetición

Refrán

Primero la obligación y entonces la celebración.

23 Un anuncio

Leer · Escribir · Hablar

Lee el folleto *(brochure)* del Club Deportivo Acuasol. Luego contesta
las preguntas con otro(a) estudiante.

Bienvenidos

¡Club Deportivo Acuasol!

Deporte

Un estilo de vida

En el Club Deportivo Acuasol,
tenemos una misión: dar a nuestra
comunidad un lugar agradable
para el ejercicio personal y la
integración de la familia, a través
del* deporte, la recreación y
la cultura, con el fin de ofrecer
bienestar y calidad de vida. En el
Club Deportivo Acuasol hay una
variedad de cursos tanto culturales
como deportivos, en diferentes
horarios y días de la semana.

La mayor parte de nuestras
actividades se ofrece sin
costo adicional. También
tenemos parqueadero,
cafetería y servicio médico.
Por eso, empieza desde hoy
a cuidar tu salud y a ampliar
tus horizontes culturales y
sociales aquí en el . . .

¡Club Deportivo Acuasol!

Ofrecemos:

Aeróbicos

Ballet   Cultura

Básquetbol

Danza regional

Jazz

Gimnasia reductiva

Natación

Tae Kwon Do

Tai Chi Chuan

Tenis   Recreación

Yoga

Taller de teatro

Squash

Coro

*through

1. ¿Para qué es este folleto?

2. ¿Qué servicios hay en el Club Deportivo
   Acuasol?

3. ¿Te gustaría ser miembro de este club?
   ¿Por qué?

4. ¿Conoces un club atlético en tu comunidad?
   ¿Tiene ese club tantos servicios diferentes
   como el Club Deportivo Acuasol? Compara
   los dos clubes.

5. ¿Eres miembro de algún club? ¿Cómo se
   llama? ¿Cuánto tiempo hace que eres
   miembro del club?

El español en la comunidad

La salsa es uno
de los bailes más
populares entre
los hispanohablantes.
Hoy en día, muchas veces uno
puede encontrar *(find)* clases que enseñan este baile en
varios lugares dentro de la comunidad. Busca en el
periódico o en tu comunidad o en una comunidad cerca
lugares que ofrecen clases de salsa.

• ¿Te gustaría aprender a bailar salsa como actividad
  extracurricular? ¿Por qué?

Lectura

¡A bailar!

¿Te gusta bailar pero eres un poco tímida? ¿Piensas que bailas muy mal? ¿Necesitas aprender a bailar en seguida? ¡Haz tus sueños realidad hoy mismo! Lee la página Web de la Escuela Internacional de Baile.

Objectives

- Read a Web page about a dance school
- Compare schools in the United States and Spain
- Write a paragraph about your extracurricular activities and interests
- Read about San Miguel de Allende, Mexico

Estrategia

Predicting
You are going to read a page from the Web site of a dance school. What kind of information do you expect to see on the page?

La Escuela Internacional de Baile

- TANGO
- MERENGUE
- FLAMENCO
- SWING

te ofrece una gran variedad de clases de bailes tradicionales y contemporáneos.

Razones para hacerse[1] miembro hoy mismo:
- Puedes participar en una actividad sana y deportiva que te ayuda a entender las ricas tradiciones y costumbres de varios países hispanohablantes.
- Si no tienes pareja para bailar, ¡no te preocupes! Puedes conocer a otros jóvenes simpáticos de varias escuelas que vienen a aprender estos bailes.
- Puedes ir a competiciones internacionales en Francia, los Estados Unidos y el Japón, y hasta ganar muchos premios.

[1]Reasons to become

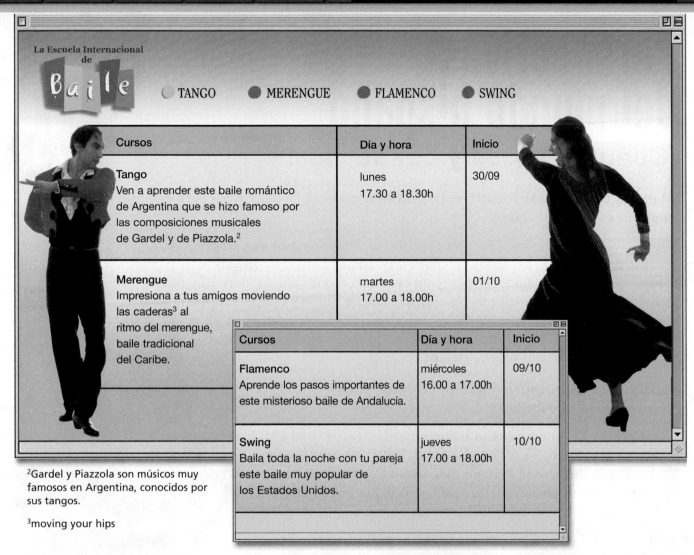

La Escuela Internacional de **Baile**

○ TANGO   ● MERENGUE   ● FLAMENCO   ● SWING

Cursos	Día y hora	Inicio
Tango Ven a aprender este baile romántico de Argentina que se hizo famoso por las composiciones musicales de Gardel y de Piazzola.[2]	lunes 17.30 a 18.30h	30/09
Merengue Impresiona a tus amigos moviendo las caderas[3] al ritmo del merengue, baile tradicional del Caribe.	martes 17.00 a 18.00h	01/10

Cursos	Día y hora	Inicio
Flamenco Aprende los pasos importantes de este misterioso baile de Andalucía.	miércoles 16.00 a 17.00h	09/10
Swing Baila toda la noche con tu pareja este baile muy popular de los Estados Unidos.	jueves 17.00 a 18.00h	10/10

[2]Gardel y Piazzola son músicos muy famosos en Argentina, conocidos por sus tangos.

[3]moving your hips

¿Comprendiste?

1. ¿Qué clases puedes tomar en la Escuela Internacional de Baile?

2. ¿Qué razones da la página Web para ser miembro de la escuela?

3. ¿Cuál de los bailes te interesa más? ¿Por qué?

4. ¿Te gustaría tomar una clase en esta escuela? ¿Por qué?

Más práctica

- **Guided** Reading Support p. 51
- **Communication** Writing p. 24, Test Prep p. 215
- *Real.* **para hispanohablantes** pp. 42–43

realidades.com ⌄

- Internet Activity
- Leveled Workbook
- Web Code: jdd-0117

Fondo cultural
México

El ballet El ballet clásico y el ballet folklórico tienen una larga historia en varios países hispanohablantes. Muchos países tienen un ballet nacional, como el Ballet Nacional de España o el Ballet Folklórico de México. El ballet folklórico se inspira en el folklore, la danza popular y los bailes tradicionales de un país, e interpreta estas tradiciones con técnicas de la danza clásica y moderna. Muchas compañías de ballet también tienen escuelas de baile.

Ballet Folklórico de México

- ¿El ballet es popular donde vives? ¿Hay algún baile folklórico en tu región? ¿Hay una compañía de ballet en tu ciudad?

Perspectivas del mundo hispano
¡Cuántos libros y cuadernos!

Marcos, un estudiante mexicano, está en una escuela estadounidense.

 "Vivo con mi familia en Estados Unidos y veo que en las escuelas estadounidenses hay menos materias que en las escuelas de mi país. Aquí tenemos menos clases, pero hay más actividades extracurriculares. No usamos tantos libros y cuadernos, pero necesitamos muchas cosas para los deportes, las clases de música y las visitas a lugares interesantes. Siempre les pregunto a mis amigos: "¿Quién me ayuda con todas estas cosas?".

Latifa, una estudiante norteamericana, está en una escuela española.

 "Aquí en España todos los estudiantes tienen muchas clases, 11 ó 12 cada curso. Todos los días hay que llevar a la escuela muchos libros y muchos cuadernos, y también el almuerzo. A veces, ¡no puedo poner todos los libros en la mochila!".

En los países hispanohablantes, los planes de estudio de la educación secundaria y el bachillerato tienen muchas asignaturas[1]. Cada plan de estudio tiene de 10 a 12 asignaturas. En los primeros años, las materias son obligatorias. En los últimos años, puedes escoger[2] algunas de las materias.

¡Compruébalo! Compara tus asignaturas con la lista de asignaturas de la escuela secundaria de España. ¿Qué clases tienes en común con las de este país? ¿Hay clases en España que no tiene tu escuela?

¿Qué te parece? ¿Tienes que llevar muchos libros y cuadernos a clase? ¿Qué otras cosas tienes que llevar? ¿Qué prefieres: tener más asignaturas y menos actividades extracurriculares o menos asignaturas y más actividades?

[1]courses [2]choose

Asignaturas de la escuela secundaria

España

Lengua y literatura castellana

Lengua y literatura de las comunidades autónomas

Lengua extranjera

Matemáticas

Ciencias sociales, Geografía e Historia

Educación física

Ciencias de la naturaleza

Educación plástica y visual

Tecnología

Música

Presentación escrita
Mis actividades extracurriculares

Task

Your school offers many extracurricular activities so that students can explore different interests. Your teacher wants to learn more about you and has asked you to write about your activities and tell why you chose them.

1 Prewrite List your activities and tell why you find them interesting or challenging. Also note how long you have been involved in doing them.

2 Draft Use your list and notes to write a first draft of your paragraph. Try to personalize it as much as possible by telling how you feel about these activities and why you do them.

3 Revise Read through your paragraph and check:

- spelling
- use of *hace* + time expressions
- verb forms

Share your paragraph with a partner. Your partner should check the following:

- Is your paragraph easy to understand?
- Does it give information about you and your activities?
- Is there anything you should add or change?
- Are there any errors?

Rewrite your paragraph, making any necessary changes. You may want to add a photo of you participating in one of the activities or some drawings that illustrate the activities.

4 Publish Make a final copy of your paragraph to give to your teacher or to add to your portfolio.

5 Evaluation Your teacher may give you a rubric for how the paragraph will be graded. You will probably be graded on:

- how much information you provide about yourself
- use of vocabulary
- accuracy and use of the writing process

Estrategia

Personalizing
To personalize your writing, think about why you enjoy certain activities and what attracts you to them.

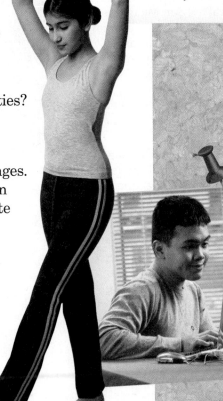

Preparación para ...

En busca de la verdad

San Miguel de Allende

Bienvenidos a San Miguel de Allende, una ciudad visitada en el videomisterio. San Miguel de Allende está a unos 92 kilómetros al sudeste de Guanajuato y tiene una población de más de 134,000 habitantes. Fue fundada por Fray Juan de San Miguel en 1542, y a él debe parte de su nombre.

El clima primaveral[1] de San Miguel de Allende la hace una de las ciudades de México más populares para visitar. La ciudad tiene un ambiente[2] cultural y artístico de muchísima variedad. Es famosa por sus restaurantes. También es un refugio para artistas y artesanos. ▶

Según la historia, San Miguel de Allende creció alrededor de un manantial[3] de agua llamado El Chorro. Este famoso manantial que da agua todo el año puede verse en el Paseo del Chorro, un parque popular al sur de la ciudad.

▲ La Plaza Allende es el corazón de la ciudad y uno de los sitios más visitados, especialmente los domingos. Tiene un quiosco y muchos jardines con flores, principalmente rosas. Desde este jardín también puedes ver la Presidencia Municipal[4], casas históricas e iglesias importantes.

[1]spring-like   [2]atmosphere   [3]spring

[4]Town Hall

En esta casa nació Ignacio
Allende, uno de los líderes de
la independencia mexicana.
La estatua es una representación
de este gran hombre.

¿Sabes que . . . ?

Ignacio Allende estudió en el colegio de San
Francisco de Sales, en San Miguel de Allende. Fue
aquí donde recibió la educación que lo inspiró para
luchar contra[5] los españoles por la independencia.
Después la ciudad tomó el apellido de este héroe.

Para pensar

San Miguel de Allende, igual que Guanajuato, se
ha convertido[6] en un centro cultural e intelectual
internacional sin perder su ambiente de pueblo
tranquilo. ¿En Estados Unidos hay ciudades
con las mismas características de San Miguel de
Allende? ¿Cuáles son?

[5]to fight against   [6]has been changed

Repaso del capítulo

Vocabulario y gramática

jdd-0199

Chapter Review

To prepare for the test, check to see if you . . .
- **know the new vocabulary and grammar**
- **can perform the tasks on p. 69**

to talk about extracurricular activities

las actividades extracurriculares	extracurricular activities
el ajedrez	chess
el club, *pl.* los clubes	club
el club atlético	athletic club
el equipo	team
la fotografía	photography
el fotógrafo, la fotógrafa	photographer
los jóvenes	young people
el miembro	member
ser miembro	to be a member
el pasatiempo	pastime
la práctica	practice
la reunión, *pl.* las reuniones	meeting

to talk about athletic activities

el animador, la animadora	cheerleader
las artes marciales	martial arts
hacer gimnasia	to do gymnastics
el hockey	hockey
jugar a los bolos	to bowl
la natación	swimming

to talk about music and drama

la banda	band
el bailarín, la bailarina	dancer
la canción, *pl.* las canciones	song
el (la) cantante	singer
el coro	chorus, choir
ensayar	to rehearse
el ensayo	rehearsal
el músico, la música	musician
la orquesta	orchestra
la voz, *pl.* las voces	voice

to talk about actions with activities

asistir a	to attend
ganar	to win, to earn
grabar	to record
participar (en)	to participate (in)
tomar lecciones	to take lessons
volver *(o → ue)*	to return

to talk about and describe Internet activities

crear una página Web	to create a Web page
estar en línea	to be online
hacer una búsqueda	to do a search
navegar en la Red	to surf the Web
visitar salones de chat	to visit chat rooms

other useful words

entre	among, between
el interés	interest
la oportunidad, *pl.* las oportunidades	opportunity

to tell how long something has been going on

¿Cuánto tiempo hace que . . . ?	How long . . . ?
Hace + *time* + que . . .	It has been . . .

to make comparisons

tan + *adj.* + como	as + *adj.* + as
tantos(as) + *noun* + como	as much / many + *noun* + as

saber *to know (how)*

sé	sabemos
sabes	sabéis
sabe	saben

conocer *to know, to be acquainted with*

conozco	conocemos
conoces	conocéis
conoce	conocen

For *Vocabulario adicional,* see pp. 498–499.

Más práctica

- **Core** Puzzle p. 25, Organizer p. 26
- **Communication** Practice
  Test pp. 217–219, Integrated
  Performance Assessment p. 216

realidades.com

- Tutorial
- Flashcards
- Puzzles
- Self-test
- Web Code: jdd-0118

Preparación para el examen

On the exam you will be asked to . . .	Here are practice tasks similar to those you will find on the exam . . .	If you need review . . .

Interpretive

jdd-0199

1 Escuchar Listen and understand as teenagers talk about what they do after school

Listen as two teenagers describe what they do after school. See if you can understand: (a) what they like to do; (b) why they like to do it; (c) how long they have been participating in that particular activity.

pp. 46–49 *Vocabulario en contexto*
p. 51 Actividad 7
p. 57 Actividad 17
p. 59 Actividad 20

Interpersonal

2 Hablar Talk about the extracurricular activities that you are interested in doing after school and how long you have been doing these activities

Imagine that you meet a new classmate from Venezuela who is going to your school. Since you both seem to like the same types of things: (a) tell him about some of the things you do after school that you think would interest him; (b) ask him to go with you to one of your activities.

p. 51 Actividad 6
p. 52 Actividad 8
p. 54 Actividad 13
p. 58 Actividad 18
pp. 59 Actividades 19–20

Interpretive

3 Leer Read and understand a letter making comparisons

Read the following letter to an advice columnist. What problem is the writer describing? How does he compare himself to his brother?

Mi hermano mayor es muy estudioso y deportista. Pero yo . . . ¡no! A mí me interesa visitar a mis amigos en los salones de chat en la Red. Según mis amigos, soy increíble con mi computadora. ¡El problema es que todos mis profesores piensan que soy tan estudioso y deportista como mi hermano! Mis padres dicen que debo ser como mi hermano. No me gusta.

—Frustrado

p. 53 Actividad 11
p. 57 Actividad 16
pp. 62–63 *Lectura*

Presentational

4 Escribir Write briefly about your extracurricular activities

You're trying to get an after-school job. Most of the applications you have picked up ask the same questions: *¿En qué actividades extracurriculares participas? ¿Cómo te van a ayudar estas actividades en este trabajo?* Write a brief paragraph describing your extracurricular activities and mention why you like these activities.

p. 50 Actividad 4
p. 52 Actividades 8–9
p. 57 Actividad 16
p. 59 Actividad 19
p. 65 *Presentación escrita*

Cultures

5 Pensar Demonstrate an understanding of the differences between schools in the United States and Spain

Your friend's father is being transferred to Spain for one year, so your friend will be attending school in Madrid. Based on this chapter, what could you tell him about the differences that he will probably find in his new school there?

p. 64 *Perspectivas del mundo hispano*

Vocabulario **Repaso**

Parte superior del cuerpo

el abrigo
los anteojos de sol
la blusa
la camisa
la camiseta
la chaqueta
la corbata
la gorra
los guantes
la sudadera
el suéter
el traje
el traje be baño
el vestido

Parte inferior del cuerpo

las botas
los calcetines
la falda
los jeans
los pantalones
los pantalones cortos
los zapatos

1 ¿Qué llevas?

Escribir • Hablar

Completa las frases con la ropa que llevas en las siguientes ocasiones. Después compara tus respuestas con las de otro(a) estudiante. Habla de la ropa que los dos usan.

Modelo

Cuando hace frío, *llevo un suéter y guantes.*

1. Cuando voy a la piscina, . . .
2. Cuando voy a un partido de fútbol, . . .
3. Cuando estoy en casa, . . .
4. Cuando voy al cine, . . .
5. Cuando voy a un baile elegante, . . .
6. Cuando llueve, . . .

2 Juego

Escuchar

Tu profesor(a) va a ser Simón y te va a decir que toques *(touch)* una parte de tu cuerpo. Por ejemplo, si escuchas, "Simón dice . . . 'tócate la cabeza'", tienes que tocarte la cabeza. Si no escuchas "Simón dice . . ." y te tocas esa parte del cuerpo, ¡pierdes *(you lose)*!

Gramática — Repaso

Verbs and expressions that use the infinitive

When you use two verbs together in Spanish, the second one is usually the infinitive.

Óscar **prefiere llevar** jeans los fines de semana.
¿**Vas a llevar** un suéter esta noche?

- Here are some verbs and expressions that you have used that are often followed by an infinitive:

me gusta / gustaría	*I like / would like*	querer *(e → ie)*	*to want*
me encanta	*I love*	pensar *(e → ie)*	*to plan*
poder *(o → ue)*	*to be able*	necesitar	*to need*
deber	*ought to, should*	tener que	*to have to*
preferir *(e → ie)*	*to prefer*	ir a	*to be going to*

You can use the present tense of the verb *acabar* followed by *de* + the infinitive to indicate that something has just happened:

Nosotros **acabamos de escuchar** esa canción.

We **just listened to** that song.

---

③ Un mensaje electrónico

Leer • Escribir

Recibes este mensaje por correo electrónico. Lee las actividades que recomienda Carlos y contéstale. Usa una combinación de dos verbos para decirle lo que te interesa hacer y lo que no te interesa hacer.

> ¡Hola!
>
> ¿Qué quieres hacer este fin de semana? ¿Comer en un restaurante? Todos dicen que el restaurante Las Pampas tiene comida argentina fabulosa. ¿Prefieres ir a un concierto? Hay una banda que toca música de los Andes en la plaza. ¿Jugar al tenis? Dicen que va a hacer buen tiempo todo el fin de semana. Escríbeme.
>
> Carlos

④ ¿Qué quieres hacer?

Hablar

Pregúntale a otro(a) estudiante si quiere hacer algo este fin de semana.

Modelo

A —*¿Quieres ir al parque conmigo?*

B —*Sí, me gustaría ir al parque pero acabo de caminar con mi amiga.*

o: —*No, gracias. No puedo ir porque mi primo acaba de llegar.*

1. ir al cine
2. estudiar español
3. tomar un refresco
4. jugar al béisbol
5. venir a mi casa
6. escuchar música
7. ¡Respuesta personal!

Más práctica

- **Guided** pp. 53–54
- **Core** pp. 27–28
- *Real.* **para hispanohablantes** p. 50

- Leveled Workbook
- Web Code: jdd-0201

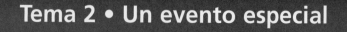
Fondo cultural

México

Bailes tradicionales En "Baile en Tehuantepec" vemos la ropa típica de los bailes de esta región de México. Las mujeres se visten con blusas y faldas tradicionales. El uso del sombrero es tradicional para los hombres del campo, no sólo en México, sino en otros países hispanohablantes como el Perú y el Ecuador.

• Compara a las personas de este cuadro con los jóvenes de la foto. ¿Qué ropa llevas cuando vas a un baile especial?

"Baile en Tehuantepec" (1935), Diego Rivera ▶

Charcoal and watercolor, 18 15/16 x 23 7/8 inches. Los Angeles County Museum of Art, gift of Mr. and Mrs. Milton W. Lipper, from the Milton W. Lipper Estate. © 2009 Banco de México Diego Rivera & Frida Kahlo Museums Trust, México, D.F./Artists Rights Society (ARS), New York. Photo: © Museum Associates/LACMA.

Capítulo 2A

¿Cómo te preparas?

Chapter Objectives

- Describe getting ready for a special event
- Talk about daily routines
- Describe people and things
- Express possession
- Understand cultural perspectives on clothing

Video Highlights

Videocultura: *Un evento especial*

A primera vista: *¿Más maquillaje?*

GramActiva Videos: reflexive verbs; the verbs *ser* and *estar*

Country Connection

As you learn to talk about special events, you will make connections to these countries and places:

Arizona
Nueva York
La Florida
México
Costa Rica
Perú
Bolivia
Argentina

Más práctica

- *Real.* para hispanohablantes pp. 50–51

Jóvenes con ropa elegante durante una quinceañera en Yuma, Arizona

Vocabulario en contexto

jdd-0287

❝ ¡Hola! Me llamo Antonio. ¿Qué hago yo **antes de** ir a **un evento especial?** Siempre **me despierto** temprano y **me levanto** de la cama. Primero **me ducho lentamente.** Generalmente estoy en la ducha unos 20 minutos.

afeitarse

Después de ducharme, me afeito . . .

despertarse

la ducha

ducharse

la toalla

el desodorante

el agua de colonia

el cepillo

el peine

cepillarse los dientes

. . . y **me cepillo** los dientes.

arreglarse el pelo

secarse

el secador

Luego me seco el pelo con el secador y **me arreglo** el pelo con el peine.

ponerse

vestirse

Después **me pongo** el desodorante y el agua de colonia y **me visto** **❞**

Más vocabulario

la **audición** audition
la **boda** wedding
el **concurso** contest
por ejemplo for example

—Tengo **una cita** con Rafael. ¡Vamos a un baile **elegante!**

—Debes estar muy **entusiasmada.** ¿Qué vas a hacer para **prepararte?**

—Primero **me baño,** . . .

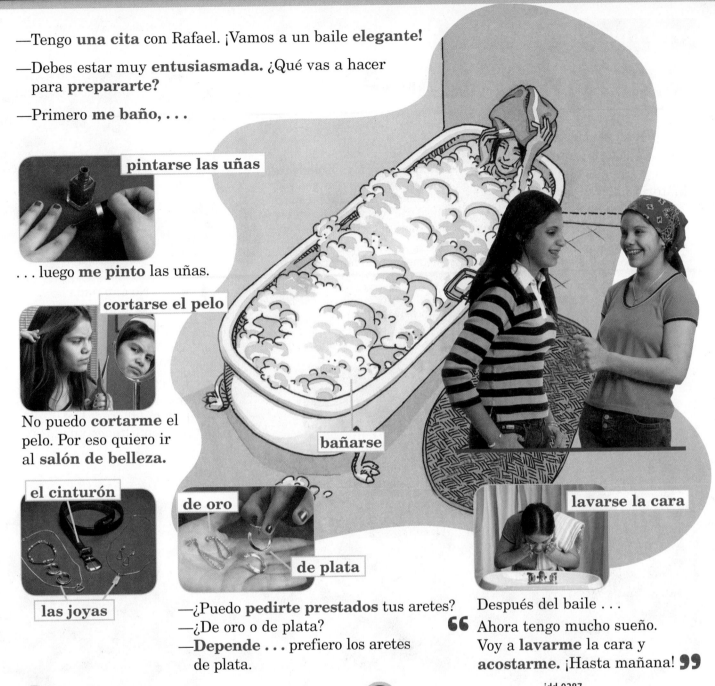

pintarse las uñas

. . . luego **me pinto** las uñas.

cortarse el pelo

No puedo **cortarme** el pelo. Por eso quiero ir al **salón de belleza.**

bañarse

el cinturón

de oro

de plata

las joyas

lavarse la cara

—¿Puedo **pedirte prestados** tus aretes?
—¿De oro o de plata?
—**Depende** . . . prefiero los aretes de plata.

Después del baile . . .
66 Ahora tengo mucho sueño.
Voy a **lavarme** la cara y
acostarme. ¡Hasta mañana! 99

1 **¿Qué haces por la mañana?** jdd-0287

Escuchar

Vas a escuchar siete frases que describen qué hace alguien por la mañana. Representa *(Act out)* cada una de estas acciones sin hablar.

2 **¿Lógica o no?** jdd-0287

Escuchar

Vas a escuchar siete frases. Algunas son lógicas y otras no. Señala con el pulgar hacia arriba si la frase es lógica y con el pulgar hacia abajo si no es lógica.

Más práctica

- **Guided** Vocab. Flash Cards pp. 55–60
- **Core** Vocab. Practice pp. 29–30
- **Communication** Writing p. 31
- *Real.* para hispanohablantes p. 52

realidades.com ✓

- Audio Activities
- Leveled Workbook
- Flashcards
- Web Code: jdd-0202

¿Más maquillaje?

¿Qué emergencia tiene Gloria? ¿Cómo se arreglan Raúl y Tomás? Lee la historia para saber.

Estrategia

Relating to your own experience
Making a connection between your own life and what you are reading will help you to understand a story better. Think about the following:

• Have you ever done a favor for someone, only to regret it later?

Gloria

Tomás **Raúl**

1 **Raúl:** No dan nada interesante hoy.

Tomás: Tienes razón. ¿Por qué no tomamos un refresco?

Gloria: *(al teléfono)* ¡Ay, no! ¿Estás seguro? ¿Qué podemos hacer? Un momento, tengo una idea.

5 **Raúl:** ¡Qué idea! Mira dónde estamos.

Gloria: Primero, no es idea **mía . . . ¡Tranquilos!** No deben estar tan **nerviosos.**

Raúl: No estamos nerviosos. Pero no me gusta vestirme a lo ridículo.

6 **Tomás:** ¿Es necesario pintarse **los labios?**

Raúl: ¿Tanto **gel?** ¿Por qué tiene que ponerme tanto **maquillaje?** Dos horas así. No va a ser muy **cómodo.**

7 **Tomás:** Tienes razón. Pero te ves muy bien.

Raúl: ¿Tú crees? Y mira tus zapatos. ¡Qué grandes son!

2 **Gloria:** ¿Les gustaría participar en una obra de teatro? Es una emergencia. Necesitamos a dos personas y tienen que venir **rápidamente.**

Raúl: ¿En qué? ¡No!

3 **Tomás:** Pero, ¿por qué no? Puede ser interesante.

Gloria: ¡Fantástico! Les va a gustar mucho.

4 **Tomás:** ¿Cómo me preparo? ¿Me arreglo el pelo?

Gloria: Tomás, **te ves** bien. Pero Raúl . . .

Raúl: Sí, voy a cepillarme los dientes, lavarme el pelo . . .

Gloria: Tienen 30 minutos.

8 **Raúl:** ¡Esto va a ser un desastre!

③ ¿Comprendiste?

Leer • Escribir

Indica si las siguientes frases son *(C)* ciertas o *(F)* falsas. Si la frase es falsa, escribe la información correcta.

1. Tomás y Raúl miran un programa de televisión muy interesante.

2. Tomás quiere ayudar a Gloria con una obra de teatro.

3. Raúl no quiere ayudar a Gloria.

4. Raúl va a cepillarse los dientes y lavarse el pelo.

5. A Raúl le gusta vestirse a lo ridículo.

6. A Raúl no le gusta el maquillaje porque no es cómodo.

7. Tomás se pone zapatos muy grandes para la obra de teatro.

8. Raúl cree que todo va a ser muy divertido.

Más práctica

- **Guided** Vocab. Check pp. 61–64
- **Core** Vocab. Practice pp. 31–32
- **Communication** Video pp. 25–27
- *Real.* **para hispanohablantes** p. 53

realidades.com ✔

- Audio Activities
- Video Activities
- Leveled Workbook
- Flashcards
- Web Code: jdd-0203

Vocabulario en uso

4 **¿Cómo se prepara Margarita?**

Escribir

Hoy Margarita va a la boda de su prima. Mira el dibujo y escribe una lista de las cosas que necesita para prepararse. Si puedes, también escribe para qué se usa cada cosa.

Modelo

un peine
Margarita necesita un peine para arreglarse el pelo.

5 **¿Ropa elegante o ropa cómoda?**

Escribir • Hablar

1 ¿Qué clase de ropa llevas en estas ocasiones? Haz una tabla como la que ves aquí. Escribe los eventos de la lista en la primera columna. Decide si llevas ropa elegante o ropa cómoda en esta ocasión y escribe qué llevas en la columna apropiada.

1. una boda

2. un baile elegante

3. un concurso

4. una cita para ir al cine

5. un partido de hockey

6. una fiesta en la casa de un(a) amigo(a)

7. una audición

8. ¡Respuesta personal!

Ocasión	Ropa elegante	Ropa cómoda
la escuela		unos jeans y una camiseta
el cumpleaños de mi abuela	un traje o un vestido elegante	

2 Con otro(a) estudiante, habla de la ropa que Uds. llevan en las ocasiones del Paso 1.

Modelo

A —*¿Qué llevas para el cumpleaños de tu abuela?*
B —*Para el cumpleaños de mi abuela llevo ropa elegante. Llevo una falda elegante y una blusa blanca.*

6 ¿Por la mañana o por la noche?

Escribir

Copia el diagrama de Venn. Luego mira los dibujos y decide si haces la actividad por la mañana o por la noche. Escribe la acción en el círculo apropiado del diagrama. Si haces la actividad por la mañana y por la noche, escribe tu respuesta en la intersección de los círculos.

Modelo

por la mañana   por la noche
por la mañana y
por la noche

Me ducho.

1.

2.

3.

4.

5.

6.

7.

8.

7 ¿Rápidamente o lentamente?

Hablar

¿Te preparas rápidamente para ir a la escuela? Habla con otro(a) estudiante sobre cuánto tiempo crees que es necesario para hacer las cosas de la Actividad 6.

Modelo

A —¿Cuánto tiempo necesitas para ducharte?
B —Me ducho rápidamente. Necesito sólo dos minutos.
o: —Me ducho lentamente. Necesito 20 minutos.

¿Recuerdas?

You use adverbs to tell how you do an action. In English they often end in *-ly*. To form adverbs in Spanish, you can often add *-mente* to the feminine form of the adjective.

general → generalmente
rápida → rápidamente

Fondo cultural
El mundo hispano

La ropa de fiesta En los países hispanohablantes, los jóvenes llevan ropa cómoda pero elegante a las fiestas entre amigos o para citas con amigos. Los jeans son muy populares, pero llevan jeans con camisas o blusas buenas, nunca con camisetas viejas o rotas *(torn)*. Muchos jóvenes prefieren llevar pantalones o vestidos de moda en vez de *(instead of)* jeans.

• ¿Qué llevas cuando asistes a una fiesta entre amigos?

Gramática

Reflexive verbs

To say that people do something to or for themselves, you use reflexive verbs. For example, washing one's hands and brushing one's hair are reflexive actions because the person doing the action also receives the action.

Antes de una cita, (yo) **me ducho** y **me arreglo** el pelo.

You know that a verb is reflexive if its infinitive form ends with the letters *se*.

ducharse

The reflexive pronouns in Spanish are *me, te, se, nos,* and *os.* Each pronoun corresponds to a different subject. Here are the present-tense forms of the reflexive verb *secarse:*

(yo)	me seco	(nosotros) (nosotras)	nos secamos
(tú)	te secas	(vosotros) (vosotras)	os secáis
Ud. (él) (ella)	se seca	Uds. (ellos) (ellas)	se secan

Some verbs have both reflexive and non-reflexive forms and usages. A verb is used in its non-reflexive form if the action is being done to someone or something else.

Lavo el coche a menudo. *I wash the car often.*
Me lavo el pelo todos los días. *I wash my hair everyday.*

When you use a reflexive verb with parts of the body or clothing, use the definite article.

¿Siempre **te pintas** las uñas? *Do you always polish your nails?*
Felipe **se pone** los zapatos. *Felipe puts on his shoes.*

You can put reflexive pronouns before the conjugated verb or you can attach them to the infinitive.

Me voy a duchar.
Voy a duchar**me**.
Te tienes que vestir para la fiesta.
Tienes que vestir**te** para la fiesta.

GramActiva VIDEO

Need more help with reflexive verbs? Watch the **GramActiva** video.

Me ducho.

8 Nos preparamos para la fiesta

Leer · Escribir

Isabel y Elena se preparan para ir a una fiesta de quinceañera. En una hoja de papel, escribe el pronombre reflexivo correcto para cada número para completar la historia.

Isabel y Elena son dos hermanas que __1.__ preparan para una fiesta de quinceañera. "Debemos acostar __2.__ temprano esta noche," dice Isabel. "Sí, y mañana yo __3.__ baño primero. Después __4.__ maquillo y __5.__ pinto las uñas. Me gusta preparar __6.__ lentamente," dice Elena. "Es verdad," dice Isabel. "Siempre __7.__ preparas más lentamente que yo." La noche de la fiesta Elena __8.__ arregla el pelo primero y luego ayuda a Isabel. Las dos __9.__ visten y salen para la fiesta a las seis y media.

9 Una rutina lógica

Escribir • Hablar

¿Eres una persona lógica? Usa *antes de* o *después de* para escribir frases lógicas.

1. lavarse las manos / comer
2. despertarse / levantarse
3. vestirse / ponerse desodorante
4. acostarse / bañarse
5. ducharse / vestirse
6. cepillarse los dientes / comer

Modelo

lavarse la cara / acostarse
Me lavo la cara antes de acostarme.

Nota

Note that in Spanish you use the infinitive after a preposition even if an infinitive is not used in English.

• Generalmente me pongo loción en la cara **después de afeitarme.**
*I usually put lotion on my face **after shaving.***

10 Preparaciones

Escribir • Hablar

Imagina que tú y tu hermanito están preparándose para un evento especial y tienes que ayudarlo. Describe tu día según los dibujos. Usa la forma reflexiva del verbo en tu descripción si es necesario.

Modelo

Me despierto a las siete de la mañana.

Modelo

Despierto a mi hermanito a las siete y cinco.

1.

2.

3.

4.

5.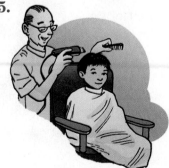

6.

ochenta y uno 81
Capítulo 2A

11 Tu horario

Escribir

¿Cómo es tu horario típico? Piensa en tu horario para un día de escuela. En general, ¿a qué hora haces las siguientes acciones? Usa una tabla para organizar tus respuestas.

1. levantarse
2. bañarse o ducharse
3. cepillarse los dientes
4. arreglarse el pelo
5. vestirse
6. acostarse temprano / tarde

Mi rutina	La hora
me despierto	a las 6:30

12 Compara horarios

Hablar

Ahora compara tu horario de la Actividad 11 con el de otro(a) estudiante. Hablen de las diferencias en sus rutinas.

. . . a la(s) (siete) . . .
Primero . . .
Luego . . .
. . . después de . . .
. . . antes de . . .

Modelo

A —¿A qué hora te despiertas por la mañana?
B —Me despierto a las seis y media. ¿Y tú?
A —Yo me despierto a las siete. ¿Qué haces
   después de levantarte?
B —Siempre me ducho primero y me lavo el
   pelo. Y tú, ¿qué haces luego?

13 Mi día ideal

Escribir • Hablar

1 Describe tu día ideal en cinco frases. Usa expresiones que necesitan un infinitivo en cada frase. También usa los verbos reflexivos.

2 Ahora compara tu día ideal con el de tres estudiantes. De todas las frases que tienen, escojan *(choose)* cinco frases que describen el día ideal para todo el grupo.

3 Cada grupo debe compartir con la clase su descripción del día ideal. La clase debe votar por la mejor descripción del día ideal.

Modelo

En mi día ideal puedo levantarme muy tarde.
En mi día ideal no tengo que ir a la escuela.

14 ¡Quiero dormir más!

Leer • Pensar • Escribir • Hablar

¿Es difícil despertarte temprano todas las mañanas? ¿Te gustaría dormir más? Lee el siguiente informe sobre la cantidad *(amount)* de sueño que necesita cada joven. Luego contesta las preguntas.

Conexiones | La salud

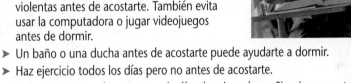

¿Necesitas dormir más?

M̄uchos jóvenes no pueden levantarse temprano a la hora de ir a la escuela y el 20 por ciento de ellos se duermen[1] en las clases. Nuevos estudios revelan que los jóvenes de 13 a 18 años de edad necesitan dormir 9.25 horas cada noche. Esto es 1.25 horas más que un adulto. La realidad es que muchos jóvenes duermen sólo seis o siete horas cada noche. Si un joven no duerme suficiente, puede tener problemas de concentración y de control de sus emociones.

¿Cuál es la respuesta a este problema? Pues, acuéstate temprano y sigue una rutina cada noche. Otros consejos para dormir mejor son:

➤ Toma sólo bebidas sin cafeína después de las cinco de la tarde.

➤ Evita[2] programas de televisión o películas violentas antes de acostarte. También evita usar la computadora o jugar videojuegos antes de dormir.

➤ Un baño o una ducha antes de acostarte puede ayudarte a dormir.

➤ Haz ejercicio todos los días pero no antes de acostarte.

➤ Debes acostarte y levantarte cada día a la misma hora. Si quieres acostarte tarde durante el fin de semana, es mejor no hacerlo dos noches seguidas.

[1]fall asleep [2]Avoid

1. ¿Cuántas horas duermes cada noche?

2. ¿Cuántas horas crees que debes dormir cada noche?

3. ¿Crees que estos consejos son buenos? ¿Por qué?

15 ¡Un día loco!

Escribir • Hablar

Con otro(a) estudiante, van a crear una rutina loca. Usen las ideas de abajo o piensen en otras. Luego lean su rutina a la clase. ¡La pareja con la rutina más loca gana!

Modelo

A—*Primero nos levantamos a las tres de la mañana.*

B—*Después nos ponemos una camisa elegante y unos pantalones cortos.*

Estudiante A

acostarse	afeitarse
cepillarse los dientes	vestirse
peinarse	despertarse
arreglarse el pelo	lavarse

¡Respuesta personal!

Estudiante B

¡Respuesta personal!

16 Juego

Escribir • Hablar

¿Cómo te preparas para la escuela o para una fiesta? Vas a presentar tu rutina sin hablar.

1 Primero cada estudiante va a escribir una lista corta de lo que hace alguien cuando se prepara para salir.

2 En grupos o equipos, cada persona tiene que representar sus acciones sin hablar. Cuando "el actor" está actuando, cada miembro del grupo debe adivinar cuáles son las actividades y debe escribirlas en una hoja de papel. Después cada estudiante lee su lista. El actor o la actriz decide si la lista tiene las acciones correctas y si están en orden.

Modelo

Primero, Marta se levanta. Luego, ella . . . Después . . .

Los resultados:

3 puntos	en orden con todos los verbos correctos
2 puntos	en orden con la mitad *(half)* de los verbos correctos
0 puntos	ni en orden ni con todos los verbos correctos

17 Y tú, ¿qué dices?

Escribir • Hablar

1. ¿Te gusta levantarte temprano o tarde? ¿A qué hora te acuestas generalmente? ¿A qué hora te levantas? ¿Siempre te cepillas los dientes después de comer o sólo antes de acostarte?

2. ¿Cómo te preparas para un evento especial? ¿Qué haces primero? ¿Vas al salón de belleza o te arreglas el pelo? ¿Cuánto tiempo necesitas para prepararte?

3. ¿Qué ropa u otros accesorios te pones para ir a una fiesta o un baile?

Más práctica

- **Guided** Gram. Practice pp. 65–66
- **Core** Gram. Practice p. 33
- **Communication** Writing p. 32, Test Prep p. 220
- ***Real.* para hispanohablantes** pp. 54–57

realidades.com ⌄

- Audio Activities
- Video Activities
- Speak & Record
- Canción de hip hop
- Animated Verbs
- Tutorial
- Leveled Workbook
- Web Code: jdd-0204

Fondo cultural

El mundo hispano

La familia y los eventos especiales En los países hispanohablantes, los primeros invitados a un evento especial generalmente son los miembros de la familia. Los cumpleaños, el día del santo y otros días especiales se celebran con la familia y los amigos.

- ¿Invitas a tíos y a primos a todos tus cumpleaños? ¿A quiénes invitas a tus fiestas? ¿Por qué?

Una familia de San Miguel de Allende, México, celebra un cumpleaños.

18 Corte de pelo con estilo

Leer • Escribir • Hablar

Lee el anuncio sobre la máquina para cortar el pelo "Cortapelo" que tú puedes usar en casa. Luego contesta las preguntas.

1. ¿Por qué da un buen corte el "Cortapelo"?
2. ¿Por qué puedes crear estilos diferentes?
3. ¿Crees que es bueno pagar dinero por un corte de pelo?
4. ¿Vas a un salón de belleza o te cortas el pelo en casa? ¿Por qué?

> **También se dice . . .**
>
> **el salón de belleza** = la peluquería *(muchos países)*
>
> **el pelo** = el cabello *(muchos países)*

Con el revolucionario **Cortapelo**

puedes cortarte el pelo sin salir de casa

La profesionalidad de un buen corte de pelo

Con su exclusivo sistema puedes cortarte el pelo sin errores ya que* su peine pivotante se adapta perfectamente a la forma de tu cabeza. Su sistema de dos peines corta con precisión el corte que deseas.

Quedas siempre perfecto y con un corte de pelo verdaderamente profesional.

Cortapelo

¡Es muy fácil y muy cómodo!

*since

El español en la comunidad

En muchas regiones de los Estados Unidos donde hay una concentración de personas hispanohablantes, hay eventos especiales para la comunidad hispana. Estas comunidades se preparan durante meses para las celebraciones. Preparan comida típica, música, bailes y desfiles. La celebración puede ser internacional o de un solo país, como el festival puertorriqueño en Nueva York. Lo que estos eventos tienen en común es que siempre participan personas de todos los grupos hispanos.

• Busca un calendario de los eventos especiales de tu comunidad para saber si hay un evento hispano o internacional. Estos eventos se celebran generalmente en el verano, cuando es posible organizarlos en parques.

El Desfile *(Parade)* Nacional Puertorriqueño en Nueva York

Festival de la calle Ocho, Miami, la Florida

Gramática Repaso

The verbs *ser* and *estar*

You know that both *ser* and *estar* mean "to be." You have seen that their uses, however, are different.

(yo)	soy	(nosotros) (nosotras)	somos
(tú)	eres	(vosotros) (vosotras)	sois
Ud. (él) (ella)	es	Uds. (ellos) (ellas)	son

(yo)	estoy	(nosotros) (nosotras)	estamos
(tú)	estás	(vosotros) (vosotras)	estáis
Ud. (él) (ella)	está	Uds. (ellos) (ellas)	están

Use *ser* to talk about:
- what a person or thing is
- what a person or thing is like
- where a person or thing is from
- what a thing is made of
- to whom something belongs

Ricardo y Lola **son** actores.
Son muy simpáticos.
Son de Nicaragua.
Este anillo **es** de plata.
Es el anillo de Juana.

Use *estar* to talk about:
- how a person or thing is at the moment
- how someone feels
- where a person or thing is located

Mi hermana **está** muy cansada.
Alicia y Carlos **están** entusiasmados.
Alonso **está** en el baño.

GramActiva VIDEO

Need more help with *ser* and *estar?* Watch the **GramActiva** video.

soy ≠ estoy

⑲ Ellos quieren ser músicos

Leer • Escribir

Alfredo y Juan tocan en la banda y van a entrar en un concurso. Escoge el verbo correcto para completar su conversación.

Alfredo y Juan __1.__ *(son / están)* chicos talentosos. __2.__ *(Son / Están)* miembros de la banda de su escuela. Ahora los chicos __3.__ *(son / están)* en casa de Juan y se preparan para ir a un concurso de la banda.

—¿ __4.__ *(Eres / Estás)* nervioso, Juan?
—Sí, un poco. Todo mi familia va a __5.__ *(ser / estar)* allí. Mis padres, mis abuelos . . .
—¿Tu novia?
—No, hombre. Ella __6.__ *(es / está)* enferma y no puede ir. ¿Y tú, Alfredo?
—Nervioso no. Yo __7.__ *(soy / estoy)* entusiasmado. Yo sé que __8.__ *(somos / estamos)* los mejores.

¿Cómo estás?

Leer • Escribir

¿Cómo están tú y las otras personas en estas situaciones? Usa adjetivos de la lista para formar frases.

1. Elena y María van a participar en un concurso.

2. Vas a un baile con el (la) chico(a) más popular de la escuela.

3. Tienes mucha tarea y también tienes que lavar el coche, cortar el césped y limpiar tu dormitorio.

4. Tu hermano va a un concierto para escuchar una banda nueva.

5. Uds. están en una clase que no les interesa y la profesora habla lentamente.

6. Tu mejor amigo(a) tiene que dar un discurso para los padres de los estudiantes de tu escuela.

Modelo
Carlos toma el sol en la playa.
Carlos está muy contento.

aburrido, -a	nervioso, -a
cansado, -a	ocupado, -a
contento, -a	tranquilo, -a
entusiasmado, -a	

El dormitorio de Ramona

Hablar • Escribir

1 Ramona tiene muchas cosas en su dormitorio. ¿Es el dormitorio típico de una chica de 16 años? Mira el dibujo y habla de Ramona y su dormitorio con otro(a) estudiante.

Modelo
A —*¿Dónde están las joyas de Ramona?*
B —*Están encima del escritorio.*
A —*¿De qué son las joyas?*
B —*Son de oro.*

2 Ahora piensa en tu dormitorio. ¿Es como el dormitorio de Ramona? Describe dónde están y cómo son las cosas en tu dormitorio.

Más práctica

- **Guided** Gram. Practice p. 67
- **Core** Gram. Practice p. 34
- **Communication** Writing p. 33
- *Real.* **para hispanohablantes** pp. 58–59

realidades.com ✓
- Audio Activities
- Video Activities
- Speak & Record
- Tutorial
- Leveled Workbook
- Web Code: jdd-0205

Gramática

Possessive adjectives

Spanish possessive adjectives have a long form that comes after the noun. These forms are often used for emphasis.

mío / mía míos / mías	nuestro / nuestra nuestros / nuestras
tuyo / tuya tuyos / tuyas	vuestro / vuestra vuestros / vuestras
suyo / suya suyos / suyas	suyo / suya suyos / suyas

Voy al partido con un amigo **mío**.
*I'm going to the game with a friend **of mine**.*

¿Vas al baile con unas amigas **tuyas**?
*Are you going to the dance with some friends **of yours**?*

¿Recuerdas?

You already know a different form of possessive adjectives. They agree in gender and number with the nouns they describe and always go in front of the noun. They include *mi(s), tu(s), su(s), nuestro(a), nuestros(as), vuestro(a)* and *vuestros(as)*.

• **Tus** joyas de plata son muy bonitas.

• Voy a pedirle prestado **su** cinturón.

These possessive adjectives may be used without the noun.

¿Estas chaquetas son **suyas**?
*Are these jackets **yours**?*

Sí, son **nuestras**.
*Yes, they are **ours**.*

To clarify or emphasize possession, you can use *de* + a noun or pronoun instead of a form of *suyo.*

Aquí está un collar **suyo**.
= un collar **de Ud. / él / ella / Uds. / ellos / ellas.**
*Here is a necklace of **yours / his / hers / theirs**.*

---

22 ¿Son suyos?

Leer • Escribir

¿De quiénes son estas cosas? Escoge la mejor respuesta.

1. ¿De quién son esos zapatos elegantes? ¿De Ud.?
   a. Sí, son míos.   **b.** Sí, son mías.
2. ¿De quiénes son esos globos? ¿De los niños?
   a. Sí, son suyas.   **b.** Sí, son suyos.
3. ¿De quién es esa toalla? ¿De Uds.?
   a. Sí, es nuestra.   **b.** Sí, es mía.
4. ¿De quién son estas joyas? ¿De tu prima?
   a. Sí, son suyas.   **b.** Sí, son tuyas.
5. ¿De quién es este secador? ¿De Laura?
   a. Sí, es tuyo.   **b.** Sí, es suyo.
6. ¿De quién es esta corbata? ¿De tu hermano?
   a. Sí, es suya.   **b.** Sí, es mía.

23 Escucha y escribe

jdd-0288

Escuchar • Escribir

Hoy muchos clientes están en el salón de belleza. Escucha y escribe lo que dice Felipe mientras organiza el salón.

Un salón de belleza en la Argentina

24 ¿De quién es?

Leer · Hablar

Tu hermana está arreglando su cuarto y preguntando de quién son las cosas que ella encuentra *(finds)*. Contesta sus preguntas, diciendo de quién es cada cosa.

Modelo

A —¿Es tu agua de colonia?
B —*Sí, el agua de colonia es mía.*
o: —*No, el agua de colonia no es mía.*

1. ¿Son sus toallas? (de ellos)
2. ¿Es mi peine?
3. ¿Es su gel? (de ella)
4. ¿Son nuestras joyas?
5. ¿Es tu maquillaje?
6. ¿Es su desodorante? (de él)

25 ¿Es tuyo?

Hablar

¿A quién le gusta pedir prestada la ropa? Pregúntale a otro(a) estudiante sobre la ropa y los accesorios que lleva. ¿Todo es de él/ella?

Modelo

A —*Me gustan las joyas que llevas. ¿Son tuyas?*
B —*Sí, son mías.*
o: —*No, son de mi hermana, pero me gustan mucho.*

Más práctica

- **Guided** Gram. Practice p. 68
- **Core** Gram. Practice p. 35
- *Real.* **para hispanohablantes** p. 57

realidades.com

- Audio Activities
- Video Activities
- Speak & Record
- Tutorial
- Leveled Workbook
- Web Code: jdd-0206

Pronunciación

Consonants that change their sounds jdd-0288

In Spanish, when the letter *c* combines with *a*, *o*, or *u* ("strong" vowels) it makes the sound of the letter *k*. Listen to and say these words:

explica busco cuchillo ¿Cómo? ¿Cuándo?

When *c* combines with *e* or *i* ("weak" vowels) it makes the sound of the letter *s*. Listen to and say these words:*

cepillo ciencias conoces centro de reciclaje

Practice saying these sentences:

Para mi cita con Carmen, voy a ponerme una corbata y un cinturón.

A Celia le gusta comer cacahuates cuando va al cine.

In Spanish, the letter *g* combined with *a*, *o*, or *u* ("strong" vowels) makes a hard *g* sound. Listen to and say these words:

ganga luego algún algodón yogur

In words with the letters *e* or *i* ("weak" vowels), you need to add a *u* after the *g* to keep the hard *g* sound.

Listen to and say these words:

espaguetis pagué guisante hamburguesa

Practice saying these sentences:

Gasté mucho dinero en las gangas y pagué con cheque.

Compré un regalo para Guillermo: unos guantes de algodón.

Can you figure out the meaning of the following *refranes?*

Lo barato es caro
cuando no es necesario.

Peseta guardada,
dos veces ganada.

*In some parts of Spain, *c* before *e* and *i* is pronounced like the *th* in *think*.

This is discussed further in *Tema 6, Capítulo 6A, Pronunciación.*

Lectura

Asistir al teatro siempre es un evento especial. Y estar en una producción puede ser aun más especial. Vamos a ver lo que dice un joven cantante.

Objectives

- **Read about the *Teatro Colón* and its programs**
- **Learn to make a *poncho***
- **Give a presentation about a special event in your life**
- **Read about Dolores Hidalgo, Mexico**

Estrategia

Identifying the writer's attitude
As you read the *Lectura*, look for phrases that help you understand how the writer feels about the event.

El Teatro Colón: Entre bambalinas[1]

Pasar una noche en el Teatro Colón de Buenos Aires siempre es un evento especial y hoy es muy especial para mí. Vamos a presentar la ópera "La Traviata" y voy a cantar en el coro por primera vez. ¡Estoy muy nervioso! Pero, ¿qué me dices? ¿No conoces el Teatro Colón? Pues, es el teatro más importante de toda Argentina, quizás de toda América del Sur. Lleva más de 150 años ofreciendo espectáculos de ópera al público argentino y "La Traviata" fue la ópera que se presentó en la inauguración del teatro el 27 de abril de 1857. Por eso estamos todos muy entusiasmados.

[1]Behind the scenes

AUDICIONES

para jóvenes de 15 a 25 años de edad.

Si quieres ser músico, cantante o bailarín, tienes talento, eres joven y vives en Buenos Aires, tienes la oportunidad de hacer tus sueños realidad. Preséntate en el Teatro Colón para la siguiente audición. Los interesados pueden presentarse el jueves, 22 de agosto a las 10:00 de la mañana.

Bajo el auspicio del Gobierno de la Ciudad de Buenos Aires

¿Te gustaría saber cómo ser miembro de los grupos que se presentan aquí? La mejor manera es presentarte a una audición para la escuela del teatro. Se llama el Instituto Superior de Arte y funciona dentro del teatro. En el Instituto puedes estudiar canto, danza, dirección de orquesta y otras especialidades para la ópera. Si estudias en el Instituto, puedes llegar a ser miembro del coro o del cuerpo de baile. Para músicos con talento también está la Orquesta

Académica del Teatro Colón. Esta orquesta está formada por jóvenes entre 15 y 25 años de edad. La orquesta hace sus presentaciones en el teatro o en las principales ciudades del país. Aquí en el teatro siempre buscan jóvenes con talento.

Si no te gusta actuar ni cantar, pero te encanta el teatro, puedes estudiar otra especialidad. Por ejemplo, si te gusta el arte, puedes aprender a hacer los escenarios. O si te interesa la tecnología, puedes estudiar la grabación o el video. En el teatro hay talleres[2] para todos los elementos de una presentación. Hay talleres para los decorados,[3] la ropa, los efectos especiales electromecánicos, la grabación y el video. Bueno, tengo que irme. ¡Ahora mismo empieza el "show" y tengo

que ponerme el maquillaje! ¡Nos vemos!

[2]workshops   [3]scenery

¿Comprendiste?

1. Según la información, ¿qué talento debes tener para participar en las audiciones? ¿Cuántos años debes tener?

2. ¿Por qué es importante el Teatro Colón?

3. Si tocas la trompeta, ¿en qué puedes participar en el Instituto?

4. Si no te gusta ni bailar ni cantar, ¿qué otras actividades puedes hacer en el teatro?

5. ¿Te gustaría ver una ópera? ¿Por qué?

6. ¿Hay presentaciones de teatro o de orquesta en tu escuela? ¿Participas en las presentaciones o te gusta verlas? ¿Por qué?

Más práctica

- **Guided** Reading Support p. 69
- **Communication** Writing p. 34, Test Prep p. 221
- *Real.* **para hispanohablantes** pp. 62–63

realidades.com

- Internet Activity
- Leveled Workbook
- Web Code: jdd-0207

La cultura en vivo
Cómo hacer un poncho

El poncho es ropa típica del altiplano, una zona elevada y fría, situada entre Bolivia y el Perú. El poncho también se usa en la Argentina, Chile, Colombia, el Ecuador, Guatemala y México. Estos países tienen regiones montañosas y frías. El poncho protege[1] contra el frío y está hecho de materiales como lana de llama o de oveja que son animales de estos países.

En general hay dos clases de ponchos: los ponchos de trabajo que se llevan todos los días, y los ponchos de fiesta, que se llevan en las fiestas, celebraciones y eventos especiales. Los ponchos de fiesta tienen diseños[2] más complejos y, a veces, son de colores.

Dos indígenas peruanos del Cuzco con ponchos

Objetivo

Hacer un poncho

Materiales

- una tela[3] como cobija[4] de aproximadamente 90 cm* por 120 cm
- tijeras
- hilo[5] y aguja de coser[6]
- pintura[7] para tela
- un pincel[8]

Un indígena boliviano en un festival de agricultores

Instrucciones

1 Para hacer la parte principal del poncho, dobla la tela en diagonal como en el dibujo para hacer un cuadrado. Corta la tela que no necesitas y guárdala. *(Figura 1)*

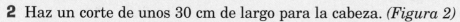

Figura 1

2 Haz un corte de unos 30 cm de largo para la cabeza. *(Figura 2)*

3 Corta un pedazo de la tela que no usaste, y cósela al poncho para hacer un bolsillo.[9] *(Figura 3)*

Figura 2

4 Decora el poncho con los colores, la mascota o el escudo de tu escuela. Si necesitas ideas, busca ejemplos de ponchos que usan los habitantes de los Andes.

*2.54 cm = 1 in
[1] protects   [2] designs   [3] cloth   [4] blanket   [5] thread   [6] sewing needle   [7] paint
[8] paintbrush   [9] pocket

Figura 3

Presentación oral
Un evento especial

Task

You are an exchange student in Mexico. Your host family wants to know about special events in which you participate in your community. Show them photos of a typical special event you or your friends might attend.

1 Prepare Bring a photo from home or a picture from a magazine of a special event that high school students might attend. Think about the process of getting ready for this event. Answer the following questions for yourself or for others:

- ¿Qué tipo de evento es? ¿Qué ropa llevas?
- ¿Qué haces para prepararte?
- ¿Cómo estás? ¿Entusiasmado(a)? ¿Nervioso(a)? ¿Contento(a)?

You might want to take notes to help you remember what you want to say.

2 Practice Go through your presentation several times. Try to:

- provide as much information as you can about each point
- use complete sentences
- speak clearly

Estrategia

Taking notes
When preparing for a presentation, it is often helpful to take notes. These notes can help you organize your thoughts. Using index cards with your notes can help keep you on track while giving your presentation.

Modelo

Cuando voy a un concierto llevo ropa nueva pero no me gusta ponerme zapatos nuevos. Prefiero zapatos cómodos. Para prepararme me ducho, me peino, me pongo agua de colonia y me visto. Mis amigos y yo siempre estamos entusiasmados porque nos encanta escuchar música.

3 Present Show your photo and give the information about the event.

4 Evaluation Your teacher may give you a rubric for how the presentation will be graded. You will probably be graded on:

- how complete your preparation is
- how much information you communicate
- how easy it is to understand you

- Speak & Record

Preparación para ...

En busca de la verdad

Dolores Hidalgo

Bienvenidos a Dolores Hidalgo, otra ciudad visitada en el videomisterio. Está a unos 22 kilómetros al noreste de Guanajuato y tiene una población de 129,000 habitantes. Es una ciudad prominente porque allí, en la medianoche del 15 de septiembre del año 1810, el padre[1] Miguel Hidalgo y Costilla gritó:[2] "¡Viva México!". Con este histórico "Grito de la independencia", o "Grito de Dolores", empezó la independencia de México.

El Jardín de la Independencia es un lugar de gran atractivo en la ciudad de Dolores Hidalgo. El monumento principal de esta plaza es la estatua del famoso padre Hidalgo. En el jardín puedes disfrutar de[3] un agradable descanso. Si quieres, puedes probar[4] los helados tradicionales que se venden en el jardín, helados de variados y exóticos sabores como queso, aguacate, maíz y más.

◀ Este monumento honra a los héroes de la Guerra de la Independencia (1810–1821). Aproximadamente 600,000 personas murieron durante los 11 años de lucha contra España.

[1]priest [2]shouted

[3]enjoy [4]taste

▲ La cerámica de Talavera es típica de Dolores Hidalgo. Muchas personas llegan a la ciudad para comprar esta cerámica de diseños originales y colores diferentes. En muchas casas de Dolores Hidalgo puedes ver a los artesanos trabajando con la cerámica en sus talleres[5].

¿Sabes que . . . ?

Cada año, el 15 y 16 de septiembre, los mexicanos celebran su independencia. En memoria del primer grito de Dolores, el presidente del país se para en el balcón del Palacio Nacional en la ciudad de México y grita tres veces "¡Viva México!".

Para pensar

Generalmente hay ciudades, como Dolores Hidalgo, que tienen una importancia histórica por los hechos que pasaron allí. ¿Qué ciudad o ciudades de los Estados Unidos tienen importancia histórica por su participación en la independencia? ¿Qué pasó en estas ciudades?

[5]workshops

Repaso del capítulo

Vocabulario y gramática

jdd-0289

Chapter Review

To prepare for the test, check to see if you . . .
- **know the new vocabulary and grammar**
- **can perform the tasks on p. 97**

to talk about getting ready

acostarse *(o → ue)*	to go to bed
afeitarse	to shave
arreglarse (el pelo)	to fix (one's hair)
bañarse	to take a bath
cepillarse (los dientes)	to brush (one's teeth)
cortarse el pelo	to cut one's hair
despertarse *(e → ie)*	to wake up
ducharse	to take a shower
levantarse	to get up
lavarse (la cara)	to wash (one's face)
pedir prestado, -a (a)	to borrow (from)
pintarse (las uñas)	to paint, to polish (one's nails)
ponerse	to put on
prepararse	to get ready
secarse	to dry
vestirse *(e → i)*	to get dressed

to talk about things you need to get ready

el agua de colonia	cologne
el cepillo	brush
el cinturón, *pl.* los cinturones	belt
el desodorante	deodorant
la ducha	shower
el gel	gel
las joyas (de oro, de plata)	(gold, silver) jewelry
los labios	lips
el maquillaje	make-up
el peine	comb
el pelo	hair
el salón de belleza, *pl.* los salones de belleza	beauty salon
el secador	blow dryer
la toalla	towel
las uñas	nails

For *Vocabulario adicional,* see pp. 498–499.

to talk about a special event

la audición, *pl.* las audiciones	audition
la boda	wedding
la cita	date
el concurso	contest
un evento especial	special event

to talk about how you feel

entusiasmado, -a	excited
nervioso, -a	nervous
tranquilo, -a	calm

other useful words and expressions

antes de	before
cómodo, -a	comfortable
depende	it depends
elegante	elegant
lentamente	slowly
luego	then
por ejemplo	for example
rápidamente	quickly
te ves (bien)	you look (good)

reflexive verbs

me acuesto	nos acostamos
te acuestas	os acostáis
se acuesta	se acuestan

ser *to be*

soy	somos
eres	sois
es	son

estar *to be*

estoy	estamos
estás	estáis
está	están

possessive adjectives

mío, -a, -os, -as	nuestro, -a, -os, -as
tuyo, -a, -os, -as	vuestro, -a, -os, -as
suyo, -a, -os, -as	suyo, -a, -os, -as

Más práctica

- **Core** Puzzle p. 36, Organizer p. 37
- **Communication** Integrated Performance Assessment p. 222

realidades.com
- Tutorial
- Flashcards
- Puzzles
- Self-test
- Web Code: jdd-0208

Preparación para el examen

On the exam you will be asked to . . .	Here are practice tasks similar to those you will find on the exam . . .	If you need review . . .

Interpretive

jdd-0289

① Escuchar Listen and understand as teenagers talk about what they do on the weekend versus during the school week

Everyone does things a little differently on the weekend. Most people sleep later, dress more casually, and do things they don't have time to do during the week. As you listen to each person, decide whether you think they are talking about the weekend or a weekday. Be prepared to explain why you made your choice.

pp. 74–77 *Vocabulario en contexto*
p. 78 Actividad 5
p. 82 Actividad 12

Interpersonal

② Hablar Talk about your daily routine

Your parents have given you permission to go on the Spanish Club trip to Mexico this summer in which the boys share rooms and the girls share rooms. You want to share a room with a friend who wants to know if you have the same morning routine. Describe your typical routine to your friend.

p. 78 Actividad 5
p. 79 Actividad 7
p. 82 Actividades 12–13
p. 83 Actividad 15
p. 84 Actividades 16–17

Interpretive

③ Leer Read and understand statements people make about typical and "not-so-typical" daily routines

Read the following statements from an online survey about people's morning routines. In your opinion, which ones would describe a typical daily routine? Which ones would be very unusual?

(a) Antes de bañarme, me pongo el maquillaje.
(b) Después de ponerme el desodorante, me ducho.
(c) Antes de lavarme el pelo, me seco con una toalla.
(d) Antes de arreglarme el pelo, me ducho.

pp. 74–77 *Vocabulario en contexto*
p. 80 Actividad 8
p. 83 Actividad 14
p. 85 Actividad 18
pp. 90–91 *Lectura*

Presentational

④ Escribir Write briefly about a special event that you look forward to each year

Everyone looks forward to special events during the year. Your teacher asks you to write about one of them. After writing a brief description, exchange your paragraph with a partner to see if he or she can guess what type of event it is. You might include: (a) the time of year that the event occurs; (b) how you usually feel the days before the event; (c) how you usually dress for the event. Give as many clues as you can.

p. 78 Actividades 4–5
p. 84 Actividad 17
p. 86 Actividad 19

Cultures

⑤ Pensar Demonstrate an understanding of the living conditions of the indigenous people of the *altiplano* in the Andes

You may have worn a *poncho* during a rainy football game or while camping. Explain where *ponchos* originated, how they are made, and why they are necessary for the people of that region.

p. 92 *La cultura en vivo*

Vocabulario [Repaso]

¿Qué vas a hacer?
buscar
comprar
ir de compras
pagar
vender

¿De qué color es?
amarillo, -a
anaranjado, -a
azul
blanco, -a
gris
marrón, *pl.* marrones
morado, -a
negro, -a
rojo, -a
rosado, -a
verde

¿Adónde vas?
el almacén,
  pl. los almacenes
el centro comercial
la joyería
la librería
la tienda de descuentos
la tienda de
  electrodomésticos
la tienda de ropa
la zapatería

¿Qué vas a comprar?
unos anteojos de sol
un bolso
una cartera
un disco compacto
un llavero
un regalo
el software
un videojuego

¿Cómo es?
barato, -a
bonito, -a
caro, -a
feo, -a
grande
nuevo, -a
pequeño, -a
viejo, -a

1 ¿Qué compras?

Escribir • Hablar

1 Escribe tres frases para decir a qué tienda vas y qué compras. Incluye dos adjetivos para describir las cosas que compras.

Modelo
Voy a la joyería para comprar unos aretes rojos muy elegantes.

2 Usa las frases del Paso 1. Habla con otro(a) estudiante y trata de adivinar *(try to guess)* qué va a comprar.

Modelo
A —*¿Adónde vas de compras?*
B —*Voy a la joyería.*
A —*¿Qué vas a comprar?*
B —*Algo rojo y elegante.*
A —*¿Compras un collar?*
B —*No, compro unos aretes.*

Gramática  Repaso

Cardinal numbers

10 diez	90 noventa	800 ochocientos, -as
20 veinte	100 ciento (cien)	900 novecientos, -as
30 treinta	200 doscientos, -as	1,000 mil
40 cuarenta	300 trescientos, -as	2,000 dos mil
50 cincuenta	400 cuatrocientos, -as	100,000 cien mil
60 sesenta	500 quinientos, -as	200,000 doscientos, -as mil
70 setenta	600 seiscientos, -as	
80 ochenta	700 setecientos, -as	

Un is not used before *cien, ciento,* and *mil*.

cien personas	***a hundred*** *people*
mil pesos	***one thousand*** *pesos*

Un / una and numbers ending in *-cientos / -cientas* agree in gender with the nouns that follow them.

Hay **treinta y un** videojuegos en la mesa.
Esta librería tiene más de **quinientas** revistas.

- To give the date in Spanish, use:

  el + *cardinal number* + **de** + *month*

  el veinte **de** enero

- The year is always given using complete numbers:

  mil novecientos ochenta y cuatro

---

2 ¿Cuánto cuestan?

Hablar

Tienes que hacer un proyecto para tu clase de economía. Con otro(a) estudiante, habla de cuántos pesos cuesta cada producto en un centro comercial en la Ciudad de México.

1. un bolso de cuero (515)
2. una cartera (325)
3. unos pantalones (250)
4. un disco compacto (179)
5. una camisa de seda (399)
6. un collar de oro (1,200)
7. una revista (35)

Más práctica

- Guided p. 71
- Core pp. 38–39
- *Real.* para hispanohablantes p. 70

realidades.com
- Leveled Workbook
- Web Code: jdd-0211

3 ¿Cuándo fue?

Hablar

Pregunta a otro(a) estudiante cuándo ocurrieron los siguientes eventos importantes.

Modelo

el Día de la Independencia en los Estados Unidos

A —*¿Cuándo fue el Día de la Independencia en los Estados Unidos?*

B —*Fue el cuatro de julio de mil setecientos setenta y seis.*

1. el primer día de clases este año
2. el año del primer viaje de Cristóbal Colón
3. el año del viaje de los peregrinos *(Pilgrims)*
4. el año del primer viaje a la Luna
5. el fin de la Segunda Guerra Mundial

Fondo cultural

España

La Infanta Margarita de Austria Los reyes de España prometieron en matrimonio *(promised in marriage)* a su hija, Margarita, a su primo Leopoldo, quien luego fue emperador de Austria. Como *(Since)* Margarita y su primo no vivían *(lived)* en la misma ciudad, los reyes mandaron muchos cuadros de ella a la corte de Viena para que la familia real pudiera verla *(could see her).* En este cuadro, Margarita tiene aproximadamente nueve años.

• ¿Qué tipo de ropa llevas tú para fotos importantes? ¿Y a quién envías estas fotos?

"La Infanta Margarita Teresa" (1659), Diego Velázquez ▶

Oil on canvas, 120.5 x 94.5. Kunsthistorisches Museum, Vienna, Austria. Courtesy The Bridgeman Art Library International Ltd.

¿Qué ropa compraste?

Chapter Objectives

- Describe clothing and fashion
- Talk about going shopping
- Describe events in the past
- Point out specific objects
- Avoid repetition when comparing similar things
- Understand cultural perspectives on parties

Video Highlights

Videocultura: *Un evento especial*

A primera vista: *Buscando una ganga*

GramActiva Videos: preterite of regular verbs; demonstrative adjectives

Country Connection

As you learn to talk about shopping for clothing, you will make connections to these countries and places:

Más práctica

- *Real.* para hispanohablantes pp. 70–71

realidades.com ✔

- Fondo cultural Activity
- Video Activities
- Online Atlas
- Web Code: jde-0002

De compras en Barcelona, España

Vocabulario en contexto

jdd-0297

la entrada

la salida

ENTRADA

ZAPATOS

SALIDA

LIQUIDACIÓN de verano ¡Descuento del 70%!

LIQUIDACIÓN de verano ¡Descuento del 50%!

los colores **vivos**

los colores **pastel**

azul **oscuro**

azul **claro**

—Mira, Lupita. **Aquellas** blusas tienen un descuento del 50 por ciento. ¡Me encanta ir de compras cuando hay **una liquidación!**

—¡Es **una ganga!** Pero no me gustan los colores **tan** vivos.

—¡No importa! **Están de moda.** Con **precios** tan **bajos,** voy a **probarme** dos o tres.

—Y mira **aquellos** bolsos en la mesa. **El letrero anuncia** un descuento del 70 por ciento. ¡Vamos!

Más vocabulario

el cheque de viajero traveler's check

el cupón de regalo gift certificate

la lana wool

el número shoe size

la seda silk

la caja

la cajera

—Es una buena **marca**. Y **encontré** mi **talla, mediana.**

—**En realidad,** no necesito estos bolsos. Pero me gusta **el estilo** y no cuestan mucho.

—Tienes razón. Y pueden ser regalos para tus amigas. Vamos a la caja para pagar.

—¿Por qué siempre pagas **en efectivo?**

—Porque no me gusta usar ni mi **tarjeta de crédito** ni **un cheque personal.**

—Yo estoy contenta. No **gasté** mucho. Con esta liquidación los precios no están muy **altos.** Compré esta blusa pero, ¿no piensas que es un poco **exagerada? ¿Qué te parece?**

—**Me parece** muy bien. Y pagaste muy poco por todas las blusas.

1 ¿Dónde está?

jdd-0297

Escuchar

Imagina que estás en la tienda de las páginas 102–103. Mira los dibujos y escucha las siguientes frases. Señala lo que escuchas.

2 ¿Cierto o falso?

jdd-0297

Escuchar

Escucha las siguientes frases que describen a Lupita y a su amiga. Si la frase es cierta, señala con el pulgar hacia arriba y si la frase es falsa, señala con el pulgar hacia abajo.

Más práctica

- **Guided** Vocab. Flash Cards pp. 72–78
- **Core** Vocab. Practice pp. 40–41
- **Communication** Writing p. 42
- *Real.* para hispanohablantes p. 72

realidades.com

- Audio Activities
- Leveled Workbook
- Flashcards
- Web Code: jdd-0212

Buscando una ganga

¿Qué pasó cuando Gloria
fue de compras con Raúl
y Tomás?

Estrategia

Scanning
By scanning the photos from the
Videohistoria and the accompanying
text, can you figure out who buys
what?

Tomás

Gloria

Raúl

1 **Gloria:** ¡Mira **aquel** letrero!

Tomás: A ver . . . ¿qué
anuncia?

Gloria: ¡Una liquidación
fabulosa! ¿Qué les parece?
¿Vamos a ver qué tienen?

Raúl: **No me importa,** pero
creo que los precios aquí
siempre son altos.

5 **Gloria:** Aquí, encontré mi
talla.

Tomás: ¿Usas mediana? Es
bonita. **¿De qué está
hecha?**

Gloria: **Está hecha de
algodón.** ¿Qué te parece?

Raúl: No me parece mal. Y
el algodón es mejor que **las
telas sintéticas.**

6 **Gloria:** ¿Cuál escojo?
¿Ésta o la blusa **de sólo
un color?**

Raúl: No me importa.
Compra algo
inmediatamente y ¡vamos!

Gloria: ¡Qué impaciente
eres! ¿Por qué no van a
mirar otras cosas mientras
yo me pruebo las blusas?

7 **Gloria:** Quiero comprarme
esta blusa.

La dependienta: Muy
bien, señorita. ¿Cómo va a
pagar?

Gloria: En efectivo. Aquí
está.

2 **Gloria:** Compré esta blusa aquí **recientemente**. Me gusta porque me queda un poco **floja**. No me gusta la ropa **apretada**.

Raúl: Mira, no tengo dinero. ¿Cuánto tiempo pasamos aquí?

Gloria: No importa. Yo tengo dinero.

Tomás: ¿**Hay un mercado** cerca de aquí? Me gustaría visitar uno.

3 **Raúl:** Siempre hay buenas gangas aquí en el mercado.

Tomás: Sí, hay mucho que puedes comprar aquí. Por eso me gusta ir de compras en el mercado.

4 **Gloria:** ¡Mira aquellas blusas! ¡Qué estilo tan bonito tienen! ¡Y los colores son tan vivos!

Raúl: Gloria, por favor, ¿otra blusa?

8 **Raúl:** Estas chaquetas de **cuero** son fabulosas. ¿Cuál te gusta más?

Tomás: Te ves muy bien.

Gloria: ¿Y no tienes dinero?

③ **¿Comprendiste?**

Escribir • Hablar

1. ¿Qué anuncia el letrero que ve Gloria?
2. ¿Por qué no quiere Raúl pasar mucho tiempo en la tienda?
3. ¿Adónde van los tres jóvenes para buscar gangas?
4. ¿Qué encuentra Gloria en el mercado?
5. ¿Cómo es la ropa que compra Gloria?
6. ¿Cómo paga Gloria?
7. ¿Qué tipo de ropa se prueba Raúl?

Más práctica

- **Guided** Vocab. Check pp. 79–82
- **Core** Vocab. Practice pp. 42–43
- **Communication** Video pp. 35–37
- *Real.* **para hispanohablantes** p. 73

realidades.com Ⓥ

- Audio Activities
- Video Activities
- Leveled Workbook
- Flashcards
- Web Code: jdd-0213

Vocabulario en uso

4 ¿Quién es?  jdd-0298

Escuchar • Escribir • Hablar

1 En una hoja de papel, escribe los números del 1 al 5. Después escucha los comentarios sobre la ropa y la moda. Escribe las frases que oyes.

2 Ahora lee los comentarios que escribiste y, según el dibujo, decide si habla Santiago o Timoteo. Escribe *Santiago* o *Timoteo* en tu papel.

3 Lee otra vez las frases sobre Timoteo y Santiago. Escoge tres y da tus opiniones. Explica por qué estás de acuerdo o no. Lee tus frases a otro(a) estudiante.

Modelo

No me importan los precios altos si la ropa está de moda.

Estoy de acuerdo. Para mí, la marca de la ropa es más importante que el precio.

5 ¿Cierta o falsa?

Escribir • Hablar

Escribe seis frases para describir lo que hacen Santiago y Timoteo. Usa las palabras del recuadro. Algunas frases deben ser ciertas y otras, falsas. Lee tus frases a otro(a) estudiante. Tu compañero(a) va a decir si la frase es cierta o falsa y cambiarla si es falsa para dar la información correcta.

Modelo

A —*Timoteo lleva ropa a la caja.*
B —*Falso. Santiago lleva ropa a la caja.*

color oscuro	el cajero
color claro	la talla
la salida	el descuento
la caja	la entrada

6 Muchos descuentos

Leer • Escribir

Lee el mensaje electrónico que Dolores le escribe a su amiga Marta sobre una oportunidad fantástica. Escribe la palabra apropiada para completar cada frase.

Marta:

Acabo de ver un letrero en la __1.__ *(marca / entrada)* del almacén Gutiérrez que __2.__ *(anuncia / se prueba)* una __3.__ *(salida / liquidación)* de toda su ropa de verano. ¿Quieres ir conmigo mañana? Vamos a __4.__ *(encontrar / gastar)* muchas gangas porque todo está __5.__ *(en liquidación / de moda):* los pantalones cortos, las camisetas, los trajes de baño, ¡todo! Y, con precios tan __6.__ *(altos / bajos),* podemos comprar muchas cosas sin __7.__ *(escoger / gastar)* mucho dinero. Escríbeme __8.__ *(inmediatamente / recientemente)* si puedes ir conmigo.

Dolores

7 ¿Qué compran y cómo pagan?

Escribir • Hablar

1 Copia y completa la tabla para indicar qué compran las diferentes personas que conoces y cómo pagan.

¿Quién?	¿Qué?	¿Cómo?
mis hermanos	discos compactos	tarjeta de crédito
mi mamá (o papá)		
yo		
mis amigos		
(nombre) y yo		
mi mejor amigo(a)		

2 Trabaja con otro(a) estudiante y describe lo que compra alguien de tu tabla. Tu compañero(a) debe tratar de adivinar *(try to guess)* cómo paga la persona.

Modelo

A —*Mis hermanos compran discos compactos.*

B —*¿Pagan ellos en efectivo?*

A —*No, pagan con una tarjeta de crédito.*

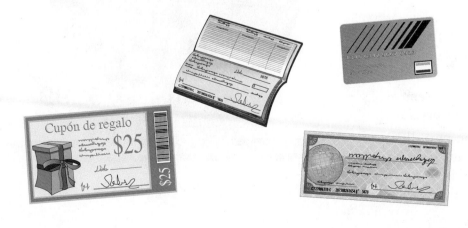

8 Muchos detalles

Dibujar · Escribir · Hablar

1 Dibuja una persona completa con diferentes prendas *(articles)* de ropa. Usa diferentes colores en tu dibujo. En una hoja de papel, escribe una descripción de la ropa de la persona. Puedes incluir información sobre:

- los colores
- el estilo
- la talla y el número
- de qué está hecha la ropa
- dónde lo compró

Tu descripción debe tener un mínimo de cuatro frases.

Modelo

Esta persona usa ropa bastante exagerada. Sus pantalones son flojos y su camiseta de seda es de un color verde vivo. Su gorra roja está hecha de lana. Lleva zapatos rojos del número 11.

2 Trabaja con un grupo de tres estudiantes. Lee tu descripción dos veces en voz alta *(aloud)*. Tus compañeros tienen que dibujar una persona según tu descripción. Deben recordar los detalles *(remember the details)* de tu descripción sin escribir lo que dices. Después van a repetir la descripción completa.

9 La moda

Hablar

Con otro(a) estudiante, habla de las chaquetas de la foto.

1. ¿Cómo es el estilo de estas chaquetas? ¿De qué color son las chaquetas? ¿Son de color oscuro, claro o vivo?

2. ¿De qué están hechas las chaquetas? ¿Cuánto cuestan? ¿Es un buen precio?

3. ¿Crees que las chaquetas son para llevar a eventos especiales o para todos los días? Imagina que compraste una de estas chaquetas. ¿Adónde y cuándo vas a llevarla?

ÚLTIMA MODA

Chaquetas para hombre y mujer

Visítenos $199

de lunes a viernes, 9 A.M.–6 P.M.

Sobre Rt. 28 (al lado del Videocentro) Lawrence, MA

Fondo cultural

El mundo hispano

¡No sé qué talla uso! Si algún día vas de compras en un país hispanohablante, debes saber que tanto la ropa como los zapatos tienen diferentes tallas. Un vestido de la talla 12, por ejemplo, puede ser 46 en España. Además, entre países, a veces las tallas son diferentes. Por ejemplo, un zapato de hombres de $9\frac{1}{2}$ es aproximadamente el 43 en España y el 27 en México. Hay sitios Web que dan las conversiones y algunas tiendas también ofrecen tablas de conversión. En España, para calcular el número de zapatos de mujer, generalmente añades *(you add)* 30, y para los de hombres añades 33.5.

- ¿Aproximadamente, qué número de zapato calzas *(do you wear)* en España?

10 ¿En qué puedo servirle?

Hablar

Estás de compras en una zapatería en España. Necesitas comprar un par de zapatos para llevar a un evento especial y otro para usar todos los días. Pídale al dependiente (a la dependienta) lo que prefieres, indicando tu número y el color de los zapatos. Trabaja con otro(a) estudiante.

Modelo

A —*¿En qué puedo servirle?*
B —*Necesito comprar un par de zapatos para una fiesta.*
A —*¿De qué número y color?*
B —*Soy del número . . . y prefiero zapatos de color . . .*

11 Juego

Hablar

Describe a otro(a) estudiante la ropa de cinco estudiantes de tu clase sin decir los nombres. Menciona el color, el estilo y de qué material está hecha toda la ropa que llevan los chicos. Tu compañero(a) tiene que adivinar *(guess)* a quién describes. Por cada persona que tu compañero(a) adivina correctamente, tú recibes un punto.

Modelo

Lleva una camisa azul de tela sintética y unos pantalones cortos blancos de algodón. ¿Quién es?

12 Y tú, ¿qué dices?

Escribir • Hablar

1. ¿Qué colores de ropa te gusta usar? ¿Prefieres los colores claros o los oscuros? ¿Generalmente usas ropa de colores pastel o colores vivos?

2. ¿Qué ropa está de moda ahora? ¿Los estilos que están de moda te parecen exagerados o sencillos? ¿Qué marcas son más populares entre los jóvenes?

3. ¿En qué almacén o tienda puedes encontrar gangas? ¿Los precios allí siempre son bajos o sólo cuando hay una liquidación?

4. ¿Vas mucho de compras? ¿Qué compras? ¿Cómo pagas generalmente?

Gramática Repaso

Preterite of regular verbs

To talk about actions that were completed in the past, use the preterite tense. To form the preterite tense of a regular verb, add the preterite endings to the stem of the verb.

(yo)	miré aprendí escribí	(nosotros) (nosotras)	miramos aprendimos escribimos
(tú)	miraste aprendiste escribiste	(vosotros) (vosotras)	mirasteis aprendisteis escribisteis
Ud. (él) (ella)	miró aprendió escribió	Uds. (ellos) (ellas)	miraron aprendieron escribieron

Note that *-ar* and *-er* verbs that have a stem change in the present tense do not have a stem change in the preterite.

> Generalmente **me pruebo** la ropa antes de comprarla, pero ayer no **me probé** los pantalones que compré.

Ver has regular preterite endings, but unlike those of other verbs, they have no written accent marks.

> Anoche, David **vio** una camisa que le gustó mucho.

- Verbs that end in *-car, -gar,* and *-zar* have a spelling change in the *yo* form of the preterite.

buscar	c → qu	yo busqué
pagar	g → gu	yo pagué
almorzar	z → c	yo almorcé

> **¿Pagaste** mucho por tu suéter nuevo?
>
> No, no **pagué** mucho. Lo encontré en una liquidación.

GramActiva VIDEO

Want more help with the preterite of regular verbs? Watch the **GramActiva** video.

aprendí

---

13 ¡Gracias por el regalo!

Leer • Escribir

Elena está escribiendo una carta a su abuela. Escribe la forma apropiada del pretérito del verbo entre paréntesis para cada frase.

Cupón de regalo

0123475

Querida abuelita:

Hace tres días, yo __1.__ (recibir) el cupón de regalo que tú me __2.__ (enviar). ¡Muchas gracias! Yo __3.__ (decidir) comprarme ropa nueva. Fui de compras con mis amigas al centro comercial, pero nosotras no __4.__ (encontrar) buenas gangas. Por eso, __5.__ (tomar) el autobús al mercado. Allí, yo __6.__ (escoger) unos pantalones de cuero. ¡Están muy de moda! Mi amiga Sonia __7.__ (comprar) unos aretes que __8.__ (ver) porque le __9.__ (gustar) mucho. Cuando yo __10.__ (llegar) a casa, me __11.__ (probar) los pantalones. Son perfectos. ¡Muchísimas gracias, abuelita!

Besitos,

Elena

14 ¿Qué compraron?

Hablar

Habla con otro(a) estudiante de lo que hicieron estas personas en el almacén.

tú / encontrar

A —¿*Qué encontraste en el almacén?*

B —*Encontré un suéter de color oscuro.*

Estudiante A

1. las chicas / probarse
2. tú / comprar
3. Uds. / ver
4. Felipe / buscar
5. la madre de la novia / mirar
6. Marta / usar para pagar
7. Pedro y Félix / escoger

Estudiante B

15 La última vez

Escribir · Hablar

1 ¿Cuándo fue la última vez *(last time)* que alguien que tú conoces hizo estas actividades? Puede ser tú, alguien de tu familia, un(a) amigo(a) o tú y tus amigos. Usa las expresiones del recuadro para contestar. Escribe tus respuestas.

esta mañana	el mes pasado
anoche	el año pasado
ayer	hace + dos semanas, un mes . . .
la semana pasada	

Modelo

comer en un restaurante
Anoche mis amigos y yo comimos en un restaurante.

1. comprar un regalo
2. preparar la comida
3. ver una película a las dos de la tarde
4. escribir una carta por correo electrónico
5. decorar para una fiesta
6. beber un refresco
7. salir para una fiesta
8. despertarse a las diez de la mañana

2 Ahora habla con otro(a) estudiante para comparar tu lista con su lista.

3 Escribe cuatro frases para comparar lo que dijeron *(said)* los (las) dos.

Modelo

Anoche comí en un restaurante, pero Jorge comió en casa.

16 Muchas actividades

Escribir • Hablar

Escribe una frase para indicar si hiciste o no cada una de las actividades de la lista. Después habla con otro(a) estudiante para saber si hizo estas actividades recientemente.

Modelo

practicar deportes

A —*¿Practicaste deportes hoy?*
B —*Sí, practiqué deportes hoy.*
o: —*No, no practiqué deportes hoy.*

1. llegar temprano a la escuela
2. tocar un instrumento musical
3. empezar a leer una novela
4. almorzar con tu mejor amigo(a)
5. jugar al ajedrez o practicar un deporte
6. navegar en la Red
7. buscar un regalo para alguien

17 ¿Qué llevaste?

Hablar

Trae una foto en que estás vestido(a) para un evento especial, o una foto de un(a) modelo de una revista. Con otro(a) estudiante, describe la ropa de la foto. Incluye el color, la tela y el estilo. Explica cuándo y dónde compraste la ropa, cómo pagaste y adónde fuiste vestido(a) así. Si traes una foto de una revista, usa tu imaginación para contestar las preguntas.

Modelo

A —*Estoy vestido(a) para una fiesta. Llevo una camisa amarilla y pantalones marrones. La camisa está hecha de algodón y los pantalones están hechos de lana.*
B —*¿Dónde compraste la ropa?*
A —*La compré en . . . y pagué con . . .*

18 Los textiles y el cuero

Leer • Pensar • Escribir • Hablar

La lana, el algodón y el cuero son productos que los indígenas de las Américas usaban *(used)* antes de la llegada de los españoles. Lee la línea cronológica *(timeline)* sobre estos productos y contesta las preguntas.

Conexiones | La historia

1000
En las Américas, los indígenas precolombinos usan el telar[1]. Usan algodón y otras fibras para hacer sus telas y vestidos.

1638
Se establece la primera fábrica[4] de tela en Lowell, Massachusetts.

1500
Los españoles traen caballos a las Américas. Luego traen ovejas[2] y vacas[3]. Los indígenas incorporan la lana de oveja en sus telas tradicionales.

[1]loom [2]sheep [3]cows [4]factory

Exploración del lenguaje

Origins of words from Arabic

In Spanish, words that came from Arabic often begin with the letters *al*. In Arabic, *al* means "the." Translate the following sentences, noting the words in bold borrowed from Arabic.

1. Cuando voy al **almacén** voy a comprar una **alfombra** de **algodón**.

2. También voy a comprar **azúcar, naranjas** y **aceitunas.**

El Patio de los Leones de La Alhambra, en Granada, España

Más práctica

- **Guided** Gram. Practice pp. 83–84
- **Core** Gram. Practice p. 44
- **Communication** Writing p. 43, Test Prep p. 223
- *Real.* **para hispanohablantes** pp. 74–75

realidades.com ✔

- Audio Activities
- Video Activities
- Speak & Record
- Canción de hip hop
- Tutorial
- Leveled Workbook
- Web Code: jdd-0214

1793
Eli Whitney inventa la desmotadora de algodón[6] y revoluciona la industria del algodón en los Estados Unidos.

Siglo XX
Los métodos científicos, la electrónica y las computadoras permiten el desarrollo[8] de las telas sintéticas.

1760–1815
Los avances mecánicos e inventos de la Revolución Industrial aumentan[5] la producción y bajan los precios.

1900
Argentina y Brasil son grandes productores mundiales[7] de textiles y cuero.

1. ¿Qué cosa usaron los indígenas precolombinos para hacer sus telas? ¿De qué estaban *(were)* hechas?

2. ¿Cuándo empezaron a usar los indígenas la lana de oveja en sus telas tradicionales? ¿De dónde vino esta lana?

3. ¿Quién inventó la desmotadora de algodón? ¿Cómo cambió *(changed)* esta invención la industria del algodón?

[5]increase   [6]cotton gin   [7]worldwide   [8]development

ciento trece 113
Capítulo 2B

Gramática

¿Recuerdas?

Do you remember this rhyme about the two demonstrative adjectives *este* and *ese*?

This and *these* both have *t's*. *That* and *those* don't.

Demonstrative adjectives

To point out something or someone that is far from both you and the person you are speaking to, you use a form of *aquel,* which means "that one over there."

Here's a chart that compares the three demonstrative adjectives and their meanings.

Singular		Plural	
este, esta	*this*	estos, estas	*these*
ese, esa	*that*	esos, esas	*those*
aquel, aquella	*that one over there*	aquellos, aquellas	*those over there*

All demonstrative adjectives come before the noun and agree with the noun in gender (masculine or feminine) and number (singular or plural).

GramActiva VIDEO

Want more help with demonstrative adjectives? Watch the **GramActiva** video.

aquel, aquella

---

19 ¿Esta corbata o aquella corbata?

Leer • Escribir

Marta y su hermano, Asís, necesitan comprar un regalo para su padre, pero nunca están de acuerdo. Completa su conversación con la forma apropiada de *aquel.*

Marta: A mí me gusta __1.__ gorra roja.

Asís: A mí no. Prefiero comprarle __2.__ disco compacto de Shakira.

Marta: ¡Asís! ¡El regalo es para papá! ¿Qué te parece __3.__ camisa azul?

Asís: Quizás, pero me gusta más __4.__ camisa roja.

Marta: ¿Qué piensas de __5.__ pantalones amarillos?

Asís: ¿Estás loca? Nuestro padre no juega al golf.

Marta: Bueno, ¿y __6.__ corbatas? Desde aquí veo dos que combinan con la camisa roja.

Asís: ¡Perfecto! Las compramos.

20 Escucha y escribe 🔊

jdd-0298

Escuchar • Escribir

En una hoja de papel, escribe los números del 1 al 8. Escucha y escribe las frases. Luego indica si el objeto de la frase está al lado de, cerca de o lejos de la persona que habla.

---

21 ¿Qué te parece?

Hablar

Imagina que estás en el mercado de Pisac, en Perú. Habla con otro(a) estudiante de la ropa que venden. ¿Qué te gustaría comprar?

El mercado de Pisac, en Perú

Modelo

A —¿Qué te parece aquel suéter de colores vivos?

B —Aquel suéter es muy feo. No me gusta.

O:

A —¿Te gustan estas camisas blancas?

B —No, prefiero aquellas camisas de colores.

22 Juego

Hablar

1 Busca cinco objetos en la sala de clases. Unos deben estar cerca de ti, otros deben estar más lejos. Piensa en cómo puedes describirlos sin mencionar su nombre.

2 Ahora, con un grupo de tres o cuatro, describe tus objetos. Las otras personas del grupo tienen que adivinar el objeto que estás describiendo. La primera persona que identifica correctamente el objeto, y que usa el adjetivo demostrativo apropiado, recibe un punto.

Modelo

A —Es azul y negro. Es muy importante llevarlo a la clase. Lo usas para escribir.

B —Este bolígrafo.

A —No. Casi. Está lejos de mí.

B —Es aquel bolígrafo de Laura.

A —Sí. Recibes un punto.

El español en el mundo del trabajo

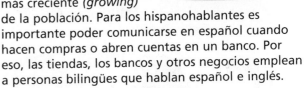

Hoy en día, los negocios *(businesses)* quieren atraer *(attract)* a más clientes hispanohablantes, porque es el sector más creciente *(growing)* de la población. Para los hispanohablantes es importante poder comunicarse en español cuando hacen compras o abren cuentas en un banco. Por eso, las tiendas, los bancos y otros negocios emplean a personas bilingües que hablan español e inglés.

- ¿Cuáles son las tiendas o negocios en tu comunidad con empleados bilingües? ¿Por qué es importante tener empleados bilingües?

Más práctica

- **Guided** Gram. Practice pp. 85–86
- **Core** Gram. Practice p. 45
- **Communication** Writing p. 44
- *Real.* para hispanohablantes pp. 78–79

realidades.com

- Audio Activities
- Video Activities
- Speak & Record
- Tutorial
- Leveled Workbook
- Web Code: jdd-0215

Gramática

Using adjectives as nouns

When you are comparing two similar things, you can avoid repetition by dropping the noun and using an article with an adjective:

¿Cuál prefieres, la sudadera apretada o la floja?

Prefiero la floja.

Which do you prefer, the tight sweatshirt or **the loose one?**

I prefer **the loose one.**

You can also do this with expressions that use *de:*

¿Compraste una chaqueta de lana o **una de cuero?**

¿Prefieres el abrigo de Paco o **el de Juan?**

Did you buy a wool jacket or **a leather one?**

Do you prefer Paco's coat or **Juan's?**

23 ¿Qué te parece?

Hablar

Vas de compras con tu mejor amigo(a) que siempre tiene una opinión. Él / Ella te dice lo que prefiere.

Nota

Me parece(n) functions like *me gusta(n)* with singular and plural objects.

- **El** rojo me parece bonit**o**.
- **Los** azul**es** me parece**n** fe**os**.

Modelo

A —¿*Prefieres el vestido rojo o el azul?*
B —*El rojo me parece feo. Prefiero el azul.*

Estudiante A

Estudiante B

Me parece(n) . . .
Prefiero . . .

¡Respuesta personal!

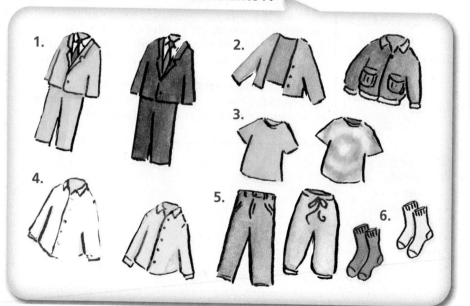

1.
2.
3.
4.
5.
6.

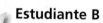

24 Un desfile de modas

Pensar • Hablar • Escribir

1 Vas a participar en un desfile de moda *(fashion show)* en tu clase. Con un grupo, tienen que decidir qué ropa va a llevar cada persona. Escriban una lista de posibilidades. Usen una tabla como ésta para organizar sus ideas:

Para un *evento especial*	Para *todos los días*
un vestido o traje elegante, color blanco	unos jeans con una sudadera roja

Un conjunto del diseñador Narciso Rodríguez

2 Usen la tabla y escriban una descripción de la ropa que va a presentar cada "modelo" en su grupo. Pueden incluir el lugar donde venden la ropa y los precios. Mientras los modelos desfilan *(model)* la ropa, un miembro del grupo va a describirla a la clase.

Modelo

Hoy Elena lleva una camisa elegante y una falda de cuero. Esta ropa es perfecta para un evento muy especial. Los colores negro y blanco siempre están de moda. Ustedes pueden comprar esta camisa por sólo 75 dólares.

3 Después del desfile de moda, vas a tener la oportunidad de "comprar" uno de los conjuntos *(outfits)* que viste. Describe el conjunto a la clase y di cómo vas a pagar.

Modelo

Yo quiero comprar la ropa de Enrique. Me gustó mucho porque es perfecta para llevar a un partido de fútbol. Él llevó unos jeans con una camiseta azul y una sudadera roja. Puedo pagar en efectivo porque no cuesta mucho: sólo 60 dólares.

Fondo cultural

Estados Unidos

Narciso Rodríguez nació en Nueva Jersey, de padres cubanos y abuelos españoles. Estudió en la *Parsons School of Design* en Nueva York, y ha trabajado *(has worked)* para los diseñadores Anne Klein, Donna Karan y Calvin Klein. Presentó su primera colección independiente en 1997. Ese año también ganó el premio *(won the award)* para el mejor diseñador nuevo en los *VH1 Fashion Awards*. Diseña vestidos para muchas actrices y otras mujeres famosas.

• ¿Te gustaría ser diseñador(a)? ¿Por qué? ¿Qué talentos necesitas para este trabajo y qué debes estudiar?

Más práctica

• **Guided** Gram. Practice p. 87
• **Core** Gram. Practice p. 46

realidades.com V

• Audio Activities
• Video Activities
• Speak & Record
• Leveled Workbook
• Web Code: jdd-0216

Lectura

Objectives

- Read about the history of jeans and some Spanish variations of the word
- Understand cultural perspectives on parties
- Write a letter explaining your clothing purchases
- Read about Mexican involvement in World War II

LOS JEANS:
LOS PANTALONES MÁS POPULARES DEL MUNDO

Posiblemente tienes jeans en tu armario. Muchas personas, desde la Argentina hasta el Canadá y desde el Japón hasta España, llevan estos cómodos y prácticos pantalones. Se llevan en el trabajo, en la escuela y para salir de noche. Dicen que los jeans son ropa democrática porque los lleva gente de todas las clases sociales.

Estrategia

Tolerating ambiguity
Often when you read, you will find unfamiliar words. Don't stop, but keep on reading, since the meaning may become clear in context, or you may decide the words might not be necessary to understand the reading.

EL REMACHE

LA ESQUINA DEL BOLSILLO

EL BOLSILLO

UN POCO DE HISTORIA

Levi Strauss, un joven alemán, llegó a los Estados Unidos con su familia en 1847 a la edad de 18 años. Después de trabajar algunos años con su familia, Strauss viajó a California para abrir una tienda de ropa y accesorios. Esta tienda se convirtió en un negocio[1] próspero durante los siguientes 20 años, y Strauss se hizo rico.

En el año 1872, recibió una carta de Jacob Davis, un sastre[2] de Reno, Nevada, en la que le explicó el proceso que él inventó para poner remaches en las esquinas

[1]business   [2]tailor

de los bolsillos de los pantalones de hombres. El uso de los remaches resultó en unos pantalones bastante fuertes para aguantar[3] los rigores de un trabajo difícil y en unos bolsillos más resistentes al peso[4] del oro.

Con el dinero de Strauss y la invención de Davis, los dos decidieron pedir la patente para el proceso. En 1873 recibieron la patente para poner los remaches en los pantalones y empezaron a fabricar "*overalls* a la

cintura" o *waist overalls* (el antiguo nombre en inglés de los jeans) en San Francisco. Como dicen, "el resto es historia".

Yo digo "mahones" y tú, ¿qué dices?

Si tienes amigos que hablan español debes saber que hay varias palabras que se usan para decir "jeans." Por ejemplo, se les llaman "vaqueros"[5] porque los vaqueros del oeste de los Estados Unidos usan este tipo de pantalón. En Cuba les dicen "pitusa" mientras en México les llaman "pantalones de mezclilla." Algunas personas usan las palabras "tejanos" y "mecánicos", pero la palabra más común sigue siendo simplemente "jeans".

[3]stand up to   [4]weight   [5]cowboys

¿Comprendiste?

1. Haz una línea cronológica *(timeline)* con las fechas mencionadas en esta lectura. Incluye las tres fechas y describe lo que pasó en cada una.

2. ¿Por qué escribió Jacob Davis una carta a Levi Strauss en 1872? ¿Qué dijo Davis en la carta?

3. Jacob Davis y Levi Strauss empezaron un nuevo negocio. ¿Qué contribuyó Davis? ¿Y Strauss?

Y tú, ¿qué dices?

1. ¿Estás de acuerdo con la expresión "los jeans son ropa democrática"? ¿Por qué?

2. ¿Llevas jeans? ¿Por qué?

3. Entre tus amigos, ¿qué ropa y colores están de moda hoy en día?

Más práctica

- **Guided** Reading Support p. 88
- **Communication** Writing p. 45, Test Prep p. 224
- *Real.* **para hispanohablantes** pp. 82–83

realidades.com

- Internet Activity
- Leveled Workbook
- Web Code: jdd-0217

Perspectivas del mundo hispano
La parranda

Un amigo te invita a su casa. Cuando llegas, encuentras a gente de todas las edades, niños y adultos. Se oye música. Alguien te saluda. Otra persona empieza a hablar contigo. Hay varias personas bailando en pareja[1]. No ves a tu amigo. Luego alguien te invita a bailar. ¿Qué está ocurriendo aquí?

Es una parranda. Una *parranda* es una fiesta con comida, refrescos, música y baile. En las casas hispanas se celebran parrandas cuando hay algún evento especial, como una boda o alguna fiesta nacional. En estas fiestas participan los miembros de la familia y los amigos. Todos comen, bailan y se divierten. A veces, hay parranda todo el día.

En general, las casas hispanas tienen un patio y una sala grande. La sala es el cuarto que usa la familia para las grandes ocasiones. Durante las fiestas normalmente hay espacio para bailar. Frecuentemente en vez de[2] discos compactos, hay una orquesta. Muchas veces los miembros de la familia o los amigos componen[3] la orquesta y tocan música para bailar.

¡Compruébalo! Pregúntales a tus compañeros de clase si les gusta hacer fiestas con su familia. Pregúntales si bailan en pareja frecuentemente. Pregúntales cómo debe ser una buena fiesta. Según los resultados, completa las siguientes oraciones.

Modelo

Mis compañeros de clase creen que hacer una fiesta con su familia es buena idea.

1. Mis compañeros de clase creen que hacer una fiesta con su familia es . . .

2. Mis compañeros de clase bailan en pareja . . .

3. Mis compañeros de clase creen que una buena fiesta debe ser . . .

¿Qué te parece? ¿Qué indican las respuestas de tus compañeros sobre las fiestas familiares? En tu opinión, ¿qué debe ocurrir en una buena fiesta? Considera los diferentes tipos de fiestas. ¿Qué hay de bueno en cada una?

[1]in pairs [2]instead of [3]make up

Presentación escrita
Encontré unas gangas

Task
You received $200 for your birthday ($100 in cash and $100 in gift certificates) and just purchased several articles of clothing with the money. Write an e-mail to a friend describing your shopping trip.

1 Prewrite Think about what you bought. Copy and fill in the following chart.

¿Qué compraste?	¿Dónde...?	¿Cuánto pagaste?	¿Por qué te gusta(n)?

2 Draft Use your answers to the questions above to write a first draft. You may want to begin your e-mail with: *¡Hola! Para mi cumpleaños recibí $200 para comprar ropa nueva. Decidí ir al centro comercial porque . . . Encontré . . . Compré . . .*

3 Revise Read through your e-mail. Check for spelling, accents, forms of the preterite, and agreement. Share the e-mail with a partner. Your partner should check the following:

- Is the e-mail easy to understand?
- Does it include all the information from your chart?
- Is there anything you should add or change?
- Are there any errors?

4 Publish Rewrite the e-mail making any necessary changes or corrections. Send it to your teacher or your friend, or print it out and add it to your portfolio.

5 Evaluation Your teacher may give you a rubric for how the e-mail will be graded. You will probably be graded on:

- how easy the message is to understand
- clearness and completeness of the information
- accuracy of verb forms, spelling, and agreement
- use of vocabulary

Estrategia

Using a chart
When writing, it is helpful to have a way to organize your thoughts. A chart or a graphic organizer is a good way to do this.

Preparación para ...

En busca de la verdad

La participación hispana en la Segunda Guerra Mundial

La Segunda Guerra Mundial (1939–1945) cambió el destino de los hispanohablantes en los Estados Unidos. A partir de[1] diciembre de 1941, muchos estadounidenses dejaron sus trabajos para ir a luchar[2] en la guerra. Por eso, muchos mexicanos llegaron a trabajar en los Estados Unidos. En el videomisterio vas a ver algo relacionado con este tema.

En 1942, los gobiernos[3] de los Estados Unidos y de México firmaron el acuerdo[4] del programa de "braceros", que les permitió a trabajadores agrícolas mexicanos trabajar en los Estados Unidos. La mayoría de los mexicanos llegaron a trabajar en el campo y usaron sus brazos (por eso se llamaron "braceros").

Algunos braceros se enlistaron[5] en el ejército[6] de los Estados Unidos. Después de su servicio militar, ganaban la ciudadanía[7] norteamericana.

Se estima que entre 250,000 y 500,000 hispanoamericanos sirvieron en las fuerzas armadas[8] durante la Segunda Guerra Mundial. Esto representa entre el 2.5 por ciento y el 5 por ciento de todas las personas que participaron en la guerra. ▽

COMO UN SOLO HOMBRE

▲ Braceros mostrando el signo para la victoria en 1944

[1]From [2]to fight [3]governments
[4]pact, agreement [5]enlisted [6]army [7]citizenship

[8]armed forces

Este monumento en Los Ángeles, California, conmemora a todos los soldados del ejército de los Estados Unidos que han sido condecorados[9] por el Congreso con la Medalla de Honor.[10] Está especialmente dedicado a los 39 hispanoamericanos que han ganado ese honor. En la Segunda Guerra Mundial, doce mexicoamericanos y un cubano recibieron la medalla. ▼

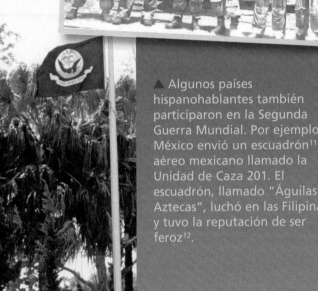

▲ Algunos países hispanohablantes también participaron en la Segunda Guerra Mundial. Por ejemplo, México envió un escuadrón[11] aéreo mexicano llamado la Unidad de Caza 201. El escuadrón, llamado "Águilas Aztecas", luchó en las Filipinas y tuvo la reputación de ser feroz[12].

¿Sabes que . . . ?

La Medalla de Honor del Congreso es una condecoración que les dan a los soldados del ejército norteamericano por su admirable participación en la guerra. Es el honor más prestigioso que puede recibir un soldado. Más de 3,400 medallas han sido entregadas a lo largo de la historia de los Estados Unidos.

Para pensar

Aunque en las guerras siempre necesitan la colaboración de muchas personas, éstas no sólo tienen que ser soldados. ¿Qué otras personas crees que son necesarias en tiempo de guerra? ¿Para qué crees que pueden ser necesarias?

[9]decorated with honors [10]Congressional Medal of Honor [11]squadron
[12]had the reputation of being ferocious

Repaso del capítulo

Vocabulario y gramática jdd-0299 🔊

Chapter Review

To prepare for the test, check to
see if you . . .

- **know the new vocabulary
  and grammar**
- **can perform the tasks
  on p. 125**

to talk about shopping

la entrada	entrance
la ganga	bargain
el letrero	sign
la liquidación, *pl.* las liquidaciones	sale
el mercado	market
la salida	exit

to talk about colors

claro, -a	light
de sólo un color	solid-colored
oscuro, -a	dark
pastel	pastel
vivo, -a	bright

to describe what clothing is made of

¿De qué está hecho, -a?	What is it made of?
Está hecho, -a de . . .	It is made of . . .
algodón	cotton
cuero	leather
lana	wool
seda	silk
tela sintética	synthetic fabric

to discuss paying for purchases

alto, -a	high
bajo, -a	low
la caja	cash register
el cajero, la cajera	cashier
el cheque (personal)	(personal) check
el cheque de viajero	traveler's check

el cupón de regalo,
  pl. los cupones de
  regalo
	gift certificate

en efectivo	cash
gastar	to spend
el precio	price
tan + *adjective*	so
la tarjeta de crédito	credit card

For *Vocabulario adicional,* see pp. 498–499.

to discuss clothing purchases

apretado, -a	tight
escoger	to choose
estar de moda	to be in fashion
el estilo	style
exagerado, -a	outrageous
flojo, -a	loose
la marca	brand
mediano, -a	medium
el número	shoe size
probarse (o → ue)	to try on
la talla	size

other useful words and expressions

anunciar	to announce
encontrar (o → ue)	to find
en realidad	really
me / te importa(n)	it matters (it's important) / they matter to me / to you
inmediatamente	immediately
me parece que	it seems to me that
¿Qué te parece?	What do you think? / How does it seem to you?
recientemente	recently

preterite of regular verbs

miré aprendí escribí	miramos aprendimos escribimos
miraste aprendiste escribiste	mirasteis aprendisteis escribisteis
miró aprendió escribió	miraron aprendieron escribieron

demonstrative adjectives

Singular		Plural	
este, esta	this	estos, estas	these
ese, esa	that	esos, esas	those

aquel, aquella
  that one over there
		aquellos, aquellas
		  those over there	

Más práctica

- **Core** Puzzle p. 47, Organizer p. 48
- **Communication** Practice Test pp. 226–228, Integrated Performance Assessment p. 225

realidades.com ⌄
- Tutorial
- Flashcards
- Puzzles
- Self-test
- Web Code: jdd-0218

Preparación para el examen

On the exam you will be asked to . . .	**Here are practice tasks similar to those you will find on the exam . . .**	**If you need review . . .**

Interpretive

jdd-0299

1 Escuchar Listen and understand as people talk about why they purchased a clothing item

Listen as María explains why she bought her outfit. Was it because: (a) it was a bargain; (b) it was a good brand name; (c) it fit well; or (d) it was very "in style."

pp. 102–105 *Vocabulario en contexto*
p. 103 Actividad 2
p. 106 Actividad 4

Interpersonal

2 Hablar Talk about when and where you bought the clothing you are wearing today

Your partner really likes your outfit. Tell him or her: (a) where you bought it; (b) how long ago you bought it; (c) if it was very expensive or a bargain; (d) the brand, if you know it. Then reverse roles.

p. 107 Actividad 7
p. 108 Actividades 8–9
p. 109 Actividades 10–11
p. 111 Actividad 14
p. 112 Actividad 17
p. 115 Actividad 21
p. 116 Actividad 23
p. 117 Actividad 24

Interpretive

3 Leer Read and understand a thank-you note for a recently received gift certificate

Your Spanish class recently sent last year's exchange student from Argentina a gift certificate for her birthday. Read her note about what she bought and what she thought about her purchases.

> ¡Hola! Muchas gracias por el cupón de regalo para el Almacén Palete. Compré una blusa de colores pastel que me gusta mucho y está muy de moda. También encontré un cinturón de cuero muy bonito para llevar con mis pantalones favoritos. Aquí tienen mi foto. ¿Qué les parece mi nuevo estilo?
>
> Besos, Susi

p. 107 Actividad 6
p. 110 Actividad 13
p. 114 Actividad 19
pp. 118–119 *Lectura*

Presentational

4 Escribir Write a short description of your most recent shopping trip for clothes, including what you bought, the brand, and how you paid for the items

Your grandmother sent you a check for your birthday and wants to know what you bought. Describe the vacation clothes that you bought and where you bought them. Include as many details as possible. You might begin by writing:

> Querida abuelita:
> Muchas gracias por el cheque que me enviaste para mi cumpleaños. Decidí comprarme ropa para las vacaciones . . .

p. 107 Actividades 6–7
p. 109 Actividades 10–11
p. 110 Actividad 13
p. 112 Actividad 16
p. 121 *Presentación escrita*

Cultures

5 Pensar Demonstrate an understanding of *la parranda* in Spanish-speaking countries

When you ask your parents if you can go to a *parranda* at the home of a Spanish-speaking friend, they have no idea what you are talking about. Explain it to them. What would you compare it to?

p. 120 *Perspectivas del mundo hispano*

Vocabulario Repaso

en el dormitorio
arreglar el cuarto
hacer la cama

en la cocina
cocinar
dar de comer al
　perro/gato
lavar los platos
poner la mesa
separar (botellas,
　latas, vidrio,
　periódicos, cartón)

en otros cuartos
ayudar
lavar la ropa
limpiar el baño
pasar la aspiradora
quitar el polvo

fuera de la casa
cortar el césped
lavar el coche
sacar la basura
trabajar en el jardín

For additional
vocabulary for
the city, see A
ver si recuerdas
1B, p. 42.

los lugares
el barrio
la calle
el cine
la comunidad
el estadio
el hospital
el monumento
el museo
el teatro

1 Los quehaceres

Escribir • Hablar

¿Quién en tu familia hizo estos quehaceres?
¿Cuándo los hizo?

Modelo

cortar el césped
*El verano pasado mi hermano y yo cortamos el
césped cada semana.*

1. lavar los platos
2. arreglar el cuarto
3. cocinar pollo
4. limpiar el baño
5. sacar la basura
6. pasar la aspiradora
7. lavar la ropa

2 ¿Qué hay en tu comunidad?

Escribir

Imagina que alguien visita tu comunidad por
primera vez. Escríbele una breve descripción.
Incluye los lugares de interés y cómo son.

Modelo

*Si visitas mi comunidad vas a ver muchas
casas con jardines y césped. En el centro hay
tiendas y restaurantes, pero no hay un cine . . .*

Gramática `Repaso`

Telling time

To ask about and tell the time of day, you usually say:

¿Qué hora es?   **Es** la una.
Son las cinco.

When you tell at what time something happens, you use *a*.

¿**A** qué hora es el concierto? **A** las ocho.

When talking about time after the hour, use *y* to express the time.

1:10	Es la una **y** diez.
3:15	Son las tres **y** cuarto.
	o: Son las tres **y** quince.
6:25	La clase empieza a las seis **y** veinticinco.
10:30	Generalmente me acuesto a las diez **y** media.

When talking about time before the hour, there are several expressions commonly used.

Son las diez **menos** veinte.
Son las nueve **y** cuarenta. ⎱— *It's 9:40.*
Faltan veinte **para** las diez.

You know several words and expressions for talking about the time of day.

de la mañana	*in the morning,* A.M.
de la tarde	*in the afternoon,* P.M.
de la noche	*in the evening,* P.M.
temprano	*early*
tarde	*late*
a tiempo	*on time*

3 ¿A qué hora?

Escribir

Escribe frases para decir a qué hora . . .

`Modelo`

. . . te levantas durante la semana.
Me levanto a las seis.

1. . . . te acuestas los fines de semana.
2. . . . te despiertas los fines de semana.
3. . . . almuerzas durante la semana.
4. . . . regresas a casa después de las clases.
5. . . . empieza tu clase favorita.
6. . . . empieza tu programa de televisión favorito.

Más práctica

- **Guided** p. 90
- **Core** pp. 49–50
- *Real.* **para hispanohablantes** p. 90

realidades.com
- Leveled Workbook
- Web Code: jdd-0301

4 ¿Quién lo hace?

Hablar

Trabajen en grupos de cuatro y hagan preguntas a sus compañeros para saber quiénes del grupo hacen las siguientes actividades.

`Modelo`

. . . se levanta temprano todos los días

A —*Ariana, ¿te levantas temprano todos los días?*
B —*Sí, me levanto muy temprano. Me levanto a las seis de la mañana.*

¿Quién en el grupo . . .

. . . se levanta temprano los fines de semana?
. . . se levanta tarde los fines de semana?
. . . siempre llega a tiempo a la escuela?
. . . siempre llega temprano para ver a sus amigos?
. . . hace la cama antes de ir a la escuela?
. . . se acuesta antes de las diez de la noche?
. . . almuerza después de las dos de la tarde?

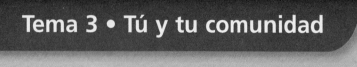

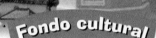

Fondo cultural

Argentina • Uruguay

Buenos Aires Esta imagen moderna de Buenos Aires es del pintor uruguayo Julio Alpuy. Nació en 1919 y su pintura y escultura son del estilo constructivo, un estilo que se basa en las formas geométricas y el espacio. Buenos Aires es una ciudad muy "internacional". Entre los años 1850 y 1945 muchos inmigrantes de Europa (Italia, Alemania, España, Francia y otros países) llegaron a vivir en Buenos Aires.

• En el cuadro, ¿cómo es Buenos Aires? Compara este cuadro con la foto de Cartagena. ¿En qué sentido (*way*) son similares? ¿En qué sentido son diferentes?

◄ "Buenos Aires" (1957), Julio Alpuy
Courtesy of Cecilia de Torres, Ltd.

¿Qué hiciste ayer?

Chapter Objectives

- Talk about things you did and where you did them
- Explain why you couldn't do certain things
- Describe things you bought and where you bought them
- Understand cultural perspectives on shopping

Video Highlights

Videocultura: *Tú y tu comunidad*

A primera vista: *¿Qué hiciste esta mañana?*

GramActiva Videos: direct object pronouns: *lo, la, los, las;* irregular preterite verbs: *ir, ser, hacer, tener, estar, poder*

Videomisterio: *En busca de la verdad,* Episodio 1

Country Connection

As you learn to talk about places in your community, you will make connections to these countries and places:

Texas
España
México
República Dominicana
Colombia
Ecuador
Bolivia
Argentina
Chile

Más práctica

- *Real.* para hispanohablantes pp. 90–91

 realidades.com

- Fondo cultural Activity
- Video Activities
- Online Atlas
- Web Code: jde-0002

Puerta del Reloj, Cartagena, Colombia

Vocabulario en contexto

jdd-0387

el centro

el champú

el jabón

la pasta dental

la farmacia

el cepillo de dientes

Farmacia ORTIZ

Supermercado Carranza

EL CORREO

LIQUIDACIÓN de equipo deportivo

EQUIPO DEPORTIVO

el supermercado

la tienda de equipo deportivo

tomates 2X10

el correo

la raqueta de tenis

los patines

la pelota

echar una carta

el buzón

el palo de golf

el sello

la tarjeta

la carta

—¿A qué hora **se abre** el correo en el centro? Quiero comprar unos sellos y **enviar*** una carta.

—Se abre a las nueve de la mañana y **se cierra** a las ocho de la noche.

jdd-0387

1 ¿Lógica o no?

Escuchar

Escucha las frases y señala con el pulgar hacia arriba si la frase es lógica y con el pulgar hacia abajo si no es lógica.

*Enviar has an accent mark on the *i* in all present-tense forms except *nosotros* and *vosotros.*

el consultorio

CONSULTORIO

DR. VICENTE ROJAS CAMACHO DENTISTA

DRA. MARÍA ELENA VIVAS BLANCO MÉDICA

el médico, la médica

el dentista, la dentista

Biblioteca

sacar un libro

devolver un libro

BANCO NACIONAL

el banco

BANCO NACIONAL

cobrar un cheque

jdd-0387

2 ¿Cómo van? 🔊

Escuchar • Escribir

Escribe en una hoja de papel los números del 1 al 4. Escucha los diálogos y escribe la letra de la respuesta apropiada.

1. ¿Qué tiene que comprar en la farmacia?
   a. jabón y pasta dental
   b. un cepillo de dientes y champú

2. ¿Adónde va después de ir al banco?
   a. al consultorio
   b. al supermercado

3. ¿Qué necesita comprar?
   a. una tarjeta
   b. unos sellos

4. ¿Cómo van a la biblioteca?
   a. Van en coche.
   b. Van a pie.

Más práctica

- **Guided** Vocab. Flash Cards pp. 91–96
- **Core** Vocab. Practice pp. 51–52
- **Communication** Writing p. 52
- *Real.* para hispanohablantes p. 92

realidades.com

- Audio Activities
- Leveled Workbook
- Flashcards
- Web Code: jdd-0302

cuidar a los niños

ZOOLÓGICO

❝ Ayer cuidé a Carlota y a Paco **por** cinco horas. **Fuimos a pie** al zoológico.

Nos quedamos allí **hasta** la una. Fue muy divertido.

Luego regresamos a casa. Sus padres me pagaron por cuidarlos. Me gusta cuidar niños porque puedo ganar dinero. Es importante tener mi propio dinero ❞.

¿Qué hiciste esta mañana?

Estrategia

Using visuals to predict
Scan the pictures to predict what will happen in the *Videohistoria*. Can you tell where the characters went and what they did there?

FARMACIA
MEDICA
SAN PEDRO

1 Teresa: Hola, Claudia. ¿Cómo estás?

Claudia: Bien, Teresa. ¿Y tú? Oye, tenemos que darnos prisa.[1] Manolo y Ramón nos esperan[2] a las dos para ir al cine, ¿verdad?

Teresa: Sí, pero tengo que comprar **varias** cosas aquí en la farmacia. ¿Vamos a entrar?

[1]to hurry   [2]are expecting

Ramón

Manolo

Claudia

Teresa

5 Ramón: Primero fuimos a una tienda de equipo deportivo. Me compré una camiseta del Cruz Azul.

Claudia: ¡Genial! Es uno de mis equipos favoritos. Y después, ¿qué hicieron?

6 Ramón: Fuimos a la **estación de servicio** a comprar **gasolina.**

Manolo: Buenos días, señor. ¿Puede **llenar el tanque,** por favor?

Asistente: Sí señor. **En seguida.**

7 Teresa: ¡Ay, caramba, se me olvidó!

Claudia: ¿Ahora qué, Teresa?

Teresa: Mañana es el cumpleaños de mi abuela. Tengo que comprarle algo.

Claudia: Estamos cerca del Bazar San Ángel. ¿Por qué no vamos allí?

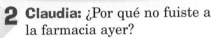

2 **Claudia:** ¿Por qué no fuiste a la farmacia ayer?

Teresa: No **pude. Tuve** que ir a la biblioteca a devolver un libro. No **estuve** allí por mucho tiempo pero tuve que hacer otras cosas también.

3 **Teresa:** Ay, **casi se me olvidó.** Tengo que enviar esta carta. Pero necesito comprar sellos . . .

Claudia: Vamos, vamos. Ramón y Manolo ya deben estar en el cine. La película empieza a las dos y media.

Teresa: Tranquila, Claudia. **Todavía** tenemos tiempo. Regreso en un momento.

4 **Claudia:** Hola, Ramón. Aquí Claudia.

Ramón: Hola, Claudia. ¿Qué tal?

Claudia: Muy bien. **Tuvimos** que ir a varios sitios, pero **pronto** vamos a ir al cine. Ya casi terminamos. Y Uds., ¿qué hicieron esta mañana?

8 **Claudia:** Ramón, vamos al Bazar San Ángel. Tenemos que comprar un regalo. ¿Por qué no nos vemos allí? Vamos al cine después.

Ramón: ¡Cómo no! Nos vemos allí.

Claudia: Adiós. **Hasta pronto.**

3 **¿Comprendiste?**

Hablar • Escribir

1. Los cuatro jóvenes tienen planes para la tarde. ¿Adónde piensan ir?

2. Antes de ver a Ramón y Manolo, ¿cuáles son las tres cosas que Teresa tuvo que hacer?

3. ¿Por qué entró Teresa en el correo?

4. ¿Qué se le olvidó a Teresa?

5. ¿Adónde fueron Ramón y Manolo por la mañana?

6. ¿Adónde decidieron ir antes de ir al cine?

Más práctica

- **Guided** Vocab. Check pp. 97–100
- **Core** Vocab. Practice pp. 53–54
- **Communication** Video pp. 46–48
- *Real.* **para hispanohablantes** p. 93

realidades.com ▼

- Audio Activities
- Video Activities
- Leveled Workbook
- Flashcards
- Web Code: jdd-0303

Vocabulario en uso

4 Muchas cosas que hacer

Escribir

En una hoja de papel, escribe los lugares que ves en los dibujos. Escribe una cosa que tienes que hacer en cada lugar. Vas a usar la información para la Actividad 5.

Lugares	Tengo que . . .
el supermercado	comprar leche

5 ¿A qué hora se abre?

Hablar

Trabaja con otro(a) estudiante. Explícale lo que tienes que hacer y hablen de los horarios de cada lugar. Usen la información de la tabla de la Actividad 4.

Modelo

A —*Tengo que comprar cereal. ¿A qué hora se abre el supermercado?*
B —*Se abre a las ocho de la mañana.*
A —*¿Y a qué hora se cierra?*
B —*Creo que se cierra a las once de la noche.*

6 Escucha y escribe jdd-0388

Escuchar • Escribir • Hablar

¡Caramba!	lo siento
casi	no puedo
¡Cómo no!	pronto
en seguida	se me olvidó
ir a pie	todavía

1 Tu mamá necesita tu ayuda para hacer todos los quehaceres. Escucha lo que ella dice y escribe las seis frases.

2 Escoge una expresión del recuadro y escribe respuestas a las preguntas de tu mamá. Después trabaja con otro(a) estudiante y lee las conversaciones entre ustedes.

7 ¿Adónde fuiste?

Hablar

El fin de semana pasado tus padres te dieron varios mandados (errands) que hacer. Ahora quieren saber si los hiciste. Diles adónde fuiste y cuándo hiciste todo.

Modelo

A —¿_Compraste los sellos?_
B —_Sí, fui al correo esta mañana._

Estudiante A

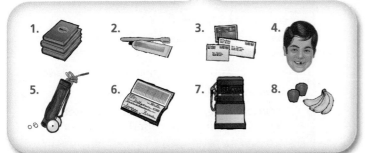

1. 2. 3. 4.
5. 6. 7. 8.

Estudiante B

esta mañana
ayer
anoche
hace . . . días
¡Respuesta personal!

Fondo cultural
México

El Palacio de Correos de la Ciudad de México, fue construido entre 1902 y 1907. Diseñado por el arquitecto italiano Adamo Boari, el Palacio de Correos es uno de los edificios (buildings) más famosos de la ciudad.

• El Palacio de Correos es un edificio muy conocido en México. ¿Cuáles son algunos edificios famosos de los Estados Unidos? ¿Por qué son famosos?

Interior del Palacio de Correos, Ciudad de México

8 Un fin de semana muy aburrido

Hablar

No pudiste hacer muchas cosas divertidas el fin de semana pasado. Trabaja con otro(a) estudiante y habla de las cosas que tuviste que hacer.

Estudiante A

1. 2. 3. 4. 5. 6.

Estudiante B

No, no pude.

Tuve que . . .

Estuve en . . . por . . . horas.

Estuve en . . . hasta las . . .

Tuve que esperar . . .

Me quedé en . . .

¡Respuesta personal!

También se dice . . .

la pasta dental = la pasta dentífrica, la pasta de dientes *(España)*

el sello = la estampilla, el timbre *(muchos países)*

la farmacia = la botica, la droguería

la estación de servicio = la bomba de gasolina, la gasolinera *(muchos países)*

9 Para unos dientes más blancos . . .

Leer • Escribir

Lee el anuncio del periódico y contesta las preguntas.

1. ¿Cómo se llama el producto del anuncio? ¿Para qué puedes usarlo?

2. ¿Con qué frecuencia debes usar el producto, todos los días o una vez a la semana?

3. ¿Qué garantiza el producto? ¿Por qué?

4. ¿Dónde puedes comprar el producto?

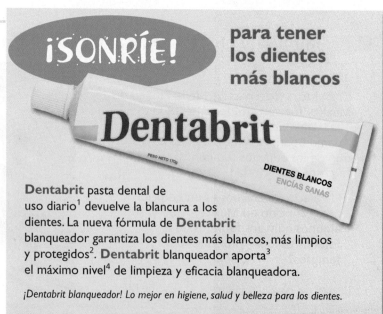

¡SONRÍE! para tener los dientes más blancos

Dentabrit

PESO NETO 170g

DIENTES BLANCOS
ENCÍAS SANAS

Dentabrit pasta dental de uso diario[1] devuelve la blancura a los dientes. La nueva fórmula de **Dentabrit** blanqueador garantiza los dientes más blancos, más limpios y protegidos[2]. **Dentabrit** blanqueador aporta[3] el máximo nivel[4] de limpieza y eficacia blanqueadora.

¡Dentabrit blanqueador! Lo mejor en higiene, salud y belleza para los dientes.

DE VENTA EN FARMACIAS Producto de Lab. Suárez, Avda. de Loja 42 Ibarra, Ecuador

[1]daily [2]protected [3]adds [4]level

Fondo cultural

El mundo hispano

Las farmacias en los países hispanohablantes frecuentemente venden antibióticos y otras medicinas sin necesidad de receta *(prescription)* y es común consultar a un farmacéutico, y no al médico. Los horarios de servicio varían. En España, hay *Farmacias de guardia* que están abiertas las 24 horas. En otros países, se pueden encontrar *Farmacias de turno* que también dan servicio las 24 horas al día. En las farmacias uno también puede comprar productos de belleza, como perfumes y maquillaje, y de higiene personal, como champú y pasta dental.

• ¿Hay farmacias abiertas las 24 horas al día en tu comunidad? ¿Cómo son y qué productos venden?

Una farmacia en Barcelona, España

10 Juego

Escribir • Hablar

1 Vas a jugar con otro(a) estudiante. Tu profesor(a) va a decirles a todos un lugar en la ciudad. Escriban las personas, acciones u otras cosas que se asocian con este lugar. Tu profesor(a) va a indicar cuándo termina el tiempo.

2 Uds. van a trabajar con otras tres parejas. Lean la lista de palabras para un lugar. Si las otras parejas tienen una de estas palabras, ninguna pareja recibe puntos por ella. Pero si hay palabras que las otras parejas no tienen, Uds. reciben un punto por cada una.

Modelo

restaurante

camarero, mesa, comida, comer, servir, decoraciones, tenedor, cuchillo, . . .

11 Y tú, ¿qué dices?

Escribir • Hablar

1. ¿Qué tipo de tiendas y servicios hay en el centro de tu comunidad? ¿A qué hora se abren? ¿A qué hora se cierran? ¿Se cierran antes o después de las seis de la tarde?

2. Cuando tu familia compra equipo deportivo, ¿dónde lo compra? ¿Y dónde compra cosas como jabón o pasta dental?

3. ¿Te gusta caminar? ¿A qué lugares puedes ir a pie fácilmente en tu comunidad?

4. ¿Qué haces para ganar dinero? ¿Te gusta cuidar a los niños? ¿Por qué?

El español en la comunidad

Hoy en día, en los Estados Unidos, muchas etiquetas *(labels)* de medicinas e instrucciones para otros productos están escritas *(written)* en inglés y en español. Para muchas personas que hablan y leen español, es más fácil y seguro *(safe)* leer las instrucciones en español.

Nodolor

Sinus pain relief without drowsiness

Calma el dolor de la sinusitis sin dar sueño

• Busca en tu casa etiquetas con instrucciones en español. ¿Qué parte de las instrucciones entiendes?

Gramática (Repaso)

Direct object pronouns

A direct object tells who or what receives the action of the verb.

> Devolví **el libro.**   *I returned **the book.** (book is the direct object)*

To avoid repeating a direct object noun, you can replace it with a direct object pronoun. In English, *him, her,* and *it* are examples of direct object pronouns. You have already used the following direct object pronouns in Spanish:

Singular	Plural
lo *it, him, you (masc. formal)*	**los** *them, you (masc.)*
la *it, her, you (fem. formal)*	**las** *them, you (fem.)*

Direct object pronouns have the same gender (masculine or feminine) and number (singular or plural) as the nouns they replace. They come right before the conjugated verb.

> ¿Devolviste **los libros** a la biblioteca? No, no **los** devolví.

> ¿Ayudaste a **tu mamá** en casa? Sí, **la** ayudé.

When an infinitive follows a verb, the direct object pronoun can be placed before the conjugated verb or attached to the infinitive.

> ¿Sacaste **el libro** sobre Simón Bolívar? No, no **lo** pude sacar. o: No, no pude sacar**lo.**

GramActiva VIDEO

Want more help with direct object pronouns? Watch the **GramActiva** video.

Lo veo.

---

12 ¡A lavar!

Leer • Escribir

Cuando Teresa regresa a casa por la tarde, tiene esta conversación con su madre. Léela, y escribe el pronombre apropiado: *lo, la, los* o *las.*

Mamá: ¿Qué tal la película, Teresa?

Teresa: Bien, mamá. Me gustó mucho. Tú __1.__ viste anoche, ¿no?

Mamá: Sí, pero no me gustó. Oye, ¿dónde están las cosas que compraste en la farmacia? No __2.__ veo.

Teresa: El champú está sobre la mesa. ¿No __3.__ ves?

Mamá: Ah, sí, aquí está. ¿Y la pasta dental?

Teresa: Creo que __4.__ dejé (*I left*) en el baño.

Mamá: Muy bien. ¿Y enviaste las cartas?

Teresa: Sí, mamá, __5.__ envié después de ir a la farmacia.

Mamá: Gracias, hija. Ah, ¿compraste un regalo para tu abuela?

Teresa: ¡Sí, mamá! Le compré un collar muy bonito. ¿__6.__ quieres ver?

Mamá: Sí, pero más tarde. Ahora tenemos que limpiar la cocina. Tú puedes lavar los platos.

Teresa: ¡Ay! No puedo lavar __7.__, mamá . . . ¡Se me olvidó comprar el detergente!

Mamá: No importa, Teresa. ¡Yo __8.__ compré ayer! Y ahora, ¡a lavar!

13 **De compras**

Hablar

Tu compañero(a) quiere saber por qué tienes varias cosas contigo. Explícale por qué las tienes.

Modelo

A —¿Por qué tienes los palos de golf?
B —Los tengo porque quiero jugar al golf esta tarde.

Estudiante A

1.

2. 37¢ 37¢

3.

4.

5.

6.

Estudiante B

quiero . . .
necesito . . .
voy a . . .
tengo que . . .
¡Respuesta personal!

14 **¿Todavía lo usas?**

Escribir • Hablar

A veces compramos o recibimos algo y después no lo usamos mucho.

1 Escribe cinco frases para decir qué cosas compraste tú o qué cosas te compraron otras personas.

2 Lee tus frases a tu compañero(a). Tu compañero(a) te va a preguntar si todavía tienes, usas o llevas esa cosa.

Modelo

A —Hace dos años mis padres me compraron unos palos de golf.
B —¿Todavía los usas?
A —Sí, los uso porque juego al golf mucho.
o: —No, no los uso porque no tengo tiempo para jugar al golf.

Estudiante A

Hace . . . me compraron . . .   Un día compré . . .
Hace . . . compré   **¡Respuesta personal!**

Estudiante B

¿ . . . llevas?
¿ . . . tienes?
¿ . . . usas?
¡Respuesta personal!

Más práctica

- **Guided** Gram. Practice pp. 101–102
- **Core** Gram. Practice p. 55
- **Communication** Writing p. 53
- *Real.* **para hispanohablantes** pp. 94–97, 101

realidades.com

- Audio Activities
- Video Activities
- Speak & Record
- Tutorial
- Leveled Workbook
- Web Code: jdd-0304

Gramática

Irregular preterite verbs: *ir, ser*

In the preterite, the forms of *ser* are the same as the forms of *ir*. The context makes the meaning clear.

El cantante Jon Secada **fue** a vivir a Miami, Florida, en 1970.
The singer Jon Secada went to live in Miami, Florida, in 1970.

Después **fue** estudiante en la Universidad de Miami.
Later he was a student at the University of Miami.

(yo)	fui	(nosotros) (nosotras)	fuimos
(tú)	fuiste	(vosotros) (vosotras)	fuisteis
Ud. (él) (ella)	fue	Uds. (ellos) (ellas)	fueron

- Notice that these irregular preterite forms do not have any accents.

15 El día de Simón y sus amigos

Leer • Escribir

Lee lo que hicieron Simón y sus amigos ayer. Escribe la forma correcta del verbo *ir* o *ser*. Luego contesta la pregunta sobre el día que ellos pasaron.

Ayer __1.__ un día bastante bueno para nosotros. Primero yo __2.__ a la estación de servicio para llenar el tanque con gasolina. Luego Fernando y yo __3.__ a la tienda de equipo deportivo para mirar patines. Nuestras amigas Teresa y Patricia __4.__ al almacén. Después Teresa __5.__ al correo y Patricia __6.__ al banco. En la noche todos nosotros __7.__ al cine. La película __8.__ muy cómica pero no sé quiénes __9.__ los actores principales.

En tu opinión, ¿el día de Simón y sus amigos __10.__ divertido? ¿Por qué?

Un día divertido entre amigos

16 Un poema de amor

Leer • Escribir

Pablo Neruda (1904–1973) fue poeta chileno y ganador del Premio Nobel de Literatura en 1971. En muchos de sus poemas, Neruda escribió sobre el amor.[1] Estos versos son de su primer libro de poemas *Crepusculario,* que él publicó a los 19 años de edad. Lee los versos.

Conexiones | **La literatura**

Fui tuyo, fuiste mía. ¿Qué más? Juntos[2] hicimos un recodo[3] en la ruta donde el amor pasó.

1. ¿Está el poeta todavía con "su amor"? ¿Cómo lo sabes?
2. En tu opinión, ¿qué quiere decir el poeta en estos versos?

[1]love [2]together [3]turn

17 Juego

Escribir • Hablar • GramActiva

1 Trabaja con un grupo de tres para escribir preguntas sobre quiénes fueron personas famosas del pasado. Pueden usar las ideas del recuadro o sus propias ideas. También tienen que escribir las respuestas a sus preguntas.

> el presidente en el año . . .
>
> los cantantes de la canción . . .
>
> los actores en la película . . .
>
> la persona que escribió el poema / libro . . .
>
> los campeones *(champions)* . . .
>
> **¡Respuesta personal!**

2 Su profesor(a) va a formar dos grupos grandes en la clase. Un grupo lee una pregunta. Si el otro grupo contesta correctamente, recibe un punto. El grupo con más puntos al final gana.

Modelo

A —*¿Quién fue el poeta que escribió Crepusculario?*
B —*El poeta fue Pablo Neruda.*

18 Y tú, ¿qué dices? ♺

Escribir • Hablar

1. ¿Cuál fue tu día más divertido del mes pasado? ¿Por qué? ¿Adónde fuiste? ¿Con quiénes?
2. ¿Cuál fue tu viaje más interesante? ¿Adónde y con quiénes fuiste? ¿Cuáles fueron algunos de los lugares que visitaron o las actividades que hicieron?
3. ¿Cuál fue tu mejor o peor cumpleaños? ¿Por qué fue tan bueno o malo?

Más práctica

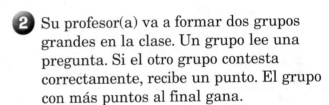

- **Guided** Gram. Practice pp. 103–104
- **Core** Gram. Practice p. 56
- **Communication** Writing p. 54, Test Prep p. 229
- *Real.* para hispanohablantes pp. 97–99, 101

realidades.com ✔

- Audio Activities
- Video Activities
- Speak & Record
- Tutorial
- Leveled Workbook
- Web Code: jdd-0305

Gramática

Irregular preterite verbs: *hacer, tener, estar, poder*

The preterite forms of *tener, estar,* and *poder* follow a pattern similar to that of the verb *hacer.* Like *hacer,* these verbs do not have any accent marks in the preterite.

(yo)	hice tuve estuve pude	(nosotros) (nosotras)	hicimos tuvimos estuvimos pudimos
(tú)	hiciste tuviste estuviste pudiste	(vosotros) (vosotras)	hicisteis tuvisteis estuvisteis pudisteis
Ud. (él) (ella)	hizo tuvo estuvo pudo	Uds. (ellos) (ellas)	hicieron tuvieron estuvieron pudieron

¿Recuerdas?

Dar is also irregular in the preterite tense: *di, diste, dio, dimos, disteis, dieron.*

GramActiva VIDEO

Want more help with irregular preterite verbs *ir, ser, hacer, tener, estar,* and *poder?* Watch the **GramActiva** video.

hice / fui

19 ¡Nadie pudo venir!

Leer • Escribir

Rosalinda invitó a varios amigos a ver una película en su casa a las cinco, pero nadie llegó. Completa cada frase con la forma apropiada del verbo *estar, tener* o *poder* para explicar por qué no llegaron.

Fernando __1.__ en la biblioteca por tres horas. __2.__ que escribir un informe muy largo. Jorge y Pati no __3.__ venir porque __4.__ en el banco donde trabajan hasta las ocho. Yo no __5.__ ir a su casa tampoco porque __6.__ que cuidar a mi hermanito. ¡Pobre Rosalinda! Todos nosotros __7.__ que hacer otras cosas y no __8.__ ir a su casa y ella __9.__ allí sola toda la tarde.

20 ¿Por qué no hicieron sus quehaceres?

Hablar

Cuando tus padres vuelven a casa después de un viaje, no entienden por qué tus hermanos y tú no hicieron los quehaceres. Trabaja con otro(a) estudiante para preguntar y contestar.

Modelo

no comprar pan
A —*¿Por qué no compraron pan?*
B —*Porque no pudimos ir al supermercado.*

Estudiante A

1. no dar de comer al perro
2. no hacer las camas
3. no ir a la farmacia para comprar champú y jabón
4. no devolver los libros a la biblioteca
5. no enviar las cartas
6. no ir al dentista

Estudiante B

tener que quedarnos en casa con el perro
no poder ir al supermercado
no tener tiempo por la mañana
no poder encontrar su comida
tener que leerlos otra vez
tener que hacer tantos quehaceres
no poder encontrar el buzón

21 Una raqueta de tenis nueva jdd-0388

Leer · Escuchar · Escribir

Santiago acaba de comprar una raqueta de tenis. Primero lee las preguntas. Después escucha la descripción dos veces y escribe respuestas a las preguntas.

1. ¿Cómo pudo tener Santiago suficiente dinero para comprar una raqueta de tenis?
2. ¿Cuándo fueron a la tienda de equipo deportivo Santiago y Héctor?
3. Para Santiago, ¿cómo fue la experiencia de buscar una raqueta nueva?
4. ¿Miraron sólo una raqueta o varias?
5. ¿Estuvieron en la tienda por mucho o por poco tiempo?
6. ¿Cuándo escogió Santiago su raqueta nueva?

22 Y tú, ¿qué dices?

Escribir

Escribe un párrafo en que describes cuándo tú fuiste de compras. Usa las ideas de la experiencia de Santiago en la Actividad 21 como modelo. Puedes incluir:

* cómo conseguiste *(you obtained)* dinero para comprar algo
* si fuiste solo(a) o con otra persona
* adónde fuiste
* si tuviste que ir a diferentes tiendas
* si pudiste decidir inmediatamente
* por cuánto tiempo estuviste en la tienda
* si te gusta lo que compraste

Más práctica

* **Guided** Gram. Practice pp. 104–105
* **Core** Gram. Practice p. 57
* ***Real.* para hispanohablantes** pp. 98–100

realidades.com

* Audio Activities
* Video Activities
* Speak & Record
* Canción de hip hop
* Animated Verbs
* Tutorial
* Leveled Workbook
* Web Code: jdd-0306

The written accent jdd-0388

You already know the standard rules for stress and accent in Spanish.

• When words end in a vowel, *n*, or *s*, the stress is on the next-to-last syllable.

• When words end in a consonant (except *n* or *s*), the stress is on the last syllable.

• Words that do not follow these patterns must have a written accent (called *acento ortográfico* or *tilde*). The accent indicates that you should place the stress on this syllable as you pronounce the word.

Listen to and say these examples:

champú	olvidó	cómodo	médico
película	patín	jabón	adiós
demás	césped	fútbol	lápiz

¡Compruébalo! Here are some new words that all require accent marks. Copy the words and, as you hear them pronounced, write the accent mark over the correct vowel.

antropologo	cajon	carcel	ejercito	fosforo
lucho	nilon	util	tipico	lider

Listen to and say the following *refrán*:

Del árbol caído, todos hacen leña.

Fondo cultural

España

Los barrios Hay barrios *(neighborhoods)* famosos en las ciudades grandes de España y América Latina que tienen su propia identidad. Por ejemplo, el Barrio de Santa Cruz, en Sevilla, España, es el más antiguo de la ciudad y originalmente fue un barrio judío *(Jewish)*. En este barrio, las calles son muy estrechas *(narrow)* y hay monumentos históricos, como la Catedral. Las personas que viven allí se sienten muy orgullosas *(proud)* de las tradiciones, la arquitectura y la historia que existen en su barrio.

• ¿Cuáles son las características de los barrios en general? ¿Hay algún barrio famoso en tu ciudad? ¿Cómo es?

El Barrio de Santa Cruz, en Sevilla, España

23 ¿Por cuánto tiempo?

Pensar • Hablar • Escribir

Es difícil encontrar el tiempo suficiente para hacer todos los quehaceres necesarios. A veces es necesario estar muy consciente del tiempo que requiere cada actividad que vas a hacer. Con otro(a) estudiante, lee y resuelve *(solve)* este problema matemático.

Conexiones Las matemáticas

1. Ayer Ángela salió de la escuela y fue a la farmacia para comprar champú y jabón. Estuvo allí por 13 minutos.

2. Después caminó al correo en diez minutos. Se quedó allí por 45 minutos mirando y comprando unos sellos bonitos e interesantes.

3. Caminó del correo a su casa en 15 minutos. Llegó a su casa a las 4:40 de la tarde.

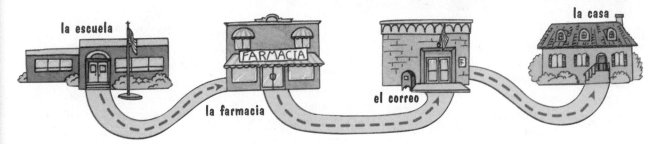

la escuela · la farmacia · el correo · la casa

4. Si la farmacia está a dos minutos de la escuela, ¿a qué hora salió Ángela de la escuela?

5. Escribe una frase para indicar a qué hora llegó y salió Ángela de cada lugar.

24 Te toca a ti

Hablar • Escribir

Con otro(a) estudiante, escriban un problema original similar al problema matemático de la Actividad 23. Pueden incluir una ilustración. Después cambien *(exchange)* su problema con otro grupo e intenten *(try)* resolverlo.

Fondo cultural
España

Los sellos, la tradición y la comunidad El tema de esta antigua serie de sellos de España son los trajes tradicionales de las comunidades españolas. Durante los festivales anuales de un pueblo o ciudad, los bailadores llevan trajes tradicionales. Los bailes, o danzas, y los trajes de cada comunidad son diferentes.

• ¿Conoces alguna serie de sellos que recuerda tradiciones regionales en los Estados Unidos? ¿Qué otros tipos de series de sellos tenemos en los Estados Unidos?

Trajes tradicionales de las regiones de España: Coruña, Córdoba, Granada, Huelva y Sevilla

Lectura

La unidad en la comunidad internacional

Objectives

- Read about the Sister Cities International program
- Learn about open-air markets
- Talk about preparations for a trip
- Watch *En busca de la verdad*, Episodio 1

Estrategia

Using the structure of a text
Sometimes the way the text is structured will help you understand the main idea. Look at this brochure and read only the headings. What do you think it is about?

Ciudades Hermanas Internacional

El programa de "Ciudades Hermanas Internacional" fue creado por el presidente de los Estados Unidos, Dwight D. Eisenhower, en el año 1956. La misión de este programa es promover[1] el intercambio y la cooperación entre los habitantes de ciudades en diferentes países. Hoy en día, más de 1,200 ciudades en los Estados Unidos tienen una ciudad hermana en casi 137 países. A través de[2] la cooperación económica, cultural y educativa, el programa de Ciudades Hermanas construye puentes[3] entre las personas y ayuda a la comprensión entre diferentes culturas.

¡Quiero tener una ciudad hermana!

Cualquier[4] ciudad de los Estados Unidos puede tener una ciudad hermana. Primero es necesario encontrar otra ciudad extranjera.[5] Esta ciudad puede tener alguna relación con la ciudad original. Por ejemplo, ciudades que tienen el mismo nombre, como Toledo, Ohio, y Toledo, España, pueden asociarse. También las ciudades que celebran el mismo festival pueden formar relaciones de hermandad. Para tener una relación oficial, hay que llenar un formulario en la comisión del programa para las Ciudades Hermanas. La organización tiene que aprobar[6] la petición.

Intercambio económico

El programa de Ciudades Hermanas ayuda a establecer una cooperación económica entre los países. Por ejemplo, varios productos de Toledo, España, se venden en algunas tiendas en Toledo, Ohio. Las ciudades de Atlanta, Georgia, y de Salcedo, República Dominicana, también exploran varias posibilidades para intercambiar productos. El intercambio profesional y técnico es importante, como aprendieron los bomberos[7] y policías de la ciudad de Phoenix, Arizona, cuando tomaron clases de español en Sonora, México.

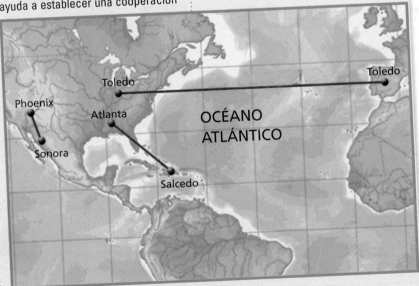

Toledo · Toledo · Phoenix · Atlanta · Sonora · Salcedo · OCÉANO ATLÁNTICO

[1] to promote [2] Through [3] bridges [4] Any [5] foreign [6] approve [7] firefighters

•REGLAS•
para los jóvenes embajadores

Los jóvenes embajadores tienen que:

- obedecer las leyes[8] del país de la ciudad hermana

- respetar las costumbres del país

- ayudar a la familia con las tareas domésticas

- participar en muchas actividades para aprender sobre la cultura del país

- tratar de[9] hablar un poco en el idioma[10] del país

Intercambio cultural

Hay diferentes posibilidades para un intercambio cultural. Los proyectos posibles incluyen:

- un festival con bailes y comida en honor a su ciudad hermana.
- una exposición de arte. Por ejemplo, la ciudad de Phoenix, Arizona, dio una exposición de arte en Sonora, México.
- el intercambio de música, grabaciones o dramas.

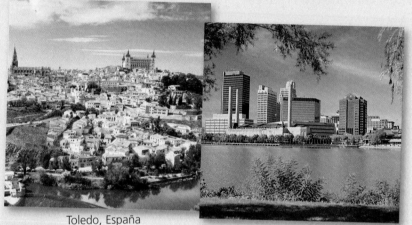

Toledo, España

Toledo, Ohio

Intercambio educativo

En programas de intercambio educativo, los jóvenes son embajadores[11] en ciudades hermanas. Representan a los Estados Unidos en su viaje a otra ciudad. Se quedan con familias y así aprenden mucho sobre la cultura de ese país. Luego un embajador del país extranjero viene a los Estados Unidos y se queda con la familia del estudiante estadounidense.

A primera vista, las ciudades hermanas de Toledo, España y Toledo, Ohio no tienen mucho en común. En una ciudad se habla español, en la otra inglés; un lugar es antiguo y el otro, moderno. Pero en verdad lo que une a las dos Toledos es el gran intercambio artístico, cultural y económico.

[8] laws [9] try to [10] language [11] ambassadors

¿Comprendiste?

1. ¿Por qué es importante el programa de las Ciudades Hermanas Internacional?

2. ¿Qué es necesario para tener una ciudad hermana?

3. ¿Por qué es importante el intercambio económico? ¿El intercambio cultural?

4. Si tu ciudad tiene una ciudad hermana, ¿qué puedes hacer como joven embajador?

5. ¿Cuál es la ciudad hermana de Phoenix, Arizona? ¿De Atlanta, Georgia? ¿De Toledo, Ohio?

6. En tu opinión, ¿cuál es la regla más importante para los jóvenes embajadores?

Y tú, ¿qué dices?

Imagina que los estudiantes de una clase de tu ciudad hermana vienen a tu escuela. Prepara un horario de lo que pueden hacer y ver en tu escuela y en tu comunidad.

Más práctica

- **Guided** Reading Support p. 106
- **Communication** Writing p. 55, Test Prep p. 230
- *Real.* **para hispanohablantes** pp. 102–103

 realidades.com

- Internet Activity
- Leveled Workbook
- Web Code: jdd-0307

La cultura en vivo
Los mercados al aire libre

En los países hispanohablantes, los mercados al aire libre son muy populares. Son lugares para comprar y vender toda clase de cosas, como comida, productos del campo, artesanías y ropa. Los vendedores ponen sus tiendas en la calle y la gente mira los productos. Estos mercados son buenos lugares para ver a los amigos, comer algo o pasear.

En México, estos mercados se llaman *tianguis,* una palabra que en náhuatl significa "el lugar del mercado". El *tianguis,* o mercado al aire libre, es una tradición antigua que viene de los aztecas.

Pero no hay mercados sólo en México. En Ecuador, el mercado de Otavalo es muy conocido por sus artesanías. En La Paz, Bolivia, un mercado popular es el mercado de las Brujas. En Madrid, España, los domingos se abre el mercado de El Rastro. Cuando los compradores pasan por las calles, los vendedores los invitan a comprar y les preguntan, *¿Qué va a llevar?*

El Rastro, en Madrid, España

Mercado en Zumbagua, Ecuador

Objetivo

Preparar un día de mercado en tu clase

Procedimiento

Los estudiantes deben formar dos grupos. Los estudiantes en Grupo 1 (los vendedores) deben traer algo a la clase para vender y decidir el precio del objeto o producto. Los estudiantes en Grupo 2 (los compradores) deben visitar a los vendedores y, si quieren, comprar su mercancía. Pueden regatear (bargain) para bajar el precio. ¡Buena suerte!

Expresiones y frases útiles

Comprador
¿Cuánto cuesta(n) . . . ?
¿Cuál es el precio de . . . ?
¡Uf! Es mucho . . .
¿No me lo puede dar por . . . ?
¿Me vende esto por . . . ?
Es un buen precio. Muy bien.

Vendedor
¿Qué va a llevar?
¿Qué desea Ud.?
¡Cómprame algo!
Cuesta . . . / El precio es . . .
¡Lo siento!

Presentación oral
Preparándose para un viaje

Una bella playa de Cancún, México

Task
You are going to visit your best friend from Mexico for a week during summer vacation. Your friend lives in Mérida, Mexico, where it is very hot and humid during the summer. Your friend has already told you some plans: visit Mayan ruins nearby, spend time with friends, and go to the beach in Cancún for two days. Are you prepared to go? Explain what you did to prepare for the trip.

1 Prepare Make a list of ten items you need to bring for the week. Do you already have them at home? Do you need to buy them? Where do you need to go to get them? Use a chart like this one to organize your thoughts.

Cosas que necesito	¿Ya lo / la compré?	¿Dónde?
sombrero para el sol	sí, lo compré	el almacén

2 Practice Go through your presentation several times. You can use your notes in practice, but not when you present. Try to:

- talk about everything you did to get ready for the trip
- use complete sentences
- speak clearly

Modelo

Para visitar a mi amigo en Mérida necesito un sombrero para el sol, pasta dental y un cepillo de dientes. No tuve que comprar la pasta dental ni el cepillo. Pero tuve que comprar un sombrero para el sol. También tuve que ir al banco para cobrar un cheque que mi mamá me dio.

3 Present Talk about your preparation for the trip. You might want to bring in props to show some of your preparations.

4 Evaluation Your teacher may give you a rubric for how the presentation will be graded. You will probably be graded on:

- completion of task
- how you related information about things needed for the trip
- how well you were understood

Estrategia

Using charts
Create a chart to help you think through the key information you will want to talk about. This will help you speak more effectively.

realidades.com
- Speak & Record

En busca de la verdad

Episodio 1

"Esa noche, mi mamá, mi papá, mi hermano y yo nos reunimos y hablamos sobre el viaje".

Antes de ver el video

"Hay una escuela en Guanajuato muy interesada en un intercambio".

Nota cultural En Guanajuato, muchas haciendas* antiguas ahora son hoteles para turistas. También hay hoteles nuevos que conservan el estilo colonial de México. Casi todos tienen verdes jardines con árboles y flores, fuentes de agua y patios con pisos de piedra. ¡Es como volver 300 años atrás en el tiempo!

*ranches

Resumen del episodio

La historia empieza en San Antonio, Texas. Allí vive y estudia en una escuela bilingüe Linda Toledo. Carmen, la mamá de Linda, es maestra en la misma escuela y quiere establecer un programa de intercambio con una escuela mexicana. Carmen decide visitar una escuela en Guanajuato y va con Linda a una agencia de viajes para hacer los planes del viaje. Al final del episodio Linda recuerda a su abuelo en el hospital.

Palabras para comprender
intercambio exchange
próximo next
Segunda Guerra Mundial World War II
soldado soldier
ciudadano citizen
querido, -a dear

"¿En qué puedo servirles?"

"¿Cómo estás, abuelito?"

Después de ver el video

¿Comprendiste?

A. Lee las siguientes frases y escribe quién dijo cada una: Linda, Carmen, el Sr. Balzar, el director, Berta o el abuelo.

1. "Hay una escuela en Guanajuato muy interesada en un intercambio".

2. "¿Qué le parece si me acompaña mi hija Linda?"

3. "Hay un vuelo que sale a las diez de la mañana y otro, a las seis de la tarde".

4. "Así llegamos un poco más temprano".

5. "¿Y ya tienen reservaciones de hotel en Guanajuato?"

6. "Voy a reservarles un buen hotel".

7. "Pero, ¿qué familia, abuelo?"

8. "Siempre recuerdo a mi querida familia mexicana".

B. Termina las siguientes frases explicando lo que sucede en el videomisterio:

1. El Sr. Balzar es _____.

2. Carmen y Linda quieren _____.

3. El Sr. Balzar llama a Berta Toledo en Guanajuato para _____.

4. Linda recuerda a su abuelo cuando _____.

5. El abuelo de Linda le dice que hablen otro día porque _____.

C. Mira la escena de la primera foto en la página anterior. Son el director y Carmen. Escribe un resumen de lo que hablaron.

Repaso del capítulo

Vocabulario y gramática jdd-0389

Chapter Review

To prepare for the test, check to see if you . . .
- **know the new vocabulary and grammar**
- **can perform the tasks on p. 153**

to talk about places in a community

el banco	bank
el centro	downtown
el consultorio	doctor's / dentist's office
la estación de servicio, *pl.* las estaciones de servicio	service station
la farmacia	pharmacy
el supermercado	supermarket

to talk about mail

el buzón, *pl.* los buzones	mailbox
la carta	letter
echar una carta	to mail a letter
el correo	post office
enviar *(i → i)*	to send
el sello	stamp
la tarjeta	card

to talk about items in a sporting-goods store

el equipo deportivo	sports equipment
el palo de golf	golf club
los patines	skates
la pelota	ball
la raqueta de tenis	tennis racket

to talk about pharmacy products

el cepillo de dientes	toothbrush
el champú	shampoo
el jabón	soap
la pasta dental	toothpaste

to make excuses

se me olvidó	I forgot

For *Vocabulario adicional,* see pp. 498–499.

to talk about errands

cerrar *(e → ie)*	to close
cobrar un cheque	to cash a check
cuidar a	to take care of
el dentista, la dentista	dentist
devolver *(o → ue)* (un libro)	to return (a book)
la gasolina	gasoline
ir a pie	to go on foot
llenar (el tanque)	to fill (the tank)
el médico, la médica	doctor
sacar (un libro)	to take out, to check out (a book)
se abre	opens
se cierra	closes

other useful words and expressions

caramba	good gracious
casi	almost
¡Cómo no!	Of course!
en seguida	right away
hasta	until
por	for (how long)
pronto	soon
Hasta pronto.	See you soon.
quedarse	to stay
todavía	still
varios, -as	various, several

preterite of *ir (to go)* and *ser (to be)*

fui	fuimos
fuiste	fuisteis
fue	fueron

preterite of *tener, estar,* and *poder*

tuve estuve pude	tuvimos estuvimos pudimos
tuviste estuviste pudiste	tuvisteis estuvisteis pudisteis
tuvo estuvo pudo	tuvieron estuvieron pudieron

direct object pronouns: *lo, la, los, las*

Más práctica

● **Core** Puzzle p. 58, Organizer p. 59
● **Communication** Integrated
   Performance Assessment p. 231

realidades.com ✔

● Tutorial
● Flashcards
● Puzzles
● Self-test
● Web Code: jdd-0308

Preparación para el examen

On the exam you will be asked to . . .	Here are practice tasks similar to those you will find on the exam . . .	If you need review . . .

Interpretive

jdd-0389

1 Escuchar Listen and understand as people tell where they went and what they did there

As sponsor for the school's summer trip to Mexico, the Spanish teacher has heard many excuses about why students don't return to the bus in time to depart for the next stop. Listen to the excuses to determine where the students went and why they were late.

pp. 130–133 *Vocabulario en contexto*

p. 135 Actividad 6

p. 136 Actividad 8

p. 143 Actividad 21

Interpersonal

2 Hablar Ask and respond to questions about whether you did certain things that you had to do

To avoid any delays for the next day's tour, the sponsor for the Mexico City summer trip asked each student if he or she prepared the night before. She wants you to help her next time. How would you ask someone if he or she did the following: (a) cashed a check; (b) bought stamps; (c) sent postcards to friends; (d) went to the pharmacy to buy soap and toothpaste? With a partner, practice asking and answering these questions.

p. 134 Actividad 5

p. 135 Actividad 7

p. 136 Actividad 8

p. 143 Actividad 20

p. 149 *Presentación oral*

Interpretive

3 Leer Read and understand what people say they received as gifts in the past

You're helping your classmate read the answers to a survey he is conducting for his Spanish project. The survey question was: *¿Cuál es el regalo más loco que recibiste este año?* Look at the first response. Can you identify what the gift was and why the person thought it was silly?

Recibí un cupón (coupon) para llenar el tanque de mi coche, pero no tengo coche. Tuve que venderlo el año pasado.

p. 132–133 *Videohistoria*

p. 146–147 *Lectura*

Presentational

4 Escribir Write responses to questions about things you have bought in the past

You decided to answer some of the other questions on your friend's survey. What would you write for the following question: *¿Qué hiciste para ganar dinero el verano pasado y qué compraste con el dinero?*

p. 137 Actividad 11

p. 139 Actividad 14

p. 143 Actividad 22

Cultures

5 Pensar Demonstrate an understanding of the popularity of outdoor markets in Spanish-speaking countries

Vendors and buyers enjoy the open-air markets so popular in Spanish-speaking countries. How would both of them spend their day at the market? What might they sell and buy?

p. 148 *La cultura en vivo*

Vocabulario Repaso

las preposiciones
a la derecha de
a la izquierda de
al lado de
cerca de
debajo de
delante de
detrás de
encima de
entre
lejos de

los medios de transporte
el autobús, *pl.* los autobuses
el avión, *pl.* los aviones
el barco
la bicicleta
el coche
el taxi
el tren

1 ¿Dónde está?

Escribir • Hablar

Escribe cinco frases para describir la ciudad del dibujo. Incluye cinco preposiciones y cinco medios de transporte en tu descripción. Escribe tres frases ciertas y dos falsas según el dibujo. Luego lee tus frases a otro(a) estudiante que va a repetir las frases ciertas y cambiar las frases falsas.

> **Modelo**
>
> A —*Hay una chica en bicicleta. Ella está a la derecha del monumento.*
>
> B —*Sí, hay una chica en bicicleta, pero ella no está a la derecha del monumento, está a la izquierda.*

2 Completa la frase

Dibujar • Hablar

1 Trabaja con un grupo de tres o cuatro estudiantes. Cada grupo necesita siete tarjetas. En cada tarjeta dibujen uno de los medios de transporte de la lista. Un(a) estudiante escoge una tarjeta y empieza a decir una frase.

> **Modelo**
>
> *Muchas personas van en autobús . . .*

2 El estudiante le da la tarjeta a la persona a su izquierda, que repite la frase y la completa. Si el grupo cree que la frase es correcta, el (la) estudiante que la completó escoge otra tarjeta para empezar una frase nueva.

> **Modelo**
>
> *Muchas personas van en autobús al partido.*

Gramática  Repaso

The verbs *salir, decir,* and *venir*

Salir "to leave, to go out," *decir* "to say, to tell," and *venir* "to come" are irregular *-ir* verbs. They also have a *yo* form that ends in *-go.*

(yo)	salgo digo vengo	(nosotros) (nosotras)	salimos decimos venimos
(tú)	sales dices vienes	(vosotros) (vosotras)	salís decís venís
Ud. (él) (ella)	sale dice viene	Uds. (ellos) (ellas)	salen dicen vienen

¿Recuerdas?

You already know four *-er* verbs that have a *yo* form that ends in *-go.*

tener: yo tengo   **poner:** yo pongo

hacer: yo hago   **traer:** yo traigo

Note that *salir* is irregular only in the *yo* form; *decir* follows a pattern similar to that of *e* → *i* stem-changing verbs; and *venir* follows a pattern similar to that of *e* → *ie* stem-changing verbs.

③ En la ciudad

Leer • Escribir

Enrique describe lo que pasa en la ciudad. Escribe la forma apropiada del verbo correcto para completar las frases.

Muchas personas __1.__ *(poner / venir)* a la ciudad en autobús o en tren. Ellos __2.__ *(decir / salir)* que es mejor que ir en coche. Mi primo es muy deportista. Él siempre __3.__ *(decir / venir)* a la ciudad en bicicleta y __4.__ *(traer / salir)* todas sus cosas en una mochila. __5.__ *(Salir / Hacer)* de casa muy temprano porque vive bastante lejos de la ciudad. Él __6.__ *(decir / traer)* que es mejor montar en bicicleta porque __7.__ *(salir / hacer)* ejercicio al mismo tiempo. Mis hermanos y yo __8.__ *(hacer / venir)* en autobús o a veces en el coche de papá. __9.__ *(Poner / Traer)* el almuerzo porque no regresamos a casa para almorzar.

④ ¿Con qué frecuencia?

Escribir • Hablar

Escribe seis frases para decir con qué frecuencia haces las actividades del recuadro. Luego lee tus frases a otro(a) estudiante para ver si hace las mismas cosas que tú.

venir a la escuela en autobús

decir la verdad

traer un cuaderno a clase

salir de casa antes de las siete de la mañana

poner los libros en una mochila

hacer la tarea en casa

Modelo

salir con los amigos

A —*Siempre salgo con mis amigos los fines de semana. ¿Y tú?*

B —*Pues, salgo con ellos a veces.*

Más práctica

- **Guided** p. 108
- **Core** pp. 60–61
- *Real.* **para hispanohablantes** p. 110

realidades.com
- Leveled Workbook
- Web Code: jdd-0311

Fondo cultural

Estados Unidos • México

Diego Rivera (1886–1957) pintó este mural en el Instituto de Arte de San Francisco en sólo cinco semanas. El artista está sentado en el centro, con sus asistentes alrededor. El mural representa la construcción de una moderna ciudad industrial e indica el entusiasmo de Rivera por el desarrollo industrial de la década de 1930.

• Compara el entusiasmo de Rivera por el desarrollo industrial con el interés que tiene la gente hoy en día en la tecnología.

"La elaboración de un fresco" (1931), Diego Rivera ▶

271 x 357 inches, The San Francisco Art Institute, California. © 2009 Banco de México Diego Rivera & Frida Kahlo Museums Trust, México, D.F./Artists Rights Society (ARS), New York. Photo: Museum Associates/ LACMA.

Una vista de Buenos Aires

¿Cómo se va . . . ?

Chapter Objectives

- Give directions for getting to places
- Give a friend directions for a task
- Discuss driving and good driving habits
- Understand cultural perspectives on neighborhoods

Video Highlights

Videocultura: *Tú y tu comunided*

A primera vista: *¿Cómo llegamos a la plaza?*

GramActiva Videos: irregular affirmative *tú* commands; present progressive: irregular forms

Videomisterio: *En busca de la verdad,* Episodio 2

Country Connection

As you learn to talk about modes of transportation and giving directions, you will make connections to these countries and places:

Más práctica

- *Real.* para hispanohablantes pp. 110–111

Vocabulario en contexto

jdd-0397

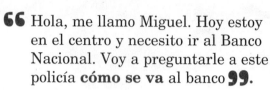

❝ Hola, me llamo Miguel. Hoy estoy en el centro y necesito ir al Banco Nacional. Voy a preguntarle a este policía **cómo se va** al banco ❞.

el camión

Restaurante Siglo de Oro

PAPELERÍA ALLENDE

ZAPATERÍA DOS PIES

la avenida

AVENIDA JUÁREZ

ALMACÉN FERNÁNDEZ

CINE

el semáforo

CALLE ALLENDE

la fuente

la plaza

AVENIDA DE LA CONSTITUCIÓN

el policía

ESTÁS AQUÍ

EL MUSEO DE LA CIUDAD

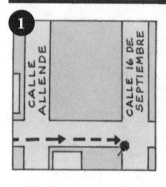

1

CALLE ALLENDE

CALLE 16 DE SEPTIEMBRE

2

la esquina

3

CALLE 16 DE SEPTIEMBRE

CALLE ALLENDE

una cuadra

—Señor policía, ¿cómo se va al Banco Nacional?

—Es muy fácil.

—**Cruza** esta calle y **sigue derecho** hasta llegar a la señal de parada.

. . . Allí, **dobla** a la izquierda.

. . . Después de **manejar por** una cuadra, dobla a la derecha. El banco **queda** a mano izquierda **en medio de** la Avenida Juárez.

Más vocabulario

hasta as far as, up to

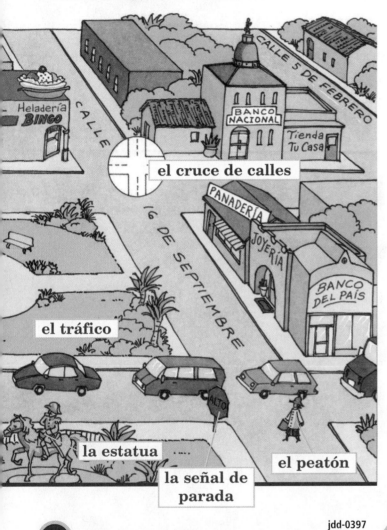

el cruce de calles

el tráfico

la estatua

la señal de parada

el peatón

el puente

estrecho, -a

ancho, -a

la carretera

—Miguel, **ten cuidado.** Es un poco **peligroso** por aquí. La carretera es ancha pero vamos a **pasar por** un puente que es bastante estrecho.

—**¡Basta! Ya** sé manejar.

el permiso de manejar

poner una multa

el conductor

—¡Hombre! **Ve** más **despacio.** La policía te va a poner una multa y a veces te **quitan** el permiso de manejar.

—**Me estás poniendo nervioso. Déjame en paz** por un momento.

1 ¿Qué es y dónde queda? 🔊 *jdd-0397*

Escuchar

Escucha las descripciones y busca la palabra o expresión apropiada del vocabulario en el mapa de las páginas 158–159. Señala la palabra o expresión y dila en voz alta *(say it aloud)* para indicar que la encontraste.

Más práctica

● **Guided** Vocab. Flash Cards pp. 109–114
● **Core** Vocab. Practice pp. 62–63
● **Communication** Writing p. 63
● *Real.* **para hispanohablantes** p. 112

realidades.com ✓

• Audio Activities
• Leveled Workbook
• Flashcards
• Web Code: jdd-0312

2 ¿Dónde estoy ahora? 🔊 *jdd-0397*

Escuchar

Escucha las direcciones y síguelas en el mapa de las páginas 158–159. Empieza cada vez en las palabras *Estás aquí.* Indica adónde llegas y contesta con *Estoy delante de . . .*

¿Cómo llegamos a la plaza?

¿Cómo van los cuatro amigos al Bazar San Ángel? Lee la historia.

Estrategia

Reading for key information
Reading the questions at the end of the *Videohistoria* will help you focus on key information.

1 **Teresa:** ¿Y cómo llegamos al Bazar San Ángel?

Claudia: Vamos a tomar **el metro desde** aquí.

Teresa: Está bien. Vamos.

5 **Ramón:** Ahora, ¿adónde?
Manolo: Espera. Esto es **complicado.** Vamos a doblar a la derecha. No, mejor, vamos a seguir por aquí.

Ramón: ¿Estás seguro?

Manolo: Sí, sí. Yo sé por dónde vamos. Me estás poniendo nervioso.

6 **Teresa:** Ya son las dos y cuarto. ¿Dónde están Ramón y Manolo?

Claudia: Estoy segura que no saben dónde está . . .

7 **Ramón:** ¡Basta! Vamos a preguntarle a alguien. Señor, ¿cómo se va al Bazar San Ángel?

Señor: Pues, miren. En este cruce de calles van a doblar a la izquierda.

Ramón: Gracias. Vamos, rápido.

2 **Ramón:** Claudia y Teresa nos van a **esperar** en el Bazar San Ángel. Mira, aquí hay un banco. **¿Tienes prisa?**

Manolo: No, no tengo prisa. Tenemos tiempo. ¿Por qué?

Ramón: ¿Puedes **parar** por un momento, por favor? Tengo que sacar dinero.

3 **Ramón:** Doscientos pesos. Ahora, vamos a ver a Claudia y a Teresa.

Manolo: Sí. Pero no vamos a manejar el coche. Vamos a **dejarlo** en casa para ir a pie. El Bazar San Ángel queda **aproximadamente** a veinte minutos de mi casa.

Ramón: Vamos.

Manolo: De acuerdo.

4 **Ramón:** ¿Y cómo es el Bazar?

Manolo: Hace mucho tiempo que no voy por allí. Pero te va a gustar. Es muy popular.

Ramón: ¿Y **estás seguro** que sabes cómo llegar allí?

Manolo: Sí, claro. Está a* unas siete cuadras de aquí.

*_Estar a_ is used to indicate distance.

8 **Manolo:** ¡Claudia, Teresa, aquí estamos!

3 **¿Comprendiste?**

Escribir • Hablar

1. ¿Cómo van a ir Claudia y Teresa al Bazar San Ángel?

2. Antes de ir al Bazar, ¿qué tiene que hacer Ramón?

3. ¿Cómo van a llegar Ramón y Manolo a San Ángel? ¿Por qué?

4. ¿Sabe Manolo llegar al Bazar? Según Manolo, ¿por qué?

5. ¿Tienen problemas los dos chicos en llegar al Bazar San Ángel? ¿Qué les pasa?

6. ¿Quiénes están esperándolos cuando llegan al Bazar?

Más práctica

- **Guided** Vocab. Check pp. 115–118
- **Core** Vocab. Practice pp. 64–65
- **Communication** Video pp. 56–58
- _Real._ **para hispanohablantes** p. 113

realidades.com

- Audio Activities
- Video Activities
- Leveled Workbook
- Flashcards
- Web Code: jdd-0313

Vocabulario en uso

Objectives

- Talk about getting to places in town and types of transportation
- Give directions
- Talk about good driving habits
- Give commands to other people
- Talk about what is happening now
- Use the direct object pronouns *me*, *te*, and *nos*

4 Las glorietas

Leer · Escribir

Lee este párrafo sobre las glorietas *(traffic circles)* y escribe las palabras correctas para completarlo.

Hace muchos años, en Europa y en América Latina, encontraron una solución al problema de accidentes en los __1.__ *(cruces de calles / peatones):* la glorieta. Las glorietas reducen el número de accidentes porque los conductores no pueden __2.__ *(tener prisa / doblar)* a la izquierda. En muchos casos, los cruces de calles con glorietas son menos __3.__ *(anchos / peligrosos)* que los que tienen semáforos. En muchas ciudades, las glorietas también son lugares de mucho interés turístico, porque hay grandes __4.__ *(fuentes / esquinas),* monumentos o __5.__ *(carreteras / estatuas)* en el centro. Frecuentemente hay muchos coches, taxis, __6.__ *(camiones / avenidas)* y autobuses que pasan por estas glorietas y es necesario tener un __7.__ *(puente / policía)* allí para ayudar a controlar el __8.__ *(tráfico / metro).* En algunas partes de los Estados Unidos, como en Nueva Jersey, también es común ver glorietas en las calles.

Glorieta de la Plaza de Cánovas del Castillo, Madrid

5 Y tú, ¿qué dices?

Escribir · Hablar

1. ¿Hay una glorieta en una comunidad que tú conoces? ¿Cómo es? ¿Hay una fuente, estatua o monumento allí?

2. Para algunos conductores las glorietas parecen complicadas. ¿Qué piensas? ¿Las glorietas te parecen más o menos peligrosas que los cruces de calles con semáforos o señales de parada? ¿Por qué?

3. ¿Cómo manejan los conductores en las glorietas, despacio o con mucha prisa?

4. En tu comunidad, ¿hay mucho tráfico en los cruces de calles? ¿Los policías ayudan a controlar el tráfico? ¿Qué hacen los policías si alguien no respeta las reglas de tráfico?

También se dice . . .

el cruce de calles = la intersección *(Colombia, Ecuador)*

manejar = conducir *(España, Puerto Rico)*

doblar = dar la vuelta *(Colombia)*

la carretera = la autopista *(Colombia)*

la cuadra = la manzana *(España, Colombia)*

el permiso de manejar = la licencia de conducir *(México);* el carnet de conducir *(España)*

derecho = recto *(Ecuador, Guatemala)*

el tráfico = la circulación *(España, Uruguay, Venezuela, México);* el tránsito *(España)*

6 ¿Qué hay en el mapa?

Escribir • Hablar

Haz una lista de ocho cosas que puedes ver en el centro de una ciudad. Trabaja con otro(a) estudiante y pregúntale si ve estas cosas en el mapa de las páginas 158–159. Si necesitas ayuda con las preposiciones ve *A ver si recuerdas* en la página 154.

Modelo
A —*¿Hay una fuente?*
B —*Sí. Está en medio de la plaza.*

7 Escucha y escribe

jdd-0398

Escuchar • Escribir

Tus parientes *(relatives)* saben que estás aprendiendo a manejar y todos tienen consejos *(advice)*. Pero algunas de sus ideas no son muy lógicas. Escucha lo que dicen y escribe las frases. Después escribe *L* si es una idea lógica o *I* si es una idea ilógica.

8 ¡Me estás poniendo nervioso!

Leer • Hablar

Tu compañero(a) y tú están en el coche. Tú estás manejando, pero tu compañero(a) ve las señales de tráfico y te está poniendo nervioso(a) con todo lo que te dice. Hagan una conversación lógica usando las señales y frases de abajo. Las señales indican el orden de las frases que debes usar en la conversación.

Modelo
A —*Ten cuidado. Hay una zona de construcción por aquí.*
B —*Por favor. ¡Ya sé manejar!*

1.

2.

3.

4.

5.

6.

7.

8.

Estudiante A

¡Espera! Se prohíbe entrar. No puedes seguir derecho.

Debes parar en la señal de parada.

Cuidado. Este cruce de trenes es bastante peligroso.

Si no respetas la velocidad máxima *(speed limit)*, el policía te pone una multa.

¿Estás seguro(a) que podemos cruzar este puente estrecho?

Ve más despacio. Hay muchos peatones en el cruce de calles.

En esta avenida no puedes doblar a la derecha.

Ve despacio en esta zona escolar.

Estudiante B

De acuerdo. Voy a . . .

Déjame en paz.

Ya sé manejar.

Me estás poniendo nervioso(a).

¡Basta!

Gracias, pero no necesito tu ayuda.

9 ¿Cómo se va a . . . ? jdd-0398

Escuchar

Estás de vacaciones con tu familia en el Viejo San Juan, Puerto Rico. Empiezas tu excursión hoy en el Parque de las Palomas. (Mira ★ en el mapa.) Escucha las direcciones que te dan tres personas y síguelas en el mapa. Escribe el nombre de cada lugar adonde llegas.

Empezaron a construir el sistema de defensas para la ciudad de San Juan en el siglo *(century)* XVI con murallas *(walls)* grandes como ésta y el famoso Castillo El Morro.

La Puerta de San Juan es la entrada a la antigua ciudad del mar.

Leyenda

1. La Fortaleza
2. el Museo de las Américas
3. el Castillo El Morro
4. la Plaza Quinto Centenario
5. la Casa Blanca
6. la Alcadía
7. la Iglesia de Santa Ana
8. la Plaza de Armas
9. la Puerta de San Juan
10. la Capilla del Cristo

10 Puntos de interés

Hablar

Hoy quieres visitar otros puntos de interés en el Viejo San Juan. Empiezas tu excursión otra vez en el Parque de las Palomas. Con otro(a) estudiante, habla de cómo se va a los lugares que ven en el mapa de la página 164.

mapa de la página 164

Modelo

A —*Por favor, ayúdame. ¿Cómo se va del Parque de las Palomas a la Catedral?*

B —*Camina dos cuadras por la Calle del Cristo. Queda a la derecha.*

Estudiante A

1. La Fortaleza
2. el Museo de las Américas
3. el Castillo El Morro
4. la Plaza Quinto Centenario
5. la Casa Blanca
6. la Alcadía

Estudiante B

Camina (por) . . .
Toma . . .
Ve . . .
Sigue (derecho) . . .

Cruza . . .
Pasa (por) . . .
Dobla . . .
Para . . .

11 Y tú, ¿qué dices?

Escribir • Hablar

1. En tu comunidad, ¿cómo son las calles? ¿Es fácil o es complicado ir de un lugar a otro?

2. ¿Ya tienes tu permiso de manejar? Si no, ¿cuándo lo vas a obtener? ¿Qué haces (hiciste) para aprender las reglas y señales de tráfico?

3. En una encuesta *(survey)*, les preguntaron a unos jóvenes españoles con qué frecuencia usan su coche para salir de la ciudad. Los jóvenes contestaron:

Casi todos los días	48%
Sólo el fin de semana	7%
Tres o cuatro veces a la semana	5%
Casi nunca	11%
No tengo coche	29%

¿Crees que contestarían *(would answer)* los jóvenes de tu comunidad estas preguntas de una forma similar? ¿Por qué?

Fondo cultural

El mundo hispano

La Plaza Mayor En las antiguas ciudades de España y las ciudades coloniales de América Latina, la plaza era *(was)* el centro de la ciudad. Hoy las plazas son lugares populares para pasar tiempo con los amigos. La Plaza Mayor de Madrid es una de las más bonitas de España. El Zócalo, en la Ciudad de México, es una de las más grandes del mundo.

• ¿Hay algo similar a una plaza mayor en tu comunidad? ¿Qué es? ¿Adónde vas tú para pasar tiempo con amigos?

El Zócalo, Ciudad de México

Plaza Mayor de Madrid, España

Gramática Repaso

Direct object pronouns: *me, te, nos*

You know that direct object pronouns replace direct object nouns. The direct object pronouns *lo, la, los,* and *las* can refer to both objects and people. The pronouns *me, te, nos,* and *os* refer only to people. Here are all the direct object pronouns:

Singular		Plural	
me	me	nos	us
te	you *(familiar)*	os	you *(familiar)*
lo	him, it, you *(formal)*	los	them, you
la	her, it, you *(formal)*	las	

Remember that in Spanish the subject and the verb ending tell who does the action and the direct object pronoun indicates who receives the action.

¿**Me** ayudas, por favor?

Can you help me please?

Direct object pronouns usually come right before the conjugated verb. When an infinitive follows a conjugated verb, the direct object pronoun can be placed before the first verb or attached to the infinitive.

¡No **te** entiendo!

Quieren llevar**nos** al centro.

12 Tarde otra vez

Leer • Escribir

Hoy Manolo llegó tarde a la escuela. Completa la conversación entre él y Ramón con *me, te* o *nos*.

Ramón: Oye, Manolo, ¿por qué no tomaste el autobús a la escuela esta mañana? __1.__ esperamos en la esquina de tu calle por diez minutos.

Manolo: Lo siento. Mi padre no __2.__ despertó a tiempo.

Ramón: ¿Y cómo llegaste a la escuela? ¿Tu hermana __3.__ llevó en su coche?

Manolo: Sí, ella __4.__ llevó a la escuela.

Ramón: ¿Ya sabes que repasamos en la primera hora para el examen de mañana?

Manolo: Sí, lo sé y no entiendo la materia. ¿__5.__ ayudas a estudiar esta noche?

Ramón: Lo siento, amigo, pero no __6.__ puedo ayudar. Mi familia y yo vamos a la casa de mis tíos. Ellos __7.__ invitaron a cenar esta noche.

Manolo: Pues, entonces __8.__ veo mañana. Tengo que hablar con Claudia y Teresa. Estoy seguro que ellas __9.__ pueden ayudar.

"Perdón, señora. Nos puede decir cómo llegar a . . . ?"

13 Una foto y una voz

Leer • Hablar

Lee el anuncio a la derecha y, con otro(a) estudiante, contesta las preguntas.

1. ¿Qué hace el navegador GPS de este teléfono?

2. Si tienes este nuevo teléfono celular, ¿cuál es la ventaja (advantage) para tus amigos?

3. ¿Te gustaría tener un teléfono celular como éste? ¿Por qué?

SI NO SABES DONDE ESTÁS

Con el nuevo teléfono celular MX P-45, puedes salir tranquilo de tu casa. El navegador GPS integrado en este celular te dice dónde estás y cómo llegar a tu tienda o restaurante favorito. También, te informa sobre el tráfico, y así puedes llamar a tus amigos si vas a llegar tarde.

¡TU TELÉFONO TE ENCUENTRA!

14 Una fiesta en el centro

Escribir

Hoy es la fiesta de cumpleaños de la abuela de Teresa. La familia decidió celebrar en un restaurante del centro. Escribe lo que hicieron Teresa, su familia y los invitados (guests).

Modelo

Teresa / invitar a la fiesta de su abuela: a nosotros
Teresa nos invitó a la fiesta de su abuela.

1. Teresa / hablar por teléfono anoche: a ti

2. mis padres / ayudar a comprar un regalo: a mí

3. mi padre / llevar en su coche a la fiesta: a mí

4. Teresa y su madre / ver: a nosotros

5. la abuela de Teresa / conocer: a ti

6. mis padres / llevar a casa a las diez: a nosotros

15 Tus relaciones con otras personas

Hablar

Habla con otro(a) estudiante sobre las relaciones que tienes con otras personas.

Modelo

llevar a la escuela por la mañana
A —¿Quién te lleva a la escuela por la mañana?
B —Mis padres me llevan a la escuela.
o:—Nadie me lleva a la escuela. Voy a pie.

Estudiante A

1. invitar a su casa a menudo

2. comprender casi siempre

3. ayudar con las tareas

4. recoger de la escuela por la tarde

5. esperar mucho

6. despertar por la mañana

Estudiante B

mi mamá (papá)
mis padres
mi hermano(a)
mi mejor amigo(a)

mis amigos

¡Respuesta personal!

Más práctica

- **Guided** Gram. Practice pp. 119–120
- **Core** Gram. Practice p. 66
- **Communication** Writing p. 64
- *Real.* para hispanohablantes pp. 114–117

realidades.com

- Audio Activities
- Video Activities
- Speak & Record
- Tutorial
- Leveled Workbook
- Web Code: jdd-0314

Gramática

Irregular affirmative *tú* commands

Some verbs have irregular affirmative *tú* commands. To form many of these commands, take the *yo* form of the present tense and drop the *-go*:

Infinitive	*yo* form	command
poner	pongo	pon
tener	tengo	ten
decir	digo	di
salir	salgo	sal
venir	vengo	ven

Hacer, ser, and *ir* have irregular *tú* command forms that must be memorized.

hacer	haz
ser	sé
ir	ve

—¿Cómo se va a la carretera?

—**Sal** de aquí y sigue derecho hasta el tercer semáforo.

> **¿Recuerdas?**
>
> To give someone an affirmative *tú* command, use the *Ud. / él / ella* form of the verb.
>
> • Elena, ¡**maneja** con cuidado!

If you use a direct object pronoun with an affirmative command, attach the pronoun to the command. When a pronoun is added to a command of two or more syllables, a written accent mark is needed over the stressed vowel.

Josefina, ¡**hazlo** ahora mismo!

Martín, **ayúdame.**

GramActiva VIDEO

Need more help with irregular affirmative *tú* commands? Watch the **GramActiva** video.

Sal del coche.

16 Los consejos de una amiga

Leer • Escribir

Joaquín visita por primera vez Caracas, Venezuela, y quiere manejar al centro. Lee los consejos que le da una amiga venezolana. Empareja *(Match)* la información de las dos columnas y escribe los mandatos apropiados que ella le dice.

> **Modelo**
>
> (ir) al banco primero
> *Ve al banco primero si no tienes mucho dinero.*

1. *(poner)* el permiso de manejar
2. *(salir)* temprano para no encontrar
3. *(ser)* un(a) buen(a) conductor(a) para
4. *(tener)* cuidado cuando pasas por
5. *(ir)* despacio por
6. *(hacer)* una pregunta
7. *(decir)* la verdad (¡que no sabes!)
8. *(venir)* directamente a casa

a. una zona de construcción
b. si no sabes dónde queda algo
c. en tu cartera antes de salir
d. a las cuatro de la tarde
e. no recibir multas de la policía
f. si alguien te pregunta cómo se va a algún lugar
g. las calles estrechas
h. mucho tráfico

17 **¡Toma el metro!**

Hablar

Mira el mapa del metro de la Ciudad de México. Habla con otro(a) estudiante sobre la mejor forma de ir de un lugar a otro usando el metro.

Para decir más . . .

bajar   to get off
cambiar   to change
hacia   toward

Modelo

A —¿Cómo se va en el metro del Hospital General al Zócalo?

B —Pues, desde el Hospital General toma la línea 3 y ve hacia Indios Verdes. Baja en Hidalgo y cambia a la línea 2. Ten cuidado. Ve hacia Villa de Cortés y baja en la estación Zócalo. Sal del metro y estás en el Zócalo.

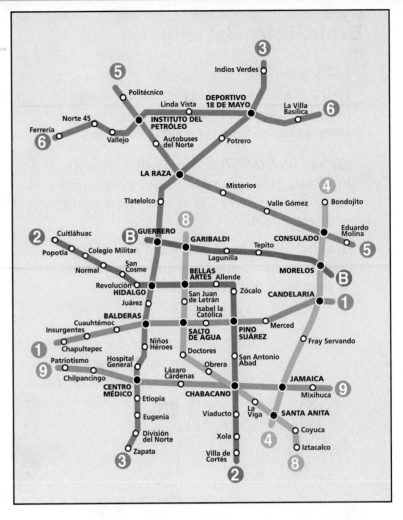

¿Cómo se va . . .

1. . . . del parque Chapultepec al Zócalo?

2. . . . de Santa Anita a Lázaro Cárdenas?

3. . . . del Palacio de Bellas Artes a la estación Autobuses del Norte?

4. . . . de Chabacano a San Juan de Letrán?

5. . . . de Tlatelolco a Garibaldi?

6. . . . del Colegio Militar a Insurgentes?

Fondo cultural   **México**

El Metro de la Ciudad de México 4.7 millones de personas usan diariamente las diez líneas del metro en la Ciudad de México. Es económico viajar por metro. Un viaje cuesta $2.00 pesos. Si usas mucho el metro, puedes comprar boletos con descuento. Durante las horas pico *(rush hour)* hay tantas personas que hay unos vagones *(subway cars)* sólo para hombres y otros vagones para mujeres y niños.

• ¿Por qué crees que el metro es un sistema de transporte tan popular en la ciudad?

La estación de metro Chapultepec, Ciudad de México

Exploración del lenguaje

Los gestos

Using gestures and body language is an important form of communication. Here are some gestures for expressions you know.

¡Se me olvidó! When you realize that you have forgotten something, open your mouth and slap your forehead or your open mouth with your palm.

¡Basta! If you have enough of something, cross your arms one over the other, in front of your body, with palms down.

¡Vete! If you want someone to go away, extend one arm toward the person with the palm of the open hand, as if to make a stop sign. Move the hand near and far, as if pushing something.

¡Ven aquí! If you want someone to come closer, turn the palm of your hand up and fold your fingers toward you, into your palm.

¡Sigue derecho! To help a person find the way, extend your arm ahead. Move your arm forward and back, indicating the way to go with your hand.

¡Compruébalo! Look at each drawing and write the appropriate expression for the gesture shown. Then work with a partner and use one of the gestures in a skit.

18 Ayúdame, por favor

Leer • Escribir • Hablar

Anita está en casa con su hermano mayor y quiere ir al centro comercial. Primero escribe los mandatos que completan la conversación entre ellos. ¡Ojo! Si añades un pronombre a un verbo que tiene más de una sílaba, tienes que escribir un acento. Después lee la conversación con otro(a) estudiante.

ayudarme	escucharme	llevarme	ser
decirme	esperarme	preguntarme	venir

Más práctica

- **Guided** Gram. Practice pp. 121–122
- **Core** Gram. Practice p. 67
- **Communication** Writing p. 65
- *Real.* **para hispanohablantes** pp. 118, 120

realidades.com
- Audio Activities
- Video Activities
- Speak & Record
- Canción de hip hop
- Tutorial
- Leveled Workbook
- Web Code: jdd-0315

Anita: Roberto, quiero ir al centro comercial pero queda bastante lejos. __1.__ muy simpático y __2.__ en tu coche, por favor.

Roberto: No puedo. Tengo mucho que hacer. Pero __3.__ aquí un minuto. Tengo un mapa en mi coche. Estoy seguro que lo puedes encontrar. Si no entiendes algo, __4.__.

Anita: Todavía parece complicado. __5.__ con el mapa, Roberto. O mejor, __6.__ conmigo.

Roberto: Yo sé que lo puedes hacer sola. __7.__ con atención y te explico las direcciones otra vez.

Anita: Pues, __8.__, ¿no hay una tienda cerca de nuestra casa? Prefiero quedarme por aquí.

Gramática

Present progressive: Irregular forms

Some verbs have irregular present participle forms.

To form the present participle of -ir stem-changing verbs, the e in the infinitive form changes to i, and the o in the infinitive form changes to u:

decir: **diciendo**	servir: **sirviendo**
pedir: **pidiendo**	vestir: **vistiendo**
repetir: **repitiendo**	dormir: **durmiendo**
seguir: **siguiendo**	

In the following -er verbs, the i of -iendo changes to y.

creer: **creyendo**

leer: **leyendo**

traer: **trayendo**

When you use object pronouns with the present progressive, you can put them before the conjugated form of estar or attach them to the present participle.

Notice that if a pronoun is attached to the present participle, an accent mark is needed. Write the accent mark over the vowel that is normally stressed in the present participle.

—¿Están Uds. esperando el autobús?

—Sí, **lo** estamos esperando.

  o: Sí, estamos esperándo**lo**.

¿Recuerdas?

To say that an action is happening right now, use the present progressive. To form the present progressive, use the present tense of *estar* + the present participle (*-ando* or *-iendo*).

doblar → doblando
• Ella **está doblando** a la izquierda.

aprender → aprendiendo
• **Estamos aprendiendo** a manejar.

escribir → escribiendo
• **Están escribiendo** una carta.

GramActiva VIDEO

Need more help with the present progressive? Watch the **GramActiva** video.

---

19 **En la calle**

Escribir • Hablar

Examina el cuadro del pintor español Juan Ferrer y Miró. Escribe cinco frases para decir lo que están haciendo las personas que ves. Después trabaja con otro(a) estudiante y pregúntale qué están haciendo las diferentes personas.

Modelo

A —¿Qué está haciendo el perro?

B —El perro está esperando al niño.

"Exposición de pintura" (siglo XIX), Juan Ferrer y Miró
Photo courtesy of SuperStock. © 2004 Artists Rights Society, ARS, NY.

20 **Un(a) instructor(a) nervioso(a)**

Hablar

Imagina que eres un(a) estudiante que está aprendiendo a manejar. Estás poniendo nervioso(a) a tu instructor(a) porque estás mirando a la gente en vez de *(instead of)* mirar la calle. Con otro(a) estudiante que hace el papel *(plays the role)* del (de la) instructor(a), hagan una conversación.

Modelo

esa señora / pedirle ayuda al policía
mirar / el semáforo / cambiar de verde a amarillo
A —*Esa señora está pidiéndole ayuda al policía.*
B —*Mira, Catalina. El semáforo está cambiando de verde a amarillo.*

Estudiante A

1. ese señor / leer un mapa de la ciudad
2. esos niños / decirle algo a su mamá
3. esos jóvenes / dormir debajo de un árbol
4. ese perro / seguir a los niños
5. esa camarera / servirles bebidas a los clientes
6. esa policía / ponerle una multa a ese conductor

Estudiante B

a. parar / esos peatones / cruzar la calle
b. mirar / ese camión / parar
c. ir más despacio / nosotros / entrar en la plaza
d. tener cuidado / los niños / correr hacia la calle
e. esperar / ese conductor / doblar a la izquierda
f. volver a la escuela / tú / ponerme muy nervioso(a)

Fondo cultural

El mundo hispano

Permiso de manejar En los países hispanohablantes hay diferentes requisitos *(requirements)* para conseguir el permiso de manejar. En todos los países hay que presentar documentos de identidad y un certificado médico que declara que tienes buena salud física y mental. También hay que aprobar un examen. En muchos países los exámenes son de teoría (escrito) y de práctica (manejo). En Argentina puedes manejar un ciclomotor *(moped)* a los 16 años y un coche a los 17. En España puedes manejar un ciclomotor sin llevar pasajeros a los 14 años, llevar pasajeros a los 16 y manejar un coche a los 18.

• ¿Cuáles son los requisitos en tu estado para conseguir el permiso de manejar? ¿Son más fáciles o más difíciles que en los países hispanohablantes?

Una escuela para aprender a manejar en Argentina

Más práctica

• **Guided** Gram. Practice pp. 123–124
• **Core** Gram. Practice p. 68
• **Communication** Test Prep p. 232
• *Real.* **para hispanohablantes** pp. 119, 121

realidades.com
• Audio Activities
• Video Activities
• Speak & Record
• Animated Verbs
• Leveled Workbook
• Web Code: jdd-0316

21 El camión

Observar · Hablar

La artista mexicana Frida Kahlo pintó muchos autorretratos, pero también pintó imágenes que representan la cultura popular de su país. Pintó una colorida imagen de un autobús mexicano en *El camión* (1929), que es la palabra que se usa en México para decir *el autobús*. En los viejos tiempos, los autobuses en la Ciudad de México estaban hechos de caoba *(mahogany)* por adentro. Hoy en día este estilo ya no existe.

Conexiones | El arte

"El camión" (1929), Frida Kahlo.

1. Con otro(a) estudiante, describe a las personas que viajan en el autobús del cuadro. ¿Qué tienen en común? ¿En qué sentido son diferentes? ¿Qué están haciendo?

2. ¿Las personas en el cuadro parecen ser realistas? ¿Por qué?

3. Digan cinco mandatos que la madre puede decirle al niño o al bebé.

22 En mi comunidad

Dibujar · Escribir · Hablar

Tienes un(a) amigo(a) que acaba de llegar a tu comunidad y quiere saber adónde ir para hacer sus quehaceres. Dibuja un mapa de tu comunidad con ocho lugares importantes. Marca dónde debe empezar con *Estás aquí*. Escribe tres series de instrucciones para ir de un lugar a otro. Muestra *(Show)* tu mapa a otro(a) estudiante y dile cómo se va a los diferentes lugares. Luego mira el mapa de tu compañero(a) y sigue sus instrucciones para ir de un lugar a otro en su comunidad.

El español en el mundo del trabajo

Para atraer a los turistas hispanohablantes en los Estados Unidos, es importante tener empleados *(employees)* hispanohablantes en los centros de información turística. Así pueden contestar preguntas o dar información o instrucciones a las personas hispanohablantes.

• ¿Vives en una comunidad donde llegan muchos turistas? ¿Cuáles son los lugares de interés turístico populares en tu comunidad?

Lectura

Objectives

- Read about defensive driving
- Learn about neighborhoods in Spanish-speaking countries
- Make a poster on safe driving practices
- Watch *En busca de la verdad*, Episodio 2

Lee este artículo que viene de un informe de Costa Rica sobre manejar a la defensiva. La información del artículo te puede ayudar a ser un(a) buen(a) conductor(a).

Estrategia

Context clues

In this reading you may come across words you don't know. Use the context in which they are found to help you guess their meanings.

¿QUÉ ES MANEJAR A LA DEFENSIVA?

Manejar a la defensiva quiere decir practicar buenos hábitos para no tener colisiones u otra clase de accidentes. También consiste en tener cuidado con todos los peligros. Se debe tener cuidado con:

- acciones peligrosas de otros conductores
- conductores que manejan muy rápido sin cuidado o sin luces en la noche
- malas condiciones del tiempo
- malas condiciones de la carretera

Distracciones al manejar

Un buen conductor siempre maneja con atención y se concentra en la carretera, sin pensar en otras cosas que pueden ser distracciones. Algunas distracciones comunes son:

- pensar en problemas personales
- leer algo en el coche o en la calle
- escuchar la radio
- conversar con amigos
- hablar por teléfono celular

8

Éstas son las reglas para estar atento:[1]

- Cuando el vehículo se está moviendo, los ojos siempre deben estar en movimiento, pasando por los instrumentos, los espejos y especialmente la carretera.
- En la ciudad se debe mirar 100 metros adelante,[2] y en la carretera, 300 metros adelante.
- Es necesario tener buena visibilidad de los coches que vienen detrás y a los lados. Para hacerlo, deben usarse el espejo retrovisor y los espejos laterales.

Manejar de noche

Menos personas manejan de noche, pero durante la noche ocurren más accidentes que durante el día. Durante la noche ocurren aproximadamente el 80% de los accidentes registrados en un día. Para manejar a la defensiva de noche es importante pensar en lo siguiente:

- La velocidad: Debe reducirse en un 50% de la velocidad que se usa de día, y si está lloviendo debe reducirse más.

[1] attentive   [2] ahead

9

- La visibilidad: En la noche se ve el 50% menos de lo que puede verse de día. Los peatones se ven menos en la noche, especialmente si llevan ropa oscura.
- La iluminación: La iluminación del vehículo es importante. El coche siempre debe indicar su presencia en la carretera.

Manejar en carretera

Las condiciones de las carreteras no siempre son buenas, y es necesario estar muy alerta al manejar. También los conductores manejan más rápidamente en las carreteras. Se debe estar alerta a:

- La iluminación: Si la carretera no está iluminada, debe reducirse la velocidad.

10

- Obstrucciones en la carretera: Las obstrucciones pueden ser rocas,[3] tierra[4] u otras cosas.
- Carreteras estrechas: Muchas carreteras son estrechas, con sólo dos carriles.[5]

Recuerda . . . manejar a la defensiva hace las carreteras mejores para todos.

11

[3] rocks [4] soil [5] lanes

¿Comprendiste?

1. Para manejar a la defensiva, ¿cuáles son tres peligros que debes comprender?

2. ¿Cuáles son algunas distracciones que ocurren mientras (while) alguien maneja? En tu opinión, ¿cuál es la distracción más común de tus amigos y familia?

3. ¿Por qué puede ser peligroso manejar de noche?

4. ¿Por qué puede ser peligroso manejar en la carretera?

5. Escribe dos cosas que aprendiste después de leer este artículo.

Y tú, ¿qué dices?

1. ¿Tienes que tomar un curso para obtener el permiso de manejar donde vives? ¿También es necesario tomar un curso de manejar a la defensiva?

2. ¿Crees que es buena idea tomar un curso de manejar? ¿Por qué?

Fondo cultural
El mundo hispano

La Carretera Panamericana es una carretera que une (links) a los países de América del Norte, América Central y América del Sur. La idea para la carretera se originó en una conferencia de la Organización de Estados Americanos en 1923. La construcción de la carretera empezó en 1936, y hoy en día tiene aproximadamente 16,000 millas (25,750 km) de extensión.

- ¿Por dónde pasa la Carretera Panamericana en los Estados Unidos? ¿Por qué es importante esta carretera en la economía del hemisferio occidental?

Más práctica

- **Guided** Reading Support p. 125
- **Communication** Writing p. 66, Test Prep p. 233
- *Real.* para hispanohablantes pp. 122–123

realidades.com

- Internet Activity
- Leveled Workbook
- Web Code: jdd-0317

Perspectivas del mundo hispano

El barrio

Imagina que llegas a casa y no puedes abrir la puerta. No hay nadie en casa y no puedes entrar. Mañana tienes un examen y los libros están en la casa. No tienes dinero. No puedes llamar por teléfono. Tienes hambre y no puedes comprar comida. ¿Qué puedes hacer?

Un barrio típico de Guanajuato, México

Esto no es un gran problema si vives en un barrio de un país hispanohablante. Aquí los vecinos[1] se conocen[2] bien. Son simpáticos y se ayudan. Cuando te olvidas las llaves puedes ir a casa de tus vecinos. Si pueden, ellos te ayudan a entrar en tu casa. Si tienes hambre, te dan algo de comer. Te dejan llamar por teléfono.

El Museo del Barrio en la ciudad de Nueva York. En él se pueden ver trabajos artísticos de la comunidad hispanohablante.

En los países hispanohablantes, el barrio es una institución. Las casas del barrio están cerca unas de otras y frecuentemente están cerca de una plaza. Normalmente en el barrio hay un mercado, un cine y pequeñas tiendas para comprar comida, ropa o materiales para la escuela. El barrio es como una extensión del hogar[3]—un buen lugar para la familia, donde los niños y los mayores pueden jugar y pasear.

¡Compruébalo! Compara las calles que hay cerca de tu casa con los barrios de los países hispanohablantes. ¿Conoces a los vecinos de tu comunidad? ¿Hay pequeñas tiendas familiares?[4] ¿Hay una plaza?

¿Qué te parece? ¿Cuáles son los aspectos de la organización de un barrio que más te interesan? ¿Crees que el barrio es una buena manera de organizar una comunidad? ¿Por qué?

[1]neighbors [2]know one another [3]home [4]family-run

Uno de los muchos barrios que se encuentran en Sevilla, España

Presentación escrita
Maneja con cuidado

Task
You and many of your classmates have recently received or will soon receive your first driver's license. Make a poster that can be displayed in the classroom that reminds everyone of safe driving practices and special traffic signs you need to recognize.

1 Prewrite Write down what you should know about driving in your state. The answers to the following questions will help you organize your information.
- ¿Qué señales son importantes y qué información dan? ¿Qué forma tienen? (cuadrados, rectángulos, triángulos, círculos, octágonos o diamantes)? ¿De qué color son? Dibújalas.
- ¿Cuáles son algunas de las zonas especiales en tu comunidad? ¿Cuál es la velocidad máxima en estas zonas?
- ¿Cómo maneja un(a) buen(a) conductor(a)? ¿Qué debes recordar *(remember)* cuando manejas un coche?

Estrategia

Using illustrations
Photographs, designs, and colors help to draw the eye to important information.

2 Draft Read through your answers to the questions in Step 1. Decide what information you want to stress in your poster. Use this information to draw a first draft of your poster.

3 Revise Reread the information on your first draft. Is it arranged in a clear and logical manner? Check spelling, verb forms, and agreement. Share the poster with a partner, who will check the following:
- Does the poster present important and accurate information?
- Is the visual presentation clear and easy to understand?
- Is there anything you should add, change, or correct?

4 Publish Prepare a final copy of your poster. Make any necessary changes or additions. Add designs or illustrations to make the poster attractive and pleasing to the eye. Display it in your classroom, the school library, or add it to your portfolio.

5 Evaluation Your teacher may give you a rubric for how the poster will be graded. You will probably be graded on:
- how complete and accurate the information is
- how clear and attractive the visuals are
- how easy it is to understand the information you present

En busca de la verdad

Episodio 2

Antes de ver el video

"Volveremos en una hora, Sra. Toledo".

"Sra. Toledo . . . , y Srta. Toledo . . .
Nosotros también somos Toledo".

Resumen del episodio

Carmen y Linda llegan a Guanajuato y van directo a la agencia de viajes "Ultramar". Allí conocen a Berta Toledo, Roberto, Daniela y Julio. Al día siguiente Daniela lleva a Carmen y a Linda a la escuela.

Nota cultural En México, una *escuela* también es un "colegio" o un "instituto". A veces las escuelas tienen el nombre de personas importantes como, por ejemplo, Escuela Josefa Ortiz, Colegio Benito Juárez o Instituto Miguel Hidalgo. Los mexicanos también demuestran su admiración por personas de otros países. Algunas escuelas tienen nombres como Escuela Winston Churchill, Escuela John F. Kennedy o Escuela Abraham Lincoln.

Palabras para comprender
para nada not at all
apellido last name
acompañar to go with
mostrar to show
el idioma language

Después de ver el video

¿Comprendiste?

A. Decide cuáles de las siguientes frases son ciertas y cuáles son falsas:

1. Carmen y Linda llegan en avión a San Antonio.

2. Berta Toledo trabaja en una agencia de viajes.

3. La escuela Benito Juárez está muy lejos del hotel de Carmen y Linda.

4. Julio le dice a Carmen: "Mamá, necesito usar el coche".

5. Carmen y Linda van al hotel San Diego.

6. El apellido de Julio es Lobero.

7. Roberto lleva la maleta de Linda.

8. Daniela le muestra la escuela a Linda.

9. A Julio le gusta jugar al fútbol.

B. Las siguientes frases del videomisterio están incompletas. Complétalas con la palabra o palabras correctas de la lista.

ir allí   San Antonio
servirles   acompañar
aquí en Guanajuato   escuela
en común   la escuela

1. Buenas tardes. ¿En qué puedo _____?

2. Mañana tengo que _____.

3. Las señoras son de _____.

4. ¿Es el apellido de todos _____?

5. Mañana van a visitar tu _____.

6. Discúlpenme, pero no los puedo _____.

7. Daniela va a mostrarme _____.

8. Nuestras escuelas tienen mucho _____.

"Mira, allí está Julio".

• Web Code: jdd-0209

Repaso del capítulo

Vocabulario y gramática

jdd-0399

Chapter Review

To prepare for the test, check to see if you . . .
- know the new vocabulary and grammar
- can perform the tasks on p. 181

to talk about driving

la avenida	avenue
el camión, *pl.* los camiones	truck
la carretera	highway
el conductor, la conductora	driver
el cruce de calles	intersection
la cuadra	block
la esquina	corner
la estatua	statue
la fuente	fountain
el peatón, *pl.* los peatones	pedestrian
el permiso de manejar	driver's license
la plaza	plaza
el policía, la policía	police officer
poner una multa	to give a ticket
el puente	bridge
el semáforo	stoplight
la señal de parada	stop sign
el tráfico	traffic

to give and receive driving advice

ancho, -a	wide
¡Basta!	Enough!
De acuerdo.	OK. Agreed.
dejar	to leave, to let
Déjame en paz.	Leave me alone.
despacio	slowly
esperar	to wait
estar seguro, -a	to be sure
estrecho, -a	narrow
Me estás poniendo nervioso, -a.	You are making me nervous.
peligroso, -a	dangerous
quitar	to take away, to remove
tener cuidado	to be careful
ya	already

For *Vocabulario adicional*, see pp. 498–499.

to ask for and give directions

aproximadamente	approximately
¿Cómo se va . . . ?	How do you go to . . . ?
complicado, -a	complicated
cruzar	to cross
derecho	straight
desde	from, since
doblar	to turn
en medio de	in the middle of
hasta	as far as, up to
manejar	to drive
el metro	subway
parar	to stop
pasar	to pass, to go
por	for, by, around, along, through
quedar	to be located
seguir (*e → i*)	to follow, to continue
tener prisa	to be in a hurry

present progressive: irregular forms

decir:	diciendo	vestir:	vistiendo
pedir:	pidiendo	dormir:	durmiendo
repetir:	repitiendo	creer:	creyendo
seguir:	siguiendo	leer:	leyendo
servir:	sirviendo	traer:	trayendo

irregular affirmative *tú* commands

hacer:	haz
ir:	ve
ser:	sé

See p. 168 for a more complete chart.

direct object pronouns

	Singular		Plural
me	me	nos	us
te	you (fam.)	os	you (fam.)
lo, la	him, her, it, you	los, las	them, you

Más práctica

- **Core** Puzzle p. 69, Organizer p. 70
- **Communication** Practice Test pp. 235–237, Integrated Performance Assessment p. 234

realidades.com ▼

- Tutorial
- Flashcards
- Puzzles
- Self-test
- Web Code: jdd-0318

Preparación para el examen

On the exam you will be asked to . . .	Here are practice tasks similar to those you will find on the exam . . .	If you need review . . .

Interpretive

jdd-0399

 1 Escuchar Listen to and understand driving advice

Gabriel's father is teaching him to drive. Listen as he cautions Gabriel about what to do. (a) Do you think they're driving on a highway or just around town? (b) Give at least two reasons why you think so.

pp. 158–161 *Vocabulario en contexto*
p. 163 Actividades 7–8

Interpersonal

 2 Hablar Tell someone how to get from your school to a particular location near your school

You volunteered to host a student from Costa Rica who wants to see what's near your school. Can you explain to him how to get to several places? Practice by giving your partner the directions. You could begin by saying: *Sal de la escuela y toma la calle _____.*

pp. 158–161 *Vocabulario en contexto*
p. 165 Actividad 10
p. 169 Actividad 17
p. 173 Actividad 22

Interpretive

 3 Leer Read and understand advice for establishing good driving habits

Take a look at some driving rules on a Web site from Mexico:

1. *Ve muy despacio en una zona escolar.*
2. *Sigue detrás de otro coche aproximadamente el largo (length) de dos coches.*
3. *Entra con precaución a un cruce de calles con un semáforo amarillo.*

Which of the following was NOT mentioned: (a) driving through a red light; (b) driving in a school zone; or (c) being cautious at a yellow light?

pp. 158–161 *Vocabulario en contexto*
p. 168 Actividad 16
pp. 174–175 *Lectura*

Presentational

 4 Escribir Write about things that might happen as you drive that would make you nervous

Everyone occasionally gets nervous about something. What's making you nervous today? Write down at least two things for your journal entry. You could start by writing: *_____ me está poniendo nervioso(a) porque siempre está _____ . . .*

p. 162 Actividad 5
p. 163 Actividad 8
pp. 174–175 *Lectura*

Cultures

🌐 **5 Pensar** Demonstrate an understanding of the importance of one's neighborhood in Spanish-speaking communities

Your friend is going to Mexico City this summer to study Spanish and will be living with a Mexican family. What could you tell her about neighborhoods in Spanish-speaking countries? What might be different from the neighborhood she lives in now? What might be similar?

p. 176 *Perspectivas del mundo hispano*

Vocabulario Repaso

las personas

los abuelos
la familia
los hermanos
los padres
los primos
los tíos

las decoraciones

decorar
la flor, *pl.* las flores
el globo
la luz, *pl.* las luces
el papel picado

la comida

las bebidas
la galleta
la hamburguesa
el helado
el jamón
la limonada
los pasteles
el perrito caliente
la pizza
el postre
el queso
el refresco
el sándwich

la mesa

el azúcar
la cuchara
el cuchillo
la pimienta
el plato
la sal
la servilleta
el tenedor
el vaso

las actividades

abrir los regalos
la celebración, *pl.* las celebraciones
celebrar
compartir
el cumpleaños
la fiesta
hacer un video
preparar
la quinceañera
romper la piñata
sacar fotos

1 Voy a dar una fiesta

Hablar · Escribir · Leer · Escuchar

1 Con otro(a) estudiante, hagan planes para dar una fiesta. Escriban una lista de:

1. las personas que van a invitar
2. la comida
3. lo que van a hacer
4. lo que van a poner en la mesa
5. las decoraciones que van a usar

2 Usen la lista y escriban una descripción de cómo va a ser la fiesta.

3 Lean sus descripciones a otros grupos. Deben decir por qué (o por qué no) les gustaría ir a las fiestas de los demás.

Modelo

Nos gustaría ir a su fiesta porque Uds. . . .

2 Me gustan las piñatas

Escribir • Hablar

Escribe cuatro frases sobre una celebración o fiesta que ya pasó. Tres de las frases deben ser ciertas y una debe ser falsa. Trabaja con un grupo de tres personas. Lee tus frases. Las otras personas del grupo tienen que decir cuál de las frases no es cierta.

Modelo

A —*Muchas personas fueron a la fiesta en el parque. Rompimos una piñata grande. Mis tíos hicieron un video de la fiesta. Comimos hamburguesas y perritos calientes.*

B —*¡No es cierto! Uds. no rompieron una piñata grande.*

A —*Correcto. No rompimos una piñata grande.*

o: —*Sí, es cierto. Rompimos una piñata grande.*

Gramática Repaso

-ito

Add the suffix *-ito(-a, -os, -as)* to the end of nouns to mean "small" or "little." It can also be used to show affection.

• Mis primos acaban de comprar un **perrito** nuevo.

-ísimo

Add the suffix *-ísimo(-a, -os, -as)* to the end of adjectives to say that someone or something is "very . . ." or "extremely . . .".

• Esta película es **interesantísima**.

Here are a few patterns you already know:

hermano → hermanito
poco → poquito
ricas → riquísimas
popular → popularísimo

3 Nuevas frases

Escribir

Escribe otra forma de las palabras subrayadas *(underlined)* usando *-ito(a)* o *-ísimo(a)*. Después escribe una frase usando la nueva palabra.

Modelo

Mis tíos tienen una <u>casa pequeña</u> en las montañas.
casita   Me gusta mucho ir a su casita.

Mi mamá compró un vestido <u>muy elegante</u> ayer.
elegantísimo   Va a llevar su vestido elegantísimo a la fiesta.

1. El sábado es el cumpleaños de mi <u>abuela</u>.
2. Dame un <u>plato pequeño</u>, por favor.
3. Los pasteles en ese café son <u>muy ricos</u>.
4. Quiero comprar <u>un regalo pequeño</u> para mi amiga.
5. Las fotos de la fiesta son <u>muy graciosas</u>.
6. La piñata es <u>muy grande</u>.
7. Mi <u>hermano menor</u> y yo siempre compartimos la comida.

Más práctica

- **Guided** p. 127
- **Core** pp. 71–72
- ***Real.* para hispanohablantes** p. 130

 realidades.com

- Leveled Workbook
- Web Code: jdd-0401

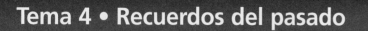

Tema 4 • Recuerdos del pasado

Fondo cultural

España

Pablo Picasso (1881–1973) era uno de los mejores artistas españoles del siglo XX. En este cuadro, como en muchas de sus obras, Picasso usó formas abstractas para ilustrar las dos figuras. Pintó la figura de la niña mucho más grande en proporción que la figura de la mujer y pintó las caras muy serias.

• ¿Por qué crees que pintó Picasso la figura de la niña tan grande? ¿Cómo captas tú los momentos más importantes de tu familia?

"Primeros pasos" (1943), Pablo Picasso ▶

Oil on canvas 130.2 x 97.1 cm (51 1/4 x 38 1/4 in.) Yale University Art Gallery, gift of Stephen Carlton Clark, B.A. 1903 © 2009 Estate of Pablo Picasso/Artists Rights Society (ARS), New York.

Capítulo 4A

Cuando éramos niños

Chapter Objectives

- Discuss childhood toys and games
- Describe what you were like as a child
- Talk about activities that you used to do as a child
- Discuss to or for whom something is done
- Understand cultural perspectives on childhood songs

Video Highlights

Videocultura: *Recuerdos del pasado*

A primera vista: *¿Cómo era de niña?*

GramActiva Videos: the imperfect tense; indirect object pronouns

Videomisterio: *En busca de la verdad,* **Episodio 3**

Country Connection

As you learn to talk about what you were like as a child and what you used to do, you will make connections to these countries and places:

Illinois
España
República Dominicana
México
Puerto Rico
Ecuador
Argentina

Más práctica

- *Real.* para hispanohablantes pp. 130–131

realidades.com

- Fondo cultural Activity
- Video Activities
- Online Atlas
- Web Code: jde-0002

Un grupo de niños en Xochimilco en la Ciudad de México

Vocabulario en contexto

jdd-0487 🔊

Objectives

Read, listen to, and understand information about
- toys
- playing with other children

EL MUNDO de Juguetes

San Andrés, 18
San Juan
Horas: de 10:00 A.M. a 8:00 P.M.
318-43-72

Descuentos del **10%** este sábado

el tren eléctrico $27.00
la muñeca $18.00
el triciclo $37.00
el oso de peluche $15.00
los bloques $9.00
el dinosaurio $7.00
el pez $3.00
los peces $6.00
la tortuga $9.00

Llámanos o visita nuestro sitio Web:
www.mundodejuguetes.com

—¿Con qué **jugabas de pequeña?**

—**Tenía** una muñeca favorita que se llamaba Pepita. **Era** muy bonita y rubia. ¿Y tú?

—Me gustaba montar en triciclo y **coleccionar** osos de peluche. Tenía más de 30 en mi **colección.**

Más vocabulario

la moneda coin

el mundo world

el vecino, la vecina neighbor

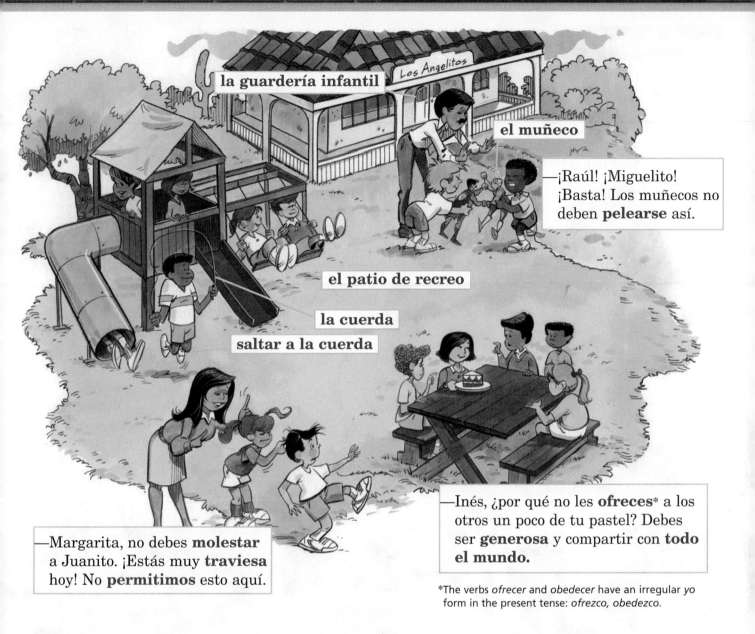

la guardería infantil

Los Angelitos

el muñeco

—¡Raúl! ¡Miguelito! ¡Basta! Los muñecos no deben **pelearse** así.

el patio de recreo

la cuerda

saltar a la cuerda

—Margarita, no debes **molestar** a Juanito. ¡Estás muy **traviesa** hoy! No **permitimos** esto aquí.

—Inés, ¿por qué no les **ofreces*** a los otros un poco de tu pastel? Debes ser **generosa** y compartir con **todo el mundo.**

*The verbs *ofrecer* and *obedecer* have an irregular *yo* form in the present tense: *ofrezco, obedezco.*

1 Los juguetes favoritos
jdd-0487

Escuchar

Escucha mientras *(while)* unos chicos describen sus juguetes favoritos. Señala con tu dedo el juguete apropiado en la página 186.

Más práctica

- **Guided** Vocab. Flash Cards pp. 128–132
- **Core** Vocab. Practice pp. 73–74
- **Communication** Writing p. 74
- *Real.* **para hispanohablantes** p. 132

realidades.com ✓

- Audio Activities
- Leveled Workbook
- Flashcards
- Web Code: jdd-0402

2 ¿Cierta o falsa?
jdd-0487

Escuchar

Divide una hoja de papel en dos columnas. Escribe *Cierta* en una columna y *Falsa* en la otra. Escucha las siete descripciones de los niños en la guardería infantil y compáralas con el dibujo de arriba. Escribe el número de cada descripción en la columna apropiada para indicar si es cierta o falsa.

¿Cómo era de niña?

¿Cómo se portaba Ana de niña? ¿Qué le gustaba a ella?

Estrategia

Looking ahead

It is often helpful to look ahead to the questions at the end of a reading. This helps you to focus on the key information you will need to understand the reading.

Elena   Ana   Mamá   Ignacio

1 **Ignacio:** Hola. ¿Qué hacéis?*

Elena: Hacemos árboles genealógicos para una clase.

Ana: Mira. Ésta soy yo, **de niña.**

Ignacio: ¿Cómo eras? ¿**Obediente** o **desobediente**?

Ana: Por lo general, muy obediente y muy **tímida.**

5 **Ana:** Mamá tiene razón. Me encantaba mi oso de peluche. Era mi juguete favorito.

6 **Ignacio:** ¿También jugabas con muñecas?

Ana: Sí, y también tenía una colección de animales de peluche.

7 **Ignacio:** ¡Tenías tantos juguetes! Eras muy **consentida.**

Ana: Sí, un poco. ¿Y tú? ¿Cómo eras?

Ignacio: Yo era muy **bien educado** y siempre obedecía.

Elena: ¿Tú? Nunca.

* Remember that in Spain, the *vosotros(as)* form of verbs is used when speaking to a group of people you would address individually with *tú*.

2 **Mamá:** Aquí tenéis* algo para comer.

Ana: Gracias, mamá. ¿No es verdad que siempre **obedecía?**

Mamá: De vez en cuando. ¿Siempre? ¡No!

Ignacio: ¿Y quién es?

Ana: Es mi abuela. Siempre **iba** a visitarla en su casa.

3 **Mamá:** Aquí tengo el video de cuando eras pequeña.

Ana: ¡Ay, no, mamá!

Ignacio: ¡Vamos a verlo!

Elena: Sí. Ana, tienes que **portarte** muy **bien** mientras vemos el video. Ni una palabra.

4 **Mamá:** Ana era un poco tímida. Y en sus pijamas, era preciosa. Le gustaba dormir con su oso de peluche y se levantaba muy temprano.

Ignacio: Y ahora siempre llegas tarde a clase.

Ana: ¡Ignacio, **mientes!** Nunca dices **la verdad.** Yo llego a tiempo.

Ignacio: De vez en cuando.

Ana: ¡Siempre!

8 **Ana:** ¡No! No podemos ver más.

Ignacio: ¿Por qué no?

Ana: Nadie va a ver esto nunca.

③ ¿Comprendiste?

Escribir • Hablar

1. ¿Qué hacen Elena y Ana para una de sus clases?
2. En la opinión de Ana, ¿cómo era ella de niña?
3. ¿Qué deciden ver los jóvenes?
4. Según su mamá, ¿cómo era Ana de niña?
5. Según Ignacio, ¿llega Ana a clase a tiempo o tarde?
6. ¿Cuáles eran los juguetes favoritos de Ana?
7. ¿Qué coleccionaba Ana?
8. ¿Cómo era Ignacio de niño?

Más práctica

- **Guided** Vocab. Check pp. 133–136
- **Core** Vocab. Practice pp. 75–76
- **Communication** Video pp. 67–69
- *Real.* para hispanohablantes p. 133

realidades.com ✔

- Audio Activities
- Video Activities
- Leveled Workbook
- Flashcards
- Web Code: jdd-0403

Vocabulario en uso

4 ¿Qué juguetes tenías?

Escribir

Escribe frases para decir qué juguetes y animales tenías cuando eras niño(a).

También se dice . . .

los bloques = los cubos *(muchos países)*

consentido, -a = mimado, -a *(muchos países)*

montar en triciclo = andar en triciclo *(España)*

saltar = brincar *(muchos países)*

Modelo

Tenía un gato cuando era niño(a).
o: *Tenía muchos gatos cuando era niño(a).*
o: *No tenía un gato cuando era niño(a), pero sí tenía un perro.*

1.

2.

3.

4.

5.

6.

5 ¿Tenías lo mismo?

Hablar

Lee tus frases de la Actividad 4 a otro(a) estudiante para ver si Uds. tenían las mismas cosas cuando eran niños.

Modelo

A —*Yo tenía un gato cuando era niño(a). Y tú, ¿tenías un gato?*
B —*Sí, yo tenía un gato también.*
o: —*No, yo no tenía un gato.*

6 Escucha y escribe

jdd-0488

Escuchar · Escribir

Víctor describe un animal que tenía cuando era niño. Escucha las cinco frases y escríbelas en una hoja de papel.

Fondo cultural
El mundo hispano

Las mascotas Generalmente en los países hispanohablantes el papel *(role)* de las mascotas *(pets)* es más que sólo ser "otro miembro de la familia". Por ejemplo, un perro protege *(protects)* la casa en la ciudad o ayuda en el campo. Por lo general, los conejillos de Indias *(Guinea pigs)* o los ratoncitos no son mascotas comunes.

• Compara el papel de las mascotas en los Estados Unidos con su papel en los países hispanohablantes.

El perro ayuda mucho a este gaucho argentino.

7 ¿Con qué jugabas de niño(a)?

Hablar

Pregunta a otro(a) estudiante con qué juguetes jugaba de niño(a).

> **Modelo**
> **A** —¿Jugabas con <u>muñecas</u> de niño(a)?
> **B** —Sí, <u>por lo general</u> jugaba con <u>muñecas</u> de niño(a).
> **o:** —No, <u>nunca</u> jugaba con <u>muñecas</u> de niño(a).

Estudiante A

Estudiante B

nunca	a menudo
a veces	por lo general
siempre	de vez en cuando

8 ¿Qué te gustaba hacer de pequeño(a)?

Escribir • Hablar

Escribe una lista de seis actividades que son populares entre los niños. Después pregunta a otro(a) estudiante si le gustaba hacer estas actividades de pequeño(a).

> **Modelo**
> coleccionar tarjetas de *Star Wars*
> **A** —De pequeño(a), ¿te gustaba <u>coleccionar tarjetas de</u> Star Wars?
> **B** —Sí, me gustaba <u>coleccionar tarjetas de</u> Star Wars.
> **o:** —No, no me gustaba nada <u>coleccionar tarjetas de</u> Star Wars.

9 Las analogías

Leer · Pensar · Escribir

Hay pruebas de vocabulario sobre las relaciones entre palabras, o "las analogías". Completa cada analogía según el modelo.

Modelo

los jóvenes : la escuela :: los niños : la guardería infantil

Se lee: "Los jóvenes son a la escuela como los niños son a la guardería infantil".

1. levantarse : acostarse :: decir la verdad : ____
2. montar : el triciclo :: saltar : ____
3. la piscina : nadar :: el patio de recreo : ____
4. generoso : ofrecer :: travieso : ____
5. el pájaro : el árbol :: el pez : ____
6. obedecer : obediente :: pelearse : ____
7. no : sí :: prohibir : ____
8. la blusa : la ropa :: la moneda : ____

10 La guardería infantil

Leer · Escribir

Lee las descripciones de los niños en la guardería infantil y luego decide qué adjetivo del recuadro describe a cada uno. Escribe las descripciones de los niños en una hoja de papel.

bien educado, -a	generoso, -a
desobediente	tímido, -a
obediente	travieso, -a

Modelo

Los padres de Carlota le compran cada juguete que pide.
Carlota es consentida.

1. Antonio tiene miedo de hablar con otras personas.
2. Julio se porta mal y molesta a todo el mundo.
3. Eugenia no miente porque sus padres dicen que es muy malo mentir.
4. Ricardo siempre dice "gracias" y "por favor" y no se pelea con nadie.
5. Ana comparte sus juguetes con los otros niños.

11 Y tú, ¿qué dices?

Escribir · Hablar

1. ¿Con qué juguetes te gustaba jugar de pequeño(a)?
2. De niño(a), ¿cómo eras? ¿Bien educado(a) o travieso(a)? ¿Sociable o tímido(a)?
3. De niño(a), ¿qué te gustaba coleccionar? ¿Monedas? ¿Tarjetas de algún deporte? ¿Todavía tienes tu colección?
4. De niño(a), ¿obedecías a tus padres siempre, a menudo o a veces? Y ahora, ¿los obedeces siempre? ¿Obedeces las reglas de tu escuela siempre?

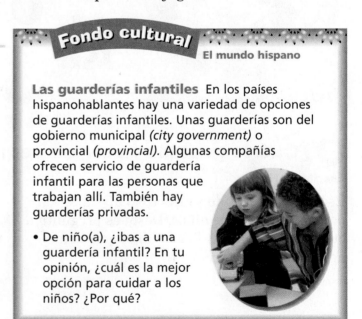

Fondo cultural

El mundo hispano

Las guarderías infantiles En los países hispanohablantes hay una variedad de opciones de guarderías infantiles. Unas guarderías son del gobierno municipal *(city government)* o provincial *(provincial)*. Algunas compañías ofrecen servicio de guardería infantil para las personas que trabajan allí. También hay guarderías privadas.

• De niño(a), ¿ibas a una guardería infantil? En tu opinión, ¿cuál es la mejor opción para cuidar a los niños? ¿Por qué?

¿Cómo cuidar al niño?

Leer • Escribir • Hablar

Lee este anuncio de la guardería infantil Rincón del niño en Guadalajara, México, y contesta las preguntas.

Guardería infantil Rincón del niño
Excelencia personal y escolar

Nuestros maestros tienen preparación profesional y comprenden las necesidades del niño según su edad. Ofrecemos instrucción bilingüe y varias actividades usando música y juegos.

Recibimos niños desde los 13 meses hasta los cinco años de edad. Tenemos ya 25 años de experiencia.

Cuidar a sus niños es nuestra pasión. Trabajamos todos los días para desarrollar¹ en sus niños la capacidad de:
- trabajar en grupo
- mantener una actitud positiva
- tener éxito² en actividades académicas
- desarrollar hábitos higiénicos y cuidados personales

Favor de llamarnos al 515-34-98
Avenida Guerrero, 48

¹develop ²to be successful

Estrategia

Using context
Use the context of words you don't know to guess their meaning in this reading.

1. Lee la lista de características que la guardería infantil quiere desarrollar en los niños. En tu opinión, ¿cuáles son las dos más importantes? ¿Por qué?

2. ¿Esta guardería infantil es similar a las guarderías infantiles donde tú vives? ¿En qué sentido (way) es similar? ¿En qué sentido es diferente?

3. ¿Te gustaría trabajar en una guardería infantil como Rincón del niño? ¿Por qué?

4. En tu opinión, ¿cómo debe ser una persona que trabaja en una guardería infantil?

Pronunciación

jdd-0488

The letters *r* and *rr*

Except at the beginning of a word or after *l* or *n*, the sound of the letter *r* is made as you raise the tip of your tongue and tap the roof of your mouth. The position of your tongue is similar to the position when you pronounce the *d* in the English word *Daddy*. The sound of the *rr* is made as you raise the tip of your tongue and tap the roof of your mouth several times very quickly. Listen to and say these pairs of words:

pero	ahora	moro	caro
perro	ahorra	morro	carro

When *r* is the first letter of a word or comes after *l* or *n,* it is pronounced like the *rr*.

¡Compruébalo! Listen to these two verses of a popular Spanish lullaby, then try to repeat them.

A la rorro¹ niño
a la rorro ya,
duérmete mi niño,
duérmete mi amor.

Señora Santa Ana,
Señor San Joaquín
Arrullen² al niño
que se va a dormir.

¹sound to quiet a baby
²Whisper, Lull

Gramática

The imperfect tense: regular verbs

Another way to talk about the past is with the imperfect tense. Use the imperfect tense to talk about actions that happened repeatedly in the past.

Rafael **patinaba** y Mónica **corría**.

*Rafael **used to skate** and Monica **used to run**.*

Here are the regular forms of *-ar, -er,* and *-ir* verbs in the imperfect tense. Notice the accent mark on the *nosotros* form of *jugar:*

(yo)	**jug**aba	(nosotros) (nosotras)	**jug**ábamos
(tú)	**jug**abas	(vosotros) (vosotras)	**jug**abais
Ud. (él) (ella)	**jug**aba	Uds. (ellos) (ellas)	**jug**aban

Note that *-er* and *-ir* verbs, such as *hacer* and *vivir,* have the same endings:

(yo)	**hac**ía **viv**ía	(nosotros) (nosotras)	**hac**íamos **viv**íamos
(tú)	**hac**ías **viv**ías	(vosotros) (vosotras)	**hac**íais **viv**íais
Ud. (él) (ella)	**hac**ía **viv**ía	Uds. (ellos) (ellas)	**hac**ían **viv**ían

Notice the accent mark on each ending.

¿Recuerdas?

You have already learned to talk about completed actions in the past using the preterite tense.

• Ayer Rafael **patinó** y Mónica **corrió** en el parque.

• As you know, in Spanish you can often omit the subject of a verb because the subject is made clear in the verb ending:

Vivo en Chicago. (The subject, *yo,* is included in the verb ending.)

However, since the *yo* and *Ud./él/ella* forms are the same in the imperfect for *-ar, -er,* and *-ir* verbs, speakers often use the subject pronouns to avoid confusion.

Patricia **tenía** un triciclo rojo pero **yo tenía** uno azul.

• Expressions such as *generalmente, por lo general, a menudo, muchas veces, de vez en cuando, todos los días,* and *nunca* can cue you to use the imperfect because they imply that something happened repeatedly in the past.

 13 Escucha y escribe jdd-0488

Escuchar · Escribir

Lola y Lulú eran vecinas y muy buenas amigas, pero eran muy diferentes. Lola era muy bien educada, pero Lulú era desobediente. Escucha las seis descripciones de las niñas y escribe las frases. Indica si la descripción es de Lola, de Lulú o de las dos.

Dos amigas de México

14 En la casa de nuestros abuelos

Leer • Escribir

Margarita recuerda cómo, de niña, pasaba tiempo en la casa de sus abuelos. Escribe la forma apropiada del imperfecto de los verbos.

Cuando era niña mis hermanos y yo __1.__ *(pasar / pensar)* tiempo en la casa de nuestros abuelos de vez en cuando. Mi abuela __2.__ *(preparar / participar)* galletas muy ricas y nosotros las __3.__ *(correr / comer)* en el patio. Ella siempre nos __4.__ *(ofrecer / obedecer)* más galletas. Mi abuelo nos __5.__ *(estudiar / leer)* cuentos y a veces él nos __6.__ *(hacer / escribir)* pequeños juguetes de madera *(wood)*. Mis abuelos no __7.__ *(trabajar / limpiar)* y __8.__ *(decir / tener)* mucho tiempo para pasar con nosotros. Mis hermanos y yo siempre __9.__ *(regresar / bailar)* a casa muy contentos después de estar con nuestros abuelos.

Dos niños ecuatorianos

15 Tus amigos y tú

Hablar

Trabaja con otro(a) estudiante para hablar de lo que hacían tus amigos y tú cuando eran niños.

Modelo

jugar con los vecinos

A —¿Jugaban Uds. con los vecinos?

B —No, nunca jugábamos con los vecinos.

o: —Sí, jugábamos con los vecinos de vez en cuando.

Estudiante A

1. montar en triciclo
2. saltar a la cuerda
3. correr en el parque
4. escuchar cuentos
5. coleccionar cosas
6. compartir los juguetes

Estudiante B

No, nunca . . .
Sí, siempre . . .
De vez en cuando . . .

Más práctica

- **Guided** Gram. Practice pp. 137–138
- **Core** Gram. Practice p. 77
- **Communication** Writing p. 75, Test Prep p. 238
- ***Real.* para hispanohablantes** pp. 134–137, 140

 realidades.com

- Audio Activities
- Video Activities
- Speak & Record
- Tutorial
- Leveled Workbook
- Web Code: jdd-0404

Gramática

The imperfect tense: irregular verbs

There are only three irregular verbs in the imperfect tense: *ir*, *ser*, and *ver*. Here are all the forms:

ir

(yo)	iba	(nosotros) (nosotras)	íbamos
(tú)	ibas	(vosotros) (vosotras)	ibais
Ud. (él) (ella)	iba	Uds. (ellos) (ellas)	iban

ser

(yo)	era	(nosotros) (nosotras)	éramos
(tú)	eras	(vosotros) (vosotras)	erais
Ud. (él) (ella)	era	Uds. (ellos) (ellas)	eran

• Notice the accent mark on the *nosotros* form for the verbs *ir* and *ser*.

ver

(yo)	veía	(nosotros) (nosotras)	veíamos
(tú)	veías	(vosotros) (vosotras)	veíais
Ud. (él) (ella)	veía	Uds. (ellos) (ellas)	veían

• Notice the accent mark on each form of *ver*.

GramActiva VIDEO

Want more help with the imperfect tense? Watch the **GramActiva** video.

Eran felices allí.

16 Los veranos en Chicago

Leer • Escribir

Ana María recuerda los veranos que pasaba en Chicago. Completa su descripción con las formas apropiadas del imperfecto de los verbos *ir, ser y ver*.

Cuando __1.__ pequeña, me encantaban los veranos. Vivíamos en Chicago donde mi papá y yo __2.__ al famoso estadio de béisbol de los Chicago Cubs, Wrigley Field. Cada verano nosotros __3.__ a nuestros jugadores favoritos, como Sammy Sosa. Mi papá __4.__ originalmente de la República Dominicana y por eso él __5.__ todos los partidos cuando Sammy jugaba allí. También yo siempre __6.__ al lago Michigan con mi familia. ¿Qué más? También nosotros __7.__ al cine donde comíamos palomitas y __8.__ las películas más populares. Los veranos en Chicago __9.__ fantásticos y los recuerdo muy bien.

Sammy Sosa, cuando jugaba para los Chicago Cubs

17 Un niño inteligente

Leer • Escribir

Completa esta descripción de Isaac Newton, un famoso científico inglés, con la forma correcta del imperfecto del verbo apropiado.

Conexiones Las ciencias

De niño
tener, ser, decir, ir

Isaac Newton nació en 1642. __1.__ un bebé tan pequeño y débil[1] que los médicos __2.__ que él no __3.__ a tener capacidad mental para hacer cosas importantes durante su vida.

En la escuela primaria
querer, ser, hacer, ver, creer

__4.__ un estudiante inteligente que nunca __5.__ sus tareas porque no le interesaba mucho lo que los profesores __6.__ enseñarle. Su madre tampoco __7.__ que era muy inteligente.

En la universidad
leer, ir, poder, trabajar

Como estudiante universitario, Newton siempre __8.__ y estaba muy metido[2] en sus experimentos físicos. No __9.__ a los restaurantes elegantes y tampoco salía con los amigos. __10.__ siempre en alguna investigación y por eso inventó el análisis matemático y descubrió que la luz blanca tiene colores.

Su fama
poder, consistir, estar, ver

Un día Newton __11.__ en casa de su madre pensando en cómo la Luna[3] __12.__ dar vueltas alrededor de[4] la Tierra,[5] cuando le cayó[6] una manzana en la cabeza. Newton empezó a pensar y recordó un juego de niños que __13.__ en llenar con agua una cubeta[7] y darle vueltas rápidamente por encima de la cabeza sin permitir caer el agua. Así se le ocurrió a Newton la idea de la gravedad y la velocidad.

[1]weak [2]involved [3]moon [4]spin around [5]Earth [6]fell [7]bucket

18 Y tú, ¿qué dices?

Escribir • Hablar

1. En la escuela primaria, ¿cómo eras? ¿Qué clases te interesaban más? Y ahora, ¿qué clases te interesan?

2. De pequeño(a), ¿te gustaban las ciencias? ¿Qué experimentos hacían tus compañeros de clase y tú en la escuela? Y ahora, ¿qué experimentos hacen en sus clases de ciencias?

3. De niño(a), ¿en qué pensabas más: los estudios, los libros, los deportes o los juguetes? Y ahora, ¿en qué piensas más?

19 Cómo era de niño(a)

Escribir • Hablar

Escribe frases para hablar de tu niñez *(childhood)* usando las formas apropiadas del imperfecto de los verbos y tus propias ideas. Después trabaja con otro(a) estudiante y lean sus frases. ¿Eran similares o diferentes sus experiencias de niñez?

1. Cuando yo *(ser)* niño(a), *(ser)* muy . . .
2. Mis amigos *(ser)* . . .
3. De vez en cuando mi familia y yo *(ir)* . . .
4. A menudo yo *(ir)* a la casa de . . .
5. Mis hermanos (o amigos) y yo *(jugar)* . . .
6. Por lo general yo *(ver)* a mis primos . . .

20 El (La) estudiante modelo

Escribir • Hablar

1 En una hoja de papel, escribe cuatro descripciones de cómo eras y qué hacías en la escuela primaria.

> **Modelo**
>
> *Era muy obediente. Siempre obedecía las reglas de la escuela.*

2 Trabaja con un grupo de tres. Lean sus descripciones de cómo eran en la escuela primaria. Apunten en una hoja de papel cómo responden los tres. Después escriban un resumen *(summary)* de cómo eran.

> **Modelo**
>
> *María y yo éramos muy buenos estudiantes y siempre escuchábamos a los profesores. Antonio era un poco desobediente y nunca escuchaba a los profesores.*

21 Juego

Escribir • Hablar

1 Trabaja con otro(a) estudiante. Escriban una descripción del punto de vista de una persona del pasado que muchos estudiantes conocen. La descripción debe ser de cómo era, de dónde era, qué hacía para ser famoso(a), dónde vivía la persona y más.

2 Lean su descripción a otras parejas de estudiantes. Si los otros estudiantes identifican a la persona, reciben cinco puntos. Si ellos no pueden identificar a la persona, Uds. reciben cinco puntos.

Frida Kahlo

> **Modelo**
>
> **A** —*Era de México. De niña a menudo estaba enferma. Cuando era mayor, era artista y pintaba mucho. Diego Rivera era mi esposo. Yo no tenía una vida muy sencilla ni feliz. ¿Quién soy yo?*
>
> **B** —*Tú eres Frida Kahlo.* (Correcto. Cinco puntos para la pareja B)

Más práctica

- **Guided** Gram. Practice pp. 139–140
- **Core** Gram. Practice p. 78
- **Communication** Writing p. 76
- **Real.** para hispanohablantes pp. 138–139, 141

realidades.com ⊻

- Audio Activities
- Video Activities
- Speak & Record
- Canción de hip hop
- Animated Verbs
- Tutorial
- Leveled Workbook
- Web Code: jdd-0405

Gramática (Repaso)

Indirect object pronouns

Remember that an indirect object tells to whom or for whom an action is performed. Indirect object pronouns are used to replace or accompany an indirect object noun.

Nuestros profesores no **nos** permitían beber refrescos en clase.

Sus abuelos siempre **les** daban regalos a los niños.

Singular	Plural
me (to / for) me	**nos** (to / for) us
te (to / for) you *(familiar)*	**os** (to / for) you *(familiar)*
le (to / for) him, her, you *(formal)*	**les** (to / for) them, you *(formal)*

- Because *le* and *les* have more than one meaning, you can make the meaning clear by adding *a* + name, noun, or pronoun.

  Lolita siempre **les** decía la verdad a **sus padres**.

  Lolita siempre **les** decía la verdad a **ellos**.

- Like direct object pronouns and reflexive pronouns, indirect object pronouns are placed right before the verb or attached to the infinitive.

  Siempre **le** quería comprar dulces a su hija.

  Siempre quería comprar**le** dulces a su hija.

GramActiva VIDEO

Want more help with indirect object pronouns? Watch the **GramActiva** video.

Le di la pelota.

22 Una tía muy generosa

Escribir

Mi tía era muy generosa, pero siempre nos compraba los mismos regalos. Escribe frases para decir lo que compraba ella.

mi padre

Modelo

Por lo general ella le compraba una corbata a mi padre.

1.

mi madre

2.

mis hermanitas

3.

yo

4.

su esposo

5.

mis primos

6.

nosotros

23 ¿Qué les permitían hacer?

Hablar

Trabaja con otro(a) estudiante para hablar de lo que les permitían hacer en la escuela primaria.

1. comer y beber en la sala de clases

2. tener animales en la escuela

3. jugar en el patio de recreo

4. ver películas en clase

¡Respuesta personal!

Modelo

A —¿Les permitían llevar gorras en la escuela primaria?

B —No, no nos permitían llevar gorras.

o: —Sí, nos permitían llevar gorras, pero sólo en los días especiales.

Fondo cultural

El mundo hispano

Juguetes mayas Los mayas no usaban la rueda (*wheel*) para el trabajo, pero crearon juguetes de niños en forma de animales (reales e inventados), con ruedas. Estos juguetes eran similares al *pull-toy* que se usa hoy.

• ¿Son similares los juguetes de los mayas a los juguetes con los que tú jugabas de niño(a), o son diferentes? ¿En qué sentido?

24 Jugando con los amigos

Leer • Escribir • Hablar

Estudia el cuadro, lee el párrafo y luego contesta las preguntas.

1. ¿Quiénes crees que son las personas mayores del cuadro?

2. Con otro(a) estudiante, imaginen que Uds. eran unos niños del cuadro y que ya son mayores. Hablen de los juguetes que tenían cuando eran niños(as).

3. Ahora imaginen que Uds. tienen sesenta años. Piensen en los juguetes que les gustaban de niños(as). Descríbanlos para las personas que no los conocen. ¿Estos juguetes son populares hoy?

"Los niños del futuro" (1998)

© Lorenzo Armendariz/Latin Focus.com.

Leovigildo Martínez (1959–) nació en Oaxaca, México. Este cuadro es parte de un mural que pintó para el hospital que lo atendió *(treated)* cuando era niño. En el cuadro ves los juguetes tradicionales de la región.

25 ¿Quiénes te compraban regalos?

Hablar

Habla con otro(a) estudiante sobre quiénes hacían estas cosas para ti cuando eras niño(a).

1. leer cuentos
2. preparar galletas
3. enviar tarjetas de cumpleaños
4. dar dinero para comprar cosas
5. prestar *(lend)* juguetes
6. cantar canciones de cuna *(lullabies)*

Modelo

A —*¿Quiénes te compraban regalos?*
B —*Mis padres me compraban regalos de vez en cuando.*

26 Los retratos

Leer • Pensar • Escribir • Hablar

Mira el retrato *(portrait)* del niño y lee el párrafo debajo del retrato. Luego contesta las preguntas.

1. ¿Qué mascotas tenías cuando eras niño(a)? ¿Cómo se llamaban?

2. Cuando te sacan fotos, ¿qué ropa te gusta llevar?

3. Hace muchos años, los artistas pintaban retratos porque las personas no tenían cámaras para sacar fotos de su familia. Compara el retrato de este niño con una foto tuya cuando eras niño(a). ¿En qué sentido son similares? ¿En qué sentido son diferentes?

"Don Manuel Osorio Manrique de Zúñiga" (1788)

Oil on canvas, 127 x 101. Metropolitan Museum of Art, New York, USA / Bridgeman Art Library

Francisco de Goya (1746–1828) era uno de los pintores más importantes de España. Por la ropa elegante que el niño lleva en este retrato, sabemos que es de una familia aristocrática. Goya pintó al niño con sus mascotas: gatos y unos pájaros.

El español en la comunidad

Es importante aprender otro idioma *(language)* a una edad muy joven. Muchas guarderías infantiles, escuelas preescolares y escuelas primarias dan clases en español o en francés. Busca en tu comunidad una guardería o escuela que enseña español. ¡Puedes visitarla para observar o para enseñarles a los niños un poco de español!

• ¿Crees que es fácil o difícil aprender otro idioma de pequeño(a)? ¿Por qué?

el pato

Más práctica

- **Guided** Gram. Practice pp. 141–142
- **Core** Gram. Practice p. 79
- **Communication** Writing p. 77
- *Real.* **para hispanohablantes** pp. 139, 141

realidades.com
- Audio Activities
- Video Activities
- Speak & Record
- Tutorial
- Leveled Workbook
- Web Code: jdd-0406

Lectura

El grillo y el jaguar

Una fábula mexicana

Objectives

- **Read a fable from Mexico**
- **Learn traditional Spanish songs**
- **Talk about how you were as a child**
- **Watch *En busca de la verdad,* Episodio 3**

Estrategia

Using background knowledge
Think of fables you read as a child. Write down what you think might happen in this encounter between a cricket and a jaguar. When you finish reading, check to see how close your prediction was to the real story.

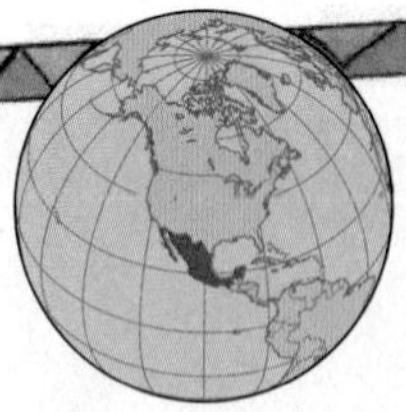

Hace ya muchísimos años, sólo vivían por el mundo los animales. Y el rey de todos era el jaguar.

Un día el jaguar salió de su casa rugiendo[1] y empezó a correr al lago porque tenía sed. Como todos los animales le tenían miedo,[2] se escondieron.[3] Todos menos el grillo, que no lo oyó[4] porque cantaba muy contento en su jardín.

El jaguar se sorprendió[5] cuando no vio a nadie, pero oyó la canción del grillo.

—¿Quién canta esa canción tan fea? —se preguntó el jaguar.

Cuando el jaguar vio al grillo, le rugió: —¡Qué mal educado eres, grillo! ¿Por qué no me saludas?[6]

—¡Ay, don Jaguar! Lo siento. ¿Me perdona?

—Sólo si eres obediente —le contestó el jaguar.

—¿Y qué tengo que hacer, don Jaguar?

—Vamos a hacer una carrera[7] hasta aquella roca enorme que está por donde empiezan las montañas. Si llegas primero, te perdono todo y puedes seguir cantando, pero si llego primero yo, te prohíbo cantar.

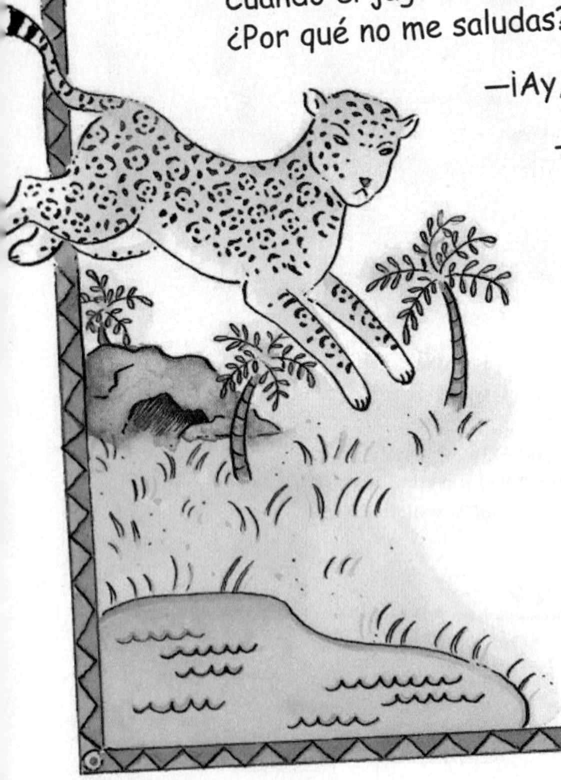

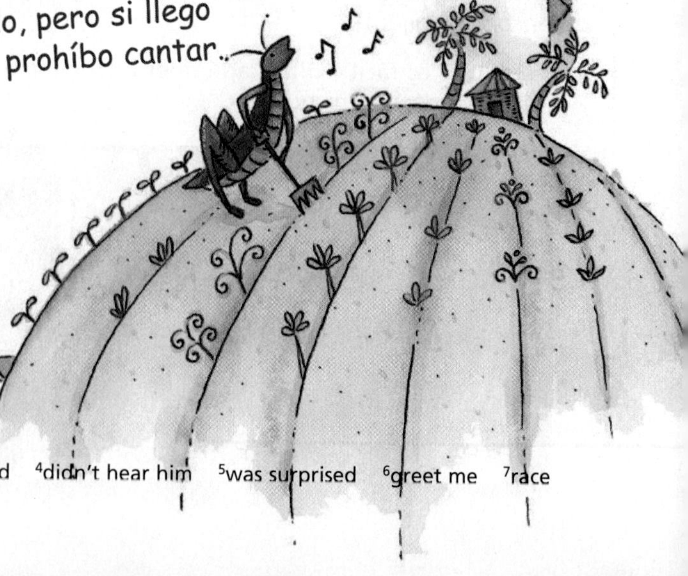

[1]roaring [2]were afraid [3]they hid [4]didn't hear him [5]was surprised [6]greet me [7]race

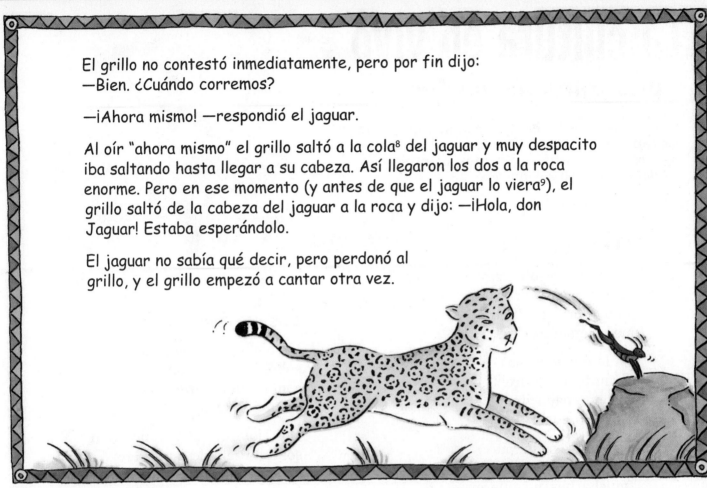

El grillo no contestó inmediatamente, pero por fin dijo:
—Bien. ¿Cuándo corremos?

—¡Ahora mismo! —respondió el jaguar.

Al oír "ahora mismo" el grillo saltó a la cola[8] del jaguar y muy despacito iba saltando hasta llegar a su cabeza. Así llegaron los dos a la roca enorme. Pero en ese momento (y antes de que el jaguar lo viera[9]), el grillo saltó de la cabeza del jaguar a la roca y dijo: —¡Hola, don Jaguar! Estaba esperándolo.

El jaguar no sabía qué decir, pero perdonó al grillo, y el grillo empezó a cantar otra vez.

[8]tail   [9]could see

¿Comprendiste?

1. Según esta leyenda, ¿quiénes vivían por el mundo hace muchos años?

2. ¿Por qué se escondieron todos los animales?

3. ¿Por qué el grillo no oyó al jaguar?

4. Según el jaguar, ¿cómo era la canción del grillo?

5. ¿Qué hizo el grillo para llegar primero a la roca?

6. Al fin, ¿quién era más inteligente, el jaguar o el grillo?

Más práctica

- **Guided** Reading Support p. 143
- **Communication** Test Prep p. 239
- *Real.* **para hispanohablantes** pp. 142–143

realidades.com ✓
- Internet Activity
- Leveled Workbook
- Web Code: jdd-0407

Y tú, ¿qué dices?

Hace muchísimos años que las fábulas son importantes en muchas culturas para enseñarles a los niños y a los adultos lecciones sobre la vida. En muchas fábulas los personajes son animales. Trabaja con otro(a) estudiante. Piensa en unas fábulas y describe a los animales en esas fábulas.

Modelo

La tortuga caminaba muy lentamente y era muy trabajadora.

Para decir más . . .

el conejo rabbit

la gallina, el gallo hen, rooster

el león lion

el zorro fox

La cultura en vivo

 jdd-0488

Canciones infantiles

A todos los niños les encanta cantar. Aquí están dos canciones populares que cantan los niños en algunos países hispanohablantes mientras *(while)* juegan con sus amigos.

El columpio

Yo tengo un columpio[1]
de suave vaivén[2]
y en él muy contento
me vengo a mecer[3].

En la fuerte rama[4]
de un fuerte laurel[5],
mi buen papacito
lo vino a poner.

Qué suave columpio
qué rico vaivén
¿muchachos, no quieren
venirse a mecer?

[1]swing [2]swaying motion [3]to swing
[4]branch [5]laurel tree

Los elefantes

Un elefante se balanceaba
sobre la tela de una araña[6]
como veía que resistía
fue a buscar a otro elefante.

Dos elefantes se balanceaban
sobre la tela de una araña
como veían que resistía
fueron a buscar a otro elefante.

Tres elefantes se balanceaban . . .
Cuatro elefantes se balanceaban . . .
Cinco elefantes se balanceaban . . .
Seis elefantes se balanceaban . . .
Siete elefantes se balanceaban . . .
Ocho elefantes se balanceaban . . .
Nueve elefantes se balanceaban . . .

Diez elefantes se balanceaban
sobre la tela de una araña,
como veían que se rompía,
fueron a dejar a un elefante.

Nueve elefantes se balanceaban . . .

[6]spider web

¡Compruébalo! En grupos de cuatro, practiquen en voz alta *(aloud)* una de las canciones. Presten atención a la pronunciación y al ritmo de los versos. Presenten su canción a la clase.

Presentación oral
¿Cómo eras de niño(a)?

Task
You have a summer job at a *guardería infantil* and several students speak Spanish. They are always asking you what you were like when you were their age. Create a series of pictures that shows when you were young.

1 **Prepare** Think about your childhood: what you were like, things you used to do, and what you weren't allowed to do. Copy and complete the chart on a sheet of paper, providing at least two pieces of information about yourself in each column.

Estrategia

Using visuals
Using visuals during an oral presentation helps organize your thinking.

¿Cómo era?	Jugaba con ...	Me gustaba más ...	Tenía que ...	No me permitían ...
tímido(a)	mi oso de peluche	jugar con mis amigos	hacer mi cama	pelearme con mis hermanos

Create a series of drawings that illustrate all of the information on your chart. You can also bring in photos of yourself to show your childhood. You will use the visuals in your presentation. Be sure they are easy to understand and represent you when you were young!

2 **Practice** Go through your presentation several times. You can use your chart to practice, but not when you present. Use your drawings and photos when you practice to help you recall what you want to say. Try to:

• provide as much information as possible on each point

• use complete sentences

• speak clearly so that you can be understood

3 **Present** Talk about what you were like as a child. Be sure to use your drawings during your presentation.

4 **Evaluation** Your teacher may give you a rubric for how the presentation will be graded. You will probably be graded on:

• amount of information you communicate

• how easy it is to understand you

• quality of visuals

realidades.com ✔
• Speak & Record

En busca de la verdad

Episodio 3

Antes de ver el video

"Tu abuelo se llamaba Federico Toledo. Es todo lo que puedo decirte".

"Vamos a ver . . . ¿Qué hay de nuevo en el correo electrónico?"

Nota cultural El mercado es el lugar donde la gente va a comprar comida fresca. En Guanajuato está el famoso mercado Hidalgo, donde venden frutas, verduras, carnes y muchas cosas más.

Resumen del episodio

En este episodio van a conocer a Nela, la abuela de Roberto. Él hace planes para visitarla al día siguiente. La familia Toledo almuerza en casa. Después de comer, Roberto le pregunta a su papá sobre su abuelo.

Palabras para comprender

catrina artistic rendering of a skull

una cosa más one more thing

carpintero carpenter

conocerse mejor to know each other better

a propósito by the way

Después de ver el video

¿Comprendiste?

A. Escoge la palabra correcta de las tres que están entre paréntesis.

1. "Me parece estupendo. Saben que ustedes siempre son (esperados/bienvenidos/queridos) en esta casa".

2. "Su mamá está aquí arreglando un programa de (juegos/televisión/intercambio) con nuestra escuela".

3. "Mañana viene el carpintero a reparar algunas (cosas/plantas/mesas) en mi casa".

4. "Hoy hablé con la maestra Toledo. Ella dice que todo está (caminando/progresando/funcionando) muy bien para el intercambio".

5. "Bueno, tengo que volver a la (escuela/clínica/casa). ¡Mis pacientes me esperan!"

6. "Dani, tengo un (mensaje/regalo/pastel) para la abuela".

7. "Ella sabe más que yo. Ahora, tengo que (vestirme/irme/dormirme)".

B. ¿Por qué crees que Roberto empieza a pensar en su abuelo con la llegada de Linda? Escribe lo que piensas.

C. Mira las fotos de Roberto y su abuela mientras hablan por teléfono. Escribe un resumen de la conversación.

• Web Code: jdd-0209

Repaso del capítulo

jcd-0489

Vocabulario y gramática

Chapter Review

To prepare for the test, check to see if you . . .
- **know the new vocabulary and grammar**
- **can perform the tasks on p. 209**

to name toys

los bloques	blocks
la colección, *pl.* las colecciones	collection
la cuerda	rope
el dinosaurio	dinosaur
la muñeca	doll
el muñeco	action figure
el oso de peluche	teddy bear
el tren eléctrico	electric train
el triciclo	tricycle

to name animals

el pez, *pl.* los peces	fish
la tortuga	turtle

to discuss things you used to do

coleccionar	to collect
molestar	to bother
pelearse	to fight
saltar (a la cuerda)	to jump (rope)

to name places

la guardería infantil	daycare center
el patio de recreo	playground

to explain your actions

de niño, -a	as a child
de pequeño, -a	as a child
de vez en cuando	once in a while
mentir (*e → ie*)	to lie
obedecer (*c → zc*)	to obey
ofrecer (*c → zc*)	to offer
permitir	to permit, to allow
por lo general	in general
portarse bien / mal	to behave well / badly
todo el mundo	everyone
el vecino, la vecina	neighbor
la verdad	truth

to describe what someone was like

bien educado, -a	well-behaved
consentido, -a	spoiled
desobediente	disobedient
generoso, -a	generous
obediente	obedient
tímido, -a	timid
travieso, -a	naughty, mischievous

other useful words

la moneda	coin
el mundo	world

imperfect of *ir*

iba	íbamos
ibas	ibais
iba	iban

imperfect of *jugar*

jugaba	jugábamos
jugabas	jugabais
jugaba	jugaban

imperfect of *ser*

era	éramos
eras	erais
era	eran

imperfect of *tener*

tenía	teníamos
tenías	teníais
tenía	tenían

indirect object pronouns

me	(to / for) me	nos	(to / for) us
te	(to / for) you	os	(to / for) you
le	(to / for) him, her, you *(formal)*	les	(to / for) them, you *(formal)*

For *Vocabulario adicional,* see pp. 498–499.

Más práctica

- **Core** Puzzle p. 80, Organizer p. 81
- **Communication** Integrated
  Performance Assessment p. 240

 realidades.com

- Tutorial
- Flashcards
- Puzzles
- Self-test
- Web Code: jdd-0408

Preparación para el examen

On the exam you will be asked to . . .	Here are practice tasks similar to those you will find on the exam . . .	If you need review . . .

Interpretive

jdd-0489

1 Escuchar Listen and understand as people describe their favorite childhood toy

You volunteer after school at the Youth Center. To get to know your kids better, you ask them about their favorite toys when they were younger. See if you can understand: (a) what the toy was; (b) how old the child was when he or she used to play with it; (c) where he or she used to play with it.

pp. 186–189 *Vocabulario en contexto*
p. 190 Actividad 6

Interpersonal

2 Hablar Talk about what you were like as a child

Now your group at the Youth Center wants to know what you were like as a child! What could you tell them? You could start by telling them: (a) what you liked to do; (b) what your favorite toy was; (c) how you used to behave.

pp. 188–189 *Videohistoria*
p. 190 Actividad 5
p. 191 Actividades 7–8
p. 192 Actividad 11
p. 195 Actividad 15
p. 200 Actividad 23
p. 205 *Presentación oral*

Interpretive

3 Leer Read someone's recollections about their elementary school experience

Read an entry in Armando's journal about his elementary school years. As you read, see if you can determine: (a) whether he liked or disliked elementary school and (b) why or why not?

De vez en cuando yo pienso en mis amigos de la escuela primaria. ¡Ay! Jorge siempre se peleaba conmigo y Carlos me molestaba. Yo era muy tímido y no me levantaba a tiempo para la escuela porque no quería jugar con ellos.

p. 195 Actividad 14
p. 196 Actividad 16
p. 197 Actividad 17

Presentational

4 Escribir Write about some of your experiences in elementary school

After reading Armando's recollection, you begin to think about your days in elementary school. What are some of the things you remember? Write a few sentences, describing what your best friend was like and what you used to do together at recess.

p. 190 Actividad 4
p. 191 Actividad 8
p. 197 Actividad 18
p. 198 Actividades 19–20

Cultures

5 Pensar Demonstrate an understanding of favorite nursery rhymes and songs from Spanish-speaking countries

Children around the world love songs that are easy to remember and fun to sing. Think about the songs on p. 204. Which song do you think a child would like best? Why? Does either of them remind you of songs you sang as a child? Which ones?

p. 193 *Pronunciación*
p. 204 *La cultura en vivo*

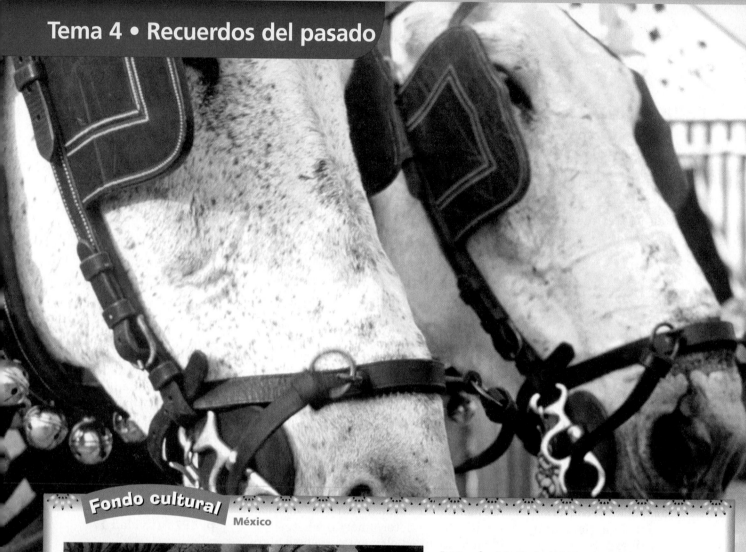

Fondo cultural
México

Antonio M. Ruiz (1897–1964) pintó en este cuadro la celebración del Día de la Independencia en un pueblo de México. Es el día festivo más importante del país y todo el mundo participa. Aquí ves un desfile de estudiantes. El desfile pasa por la plaza de un pueblo mexicano. Todos los niños llevan en la mano banderas de color verde, rojo y blanco, que son los colores de la bandera mexicana. Estos colores también se ven en el centro de la plaza. Los mayores escuchan a un hombre que les habla.

• ¿Qué piensas que está diciendo el señor del cuadro? Compara este desfile con las celebraciones del Día de la Independencia en tu comunidad.

◀ "Desfile cívico escolar" (1936), Antonio M. Ruiz

Celebrando los días festivos

Chapter Objectives

- Describe holiday celebrations
- Talk about your family and relatives
- Describe people, places, and situations in the past
- Talk about how people interact
- Understand cultural perspectives on holidays and special events

Video Highlights

Videocultura: *Recuerdos del pasado*

A primera vista: *La fiesta de San Pedro*

GramActiva Videos: the imperfect tense: describing a situation; reciprocal actions

Videomisterio: *En busca de la verdad,* Episodio 4.

Country Connection

As you learn to talk about past events and celebrations, you will make connections to these countries and places:

- España
- México
- República Dominicana
- Venezuela
- Costa Rica
- Colombia
- Ecuador
- Perú
- Bolivia
- Uruguay

Más práctica

- *Real.* para hispanohablantes pp. 150–151

realidades.com
- Leveled Workbook
- Web Code: jde-0002

Feria de Abril en Sevilla, España

Vocabulario en contexto

jdd-0497

Recuerdos del pasado

Los buenos modales

sonreír

"Mis papás me enseñaron la importancia de los buenos modales. Es importante ser sociable y sonreír cuando te reúnes* con las personas.

dar(se) la mano

Cuando saludas o te despides es costumbre siempre dar la mano.

Para saludar a los amigos, puedes decir '¡Hola!,' '¿Qué tal?' o '¿Cómo estás?'

Debes saludar a los mayores con una expresión como 'Buenos días, señora' o '¿Cómo está Ud.?'

los mayores

besar(se)

Cuando dos personas se conocen muy bien, generalmente se besan para saludarse y despedirse.

Mi papá me dijo que una persona siempre debe saludar a todas las personas en una reunión o una fiesta. Cuando sales, debes despedirte de cada persona también **"**

*Reunirse has an accent on the u in all present-tense forms except nosotros and vosotros: reúne, reúnes, reúne, . . . reúnen.

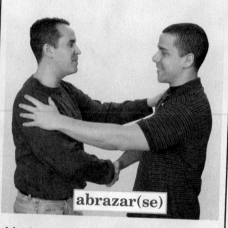
abrazar(se)

Muchos hombres se abrazan cuando se saludan en la calle o cuando se despiden.

Cómo celebrábamos los días festivos

"El 10 de agosto fue el cumpleaños de mi papá. Celebramos con una fiesta de sorpresa. Cumplió 46 años. Durante la fiesta, mi abuela habló de cuando él nació y ella empezó a llorar. Dijo que era un bebé grande y guapito. ¡Mi familia y yo le regalamos una cámara digital!

Mis abuelos celebraron su aniversario el 23 de octubre. Se casaron hace 50 años. Todos nuestros parientes (mis tíos y primos) y muchos amigos asistieron para felicitarlos. Todos cantamos: ¡Felicidades! Les regalamos un reloj antiguo muy bonito. Durante la fiesta los niños no se pelearon; todos se llevaban bien porque era un día muy especial.

¡Felicidades!

los fuegos artificiales

Frecuentemente, durante los veranos, nosotros íbamos a un parque enorme donde hacíamos un picnic. Mientras los mayores charlaban, nosotros jugábamos. Mi tío, que es muy cómico, siempre nos contaba chistes y todos nos reíamos mucho. Para días muy especiales, como el Día de la Independencia, había fuegos artificiales por la noche. Todas las personas alrededor del parque se divertían"

1 Los buenos modales

jdd-0497

Escuchar

Trabaja con otro(a) estudiante. Van a escuchar ocho frases sobre los buenos modales. Tienen que representar (act out) en pareja cada una de estas acciones.

Más práctica

- **Guided** Vocab. Flash Cards pp. 145–148
- **Core** Vocab. Practice pp. 82–83
- **Communication** Writing p. 84
- *Real.* **para hispanohablantes** p. 152

realidades.com ✔
- Fondo cultural Activity
- Video Activities
- Online Atlas
- Web Code: jdd-0411

2 Vamos a celebrar 🔊

jdd-0497

Escuchar

Escribe en una hoja de papel los números del 1 al 8. Vas a escuchar ocho frases. Escribe la letra *a*, *b* o *c* para indicar cuándo ocurrió cada actividad.

a. durante la fiesta de cumpleaños

b. durante la fiesta de aniversario

c. durante la celebración del Día de la Independencia

🔊 jdd-0497

La fiesta de San Pedro

¿Por qué es especial la
fiesta de San Pedro?

Estrategia

Using visuals
Ignacio is describing a celebration
in the Basque town of Alsasua that
he visited as a child. Look at the
different visuals in the *Videohistoria*.
For each picture, write what you
think he might say.

Ignacio   Javier

1 Javier: ¿Adónde vas,
Ignacio?

Ignacio: A Alsasua para la
fiesta de San Pedro. Se
celebra el 29 de junio. Es **un
día festivo.** De niño iba allí
con mi familia todos los
veranos.

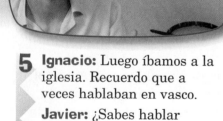

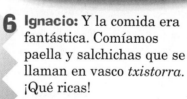

5 Ignacio: Luego íbamos a la
iglesia. Recuerdo que a
veces hablaban en vasco.

Javier: ¿Sabes hablar
vasco?

Ignacio: No, yo no. Mis
abuelos lo hablaban.

6 Ignacio: Y la comida era
fantástica. Comíamos
paella y salchichas que se
llaman en vasco *txistorra*.
¡Qué ricas!

Javier: ¡Mmm! Ya tengo
hambre.

7 Ignacio: Después de comer,
la gente charlaba, contaba
chistes y se reía.

Javier: ¿Y los jóvenes?

Ignacio: Los jóvenes
seguían bailando.

2 **Javier:** ¿Cómo es la fiesta?

Ignacio: Muy divertida. **Recuerdo** que empezaba con **un desfile** por la mañana.

3 **Ignacio:** Había bailes día y noche. Los músicos tocaban instrumentos antiguos como el *txistu* y el tamboril.[1]

Javier: ¿El *txistu?* ¿Qué es eso?

[1] El *txistu* es el instrumento característico de la música vasca. Es una flauta de madera y metal. Se usa en procesiones, serenatas y danzas. El tamboril es un tambor pequeño.

4 **Ignacio:** Éste es un *txistu.* Es una palabra vasca.

Javier: ¿Sabes tocarlo?

Ignacio: Sí, un poco. Mi abuelo me enseñó hace años. ¡Ay!

8 **Javier:** Aquí estoy. Son las siete.

Ignacio: En Alsasua tenemos que comprarte una boina[2].

Javier: Tienes razón.

Ignacio: Bueno. Vamos a la estación.

[2] beret

3 **¿Comprendiste?**

Leer · Escribir

1. ¿Por qué conocía Ignacio este día festivo?
2. ¿Cómo empezaba el día?
3. ¿Qué tipo de instrumentos tocaban los músicos?
4. ¿Adónde iba Ignacio después del desfile?
5. ¿Qué otros idiomas *(languages)* hablan en Alsasua?
6. ¿Qué es la *txistorra?*
7. ¿Qué hacía la gente después de comer?
8. Según las fotos, ¿cómo se viste Ignacio para ir a la celebración?
9. ¿Qué le falta a Javier?

Más práctica

- **Guided** Vocab. Check pp. 149–152
- **Core** Vocab. Practice pp. 84–85
- **Communication** Video pp. 78–80
- *Real.* **para hispanohablantes** p. 153

realidades.com ✔

- Audio Activities
- Video Activities
- Leveled Workbook
- Flashcards
- Web Code: jdd-0412

Vocabulario en uso

Objectives

- Communicate about social gatherings involving friends and relatives
- Describe situations in the past
- Talk about how people interact
- Describe holiday celebrations

4 El intruso

Leer • Escribir

Identifica en cada grupo de palabras "el intruso", es decir, la palabra que no va con las otras tres. Luego escribe una frase completa con la forma apropiada del intruso.

Nota

In the present tense, these verbs have stem changes:

recordar, contar *(o → ue)*

divertirse *(e → ie)*

despedirse, reírse, sonreír *(e → i)*

In addition, *reírse* and *sonreír* have accent marks on the *i* in all present-tense forms.

Modelo

fiesta de sorpresa   regalo   cumplo años me despido
Cuando me despido de mis padres, generalmente los abrazo.

1. saludo   recuerdo   le doy la mano   abrazo
2. contamos chistes   nos divertimos hacemos un picnic   nos reímos
3. desfile   nací   día festivo   fuegos artificiales
4. los mayores   felicitan   se casan   ¡Felicidades!
5. se llevan mal   se pelean   lloran   sonríen

5 Escucha y escribe jdd-0498

Escuchar • Escribir

Escucha las descripciones de diferentes personas que están presentes en la boda. Escribe las frases. Después indica si las personas tienen buenos o malos modales. *(Nota:* A las personas que acaban de casarse también se les llama "los novios").

Fondo cultural

España

Euskadi Las diferentes regiones de España tienen su propia identidad, su comida, sus costumbres y a veces su idioma *(language)*. En el País Vasco, situado en el norte de España, se habla euskera (vasco, en español), un idioma que no tiene ninguna relación con el español. En euskera, el nombre de esta región es Euskadi. Una tradición de San Sebastián (o Donostia), una de las ciudades más grandes de Euskadi, es la Tamborrada, que se celebra el 20 de enero. Ese día, hombres tocan el tambor mientras caminan por las calles de la ciudad.

- ¿Qué diferencias de identidad hay entre las regiones de los Estados Unidos?

La Tamborrada de San Sebastián

6 Una costumbre de mi familia

Leer · Escribir

Lee la historia de lo que hacía la familia de Alejandra cuando ella era niña. Completa la historia con las palabras apropiadas.

alrededor de	había
contaban chistes	mientras
frecuentemente	nos divertíamos

---

antigua   costumbre   enorme   reunirse

Recuerdo muy bien los días festivos que celebrábamos cuando era niña. Era nuestra __1.__ ir a la casa de nuestros abuelos en el campo. Ellos no vivían en una casa moderna como las casas en la ciudad. Su casa era __2.__ pero también __3.__. ¡Todos mis parientes podían __4.__ allí al mismo tiempo!

__5.__ que los adultos charlaban o __6.__, nosotros jugábamos en el jardín que estaba __7.__ la casa. __8.__ muchos árboles en el jardín y __9.__ hacíamos un picnic debajo de ellos. Siempre __10.__ mucho en los días festivos en la casa de nuestros abuelos.

7 Costumbres sociales

Hablar · Escribir

1 ¿Cómo saludas y te despides de las personas? Habla con otro(a) estudiante y escriban sus respuestas.

Modelo

saludar a tus primos

A —*Generalmente, ¿cómo saludas a tus primos?*

B —*Por lo general los abrazo. ¿Y tú?*

A —*No tengo primos.*

Estudiante A

1. saludar a tus profesores
2. despedirse de tus abuelos (o tíos)
3. despedirse de los padres de tus amigos
4. saludar a tu papá (o mamá)
5. despedirse de tu mejor amigo(a)
6. saludar a un(a) amigo(a) que no has visto *(haven't seen)* recientemente

Estudiante B

2 Escribe cinco frases para decir si lo que Uds. hacen es similar o es diferente.

Modelo

Por lo general yo abrazo a mis primos cuando los saludo. Enrique no tiene primos, pero siempre abraza a sus abuelos cuando los saluda.

8 ¿Qué hacían Uds.?

Hablar

Habla con otro(a) estudiante sobre cómo celebraban diferentes ocasiones sociales cuando eran pequeños(as). Digan dos costumbres que tenían Uds. en cada ocasión.

Modelo

celebrar un aniversario

A —*¿Qué hacía tu familia cuando alguien celebraba un aniversario?*

B —*Hacíamos una fiesta y les regalábamos cosas muy bonitas.*

o: —*No recuerdo lo que hacíamos.*

Estudiante A

1. cumplir años
2. hacer un largo viaje
3. comprar un coche nuevo
4. celebrar un día festivo

Estudiante B

felicitar a . . .   regalarle(s) . . .
reunirse en . . .   invitar a . . .
hacer una fiesta (de sorpresa)   no hacer nada
hacer un picnic   hacer una reunión de familia
comprar . . .   despedirse

9 Y tú, ¿qué dices?

Escribir • Hablar

1. Por lo general, ¿qué les dices a los padres de un bebé que nació recientemente? ¿Qué les regalas?

2. En tu comunidad, ¿en qué días festivos hay fuegos artificiales? ¿En qué días hay desfiles?

3. ¿Cuándo te reúnes con tus parientes? ¿Dónde se reúnen Uds. generalmente? ¿Con quién charlas? ¿Se llevan todos bien o a veces se llevan mal?

Fondo cultural

Costa Rica

El Día de la Raza Muchos jóvenes participan en los desfiles del Día de la Raza en el mundo hispano. Este día festivo conmemora la llegada de Cristóbal Colón a las Américas. Algunas personas prefieren el nombre "el Día de las Culturas" para celebrar también las contribuciones culturales de los pueblos indígenas, asiáticos y africanos del país.

• ¿Cuál de estos dos nombres prefieres tú? ¿Por qué?

Celebración del Día de la Raza, en Puebla, México

Gramática

Preterite and imperfect: describing a situation

In addition to saying what someone used to do, the imperfect tense is used:

- to describe people, places, and situations in the past

   La casa de mis abuelos **era** enorme. **Tenía** cinco dormitorios.

- to talk about a past action or situation when no beginning or end is specified

   Había mucha gente en la casa para el aniversario.

- to describe the situation or background information when something else happened or interrupted the ongoing action.

   Todos mis parientes **bailaban** cuando **llegamos**.
   *All my relatives **were dancing** when **we arrived**.*

Note that the imperfect tense is used to tell what someone **was doing** when something **happened** (preterite).

¿Recuerdas?

Use the preterite tense to describe completed actions or events.

- Mis abuelos **se casaron** hace 50 años.

- **Celebramos** su aniversario el mes pasado.

GramActiva VIDEO

Want more help with the imperfect? Watch the **GramActiva** video.

cantaba

10 La Semana Santa

Leer • Escribir

Patricia, una estudiante norteamericana que está pasando un año en España, les escribe a sus padres sobre una experiencia fantástica que tuvo. Completa su descripción con las formas apropiadas del pretérito o del imperfecto.

> el 30 de abril
> Sevilla, España
>
> Queridos padres:
>
> Acabo de pasar unos días increíbles. Mi familia española __1.__ *(decidir)* ir a Sevilla para celebrar la Semana Santa. Nosotros __2.__ *(llegar)* el martes por la noche y las calles ya __3.__ *(estar)* llenas de personas. Había un desfile que en la Semana Santa se llama procesión. En la procesión, __4.__ *(ver)* pasos[1] muy grandes con flores y estatuas enormes (que se llaman *imágenes*) de las iglesias. Las imágenes __5.__ *(ser)* antiguas y muy impresionantes. Había bandas y otras personas que tocaban música durante las procesiones. Y luego ocurrió algo fantástico. Una mujer __6.__ *(salir)* a un balcón y __7.__ *(empezar)* a cantar una saeta. Una saeta es una canción del estilo flamenco que cantan aquí en Sevilla. Todas las personas en la calle escucharon con atención mientras ella cantaba. Por fin,[2] el paso __8.__ *(llegar)* a la entrada de la catedral y entró, como es la costumbre durante la Semana Santa. ¡Qué experiencia maravillosa!
>
> Besos y abrazos,
> Patricia

[1]floats (during Holy Week)   [2]At last

11 Un pariente favorito

Hablar

Trabaja con otro(a) estudiante para describir a un pariente favorito que recuerdas de tu niñez. Usen el imperfecto en sus preguntas y respuestas.

Modelo

¿Quién (ser) tu pariente favorito?
A —¿Quién era tu pariente favorito?
B —Mi pariente favorito era mi abuelo.

Estudiante A

1. ¿Quién (ser) tu pariente favorito?
2. ¿Cómo (llamarse)?
3. ¿Cómo (ser)?
4. ¿Dónde (vivir)?
5. ¿Qué le (gustar) hacer?
6. ¿Qué (hacer) tu pariente contigo?

Estudiante B

Mi pariente favorito era . . .
Se llamaba . . .
Era . . .
Vivía en . . .

Fondo cultural

México

El Día de los Muertos En México y en otros países hispanohablantes celebran el Día de los Muertos *(Day of the Dead)* el 2 de noviembre. Preparan el "pan de muertos", un pan en forma de muñecos, y dulces en forma de esqueletos y calaveras *(skulls)*. La gente hace altares en sus casas en honor a los parientes muertos. Los altares tienen fotos de los parientes muertos, flores, frutas, pan y la comida favorita del muerto. Algunas familias hacen un picnic en el cementerio donde están sus parientes muertos. Estas costumbres les permiten a las familias recordar a los parientes que ya no viven.

• Compara lo que hacen en México para recordar a los muertos con lo que hace tu familia.

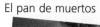
El pan de muertos

Celebración del Día de los Muertos, en México

12 ¿Cuántos años tenías?

Hablar

Pregunta a otro(a) estudiante cuántos años tenía cuando hizo estas actividades por primera vez.

| Modelo |

recibir tu propia bicicleta

A —*¿Cuántos años tenías cuando recibiste tu propia bicicleta?*

B —*Yo tenía seis años cuando recibí mi propia bicicleta.*

Estudiante A

1. aprender a caminar
2. asistir a la escuela por primera vez
3. ir a tu primer baile
4. leer tu primer libro
5. ir al cine sin tus padres
6. ver un desfile por primera vez

Estudiante B

Yo tenía . . .

Exploración del lenguaje

Prefixes

Think about the meaning of the following Spanish words. What pattern do you notice?

obediente → desobediente
posible → imposible
formal → informal
regular → irregular

Like English, Spanish uses prefixes to extend and change the meanings of words—in this case to create a word with the opposite meaning.

¡Compruébalo! Copy the following words on a sheet of paper. Underline the prefix in each word. Then determine which word (with or without the prefix) is needed to complete the sentences about Mariana and Julieta.

desordenado   impaciente   irresponsable
injusto   impráctico

Julieta

Mariana

1. A Mariana no le gusta esperar a los demás. Es muy ____.

2. A Julieta le gusta tener su cuarto limpio y ____.

3. Mariana grita mucho. Es ____ llevarla al cine.

4. Julieta cree que es importante conservar agua. Cree que es ____ no hacerlo.

5. Julieta y Mariana piensan que es ____ tener que dormirse temprano.

13 Escucha y escribe

Escuchar • Escribir

En el cuadro "Tamalada", la niña que
está en la puerta recuerda el día, hace
muchos años, cuando entró en la cocina
con su padre y vio esta escena. ¿Recuerda
ella la escena correctamente? Escucha
las seis descripciones y escríbelas.
Después, si la información es falsa,
escribe la información correcta.

"Tamalada / Making tamales" (1988), Carmen Lomas Garza

Oil on linen mounted on wood, 24" x 32". © 1988 Carmen Lomas Garza. Photo credit: M. Lee Featherree.
Collection of Paula Macie-Benecke and Norbert Benecke, Aptos, CA.

14 ¿Qué había en la pared?

Escribir • Hablar

Usa el imperfecto y escribe tres preguntas sobre la
escena que recuerda la niña del cuadro "Tamalada".
Después haz tus preguntas a otro(a) estudiante y
contesta las preguntas de él (ella).

Modelo

A —¿Qué había en la pared?
B —Había un cuadro de una pareja
    bailando flamenco en la pared.

Para decir más . . .

la estufa	stove
el horno	oven
las ollas	pans
el suelo	floor

Nota

You know that *hay* means "there is,
there are." In the imperfect tense,
había means "there was, there
were." *Hay* and *había* are forms of
haber.

15 Y tú, ¿qué dices?

Escribir • Hablar

1. ¿Siempre has vivido *(have you lived)* en la
   misma casa? Si no, ¿dónde vivías antes?
   ¿Era una casa antigua?

2. Cuando tú eras niño(a), ¿te divertías con
   tus amigos? ¿Charlaban? ¿Hacían picnics?
   ¿Contaban chistes?

3. ¿Cuántos años tenías cuando aprendiste
   a caminar?

4. ¿Qué te regalaban tus abuelos o tus tíos
   cuando eras niño(a)?

Más práctica

- **Guided** Gram. Practice pp. 153–157
- **Core** Gram. Practice p. 86
- **Communication** Writing p. 85
- *Real.* para hispanohablantes
  pp. 154–157, 160

realidades.com ✔

- Audio Activities
- Video Activities
- Speak & Record
- Tutorial
- Leveled Workbook
- Web Code: jdd-0413

16 El Día de la Independencia

Leer • Escribir

En muchos países del mundo, la gente celebra un día para conmemorar la independencia de su país con desfiles, fuegos artificiales y bailes. Lee esta información sobre los días de la independencia en diferentes países. Luego haz una línea cronológica con las fechas de la independencia de los países mencionados abajo.

Conexiones | **La historia**

Fechas importantes

Los Estados Unidos

El 4 de julio es el Día de la Independencia en los Estados Unidos. Es el aniversario de la Declaración de la Independencia, que firmó[1] el Segundo Congreso Continental en 1776, cuando los Estados Unidos obtuvieron[2] su independencia de Gran Bretaña.

Firmando la Declaración de la Independencia

The Declaration of Independence, 4 July 1776, John Trumbull (American, 1756-1843) 1786-1820. Oil on canvas, 53 x 78.7 cm (20-7/8 x 31 in). © Corbis Bettmann.

La Revolución Francesa

Los franceses obtuvieron su independencia de la monarquía el 14 de julio de 1789. Pelearon bajo el lema[3] "Libertad, igualdad y fraternidad".

España

Los franceses invadieron España en el año 1808 y los españoles pelearon contra ellos durante la Guerra[4] de la Independencia. En 1814, los españoles obtuvieron su independencia de los franceses.

Oil on canvas, 86" x 114". © Museo Nacional del Prado, Madrid.

"Los fusilamientos del 3 de mayo, 1808 (1814)", Francisco de Goya y Lucientes

México

La independencia de los Estados Unidos y la de Francia fueron grandes ejemplos para los países de América Latina. Unos años después, el 16 de septiembre de 1810, Miguel Hidalgo comenzó la guerra de la independencia contra los españoles, que ocupaban México.

Colombia, Venezuela, Perú, Ecuador y Bolivia

Simón Bolívar comenzó el movimiento de independencia de España en muchos países hispanoamericanos. Ayudó a establecer la independencia de cinco países: Colombia (el 20 de julio de 1810), Venezuela (el 5 de julio de 1811), Perú (el 28 de julio de 1821), Ecuador (el 10 de agosto de 1809 y el 13 de mayo de 1830) y Bolivia (el 6 de agosto de 1825).

José Gil de Castro. Courtesy of Corbis Bettmann.

Simón Bolívar, El Libertador

[1]signed   [2]gained   [3]motto   [4]War

Gramática

Reciprocal actions

Sometimes the reflexive pronouns *se* and *nos* are used to express the idea "(to) each other." These are called reciprocal actions.

Los novios **se abrazaban** y **se besaban**.
*The bride and groom **were hugging each other** and **kissing each other**.*

Por lo general **nos saludábamos** con un abrazo.
También **nos dábamos** la mano.
***We** usually **greeted each other** with a hug. **We** also **would shake hands**.*

¿Recuerdas?

You already know that *Nos vemos* means "We'll see each other later."

GramActiva VIDEO

Want more help with reciprocal actions? Watch the **GramActiva** video.

Se abrazan.

17 Los buenos amigos

Hablar

Habla con otro(a) estudiante sobre lo que hacen tus mejores amigos y tú.

Modelo

verse frecuentemente
A —*¿Uds. se ven frecuentemente?*
B —*Sí, nos vemos todos los días.*
o: —*No, no nos vemos frecuentemente.*

Unos amigos en Loma Plata, Paraguay

Estudiante A

1. llevarse bien siempre
2. ayudarse con la tarea de vez en cuando
3. escribirse por correo electrónico a menudo
4. hablarse por teléfono todos los días
5. respetarse mucho
6. comprenderse generalmente

Estudiante B

Sí, nos . . .

No, no nos . . .

18 Durante la boda

Hablar

Durante la boda de Carmen y Alfonso algunos de los invitados *(guests)* se portaban mal. Usa el imperfecto para describir lo que hacían todos mientras los novios se casaban.

Modelo

Pati y Juanito

A —*¿Qué hacían Pati y Juanito mientras Carmen y Alfonso se casaban?*

B —*Pati y Juanito se peleaban.*

Roberto y Belita

el Sr. Vásquez

el Sr. García y el Sr. Ramírez

Pati y Juanito

Carmen y Alfonso

el Sr. Medina

las tías

la Sra. Fernández y la Sra. Peña

los padres de Carmen

Estudiante A

1. las tías
2. el Sr. García y el Sr. Ramírez
3. la Sra. Fernández y la Sra. Peña
4. el Sr. Vásquez y el Sr. Medina
5. Roberto y Belita
6. los padres de Carmen

Estudiante B

besar(se)
charlar
contar(se) chistes
pelear(se)

llevarse mal
hablar por teléfono
prestar atención

Fondo cultural

México

La ceremonia del lazo En México, la ceremonia del lazo es parte de la boda y simboliza la unión entre los novios. Es cuando dicen sus promesas matrimoniales y luego el sacerdote *(priest)* les pone en el cuello *(neck)* una cuerda en forma de ocho. La expresión "atar el nudo" *(to tie the knot)* viene de esta tradición mexicana.

• ¿Qué piensas que significa el acto de "atar el nudo" durante la ceremonia? ¿Hay tradiciones similares en los Estados Unidos? ¿Cuáles son?

Una boda mexicana

El carnaval es una de las celebraciones más alegres *(happy)* y animadas de América Latina. Por lo general se celebra durante tres días. Casi siempre hay desfiles de carrozas *(floats)*, grupos de personas con máscaras, bailarines y músicos. En los desfiles de la República Dominicana las personas se disfrazan *(wear costumes)* con máscaras que representan a diferentes personajes reales o imaginarios. En el Uruguay los desfiles son con música, sobre todo de tambores, llamada *candombe.* Las personas siguen a los músicos, todos bailan y algunos se disfrazan. En el Ecuador y en Venezuela no hay desfiles. La tradición es tirar *(to throw)* agua a los peatones que pasan por la calle, o entre los vecinos y miembros de la familia.

- En tu comunidad, ¿en qué festividades o celebraciones hay desfiles? ¿Participas en los desfiles? ¿Te gusta ver los desfiles?

Una celebración en Venezuela

19 Una celebración

Hablar · Escribir

Habla con otro(a) estudiante sobre cómo celebraba un día festivo cuando era niño(a).

1 Pregunta a tu compañero(a) qué día festivo le gustaba celebrar.

> **Modelo**
>
> **A** —*¿Qué día festivo era tu favorito cuando eras niño(a)?*
>
> **B** —*Me encantaba Halloween.*

2 Escribe cinco preguntas que puedes hacerle a tu compañero(a) usando el imperfecto. Hazle las preguntas y escribe sus respuestas.

3 Escribe un párrafo de por lo menos *(at least)* cinco frases sobre cómo tu compañero(a) celebraba el día festivo.

> **Modelo**
>
> *A Carmen le encantaba Halloween cuando era niña. Siempre se vestía de princesa. Todos decían que ella era muy bonita. Iba a las casas de sus parientes y ellos le daban muchos dulces. Después se comía todos los dulces.*

Para decir más . . .

El Día de San Valentín   Valentine's Day

El Día de San Patricio   St. Patrick's Day

El Día de Acción de Gracias   Thanksgiving Day

Más práctica

- **Guided** Gram. Practice p. 158
- **Core** Gram. Practice pp. 87–88
- **Communication** Writing p. 86, Test Prep p. 241
- *Real.* **para hispanohablantes** pp. 158–159, 161

 realidades.com

- Audio Activities
- Video Activities
- Speak & Record
- Canción de hip hop
- Tutorial
- Leveled Workbook
- Web Code: jdd-0414

20 Las Fallas de Valencia

Leer • Escribir

Lee el artículo sobre Las Fallas de Valencia, una de las fiestas más divertidas de España, y luego contesta las preguntas.

Las Fallas tienen origen en la celebración de San José, el santo de los carpinteros, y los valencianos conservan esta tradición tan interesante. En tiempos antiguos, los carpinteros celebraban el día de San José y la llegada de la primavera quemando[1] la madera[2] que ya no necesitaban. Hoy en día, durante unos seis meses, varias organizaciones en Valencia construyen unos 350 ninots, grandes estatuas de madera, papier-mâché y cartón. Estas estatuas representan los eventos del año o a personas famosas, generalmente de una forma muy cómica. Cada año escogen un ninot por voto popular y lo ponen en el Museo del Ninot. La Cremá (el 19 de marzo) es la última noche de la celebración, cuando ponen fuegos artificiales dentro de los otros ninots y a la medianoche los queman todos.

Un ninot en Valencia

[1]burning [2]wood

1. ¿Cuándo y por qué quemaban la madera en tiempos antiguos?

2. ¿Qué hacen con los ninots que construyen hoy en día?

3. ¿Te gustaría estar en Valencia la noche del 19 de marzo? ¿Por qué?

21 El mejor ninot

Dibujar • Escribir • Hablar

Con otro(a) estudiante, dibujen un ninot en color. Describan el ninot en tres o cuatro frases y expliquen por qué lo hicieron. Presenten los ninots a la clase y pongan los dibujos en la pared. Voten por el mejor ninot.

Modelo

Nuestro ninot es un jugador de básquetbol. Tiene las manos muy grandes y las piernas muy largas. Usamos los colores de la escuela en su uniforme. Hicimos este ninot porque nuestro equipo de básquetbol ganó todos los partidos el mes pasado.

El español en el mundo del trabajo

En el mercado de decoraciones y ornamentos de los Estados Unidos, los hispanohablantes ocupan un lugar importante. En el pasado se importaban de países hispanohablantes las decoraciones para días festivos pero hoy en día se hacen en los Estados Unidos. Por ejemplo, en Lynn, Massachusetts, se fabrican *(they make)* ornamentos hechos de masa de pan *(dough ornaments)* para la Navidad. En San Antonio, Texas, se hacen *cascarones,* que son las cáscaras de huevos rellenos de confeti *(confetti-filled eggshells).* En la "Fiesta" de abril, las personas rompen los cascarones en las cabezas de sus amigos.

• ¿Se usa en tu comunidad alguna decoración u ornamento en los días festivos? ¿Cómo es? ¿Dónde se fabrica? ¿Es un ornamento que se usa en otro país o región?

Lectura

El seis de enero

Objectives

- Read about los *Reyes Magos*
- Compare different traditional holiday foods
- Write about your favorite celebration
- Watch *En busca de la verdad*, Episodio 4

Estrategia

Using background knowledge
Using your own experience can help you predict the types of information you may find in a reading. Make a list of three types of information you might find in a letter to Santa Claus or some other fictional character. When you have finished the reading, see if what you predicted was mentioned.

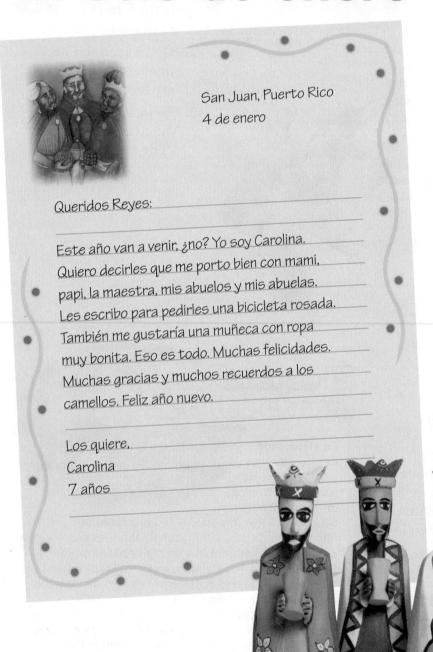

San Juan, Puerto Rico
4 de enero

Queridos Reyes:

Este año van a venir, ¿no? Yo soy Carolina. Quiero decirles que me porto bien con mami, papi, la maestra, mis abuelos y mis abuelas. Les escribo para pedirles una bicicleta rosada. También me gustaría una muñeca con ropa muy bonita. Eso es todo. Muchas felicidades. Muchas gracias y muchos recuerdos a los camellos. Feliz año nuevo.

Los quiere,
Carolina
7 años

Uno de los días más anticipados y felices para los niños del mundo hispano es el seis de enero, el Día de los Reyes Magos. Según la tradición, los tres Reyes Magos: Melchor, Gaspar y Baltasar, vienen montados en sus camellos[1] durante la noche y les traen regalos a todos los niños. La noche del cinco, las familias van al centro de la ciudad para ver un desfile de carrozas[2] con luces y flores y, por supuesto, los Reyes Magos. Después, los niños reúnen hierba o paja[3] para los camellos y la ponen en una caja cerca de sus zapatos. La mañana del seis, los niños se despiertan para ver qué les regalaron los Reyes Magos.

[1]camels [2]carriages [3]straw

Queridos Reyes Magos:

Me llamo José Alejandro y les escribo esta carta con mi mamá para decirles los regalos que quiero para mí y para mi hermanito, Jorge Andrés. Nos portamos bien. Yo saco muy buenas notas en la escuela y hago toda mi tarea. Yo quiero un carrito de control remoto y un videojuego de fútbol para mi computadora. Mi hermanito quiere un juguete o cualquier cosa que ustedes puedan. Gracias, y recuerden llevarles juguetes a los niños pobres y traernos paz y amor.

Los quieren,
José Alejandro y Jorge Andrés
7 y 2 años
Argentina

Niña con un Rey Mago, Madrid, España

Antes del seis de enero, los niños les escriben cartas a los Reyes Magos pidiendo sus regalos. A veces también visitan a los Reyes Magos en los almacenes de las ciudades grandes. Antes era costumbre poner las cartas al lado de los zapatos, pero luego comenzaron a enviarlas por correo postal y hoy en día las envían por correo electrónico.

¿Comprendiste?

1. ¿Por qué es el Día de los Reyes Magos feliz para los niños?

2. ¿Qué hacen los niños antes del seis de enero?

3. ¿Qué hacen los niños el día del seis?

4. En los Estados Unidos, muchos niños creen en Santa Claus. ¿En qué sentido son similares las tradiciones de Santa Claus y de los Reyes Magos? ¿En qué sentido son diferentes?

Y tú, ¿qué dices?

Escribe una carta a los Reyes Magos. Usa una de las cartas escritas por niños del mundo hispano como modelo.

Niños vestidos de Reyes Magos, en la República Dominicana

Más práctica

- **Guided** Reading Support p. 159
- **Communication** Writing p. 87, Test Prep p. 242
- *Real.* **para hispanohablantes** pp. 162–163

realidades.com
- Internet Activity
- Leveled Workbook
- Web Code: jdd-0416

Perspectivas del mundo hispano
El Roscón de Reyes

Es el Día de los Reyes Magos, el seis de enero, y mientras los niños juegan con sus regalos, los mayores preparan la merienda[1] de Reyes para sus amigos y familia. Esta merienda incluye un postre especial que se llama el roscón (o en México, la rosca) de Reyes. Cuando es la hora de comer el roscón, todo el mundo se acerca a la mesa y una persona empieza a cortarlo. Cada persona corta una rebanada[2] del roscón. Todos comen su porción cuando una persona grita, "¡Lo tengo!"

¿Qué es lo que tiene? Pues, dentro del roscón hay un muñequito de plástico. Según la tradición la persona que encuentra el muñequito debe pagar por la cena u otro roscón. Según otra tradición, la persona que encuentra el muñequito es el rey o la reina[3] de la fiesta.

El roscón es dulce, parecido a un pan dulce o a una torta, que se hace y se come sólo una vez al año. Está hecho con harina,[4] huevos, azúcar, mantequilla y frutas confitadas.[5] Como toda comida tradicional, la receta puede variar según la familia o la región. En ciertos países, el roscón se acompaña[6] con una taza de chocolate caliente.

¡Compruébalo! ¿Hay una tradición o celebración de tu familia en la que comen algo especial? ¿Qué es? ¿Cómo se prepara? ¿Hay algo especial que hacen mientras la preparan?

¿Qué te parece? ¿Crees que es importante mantener la tradición de preparar una comida especial? ¿Por qué?

[1]snack [2]slice [3]king or queen [4]flour

[5]candied [6]is accompanied

Un roscón de Reyes

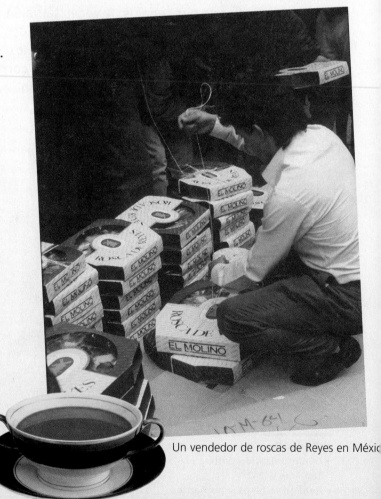

Un vendedor de roscas de Reyes en México

Presentación escrita
Mi celebración favorita

Task

You have an e-mail pal who wants to know about your favorite holiday or celebration. Write an e-mail message describing an event from your childhood.

1 Prewrite Think of an event you used to celebrate and want to write about. Copy the chart below on a sheet of paper. Using the questions on the top of each column as a guide, write words or expressions related to your topic.

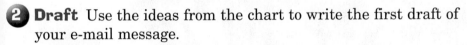

¿Qué hacían?	¿Dónde se reunían?	¿Cómo era?	¿Quiénes estaban?	¿Por qué te gustaba?

2 Draft Use the ideas from the chart to write the first draft of your e-mail message.

> **Modelo**
>
> *Mi celebración favorita era El Día de la Madre. Celebrábamos este día con toda la familia y, claro, con mi mamá. Íbamos a su restaurante favorito, Las Palomas. Siempre le regalábamos algo, como un collar o perfume. Ella siempre lloraba porque estaba muy contenta.*

Estrategia

Using a chart
Thinking through categories and writing down key words and expressions will give you more ideas for writing.

3 Revise Read your e-mail and check for correct spelling and vocabulary use. Be sure that you used the imperfect tense to describe events that used to take place. Share the e-mail with a partner, who should check the following:

• Is the e-mail easy to read and understand?
• Does it provide an interesting description of the event?
• Is there anything you should add?
• Are there any errors?

4 Publish Rewrite the e-mail, making necessary changes or corrections. Make a copy for your teacher or add it to your portfolio.

5 Evaluation Your teacher may give you a rubric for how the e-mail will be graded. You will probably be graded on:

• amount of information you provide
• accuracy in describing events in the past
• variety of vocabulary

En busca de la verdad

Episodio 4

"¡Federico! Pero, ¿dónde estás?"

Antes de ver el video

"Mira, éste es tu abuelo".

Nota cultural El mole es una típica salsa mexicana. Hay muchos tipos de moles, pues en cada región de México se preparan diferentes salsas. Hay algunos moles que se hacen con unos veinte ingredientes distintos . . . ¡y a veces más de veinte! En la Ciudad de México hay una Feria Nacional del Mole todos los años en octubre. Gente de todo el país llega a la capital para participar en esta festividad.

Resumen del episodio

Linda, Roberto y Daniela van a San Miguel de Allende a visitar a Nela. Ella está contenta de conocer a Linda pero no quiere hablar de su esposo Federico. Roberto le pregunta sobre su abuelo y ella le muestra una foto antigua. Esa foto contiene la primera pista para Roberto. Al final del episodio Nela se queda sola frente a la computadora y se lleva una gran sorpresa.

Palabras para comprender

pista hint

¿Será posible? Is it possible?

No te preocupes. Don't worry.

Cuídate mucho. Take care of yourself.

Volveré lo más pronto posible. I will return as soon as possible.

No tardes. Don't be late.

apellido de soltera maiden name

Después de ver el video

¿Comprendiste?

A. Escribe la respuesta correcta.

1. ¿Quiénes viajan en coche a San Miguel de Allende?

2. ¿Con quién habla Linda por el teléfono celular?

3. ¿Adónde invita Julio a Linda?

4. ¿Qué preparó Nela para el almuerzo?

5. ¿Cuáles fueron las últimas palabras del esposo de Nela antes de irse?

B. Contesta las siguientes preguntas.

1. ¿Qué pista obtiene *(obtain)* Roberto en este episodio?

2. ¿Cómo reacciona Roberto cuando Linda habla con Julio por teléfono? ¿Por qué?

3. ¿Por qué Roberto le pregunta a su abuela sobre el apellido de Linda?

4. En 1941, ¿con quién se fue Federico Toledo? ¿Adónde fue?

"Cuando mi esposo y yo llegamos aquí, San Miguel era un pueblo muy pequeño y muy lindo".

"Aquí estamos con la abuela".

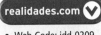
realidades.com

• Web Code: jdd-0209

Repaso del capítulo

Vocabulario y gramática

jdd-0499

Chapter Review

To prepare for the test, check to see if you . . .

- **know the new vocabulary and grammar**
- **can perform the tasks on p. 235**

to talk about manners and customs

abrazar(se)	to hug
besar(se)	to kiss
dar(se) la mano	to shake hands
despedirse *(e → i)*(de)	to say good-bye (to)
los modales	manners
saludar(se)	to greet
sonreír *(e → i)*	to smile

to talk about people

el bebé, la bebé	baby
contar *(o → ue)* (chistes)	to tell (jokes)
llevarse bien / mal	to get along well / badly
llorar	to cry
los mayores	grown-ups
los parientes	relatives
reírse *(e → i)*	to laugh
reunirse *(u → ú)*	to meet

to talk about special events

alrededor de	around
el aniversario	anniversary
casarse (con)	to get married (to)
charlar	to chat
la costumbre	custom
cumplir años	to have a birthday
el desfile	parade
el día festivo	holiday
divertirse *(e → ie)*	to have fun
enorme	enormous
¡Felicidades!	Congratulations!
felicitar	to congratulate
la fiesta de sorpresa	surprise party
los fuegos artificiales	fireworks
hacer un picnic	to have a picnic
nacer	to be born
regalar	to give (a gift)
la reunión, *pl.* las reuniones	gathering

For *Vocabulario adicional,* see pp. 498–499.

to discuss the past

antiguo, -a	old, antique
frecuentemente	frequently
había	while
mientras (que)	no, none, not any
recordar *(o → ue)*	to remember

using the preterite and imperfect to describe a situation

Use the imperfect to describe people, places, and situations:

La casa donde **vivía estaba** al lado de un lago.

Use the imperfect to describe an action or situation with no specific beginning or end:

Había mucha gente en la fiesta de sorpresa.

The imperfect tense is used to tell what someone was doing when something happened:

Mis padres me **felicitaban** cuando **llegó** mi tía.

Mis tíos **se saludaban** cuando **empezaron** los fuegos artifciales.

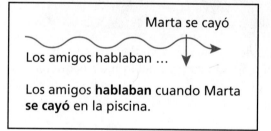

Marta se cayó

Los amigos hablaban …

Los amigos **hablaban** cuando Marta **se cayó** en la piscina.

reciprocal actions

Los estudiantes **se saludaban** todos los días.

Nos veíamos frecuentemente cuando éramos niños.

Se escribían por correo electrónico de vez en cuando.

Más práctica

- ● **Core** Puzzle p. 89, Organizer p. 90
- ● **Communication** Practice Test
  pp. 244–246, Integrated
  Performance Assessment p. 243

realidades.com ✔
- • Tutorial
- • Flashcards
- • Puzzles
- • Self-test

Preparación para el examen

On the exam you will be asked to . . .	Here are practice tasks similar to those you will find on the exam . . .	If you need review . . .

Interpretive

jdd-0499

1 Escuchar Listen and understand as people talk about their childhood memories of family celebrations

To celebrate "Grandparents' Day," your teacher invited Spanish-speakers from the community to talk about their favorite childhood memories. Listen as one of them describes one of their favorite family celebrations. See if you understand: (a) the reason for the gathering; (b) who was there; (c) what people used to do at the celebration.

pp. 212–215 *Vocabulario en contexto*
p. 218 Actividad 8
p. 222 Actividad 13

Interpersonal

2 Hablar Talk about how your family used to celebrate holidays when you were a child

You have been invited to an elementary Spanish classroom to talk to the children about how you used to celebrate holidays when you were their age. What could you say? Try to include: (a) where you used to celebrate most holidays; (b) what you used to do; (c) who got together to celebrate with you.

p. 218 Actividad 8
p. 222 Actividad 14
p. 226 Actividad 19

Interpretive

3 Leer Read and understand a description of activities at a special event

Read part of the notes that Miguel wrote for the wedding reception video he just finished filming for his friend, Mauricio, the groom, and the bride, Luisa. Can you determine who was having a good time and who was not without seeing the video?

Cuando Mauricio besó a Luisa, la madre de Luisa lloraba y el padre de ella sonreía. Los sobrinos pequeños se reían y jugaban con sus juguetes.

p. 219 Actividad 10
p. 227 Actividad 20
pp. 228–229 *Lectura*

Presentational

4 Escribir Write about your last family celebration

A local Spanish-language radio station is asking people to send e-mails or faxes describing their best birthday. You might begin by writing: *Yo recuerdo bien mi cumpleaños de trece años* . . . Describe people who were there, where it was held, and what happened.

p. 226 Actividad 19
p. 231 *Presentación escrita*

Cultures

5 Pensar Demonstrate an understanding of how some Hispanic families celebrate special days and holidays

Describe a holiday, such as *Las Fallas* or *Carnaval,* that is of special interest to you. How is this holiday similar to one that you celebrate in your community?

p. 210 *Fondo cultural*
p. 214–215 *Videohistoria*
p. 220 *Fondo cultural*
p. 226 *Fondo cultural*
p. 227 Actividad 20
p. 230 *Perspectivas del mundo hispano*

Vocabulario `Repaso`

¿Qué tiempo hace?

Hace calor.
Hace frío.
Hace sol.
Hace viento.
Llueve. (llover)*
Nieva. (nevar)*

los cuartos de la casa

el baño	el patio
la cocina	la planta baja
el comedor	el primer piso
el dormitorio	la sala
el garaje	el segundo piso
el jardín, *pl.* los jardines	el sótano
la oficina	

en los cuartos

la alfombra
la cama
la cómoda
las cortinas
el cuadro
el disco compacto
el equipo de sonido
el espejo
el estante
la lámpara
la mesita
la pared
el televisor
el video
la videocasetera

*The verbs *llover* ("to rain") and *nevar* ("to snow") are stem-changing verbs in the present tense. The third-person singular form is the only form used.

1 ¿Cómo son las casas?

Escribir • Hablar

Un estudiante de intercambio va a vivir con tu familia. Te escribe por correo electrónico con algunas preguntas. Contesta las preguntas.

1. ¿Qué tiempo hace ahora allí?

2. En mi dormitorio hay muchos carteles, unos cuadros y fotos, y un espejo en las paredes. ¿Qué tienes tú?

3. Las casas en mi país generalmente son de un piso. ¿Y allí?

4. Tenemos una cocina bastante grande, pero comemos en el comedor. ¿Y Uds.?

5. Mi familia pasa mucho tiempo en la sala. ¿Dónde pasan tiempo Uds.?

2 En mi casa

Dibujar • Escribir • Hablar

1 Dibuja una casa. Incluye en la casa algunas de las cosas de la lista "en los cuartos". Escribe cinco frases que describen la casa. Algunas de las frases deben ser ciertas y otras deben ser falsas.

2 Muestra *(Show)* tu dibujo a otro(a) estudiante y lee tus frases. Tu compañero(a) tiene que decir si las frases son ciertas o falsas y escribir la información correcta para las frases falsas.

Gramática ⟨Repaso⟩

Expressions using *tener*

In many expressions, *tener* is used to express the verb "to be." See how many of these expressions you remember:

tener . . .

. . . años	miedo
calor	prisa
cuidado	razón
frío	sed
hambre	sueño

Tengo sed porque hace mucho calor.

Vamos rápido porque **tenemos prisa**.

The use of *¡Qué . . . !* in exclamations

Qué is used in exclamations of emotion or feeling.

Use *¡Qué . . . !* with adverbs and adjectives to mean "How . . . !"

¡Qué rápido corren ellos!

¡Qué triste!

Use *¡Qué . . . !* with nouns to mean "What (a) . . . !"

No puedo jugar porque me duele el estómago. ¡Qué pena!

No comí ni el desayuno ni el almuerzo. ¡Qué hambre tengo!

---

3 ¿Qué tiene?

Escribir • Hablar

Completa estas frases con una expresión con *tener*.

Modelo

Si dices que la capital de Nicaragua es San José, *no tienes razón*.

1. Si acabo de correr y necesito agua, ___.
2. Si estás buscando tu suéter, ___.
3. Si vas a acostarte, ___.
4. Si no quieren llegar tarde a la escuela, ___.
5. Si comemos cinco tacos, ___.
6. Si hace muchísimo calor en la clase, ___.
7. Si decimos que Bolivia queda al norte de Argentina, ___.
8. Si tu hermanito dice que no le gustan nada las películas de horror, ___.

4 ¡Qué fiesta!

Escribir • Hablar

Estás en una fiesta y observas las siguientes cosas. Da una exclamación para cada una, usando las palabras entre paréntesis.

Modelo

A todos les encantan las decoraciones. (bonito) *¡Qué bonitas son las decoraciones!*

1. Todos comen los sándwiches. (sabroso)
2. Ese chico tiene sólo nueve años, pero ya sabe álgebra. (inteligente)
3. María Teresa baila muy bien. (bailarina)
4. ¿Quieres bailar? (buena idea)
5. El pastel es para 100 personas. (grande)

Más práctica

- **Guided** pp. 161–162
- **Core** pp. 91–92
- ***Real.* para hispanohablantes** p. 170

realidades.com
- Leveled Workbook
- Web Code: jdd-0501

Fondo cultural

El mundo hispano

Zulia Gotay de Anderson nació en Ponce, Puerto Rico, y ahora vive en Port Aransas, Texas. Este cuadro ilustra un cuento de pescadores *(fishermen)* volviendo a casa durante un huracán. Sus esposas tienen miedo porque piensan que los pescadores no van a poder regresar. En 1998, más de diez mil personas murieron *(died)* en el huracán Mitch. Para reducir los efectos devastadores de los huracanes en el futuro, varios grupos trabajan en Honduras y Guatemala para mejorar los métodos de informar a la gente cuando venga *(comes)* otro huracán.

• Cuando hay un desastre en tu comunidad, por ejemplo un incendio *(fire)* o una inundación *(flood)*, ¿ayudan unas personas a otras? ¿Cómo se ayudan?

◄ "The Storm / La tempestad" (2002), Zulia Gotay de Anderson
Oil on masonite, 24 x 30 in.

Ayudando a las víctimas del huracán Mitch en Nicaragua

Chapter Objectives

- Discuss emergencies, crises, rescues, and heroic acts
- Describe past situations and settings
- Describe weather conditions
- Understand cultural perspectives on natural disasters and legends

Video Highlights

Videocultura: *En las noticias*

A primera vista: *En el noticiero*

GramActiva Videos: the imperfect tense: other uses; the preterite of the verbs *oír, leer,* and *creer*

Videomisterio: *En busca de la verdad,* Episodio 5

Country Connection

As you learn about emergencies and disasters, you will make connections to these countries and places:

Colorado
España
México
República Dominicana
Guatemala
Puerto Rico
Nicaragua
Honduras
Costa Rica
Colombia
Ecuador
Chile

Más práctica

- *Real.* para hispanohablantes pp. 170–171

Vocabulario en contexto

jdd-0587

Objectives

Read, listen to, and understand information about
- natural disasters and crisis situations
- emergencies, rescues, and heroic acts

❝ Hoy **hubo** un incendio que **destruyó** unos apartamentos. No sabemos **la causa** del incendio, pero se cree que **comenzó** a causa de **una explosión.** Un vecino **valiente** ayudó a una señora a salir de su apartamento. **Afortunadamente,** no había más gente en el edificio. Llegaron los bomberos y **apagaron** el incendio después de unas horas. En otras noticias . . .

Tele 5

el noticiero

la locutora

el edificio de apartamentos

quemarse

el incendio

los bomberos

la escalera

el humo

Hubo **un terremoto** en el sur de México. Dicen que más de 100 personas **se murieron** en este desastre.

Ayer **el huracán** Gabriel llegó a la costa de Honduras cerca del pueblo de La Ceiba. **Llovió** por 12 horas.

Hubo muchas **inundaciones** en Honduras a causa de **las tormentas** de **lluvia,** pero dicen que todos los habitantes están **vivos.**

En Chile, **nevó** durante tres días y las carreteras están cerradas ❞.

Más vocabulario

a causa de because of
de prisa in a hurry
de repente suddenly

La Prensa

Un héroe local

el artículo

Carlos Arroyo Medina es un héroe según sus vecinos porque le **salvó la vida** a una señora de 82 años. Ayer **ocurrió** un **incendio** en su edificio de apartamentos. El Sr. Arroyo le cuenta a nuestra **reportera** lo que pasó.

"Estaba delante del edificio y vi el **humo**. Pensé inmediatamente en la Sra. Hurtado, que vive en el segundo piso. Tiene 82 años y yo sabía que no podía **escaparse**. Un vecino mío **llamó** por teléfono para pedir ayuda.

Entré corriendo y **subí** la escalera hasta llegar a su apartamento. **Traté de** abrir la puerta pero no pude. **Creí** que la Sra. Hurtado estaba **dormida** o, peor, **muerta**.

Pero ella **se escondía** entre **los muebles** de su apartamento y **gritaba** '¡Socorro!'. De repente pude abrir la puerta y entré en el apartamento.

Bajamos de prisa la escalera y nos **escapamos** del incendio. Lo que hice no fue un acto heroico. Ayudé a mi vecina, nada más. Ella también es **heroína**."

---

1 ¿Quién es?  jdd-0587

Escuchar

Vas a escuchar las noticias. Señala la noticia que se describe en la página 240.

Más práctica

- **Guided** Vocab. Flash Cards pp. 163–170
- **Core** Vocab. Practice pp. 93–94
- **Communication** Writing p. 94
- **Real.** para hispanohablantes p. 172

realidades.com

- Audio Activities
- Leveled Workbook
- Flashcards
- Web Code: jdd-0502

2 El noticiero de San José   jdd-0587

Escuchar

Escucha las noticias y escoge la respuesta correcta.

Noticia 1
1. **a.** muchas personas   2. **a.** una escuela
   b. nadie   **b.** una tienda

Noticia 2
1. **a.** un bombero   2. **a.** un incendio
   b. un policía   **b.** un terremoto

Noticia 3
1. **a.** un incendio   2. **a.** más de 40
   b. un huracán   **b.** más de 50

En el noticiero

¿Qué hay en las noticias cuando Tomás y Raúl ven la televisión?

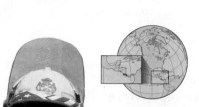

Estrategia

Scanning for key information
News reports provide important facts. Look through the dialogue before reading to find out what event happened and what connection it has with Tomás and Raúl.

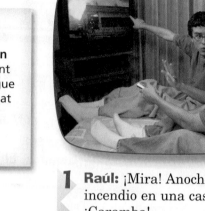

el bombero

Tomás

Raúl

la reportera

1 **Raúl:** ¡Mira! Anoche hubo un incendio en una casa. ¡Caramba!

Tomás: ¿Y ahora qué?

Raúl: ¡Está a dos calles de aquí! ¡Tenemos que ir a verla! Quiero saber qué pasó.

Tomás: ¿Por qué? Yo no quiero salir ahora.

5 **Bombero:** Un vecino vio humo. Vinieron **los paramédicos.** Afortunadamente, los pudimos **rescatar** a todos.

6 **Reportera:** Y ustedes, ¿cómo se llaman?

Raúl: Pues, Raúl Padilla Salazar.

Tomás: Tomás.

Reportera: ¿Viven cerca de aquí?

Raúl: Más o menos.

7 **Reportera:** ¿Oyeron el incendio? ¿O vieron el humo?

Tomás: Pues, estábamos viendo la televisión en casa cuando vimos el noticiero . . .

Reportera: Entonces, ¿no saben nada del incendio?

Raúl: Pues, la verdad, no.

2 **Raúl:** Mira, allí está **la reportera.** Está hablando con un bombero.

Tomás: ¿Qué ocurrió?

Raúl: No sé. Vamos a **investigar.**

3 **Reportera:** ¿A qué hora comenzó el incendio?

Bombero: No estamos seguros. Sobre las dos de la mañana.

Reportera: ¿Cómo comenzó?

Bombero: Pensamos que hubo una explosión. Estamos investigando la causa.

4 **Reportera:** ¿Había personas en la casa?

Bombero: Sí. Una familia de seis personas.

Reportera: ¿Hubo algún **herido?**

Bombero: Afortunadamente, no estaban **heridos.** Pero, **sin duda,** estaban un poco **asustados.**

8 **Reportera:** Esto es todo por ahora. Laura Martínez desde Calle 21 para el canal cinco.

③ **¿Comprendiste?**

Escribir • Hablar

1. ¿Qué ven Tomás y Raúl en la televisión? ¿Qué pasó?

2. ¿Adónde quiere ir Raúl? ¿Quiere ir Tomás también?

3. ¿A quiénes ven Tomás y Raúl cuando llegan a la casa? ¿Qué hacen ellos?

4. ¿A qué hora comenzó el incendio? ¿Qué lo causó?

5. ¿Había gente en la casa? ¿Cómo estaba?

6. ¿Por qué habla la reportera con Tomás y Raúl? ¿Qué le dicen los chicos?

Más práctica

- **Guided** Vocab. Check pp. 171–174
- **Core** Vocab. Practice pp. 95–96
- **Communication** Video pp. 88–90
- *Real.* **para hispanohablantes** p. 173

realidades.com Ⓥ

- Audio Activities
- Video Activities
- Leveled Workbook
- Flashcards
- Web Code: jdd-0503

Vocabulario en uso

4 El incendio

Leer • Escribir

Escribe frases completas para explicar lo que ocurrió ayer en un barrio de la ciudad.

Modelo

 sacó fotos del

El fotógrafo sacó fotos del incendio.

Una señora vio __1.__ y llamó por teléfono a __2.__ . __3.__ investigó

la causa de __4.__ en el apartamento. El incendio destruyó todos __5.__ en el

apartamento. __6.__ llevó al señor que estaba __7.__ a la ambulancia.

__8.__ rescató a una perra del __9.__ . __10.__ valiente subió

__11.__ y apagó __12.__  .

5 Escucha y escribe 🔊 jdd-0588

Escuchar • Escribir • Hablar

Escucha las seis frases de un locutor que da las noticias del incendio que se describe en la Actividad 4. Escribe las frases. Después, con otro(a) estudiante, pongan en orden estas frases siguiendo el orden de la Actividad 4 para contar lo que ocurrió.

6 El artículo de la reportera

Leer • Escribir

Una reportera, Alicia Fernández, habló con el Sr. Osorio. Lee otra vez la información del incendio en las Actividades 4 y 5. Escoge las palabras del recuadro y completa las notas de Alicia en preparación para escribir el artículo para el periódico.

El Sr. Osorio estaba __1.__ en su cama cuando, __2.__, su perra Blanca __3.__ a ladrar (*bark*). El señor salió de su cama muy __4.__ y llamó a los bomberos. __5.__ llegar a la puerta del apartamento pero no pudo.

Afortunadamente el señor y su perra __6.__ y están __7.__. Muchos dicen que Blanca es una verdadera __8.__. __9.__, Blanca ayudó a salvarle __10.__ al Sr. Osorio.

comenzó	heroína	sin duda
de prisa	muertos	trató de
de repente	se escaparon	la vida
dormido	se escondió	vivos

7 Profesiones para nuestros compañeros

Escribir • Hablar

1 Escribe verbos y adjetivos que asocias con estas personas.

Modelo

profesor, -a
ayudar, enseñar, explicar, inteligente, simpático

1. bombero, -a
2. paramédico, -a
3. reportero, -a
4. locutor, -a
5. policía

2 Trabaja con otro(a) estudiante. Habla de las personas en tu escuela que deben tener estas profesiones.

Modelo

A —*¿Quién debe ser profesor(a)?*
B —*Martín Echevarría debe ser profesor de español. Es inteligente y muy simpático. Le gusta ayudar a otras personas. Explica muy bien los verbos y puede enseñar a la clase si es necesario.*

Fondo cultural
Chile

Los bomberos chilenos ¿Sabes que todos los bomberos en Chile son voluntarios? Para ser bombero, uno tiene que llenar una solicitud (*application*) en una estación de bomberos y aprobar (*pass*) un examen físico y mental. Los bomberos no tienen horarios fijos (*fixed*). Van a la estación cuando pueden y todos tienen radios para saber cuándo los necesitan. Sirven durante el día y también durante la "guardia nocturna". Para comprar el equipo necesario, los voluntarios tienen que pagar dinero todos los meses para servir a la comunidad.

• ¿Crees que los voluntarios deben pagar sus propios gastos (*expenses*)? ¿Por qué?

Un bombero voluntario, Chile

8 Antónimos

Leer • Escribir

Lee las frases y complétalas con el antónimo de la palabra señalada. Escoge el antónimo del recuadro y escríbelo en la forma correcta según la frase.

Estrategia

Using antonyms
Learning vocabulary through antonyms, or words of opposite meaning, can be helpful, especially in recalling the meanings of words.

comenzar	muerto
de prisa	se murieron
dormido	subir

1. Sus peces no están *vivos,* están ___.
2. ¿Qué vas a hacer, ___ o *bajar* la escalera?

3. No puede *terminar* el trabajo porque primero tiene que ___ el trabajo.
4. Los gatos no están *despiertos.* Están ___.
5. La señorita no está caminando *lentamente.* Está caminando ___.
6. En el artículo dice que tres personas *nacieron* y tres personas ___ en el hospital ayer.

9 Los desastres naturales

Escribir • Hablar

1 Mira los dibujos de los desastres naturales. Copia la tabla, escribe el nombre de los desastres y completa la información en las otras columnas. Puedes buscar información en la Red o usar tu imaginación.

Un incendio en España, 2000

Desastre	Lugar	Destrucción	Cuándo ocurrió
los incendios forestales	Colorado	árboles, animales, casas	hace dos años

1.  2.  3.  4.

2 Usa la tabla para hablar con otro(a) estudiante sobre los desastres naturales.

Modelo

A — *¿Dónde ocurren frecuentemente los <u>incendios forestales</u>?*
B — *Creo que ocurren en <u>Colorado</u>.*
A — *¿<u>Los incendios forestales</u> destruyen* mucho?*
B — *Sí, desafortunadamente destruyen <u>árboles, animales</u> y a veces <u>casas</u>. <u>Hace dos años</u> hubo <u>incendios forestales grandes</u> en <u>Colorado</u>.*

*In the present tense, *destruir* adds *y* to all forms except *nosotros* and *vosotros*: destruyo, destruyes, destruye, destruimos, destruís, destruyen.

10 **Juego**

Escribir • Hablar • GramActiva

1 Escoge verbos del recuadro u otros verbos y escribe tres series de acciones en orden lógico, diciendo qué ocurrió primero y qué ocurrió después.

apagar	gritar	rescatar
bajar	investigar	salvar
comenzar (a)	ocurrir	subir
escaparse	quemarse	tratar de

2 Trabaja con tres estudiantes. Lee la primera frase de una de las series. Los estudiantes tienen que adivinar *(guess)* lo que pasó después. Si la primera persona adivina lo que pasó, gana cinco puntos. Si no puede, le toca el turno a la segunda persona. Si esta persona adivina correctamente, gana tres puntos. Si la tercera persona adivina correctamente, gana sólo un punto. Si nadie adivina correctamente, la persona que escribió la serie gana cinco puntos.

Estrategia

Sequencing of events
Putting events in a sequence helps others to understand what happened. Common expressions used to order events are *primero, luego,* and *después.*

Modelo

Primero los bomberos subieron la escalera. Luego entraron por la ventana de la casa.

Modelo

A — *Primero los bomberos subieron la escalera. ¿Qué ocurrió luego?*
B — *¿Los bomberos apagaron el incendio?*
A — *No. Lo siento. María, ¿qué ocurrió luego?*
C — *¿Entraron por la ventana?*
A — *Sí. Muy bien. Tres puntos para ti.*

11 **Y tú, ¿qué dices?**

Escribir • Hablar

1. Para ti, ¿quién es un héroe o una heroína? ¿Cómo es esta persona? ¿Qué hace o hizo?

2. Mira un periódico de tu comunidad. ¿Hay información sobre algún incendio o explosión? Descríbelo.

3. ¿Qué tipo de desastres naturales afecta tu comunidad o región? ¿Qué hacen Uds. para protegerse *(protect yourselves)*?

Fondo cultural
El mundo hispano

Los volcanes representan una amenaza *(threat)* para muchas comunidades de América Latina y el Caribe. En el siglo XX, de todas las personas que murieron a causa de erupciones volcánicas, el 76 por ciento murieron en esta región. El Reventador, en el Ecuador, es un volcán muy activo. El 3 de noviembre del 2002, el Reventador entró en erupción, cubriendo *(covering)* la capital ecuatoriana con cenizas *(ashes)*. En 2005, hubo erupciones volcánicas en los siguientes volcanes de la región: Fuego, en Guatemala; Galeras, en Colombia; y Colima, en México.

• ¿Hay volcanes activos o dormidos cerca de tu comunidad? ¿Qué desastres naturales afectan a tu comunidad de la misma manera *(in the same way)* que la explosión del Reventador afectó a la ciudad de Quito? Descríbelos.

Limpiando la ciudad después de la erupción del volcán Reventador en Quito, Ecuador

Gramática

Preterite and imperfect: other uses

Había and *hubo* are forms of *haber* and both mean "there was, there were." *Había* is used to describe a situation that existed in the past, while *hubo* is used to say that an event took place.

> **Había** mucho humo en el apartamento.
>
> **Hubo** un terremoto ayer a las seis de la mañana.

The preterite and imperfect tenses may both be used in a single sentence.

Use the imperfect:
- to tell what day or time it was
  Eran las cinco de la mañana cuando…

- to tell what the weather was like
  Llovía mucho cuando…

- to describe the physical, mental, and emotional states of a person or thing
  Mucha gente **quería** ayudar cuando…

Use the preterite:
- when something happened
  …**empezó** a llover.

- for actions completed in the past
  …**salimos** de la fiesta.

- to talk about an event
  …el incendio **destruyó** la casa.

These verbs are often used in the imperfect to describe states of being:

estar (triste, contento, cansado)	pensar
parecer (cansado, mal)	querer
sentirse (bien, enfermo)	saber
tener (calor, frío, hambre, sed, sueño)	

¿Recuerdas?

You already know how to use the imperfect tense together with the preterite to describe a situation that existed when something else happened.

- Nadie **estaba** en la casa cuando los bomberos **entraron**.

GramActiva VIDEO

Want more help with other uses of the imperfect tense? Watch the **GramActiva** video.

Ayer, llovía

12 ¿Qué hora era?

Hablar

¿Qué hora era cuando estas condiciones ocurrieron?

También se dice . . .

el terremoto = el sismo (muchos países)

4:00 P.M.

Modelo
A —¿Qué hora era cuando comenzó la tormenta de nieve?
B —Eran las cuatro de la tarde cuando comenzó.

6:00 P.M.

1.

4:30 P.M.

2.

2:15 P.M.

3.

1:00 P.M.

4.

7:45 P.M.

5.

10:50 P.M.

6.

sus primos, Anita y Pepe

¡FELIZ CUMPLEAÑOS!

6:30

sus tíos

Isabel

su papá

su mamá

su hermana, Alejandra

su abuela

su primo, Federico

13 El cumpleaños desastroso

Observar · Hablar · Escribir

Los padres de Isabel planearon una fiesta de sorpresa para su cumpleaños, pero ella llegó tarde. Con otro(a) estudiante, describan la situación usando el imperfecto de las expresiones del recuadro.

estar dormido	pensar que
estar furioso	querer salir
haber	tener hambre
ir a	tener sed
llegar	tener sueño
llover	**¡Respuesta personal!**
parecer cansado	

Modelo

Era el cumpleaños de Isabel. Cuando ella llegó a casa, sus parientes ya estaban allí.

14 Y tú, ¿qué dices?

Escribir · Hablar

1. ¿Qué hora era cuando te despertaste hoy? ¿Tenías mucho sueño cuando te levantaste?

2. ¿Qué tiempo hacía cuando saliste de casa? ¿Alguien estaba todavía en tu casa cuando saliste?

3. ¿Qué hora era cuando llegaste a la escuela? ¿Ya había muchos estudiantes en la escuela?

4. ¿Cómo estabas cuando comenzaste a estudiar o a trabajar en tu primera clase?

Más práctica

- **Guided** Gram. Practice pp. 175–177
- **Core** Gram. Practice p. 97
- **Communication** Writing p. 95
- *Real.* **para hispanohablantes** pp. 174–177, 180

realidades.com

- Audio Activities
- Video Activities
- Speak & Record
- Tutorial
- Leveled Workbook
- Web Code: jdd-0504

Gramática

The preterite of the verbs *oír, leer, creer* and *destruir*

In the preterite forms of *oír*, the *i* changes to *y* in the *Ud./él/ella* and *Uds./ellos/ellas* forms. There is also an accent mark over the *i* in all other forms. Here are the present and preterite forms of *oír*:

Present tense		Preterite tense	
oigo	oímos	oí	oímos
oyes	oís	oíste	oísteis
oye	oyen	oyó	oyeron

Creer and *leer* follow the same pattern in the preterite.

creer		leer	
creí	creímos	leí	leímos
creíste	creísteis	leíste	leísteis
creyó	creyeron	leyó	leyeron

—¿**Leíste** el artículo sobre el incendio en el periódico?

—No, **oí** el noticiero en la televisión.

¿Recuerdas?

You know the expression ¡*Oye!* ("Hey!"), which is used to get someone's attention. *Oye* is the affirmative *tú* command form of *oír*. It is formed from the present-tense *Ud. / él / ella* form of the verb.

- *Destruir* is conjugated like *oír, creer,* and *leer* in the preterite except that the *tú, nosotros,* and *vosotros* forms do not have accent marks.

    ¿**Destruiste** la carta que le mandó Raúl?

    El incendio **destruyó** todos los muebles de la casa.

GramActiva VIDEO

Want more help with the preterite of *oír, leer,* and *creer?* Watch the **GramActiva** video.

Oí algo.

---

15 Escucha y escribe jdd-0588

Escuchar · Escribir

1 En una hoja de papel, escribe los números del 1 al 4. Vas a oír una conversación sobre un desastre. Mientras la escuchas, escribe las frases.

2 Usa la conversación que escribiste en el Paso 1 y contesta las siguientes preguntas con frases completas.

1. ¿Dónde ocurrió la explosión? ¿Qué destruyó?

2. ¿Quién oyó de la explosión en la radio?

3. ¿Pablo leyó sobre la explosión en la Red o en el periódico?

4. ¿Los dos jóvenes creyeron la noticia fácilmente?

16 ¿Lo oíste?

Leer • Escribir

La Reina Sofía de España visitó Nicaragua
después del huracán. Para saber lo que José
y Marcos dicen sobre el evento, completa la
conversación con la forma apropiada del
verbo *oír*.

José: Hoy __1.__ a la locutora del canal 5 decir
que la Reina Sofía era muy simpática
cuando visitó.

Marcos: Julieta, Liliana y yo también __2.__ lo
mismo.

José: Recuerdo la visita muy bien. Yo __3.__ a
muchas personas gritar: "¡Bienvenida!"
Mamá y papá estaban con mi tío Juan y
__4.__ a la reina decir cosas simpáticas.

Marcos: Mi tía Rocío __5.__ al presidente cuando le
dijo a la Reina que el pueblo
nicaragüense la saludaba.

José: Pero, ¿ __6.__ tú lo que dijo mi hermanito?

Marcos: Sí, __7.__ a tu hermanito cuando dijo que
quería mucho a la Reina Sofía. ¡Qué
gracioso tu hermanito!

La Reina Sofía de España en Nicaragua después del huracán
Mitch. Es una de las muchas oportunidades que tiene España
para mantener un fuerte lazo de unión con las Américas.

17 ¿Qué leíste recientemente?

Escribir • Hablar

Habla con los estudiantes en tu clase sobre lo
que leyeron recientemente.

1 En una hoja de papel, copia la tabla. En la
primera línea, escribe lo que leíste tú,
cuándo y cómo era.

2 Trabaja con tres estudiantes. Pregúntale a
un(a) estudiante sobre lo que leyó. Este(a)
estudiante contesta y los otros también
deben decir lo que leyeron. Deben escribir
toda la información en la tabla.

3 Cada estudiante debe usar la información
en la tabla para escribir cinco frases sobre
lo que leyeron los miembros del grupo y
cómo eran las cosas que leyeron.

Persona	Lo que leyó	Cuándo	Descripción
yo	una revista sobre la moda	la semana pasada	fantástica

Modelo

A —*Elena, ¿qué leíste tú?*

B —*Leí una revista sobre la moda la
semana pasada. Era fantástica.*

18 El terremoto en Popayán

Leer · Escribir

Completa la descripción de lo que ocurrió en 1983 en Popayán, Colombia, usando las formas apropiadas del pretérito o del imperfecto.

__1.__ *(Ser)* un día de primavera muy bonito en Popayán. __2.__ *(Haber)* muchísimas personas en la ciudad porque __3.__ *(ser)* Semana Santa.[1] Todos __4.__ *(estar)* muy alegres. De repente, __5.__ *(haber)* un terremoto de una magnitud de 5.5 en la Escala Richter que __6.__ *(sacudir)*[2] la ciudad entera.[3] El terremoto __7.__ *(destruir)* el centro histórico de Popayán, donde __8.__ *(haber)* muchos edificios, iglesias y casas de arquitectura colonial. Muchas personas __9.__ *(tratar de)* salir del centro pero no __10.__ *(escaparse)*. Después __11.__ *(haber)* tres incendios a causa del terremoto y una gran parte de la ciudad __12.__ *(quemarse)*. Finalmente, los oficiales de la ciudad __13.__ *(tener)* que ordenar la evacuación de muchas familias. Por lo menos 120 personas se murieron en el desastre y __14.__ *(haber)* más de 1,000 personas heridas.

[1] Holy Week, the week between Palm Sunday and Easter   [2] to shake   [3] whole

Daños en Colombia:
Terremoto Grado 7 en Popayán

Una catedral destruida por el terremoto en Popayán, Colombia

19 Un desastre natural

Hablar

Con otro(a) estudiante, mira el cuadro de Botero, la foto de Popayán y la descripción del terremoto en la Actividad 18. Hablen de lo que ocurrió en Popayán y cómo la descripción, la foto y el cuadro enseñan la historia.

Modelo

En la descripción aprendemos que antes del terremoto había muchas personas en la ciudad . . . . En la foto vemos que el terremoto destruyó . . . . En el cuadro de Botero, vemos que eran las tres cuando . . . .

El pintor colombiano Fernando Botero pintó este cuadro, *"Terremoto en Popayán"*, en 1999, 16 años después del terremoto.

Oil on canvas, 173 x 112 c. Museo Botero, Banco de la República de Colombia. Marlborough Gallery.

20 **En caso de un incendio . . .**

Leer · Hablar

Un hotel de México da información a las personas que pasan tiempo con ellos sobre cómo sobrevivir (*survive*) un incendio que puede ocurrir en el hotel. Lee la información y contesta las preguntas con otro(a) estudiante.

CÓMO SOBREVIVIR UN INCENDIO EN EL HOTEL

Cuando entre en el hotel, Ud. debe . . .

- **encontrar las salidas** del hotel.
- **buscar las salidas** y escaleras para incendios en el piso donde está su cuarto.
- **mirar las ventanas** de su cuarto. ¿Se abren? ¿Es posible escaparse por la ventana?

Si el incendio comienza en su cuarto, Ud. debe . . .

- **llamar** inmediatamente a la operadora de teléfono.
- **tratar de apagarlo.** Si no lo puede hacer, debe salir de su cuarto, cerrar la puerta y sonar[1] la alarma.

Si Ud. está en su cuarto y oye la alarma, debe . . .

- **tocar**[2] **la puerta** de su cuarto. Si no está caliente,[3] la puede abrir muy despacio, salir y cerrar la puerta. Si la puerta está caliente, no debe abrirla. Si es posible, debe salir por la ventana.

- **caminar a la salida** que está más cerca. Si hay mucho humo, debe gatear[4] por el corredor.[5] Si el humo está denso en los pisos de abajo, debe subir a un piso más alto o al techo.[6] Es importante recordar que NUNCA se debe usar el elevador cuando hay un incendio.

Ud. debe recordar que muy pocas personas se queman en los incendios. La mayoría[7] de los problemas ocurren a causa del humo y del pánico. El pánico es usualmente el resultado de no saber qué hacer.

[1]sound   [2]touch   [3]hot   [4]crawl   [5]hallway   [6]roof   [7]majority

1. ¿Qué debes hacer primero cuando entras en el hotel?
2. ¿Debes usar el elevador o las escaleras en caso de un incendio?
3. ¿Cuáles son las cosas más importantes que debes hacer si hay un incendio en tu cuarto?
4. ¿Qué debes hacer si estás en tu cuarto y oyes la alarma?
5. ¿Cuándo es importante gatear por el corredor o por el cuarto?
6. ¿Cuáles son las causas de la mayoría de las muertes en un incendio?

21 **Y tú, ¿qué dices?**

Escribir · Hablar

¿Oíste o leíste algo recientemente sobre un incendio, una explosión o un desastre natural? Escribe un párrafo para describirlo.

- ¿Cómo lo oíste o leíste?
- ¿Qué día / hora era cuando ocurrió / comenzó?
- ¿Dónde estabas tú cuándo ocurrió?
- ¿Había personas allí cuando ocurrió?
- ¿Destruyó muchos edificios y otras cosas?
- ¿Alguien trató de ayudar en la situación?

Accent marks to separate diphthongs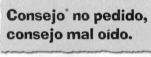

jdd-0588

Remember that a single syllable called a diphthong occurs when *i* or *u* appear together or in combination with *a, e,* or *o.* Listen to and say these words:

| causa | valiente | oigo |
| destruir | muerto | hacia |

We use a written accent when the vowels that form what would otherwise be a diphthong need to be pronounced separately. Listen to and say these words:

| oí | leíste | creímos |
| sabía | país | envío |

Refrán

Explica lo que quiere decir este refrán.

Consejo* no pedido, consejo mal oído.

*advice

22 Las tempestades

Pensar · Leer · Escribir · Hablar

Conexiones La geografía

Hay tempestades[1] violentas de lluvia y vientos fuertes en varias regiones del mundo. Estas tempestades salen de un sistema de baja presión que se encuentra encima de aguas tropicales donde hay una tempestad y vientos fuertes en forma de torbellino.[2] Las tempestades con vientos de más de 39 millas por hora se llaman tormentas tropicales. Cuando los vientos superan[3] 74 millas por hora, se llaman huracán, tifón o ciclón, según la región geográfica.

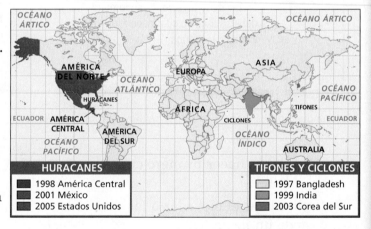

| HURACANES |
| 1998 América Central |
| 2001 México |
| 2005 Estados Unidos |

| TIFONES Y CICLONES |
| 1997 Bangladesh |
| 1999 India |
| 2003 Corea del Sur |

[1]storms [2]whirlwind [3]exceed

1. ¿En qué parte del mundo hay huracanes? ¿Dónde hay tifones y ciclones? ¿Qué tienen en común estas regiones?

2. ¿En qué región geográfica ocurren los huracanes en los Estados Unidos? ¿Qué estados son afectados? Compara su posición geográfica con la de las tempestades en el mapa.

23 Un bombero valiente

Observar · Hablar · Escribir

Mira la serie de dibujos. Trabaja con otro(a) estudiante para hablar de esta situación.

1 Primero hagan una lista de todas las partes del cuento que van a escribir usando el imperfecto. Luego hagan una lista de las acciones que van a escribir usando el pretérito.

imperfecto	pretérito
el gatito estaba en el árbol	los bomberos llegaron en su camión

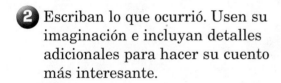

2 Escriban lo que ocurrió. Usen su imaginación e incluyan detalles adicionales para hacer su cuento más interesante.

Más práctica

- **Guided** Gram. Practice p. 178
- **Core** Gram. Practice pp. 98–99
- **Communication** Writing p. 96, Test Prep p. 247
- *Real.* para hispanohablantes pp. 178–179, 181

realidades.com ✔
- Audio Activities
- Video Activities
- Speak & Record
- Canción de hip hop
- Animated Verbs
- Leveled Workbook
- Web Code: jdd-0505

El español en la comunidad

Hay muchas oportunidades para ayudar a los demás en tu comunidad o en otros países. El grupo *Virtual Explorers* publica historias de "héroes" jóvenes en los Estados Unidos. Lisa es una heroína que quería ayudar a las víctimas del huracán Mitch. Vendió su colección de juguetes valiosos *(valuable)* en una subasta *(auction)* y ganó miles de dólares que luego donó *(donated)* a la ayuda humanitaria *(relief effort)* para el huracán.

- ¿Conoces a alguien que haya ayudado *(has helped)* en un esfuerzo humanitario? ¿Hay oportunidades en tu comunidad para ayudar a personas después de algún desastre?

Lectura

Objectives

- Read about an earthquake in Chile
- Understand legends
- Interview a classmate about a disaster
- Watch *En busca de la verdad*, Episodio 5

Estrategia

Using prior knowledge
Think about articles you've read about earthquakes and natural disasters. Make a list of four pieces of information you might find. After you've read the article below, refer to your list to see if the information was there.

Después del terremoto, Valdivia, Chile

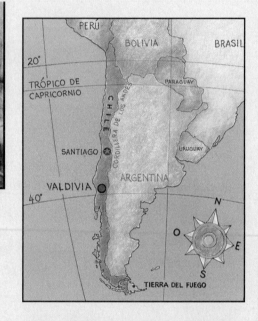

Desastre en Valdivia, Chile

Tres desastres:
Dos terremotos y después un tsunami

VALDIVIA, Chile A las seis y dos minutos de la mañana, el 21 de mayo de 1960, una gran parte del país sintió el primer terremoto. El próximo día, el 22 de mayo a las tres y diez de la tarde, otro terremoto más intenso, con epicentro cerca de la ciudad de Valdivia, ocurrió. El segundo y más famoso de los terremotos registró un récord de 9.5 en la Escala Richter. Simplemente fue el terremoto de más intensidad jamás[1] registrado.

- Aproximadamente 2,000 personas murieron (de 4,000 a 5,000 en toda la región); 3,000 resultaron heridas y 2,000,000 perdieron[2] sus hogares.[3]

- Los ríos cambiaron[4] su curso. Nuevos lagos nacieron. Las montañas se movieron. La geografía cambió visiblemente.

LA ESCALA RICHTER	
Representa la energía sísmica liberada en cada terremoto y se basa en el registro sismográfico.	
MAGNITUD EN LA ESCALA RICHTER	EFECTOS DEL TERREMOTO
Menos de 3.5	Generalmente no se siente, pero es registrado.
3.5–5.4	A menudo se siente, pero sólo causa daños[5] menores.
5.5–6.0	Ocasiona daños a edificios.
6.1–6.9	Puede ocasionar daños graves en áreas donde vive mucha gente.
7.0–7.9	Terremoto mayor. Causa graves daños.
8 o mayor	Gran terremoto. Destrucción total de comunidades cercanas.

[1]ever   [2]lost   [3]homes   [4]changed   [5]damages

Revisando los daños, Valdivia, Chile

Unos minutos después del desastroso terremoto, llegó un tsunami que destruyó lo poco que quedaba en la ciudad y en las pequeñas comunidades. La gran ola[6] de agua se levantó destruyendo a su paso casas, animales, puentes, botes y, por supuesto, muchas vidas humanas. Algunos barcos fueron a quedar a kilómetros del mar, río arriba. Como consecuencia del sismo, se originaron tsunamis que llegaron a las costas del Japón, Hawai, las Islas Filipinas y la costa oeste de los Estados Unidos.

EL TSUNAMI

Un tsunami es una ola o serie de olas de agua producida después de ser empujada[7] violentamente. Los terremotos pueden causar tsunamis. Estos tsunamis ocurren de 10 a 20 minutos después del terremoto. El 26 de diciembre de 2004, un terremoto de magnitud 9.0, en Sumatra, causó un tsunami en Indonesia y Tailandia. La destrucción fue terrible. Hubo más de 250,000 víctimas.

¿Qué debes hacer durante un terremoto?

Dentro de un edificio

- Mantener la calma y calmar a los demás
- Mantenerse lejos de ventanas, cristales, cuadros, chimeneas y objetos que puedan caerse[8]
- Protegerse[9] debajo de los dinteles de las puertas[10] o de algún mueble sólido, como mesas, escritorios o camas; cualquier protección es mejor que ninguna
- No utilizar los elevadores

Fuera de un edificio

- Mantenerse lejos de los edificios altos, postes de energía eléctrica y otros objetos que puedan derrumbarse[11]
- Ir a un lugar abierto

En un coche

- Parar el coche y quedarse dentro del vehículo, lejos de puentes, postes de energía eléctrica y edificios dañados o zonas de desprendimientos[12]

[6]wave   [7]pushed   [8]fall   [9]Protect yourself   [10]door jams   [11]collapse   [12]landslides

¿Comprendiste?

1. Pon en orden de ocurrencia los tres desastres que sufrió Valdivia, Chile.

2. ¿Qué importancia tiene el segundo terremoto en los estudios sismográficos?

3. Si se registra un terremoto de 6.5 en la Escala Richter, ¿qué daños van a ocurrir?

4. ¿Cuál es una causa de los tsunamis?

5. ¿Qué debes hacer si ocurre un terremoto y estás en un coche?

Más práctica

- **Guided** Reading Support p. 179
- **Communication** Writing p. 97, Test Prep p. 248
- *Real.* **para hispanohablantes** pp. 182–183

realidades.com
- Internet Activity
- Leveled Workbook
- Web Code: jdd-0506

Fondo cultural

Chile

En caso de terremoto En Chile hay un Plan Integral de Seguridad Escolar para responder ante emergencias como terremotos, incendios, inundaciones o accidentes. Este plan nacional se aplica a todas las escuelas del país. Cada escuela tiene que crear un plan que incluye a los profesores, estudiantes y trabajadores del colegio. También debe incorporar a personal especializado en emergencias como los bomberos, la Guardia Civil y la Cruz Roja. La Oficina Nacional de Emergencias quiere establecer en cada escuela una cultura de seguridad *(safety)* y prevención.

- Piensa en tu escuela. ¿Hay un plan para emergencias? ¿Qué hacen en caso de incendios, huracanes o tornados?

La cultura en vivo
Las leyendas

Las leyendas muchas veces personifican a los fenómenos naturales o tratan de resolver misterios de fenómenos naturales. De tal manera hay muchos volcanes en México, América Central y América del Sur que llevan nombres y características humanas. Los habitantes que vivían a su alrededor contaban leyendas para explicar el origen de estos volcanes y la relación que éstos tenían con el pueblo[1].

En Chile, el volcán Parinacota lanza humo cuando trata de comunicarse con Pomerape. Según la leyenda, los novios volcanes lloran y hablan con fuego y ceniza.

También hay leyendas universales que se cuentan en muchos lugares del mundo. Por ejemplo, en México hay una famosa leyenda sobre los volcanes Popocatépetl e Iztaccíhuatl que dice que eran dos enamorados, pero su amor fue prohibido. La misma leyenda también existe en Chile sobre los volcanes Parinacota y Pomerape. Según la leyenda había un príncipe y una princesa de diferentes tribus y se enamoraron. Pero su matrimonio fue prohibido y para evitar su unión, los dos tribus mataron a los novios. Esto entristeció[2] a la Naturaleza[3] que, como castigo[4], causó una inundación que destruyó a los dos pueblos. De la inundación se formaron dos lagos, el Chungará y el Cota-Cotani. Los dos novios fueron transformados en dos hermosos volcanes cercanos, Parinacota y Pomerape. Así, siempre están juntos.

¡Compruébalo! Escoge algún lugar cerca de tu comunidad como una montaña, un lago o una formación de rocas. Escribe un cuento que explica el origen de este lugar.

[1]people, village   [2]saddened   [3]Nature   [4]punishment

Presentación oral
Y ahora, un reportaje especial . . .

Task
You are the anchor for a local television station and you are preparing a special report about a fire that occurred in your town. Your partner is a reporter who is at the scene of the disaster. You will interview him or her about what happened.

1 Prepare You will role-play this conversation with a partner. Be sure to prepare for both roles. Here's how to prepare:

Locutor(a): Make a list of questions to ask the reporter. Think of questions like "who," "what," "when," "where," and "why." You might also ask how many people were injured or died.

Reportero(a): Be prepared to report on the fire. Think of the information you'll want to provide based on the news anchor's questions.

2 Practice Work in groups of four in which there are two reporters and two news anchors. Work together to practice different questions and different responses. Here's how you might start the report:

Locutor(a): *Buenos días, Juan. ¿Qué pasó?*

Reportero(a): *Hubo un incendio muy grande en un edificio de apartamentos. Cinco personas se murieron y había más de diez heridos.*

Continue the conversation using your notes. Be sure to speak clearly and make your interview sound as natural as possible.

3 Present You will be paired with another student, and your teacher will tell you which role to play. The news anchor begins the conversation. Listen to your partner's questions or responses and keep the report going.

4 Evaluation Your teacher may give you a rubric for how the presentation will be graded. You will probably be graded on:

- how well you complete the task
- how well you were understood
- your ability to keep the conversation going

Estrategia

Speaking from notes
When doing an interview or reporting back as a news reporter, it is important to have thought through important questions or have notes to provide accurate answers.

realidades.com

- Speak & Record

El Parque de Bombas de Ponce, en Puerto Rico, es un edificio famoso que era la estación de bomberos y ahora es un museo que celebra los actos heroicos de los bomberos.

En busca de la verdad

Episodio 5

Antes de ver el video

"Según la leyenda del Callejón del Beso, ella vivía en una casa con balcón que estaba tan cerca que podían besarse".

"¡Amigo, qué coincidencia!"

Nota cultural

Este callejón es famoso por ser tan estrecho que una persona, asomada a la ventana de un lado, puede tocar con la mano la pared de enfrente. También es famoso por la leyenda de una bella señorita que se enamoró de un joven. Al padre de ella no le gustó nada y prohibió que su hija lo viera. Pero ella no lo obedeció y siguió viendo al joven. Un día el padre los vio besándose, el joven desde la ventana de un lado y su hija desde la otra. Se puso furioso y mató a su hija con una daga *(dagger)*. El joven le dio a su enamorada el último beso en la mano, cada vez más fría. Por eso se llama El Callejón del Beso.

Resumen del episodio

Julio invita a Linda a comer. Luego llega Roberto y los tres van a pasear por Guanajuato. Van al Callejón del Beso. Al día siguiente, Roberto empieza a seguir la pista que tiene.

Palabras para comprender

amable kind

un poco antes a little earlier

dar una vuelta take a tour

la crema de elote corn soup

el pozole thick soup made with corn, meat, and vegetables

las enchiladas mineras enchiladas unique to Guanajuato, made with cheese and onion

las flautas de pollo fried tortilla dish

averiguar find out about

Después de ver el video

¿Comprendiste?

A. ¿Quién dijo cada una de las siguientes frases?
(Carmen/Julio/Linda/Roberto)

1. "Pues, en la Plaza San Fernando hay un buen café, la Oreja de Van Gogh".

2. "Oye, te gustaría dar una vuelta por Guanajuato?"

3. "Quiero descansar hoy. Tengo que hacer varias llamadas".

4. "Ay, no sé qué pedir. Todo parece delicioso".

5. "La comida aquí es muy buena. Aquí están los platos del día".

6. "Mejor . . . así tengo dos guías".

7. "¿Por qué no vamos al Callejón del Beso?"

B. Trabaja con otro(a) estudiante para escribir la conversación entre Linda y Julio. Luego presenten su conversación a la clase.

realidades.com

• Web Code: jdd-0209

Repaso del capítulo

Vocabulario y gramática

jdd-0589

Chapter Review

To prepare for the test, check to see if you . . .
- **know the new vocabulary and grammar**
- **can perform the tasks on p. 263**

to talk about natural disasters and weather extremes

el huracán, *pl.* los huracanes	hurricane
la inundación, *pl.* las inundaciones	flood
llover (*o →ue*)	to rain
la lluvia	rain
nevar (*e →ie*)	to snow
el terremoto	earthquake
la tormenta	storm

to discuss the news

el artículo	article
investigar	to investigate
el locutor, la locutora	announcer
el noticiero	newscast
ocurrir	to occur
el reportero, la reportera	reporter
tratar de	to try to

to talk about fires

apagar	to put out (fire)
bajar	to go down
el bombero, la bombera	firefighter
comenzar (*e →ie*)	to start
destruir (*i →y*)	to destroy
dormido, -a	asleep
el edificio de apartamentos	apartment building
la escalera	ladder
escaparse	to escape
esconder(se)	to hide (oneself)
la explosión, *pl.* las explosiones	explosion
el humo	smoke
el incendio	fire
los muebles	furniture
muerto, -a	dead
el paramédico, la paramédica	paramedic
quemar(se)	to burn (oneself), to burn up
se murieron	they died
subir	to go up

to discuss rescues

herido, -a	injured
el herido, la herida	injured person
el héroe	hero
la heroína	heroine
rescatar	to rescue
salvar	to save
valiente	brave
la vida	life
vivo, -a	living, alive

to tell a story

a causa de	because of
afortunadamente	fortunately
asustado, -a	frightened
la causa	cause
de prisa	in a hurry
de repente	suddenly
gritar	to scream
hubo	there was
llamar (por teléfono)	to call (on the phone)
oír	to hear
sin duda	without a doubt
¡Socorro!	Help!

present of *oír*

oigo	oímos
oyes	oís
oye	oyen

preterite of *oír*

oí	oímos
oíste	oísteis
oyó	oyeron

preterite of *creer*

creí	creímos
creíste	creísteis
creyó	creyeron

preterite of *leer*

leí	leímos
leíste	leísteis
leyó	leyeron

preterite of *destruir*

destruí	destruimos
destruiste	destruisteis
destruyó	destruyeron

For *Vocabulario adicional,* see pp. 498–499.

Más práctica

- **Core** Puzzle p. 100, Organizer p. 101
- **Communication** Integrated
  Performance Assessment p. 249

realidades.com ⌄

- Tutorial
- Flashcards
- Puzzles
- Self-test
- Web Code: jdd-0508

Preparación para el examen

On the exam you will be asked to . . .	Here are practice tasks similar to those you will find on the exam . . .	If you need review . . .

Interpretive

jdd-0589

1 Escuchar Listen and understand as someone talks about her experience during a tragic event

Listen as a talk-show host interviews a young woman who recently escaped from a dangerous situation. See if you can understand: (a) what happened; (b) what time it was; (c) what she was doing at the time; and (d) who she considered to be the hero of the day.

pp. 240–243 *Vocabulario en contexto*
p. 244 Actividad 5
p. 250 Actividad 15

Interpersonal

2 Hablar Talk about and describe how things were during certain times of the day

As part of your school's community service project, you visit an elderly man in an assisted living center. He is from Mexico and speaks little English, but he enjoys hearing about your day. Tell him what the weather was like when you woke up, how you were feeling, and what time it was when you left for school.

p. 248 Actividad 12
p. 249 Actividades 13–14

Interpretive

3 Leer Read and understand newspaper headlines

Even though you may not be able to understand an entire newspaper article in Spanish, you can get the idea by reading headlines. Read the following headline and see if you can determine if it refers to: (a) a fire; (b) a flood; or (c) an explosion.

Los bomberos salvaron a 200 personas anoche; más de 100 casas dañadas por el agua.

p. 241 *Vocabulario en contexto*
p. 244 Actividad 4
p. 245 Actividad 6
p. 252 Actividad 18
pp. 256–257 *Lectura*

Presentational

4 Escribir Write about a "disaster movie"

Write a few sentences about your favorite or least favorite "disaster movie." Be sure to mention what type of disaster it was, where it took place, what people were doing before the disaster struck, and any other details that would help your classmates guess which movie it was.

p. 246 Actividad 9
p. 247 Actividad 11
p. 250 Actividad 15
p. 253 Actividad 21

Cultures

5 Pensar Demonstrate an understanding of volcano names and legends that are related to them

Your friend is going sight-seeing in Chile. While there, she is going to visit the Parinacota and Pomerape volcanoes. What can you tell her about the legend behind these volcanoes? Do you know any legends about places in your community?

p. 258 *La cultura en vivo*

Fondo cultural

México

"La medicina antigua y la moderna (1953)", Diego Rivera

Fresco, approx. 7.4 x 10.8 m. Hospital de la Raza, Mexico City, D.F., Mexico. Photo: Art Resource, NY. © 2009
Banco de México Diego Rivera & Frida Kahlo Museums Trust, México, D.F./Artists Rights Society (ARS).

Diego Rivera (1886–1957) fue uno de los mejores artistas del siglo XX. Nació en Guanajuato, México, y cuando era niño se mudó *(he moved)* con su familia a la Ciudad de México. Rivera pintó muchos murales de temas sociales. Este mural representa el estado de los servicios médicos de México en esa época. Nota las expresiones de las caras de las personas esperando al médico.

• ¿Qué piensas de las expresiones de las personas en este mural? ¿Por qué crees que tienen esas expresiones?

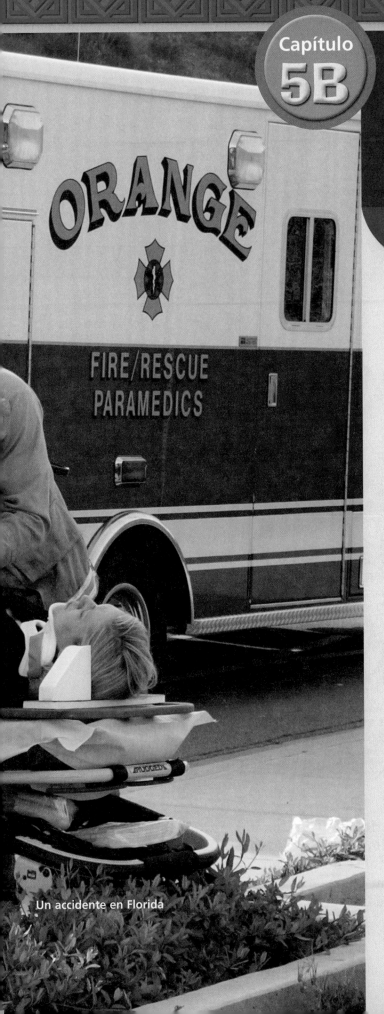

Un accidente en Florida

Capítulo 5B

Un accidente

Chapter Objectives

- Describe an accident scene
- Talk about injuries and treatments
- Talk about what you were doing when an accident occurred
- Understand cultural perspectives on health

Video Highlights

Videocultura: *En las noticias*

A primera vista: *¡El pobrecito soy yo!*

GramActiva Videos: irregular preterites: *venir, poner, decir,* and *traer;* imperfect progressive and preterite

Videomisterio: *En busca de la verdad,* Episodio 6

Country Connection

As you learn to talk about accidents and injuries, you will make connections to these countries and places:

España
Connecticut
Washington, D.C.
Kansas
Florida
México
Nicaragua
Costa Rica
Ecuador
Colombia
Bolivia
República Dominicana
Chile
Argentina

Más práctica

- *Real.* para hispanohablantes pp. 190–191

realidades.com ✔
- Leveled Workbook
- Web Code: jde-0002

Vocabulario en contexto

jdd-0597

Objectives

Read, listen to, and understand information about
- parts of the body
- accidents
- what happens in an emergency room

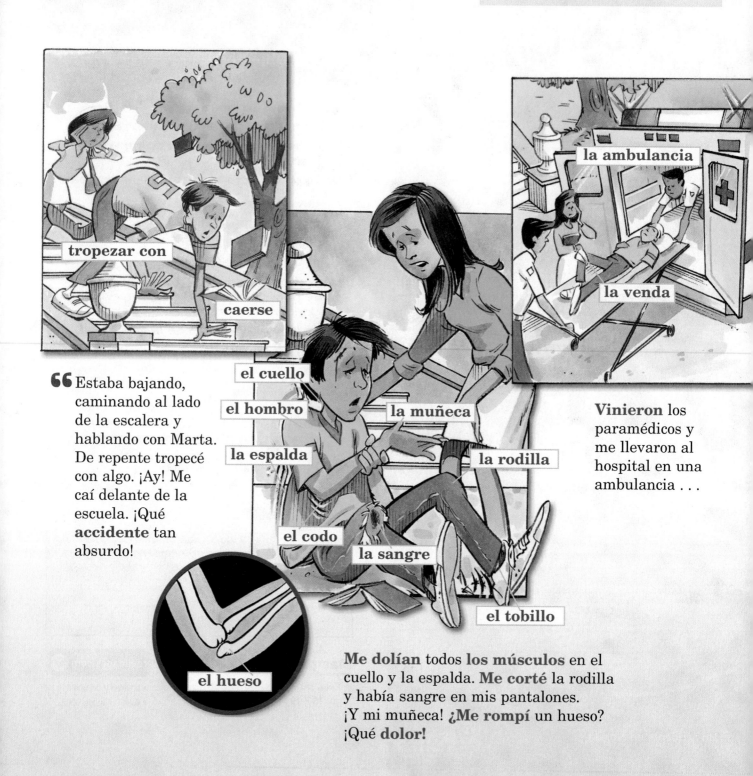

tropezar con

caerse

la ambulancia

la venda

66 Estaba bajando, caminando al lado de la escalera y hablando con Marta. De repente tropecé con algo. ¡Ay! Me caí delante de la escuela. ¡Qué **accidente** tan absurdo!

el cuello

el hombro

la espalda

la muñeca

la rodilla

el codo

la sangre

el tobillo

el hueso

Vinieron los paramédicos y me llevaron al hospital en una ambulancia . . .

Me dolían todos **los músculos** en el cuello y la espalda. **Me corté** la rodilla y había sangre en mis pantalones. ¡Y mi muñeca! ¿**Me rompí** un hueso? ¡Qué **dolor**!

SALA DE EMERGENCIA

examinar

la radiografía

el enfermero

la enfermera

sacar una radiografía

dar puntadas

poner una inyección

la inyección

las puntadas

las pastillas

el yeso

la receta

las muletas

la silla de ruedas

Cuando entré en **la sala de emergencia,** el enfermero sacó una radiografía de mi muñeca. La enfermera me **puso** una inyección y el médico me dio puntadas.

Luego, el médico me **recetó medicina.** Sí, me rompí un hueso en la muñeca y ahora necesito llevar un yeso por unas seis semanas. Si **me siento** muy mal, el médico me dijo que puedo tomar una pastilla cada ocho horas. ¡Qué día horrible! 🙶

1 ¡Acción!  jdd-0597

Escuchar

Escucha estas frases sobre varias partes del cuerpo y problemas médicos. Representa (*Act out*) la acción para indicar que comprendiste la frase.

2 La sala de emergencia jdd-0597

Escuchar

Escucha las frases. Si la frase que escuchas es lógica, señala con el pulgar hacia arriba. Si la frase no es lógica, señala con el pulgar hacia abajo.

Más práctica

- **Guided** Vocab. Flash Cards pp. 181–186
- **Core** Vocab. Practice pp. 102–103
- **Communication** Writing p. 103
- *Real.* **para hispanohablantes** p. 192

realidades.com ✔

- Fondo cultural Activity
- Video Activities
- Online Atlas
- Web Code: jdd-0511

¡El pobrecito soy yo!

Raúl tuvo un accidente y tuvo que ir a la sala de emergencia. Lee la historia para saber qué le pasó.

1 **Gloria:** ¡Raúl! **¿Qué te pasó?**
Raúl: Pues, tuve un accidente anoche.
Gloria: Dime todo.

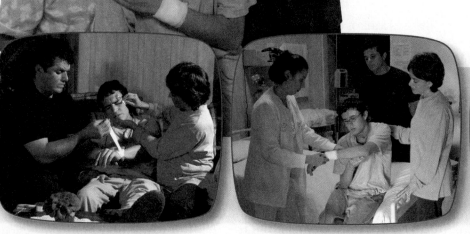

5 **Raúl:** Me sentía muy mal y me dolía mucho la muñeca. Mamá y papá me **pusieron** una venda en la muñeca y me llevaron al hospital.

6 **Raúl:** Entramos en la sala de emergencia. Me **trajeron** una silla de ruedas. Luego me dieron cinco puntadas. Me **dijeron** que no tenía el brazo **roto.**

7 **Raúl:** El médico me recetó estas pastillas para el dolor.
Gloria: ¡Qué lástima! ¿Ves, Raúl? ¡No debes despertarte tan temprano!
Raúl: Gracias.

2 **Raúl:** Estaba durmiendo cuando de repente oí el despertador. Eran las tres. Traté de despertar a Tomás, pero no se despertó. No **se movió.** Tuve que apagar el despertador. Me levanté y empecé a caminar. Estaba muy oscuro.

3 **Raúl:** Tropecé con algo y me **torcí** el tobillo.

4 **Raúl:** Me caí al suelo. **Choqué con** la mesa y **me lastimé** el brazo. Me corté la muñeca.

8 **Mamá:** ¡Pobre Tomás! ¡Nos fuimos al hospital tan de prisa que lo dejamos aquí, solo!

Raúl: ¿Tomás? ¡El **pobrecito** soy yo!

③ ¿Comprendiste?

Escribir • Hablar

1. ¿Qué le pregunta Gloria cuando ve a Raúl?
2. ¿Qué oyó Raúl mientras dormía? ¿Qué hizo? ¿Qué hizo Tomás?
3. ¿Qué le pasó luego a Raúl?
4. ¿Cómo se sentía Raúl? ¿Qué le dolía?
5. ¿Qué hicieron los padres de Raúl?
6. ¿Qué le hicieron a Raúl en el hospital?
7. ¿Qué le dio el médico a Raúl? ¿Por qué?

Más práctica

- **Guided** Vocab. Check pp. 187–190
- **Core** Vocab. Practice pp. 104–105
- **Communication** Video pp. 98–99
- *Real.* **para hispanohablantes** p. 193

realidades.com ✓

- Audio Activities
- Video Activities
- Leveled Workbook
- Flashcards
- Web Code: jdd-0512

Vocabulario en uso

Objectives

- Read and understand information about medical care
- Explain injuries and emergency room procedures
- Tell what happened in the emergency room
- Tell what was taking place when an accident occurred

4 En la sala de emergencia

Leer • Escribir

Ana María quiere ser médica. Lee la descripción de su visita a la sala de emergencia. Escoge y escribe la palabra correcta para decir lo que pasó allí.

También se dice . . .

la **radiografía** = los rayos X (*muchos países*)

las **puntadas** = los puntos (*muchos países*)

dar puntadas = hacer puntadas, dar puntos (*muchos países*)

sala de emergencia = sala de urgencias (*muchos países*)

Ayer visité la sala de emergencia porque algún día quiero ser médica. Ayudé a una __1.__ *(receta / enfermera)* todo el día. Vi muchas cosas muy interesantes. Una chica __2.__ *(se torció / tropezó)* la rodilla esquiando, y por eso le trajeron unas __3.__ *(muletas / puntadas)*. El médico la __4.__ *(examinó / chocó)* y le recetó __5.__ *(pastillas / muletas)* para el dolor. Otra persona __6.__ *(chocó / se rompió)* el tobillo y le sacaron unas __7.__ *(radiografías / recetas)* de los huesos. Después le pusieron un __8.__ *(cuello / yeso)* porque tenía el hueso __9.__ *(roto / pobrecito)*. Unos paramédicos __10.__ *(vinieron / dijeron)* a la sala de emergencia en una __11.__ *(ambulancia / silla de ruedas)* con un señor que tuvo un accidente de coche. __12.__ *(Trajeron / Dijeron)* que tenían que hacerle una operación de emergencia porque estaba perdiendo *(losing)* mucha __13.__ *(medicina / sangre)*. A veces, durante mi visita a la sala de emergencia, tenía miedo de todo lo que estaba pasando, pero todavía quiero ser médica para ayudar a la gente.

5 Escucha y escribe 🔊 jdd-0598

Escuchar • Escribir

Escucha lo que dicen unas personas que fueron a la sala de emergencia ayer. En una hoja de papel, escribe los números del 1 al 6. Escribe lo que escuchas. Vas a usar las frases para la Actividad 6.

6 Los accidentes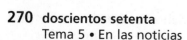

Dibujar • Hablar

Dibuja una de las situaciones de las Actividades 4 ó 5. Muéstrales *(Show)* tu dibujo a otros(as) dos estudiantes. Traten de usar el máximo número de palabras nuevas para describir lo que les pasó a las personas que ven en los dibujos de sus compañeros(as).

SALA DE EMERGENCIA

7 **Juego**

Cantar • Hablar

Tu profesor(a) va a enseñarles una canción infantil que
se usa para practicar los nombres de las partes del cuerpo.

1 Todos van a levantarse y señalar las partes del cuerpo mientras cantan.

2 Pueden cantar la canción otra vez usando diferentes partes del cuerpo. Comiencen con *Espalda, cuello, tobillos, pies* y terminen con *Codos, muñecas, brazos, nariz.*

8 **En el hospital**

Escribir • Hablar

Piensa en algunas personas que conoces que
tuvieron que ir al hospital.

1 Escribe cuánto tiempo estuvieron en el hospital. Luego mira los dibujos y escribe una frase para cada uno para decir lo que le hicieron a cada persona.

Modelo

poner

Mi hermano Rafael estuvo en el hospital por tres días. Le pusieron una inyección.

1. dar

2. llevar

3. recetar

4. sacar

5. poner

2 Habla con otro(a) estudiante. Describan lo que les hicieron a las personas que Uds. conocen. Escribe cuatro frases para comparar lo que les hicieron.

Modelo

Mi hermano Rafael y el amigo de Carlota estuvieron en el hospital. No les pusieron sangre, pero sí les sacaron radiografías a los dos.

Fondo cultural

España

La Ambulancia Azul es un servicio de ambulancias en España. Tiene tres niveles *(levels)* de servicio: SVA (Soporte Vital Avanzado) para pacientes en condiciones urgentes; SVB (Soporte Vital Básico) para enfermos que necesitan transporte en ambulancia, pero que no necesitan atención médica urgente; y Colectivo, una ambulancia que comparten varios pacientes.

• ¿Por qué crees que la Ambulancia Azul ofrece tres niveles de servicio? Compara este sistema al servicio de ambulancias en tu comunidad.

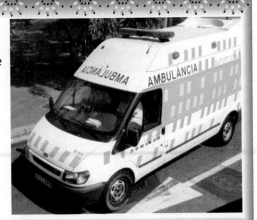

9 ¿Por qué no corriste?

Hablar

No hiciste varias actividades la semana pasada porque te dolían diferentes partes del cuerpo. Habla de tus dolores con otro(a) estudiante.

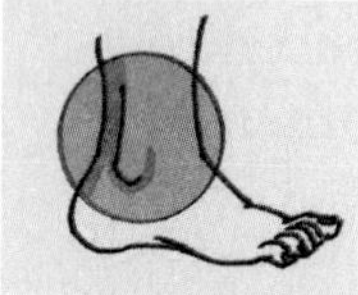

correr / ayer por la tarde

Modelo

A —*¿Por qué no corriste ayer por la tarde? ¿No te sentías bien?*

B —*No corrí porque me dolía el tobillo.*

¿Recuerdas?

The imperfect tense is used to describe feelings and ongoing conditions in the past. The preterite expresses the actions that did or did not happen.

Estudiante A

1. jugar al tenis / el fin de semana pasado
2. esquiar / el sábado pasado
3. hacer gimnasia / ayer
4. levantar pesas / esta mañana
5. patinar / anoche
6. moverse de la cama / el domingo pasado
7. jugar al béisbol / la semana pasada

Estudiante B

1.

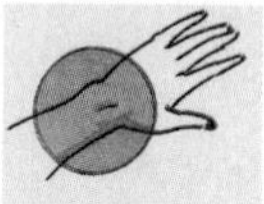

2.

3.

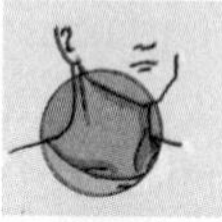

4.

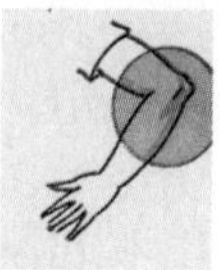

5.

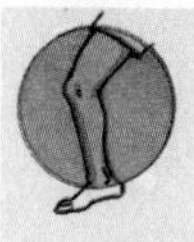

6.

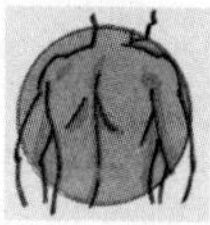

7.

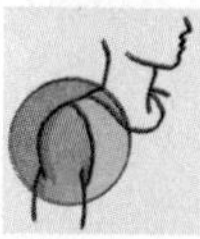

Exploración del lenguaje

False cognates

Cognates are words that look alike in both English and Spanish and have the same meaning:

bank → banco　　**photo** → foto

But not all words that look alike in Spanish and English mean the same thing. Certain words are called **false cognates.** These are words that look alike but have different meanings. You have already learned some false cognates. You know that:

parientes means "relatives," not "parents"
recordar means "to remember," not "to record"

¡Compruébalo! Complete these sentences about other false cognates you already know:

1. **sopa** means ___, not ___
2. **collar** means ___, not ___
3. **librería** means ___, not ___
4. **carpeta** means ___, not ___
5. **vaso** means ___, not ___

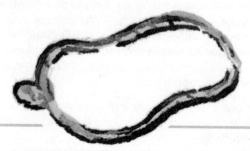

10 ¿Cuánto tiempo hace . . . ?

Hablar

Hace mucho tiempo que no ves a un(a) amigo(a) y no sabías que tuvo un accidente. Habla con otro(a) estudiante de lo que le pasó.

tres días

Modelo

A — *Oye, ¿cuánto tiempo hace que estás en el hospital?*

B — *Hace tres días. Me rompí la pierna.*

A — *¡Pobrecita! ¿Qué te pasó?*

B — *Me caí cuando estaba esquiando.*

A — *¡Qué lástima!*

Estudiante A

estar en	tener
usar	llevar

Estudiante B

romperse
torcerse
lastimarse
cortarse

¡Respuesta personal!

1. seis días

2. cuatro días

3. dos semanas

4. una semana

11 Y tú, ¿qué dices?

Escribir • Hablar

1. ¿Te gustaría ser médico(a) o enfermero(a)? ¿Te pone nervioso(a) ver sangre o huesos rotos? ¿Cómo te sientes cuando un(a) enfermero(a) te pone una inyección?

2. Cuando tienes dolor de cabeza, de estómago o de otra parte del cuerpo, ¿qué haces para sentirte mejor?

3. ¿A veces te caes* cuando practicas un deporte u otra actividad? ¿Qué te pasa cuando te caes?

Una médica con una paciente, en México

*In the present tense, *caerse* is conjugated like a regular *-er* verb, except in the *yo* form: *me caigo*.

Gramática

Irregular preterites: *venir, poner, decir,* and *traer*

The verbs *venir, poner, decir,* and *traer* follow a pattern in the preterite that is similar to that of *estar, poder,* and *tener.* All these verbs have irregular stems and use the same unaccented endings.

Infinitive	Stem
decir	dij-
estar	estuv-
poder	pud-
poner	pus-
tener	tuv-
traer	traj-
venir	vin-

Irregular preterite endings	
-e	-imos
-iste	-isteis
-o	-ieron / -eron

puse	pusimos
pusiste	pusisteis
puso	pusieron

Note that verbs like *decir* and *traer,* whose irregular stems end in *j,* drop the *i* in the *Uds./ellos/ellas* form and add only *-eron.*

Me **trajeron** una silla de ruedas y me **dijeron** que no debía tratar de caminar.

GramActiva VIDEO

Want more help with the irregular preterites: *venir, poner, decir,* and *traer?* Watch the **GramActiva** video.

vine, dije

12 **Escucha y escribe** jdd-0598

Escuchar • Escribir • Hablar

1 Javier fue a esquiar en las montañas. El primer día tuvo un accidente. Escucha su descripción de lo que pasó y escribe las seis frases, pero ten cuidado. Javier no está contando en orden lo que pasó.

2 Trabaja con otro(a) estudiante para poner en orden lógico el cuento de Javier.

3 Cuenten otra vez lo que le pasó a Javier, pero imaginen que dos enfermeras y dos médicos lo atendieron. Cambien las formas de los verbos apropiados.

Modelo

Dos enfermeras le trajeron a Javier una silla de ruedas.

Bariloche, Argentina, es un lugar turístico internacional. En el invierno se puede esquiar y en el verano se puede ir de pesca, montar a caballo o escalar las montañas (*go mountain climbing*).

Mi programa favorito

Leer • Escribir

Anoche Adela vio sólo una parte de su programa de televisión favorito, *Emergencia*. Completa el correo electrónico que ella le escribe a su amiga con las formas apropiadas de los verbos.

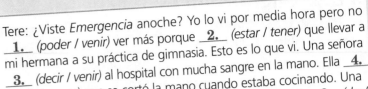

Tere: ¿Viste *Emergencia* anoche? Yo lo vi por media hora pero no __1.__ (poder / venir) ver más porque __2.__ (estar / tener) que llevar a mi hermana a su práctica de gimnasia. Esto es lo que vi. Una señora __3.__ (decir / venir) al hospital con mucha sangre en la mano. Ella __4.__ (decir / poner) que se cortó la mano cuando estaba cocinando. Una médica le __5.__ (poner / venir) una inyección y después le __6.__ (dar / poder) ocho puntadas. Luego los paramédicos __7.__ (decir / traer) a un anciano al hospital en una ambulancia. Ellos __8.__ (decir / venir) que el anciano __9.__ (poder / tener) un accidente en su coche. Los médicos le hicieron una operación de emergencia para salvarle la vida. Pues, dime, Tere, ¿qué __10.__ (poder / pasar) al final del programa? ¡Escríbeme pronto y dime todo!

Adela

 Si necesitas ayuda . . .

Leer • Escribir

Lee el siguiente anuncio sobre el servicio de ambulancias que existe para un hospital de Quito, Ecuador. Después contesta las preguntas.

Hospital de Clínicas Pichincha

Ponemos a su disposición dos ambulancias, manejadas por profesionales preparados para el transporte rápido pero seguro.*

Clínicas Pichincha

AMBULANCIA

Ofrecemos:
- ambulancias equipadas para dar atención inmediata
- paramédicos entrenados para atender al paciente críticamente enfermo o herido
- equipo médico moderno
- servicio permanente, sin interrupción (disponible los 365 días del año, las 24 horas del día)
- comunicación directa con el Servicio de Emergencia

El teléfono para acceder a nuestro servicio es el 505-505 (Quito). Vamos a atender a su llamada de inmediato pues, una emergencia no espera.

*safe

1. ¿Por qué puedes tener confianza (confidence) en el servicio de estas ambulancias? Menciona tres razones (reasons).

2. ¿A qué horas puede atenderte este servicio?

3. ¿Por qué dice el servicio que va a atender rápidamente a una llamada?

 Necesitabas una ambulancia

Escribir • Hablar

Imagina que trabajas para el servicio de ambulancia de la Actividad 14 y quieres saber qué tipo de servicio recibieron los pacientes. Con otro(a) estudiante, entrevista (interview) a un(a) paciente y pregúntale sobre el servicio que recibió. Usa las siguientes preguntas en la entrevista:

- ¿Qué te dijeron? ¿Qué preguntas te hicieron?
- ¿Cuántos paramédicos vinieron? ¿Vinieron inmediatamente?
- ¿Qué trajeron en la ambulancia?
- ¿Te pusieron una inyección cuando llegaron?

16 Una celebración muy especial

Pensar • Hablar • Escribir

1 Piensa en una fiesta que muchas personas celebraron en tu casa. Vas a trabajar con otro(a) estudiante para hablar de la fiesta.

2 Completa las preguntas con los verbos en el pretérito, y hazle estas preguntas a tu compañero(a). Escribe lo que dice.

1. ¿(Ponerse) tú ropa elegante o ropa de todos los días para esta fiesta?

2. ¿Quiénes (venir) a la fiesta?

3. ¿Quién (traer) regalos, comida u otras cosas?

4. ¿Qué (hacer) todos durante la fiesta?

5. ¿Por cuánto tiempo (estar) las personas allí?

6. ¿(Poder) tú hablar con todo el mundo?

3 Escribe un resumen de la fiesta que te describió tu compañero(a).

Más práctica

- **Guided** Gram. Practice pp. 191–192
- **Core** Gram. Practice pp. 106
- **Communication** Writing p. 104
- *Real.* **para hispanohablantes** pp. 194–197, 201

realidades.com ⊙

- Audio Activities
- Video Activities
- Speak & Record
- Tutorial
- Leveled Workbook
- Web Code: jdd-0513

17 Juego

Escribir • Hablar • GramActiva

1 Trabaja con tres estudiantes. En tarjetas o pequeñas hojas de papel, escriban las raíces *(stems)* de los verbos irregulares en el pretérito de la página 274 y pongan las tarjetas en un grupo boca abajo *(facedown)*.

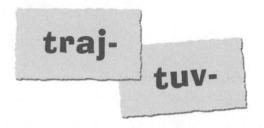

traj-
tuv-

2 Van a jugar en parejas *(pairs)*. La primera pareja escoge una tarjeta y crea una frase en 30 segundos para decir lo que pasó en el hospital o en un accidente. Después leen la frase. La otra pareja tiene que decir si la frase es correcta. La primera pareja recibe un punto por cada palabra correcta en su frase.

Modelo

Anoche hubo un incendio y trajeron a varias personas heridas al hospital en una ambulancia. (15 puntos)

El español en el mundo del trabajo

Los intérpretes y traductores *(translators)* médicos son muy importantes en los hospitales de los Estados Unidos. A veces, cuando una persona que no habla inglés va al hospital, el médico y las enfermeras no pueden entender lo que dice y no pueden ayudarle. Las personas pueden morir si no reciben atención adecuada y a tiempo. Por eso los hospitales contratan a intérpretes y a traductores. Tener intérpretes en los hospitales es una necesidad y también una ley.

- ¿Crees que es importante tener intérpretes y traductores en los hospitales? ¿Hay un servicio de intérpretes en el hospital de tu comunidad?

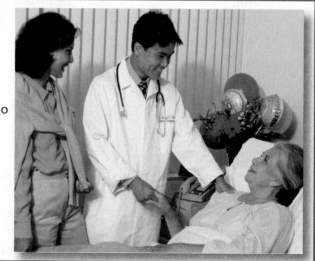

Gramática

Imperfect progressive and preterite

To describe something that was taking place over a period of time in the past, use the imperfect progressive, which uses the imperfect tense of *estar* + the present participle.

Estaba esquiando cuando me caí y me torcí la rodilla.

I was skiing when I fell and sprained my knee.

The present and imperfect progressive tenses use the same present participles. Remember, to form the present participle of *-ir* stem-changing verbs, *e* changes to *i* and *o* changes to *u*:

e → i		o → u	i → y
decir: diciendo pedir: pidiendo repetir: repitiendo	seguir: siguiendo servir: sirviendo vestir: vistiendo	dormir: durmiendo	creer: creyendo leer: leyendo traer: trayendo

For the following *-er* verbs, the *i* of *-iendo* changes to *y*:

- When you use object pronouns with the imperfect progressive, you can put them before *estar* or attach them to the participle.

    —¿Qué estabas haciendo cuando te cortaste?

    —Estaba afeitándome. **o: Me** estaba afeitando.

- Note that the imperfect progressive describes what was taking place while the preterite tells a specific occurrence in the past or interrupts the action.

    Ella estaba corriendo cuando **se lastimó** el tobillo.

> **¿Recuerdas?**
>
> When you say that an action is happening right now, you use the present progressive tense. The present progressive uses the present tense of *estar* + the present participle.
>
> - No puedo ir al cine. **Estoy estudiando** para el examen.

GramActiva VIDEO

Want more help with the imperfect progressive and preterite? Watch the **GramActiva** video.

Estaba hablando.

18 Cuando llegó la ambulancia

Escribir

Mira el dibujo y escribe frases para decir lo que estaban haciendo las personas en la sala de emergencia cuando llegó la ambulancia.

Modelo

el médico

El médico estaba hablando por teléfono.

1. la médica
2. el enfermero
3. la enfermera
4. los jóvenes
5. la niña
6. los ancianos

19 Tus pacientes

Escribir

Tú eres enfermero(a) en una sala de emergencia y tienes que escribir una historia médica de tus pacientes. Mira los dibujos y describe qué estaban haciendo las personas y qué les pasó.

Laura

Modelo

Laura estaba cocinando cuando se quemó la mano.

1. Yolanda

2. Héctor

3. Juan y Anita

4. Antonio

5. Rosa

20 ¿Quiénes se cayeron?

Escribir • Hablar

Piensa en las personas que tú conoces que se cayeron alguna vez. ¿Quiénes son y cuándo se cayeron? Describe los accidentes de tres personas y describe qué estaban haciendo cuando se cayeron. Luego habla con otro(a) estudiante y compara sus respuestas.

Modelo

A —Mi hermana se cayó el mes pasado.
B —¿Qué estaba haciendo tu hermana cuando se cayó?
A —Estaba poniendo carteles en la pared.

Nota

In the preterite, *caerse* is like *leer,* with forms that change the *i* to *y* in the *Ud./él/ella* and *Uds./ellos/ellas* forms. There is also an accent mark over the *i* in all other forms.

• Cuando estaba bajando la escalera, Enrique **se cayó.**

• Cuando yo estaba subiendo la escalera, **me caí.**

Fondo cultural

La Patrulla Aérea Colombiana (PAC) es un equipo de pilotos y médicos que viaja en avión a pueblos remotos que no tienen ni médicos ni hospitales. La PAC enseña programas de prevención de salud a las comunidades y ofrece servicios médicos básicos y cirugía *(surgery).* Muchos de los pueblos están en los Andes o en las regiones amazónicas y la Patrulla es el único servicio médico que llega a estas comunidades.

• ¿Conoces partes de los Estados Unidos donde no hay ni médicos ni hospitales? ¿Qué soluciones hay para esta situación en los Estados Unidos y en Colombia?

Los pilotos y médicos de la Patrulla Aérea Colombiana

21 **Las lesiones en los deportes**

Leer • Pensar • Hablar

¿Practicas un deporte o juegas en un equipo? Quizás patinas o montas en monopatín. ¿Sabes cuáles son las lesiones *(injuries)* que te pueden ocurrir cuando practicas deportes? Lee el artículo y luego contesta las preguntas.

Conexiones | **La salud**

Los dos tipos de lesiones deportivas

Las lesiones en los deportes son las que ocurren típicamente en los deportes organizados, los entrenamientos[1] o las actividades diarias de acondicionamiento.

⊙ **Lesión traumática aguda:**[2] causada por un golpe[3] intenso como un choque o una caída. Ejemplos son la fractura de un hueso, una torcedura (se estira[4] o se rompe un músculo o tendón) o una distensión (se estira o se rompe un ligamento). Estas lesiones afectan más las rodillas, los tobillos y las muñecas.

⊙ **Lesión crónica:** causada por el uso continuo o excesivo. Es el resultado del entrenamiento repetitivo tal como correr o lanzar[5] una pelota. Ejemplos son las fracturas de un hueso por estrés, la tendinitis (se rompen las fibras del tendón a causa de estiramientos excesivos) o la bursitis (inflamación de la bursa en el hombro, en el codo o en la rodilla).

[1]training sessions   [2]acute traumatic injury   [3]blow   [4]pull   [5]throw

En las siguientes descripciones, ¿tienen los atletas una lesión traumática aguda o crónica? Habla con otro(a) estudiante. Usen la información del artículo y den razones por su diagnóstico.

1. Lisa practicaba el golf todos los días. Siempre sentía un dolor en el codo.

2. En un partido de básquetbol, Kevin chocó con otro jugador. Se torció el tobillo y se cayó.

3. Hugo levantaba pesas todas las tardes en el gimnasio. Quería levantar el máximo de peso. Un día trataba de levantar 300 libras cuando tuvo un dolor agudo en el hombro y no pudo levantar la barra.

4. Sara jugaba al fútbol en el otoño y al básquetbol en el invierno. Sin descansar, empezó a entrenar para el fútbol en la primavera. Le dolía la rodilla después de cada práctica.

22 **Familias de palabras**

Pensar • Escribir

Si reconoces *(you recognize)* familias de palabras, entiendes mejor lo que lees. Mira las palabras de *Conexiones*. Escribe las palabras que ya conoces que te ayudan a entender las siguientes palabras nuevas.

Modelo

el uso
usar

1. una caída   3. repetitivo

2. una torcedura   4. un choque

23 **Los días más difíciles**

Leer • Escribir • Hablar

Lee este artículo sobre un famoso futbolista y contesta las preguntas.

1. ¿Qué le pasó cuando tenía once años?

2. ¿Qué tuvo que hacer en el tratamiento médico?

3. ¿Cuándo se lastimó la pierna derecha?

4. ¿Qué tuvo que hacer para recuperarse?

Fenómeno de perseverancia

Lionel Andrés Messi es un jugador de fútbol argentino muy talentoso. A los once años, los médicos le diagnosticaron un problema de crecimiento[1] hormonal: era tan bajo que a esa edad[2] tenía la estatura de un niño de ocho años. Por eso, se fue a España con su familia para recibir un tratamiento médico. "Durante tres años, tuve que ponerme inyecciones todos los días", dijo Lionel. Por esta enfermedad, Lionel aprendió a jugar al fútbol ágilmente y con gran rapidez. Pero su estilo de juego explosivo le produce lesiones en las piernas con frecuencia. Mientras estaba jugando un partido en un campeonato europeo, Lionel sufrió una lesión en la pierna derecha. Cinco días más tarde, estaba jugando cuando se cayó y sufrió otra lesión más grave en la misma pierna. Como resultado, no pudo jugar el partido final de ese campeonato. Lionel tuvo que operarse y caminar con muletas por tres meses, pero pudo recuperarse[3] completamente. Sin duda, Lionel es un verdadero fenómeno de perseverancia.

[1] growth   [2] age   [3] recover

24 **Y tú, ¿qué dices?**

Escribir • Hablar

1. Recientemente cuando estabas practicando un deporte o haciendo otra actividad, ¿sentiste* un dolor en algún músculo o hueso? ¿Qué hiciste para el dolor?

2. ¿Te lastimaste alguna vez cuando estabas practicando un deporte? ¿Cómo te lastimaste? ¿Qué deporte estabas practicando?

3. Piensa en alguien que conoces que se rompió un hueso o se torció un tobillo o una rodilla. ¿Qué estaba haciendo cuando ocurrió el accidente? ¿Le sacaron radiografías? ¿Tuvo que llevar un yeso o usar muletas?

* When *sentir* is followed by a noun, the non-reflexive form of the verb is used.

Fondo cultural

El mundo hispano

El jai alai ¿Sabías que el jai alai es el deporte de pelota más rápido del mundo? En este juego, ¡la pelota llega a alcanzar velocidades de 150 millas por hora! El jai alai se originó en el País Vasco, en el norte de España. Se juega en una cancha (*court*) con tres paredes y los jugadores llevan casco (*helmet*) porque este deporte puede ser peligroso y causar lesiones. Se juega en muchos países y en los Estados Unidos es muy popular en Florida y Connecticut.

• ¿En qué sentido es diferente el jai alai de los juegos que practicas tú?

Jugadores mexicanos de jai alai

25 Juego

Escribir • Hablar • GramActiva

1 Trabaja con otro(a) estudiante. En pequeñas hojas de papel, escriban dos frases que describen lo que estaban haciendo una o dos personas cuando algo ocurrió. Su profesor(a) va a dividir a la clase en dos grupos. Los estudiantes en cada grupo ponen todas sus hojas de papel en una bolsa y le dan la bolsa al otro grupo.

Estabas nadando cuando chocaste con la pared de la piscina.

2 Saca una hoja de papel de la bolsa y lee la frase. No puedes mostrar (show) la hoja a tu grupo ni puedes decirles lo que dice. Tienes un minuto para representar la situación para ver si tu grupo puede decir correctamente la frase. Si lo pueden hacer en un minuto o menos, reciben un punto. Si no lo pueden hacer en un minuto, no reciben ningún punto.

26 Un accidente en la carretera

Hablar

1 Trabaja con dos estudiantes. Uno(a) de Uds. es reportero(a) y está investigando el choque de coches en el dibujo. El (La) reportero(a) está hablando con dos testigos (witnesses) que tienen diferentes versiones de lo que pasó en el accidente. En su dramatización, pueden incluir:

- lo que estaban haciendo los testigos cuando ocurrió el accidente
- lo que estaban haciendo los coches y los conductores cuando ocurrió
- qué hora era cuando ocurrió y qué otras condiciones existían
- qué les pasó a las personas en el accidente y si hubo muchos heridos
- quiénes vinieron a ayudar y lo que hicieron
- lo que hicieron todos después del accidente

2 Preparen su dramatización y preséntenla para la clase entera o para otro grupo.

Más práctica

- **Guided** Gram. Practice pp. 193–196
- **Core** Gram. Practice pp. 107–108
- **Communication** Writing p. 105, Test Prep p. 250
- **Real. para hispanohablantes** pp. 198–201

realidades.com ✔

- Audio Activities
- Video Activities
- Speak & Record
- Canción de hip hop
- Leveled Workbook
- Web Code: jdd-0514

Lectura

Mejorar la salud para todos

Lee sobre estas tres organizaciones que ayudan a mejorar la salud en los países hispanohablantes.

Organización Panamericana de la Salud

La Organización Panamericana de la Salud (OPS) es una organización internacional de salud pública con más de 100 años de experiencia. La sede[1] de la organización se encuentra en Washington, D.C., y la institución representa 27 países. Los objetivos fundamentales de la OPS son la promoción entre los países de las Américas para:

- combatir las enfermedades
- prolongar la vida
- estimular el bienestar físico y mental de sus habitantes

Voces para la salud

Para promover[2] sus objetivos la OPS produjo[3] una serie de mensajes[4] de interés público sobre la salud, hechos por personalidades conocidas y admiradas del hemisferio. Estos artistas, atletas y actores vienen de diferentes países e informan a los pueblos de las Américas sobre importantes temas de salud.

El VIH/SIDA es una enfermedad que tiene muchos rostros. Muchas personas viven con el estigma asociado a su condición. No discrimines.
¡Vive y deja vivir!

Jon Secada

Organización Panamericana de la Salud
Oficina Regional de la
Organización Mundial de la Salud

LUIS ENRIQUE HABLA SOBRE LA PREVENCIÓN DEL USO DE LAS DROGAS

El cantante nicaragüense Luis Enrique, conocido como "el príncipe de la salsa", canta "Date un chance", un himno contra el uso de las drogas. Esa canción es parte de su mensaje para promover la salud en las Américas.

❛❛ *La vida nos pone a prueba[5] día a día, con momentos buenos y malos. Es nuestra responsabilidad tomar las decisiones correctas. ¡Dile no a las drogas y dile sí a la vida, siempre!* ❜❜

[1]headquarters   [2]promote   [3]produced   [4]messages   [5]test

DON FRANCISCO HABLA SOBRE LA DONACIÓN DE SANGRE SEGURA

Don Francisco, actor de origen chileno, es la personalidad más reconocida del mundo del espectáculo en la televisión en español. Su programa *Sábado Gigante* se ve en las Américas y en otros países del mundo por satélite.

❝ *Millones de personas necesitan sangre segura[6] para vivir. En América Latina, necesitamos 25 millones de unidades de sangre. Donen su sangre segura; es el mejor regalo* ❞.

MERCEDES SOSA HABLA SOBRE LA VACUNACIÓN

Mercedes Sosa, cantante de origen argentino, es conocida como "la Voz de América Latina". Una de sus canciones más famosas se llama "Gracias a la vida".

❝ *No le falles[7] a tus chicos, llévalos a vacunar.[8] Así pueden estar completamente protegidos y darle ¡Gracias a la vida!* ❞

Cuerpo de la Paz[9] y *Medical Aid For Children of Latin America* (MACLA) ayudan a niños que requieren cirugía plástica[10]

MACLA es una organización estadounidense que ayuda a personas con deformidades físicas en la República Dominicana, Bolivia y otros países. El Dr. Thomas Geraghty, un médico de Kansas City, fundó **MACLA** en el año 1985 y hasta la fecha más de 210 médicos, anestesiólogos, enfermeros y enfermeras han donado[11] su tiempo para trabajar como voluntarios en esta institución, la cual ha realizado más de 6,000 cirugías reconstructivas en la República Dominicana. Un voluntario del Cuerpo de la Paz que ayudó en este proyecto en la República Dominicana declaró: "Traducir[12] y servir como puente entre los pacientes y los profesionales médicos fue una experiencia que me dio mucha satisfacción. Ver la cirugía reconstructiva de los médicos de **MACLA** y los efectos que tiene en la vida de los pacientes me dio aun más satisfacción. Escuchar los testimonios de los pacientes es una verdadera inspiración".

[6]safe   [7]fail   [8]to be vaccinated   [9]Peace Corps   [10]plastic surgery   [11]have donated   [12]To translate

¿Comprendiste?

1. Según Luis Enrique, ¿qué responsabilidad tiene cada persona?

2. ¿Qué mensaje quiere promover don Francisco?

3. Según Mercedes Sosa, ¿por qué es importante vacunar a los niños?

4. ¿Qué ayuda les da MACLA a los habitantes de la República Dominicana?

5. Según el voluntario del Cuerpo de la Paz, ¿qué le dio mucha satisfacción?

Y tú, ¿qué dices?

1. En tu opinión, ¿crees que los mensajes de interés público son efectivos en motivar al público? ¿Por qué?

2. Compara los mensajes de la OPS con los que ves en la televisión contra las drogas o contra los cigarrillos. ¿En qué sentido son diferentes o similares?

Más práctica

- **Guided** Reading Support p. 197
- **Communication** Writing p. 106, Test Prep p. 251
- ***Real.* para hispanohablantes** pp. 202–203

 realidades.com

- Internet Activity
- Leveled Workbook
- Web Code: jdd-0516

Perspectivas del mundo hispano
Seguridad Social y los servicios médicos

En el siglo XX, muchos países de América Latina decidieron crear la Seguridad Social y la medicina socializada para ofrecer servicios médicos a las personas que viven y trabajan en un país. Cuando un(a) trabajador(a) se enferma o tiene un accidente y no puede trabajar, la Seguridad Social le ayuda con los gastos[1] médicos y continúa pagándole parte de su salario[2]. Si la enfermedad es permanente, la Seguridad Social le paga al (a la) trabajador(a) una pensión y los servicios médicos básicos, y si el (la) trabajador(a) muere[3], la Seguridad Social ayuda a la familia. Los servicios de la Seguridad Social también incluyen los hospitales, las medicinas y la ayuda para los ancianos.

En Costa Rica, la Seguridad Social funciona desde hace más de 50 años y hoy ayuda al 98 por ciento de la población. Y en España, funciona desde hace casi 100 años y cubre[4] a toda la población, incluidos los inmigrantes. Las personas que viven en estos dos países tienen muy buenos servicios médicos, gracias a los servicios de la Seguridad Social.

¡Compruébalo! ¿Hay un programa de Seguridad Social en los Estados Unidos? ¿Qué beneficios ofrece?

¿Qué te parece? ¿Te parece importante el sistema de Seguridad Social? ¿Por qué?

[1]expenses   [2]salary   [3]dies   [4]covers

Países miembros de la Organización Iberoamericana de Seguridad Social (OISS)

Angola   Argentina   Bolivia   Brasil   Chile
Colombia   Costa Rica   Cuba   Ecuador
El Salvador   España   Guatemala
Guinea Ecuatorial   Honduras   México
Nicaragua   Panamá   Paraguay   Perú
Portugal   República Dominicana
Uruguay   Venezuela

Presentación escrita
Documentar el accidente

Task
You are walking outside your school building when you see an accident. You go into the school office to report what you saw. The school secretary asks you to write a summary as documentation for the school.

1 **Prewrite** Think about the information that your school would need to know about the accident.

Jot down information about each of these items. Add any additional information.

- Nombre(s)
- Descripción del accidente
- ¿Cuándo y dónde ocurrió?
- Descripción de los heridos
- Tipo de ayuda ofrecida
- Otra información

Estrategia

Taking notes
When you are retelling information for a report, it is helpful to jot down key details to include in the report. When you write the report, you build the narrative around retelling the facts.

2 **Draft** Use the information from above to prepare a report for your school. Decide which information is important and in what order it should be presented.

3 **Revise** Read through your report and check for spelling, correct verb usage, and vocabulary. Share your report with a partner, who will check the following:

- Is the report easy to understand?
- Is the information about the accident retold in a clear, logical order?
- Is there anything that you could add to give more information or change to make it clearer?
- Are there any errors?

4 **Publish** Rewrite your report making any necessary changes or corrections. Give a copy to your teacher or put one in your portfolio.

5 **Evaluation** Your teacher may give you a rubric for how the paragraph will be graded. You will probably be graded on:

- amount of information presented
- clear and sequential retelling of information about the accident
- correct use of the past tense to retell the information

En busca de la verdad

Episodio 6

"Déjelo en mis manos. Y no hable con nadie".

Antes de ver el video

"Cuando Federico y yo entramos en el ejército, abrimos cuentas en este banco, el Banco de la Frontera, en San Antonio".

Nota cultural Cada 15 de septiembre, a medianoche, los mexicanos se reúnen en ciudades y pueblos para conmemorar su independencia de España y recordar a sus héroes nacionales. Todos los mexicanos saben de memoria los famosos "vivas": "¡Vivan los héroes que nos dieron Patria y Libertad! ¡Viva Miguel Hidalgo! ¡Viva Allende! ¡Viva la Independencia de México! ¡Viva México! ¡Viva México! ¡Viva México!"

Resumen del episodio

Roberto empieza a buscar la verdad sobre su abuelo. Él y Linda van a Dolores Hidalgo para hablar con Chato Montesinos. Allí descubren otra pista sobre el misterio del abuelo. El episodio termina con una llamada misteriosa.

Palabras para comprender

movimiento movement

Yo he estado varias veces. I have been many times.

nadie ha visto nobody has seen

Se casó. He / She got married.

nieto grandson

desapareció disappeared

ejército army

cuenta de banco bank account

Después de ver el video

¿Comprendiste?

A. Decide cuáles de las siguientes frases son ciertas y cuáles son falsas:

1. Roberto obtiene la dirección de Chato Montesinos en San Miguel de Allende.

2. Linda va con Roberto a Dolores Hidalgo.

3. Cuando llegan a Dolores Hidalgo, Roberto y Linda compran un pastel.

4. Linda no sabe quién era el padre Hidalgo.

5. Roberto conoce bastante bien Dolores Hidalgo.

6. Chato Montesinos sabe dónde está Federico Zúñiga.

7. Después de visitar a Chato Montesinos, Roberto llama a una agencia de viajes en San Antonio.

8. Federico Zúñiga y Chato Montesinos se fueron juntos para México.

9. Roberto llama al Banco de la Frontera para obtener información sobre su abuelo Federico Zúñiga.

B. Contesta las siguientes preguntas.

1. Escribe un resumen de todo lo que Roberto sabe hasta ahora sobre su abuelo.

2. Haz una predicción. ¿Quién es el hombre misterioso? ¿Dónde está? ¿Por qué tiene tanto interés en el abuelo de Roberto? Lee tus predicciones y discútelas con el resto de la clase. Tu profesor(a) va a guardar las predicciones hasta el final del video. Entonces vas a saber si estabas cerca de la verdad.

realidades.com

• Web Code: jdd-0209

Repaso del capítulo

Vocabulario y gramática

jdd-0599 🔊

To prepare for the test, check to see if you . . .

- **know the new vocabulary and grammar**
- **can perform the tasks on p. 289**

to talk about treatments for medical conditions

doler (o → ue)	to hurt
el dolor	pain
el enfermero, la enfermera	nurse
examinar	to examine, to check
la inyección, *pl.* las inyecciones	injection, shot
poner una inyección	to give an injection
la medicina	medicine
las muletas	crutches
las pastillas	pills
las puntadas	stitches
dar puntadas	to stitch (*surgically*)
la radiografía	X-ray
sacar una radiografía	to take an X-ray
la receta	prescription
recetar	to prescribe
roto, -a	broken
la sala de emergencia	emergency room
la sangre	blood
la silla de ruedas	wheelchair
la venda	bandage
el yeso	cast

to explain how an accident occurred

el accidente	accident
la ambulancia	ambulance
caerse	to fall
me caigo	I fall
te caes	you fall
se cayó	he / she fell
se cayeron	they / you fell
chocar con	to crash into, to collide with
cortarse	to cut oneself
lastimarse	to hurt oneself
¿Qué te pasó?	What happened to you?
romperse	to break, to tear
torcerse (o → ue)	to twist, to sprain
tropezar (e → ie) (con)	to trip (over)

to name parts of the body

el codo	elbow
el cuello	neck
la espalda	back
el hombro	shoulder
el hueso	bone
la muñeca	wrist
el músculo	muscle
la rodilla	knee
el tobillo	ankle

other useful words and expressions

moverse (o → ue)	to move
pobrecito, -a	poor thing
¡Qué lástima!	What a shame!
sentirse (e → ie)	to feel

preterite of *venir*

vine	vinimos
viniste	vinisteis
vino	vinieron

preterite of *decir* and *traer*

dije	traje	dijimos	trajimos
dijiste	trajiste	dijisteis	trajisteis
dijo	trajo	dijeron	trajeron

preterite of *poner*

puse	pusimos
pusiste	pusisteis
puso	pusieron

imperfect progressive tense

Use the imperfect-tense forms of *estar* + the present participle to say that something was taking place over a period of time in the past.

present participles:

-ar	stem + *-ando* →	camin**ando**
-er	stem + *-iendo* →	corr**iendo**
-ir	stem + *-iendo* →	escrib**iendo**

For *Vocabulario adicional,* see pp. 498–499.

Más práctica

• **Core** Puzzle p. 109, Organizer p. 110
• **Communication** Practice Test pp. 253–255, Integrated Performance Assessment p. 252

realidades.com ✔

• Tutorial
• Flashcards
• Puzzles
• Self-test
• Web Code: jdd-0517

Preparación para el examen

On the exam you will be asked to . . .	Here are practice tasks similar to those you will find on the exam . . .	If you need review . . .

Interpretive

jdd-0599

1 Escuchar Listen and understand as someone talks about what has happened at an accident

Listen as a 911 operator takes a call from someone who is at the scene of an accident. See if you can understand: (a) what the victim was doing before the accident occurred; (b) what caused the accident; and (c) what the injury appears to be.

pp. 266–269 *Vocabulario en contexto*
p. 270 Actividad 5
p. 274 Actividad 12

Interpersonal

2 Hablar Ask and answer questions about how someone was injured

You would like to get some training in emergency room questioning techniques. With a partner, practice what you learned by role-playing a situation in which one person asks: (a) what time the patient came to the emergency room and how he / she got there; (b) what caused the injury; and (c) what the person was doing at the time of the injury. Then switch roles.

p. 270 Actividad 6
p. 271 Actividad 8
p. 272 Actividad 9
p. 273 Actividad 10
p. 275 Actividad 15
p. 278 Actividad 20
p. 281 Actividad 26

Interpretive

3 Leer Read and understand an account of an accident

In the newspaper, you see an account of an accident. See if you can understand what happened, as well as what medical treatment the victims received.

Ayer, dos niños se chocaron cuando estaban montando en bicicleta en la calle Suárez. La ambulancia llegó rápidamente para llevarlos a la sala de emergencia. Los paramédicos dijeron que uno de los niños tenía la muñeca rota y el otro necesitaba diez puntadas en la rodilla.

pp. 266–269 *Vocabulario en contexto*
p. 270 Actividad 4
p. 275 Actividad 13
p. 279 Actividad 21
p. 280 Actividad 23
pp. 282–283 *Lectura*

Presentational

4 Escribir Write an account of what medical treatment was given to injured people

Several children that you were supervising were injured on the playground and you took them to the emergency room. Write a summary, in Spanish, describing the medical treatment each child received.

p. 270 Actividad 4
p. 274 Actividad 12
p. 275 Actividades 13, 15
p. 285 *Presentación escrita*

Cultures

5 Pensar Demonstrate an understanding of emergency medical services in different countries

Imagine that you've been injured. Where would you go? How would you get there? What type of emergency medical services are available in your community? How are they similar to or different from those in Spanish-speaking countries?

p. 271 *Fondo cultural*
p. 278 *Fondo cultural*
pp. 282–283 *Lectura*
p. 284 *Perspectivas del mundo hispano*

Vocabulario   Repaso

la televisión

el canal
la comedia
el drama
el programa de
  concursos
el programa de
  dibujos animados
el programa deportivo
el programa educativo
el programa de
  entrevistas
el programa de la
  vida real
el programa de
  noticias
el programa musical
la telenovela
¿Qué clase de . . . ?

el cine

el actor
la actriz, *pl.* las actrices
dar
durar
la película de ciencia
  ficción
la película de horror
la película policíaca
la película romántica

opiniones

cómico, -a
emocionante
fascinante
infantil
interesante
realista
tonto, -a
triste
violento, -a

1 Los programas que te gustan

Escribir • Hablar

1 Piensa en cuatro programas de televisión o películas que te gustan. Haz una copia de la tabla en una hoja de papel y úsala para describir los programas.

programa/ película	descripción	canal/cine	actor/ actriz
Planeta de los animales	un programa educativo fascinante	canal 14	Ramón Fernández

2 Trabaja con otro(a) estudiante. Lee sólo la descripción de un programa o película en tu tabla. Tu compañero(a) va a hacerte dos preguntas para identificarlo.

Modelo

A —*Es un programa educativo fascinante.*
B —*¿En qué canal / cine lo (la) dan?*
o:—*¿Quiénes son los actores principales?*

Gramática Repaso

Verbs like *gustar*

You already know several verbs that are always used with indirect objects:

encantar	*to love, to delight*
gustar	*to be pleasing*
importar	*to be important*
interesar	*to interest*

These verbs all use a similar construction: indirect object pronoun + verb + subject.

Me gusta el béisbol.
Literally: *Baseball is pleasing to me.*

The two forms of these verbs that are most commonly used are the *Ud. / él / ella* and *Uds. / ellos / ellas* forms.

¿**Te interesan** los deportes?
Literally: *Are sports interesting to you?*

Remember that, in the sentences above, the subjects are *béisbol* and *deportes,* and *me* and *te* are indirect object pronouns.

---

2 Tu programa favorito

Hablar

¿Cuál es tu programa de televisión favorito? Pregúntale a otro(a) estudiante sus opiniones usando las palabras del recuadro.

Modelo

gustar / las telenovelas
A —*¿Te gustan las telenovelas?*
B —*Sí, me encantan.*

encantar	los programas educativos
gustar	
interesar	los programas de la vida real
la comedia	
el drama	las telenovelas
los programas de dibujos animados	

3 Expresa tu opinión

Escribir • Hablar

¿Qué piensas del cine? Usa la lista de actividades y el verbo *importar* o *interesar* para expresar tu opinión.

Modelo

las comedias
A mí me interesan las comedias.
o: *No me interesan las comedias; me aburren.*

1. las películas de ciencia ficción
2. las películas de horror
3. las películas policíacas
4. las películas románticas
5. el drama
6. las películas realistas

Más práctica

- **Guided** pp. 199–200
- **Core** pp. 111–112
- ***Real.* para hispanohablantes** p. 210

realidades.com ✔
- Leveled Workbook
- Web Code: jdd-0601

Fondo cultural

España

Salvador Dalí Salvador Felipe Jacinto Dalí (1904–1989) nació en la provincia de Cataluña, España, cerca de Barcelona. Dalí estudió pintura y experimentó con varios estilos. Después de la Guerra Civil Española *(Spanish Civil War)*, Dalí vivió en los Estados Unidos por unos años. Este cuadro es titulado "El futbolista".

- ¿Qué tipo de fútbol crees que juegan en este cuadro? ¿Por qué? ¿Hay elementos del cuadro que crees que son típicos de España? ¿En qué otros países crees que el cuadro puede estar situado?

"El futbolista" (1973), Salvador Dalí ▶

Lithograph on zinc, 19 x 24 in. © 2009 Salvador Dalí, Gala-Salvador Dalí Foundation/Artists Rights Society (ARS), New York.

Capítulo 6A

¿Viste el partido en la televisión?

Chapter Objectives

- Talk about what you saw on television
- Explain how you feel about watching television
- Understand cultural perspectives on television programs in Spanish-speaking countries

Video Highlights

Videocultura: *La televisión y el cine*
A primera vista: *El partido final*
GramActiva Videos: the preterite of *-ir* stem-changing verbs; other reflexive verbs
Videomisterio: *En busca de la verdad,* Episodio 7

Country Connection

As you learn to talk about television, you will make connections to these countries and places:

España
Nueva York
Indiana
Cuba
Puerto Rico
México
República Dominicana
El Salvador
Venezuela
Costa Rica
Ecuador
Colombia
Chile
Argentina

Más práctica

- *Real.* para hispanohablantes pp. 210–211

realidades.com
- Fondo cultural Activity
- Video Activities
- Online Atlas
- Web Code: jde-0002

El Bus es un programa de televisión español.

Vocabulario en contexto

jdd-0687 🔊

los aficionados · el campeón · el tanteo · alegre · el jugador · los campeones · el público · el empate · enojada · MONTERREY 1 · PACHUCA 1 · furioso · el comentario · el entrenador · aburrirse · los atletas · TOLUCA 3 PUEBLA 2

❝ Los aficionados del equipo de Toluca se pusieron **alegres** y muy **emocionados** cuando su equipo ganó **el campeonato** de **la Liga** Mexicana **por tercera vez**. El equipo de Puebla **perdió** el partido final con un tanteo de 3 a 2. **La competencia** entre estos dos equipos siempre **resulta** muy intensa.

El partido entre Monterrey y Pachuca terminó en un empate, 1 a 1. **Al final** del partido el entrenador de Monterrey dijo: 'Pareció que nos aburrimos y **nos dormimos** mientras jugábamos. Tenemos que **competir** con más emoción. También hubo problemas entre **el público.** Los aficionados se pusieron muy **agitados. Se enojaron** y empezaron a pelearse. En mi opinión, pueden **aplaudir** y gritar, pero nunca deben **volverse locos**' ❞.

NOTICIAS

Concurso de Carnaval ayer

FELICIDADES a Rosalinda Pérez Urcillo. Anoche en **el Auditorio** Nacional fue escogida Reina del Carnaval. En **el concurso de belleza** participaron 30 jóvenes talentosas, pero Rosalinda fascinó al público con su presentación de guitarra. La presentadora le entregó un cheque para pagar por su primer año de estudios en la universidad.

la reina   **la presentadora**

Rosalinda Pérez Urcillo, Reina del Carnaval

13 DE MARZO

¡Número uno!

NUESTRA comunidad tiene una ganadora en la profesora Cecilia Mendoza. La semana pasada participó y ganó en el programa de concursos "¿Quién lo sabe?" Cecilia es profesora de historia en el Colegio Andrés Bello. Como premio, Cecilia recibió un coche nuevo y el presentador del programa le entregó un cheque por **un millón de** pesos.

el presentador

¿QUIÉN LO SABE?

Cecilia Mendoza, profesora y ganadora

el premio

---

1 ¿Cierta o falsa? 🔊 *jdd-0687*

Escuchar

En una hoja de papel, escribe los números del 1 al 8. Escucha las siguientes frases sobre las noticias deportivas de la página 294 y escribe *C* si la frase es cierta o *F* si es falsa.

Más práctica

- **Guided** Vocab. Flash Cards pp. 201–206
- **Core** Vocab. Practice pp. 113–114
- **Communication** Writing p. 112
- *Real.* para hispanohablantes p. 212

realidades.com ✔

- Audio Activities
- Leveled Workbook
- Flashcards
- Web Code: jdd-0602

2 ¿Cuál es el concurso? 🔊 *jdd-0687*

Escuchar

Vas a escuchar seis frases. Si la frase describe un concurso de belleza, levanta una mano. Si describe un programa de concursos, levanta las dos manos.

El partido final

Ramón y Manolo están viendo la entrevista con un jugador de fútbol. ¿Qué sorpresa les da Claudia?

Estrategia

Using visuals
Look at the images as you read to help you understand the story. What do you predict happens at the end of the story? Why?

Manolo

Teresa

Ramón

Claudia

1 **Locutor:** ¡Gol! Y con este gol **fenomenal,** el equipo de los Lobos de Madero le ganó a las Águilas del América y llegó al partido final del campeonato mexicano de fútbol.

5 **Claudia:** Oye, Manolo, ¿a quién están entrevistando?

Manolo: Es Luis Campos. Claudia, esta entrevista nos interesa mucho. ¿Por qué no te vas a hablar al otro cuarto?

Claudia: ¡Uy! Manolo está un poco enojado. Sí . . . a ver.

6 **Claudia:** Oigan, Teresa dice que su tío trabaja en el estadio y que si queremos podemos ir a ver el partido allí.

7 **Claudia:** Creo que no quieren ir.

Ramón: ¿Ir adónde?

Claudia: Al estadio, a ver el partido allí.

Manolo y Ramón: ¿Qué?

Claudia: Ahora creo que quieren ir. Están gritando. Están muy alegres. **Se mueren** de emoción.

2 **Locutor:** Hoy vamos a **entrevistar** al jugador que **metió el gol**, Luis Campos, "la Pantera". Luis, gracias por estar aquí.

Luis: Gracias por invitarme.

Locutor: Este año tuvimos un campeonato muy interesante.

Luis: Así es. Competimos con equipos muy buenos . . .

3 **Claudia:** Sí, podemos ir al cine. O de compras . . . ¿Ahora? Estamos viendo la televisión. No sé, parece una **entrevista.**

4 **Locutor:** Luis, ¿qué nos puedes decir del **último** partido que ganaron contra las Águilas?

Luis: Bueno, fue un partido muy duro. Ellos metieron el primer gol, pero cinco minutos después nosotros empatamos. Luego, en el segundo tiempo,* metimos dos goles más y ganamos.
*second half

8 **Manolo:** ¡No puedo creer que vamos a ver el partido en el estadio!

Ramón: Vamos a divertirnos mucho.

Claudia: ¿Por qué no entramos ahora?

③ **¿Comprendiste?**

Escribir • Hablar

1. ¿Qué están viendo Ramón y Manolo? ¿Por qué no están contentos?

2. ¿Qué hizo Luis Campos durante el partido?

3. ¿Por qué es importante el partido que los Lobos de Madero van a jugar hoy?

4. ¿A Claudia le interesa la entrevista?

5. ¿Qué quiere preguntarles Teresa?

6. ¿Cuál es la reacción de Ramón y Manolo?

Más práctica

- **Guided** Vocab. Check pp. 207–210
- **Core** Vocab. Practice pp. 115–116
- **Communication** Video pp. 107–108
- *Real.* **para hispanohablantes** p. 213

realidades.com Ⓥ

- Audio Activities
- Video Activities
- Leveled Workbook
- Flashcards
- Web Code: jdd-0603

Vocabulario en uso

4 Un día malísimo

Leer • Escribir

Lee la conversación entre dos amigos que no están muy contentos con el resultado del campeonato de fútbol. Escribe las palabras apropiadas.

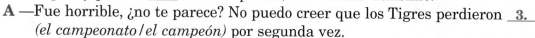

Un partido de fútbol entre Colombia y Bolivia

A —¿Viste el partido ayer en la televisión?

B —Sí, unos amigos míos vinieron a mi casa a verlo. Todos somos __1.__ *(atletas / aficionados)* a los Tigres y por eso __2.__ *(resultó / perdió)* ser un día malísimo.

A —Fue horrible, ¿no te parece? No puedo creer que los Tigres perdieron __3.__ *(el campeonato / el campeón)* por segunda vez.

B —Por unos minutos, pensábamos que el partido iba a terminar en un __4.__ *(empate / tanteo)* pero en los __5.__ *(últimos / primeros)* segundos el jugador de los Osos __6.__ *(metió un gol / compitió)* y ellos ganaron. Al final, el __7.__ *(tanteo / concurso)* fue 4 a 3. ¡Qué horror!

A —Ese jugador es un __8.__ *(atleta / entrenador)* fenomenal. Lo __9.__ *(entrevistaron / empataron)* anoche en la tele después de que le dieron el __10.__ *(tanteo / premio)* por ser el mejor jugador del partido.

B —Sí, vi la entrevista también. Parece ser un hombre muy bueno. Dijo que ganaron a causa de los esfuerzos *(efforts)* de todos los jugadores en el equipo y de sus __11.__ *(entrenadores / presentadores)*. También le dio las gracias a su familia y al __12.__ *(comentario / público)* que siempre lo apoyan *(support)*.

5 ¿Quién lo hace?

Leer • Escribir

Escribe la persona, el lugar o la cosa apropiada que corresponde a cada una de estas descripciones.

1. La persona que mete un gol es ____.

2. La persona que da los premios en un programa de concursos es ____.

3. La persona que gana el campeonato es ____.

4. La persona que gana el concurso de belleza es ____.

5. El grupo de personas que ven una competencia o un concurso es ____.

6. La persona que les dice a los jugadores lo que deben hacer es ____.

7. El lugar donde ocurre el concurso de belleza es ____.

8. El grupo de equipos que compiten unos contra otros es ____.

También se dice . . .

la **competencia** = la competición
(muchos países)

6 La nueva reina

Leer • Escribir

Lee este artículo de las páginas sociales de un periódico sobre un evento muy especial. Después contesta las preguntas.

Felicitaciones a la Señorita Centroamérica

María Isabel Fernández Melgarejo

Anoche, en todas las ciudades y pueblos de El Salvador, la gente se volvía loca. Por primera vez en la historia de esta pequeña nación, pueden proclamar que la reina del Concurso de belleza, la Señorita Centroamérica, es una joven salvadoreña. La nueva reina es María Isabel Fernández Melgarejo, nativa de Zacatecoluca, Departamento de La Paz. La señorita Melgarejo, una joven talentosa y bonita de 19 años, participó en la competencia de talento con una voz fenomenal, cantando "Mi último recuerdo eres tú". Momentos antes de anunciar a la nueva reina había un silencio increíble en el auditorio. Cuando el presentador Mario Montero anunció el nombre de la joven salvadoreña, el público comenzó a gritar y a aplaudir. Después, en una entrevista, la nueva Señorita Centroamérica habló de sus planes como reina en el año que viene: visitar a personas enfermas y heridas en los hospitales de su país.

1. ¿Qué evento ocurrió anoche? ¿Cómo resultó el evento?

2. ¿Por qué es tan especial el resultado del evento?

3. ¿Qué hizo la nueva reina en la competencia de talento?

4. ¿Quién es Mario Montero y qué hizo en el concurso?

5. ¿El público se puso alegre o agitado cuando oyó el nombre de la nueva reina? ¿Por qué?

6. ¿Qué quiere hacer la nueva reina para ayudar a los demás?

7 ¿Qué dices . . . ?

Escribir • Hablar

Imagina que no leíste bien el artículo de la Actividad 6 sobre la nueva reina. Escribe cuatro frases con información incorrecta sobre lo que ocurrió. Lee tus frases a otro(a) estudiante. Tu compañero(a) tiene que corregir *(correct)* tu información.

Modelo

A —*Es la segunda vez que la reina es de El Salvador, ¿no?*

B —*No, no tienes razón. Es la primera vez que ella es de El Salvador.*

8 Escucha y escribe jdd-0688

Escuchar • Escribir • Hablar

1 Unos jóvenes hablan de cómo se sienten cuando ven diferentes programas de televisión. Escribe las cinco frases que escuchas.

2 Habla con otro(a) estudiante. ¿Cuál de las reacciones es más similar a la tuya? ¿Cuál es más diferente? ¿Por qué?

9 ¿Cuándo te sientes así?

Escribir • Hablar

Escribe una frase para decir en qué situaciones te sientes así *(this way)*. Lee tus frases a otro(a) estudiante para ver si se siente lo mismo.

1. me aburro
2. me enojo
3. me pongo emocionado, -a
4. me vuelvo loco, -a
5. me pongo agitado, -a
6. me pongo alegre

> **Modelo**
>
> me pongo furioso, -a
>
> A —*Me pongo furiosa cuando mi hermana usa mis cosas sin mi permiso. ¿Y tú?*
>
> B —*Pues, no tengo hermanos. Pero me pongo furioso cuando un amigo me miente. ¿Y tú?*
>
> A —*Sí, me pongo muy furiosa cuando alguien me miente.*

10 Y tú, ¿qué dices?

Escribir • Hablar

1. ¿Qué clase de programa te gusta ver en la televisión, un programa de premios o un programa de entrevistas? ¿Por qué?

2. ¿Cuál es tu programa de concursos favorito? ¿Quién es el (la) presentador(a)? ¿Qué clase de premios dan?

3. ¿Quién es tu jugador(a) profesional favorito(a)? ¿Compitió recientemente en un campeonato? ¿Ganó o perdió?

4. ¿Conoces a algún (alguna) entrenador(a) profesional o de tu comunidad? ¿Con qué deportes o equipos trabaja él (ella)? ¿Cómo es?

Sergio García, de España, participa en un campeonato de golf.

Rafael Nadal, tenista español

11 La Serie del Caribe

Leer • Hablar

¿Eres aficionado(a) al béisbol? Lee la información y contesta las preguntas.

Campeones del Caribe

Miguel Tejada de las Águilas de la República Dominicana compite en la Serie de Béisbol del Caribe.

Si te gusta el béisbol, la Serie de Béisbol del Caribe es una de las mejores competencias después de la Serie Mundial de las Ligas Mayores.

Equipos de México, Venezuela, la República Dominicana y Puerto Rico participan en esta serie. Cada equipo tiene cientos y hasta miles de aficionados que lo apoyan[1] durante el campeonato. La gente se reúne para disfrutar de[2] una semana del béisbol extraordinaria.

Un ejemplo de la emoción que despierta este evento fue la Serie del Caribe de 2007. En este campeonato, se jugaron doce partidos y cada equipo jugó contra los otros equipos dos veces. Hubo partidos inolvidables y participaciones increíbles de jugadores como Tony Batista, el Jugador Más Valioso (MVP). Ese año, los dominicanos terminaron como los campeones de la serie.

La primera batalla[3] comenzó con la República Dominicana y Venezuela en el partido más largo en la historia de la serie. Los dos equipos estuvieron empatados 3 a 3 por 18 entradas[4]. Al final, los dominicanos ganaron 4 a 3. Ese día los aficionados celebraron con una gran fiesta. La República Dominicana tuvo otra dramática victoria cuando volvió a ganar el tercer partido contra Puerto Rico por 12 a 0.

La República Dominicana obtuvo por décima vez el título de campeón de la serie de ese año. Los aficionados celebraron el resultado de este campeonato con cantos y bailes en las calles. Una vez más, el campeonato de la Serie del Caribe fue un gran éxito[5] y todos los aficionados quedaron contentos por ver jugar a sus equipos.

[1]support [2]enjoy [3]battle [4]innings [5]success

1. ¿Qué países compiten en la serie?

2. ¿Qué equipos jugaron en el primer partido de la serie?

3. ¿Por qué el partido entre la República Dominicana y Venezuela fue importante?

4. ¿Cuál fue el tanteo final entre la República Dominicana y Puerto Rico?

5. ¿Qué hicieron los aficionados después de los partidos?

Fondo cultural

El mundo hispano

Latinoamericanos en el béisbol Hoy en día hay más de 200 jugadores de América Latina en las Ligas Mayores. Se dice que el béisbol caribeño "empezó" en Cuba en el año 1874, con una competencia entre dos equipos cubanos. Luego la popularidad del deporte pasó a algunos países latinoamericanos. En julio de 1895 se estableció el primer club venezolano, y en 1943 empezó la Federación Mexicana de Béisbol. El club atlético Licey, el club más antiguo de béisbol dominicano, se fundó en 1907.

• ¿Crees que el béisbol es tan popular en América Latina como en los Estados Unidos? Explica.

Francisco Rodríguez, de los Angels de Los Angeles-Anaheim

Gramática

Preterite of -ir stem-changing verbs

In the preterite, -ir verbs like *preferir, pedir,* and *dormir* also have stem changes but only in the *Ud./él/ella* and *Uds./ellos/ellas* forms. In these forms *e* changes to *i* and *o* changes to *u.*

Mi mamá se aburrió y **se durmió** durante la película.

Mis padres **prefirieron** ver el concurso de belleza.

En la liga **compitieron** los mejores equipos de México.

preferir (e → i)		pedir (e → i)		dormir (o → u)	
preferí	preferimos	pedí	pedimos	dormí	dormimos
preferiste	preferisteis	pediste	pedisteis	dormiste	dormisteis
prefirió	prefirieron	pidió	pidieron	durmió	durmieron

• Note the special spelling of the preterite forms of *reír: reí, reíste, rió, reímos, reísteis, rieron*

Here are other -ir verbs with stem changes in the preterite tense.

• Verbs like *preferir: divertirse, mentir, sentirse*

• Verbs like *pedir: competir, despedirse, repetir, seguir, servir, vestirse*

• Verbs like *dormir: morir*

• Verbs like *reír: sonreír*

GramActiva VIDEO

Want more help with the preterite of -ir stem-changing verbs? Watch the **GramActiva** video.

repetir → repitió

12 Ayer fue diferente

Leer • Escribir

La familia Sánchez ve los mismos programas de televisión todos los días y tiene la misma reacción, pero ayer fue diferente. Completa las frases con las formas de los verbos en el presente y en el pretérito.

Modelo

(divertirse) Pablito casi siempre se divierte cuando juega videojuegos en la tele, pero ayer no se divirtió.

1. *(preferir)* Generalmente el Sr. Sánchez ____ ver los partidos en la tele, pero ayer ____ ver un programa de entrevistas.
2. *(sentirse)* Ayer la abuela ____ bastante triste después de ver su telenovela favorita, pero por lo general ella ____ muy entusiasmada después de verla.
3. *(dormirse)* La Sra. Sánchez casi siempre ____ durante uno de los comentarios en la tele, pero ayer no ____. Vio el comentario completo.
4. *(reírse)* A menudo los miembros de la familia ____ cuando escuchan al presentador en el programa de concursos. Ayer no ____ tanto.

13 Los Juegos Olímpicos _____

Escribir

En los Juegos Olímpicos del 2008 en Beijing, China, atletas de varios países hispanohablantes ganaron medallas. Aquí ves a algunos de los campeones y la información sobre el evento y las medallas que ganaron. Forma frases para decir en qué evento compitió cada atleta y qué medalla ganó.

Irving Saladino, de Panamá, gana la primera medalla de oro para Panamá en las Olimpíadas de Beijing en 2008.

Modelo

Irving Saladino, Panamá, salto largo, oro
Irving Saladino compitió en el salto largo y ganó una medalla de oro.

1. Diego Salazar, Colombia, levantamiento de pesas, plata
2. los argentinos, fútbol, oro
3. Yulis Gabriel Mercedes, República Dominicana, taekwondo, plata
4. Osmai Acosta Duarte y Yordenis Ugás, Cuba, boxeo, bronce
5. las argentinas, hockey, bronce
6. Rafael Nadal, España, tenis, oro

Tatiana Ortiz y Paola Espinosa, de México, ganan la medalla de bronce en salto _(diving)_ en las Olimpíadas de Beijing en 2008.

14 Un camarero distraído ♻ _____

Leer • Escribir

Ayer Úrsula fue al restaurante Cancún con su mamá, y el camarero no les sirvió lo que pidieron. Lee su diálogo con su amigo Raúl y escribe las formas correctas de los verbos.

Raúl: ¿Cómo fue tu visita al restaurante ayer?

Úrsula: ¡Terrible! El camarero no nos __1.__ _(servir)_ lo que nosotras __2.__ _(pedir)._

Raúl: ¿De veras? ¿Qué __3.__ _(pedir)_ Uds.?

Úrsula: Primero, yo __4.__ _(pedir)_ una hamburguesa con queso, pero el camarero me __5.__ _(servir)_ arroz con pollo.

Raúl: ¿Y qué pasó con tu mamá?

Úrsula: Ella __6.__ _(pedir)_ una ensalada y una sopa. ¡Luego nuestro camarero y otro camarero también le __7.__ _(servir)_ bistec con papas fritas! Mi mamá le __8.__ _(repetir)_ lo que nosotras __9.__ _(pedir)._

Raúl: ¿Qué hizo él?

Úrsula: Pues, él __10.__ _(sonreír)_ y todos nosotros __11.__ _(reír)._ Pero, ¿sabes? Quizás él __12.__ _(divertirse)_ anoche, pero nosotras no __13.__ _(divertirse)_ mucho. No pensamos regresar a ese restaurante.

15 Eventos importantes en la televisión

Leer • Escribir • Hablar

El invento de la televisión trajo muchos eventos importantes al hogar *(home)*.
Lee la información sobre las noticias transmitidas por televisión y contesta
las preguntas.

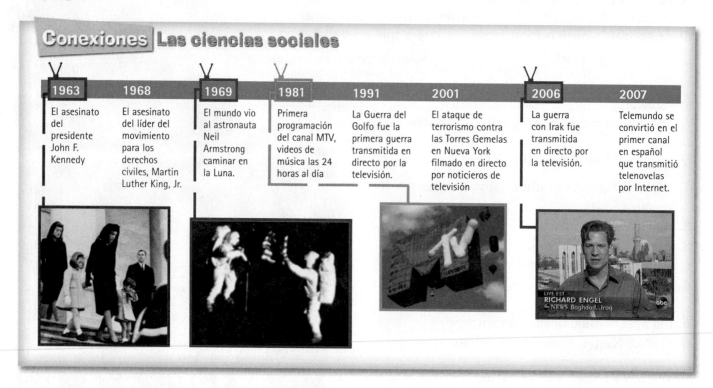

Conexiones | Las ciencias sociales

1963	1968	1969	1981	1991	2001	2006	2007
El asesinato del presidente John F. Kennedy	El asesinato del líder del movimiento para los derechos civiles, Martin Luther King, Jr.	El mundo vio al astronauta Neil Armstrong caminar en la Luna.	Primera programación del canal MTV, videos de música las 24 horas al día	La Guerra del Golfo fue la primera guerra transmitida en directo por la televisión.	El ataque de terrorismo contra las Torres Gemelas en Nueva York filmado en directo por noticieros de televisión	La guerra con Irak fue transmitida en directo por la televisión.	Telemundo se convirtió en el primer canal en español que transmitió telenovelas por Internet.

1. ¿Cuándo caminó en la Luna Neil Armstrong?
2. ¿Quién se murió en 1968?
3. ¿Qué se vio por primera vez en 1991?
4. ¿Cuál de estos eventos tuvo el mayor impacto en tu vida?

5. Piensa en una noticia importante que viste en la televisión. ¿Cómo te sentiste cuando lo viste?
6. Piensa en algún evento histórico que viste en la televisión con otras personas. ¿Cómo se sintieron?

16 Y tú, ¿qué dices?

Escribir • Hablar

1. ¿Qué viste recientemente en la televisión? ¿Los miembros de tu familia también lo vieron o prefirieron ver otro programa?

2. ¿Te dormiste recientemente cuando estabas viendo la tele? ¿Te dormiste porque estabas muy cansado(a) o porque te aburriste mucho?

Más práctica

- **Guided** Gram. Practice pp. 211–213
- **Core** Gram. Practice p. 117
- **Communication** Writing p. 113, Test Prep p. 256
- *Real.* **para hispanohablantes** pp. 214–217, 220

 realidades.com

- Audio Activities
- Video Activities
- Speak & Record
- Animated Verbs
- Tutorial
- Leveled Workbook
- Web Code: jdd-0604

Gramática

Other reflexive verbs

Other reflexive verbs use reflexive pronouns and verb forms but do not have the meaning of a person doing an action to or for himself or herself. These reflexive verbs often describe a change in mental, emotional, or physical state, and can express the idea that someone "gets" or "becomes."

Examples of these verbs are:

aburrirse	to get bored	enojarse	to become angry
casarse	to get married	ponerse (furioso, -a; alegre; . . .)	to become (furious, happy, . . .)
divertirse	to have fun		
dormirse	to fall asleep	volverse loco, -a	to go crazy

Se durmieron durante la película.

Se puso alegre después de ganar.

> **¿Recuerdas?**
>
> You know that you use reflexive verbs to say that people do something to or for themselves.
>
> • Felipe **se afeitaba** mientras yo **me cepillaba** los dientes.

GramActiva VIDEO

Want more help with other reflexive verbs? Watch the **GramActiva** video.

Se aburre.

17 En la casa de mi novia

Leer • Escribir

A Lorenzo le gusta ir a la casa de su novia, pero ¡no es nada divertido ver la tele con sus padres! Completa su descripción con las formas apropiadas de *aburrirse, divertirse, dormirse* y *ponerse.*

No me gusta ver la tele con los padres de mi novia. Les gusta ver los programas educativos. No me gustan estos programas y __1.__ viéndolos. Y lo malo es que su papá casi siempre __2.__ durante los programas y nunca los ve hasta el final. Pero si yo quiero ver otra cosa y cambio (*I change*) de canales, él siempre se despierta. Entonces __3.__ un poco agitado porque su programa no está en la pantalla. Ellos también __4.__ viendo los programas de concursos que a mí me parecen muy tontos. Su mamá __5.__ emocionada cuando sabe la respuesta correcta o el precio correcto de algún objeto. Me encanta visitar a mi novia pero si veo la tele, __6.__ más cuando estoy en mi propia casa.

"Operación Triunfo", un programa de concursos de España

18 Los programas

Hablar

¿Cómo te sientes cuando ves cada clase de programa? Con otro(a) estudiante, pregunta y contesta según el modelo.

Estudiante A

1.
2.
3.
4.
5.
6.

Estudiante B

aburrirse   ponerse agitado, -a
divertirse   alegre
dormirse   emocionado, -a
                   enojado, -a
                   furioso, -a

¡Respuesta personal!

19 Un empate

Hablar • Escribir

¿Qué pasó cuando el partido resultó en un empate? ¿Cómo estuvieron los aficionados? Trabaja con otro(a) estudiante para describirlos. Usa los verbos de la Actividad 18. Luego imagina que tú estabas en el estadio durante el partido. ¿Cómo te sentiste tú cuando el partido resultó en un empate?

Modelo

David
A —¿Cómo estuvo David durante el partido?
B —Se puso agitado.

Pepe y Luisa

José

Guillermo

David

Carlota y Miguel

Paco

Ramón

Juanita y su hija

LOS LEONES 2
LOS JAGUARES 2

20 Y tú, ¿qué dices?

Escribir • Hablar

Escoge un verbo del recuadro y escribe tres o cuatro frases describiendo cuándo y por qué te sentiste así.

Modelo

Mis amigos y yo queríamos ir al cine el sábado a ver una nueva película. Mi mamá me dijo que tenía que ir con mi familia a la casa de mis tíos. Me puse furioso.

aburrirse	ponerse agitado, -a
divertirse	alegre
enojarse	emocionado, -a
	furioso, -a

¿Recuerdas?

Remember that when telling a story in the past, the preterite tense describes actions that began and ended at a specific time. The imperfect tense, however . . .

- provides background information such as time and weather conditions.
- describes the existing physical, mental, and emotional states of a person or thing.
- says what was happening when something else took place.

21 Las pantallas

Escribir • Hablar

Mira el cuadro de Mariano Sapia, un artista argentino. Luego contesta las preguntas.

1. En "Pantallas", ¿dónde está la gente?

2. ¿Qué hace la gente? ¿Qué ve en los televisores? ¿Hay una diferencia entre los televisores y las ventanas de las tiendas?

3. ¿Por qué crees que tanta gente mira la cancha de fútbol donde nadie juega y tan poca gente mira el otro televisor? ¿Cómo piensas que se siente la gente?

"Pantallas" (2002), Mariano Sapia

Oil on canvas, 120 x 170 cm. Photo courtesy of Praxis International Art, New York.

El español en la comunidad

La cadena de televisión número uno en Nueva York, Los Ángeles y Chicago para ver las noticias entre adultos de 18 a 34 años no es ni ABC, ni CBS, ni NBC, ni Fox, ni CNN. Es Univisión, la cadena en español más grande y más vista de los Estados Unidos. Muchos profesores de español en los Estados Unidos recomiendan Univisión para sus estudiantes.

- ¿Tienes canal de Univisión en tu comunidad? ¿Por qué puede ser bueno ver algunos programas en Univisión?

Pronunciación

Regional variations of *ll* / *y* and *c* / *z* 🔊

jdd-0688

The majority of Spanish speakers do not distinguish between *ll* and *y*, pronouncing both like *y* in the English word *yes*. Listen to and say these words and sentences as the majority of Spanish speakers would:

rodilla   joyas   cepillo   rayas

llamar   sellos

Tiene que llevar un yeso.

La calle está cerca de la playa.

Note, however, that the pronunciation of *ll* and *y* varies around the Spanish-speaking world. In Argentina and Uruguay, *ll* and *y* are pronounced like the *s* in the English word *measure*. In other countries, the *ll* is pronounced with a hint of an *l*, much like the English word *million*, but a bit softer.

Listen to and say the words and sentences above again, first as a speaker from Argentina or Uruguay would pronounce them, and then as many other Spanish speakers would.

Enjoy this children's riddle from Mexico:

> **A ver tú chiquitillo,**
> **cara de pillo,**
> **si sabes contestar.**
> **Es muy grande y muy feo**
> **fuerte y fiero**
> **y vive por el mar.**

In Latin America and parts of Spain, *c* before *e* and *i,* and *z* before a vowel are pronounced like the *s* in *sink*. In some parts of Spain, however, these letters are pronounced like the *th* in *think*.

Listen to and say the following words as most Spaniards would pronounce them:

cierto dice bronce ciclismo concierto

belleza abrazo azúcar buzón comenzar

¡Compruébalo! Try this tongue twister about a cat:

> **Gato cenizoso,**
> **sal de ceniza**
> **descenizósate, gato.**

Fondo cultural

España

Concursomanía En España, durante los últimos años, se han estrenado *(have premiered)* muchos programas de concursos donde los participantes compiten contestando preguntas de cultura general. Programas como "Pasapalabra" o "Saber y ganar" son divertidos y dan muchos premios como dinero, coches y viajes. Recientemente, los concursos de supervivencia *(survival)* están de moda. Con frecuencia, los concursantes se convierten en personajes muy populares, conocidos en todo el país.

• Compara la popularidad de los programas de concursos y de supervivencia en España y en los Estados Unidos. ¿Son similares estos programas o son diferentes?

Participantes en el programa "Gran Hermano", en España

22 Juego

Escribir • Hablar • GramActiva

1 Trabaja con un grupo de tres. En pequeñas hojas de papel o tarjetas, escriban palabras que conocen de este capítulo y otros capítulos que pueden usar para contar lo que pasó en los dibujos.

2 Pongan todas las tarjetas en un grupo boca abajo *(facedown)*. Un(a) estudiante toma una tarjeta y forma una frase usando la palabra para contar lo que pasó.

> **Modelo**
>
> *Los aficionados se pusieron muy alegres.*

el tanteo   alegres

los aficionados

23 El cuento

Escribir • Hablar

Usen las ideas de la Actividad 22 y preparen el cuento de lo que pasó en las ilustraciones. Vean la nota *¿Recuerdas?* en la página 307 para recordar cómo usar el pretérito y el imperfecto juntos en un cuento. Presenten su cuento a otro grupo, a su profesor(a) o a la clase.

Más práctica

- **Guided** Gram. Practice pp. 214–215
- **Core** Gram. Practice pp. 118–119
- **Communication** Writing p. 114
- *Real.* **para hispanohablantes** pp. 218–219, 221

realidades.com

- Audio Activities
- Video Activities
- Speak & Record
- Canción de hip hop
- Leveled Workbook
- Web Code: jdd-0605

Lectura

Objectives

- Read about the Pan-American Games
- Create a TV guide
- Review a television program
- Watch *En busca de la verdad*, Episodio 7

Los Juegos Panamericanos

Atletas en la ceremonia de inauguración en Winnipeg, Canadá

Estrategia

Using prior knowledge
When reading a text in Spanish, use your knowledge of the subject in English to help you understand the context of the reading. The following piece is about the Pan-American Games, an event similar to the Summer Olympics. What would you expect to find in a reading about a major sporting event?

LOS JUEGOS PANAMERICANOS se establecieron para promover la comprensión entre las naciones del continente americano. Los primeros Juegos se inauguraron el 25 de febrero de 1951 en Buenos Aires, con 2,513 atletas de 22 países. El lema[1] de los Juegos —"América, Espirito, Sport, Fraternité"— incorpora cuatro de los idiomas más importantes de las Américas: el español, el portugués, el inglés y el francés. Todos los países de las Américas pueden mandar atletas a competir. Aproximadamente el 80 por ciento de los deportes de los Juegos Panamericanos se juegan en las Olimpíadas. Los Juegos Panamericanos se celebran cada cuatro años durante el verano previo a los Juegos Olímpicos.

EL LOGOTIPO de los Juegos Panamericanos de Guadalajara 2011 es una llama de fuego *(flame)* que representa a las Américas y al deporte olímpico. Tiene cuatro colores: tres corresponden a los colores de los aros *(rings)* olímpicos y el magenta hace referencia a México.

[1] motto

LOGOS Y MASCOTAS

Para conmemorar los Juegos Panamericanos, cada cuatro años el país anfitrión[3] crea una mascota que representa algo histórico o cultural del país.

La Habana, Cuba, 1991

Tocopan—El nombre de la mascota oficial de los Juegos Panamericanos en la Habana proviene de la combinación de la palabra Tocororo (considerado el ave nacional de Cuba por poseer los colores de la bandera nacional) con la palabra *Panamericanos.*

Mar del Plata, Argentina, 1995

Lobi—El león marino es un habitante tradicional del mar cerca de la ciudad de Mar del Plata. Sonriendo con brazos abiertos, Lobi da cordiales saludos de bienvenida a la familia panamericana.

Santo Domingo, República Dominicana, 2003

Tito—El manatí es una especie en peligro de extinción. Tito, la mascota, simboliza el deseo que tienen los dominicanos de proteger su medio ambiente.

Río de Janeiro, Brasil, 2007

Cauê—Ésta no es una mascota típica porque no es un animal. Es un sol que representa el clima tropical de Brasil y la idea de que todos pueden participar en los deportes. Más de un millón de brasileños votaron para seleccionar el nombre "Cauê".

JEFFERSON PÉREZ: UN HÉROE NACIONAL

En el año 1995, el ecuatoriano Jefferson Pérez ganó la medalla de oro en la marcha[4] de 20 km durante los Juegos Panamericanos de Mar del Plata, Argentina. Se convirtió en un héroe nacional de Ecuador cuando ganó otra vez la medalla de oro en 1996, en Atlanta, Estados Unidos, durante los Juegos Olímpicos. Fue la primera vez que un atleta de Ecuador ganó una medalla de oro en las Olimpíadas. Además de esta importante victoria, Pérez ganó tres medallas de oro en los Juegos Panamericanos de Mar del Plata 1995, Santo Domingo 2003 y Río de Janeiro 2007, y una de plata en los Juegos Olímpicos de Beijing 2008. Jefferson Pérez vino de un barrio muy pobre de Cuenca, Ecuador, y llegó a ser un símbolo de lo que uno puede alcanzar[5] con mucho trabajo y esfuerzo.

Jefferson Pérez ganó otra vez la medalla de oro en los Juegos Panamericanos en 2007.

La bandera de Ecuador

[3]host country   [4]speed walking   [5]accomplish

¿Comprendiste?

1. ¿Cómo representan el lema y el símbolo de los Juegos Panamericanos los diferentes países del continente?

2. ¿Por qué son importantes los Juegos Panamericanos para un(a) atleta que quiere competir en las Olimpíadas?

3. ¿Qué representan las mascotas de los Juegos? ¿Qué representa el manatí?

4. ¿Por qué llegó a ser un héroe nacional Jefferson Pérez?

Y tú, ¿qué dices?

1. ¿Crees que un(a) atleta puede ser un(a) héroe (heroína) nacional? ¿Por qué?

2. Tienes que crear una mascota y un cartel para una celebración para unos juegos deportivos internacionales en tu comunidad. ¿Qué pones en el cartel? ¿Cómo es la mascota?

Más práctica

- **Guided** Reading Support p. 216
- **Communication** Writing p. 115, Test Prep p. 257
- *Real.* **para hispanohablantes** pp. 222–223

realidades.com ✔
- Internet Activity
- Leveled Workbook

La cultura en vivo
La guía de la tele

¿Sabías que las guías (*guides*) de televisión son las revistas más leídas en muchos países hispanohablantes? A la gente le gusta informarse de lo que hay en la televisión y por eso consulta las guías. Muchos periódicos publican la programación en sus ediciones diarias y, los fines de semana, publican una guía para toda la semana.

Preparar una buena programación no es fácil. La programación debe tener variedad e interés para muchas personas. Tiene que ser divertida, ofrecer noticias informativas y tener programas culturales también.

El presentador de un programa de noticias de Telemundo, *Noticiero Telemundo*.

Objetivo

Hacer una guía de programas de televisión

Materiales

• papel, marcadores y lápices de colores

Instrucciones

Formen grupos de dos o tres estudiantes.

1 Van a planear la programación en un canal para un día de la semana desde las cuatro de la tarde hasta medianoche.

2 Escojan la clase de programas que quieren ofrecer (informativos, culturales, cine, concursos, deportivos y más) y las horas en que se dan. ¡Cuidado! En los países hispanohablantes se usa un horario de programación de 24 horas. ¡No se olviden de dar un nombre a cada programa!

3 Preparen la guía. Usen colores diferentes para las diferentes clases de programas.

4 Al final de la guía, escriban una recomendación para el mejor programa del día.

Programación de televisión para el martes

HORA	Canal 2	Canal 3	Canal 4	Canal 7
06:30	Noticias	El tiempo	Dibujos animados	Música
07:00	¡Hagamos ejercicio!	Programa escolar	Mundo animal	
07:30	Grandes viajes			Actualidad deportiva
08:00				El tiempo
08:30	La buena cocina	Las aventuras de Simón	Tú y yo	Pueblos de América
09:00	Noticias			
09:30	Cine clásico	Medicina y salud	Fútbol mundial	Película
10:00				
10:30		Siglo XXI		
11:00				Vida en el mar
11:30	Telenovela	Película infantil	Noticias	
12:00				

Presentación oral
Un programa de televisión

Task
Choose your favorite television program and prepare a review of it to present to your class.

1 Prepare Look at a TV guide and find a program you like to watch and other people might like to watch as well. What essential facts would your listeners need to know in order to decide which TV show to watch? Make a list and then fill in the facts about the program you have chosen. Include the following:

• nombre del programa

• descripción

• día, hora y canal

• para quién (niños, adolescentes, mayores o todos)

• actores / presentadores

• lo que ocurrió en un episodio reciente

• un adjetivo que describe el programa

• cómo te sentiste cuando viste el programa

• por qué te gustó o no te gustó

2 Practice Go through your presentation several times. You can use your notes in practice, but not when you present. Try to:

• present a persuasive and interesting review

• provide all the information on the program

• use complete sentences and speak clearly

Modelo

Mi programa de televisión favorito es Survivor. *Lo dan en el canal seis a las nueve de la noche los jueves . . .*

3 Present Make your presentation about the TV program.

4 Evaluation Your teacher may give you a rubric for how the presentation will be graded. You will probably be graded on:

• how persuasive your review is

• how much information you communicate

• how easy it is to understand you

Estrategia

Note-taking
Taking notes can help you prepare for an oral or written presentation. As you watch the show you are reviewing, take notes to help you remember details. What do you like about the show? What happens in the particular episode?

realidades.com
• Speak & Record

En busca de la verdad

Episodio 7

Antes de ver el video

"Señor, no podemos darle tal información".

"Papá, creo que tengo una pista para saber lo que pasó con el abuelo".

Nota cultural La palabra "estudiantina" se usa para hablar de un grupo musical de estudiantes universitarios. Su origen es muy antiguo, y viene de los músicos cantores llamados trovadores. Los trovadores cantaban en las calles, y hoy las estudiantinas cantan en los parques y en las plazas. En México hay más de 200 estudiantinas. Algunas se presentan en Guanajuato durante el festival de teatro que se celebra todos los años.

Resumen del episodio

Roberto, Linda y Julio pasan el día paseando por Guanajuato. Por la tarde, Roberto y Linda van al Jardín de la Unión y escuchan una estudiantina. Al día siguiente, Roberto habla con la familia de lo que sabe sobre el abuelo. El misterioso hombre del episodio anterior llega a Guanajuato.

Palabras para comprender
mensaje message
si me permites if you allow me
a eso de las 9 around 9 o'clock
Están de acuerdo. They agree.
pasado past
pronto soon
pista clue

Después de ver el video

¿Comprendiste?

A. Escoge la palabra correcta entre paréntesis y di quién dice cada frase. (Roberto, Linda, Julio o Tomás Toledo)

a. "No olvides el de Diego Rivera. Fue su _____ casa". (última / primera / bella)

b. "Luego Julio tuvo que _____". (acostarse / irse / salir)

c. "¿Quieres comer o _____ algo mientras esperamos?" (jugar / tomar / ponerte)

d. "El abuelo _____ una cuenta en un banco de los Estados Unidos". (cambió / cerró / abrió)

e. "Por eso en el Banco de San Antonio estaban _____". (confundidos / bravos / asustados)

f. "Hijo, a veces es mejor no tocar el _____". (teléfono / dolor / pasado)

B. Habla de los planes de Roberto. ¿Adónde va a ir para seguir las pistas? ¿Con quién? ¿Qué quiere el hombre misterioso?

Nota cultural El Jardín de la Unión es el parque más importante de Guanajuato. Está sembrado de árboles llamados *Laureles de la India* y tiene la forma de un triángulo. Por eso los habitantes de la ciudad llaman este parque "pedazo de queso". Allí hay un quiosco donde toca la banda del estado. Los parques y las plazas siempre han sido lugares de reunión para los mexicanos. Son espacios públicos que todos pueden disfrutar.

"¡Tú vas con nosotras!"

- Web Code: jdd-0209

Repaso del capítulo

Vocabulario y gramática

jdd-0689

to talk about a sporting event

el aficionado la aficionada	fan
al final	at the end
aplaudir	to applaud
el / la atleta	athlete
el campeón, la campeona, pl. los campeones	champion
el campeonato	championship
la competencia	competition
competir (e → i)	to compete
el empate	tie
el entrenador, la entrenadora	coach, trainer
fenomenal	phenomenal
el jugador, la jugadora	player
la liga	league
meter un gol	to score a goal
perder (e → ie)	to lose
por . . . vez	for the . . . time
resultar	to result, to turn out
el tanteo	score
último, -a	last, final

to talk about a contest

el auditorio	auditorium
el comentario	commentary
el concurso de belleza	beauty contest
la entrevista	interview
entrevistar	to interview
un millón de / millones de	a million / millions of
el premio	prize
el presentador, la presentadora	presenter
el público	audience
la reina	queen

For *Vocabulario adicional,* see pp. 498–499.

to talk about how you feel

aburrirse	to get bored
agitado, -a	agitated
alegre	happy
emocionado, -a	excited, emotional
enojado, -a	angry
enojarse	to get angry
furioso, -a	furious
ponerse + adjective	to become
volverse (o → ue) loco, -a	to go crazy

other useful words

dormirse (o → ue, o → u)	to fall asleep
morirse (o → ue, o → u)	to die

preterite of *-ir* stem-changing verbs

preferir

preferí	preferimos
preferiste	preferisteis
prefirió	prefirieron

pedir

pedí	pedimos
pediste	pedisteis
pidió	pidieron

dormir

dormí	dormimos
dormiste	dormisteis
durmió	durmieron

Más práctica

- **Core** Puzzle p. 120, Organizer p. 121
- **Communication** Integrated Performance Assessment p. 258

realidades.com

- Tutorial
- Flashcards
- Puzzles
- Self-test
- Web Code: jdd-0608

Preparación para el examen

On the exam you will be asked to . . .	Here are practice tasks similar to those you will find on the exam . . .	If you need review . . .

Interpretive

jdd-0689

 1 Escuchar Listen and understand as people talk about a television program they saw

Listen as people talk about an awards show they saw on television. Try to identify their reactions to this type of show. Did they become angry? Emotional? Excited? Bored? Nervous?

pp. 294–297 *Vocabulario en contexto*
p. 300 Actividades 8–9

Interpersonal

 2 Hablar Talk about a recent television program you saw and describe your reactions to it

As part of a class project, you may be interviewed about a television program you saw. Practice what you might say by telling a partner: (a) what type of program you saw; (b) when you saw it; (c) how you reacted to the program.

p. 300 Actividad 10
p. 304 Actividad 16
p. 306 Actividad 18
p. 313 *Presentación oral*

Interpretive

 3 Leer Read and understand a description of a soccer game

Your friend just returned from a trip to Spain. He brought a newspaper clipping from a soccer game he saw. As you read, see if you can understand what happened.

pp. 294–297 *Vocabulario en contexto*
p. 298 Actividad 4
p. 299 Actividad 6
p. 301 Actividad 11
pp. 310–311 *Lectura*

MADRID CONOCE A BARCELONA
Ayer fue una competencia fenomenal. Millones de madrileños vieron el partido en la tele. En los primeros tres minutos del partido, el Real Madrid metió un gol. Treinta minutos más tarde, Morales de Barcelona también metió un gol. Un empate. Todos los aficionados se pusieron muy alegres durante el partido, pero el público se volvió loco cuando Madrid metió otro gol en los últimos dos minutos. Al final, el tanteo fue Madrid 2 y Barcelona 1.

Presentational

 4 Escribir Write about an occasion when you became angry

You may have heard that rather than acting out your anger, it is better to write about it to get it out of your system. Write about a recent event or situation that caused you to feel angry. Describe what happened and why you became angry.

p. 300 Actividad 9
p. 303 Actividad 14
p. 306 Actividad 19
p. 307 Actividad 20

Cultures

 5 Pensar Demonstrate an understanding of television shows on Spanish-speaking channels

Think about the popularity of soap operas, game shows, and sporting events on television stations in the United States. Do you think they would be popular choices on Spanish-language television stations too? Give examples from the chapter to support your answer.

p. 308 *Fondo cultural*
p. 312 *La cultura en vivo*

Fondo cultural

México

El centenario del cine mexicano se celebró en 1996, el mismo año que se emitió *(issued)* este sello, que representa a algunas de las estrellas más famosas del cine mexicano. La primera película mexicana, "El Presidente de la República paseando a caballo en el Bosque de Chapultepec", se filmó en 1896. Hoy en día, la moderna industria del cine mexicano produce películas que compiten en los premios Oscar de Hollywood.

• Imagina un sello para el centenario de la industria del cine en los Estados Unidos. ¿Qué películas se representan? ¿En qué sentido es similar al sello mexicano? ¿En qué sentido es diferente?

Centenario del Cine en México (1996), César Fernández de la Reguera y Patricia Mitre

¿Qué película has visto?

Chapter Objectives

- Discuss movie plots and characters
- Give opinions about movies
- Talk about activities you have done
- Understand cultural perspectives on movies

Video Highlights

Videocultura: *La televisión y el cine*

A primera vista: *El mosquito*

GramActiva Videos: verbs that use indirect object pronouns; the present perfect

Videomisterio: *En busca de la verdad,* Episodio 8

Country Connection

As you learn about movies you will make connections to these countries and places:

California
México
Costa Rica
Cuba
Puerto Rico
Panamá
España
Argentina

Más práctica

- *Real.* para hispanohablantes pp. 230–231

realidades.com **V**

- Leveled Workbook
- Web Code: jde-0002

Los premios Goya, en Barcelona

Vocabulario en contexto

jdd-0697

Objectives

Read, listen to, and understand information about
- movies
- making a movie

Tu casa - tu cine

PELÍCULAS NUEVAS:
Violencia en la ciudad
El amor eterno

LUNES Y MARTES:
Alquila dos películas por el precio de una.

2050

EL ROBO PERFECTO

robar

la ladrona

el ladrón

el crimen

los efectos especiales

el (la) extraterrestre

VIOLENCIA EN LA CIUDAD

película de acción

el detective

la detective

la víctima*

—**¿Has visto** la película *2050? ¿Qué tal es?**

—Pues, **me fascinan** las películas de ciencia ficción, pero **no he visto** esa película **todavía. Los críticos** han escrito varios artículos sobre la película y todos la **recomiendan.** Creo que la película **será** muy popular con el público.

—Bueno. ¿Se puede alquilar ya el video o el DVD?

—No. Todavía no.

*Note that *la víctima* is always feminine.

LAS CALLES CRUELES

arrestar

capturar

el criminal

la criminal

el galán

EL AMOR ETERNO

El galán **está enamorado de** la mujer, pero ella no **se enamora de** él hasta el final de la película.

Detrás de *En busca de la verdad*

En busca de la verdad tiene **un argumento** muy básico. Se trata de tres generaciones de una familia mexicana. Roberto le pregunta a su abuela dónde está su abuelo, Federico, pero nadie sabe qué le pasó. Roberto decide buscar la verdad.

la directora

los personajes principales

la escena

Dora Guzmán Trujillo, como directora, está en control de **la dirección** de la película. Roberto Castañeda **hace el papel de** Roberto. Él vive en la ciudad de Querétaro y ha participado en muchas obras de teatro. Elia González hace el papel de Linda. Ella también vive en Querétaro y hace muchos años que es actriz. A los dos jóvenes les gusta **la actuación** y desean tener **papeles** cada vez más importantes en el cine, el teatro y la televisión.

1 ¿Qué película es? jdd-0697

Escuchar

Mira los carteles de las películas que hay en las páginas 320 y 321. Escucha las frases y señala el cartel de la película que corresponde a cada frase.

2 ¿Cuánto sabes de las películas? jdd-0697

Escuchar
Escucha las frases y contesta las preguntas.

1. **a.** el personaje principal
   b. el director

2. **a.** la directora
   b. el actor

3. **a.** los extraterrestres
   b. los efectos especiales

4. **a.** se enamoran de ellos
   b. los capturan

Más práctica

- **Guided** Vocab. Flash Cards pp. 218–222
- **Core** Vocab. Practice pp. 122–123
- **Communication** Writing p. 122
- *Real.* **para hispanohablantes** p. 232

realidades.com
- Fondo cultural Activity
- Video Activities
- Online Atlas
- Web Code: jdd-0611

Más vocabulario

la estrella (del cine)   star, (movie) star

tratarse de   to be about

El mosquito

¿Qué pasa en la película que hace Manolo para su clase? ¿Quién es "el mosquito"?

Estrategia

Predicting meaning
The images of a movie can tell a story, even if you don't hear the audio. Look at the images from Manolo's movie. What happens to Ramón? Will he get a good grade on the test?

Director: Manolo

Estudiante: Ramón

El mosquito: Claudia

Amiga: Teresa

1 **Profesor:** Buenos días. ¿Qué película vamos a ver primero? A ver . . . ¿Manolo?

Manolo: Bien. **Está basada en** la historia de un mosquito y un estudiante.

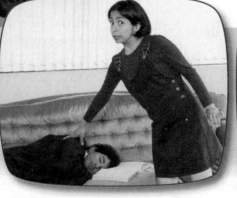

5 **Ramón:** ¿Lees? ¿Qué dice este libro?

Claudia: Se trata de la historia de los Estados Unidos. Tú puedes dormirte mientras que yo leo el libro. Mañana puedo decirte las respuestas durante el examen.

Ramón: Muy bien. Me voy a dormir.

6 **Teresa:** ¡Ramón, despiértate! ¿Has estudiado para el examen?

7 **Teresa:** ¿Qué es esto?

Ramón: ¡Mi libro! ¡Teresa! ¡Déjalo! ¡Lo necesito!

Claudia: ¡NOOOOO!

2 **Ramón:** Mañana tengo un examen y no he estudiado. No sé nada. ¿Qué puedo hacer?

3 **Claudia:** No vas a **matarme**, ¿verdad? ¡No quiero morirme!

Ramón: ¿Qué has dicho? ¿Tú hablas?

Claudia: Sí. Puedo hablar inglés y español.

4 **Claudia:** Yo puedo leer también.

Ramón: ¿Cómo? Yo tengo que estudiar y tú me molestas.

Claudia: ¿Quieres **tener éxito** en el examen? Yo puedo ayudarte a estudiar.

8 **Ramón:** ¡Teresa! ¡No! ¿Qué has hecho? Mi libro . . . El examen . . . ¿Qué voy a hacer? ¡Qué **fracaso**!

3 **¿Comprendiste?**

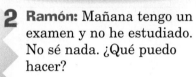

Leer · Escribir

En una hoja de papel escribe las frases de abajo, poniéndolas en orden cronológico.

1. Los dos deciden que el mosquito va a estudiar para el examen de historia.

2. Ramón le grita y ahora no sabe qué va a hacer.

3. Teresa cierra el libro.

4. Teresa entra en el cuarto para despertar a Ramón.

5. Ramón está nervioso porque tiene un examen y no ha estudiado.

6. El mosquito le dice a Ramón que puede hablar inglés y español.

7. Manolo le va a presentar su película a la clase.

8. Ramón va a matar al mosquito.

Más práctica

- **Guided** Vocab. Check pp. 223–226
- **Core** Vocab. Practice pp. 124–125
- **Communication** Video pp. 116–118
- *Real.* **para hispanohablantes** p. 233

realidades.com ✓

- Audio Activities
- Video Activities
- Leveled Workbook
- Flashcards
- Web Code: jdd-0612

Vocabulario en uso

4 ¿En qué película . . . ?

Hablar

Trabaja con otro(a) estudiante para hablar de las películas en que has visto a estas personas o cosas. ¿Qué clase de película es cada una? Si necesitas repasar *(review)* las diferentes clases de películas, ve las páginas 320 y 321.

Modelo

un criminal

A —*¿En qué película has visto a <u>un criminal</u>?*

B —*He visto a <u>un criminal</u> en El hombre araña. Es una película de acción.*

o:—*No he visto a <u>un criminal</u> en ninguna película.*

1.   2.   3.   4.   5.   6.

5 El crítico nos recomienda . . .

Leer • Escribir

Lee el siguiente artículo que escribió el crítico de películas del periódico. Escribe en una hoja de papel la palabra apropiada.

Muchos me preguntan, __1.__ *(¿Qué tal es / ¿Cómo estás)* la nueva película del __2.__ *(director / criminal)* Antonio Sánchez? Pues, en mi opinión, esta película va a ser un(a) __3.__ *(fracaso / escena)* total. __4.__ *(Los efectos especiales / El argumento)* de la película está(n) basado(s) en una novela de amor, pero esta película no es nada romántica: es una película de acción. ¡La película __5.__ *(se trata / hace el papel)* de la violencia, no del amor! En la novela, el personaje principal está __6.__ *(basado / enamorado)* de una joven bonita pero en la película él sólo trata de arrestar a los criminales. La __7.__ *(actuación / acción)* del actor que hace el papel del galán es terrible también. Y la __8.__ *(actuación / dirección)* del director Sánchez es peor. Por ejemplo, en la escena final, la víctima inocente se muere cuando los criminales la __9.__ *(capturan / fascinan)*. Y el detective no puede __10.__ *(arrestar / robar)* a los criminales. Si no __11.__ *(has visto / he visto)* esta película todavía, ¡no la recomiendo! __12.__ *(Alquila / Roba)* un video y quédate en casa.

6 Escucha y escribe jdd-0698

Escuchar • Escribir

Escucha las siguientes descripciones y escríbelas en una hoja de papel. Luego decide quién del recuadro hace cada acción y escribe su nombre al lado de la frase.

> el (la) criminal   el ladrón, la ladrona
>
> el crítico, la crítica   el director, la directora
>
> el galán   el (la) detective
>
> el (la) extraterrestre

También se dice . . .

el (la) extraterrestre = el marciano, la marciana (muchos países)

el ladrón, la ladrona = el bandido, la bandida; el malo, la mala (muchos países)

7 Las películas clásicas

Observar • Leer • Hablar

¿Te gusta ver las películas clásicas? Mira el cartel de cine de una película mexicana de los años 40. Luego, con otro(a) estudiante, contesta las preguntas.

1. ¿Qué clase de película es?

2. ¿Quién es la estrella de la película? ¿Pueden decir qué papel hace?

3. ¿Cómo se llama el director?

4. Según lo que ves en el cartel, ¿te gustaría ver esta película? ¿Por qué?

"Romeo y Julieta" (1943), director Miguel M. Delgado

Fondo cultural

México

La época de oro del cine mexicano Entre 1930 y 1950, el cine mexicano tuvo una época de oro, produciendo muchas películas y compitiendo con Hollywood. Uno de los actores más famosos de esta época fue Mario Moreno, mejor conocido como Cantinflas. Cantinflas era un cómico que hizo reír a muchos espectadores desde España hasta Argentina. En los años 60 el cine mexicano no pudo competir con la televisión y la época de oro se terminó.

• ¿Qué películas producidas en otros países conoces? ¿En qué sentido son similares a las películas producidas en los Estados Unidos? ¿En qué sentido son diferentes?

Mario Moreno, famoso actor mexicano

8 Los diferentes aspectos de una película

Escribir · Hablar

Habla con otro(a) estudiante sobre los diferentes aspectos de una película que ayudan a determinar si la película va a tener éxito o si será un fracaso.

1 Copia la tabla en una hoja de papel. Escribe el título de las películas en que has observado estos aspectos. Escribe una descripción de los aspectos.

la película	la música	los efectos especiales	los personajes	la actuación	el argumento
Chicago	estupenda				

2 Habla con otro(a) estudiante sobre tus opiniones de diferentes películas usando la tabla que llenaste.

Modelo

la música

A —*La música en la película* Chicago *me pareció estupenda*

B —*Estoy de acuerdo. Me fascinó la música en esa película.*

o: *No estoy de acuerdo. No me gustó nada la música en esa película.*

o: *¿De veras? No he visto todavía esa película.*

Estudiante A

fantástico, -a	complicado, -a	tonto, -a
tremendo, -a	aburrido, -a	realista
increíble	horrible	**¡Respuesta personal!**
interesante	malo / malísimo, -a	

Estudiante B

me fascinó / me fascinaron
me gustó / me gustaron
me encantó / me encantaron

Fondo cultural

México

Salma Hayek-Jiménez, la primera actriz mexicana en hacerse estrella de Hollywood después de Dolores del Río (1904–1983), nació en el sureste de México el 2 de septiembre de 1966. Empezó su carrera como actriz en las telenovelas mexicanas. Después viajó a California a buscar papeles en Hollywood. En el año 2002, Salma hizo el papel de la famosa pintora Frida Kahlo en la película *Frida*.

• ¿Crees que es más fácil o más difícil para un actor o actriz hacer el papel de alguien famoso? ¿Por qué?

La actriz mexicana Salma Hayek

9 Juego

Escribir • Hablar

1 Usa las palabras del recuadro y trabaja con otro(a) estudiante para escribir cuatro preguntas sobre los actores o las actrices que salieron en diferentes películas. Después compitan contra otro grupo.

hacer el papel de	matar
enamorarse de	morirse
capturar y arrestar	robar
	¡Respuesta personal!

2 Hagan sus preguntas para ver si el otro grupo puede identificar al actor o a la actriz. Si pueden, ellos ganan un punto. Si no, Uds. ganan un punto.

Modelo

A —*¿Quién es el actor que hizo el papel principal en la película* Piratas del Caribe?

B —*Es Johnny Depp.*

10 Y tú, ¿qué dices?

Escribir • Hablar

1. ¿Qué es más importante en una película: mucha acción o personajes interesantes? ¿La actuación o los efectos especiales?

2. ¿Hay demasiada violencia en las películas? ¿Por qué piensas así?

3. ¿Prestas atención a lo que dicen los críticos? Si dicen que una película es un fracaso, ¿la vas a ver? ¿Por qué?

4. ¿Qué película en el cine ahora será un fracaso? ¿Qué película va a tener mucho éxito?

Exploración del lenguaje

The suffixes -oso(a) and -dor(a)

Spanish adjectives that end in -*oso(a)* often have English cognates ending in -*ous*:

fam**oso** → *famous*

nervi**oso** → *nervous*

¡Compruébalo! Write the Spanish adjective for these English words and use the correct form to complete the sentences.

studious   furious   generous

Una chica que estudia mucho es _____.

Él se pone _____ cuando le mentimos.

Ella siempre está dándome regalos. Es _____.

Words ending in -*dor(a)* indicate people who do different actions. Words ending in -*dor(a)* are either nouns or adjectives. Look at these verbs and related nouns and adjectives.

juga**r** → juga**dor** / juga**dora**

trabaja**r** → trabaja**dor** / trabaja**dora**

Una chica que **anima** a otros durante un partido es una animadora.

Un niño que **habla** mucho es muy hablador.

¡Compruébalo! Look at the drawing and answer the questions.

¿Qué hizo el **ganador**?

¿Qué hizo el **perdedor**?

Gramática `Repaso`

Verbs that use indirect object pronouns

Here are some verbs that you've already learned that use indirect object pronouns.

aburrir	to bore
doler	to ache
encantar	to love
fascinar	to fascinate
gustar	to like
importar	to matter
interesar	to interest
molestar	to bother
parecer	to seem
quedar	to fit

These verbs all use a similar construction: indirect object pronoun + verb + subject.

Les encantan los efectos especiales en esa película.

Nos aburre mucho esa película.

A + a noun or a pronoun is often used with these verbs for emphasis or clarification. The pronouns agree with and clarify the indirect object pronoun.

(A mí)	me	(A nosotros) (A nosotras)	nos
(A ti)	te	(A vosotros) (A vosotras)	os
(A Ud.) (A él) (A ella)	le	(A Uds.) (A ellos) (A ellas)	les

A mí me importan mucho los efectos especiales en una película.

A Juanita le fascinan las películas de terror.

¿A Uds. les parece realista la película de acción?

GramActiva VIDEO

Want more help with verbs that use indirect object pronouns? Watch the **GramActiva** video.

Me trajo el café.

11 Nos gustan las películas

Leer • Escribir

En una hoja de papel, escribe el complemento indirecto (indirect object pronoun) apropiado.

A nosotros __1.__ gusta mucho el cine. A mí __2.__ encantan las películas biográficas, como *Selena,* pero a mi novio __3.__ aburren. Esta película __4.__ parece demasiado triste a él. A mis padres __5.__ interesan los dramas o las comedias. A mi mamá __6.__ fascina *Lo que el viento se llevó (Gone with the Wind)* con Clark Gable y Vivien Leigh, porque es muy romántica y a ella __7.__ encantan los vestidos que llevaban las actrices. ¡A mí no __8.__ interesa nada esa clase de película! ¿Qué clase de película __9.__ interesa a ti?

Jennifer López, en el papel de Selena

12 ¿Te molesta o te fascina?

Escribir • Hablar

¿Cuáles son las cosas que te molestan o te fascinan de las películas, del cine o de la televisión? Escribe cuatro frases. Puedes usar las ideas del recuadro o tus propias ideas. Después lee tus frases a otro(a) estudiante para ver si tu compañero(a) reacciona de la misma manera *(in the same way)*.

la actuación

el argumento

los efectos especiales

las películas . . .

los personajes

las personas . . .

las telenovelas

la violencia

Modelo

A —*Me fascina un argumento muy complicado en una película. ¿Y a ti?*

B —*No, me gusta más un argumento sencillo.*

Estudiante A

me aburre(n)	me gusta(n) (más)
me encanta(n)	me interesa(n)
me fascina(n)	me molesta(n)

Estudiante B

¡Respuesta personal!

13 Una encuesta entre tres

Escribir • Hablar

Trabaja con un grupo de tres estudiantes. Primero lee la lista de temas y escribe tus opiniones. Luego cada persona va a expresar su opinión sobre una categoría y preguntarle a otro(a) estudiante su opinión. En una hoja de papel, anoten las opiniones de su grupo para cada categoría en una tabla.

1. las películas de acción
2. las telenovelas
3. la música
4. los deportes
5. los videojuegos
6. la ropa
7. la computadora

Modelo

las películas de acción

A —*A mí me encantan las películas de acción. ¿Y a ti, Isabel?*

B —*No me interesan mucho. ¿Y a ti, Roberto?*

C —*A mí también me encantan las películas de acción.*

14 ¿Qué les interesa más?

Escribir

Usa la información de la Actividad 13 y escribe una o dos frases sobre las opiniones de tu grupo para cada categoría.

Modelo

A Roberto y a mí nos encantan las películas de acción, pero a Isabel no le interesan mucho.

15 Los anuncios ♻

Escribir

Trabajas para una compañía de publicidad.
Tienes que escribir un anuncio de radio para
cada producto o lugar que ves abajo.

*¿Te fascinan los libros? ¿Te
aburren los programas de
televisión? ¿Por qué no
visitas la Librería Ricardo?
Tenemos miles de libros
para toda la familia.*

1.    **2.**    **3.**    **4.**

16 Los premios ALMA

Leer

Lee este artículo sobre los premios ALMA. Después lee las frases que
siguen y decide si cada una es *C (cierta)* o *F (falsa)* según el artículo.
Si la frase es falsa, escribe la información correcta.

En 1995 se establecieron los premios ALMA¹ para ayudar a
promover² la representación justa y balanceada de los latinos en
la televisión, el cine y la música. Los premios reconocen³ a los
artistas latinos por sus éxitos y su impacto positivo en la imagen
del latino en los Estados Unidos. En la categoría del cine, le dan
premios a los directores, actores y actrices latinos que producen
películas en inglés para el público en los Estados Unidos. Hay
premios también para diferentes clases de programas de televisión
y los actores y actrices que aparecen
en ellos. Otra categoría es la música:
los videos, los álbumes, los cantantes
y los grupos musicales. Algunas de
las estrellas que han recibido premios
en años recientes incluyen a Jimmy
Smits, America Ferrera, Edward James
Olmos, Andy García, Rita Moreno,
Salma Hayek, Antonio Banderas, Marc
Anthony, Jennifer López, Ricky Martin
y Shakira.

America Ferrera ganó
por su papel en *Ugly Betty.*

¹soul, spirit   ²promote   ³recognize

1. Un actor latino puede ganar un
premio ALMA por su papel en un
programa de televisión dramático.

2. Una cantante que no es latina
puede ganar un premio ALMA si
canta en español.

3. Una actriz latina tiene que hablar
español en la película para recibir
el premio ALMA.

4. Tratan de usar los premios ALMA
para dar una imagen positiva de
los latinos en la televisión, el cine y
la música.

Más práctica

● **Guided** Gram. Practice pp. 227–228
● **Core** Gram. Practice p. 126
● **Communication** Writing p. 123,
Test Prep p. 259
● ***Real.*** **para hispanohablantes**
pp. 234–237

realidades.com ▶

• Audio Activities
• Video Activities
• Speak & Record
• Tutorial
• Leveled Workbook
• Web Code: jdd-0613

Gramática

The present perfect

The present perfect tense is used to say what a person *has done.*

Recientemente **hemos alquilado** muchos videos.
*Recently **we have rented** a lot of videos.*

To form the present perfect tense, use present-tense forms of *haber* + the past participle.

he alquilado	hemos alquilado
has alquilado	habéis alquilado
ha alquilado	han alquilado

To form the past participle of a verb, drop the ending of the infinitive and add *-ado* for *-ar* verbs and *-ido* for *-er* and *-ir* verbs.

hablar → hablado

comer → comido

vivir → vivido

Most verbs that have two vowels together in the infinitive have a written accent on the *i* of the past participle.

caer → caído   oír → oído

leer → leído   traer → traído

Some verbs have irregular past participles.

decir → dicho   poner → puesto

devolver → devuelto romper → roto

escribir → escrito   ver → visto

hacer → hecho   volver → vuelto

morir → muerto

When you use object or reflexive pronouns with the present perfect, the pronoun goes immediately before the form of *haber.*

— ¿Has visto la nueva película de Ramón Guevara?

— No, no la he visto.

GramActiva VIDEO

Want more help with the present perfect? Watch the **GramActiva** video.

Lo has preparado.

17 Un informe

Leer • Escribir

En una hoja de papel, escribe la forma correcta del presente perfecto. Después di qué película has visto recientemente.

Sofía: ¿Paco, __1.__ *(oír)* recientemente de algunas películas buenas?

Paco: Pues, no, y tampoco __2.__ *(ir)* al cine, pero __3.__ *(alquilar)* una película aburrida sobre dos personas que __4.__ *(enamorarse)* en un barco en el Atlántico.

Sofía: Sí, sí, la conozco. Entonces, ¿ __5.__ *(escribir)* tu informe para la clase de inglés?

Paco: ¿Qué informe? Yo __6.__ *(estar)* enfermo y todavía no __7.__ *(hacer)* ninguna tarea de ayer.

Sofía: Tenemos que escribir un informe sobre una película que nosotros __8.__ *(ver)* recientemente. La profesora nos __9.__ *(decir)* que no quiere leer sobre ninguna película aburrida.

Paco: Pues, ya __10.__ *(devolver)* esa película aburrida que alquilé. ¡Voy a buscar otra película esta noche!

18 Escucha y escribe   jdd-0698

Escuchar • Escribir

Tus amigos están viendo una película, pero tú llegaste tarde. Ahora
te están diciendo lo que ha pasado. Escribe lo que te dijeron. Después
pon las frases en orden según los dibujos.

  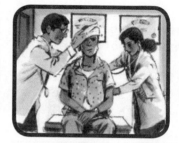 

19 ¿Quién lo ha hecho . . . ?

Hablar

Trabaja con otro(a) estudiante. Habla de lo que han hecho
las diferentes personas en la película de la Actividad 18.

Modelo

robar las joyas
A —¿Quién ha robado las joyas?
B —Los ladrones las han robado.

Estudiante A

1. tratar de apagar el incendio
2. ver el crimen
3. capturar a los criminales
4. llevar a los heridos al hospital
5. poner una venda en la cabeza
   de la víctima
6. manejar el coche de los ladrones

Estudiante B

¡Respuesta personal!

Fondo cultural
El mundo hispano

El cine en el mundo hispano España, México y Argentina tienen
industrias cinematográficas importantes, y son los principales
productores de películas para el público hispanohablante. Las
películas compiten en festivales internacionales como los
premios Goya en España, el Festival de Cine de la Habana en
Cuba y el Festival de Cine Hispano de Miami. Las películas más
populares de estos países se muestran con frecuencia en los
Estados Unidos. Además de *(Besides)* competir en festivales
internacionales, muchas películas de América Latina compiten y
ganan premios Oscar en los Estados Unidos.

• ¿Por qué crees que las películas del mundo hispano son tan
populares aquí?

El actor mexicano Gael García Bernal, en una
escena de la película *Diarios de motocicleta*

332 trescientos treinta y dos
Tema 6 • La televisión y el cine

20 Preparaciones para el cine

Escribir

Cristina quiere ir al cine con sus amigos, pero sus padres no están en casa. Di lo que ella ha hecho antes de salir. Escoge los verbos apropiados de la lista y escribe las formas correctas del presente perfecto para completar las frases.

Modelo

____ una película a sus amigos.
Les ha recomendado una película a sus amigos.

cepillarse	decirle	escribirles	hacer
leer	llamarles	pedirle	ponerse

1. ____ todos sus quehaceres.

2. ____ el pelo y los dientes.

3. ____ jeans y su suéter favorito.

4. ____ un comentario sobre la película de un crítico en el periódico.

5. ____ a su hermana mayor adónde va.

6. ____ dinero a su hermana para comprar la entrada al cine.

7. ____ una nota a sus padres diciéndoles cuándo va a regresar.

8. ____ por teléfono a sus amigos para decirles cuándo va a llegar al cine.

21 Juego

Hablar • GramActiva

❶ Van a jugar en dos equipos. Una persona del equipo A escoge una tarjeta del (de la) profesor(a) que tiene el título de una película. Con otro(a) estudiante describan la película a su equipo sin decir el nombre. Pueden indicar:

• si han visto la película y si les ha gustado

• si la película ha tenido éxito o no

• qué papeles han hecho los actores

• cómo ha sido el argumento

❷ Si alguien del equipo A puede adivinar *(guess)* el nombre de la película en menos de un minuto, este equipo gana un punto. Si al final del minuto, el equipo A no ha adivinado el título, el equipo B tiene una sola oportunidad de decirlo. Si lo pueden hacer, ellos ganan el punto. Después los equipos cambian *(change)* de papel. El primer equipo que gana tres puntos gana el juego.

El español en el mundo del trabajo

¿Te interesa una carrera en la industria cinematográfica? Hay muchas compañías en los Estados Unidos que filman películas y videos en los países hispanohablantes. Puedes trabajar con ellos en varios aspectos de la producción de la película: director, asistente del director, técnica de sonido *(sound)*, técnica de luz y otros trabajos. ¿Los requisitos? Talento en filmación, tener una visión del proyecto, capacidad de trabajar en equipo y habilidad de comunicarse en español.

• ¿Por qué crees que es importante poder comunicarse en español durante la filmación en Costa Rica, por ejemplo? ¿En qué aspectos de la producción vas a usar el español?

22 Las películas que hemos visto

Escribir · Hablar

En grupos de cuatro estudiantes, hagan preguntas sobre las
películas que han visto en el último mes.

Conexiones | Las matemáticas

1 Escriban en una tabla el
número de películas, la clase
de película (acción, comedia,
drama) y los lugares donde las
vieron (casa, cine o casa de
amigos o familiares).

	Total para el grupo	Total para la clase
¿Cuántas películas han visto?		
¿Qué clase de películas?		
¿Dónde las han visto?		

2 Ahora compartan sus resultados
con la clase y sumen el total
para el número de películas, la
clase de película y los lugares.
Hagan dos gráficas circulares
como las que se ven aquí para
indicar qué clase de películas
han visto más todos los
estudiantes y dónde las han
visto.

Clase de película

comedia 31%
acción 47%
otras 2%
policíaca 6%
de horror 14%

Lugares donde las vieron

su propia casa 58%
cine 35%
casa de amigos o familiares 7%

Fondo cultural
El mundo hispano

Películas en español Como el mercado hispanohablante
es tan grande, las compañías que producen y distribuyen
películas ofrecen distintas opciones para alquilar. Además
de las tiendas de video tradicionales, en algunas grandes
ciudades también existen los videocajeros automáticos de
DVDs y el servicio para alquilar DVDs por correo. Las
películas extranjeras tienen subtítulos en distintos idiomas
o en algunos casos son dobladas (*dubbed*) al español.

• ¿Qué opciones tienes para alquilar películas? ¿Alquilas
películas extranjeras con frecuencia? ¿Las prefieres con
subtítulos o dobladas?

En una tienda de videos en México

23 Una estrella de cine herida

Leer • Escribir • Hablar

Lee el artículo de una revista sobre una estrella de cine y contesta las preguntas.

1. ¿Qué ha aprendido Chayanne sobre ser estrella del cine?

2. ¿Cómo se ha lastimado el actor durante la filmación de la película?

3. ¿Qué han hecho los médicos? ¿Qué le han dado? ¿Por qué?

4. ¿Qué más le ha pasado al actor?

5. ¿Qué ha hecho el público para decirle a Chayanne que están pensando en él?

6. ¿Se lastimó otra estrella del cine? ¿Qué le ha pasado?

¡Un trabajo peligroso!

El ídolo puertorriqueño Chayanne ha aprendido que puede ser peligroso ser estrella de cine. Recientemente, en la Argentina, el galán se ha caído y se ha lastimado en una escena cuando estaba tratando de salvar a la bellísima actriz Araceli González de una situación peligrosa. Han llevado a Chayanne a un hospital en Buenos Aires, donde lo han examinado. El dolor ha sido tan intenso que el actor ha tenido que usar una silla de ruedas. Además, una inundación ha destruido una parte de su casa en la Argentina. Sus admiradores le han escrito y le han enviado un montón de cartas, tarjetas y mensajes electrónicos.

24 En las noticias

Escribir • Hablar

¿Cuáles son las noticias que han ocurrido recientemente en tu comunidad y en el mundo? Trabaja con otro(a) estudiante. Piensen en una noticia que han oído en el noticiero o que han leído en el periódico. Escriban un artículo de cinco frases sobre lo que ha pasado. Usen el modelo y el artículo de la Actividad 23 para escribirlo. Diseñen (*Design*) su artículo para el periódico, incluyendo una ilustración o foto. Van a usar su artículo para la Actividad 25.

> **Modelo**
>
> *La atleta panameña, Yolanda Salazar, ha ganado un premio en la competencia de natación en Costa Rica. Los aficionados y su entrenador se han vuelto locos porque ella ha terminado en primer lugar en este campeonato. Esta competencia ha sido la mejor para Panamá en los últimos años. En una entrevista, Yolanda se ha sentido muy emocionada. Ha dicho que su familia y su público son muy importantes para ella.*

25 Leyendo las noticias

Leer • Hablar

Lean los artículos que crearon para la Actividad 24 con otros grupos y hablen de ellos.

> **Modelo**
>
> A —*¿Has leído el artículo sobre Yolanda Salazar?*
> B —*Sí, dice que ella ha ganado un premio en la competencia de natación en Costa Rica.*

Más práctica

- **Guided** Gram. Practice pp. 229–232
- **Core** Gram. Practice pp. 127–128
- **Communication** Writing p. 124
- *Real.* **para hispanohablantes** pp. 238–241

realidades.com

- Audio Activities
- Video Activities
- Speak & Record
- Canción de hip hop
- Animated Verbs
- Tutorial
- Leveled Workbook
- Web Code: jdd-0614

Lectura

La cartelera del cine

Lee las siguientes críticas de una revista mexicana.
¿Qué película te gustaría ver?

Estrategia

Reading for details
When you read a text for specific information, you may need to read it more than once. First, you might read for the "big picture," and then reread for additional details. Read the text below to find out which film(s) you might be interested in watching.

★ ESTRENOS DE HOY ★

EL HOMBRE ARAÑA[1]
EE.UU., 2002 | Clasificación: B | Director: Sam Raimi |
Actores: Tobey Maguire, Willem Dafoe, Kirsten Dunst

Sinopsis
La historia del hombre araña cuenta la transformación de Peter Parker. Una araña genéticamente alterada lo muerde[2] y el joven comienza a notar cambios[3] físicos: es más fuerte[4] y ágil. Cuando una tragedia le enseña[5] la realidad de sus poderes,[6] decide pelear contra el crimen para ayudar a los demás.

Crítica
El hombre araña es una película fenomenal. La historia es interesante y los actores son muy buenos. Los efectos especiales son espectaculares, especialmente cuando el hombre araña va por el aire de un edificio a otro. Le recomiendo esta película a todo el mundo.

Calificación: 10/10

EL SEÑOR DE LOS ANILLOS 2: LAS DOS TORRES
EE.UU., Nueva Zelandia 2002 | Clasificación: B | Director: Peter Jackson |
Actores: Elijah Wood, Ian McKellen, Viggo Mortensen, Liv Tyler, Cate Blanchett

Sinopsis
Los *Hobbits* Frodo y Sam continúan su viaje hacia Mordor, con la misión de destruir el Anillo Único, pero se dan cuenta[7] de que los sigue Gollum. Al mismo tiempo, el resto de la comunidad —Aragorn, Legolas, Gimli, Merry y Pippin—hacen nuevas alianzas con el pueblo de Rohan. La comunidad va a tener que pelearse contra las fuerzas que salen de las dos torres.

Crítica
Las dos torres es espectacular. La historia, los personajes y la cinematografía son excelentes, sobre todo los efectos especiales. Los actores actúan muy bien, y me encantó el personaje digital Gollum. ¡Ojo! ¡La película es muy larga! Compre dulces y refrescos antes de sentarse.

Calificación: 10/10

---

[1]spider   [2]bites   [3]changes   [4]stronger   [5]shows   [6]powers   [7]realize

EL ATAQUE DE LOS CLONES

EE.UU., 2002 | Clasificación: B | Director: George Lucas |
Actores: Ewan McGregor, Hayden Christensen, Natalie Portman

Sinopsis
La película comienza diez años después de los eventos de *La amenaza fantasma*. La Reina Amidala es ahora una senadora del gobierno del planeta Naboo. Cuando tratan de matarla, el Concilio Jedi le da de guardaespaldas[8] al Caballero Jedi Obi Wan Kenobi y a su estudiante, Anakin Skywalker. Un segundo ataque provoca que la senadora y Anakin regresen a Naboo. Obi Wan investiga los ataques contra Amidala. Así, cada "equipo" por su parte descubre una conspiración política y militar.

Crítica
Esta película es muy comercial. Lo más interesante es el uso de los efectos especiales. El argumento es horrible. Es muy difícil de entender y no es muy lógica. Por los efectos especiales, le doy 10/10. Por el argumento, sólo le doy 5/10.

Calificación: 5/10

[8]bodyguard

¿Comprendiste?

1. ¿Es positiva o negativa la crítica de *El hombre araña*? ¿Qué palabras indican la opinión del crítico?

2. ¿Por qué le gustó al crítico la película *Las dos torres*?

3. ¿Por qué el crítico le da 5 / 10 al argumento de *El ataque de los clones*?

4. ¿Quién descubre una conspiración política y militar?

5. Según las recomendaciones, ¿cuál(es) de las películas quieres ver? ¿Por qué?

Y tú, ¿qué dices?

1. ¿Has visto algunas de estas películas? ¿Cuáles? ¿Estás de acuerdo con la crítica de estas películas?

2. ¿Qué prefieres, los efectos especiales o un buen argumento?

3. ¿Cómo decides qué películas vas a ver? ¿Has visto alguna película hispana? ¿En qué sentido *(way)* son diferentes de las películas americanas?

Más práctica

- **Guided** Reading Support p. 233
- **Communication** Writing p. 125, Test Prep p. 260
- *Real.* **para hispanohablantes** pp. 242–243

realidades.com ✓
- Internet Activity
- Leveled Workbook
- Web Code: jdd-0615

Fondo cultural

• España • Estados Unidos • México

Las clasificaciones de las películas Los sistemas para clasificar las películas varían según el país. En España, por ejemplo, las películas que todos pueden ver son clasificadas TP (todos los públicos). También existe allí la clasificación –7 (los menores de siete años no deben ver esta película). En México, usan las letras *A*, *B* y *C* para clasificar las películas. La letra *A* corresponde a todos los públicos mientras que la *B* es para los mayores de 15 años y la *C* sólo para los mayores de 18 años.

- ¿Qué sistema de clasificación se usa en los Estados Unidos? ¿En qué sentido es diferente del sistema de España o de México?

Película	España	México	Estados Unidos
"El rey león"	TP	A	G
"El señor de los anillos 2: Las dos torres"	–13	B	PG-13
"Titanic"	–13	B	PG-13
"Matrix"	–18	C	R

Perspectivas del mundo hispano
Películas en otros idiomas

¿Has visto una película de otro país en que los actores hablan un idioma[1] que no es inglés? Por ejemplo, las películas de Francia y México son muy populares en los Estados Unidos. ¡Si no entiendes ni el francés ni el español, son difíciles de comprender!

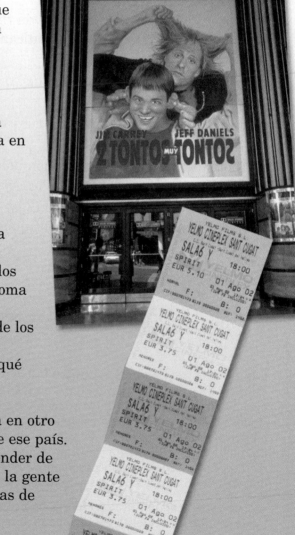

Pero eso no es un problema. En muchas películas de otros países el diálogo de la película aparece en inglés en la parte de abajo de la pantalla. Con estos subtítulos es más fácil comprender el argumento de la película. Cuando hay subtítulos, es importante concentrarse un poco más y observar las expresiones y movimientos de los actores. Lo bueno es que es más interesante ver la película en versión original con subtítulos.

Otra solución para que el público pueda comprender una película es sustituir el diálogo original por una nueva grabación del diálogo en el idioma del país. Esto se llama doblaje.[2] Por ejemplo, uno puede ver una película italiana en que se oye el diálogo en inglés.

¡Compruébalo! Algunas personas prefieren ver las películas en versión original, con subtítulos, porque comprenden el idioma de la película y pueden escuchar la voz verdadera de los actores y los sonidos de la ambientación. A otras personas les gusta leer los subtítulos porque, cuando los leen, pueden aprender un poco del idioma original de la película. Y otras dicen que no les gusta el doblaje porque pierden el tono de la voz y la entonación de los actores. Si has visto una película de un país extranjero, piensa en lo que prefieres. Pregúntales a otras personas qué prefieren y por qué.

¿Qué te parece? Cuando vemos una película producida en otro país, podemos aprender algo de la cultura y del idioma de ese país. ¿Qué más puedes aprender? ¿Crees que es más fácil aprender de una película con doblaje o con subtítulos? ¿Qué crees que la gente de otros países aprende de nosotros cuando ve las películas de Hollywood?

[1]language [2]dubbing

Presentación escrita
Luces, cámara, acción

Task
Your class is having a contest to produce exciting or humorous new movie ideas. For this contest you will need to produce a brief description of the plot and the main characters. You also will need to plan the details of one scene to provide a preview of your movie.

1 **Prewrite** Use the chart below to help you focus on "the big picture." Think about the type of movie you want to write: a mystery, a comedy, science fiction, or a romance. What is the plot? Who are the main characters? Which scene would provide a good feel for your movie?

Clase de película	Argumento	Actores principales	Escena

2 **Draft** Use the notes from your chart to write a short synopsis of the movie. Then write a script for the scene you've chosen. Include the dialog and directions to the actors. You might want to use the storyboard method to show how the scene progresses.

3 **Revise** Read through your synopsis and scene and check for spelling, agreement, correct verb usage, and vocabulary. Share your review with a partner, who will check for errors and to see that the synopsis is complete, the story is presented in a logical order, and the scene is easy to understand.

4 **Publish** Rewrite your summary and scene, making any necessary changes or corrections. Give a copy to your teacher or put one in your portfolio. The class can select the winner of the contest from all entries.

5 **Evaluation** Your teacher may give you a rubric for how the contest entry will be graded. You will probably be graded on:

- completeness of information in the synopsis
- clarity and logical presentation of ideas in the synopsis
- appropriateness of short scene to present the plot

Estrategia

Outlining your ideas
Many filmwriters do extensive outlining of key ideas before they begin to write. They focus on "big picture" vision: type of movie, plot, and description of the characters. This skill will be helpful as you write your contest entry.

Estrategia

Drawing a scene
A common tool in movie writing is to draw the scene. This is called storyboarding. You might sketch the scene you will be writing about.

En busca de la verdad

Episodio 8

Antes de ver el video

"Espero que puedas encontrar la respuesta a este misterio de tantos años".

"¿Sabe que por ahí anda un hombre haciendo preguntas sobre Ud.?"

Nota cultural El Mariachi, una tradición típica mexicana, surgió en el estado de Jalisco en el siglo XIX. Es un grupo de músicos vestidos de ropa tradicional de la época de la Revolución Mexicana. Sus instrumentos incluyen el violín, la guitarra, el bajo y la trompeta, y sus canciones tratan de temas como la traición, el amor y la Revolución. Hoy en día se pueden oír Mariachi en fiestas, celebraciones y hasta en restaurantes.

Resumen del episodio

El hombre misterioso sigue haciendo preguntas en Guanajuato sobre la familia Toledo. Nadie sabe quién es ni por qué está allí. La familia Toledo invita a Carmen y a Linda a una cena de despedida.

Palabras para comprender
sigue tosiendo keep coughing
cena de despedida farewell dinner
he disfrutado I have enjoyed
agradecer to thank

Después de ver el video

¿Comprendiste?

A. Lee las siguientes frases. Di cuáles son ciertas y cuáles son falsas.

1. El hombre misterioso averigua muchas cosas sobre la familia Toledo.

2. A Tomás no le importa que un hombre extraño pregunte por él.

3. Linda no disfrutó de su viaje a México.

4. Roberto va a viajar a San Antonio para investigar qué pasó con el abuelo.

5. A Berta le gusta la idea del viaje de Roberto a San Antonio.

6. Linda dice que va a regresar a Guanajuato en el invierno.

7. Julio no puede acompañar a Roberto y a Linda porque tiene que ir a ver a Josefina.

B. Imagina que eres un(a) amigo(a) de Roberto. Descríbele todo lo que ha hecho el hombre misterioso en Guanajuato. ¿Con quién habló? ¿Qué quería saber?

• Web Code: jdd-0209

Repaso del capítulo

Vocabulario y gramática

jdd-0699

to talk about movies

alquilar	to rent
el amor	love
arrestar	to arrest
capturar	to capture
el crimen	crime
el (la) criminal	criminal
el crítico, la crítica	critic
el (la) detective	detective
enamorarse (de)	to fall in love (with)
(estar) enamorado, -a de	(to be) in love with
la estrella (del cine)	(movie) star
el (la) extraterrestre	alien
fascinar	to fascinate
el fracaso	failure
el galán	leading man
he visto	I have seen
has visto	you have seen
el ladrón, la ladrona, pl. los ladrones	thief
matar	to kill
la película de acción	action film
¿Qué tal es . . . ?	How is (it) . . . ?
recomendar (e → ie)	to recommend
robar	to rob, to steal
será	he / she / it will be
tener éxito	to succeed, to be successful
tratarse de	to be about
la víctima	victim
la violencia	violence

to talk about making movies

la actuación	acting
el argumento	plot
la dirección	direction
el director, la directora	director
los efectos especiales	special effects
la escena	scene
estar basado, -a en	to be based on
el papel	role
hacer el papel de el	to play the role of
personaje principal	main character

other useful words

no . . . todavía	not yet

indirect object pronouns

me	nos
te	os
le	les

present perfect
haber + past participle

he estudiado	hemos estudiado
has estudiado	habéis estudiado
ha estudiado	han estudiado

past participles

hablar → hablado
comer → comido
vivir → vivido

irregular past participles

decir: dicho
devolver: devuelto
escribir: escrito
hacer: hecho
morir: muerto
poner: puesto
romper: roto
ver: visto
volver: vuelto

For *Vocabulario adicional*, see pp. 498–499.

Más práctica

- **Core** Puzzle p. 129, Organizer p. 130
- **Communication** Practice Test pp. 262–264, Integrated Performance Assessment p. 261

realidades.com ⓥ

- Tutorial
- Flashcards
- Puzzles
- Self-test
- Web Code: jdd-0617

Preparación para el examen

On the exam you will be asked to . . .	Here are practice tasks similar to those you will find on the exam . . .	If you need review . . .

Interpretive

jdd-0699

① Escuchar Listen and understand as people talk about a movie they have seen

Listen as you hear a film critic interview people as they leave the movie *Mil secretos*. What did they think of: (a) the actors; (b) the director; (c) the special effects; (d) the theme; and (e) future award possibilities.

pp. 320–323 *Vocabulario en contexto*
p. 325 Actividad 6
p. 332 Actividad 18

Interpersonal

② Hablar Talk about a recent film you have seen at the movies or at home

You discover that you and an exchange student from Spain share a love of movies. What could you say about a recent movie that you saw? Practice the conversation with a classmate and include: (a) the type of film it was; (b) what the movie was about; (c) who the principal actors were; and (d) why you liked or disliked the movie.

p. 324 Actividad 4
p. 325 Actividades 7
p. 326 Actividad 8
p. 329 Actividades 12–13
p. 332 Actividad 19

Interpretive

③ Leer Read and understand a movie review

Read this review by a popular Spanish movie critic. Do you think he likes the movie? Why or why not?

Esta película, "Nuestra familia", nos cuenta la historia de una "familia" de criminales violentos. ¡Es un producto de Hollywood y nosotros somos las víctimas! Sin duda, la película ha capturado la sociedad mala que nos fascina. Está basada en una familia de la vida real y se trata de la vida diaria de ellos. El actor Ramón Robles hace el papel del galán. Él es un hombre físicamente atractivo y talentoso y sólo su participación vale el precio de la entrada. La película tiene una clasificación de *prohibida para menores*. ¡Debe ser *prohibida para TODOS!*

p. 324 Actividad 5
p. 328 Actividad 11
p. 330 Actividad 16
p. 336–337 *Lectura*

Presentational

④ Escribir Write about a movie that you would like to produce

While searching the Internet for movie reviews in Spanish, you come upon a survey that you decide to answer. You are asked to write a few sentences about: (a) movies that you have seen within the past month; (b) whether or not you liked them; and (c) what the critics have said about these movies.

p. 326 Actividad 8
p. 327 Actividad 9–10
p. 329 Actividad 12–14
p. 334 Actividad 22
p. 339 *Presentación escrita*

Cultures

⑤ Pensar Demonstrate an understanding of how movies can reflect the language and culture of the country where they are produced

Your Spanish teacher assigns a Mexican movie to the class as homework. When you rent the movie at your local video store and bring it home, your family wants to know why it is subtitled or dubbed. How could you explain the process to them? What do you think they would be surprised to learn?

p. 338 *Perspectivas del mundo hispano*

Vocabulario Repaso

hablando de las comidas y la salud

el almuerzo
bueno / malo para
　la salud
la cena
las comidas
el desayuno
mantener la salud
rico, -a
sabroso, -a

la comida

el arroz	las judías	el plátano
el bistec	verdes	el pollo
la cebolla	la lechuga	las salchichas
el cereal	la mantequilla	la sopa
la ensalada	la manzana	el tocino
los espaguetis	la naranja	los tomates
las fresas	el pan	las uvas
las frutas	el pan tostado	las verduras
los guisantes	las papas fritas	el yogur
los huevos	el pescado	las zanahorias

las bebidas

el agua *f.*
el café
el jugo
la leche
el té
el té helado

1 ¿Cómo comes?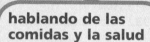

Escribir • Hablar

Comer bien para mantener la salud puede ser difícil. ¿Comes tú bien?

1 Piensa en lo que comes en un día típico en el desayuno, en el almuerzo y en la cena. Usa una tabla como ésta para organizar tus ideas.

el desayuno	el almuerzo	la cena
huevos	arroz con pollo	bistec

2 Ahora compara tu tabla con la de otro(a) estudiante. ¿Comen cosas similares? ¿Pueden comer mejor para mantener la salud? Discútelo con tu compañero(a) y escribe unas frases sobre lo que comen y cómo pueden comer mejor.

Modelo

Normalmente en el desayuno como huevos, tocino y salchichas. Carla come cereal y fruta con yogur. Yo debo comer mejor. Por ejemplo, no debo comer salchichas con huevos, pero sí puedo comer fresas o una manzana.

Gramática `Repaso`

Verbs with irregular *yo* forms

Remember that some verbs are irregular in the *yo* form in the present tense.

Verbs with irregular *-go* forms

caer:	caigo	poner:	pongo
decir:	digo	salir:	salgo
hacer:	hago	tener:	tengo
oír:	oigo	venir:	vengo

Verbs with irregular *-zco* forms

conocer:	conozco
obedecer:	obedezco
ofrecer:	ofrezco
parecer:	parezco

---

2 **¿De acuerdo o no?**

Escribir

Lee las siguientes frases y decide si estás de acuerdo o no. Si no estás de acuerdo, explica por qué.

Modelo

Cuando saludas a una persona que no conoces, le dices: ¿Cómo estás tú?
No estoy de acuerdo. Le digo: ¿Cómo está Ud.?

1. Normalmente haces ejercicio a las seis de la mañana.
2. Nunca obedeces a tus padres.
3. Tienes tarea todas las noches.
4. No conoces a muchas personas de tu escuela.
5. Los sábados sales con tus amigos.
6. Cuando uno de tus amigos no tiene el almuerzo, le ofreces parte de tu almuerzo.
7. Eres muy ordenado(a). Siempre pones tus cosas en su lugar.

---

3 **No te creo . . .**

Escribir • Hablar

1 Escribe cuatro frases usando los verbos con formas irregulares de *-go* y *-zco*. Tres de tus frases deben ser ciertas y una debe ser falsa.

2 Ahora trabaja con un grupo de cuatro estudiantes y lee tus frases al grupo. Los otros tienen que adivinar cuál de tus frases es falsa.

Modelo

A —*Yo siempre salgo de la escuela a las diez de la noche.*
B —*¡No te creo! ¡Nunca sales de la escuela a las diez de la noche!*

Más práctica

- **Guided** 235–236
- **Core** pp. 131–132
- *Real.* **para hispanohablantes** p. 250

realidades.com ✔
- Leveled Workbook
- Web Code: jdd-0701

Fondo cultural
México

Simón Silva nació en 1961 en Mexicali, México. El año siguiente su familia se mudó a California. Durante su juventud allí, él trabajó en una granja *(farm)* como trabajador inmigrante. Esta experiencia le enseñó el valor de la educación y tuvo mucha influencia en su arte.

• ¿Por qué crees que la experiencia de Silva como trabajador inmigrante le enseñó a valorar la educación?

◀ "Tomates" (1997), Simón Silva
Gouache on canvas, 18 x 24 in. Courtesy of Simón Silva.

¿Cómo se hace la paella?

Chapter Objectives

- Talk about food and cooking
- Tell others what not to do
- Describe what people generally do
- Understand cultural perspectives on recipes and food preparation

Video Highlights

A primera vista: *¿Cómo se hace la paella?*

GramActiva Videos: negative *tú* commands; the impersonal *se*

Videomisterio: *En busca de la verdad,* Episodio 9

Videocultura: *Buen provecho*

Country Connection

As you learn to talk about cooking, you will make connections to these countries and places:

California
Nuevo México
México
Costa Rica
Colombia
Ecuador
Bolivia
Chile
República Dominicana
Puerto Rico
Venezuela
Argentina
España

Más práctica

- *Real.* para hispanohablantes pp. 250–251

 realidades.com

- Fondo cultural Activity
- Video Activities
- Online Atlas
- Web Code: jde-0002

Preparando la paella, Valencia, España

Vocabulario en contexto

 jdd-0787

enlatado, -a

congelado, -a

el refrigerador

el microondas

fresco, -a

el horno

probar

el fregadero

al horno

la estufa

la olla

calentar

la sartén

batir

mezclar

el fuego

frito, -a

pelar

picar

el pedazo

añadir

freír

hervir

—¿Qué vamos a preparar?

—**Una receta** que aprendí de mi abuela que vivía en Valencia. Se llama arroz a banda. Es un arroz típico de la provincia de Alicante y ha sido el favorito de mi familia. Aquí está la lista de **los ingredientes** que necesitamos.

el caldo

el vinagre

el aceite

el ajo

la salsa

la cucharada

los camarones

los mariscos

Arroz a banda

Ingredientes (8 personas)

unos 3 litros
de caldo de pescado

100 gr de camarones

½ kg de sepia[1]

I tomate grande bien cortado

I cucharada de pimentón dulce[2]

I kg de arroz

azafrán[3]

aceite de oliva

ajoaceite (una salsa de ajo y aceite)

[1]cuttlefish   [2]paprika   [3]saffron
(Saffron is an expensive spice used for its bright orange-yellow color, intense flavor, and aroma.)

---

1 La cocina típica 🔊
jdd-0787

Escuchar

¿Qué hay en tu cocina? Escucha mientras Ignacio describe una cocina típica. Mira los dibujos y las fotos, y señala el objeto (o los objetos) que menciona.

Más práctica

● **Guided** Vocab. Flash Cards pp. 237–242
● **Core** Vocab. Practice pp. 133–134
● **Communication** Writing p. 132
● *Real.* para hispanohablantes p. 252

2 ¿Lógico o no? 🔊
jdd-0787

Escuchar

¿Sabes cocinar? Levanta una mano si lo que oyes es lógico y levanta las dos manos si no es lógico.

realidades.com ✔

● Audio Activities
● Leveled Workbook
● Flashcards
● Web Code: jdd-0702

jdd-0787

¿Cómo se hace la paella?

Ignacio y Javier van a
hacer paella. ¿Qué les pasa
en la cocina?

1 **Ignacio:** Javier, ¿cómo se
hace la paella? Quiero
preparar una comida
especial para Ana.

Javier: Bueno, está bien.
Vamos a necesitar
camarones y mariscos. No
uso ingredientes ni
congelados ni enlatados.
Queremos todo bien fresco.

5 **Javier:** ¡No tires el aceite!
Y no añadas más. Tienes
más que suficiente. Primero
vamos a freír los ajos.

6 **Javier:** ¡No, Ignacio! Tienes
que picar los ajos primero.

Ignacio: ¿Picar?

Javier: Sí, cortar los ajos
en pedazos muy pequeños.

7 **Ignacio:** Voy a encender la
cocina . . .

Javier: A ver . . . el aceite
tiene que estar bien
caliente. No, todavía no
está . . . Yo preparo los
mariscos. Tú, **no te olvides
del** aceite. **No dejes** que se
caliente demasiado.

También se dice . . .

los camarones = las gambas
(*España*)

la estufa = la cocina (*España*)

2 **Ignacio:** ¿Con qué se sirve la paella? ¿Con papas fritas?

Javier: No, no, no . . . Se sirve con una ensalada.

3 **Ignacio:** Bueno, ¿enciendo el horno ya?

Javier: ¡No! No se puede usar el horno para hacer la paella. Se prepara la paella encima de la cocina.

4 **Ignacio:** ¿Pongo el aceite en la olla?

Javier: Deja esa olla y escucha bien. Primero tienes que calentar el aceite en una sartén grande.

8 **Javier:** ¡Ignacio! ¡Apaga la cocina! ¿En qué estabas pensando?

Ignacio: Bueno, en la sorpresa de Ana cuando . . .

Javier: Pues, así, creo que va a recibir una gran sorpresa, pero no va a ser buena . . . Vamos a seguir . . .

3 **¿Comprendiste?**

Escribir • Hablar

1. ¿Qué le pregunta Ignacio a Javier? ¿Por qué?

2. ¿Qué necesitan los chicos?

3. Según Javier, ¿se puede servir la paella con papas fritas? ¿Con qué se sirve?

4. ¿Qué quiere hacer Ignacio primero en la cocina? ¿Está bien? ¿Qué le dice Javier?

5. ¿Qué quiere hacer Ignacio luego? ¿Qué le dice Javier?

6. ¿Qué le pasó a Ignacio al final? ¿En qué estaba pensando?

Más práctica

- **Guided** Vocab. Check pp. 243–246
- **Core** Vocab. Practice pp. 135–136
- **Communication** Video pp. 126–128
- *Real.* **para hispanohablantes** p. 253

realidades.com ✔

- Audio Activities
- Video Activities
- Leveled Workbook
- Flashcards
- Web Code: jdd-0703

Vocabulario en uso

Objectives

- Communicate about food and cooking
- Give and receive instructions for making a recipe
- Write rules to promote safety in the kitchen
- Learn to use negative *tú* commands
- Learn to use the impersonal *se*

4 ¡Ignacio lo sabe todo!

Escribir · Leer · Hablar

Después de ver a Ignacio en la cocina preparando una paella, ya sabes cómo hacerla. Trabaja con otro(a) estudiante. Completen las preguntas con expresiones y palabras del recuadro y completen las respuestas según los dibujos. Después lean la conversación.

Modelo

A —Ignacio, ¿cómo _se llama_ lo que vamos a preparar?
B —Es una _paella_. Es un plato tradicional de España.

Estudiante A

ingredientes	se hace	se puede
pedazos	se llama	se sirve

Estudiante B

A —¿Qué __1.__ hay en la paella?

B —Arroz, pollo y __2.__ .

A —¿Cómo __3.__ la paella?

B —Pues, primero hay que calentar __4.__ en una __5.__ .

A —¿ __6.__ usar el microondas para prepararla paella?

B —¡No, en absoluto! Hay que prepararla sobre un __7.__ lento en la estufa.

A —¿Corto la cebolla en __8.__ grandes?

B —No, pica la cebolla y el __9.__ .

A —¿Con qué __10.__ la paella?

B —Con una ensalada de lechuga y tomate con aceite y __11.__ .

También se dice . . .

el refrigerador = la nevera, el frigorífico (*España, muchos países*); la heladera (*Argentina, Uruguay*)

el fregadero = el lavaplatos (*Colombia*); la pileta (*Argentina*)

Fondo cultural

España

La paella es el plato más popular de la cocina española. El nombre *paella* viene de la paellera, la sartén especial que se usa para cocinarla. Su ingrediente principal es el arroz. La paella tradicional se hace sólo con mariscos, pero también se puede añadir pollo y salchichas. En la costa, ponen los mariscos frescos del día. La paella se come en muchos países. En América Latina preparan platos similares, como el arroz con frijoles y el arroz con pollo.

- Compara la paella con la comida típica que comes. ¿Comes muchas comidas hechas con arroz? ¿Son similares a la paella, o diferentes?

5 La cocina de mi tía  jdd-0788

Escuchar • Dibujar • Escribir • Hablar

Escucha mientras la tía de Juanita describe su cocina. Dibuja y escribe los nombres de las cosas que menciona. Luego compara tu dibujo con el de otro(a) estudiante.

6 Los huevos revueltos ♻

Leer • Escribir

Hoy es sábado y tu madre tiene que trabajar. Ha dejado para ti unas instrucciones para hacer huevos revueltos *(scrambled).* Usa los verbos en el recuadro y escribe el mandato apropiado para cada número.

Modelo

preparar
Por favor, *prepara* huevos revueltos para la familia.

añadir	hervir
apagar	mezclar
batir	poner
dejar	probar
encender	servir
freír	tener

En el desayuno

 1. los huevos con un tenedor y 2. sal y pimienta.
 3. los huevos con un poquito de leche y queso rallado *(shredded).*
 4. la estufa pero 5. cuidado. No necesitas un fuego muy alto.
 6. el tocino.
 7. los huevos batidos en una sartén y cocínalos.
 8. cocinar los huevos por unos minutos.
 9. agua para hacer café.
 10. los huevos para ver si tienen suficiente sal y pimienta.
 11. la estufa y 12. el desayuno.

7 ¿Qué has probado? ♻

Leer • Hablar

Lee estas descripciones de unos platos típicos de diferentes países hispanohablantes. Después habla con otro(a) estudiante sobre los platos que han probado y sobre los que les gustaría probar.

Modelo

A —¿Has probado el ceviche?
B —Sí, lo he probado.
 (No) Me gusta mucho porque . . .

Camarones al ajillo Fríen los camarones muy frescos con aceite y ajo en una pequeña sartén y los sirven muy calientes.

Pescado frito Fríen el pescado en aceite caliente. Añaden sal, pimienta y otras especias *(spices).* Es popular en muchos países, desde España hasta Puerto Rico.

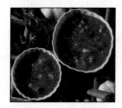

Gazpacho Sirven fría esta sopa de tomate, aceite y ajo que también puede contener verduras como apio *(celery)* y chiles.

Ceviche Mezclan el pescado con tomate, cebolla, vinagre, chile y jugo de limón. Hay diferentes variaciones de ceviche.

8 ¿Qué prefieres?

Hablar

Con otro(a) estudiante, habla de sus preferencias.

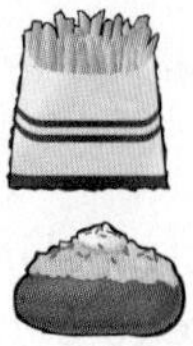

1.

2.

3.

4.

5.

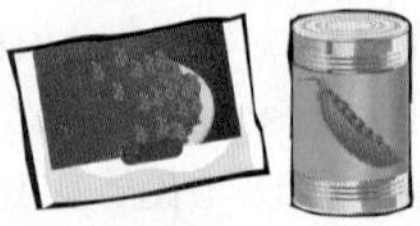

9 ¿Dónde los pongo?

Hablar

Con otro(a) estudiante, habla de dónde se ponen las cosas en la cocina.

Modelo

A —¿Dónde pongo los pedazos de tomate?

B —Ponlos en la ensalada.

Estudiante A

1.   2.   3.

4.   5.   6.

Estudiante B

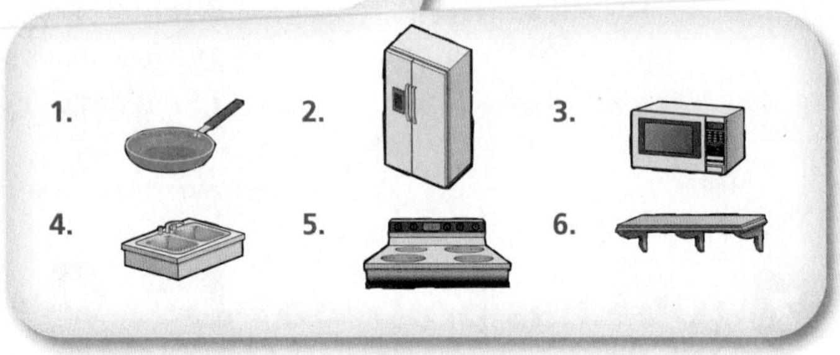

1.   2.   3.

4.   5.   6.

10 Recomendaciones para cocinar

Leer • Escribir • Escuchar • Hablar

Lee las recomendaciones para cocinar y escoge la mejor palabra o expresión para completar cada una. Luego usa estas frases como modelo y escribe cuatro más con tus propias recomendaciones. Lee tus frases a otro(a) estudiante, quien tiene que completarlas.

1. En una ensalada, las verduras ___ *(frescas / enlatadas)* son más sabrosas.

2. Mientras fríes algo, ___ *(no tires / prueba)* el aceite caliente.

3. Es mejor hervir agua para los espaguetis en una ___ *(olla / sartén)*.

4. ___ *(Deja / No te olvides de)* apagar la estufa después de usarla.

5. Usa ___ *(el microondas / el horno)* para preparar algo rápidamente.

6. Para algunas recetas de arroz necesitas un ___ *(caldo / ajo)* de pescado o pollo.

11 Tostones isleños

Leer • Escribir • Hablar

Lee este artículo de una revista de cocina. Luego trabaja con otro(a) estudiante para contestar las preguntas.

TOSTONES

¡No tienes que esperar un viaje a la fantástica isla de Puerto Rico para disfrutar de[1] este riquísimo plato tropical! Puedes seguir esta receta fácil y preparar tostones con mojito (¡esa salsa deliciosa de aceite y ajo!) en tu propia casa.

Ingredientes

Tostones
6 plátanos verdes
agua
sal
aceite

Mojito
8 dientes[2] de ajo
½ taza de aceite de oliva
perejil[3]

Preparación

Tostones

Pela los plátanos y córtalos en pedazos medianos. Ponlos en una olla con agua y sal por 15 minutos. Luego ponlos a secar en una toalla de papel. Calienta aceite en una sartén. Fríe los plátanos dos minutos por cada lado. Pon los plátanos sobre una toalla de papel para escurrirles[4] el aceite y aplasta[5] los pedazos. Fríelos otra vez. Escúrrelos y añade sal.

Mojito

Pela los dientes de ajo y machácalos[6]. Pica el perejil. Calienta el aceite de oliva y añade el ajo. Caliéntalo a fuego lento hasta que el ajo esté dorado[7]. Añade el perejil picado. Pon la mezcla caliente al lado de los tostones y sírvelos.

¡Buen provecho!

[1] enjoy [2] cloves [3] parsley [4] drain them [5] flatten [6] crush them [7] is golden

1. En una hoja de papel, hagan dos columnas. Escriban las cosas que necesitan para preparar los tostones con mojito en una columna y escriban para qué las necesitan en la otra.

Necesitamos	Para
un cuchillo	pelar el ajo

2. ¿Has probado tostones con mojito? Si ya los has probado, ¿te gustaron? Si todavía no los has probado, ¿te gustaría probarlos?
3. Dicen que los tostones son similares a las papitas (potato chips). ¿En qué sentido son similares o diferentes?

Fondo cultural
El mundo hispano

El plátano es uno de los alimentos más populares de los países tropicales de América Latina. Se cree que el plátano es originario del sudeste asiático. Los plátanos amarillos que ves en los supermercados son sólo un tipo de la gran diversidad de plátanos que hay. Hay pequeños plátanos amarillos y plátanos grandes, como los verdes y los rojos. Con los plátanos verdes se preparan los tostones. Otras recetas con plátanos verdes son sopa de plátano verde y bolas de verde (Ecuador y Colombia).

• ¿Qué relación crees que hay entre la popularidad del plátano como comida y su abundancia?

Gramática

Negative *tú* commands

To tell someone what *not* to do, use a negative command. To form negative *tú* commands, drop the *-o* of the present-tense *yo* form and add:

- *-es* for *-ar* verbs.

  usar   uso: **No uses** el microondas.

- *-as* for *-er* and *-ir* verbs.

  encender   enciendo: **No enciendas** el horno.
  añadir   añado: **No añadas** demasiada sal.
  poner   pongo: **No pongas** los camarones en la sartén todavía.

Verbs ending in *-car*, *-gar*, or *-zar* have spelling changes: *c* changes to *qu*, *g* changes to *gu*, and *z* changes to *c*.

  picar   pico: **No piques** los tomates.
  pagar   pago: **No pagues** demasiado.
  empezar   empiezo: **No empieces** a cocinar ahora.

These verbs have irregular negative *tú* commands:

| dar | no des | ir | no vayas |
| estar | no estés | ser | no seas |

Remember that pronouns are attached to affirmative commands. If the pronoun is added to a command form that has two or more syllables, write an accent mark on the syllable stressed in the present tense.

—¿Pico las cebollas?

—Sí, **pícalas**.

With negative commands, pronouns always go right before the conjugated verb.

—¿Pico los tomates también?

—No, no **los** piques.

GramActiva VIDEO

Want more help with negative *tú* commands? Watch the **GramActiva** video.

No corras.

12 ¡Así no!

Escribir

Tu hermano mayor acaba de limpiar la casa y no quiere limpiarla otra vez. Te escribe una nota diciendo las cosas que no debes hacer. Completa lo que dice él con los mandatos negativos correctos.

Modelo

(picar / tirar) leche en el suelo
No tires leche en el suelo.

1. *(mezclar / dejar)* ollas sucias en el fregadero
2. *(comer / añadir)* en tu cama
3. *(pelar / usar)* la estufa sin limpiarla después
4. *(salir / poner)* pollo frito encima del sofá
5. *(hacer / probar)* espaguetis en el microondas
6. *(dar de comer / ver)* al perro en la sala
7. *(ir / ser)* egoísta*. Piensa en los otros miembros de la familia.

*selfish

13 Para tener empanadas exquisitas

Leer · Escribir

1 A Manolo le gusta hacer las empanadas y ha escrito unas instrucciones para hacerlas. Escoge verbos del recuadro y completa las instrucciones con el mandato negativo.

cortar	ir	salir
hacer	mezclar	servir

Modelo

comenzar
___ a cocinar sin leer la receta.
No comiences a cocinar sin leer la receta.

1. ___ al supermercado por los ingredientes sin llevar una lista.

2. ___ la masa *(dough)* si no te has lavado las manos.

3. ___ las empanadas sin añadir la sal.

4. ___ la carne y las verduras con el mismo cuchillo sin lavarlo.

5. ___ de la cocina cuando las empanadas están en el horno.

6. ___ las empanadas sin probar una primero.

2 Ayuda a Manolo a escribir cuatro reglas adicionales sobre cómo tener éxito en la cocina. Usa mandatos negativos.

14 Un mundo negativo ♻

Escribir

Imagina que eres el (la) director(a) de la cafetería de tu escuela. Escribe mandatos negativos para dar instrucciones en la cocina.

1. venir a la cocina con las manos sucias

2. tirar el almuerzo a la basura

3. ofrecer demasiado café

4. hacer muchas tortillas

5. **¡Respuesta personal!**

Modelo

dejar la sartén en el fuego
No dejes la sartén en el fuego.

Más práctica

- **Guided** Gram. Practice pp. 247–250
- **Core** Gram. Practice p. 137
- **Communication** Writing p. 133
- *Real.* **para hispanohablantes** pp. 254–257, 260

realidades.com ⌄

- Audio Activities
- Video Activities
- Speak & Record
- Canción de hip hop
- Tutorial
- Leveled Workbook
- Web Code: jdd-0704

15 ¡No lo hagas todavía!

Hablar

Imagina que estás en Venezuela y quieres ayudar a la madre (o al padre) de tu familia venezolana en la cocina. Lee la receta para arepas que está abajo. Con otro(a) estudiante, haz preguntas para ver si puedes comenzar a hacer las arepas. Tu compañero(a) no está listo(a) todavía.

Modelo

mezclar el agua con la sal
A —*¿Mezclo el agua con la sal ya?*
B —*No, no las mezcles todavía.*

Se venden arepas en la playa de Miami, Florida.

Arepa tradicional venezolana

Ingredientes:
1 taza de harina de maíz[1] precocida[2]
2 tazas de agua
$\frac{1}{2}$ cucharadita de sal
$\frac{1}{2}$ cucharadita de mantequilla

Preparación:
1. Mezcla las dos tazas de agua con la sal.
2. Añade la harina de maíz poco a poco y amasa[3] hasta tener una masa[4] bien mezclada y sin grumos[5].
3. Añade la mantequilla y forma bolas de masa.
4. Calienta una plancha[6] de cocina, aplasta[7] las bolas de masa un poco y ponlas en la plancha hasta que estén doradas[8] por los dos lados. Si prefieres, puedes ponerlas al horno después para hacerlas más abombadas[9].

[1]corn flour   [2]precooked   [3]knead   [4]dough   [5]lumps   [6]griddle   [7]flatten   [8]they are golden   [9]dome-shaped

Fondo cultural

Venezuela

La arepa es una comida tradicional que se come casi todos los días en Venezuela. Blancas o amarillas, las arepas siempre han sido el desayuno o la cena perfecta para muchas familias venezolanas. Hay diferentes variedades de arepa: algunas están hechas con papas y otras con queso. En cada región de Venezuela se preparan las arepas de manera diferente. Muchas veces las arepas están rellenas de *(filled with)* pollo, jamón, huevos y otras cosas.

- ¿Por qué crees que hay tantas variedades de arepas venezolanas? ¿Qué platos de los Estados Unidos se preparan de varias maneras según la región del país?

Haciendo arepas en Mérida, Venezuela

16 En la guardería infantil

Escribir · Dibujar

Una guardería infantil cerca de tu casa necesita personas para trabajar con los niños que sólo hablan español. Otro(a) estudiante y tú van a trabajar allí. Su primera responsabilidad: la comida saludable para los niños.

1 En una hoja de papel, escriban cinco mandatos afirmativos y cinco negativos para los niños, usando la forma *tú*.

Modelo

comer / jugar

Afirmativo	Negativo
come despacio	no juegues con la comida

2 Hagan un cartel usando los mandatos afirmativos y negativos. Hagan dibujos o corten ilustraciones para hacerlo más interesante. Muestren *(Show)* el cartel en la clase.

Pronunciación

Dividing words into syllables

jdd-0788

In Spanish, you divide words into syllables after a vowel sound or between most double consonants. Listen to and say these words:

ca-ma-ro-nes   fres-co   her-vir
ma-ris-cos   en-cien-do   con-ge-la-do

However, you do not separate most combinations of a consonant followed by *l* or *r*. Listen to and say these words:

do-**ble**   in-**gre**-dien-tes   **fre**-ga-de-ro
re-**fres**-cos   vi-na-**gre**   re-**fri**-ge-ra-dor

When two strong vowels *(a, e, o)* appear together, each is pronounced individually, forming two syllables. Listen to and say these words:

pa-**e**-lla   tra-**e**-mos   to-**a**-lla
mi-cr**o-o**n-das   fe-**o**   hé-r**o-e**

¡Compruébalo! Lee estos versos del poema "Oda a las papas fritas", del famoso poeta chileno, Pablo Neruda (1904–1973), quien ganó el Premio Nobel de Literatura en 1971.

"Oda a las papas fritas"

Chisporrotea[1]
en el aceite
hirviendo
la alegría
del mundo:
las papas
fritas
entran
en la sartén
como nevadas
plumas
de cisne matutino[2]
y salen
semidoradas por el crepitante[3]
ámbar[4] de las olivas.

[1] Hissing [2] snowy feathers of a morning swan [3] crackling
[4] amber

Escribe estas palabras del poema y divídelas en sílabas:

chisporrotea   aceite   hirviendo
alegría   sartén   semidoradas

Gramática

The impersonal *se*

In English, you use *they, you, one,* or *people* in an impersonal or indefinite sense to mean "people in general." In Spanish, you use *se* + the *Ud. / él / ella* or *Uds. / ellos / ellas* form of the verb.

A menudo **se sirve** pan con la paella.

Bread is often served with paella.

Se usan otros mariscos también para hacer paella.

They also use other shellfish to make paella.

¿Recuerdas?

Remember that you use *se prohíbe* to tell that something is prohibited.

• **Se prohíbe** comer en clase.

GramActiva VIDEO

Want more help with the impersonal *se*? Watch the **GramActiva** video.

Se habla español.

17 Comidas populares

Escribir

Para cada foto, escribe una frase diciendo cuál es una de las comidas populares del país o de la región.

Modelo

España / preparar frecuentemente
En España se prepara frecuentemente la paella.

1.  México / servir a menudo

2.  Puerto Rico / comer con mojito

3.  España / preparar con ajo

4.  Argentina / comer mucho

5.  Bolivia / preparar de maneras diferentes

6.  la República Dominicana / servir bien frescos

7.  Costa Rica / comer con frijoles

8.  Nuevo México / servir con chiles

18 **¿Se puede . . . ?**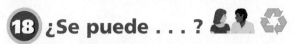

Escribir • Hablar

Imagina que un estudiante nuevo llega a tu comunidad y quiere saber qué se puede hacer en tu escuela.

1 Escribe cinco preguntas sobre las cosas que se pueden, se permiten o se prohíben hacer en tu escuela.

> **Modelo**
> *En el gimnasio, ¿se puede levantar pesas?*

2 Pregúntale a otro(a) estudiante si se pueden hacer las actividades.

> **Modelo**
> **A** —*En el gimnasio, ¿se puede levantar pesas?*
> **B** —*Claro, se puede levantar pesas.*

19 **La dieta ideal**

Pensar • Escribir • Hablar

Comer bien es muy importante para todos. ¿Cómo se decide qué comer cada día? Se debe prestar atención a la buena nutrición.

Conexiones | **Las ciencias**

Lee esta tabla sobre los minerales y las comidas en las que se encuentran.

Mineral	Comidas
Calcio	Leche, queso y verduras
Fósforo	Huevos, pescado, granos integrales (trigo,[1] maíz,[2] arroz, y más), leche, hígado,[3] brócoli y frijoles[4]
Hierro[5]	Hígado, huevos, carnes, verduras, guisantes y melaza[6]
Yodo[7]	Mariscos y sal que contiene yodo

[1] wheat   [2] corn   [3] liver   [4] beans   [5] Iron   [6] molasses   [7] Iodine

1 Trabaja con otro(a) estudiante y busquen en la tabla los minerales que tiene:

1. una paella hecha con arroz, pollo, pescado y mariscos
2. una pizza con salsa de tomate, queso y salchicha

Escriban una lista de los minerales que tienen estas dos comidas. Compárenlas. ¿Cuál de las dos tiene más minerales? ¿Cuál es la comida más saludable?

2 En un grupo de cuatro estudiantes, escojan una comida y busquen en la tabla los minerales que contienen los ingredientes. Lean la descripción de los ingredientes y los minerales a la clase sin decir qué comida es. Los demás deben adivinar la comida.

20 ¡Se come bien aquí!

Leer • Hablar

Lee este anuncio sobre un restaurante en Puerto Vallarta, México. Trabaja con otro(a) estudiante y contesta las preguntas.

1. ¿Qué comidas se recomiendan en este restaurante?
2. ¿Qué se puede hacer mientras se cena allí?
3. ¿Qué influencias diferentes se encuentran en la comida mexicana moderna?
4. ¿Cómo se prepara la comida mexicana moderna?
5. ¿Se puede almorzar en este restaurante?
6. ¿Qué se debe hacer si se quiere cenar allí?
7. ¿Te gustaría comer en el Café de los Artistas? ¿Por qué?

21 Y tú, ¿qué dices?

Escribir • Hablar

1. Piensa en un restaurante donde comes a menudo. ¿Qué comidas se sirven allí? ¿Con qué se sirven estas comidas?
2. ¿Cuál de las comidas de este restaurante es tu favorita? ¿Con qué se hace esta comida?
3. ¿Cuándo se abre el restaurante? ¿Cuándo se cierra? ¿Se recomienda reservar una mesa?

Más práctica

- **Guided** Gram. Practice pp. 251–252
- **Core** Gram. Practice pp. 138–139
- **Communication** Writing p. 134, Test Prep p. 265
- *Real.* **para hispanohablantes** pp. 258–259, 261

realidades.com

- Audio Activities
- Video Activities
- Speak & Record
- Tutorial
- Leveled Workbook
- Web Code: jdd-0705

Café de los Artistas

LA MÁXIMA EXPRESIÓN DE COMIDA Y ARTE

Mientras Ud. está en Puerto Vallarta, se le recomienda cenar en el Café de los Artistas. ¡Se come bien aquí! En este restaurante elegante, se puede disfrutar de[1] la mejor comida de la ciudad y al mismo tiempo de las obras de arte regionales más contemporáneas.

En la cena, se deben probar los fresquísimos mariscos y la pesca[2] del día. También se recomienda la comida mexicana moderna, el resultado de las influencias española y francesa con técnicas e ingredientes usados por los pueblos prehispánicos.

Esta comida se caracteriza por sus sopas y guisados[3] cocinados a fuego lento, sus salsas sabrosas y sus ingredientes frescos. Una vez terminada la comida, se quiere prolongar la visita para tomar un café y uno de los riquísimos postres mientras contempla el arte más nuevo y bello de Jalisco.

¡No se pierda[4] la mejor experiencia de comida y arte en Puerto Vallarta! Coma esta noche en el Café de los Artistas.

Se abre diariamente a las 18:00 h.

Se recomienda hacer reservaciones al 225-01-61.
Calle Guerrero 215
Centro

[1] enjoy [2] catch [3] dishes [4] Don't miss

22 Un anuncio para un restaurante

Escribir • Hablar • Dibujar

Trabaja con otro(a) estudiante para crear un anuncio de un restaurante. El restaurante puede ser uno que conocen en su comunidad o en otro lugar, uno que encuentran en la Red o uno que Uds. mismos inventan. Van a crear un cartel o página Web con ilustraciones en las que dan información sobre:

• por qué se debe comer allí

• cómo se preparan diferentes platos

• con qué se sirven estos platos

• qué ingredientes se usan

Incluyan también por lo menos *(at least)* un mandato afirmativo y un mandato negativo en el anuncio. Pueden usar el anuncio de la Actividad 20 como modelo y usar algunas ideas suyas de la Actividad 21 para escribir su anuncio.

El español en la comunidad

En muchas comunidades de los Estados Unidos, en las tiendas, los restaurantes, las bibliotecas y otros lugares públicos, se ven frecuentemente anuncios en español que comienzan con la palabra *se*. Los anuncios más comunes dan información, como "Se habla español"; ofrecen servicios o productos, como "Se alquila . . ." o "Se vende . . ."; anuncian un trabajo o una necesidad, como "Se busca . . .", o "Se necesita . . ." o prohíben algo, como "Se prohíbe . . .".

• ¿Has visto anuncios similares en tu comunidad? ¿Cuáles has visto? ¿Puedes escribir algunos anuncios en español?

23 ¡Nos gustaría visitar ese restaurante!

Escuchar • Hablar

Presenten su anuncio de la Actividad 22 a otros dos grupos. Luego hablen de por qué les gustaría o no les gustaría visitar los restaurantes que se describen. Pueden hacer preguntas para recibir más información.

Modelo

Nos gustaría visitar ese restaurante porque . . .
¿Se recomienda reservar una mesa?
¿A qué hora se abre?

Un restaurante popular en México

Anuncios para clientes hispanohablantes

Lectura

Objectives

- **Read poems about two common foods**
- **Learn how to make tacos**
- **Describe how to prepare your favorite dish**
- **Watch *En busca de la verdad,* Episodio 9**

"ODA AL TOMATE"

La calle
Se llenó de tomates,
mediodía,
verano,
la luz
se parte
en dos
mitades
de tomate,
corre
por las calles
el jugo.
En diciembre
se desata[1]
el tomate,
invade
las cocinas,
entra por los almuerzos,
se sienta
reposado[2]
en los aparadores,[3]
entre los vasos,
las mantequilleras,
los saleros[4] azules.
Tiene
luz propia,
majestad benigna.[5]
Debemos, por desgracia,[6]
asesinarlo;
se hunde[7]
el cuchillo
en su pulpa viviente,
en una roja
víscera,[8]
un sol
fresco,
profundo,[9]
inagotable,[10]
llena las ensaladas
de Chile,
se casa alegremente
con la clara cebolla,
y para celebrarlo
se deja
caer
aceite,
hijo
esencial del olivo,[11]
sobre sus hemisferios
entreabiertos[12]
agrega
la pimienta
su fragancia,
la sal su magnetismo (...)

Estrategia

Reading and rereading
Poetry is meant to be read several times for a deeper understanding. Remember to pause at the punctuation, not at the end of a line. Read each of Neruda's poems aloud so that you can hear the language. Jot down the descriptive language used to describe the tomato and the onion. Focusing on these words will help you understand the poem better.

1 is let loose
2 rested
3 cupboards
4 salt shakers
5 mild
6 unfortunately
7 sinks
8 guts
9 deep
10 tireless
11 olive tree
12 half-open

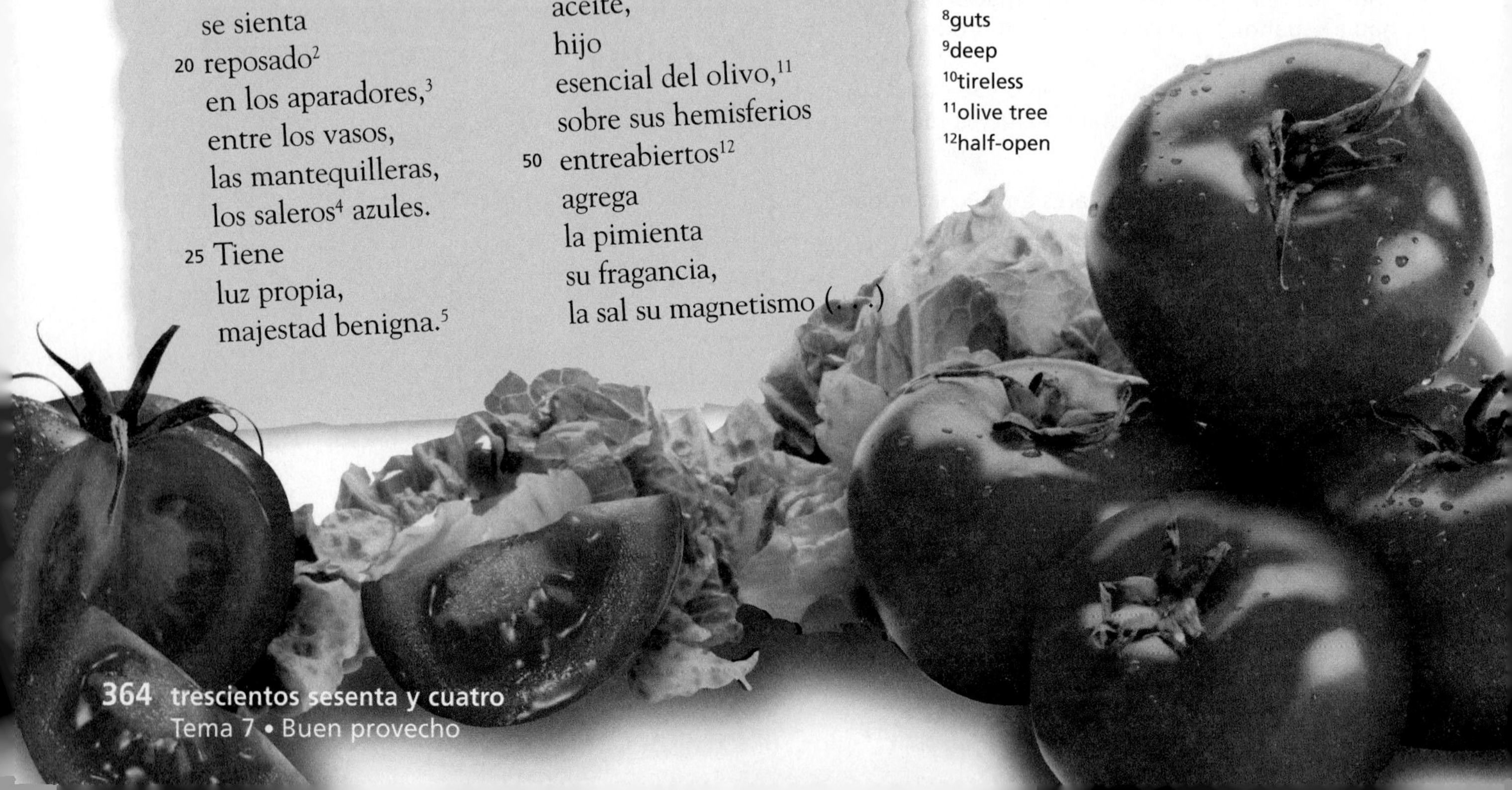

PABLO NERUDA (1904–1973),
un poeta chileno, es considerado uno de los poetas más importantes del siglo XX. En 1971 recibió el Premio Nobel de Literatura y el Premio Lenin de la Paz.

"Oda a la cebolla"

(. . .) cebolla,

clara como un planeta,
y destinada
a relucir,[1]
constelación constante,
redonda[2] rosa de agua,
sobre la mesa
de las pobres gentes.

[1]shine [2]round

¿Comprendiste?

"Oda al tomate"

1. ¿Por qué crees que Neruda usa el verbo *asesinar*? ¿Qué está describiendo?

2. El poeta no se refiere al tomate como un objeto. ¿Cómo describe el poeta el tomate?

3. ¿Qué quiere decir el poeta con la frase "se casa alegremente con la clara cebolla . . ."?

4. ¿A qué se refiere Neruda con la frase "hijo esencial del olivo"?

5. Lee el poema otra vez. Piensa en cuatro imágenes del poema y dibújalas.

"Oda a la cebolla"

En este poema, Neruda compara la cebolla con varias cosas. ¿Cuáles son?

Y tú, ¿qué dices?

Piensa en algo que comes o bebes, por ejemplo: el pan, el chocolate, las fresas, una tortilla, el cereal o la leche. Escribe un poema de cuatro a seis versos como éstos de Neruda.

Más práctica

- **Guided** Reading Support p. 253
- **Communication** Writing p. 135, Test Prep p. 266
- ***Real.* para hispanohablantes** pp. 262–263

realidades.com
- Internet Activity
- Leveled Workbook
- Web Code: jdd-0706

La cultura en vivo

¡Tortillas y tacos!

La tortilla es la comida fundamental de México y de toda América Central. La tortilla se hace con maíz y también con harina[1]. Los tacos son tortillas con carne o pollo, verduras, queso y chile. El maíz es una planta originaria de las Américas y su nombre azteca fue *toconayao*.

Hoy en día, las tortillas son populares en los Estados Unidos. Las tortillas se pueden comprar frescas o congeladas en los supermercados en casi todas partes del país.

La preparación de los tacos es fácil. Aquí están los ingredientes y la receta.

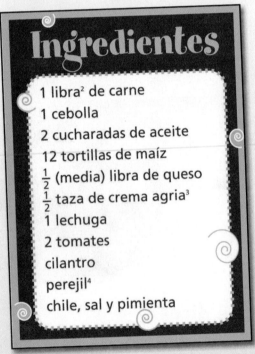

Ingredientes

- 1 libra[2] de carne
- 1 cebolla
- 2 cucharadas de aceite
- 12 tortillas de maíz
- $\frac{1}{2}$ (media) libra de queso
- $\frac{1}{2}$ taza de crema agria[3]
- 1 lechuga
- 2 tomates
- cilantro
- perejil[4]
- chile, sal y pimienta

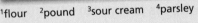

[1]flour [2]pound [3]sour cream [4]parsley

1. Para preparar la salsa: poner los tomates, la cebolla, el cilantro, el perejil, el chile, la sal y la pimienta en la licuadora por unos minutos.

2. Para preparar la carne: freír la carne en aceite con sal y pimienta. Después mezclar un poco de salsa con la carne.

3. Para hacer los tacos: poner una cucharada de carne en cada tortilla.

4. Para hacer más sabrosos los tacos: poner la crema agria primero, y después la salsa, la lechuga y el queso.

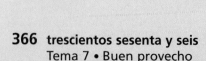

Presentación oral
Cómo preparar un plato favorito

Estrategia

Using background knowledge
Think about cooking shows you have seen. How does the chef present the ingredients? How does he or she explain how to prepare and cook the dish? Use these techniques in your presentation.

1 Prepare Bring in samples or pictures of the main ingredients and utensils you need to prepare your dish. (You might want to select a recipe that isn't too complicated!) If possible, prepare the dish ahead of time and bring in a sample for the class. Make a recipe card like the one to the right to help you organize your presentation.

2 Practice Go through your presentation several times. You can use your recipe card in practice, but not when you present. Try to:

- include the ingredients and utensils needed
- describe and show the preparation in clear steps
- speak clearly

Modelo

Para hacer una quesadilla se necesitan una tortilla, frijoles refritos y queso. Primero se calienta la sartén . . .

3 Present Tell and show the class how to prepare the dish. Use the materials (ingredients and utensils) or visuals as part of your presentation.

4 Evaluation Your teacher may give you a rubric for how the presentation will be graded. You will probably be graded on:

- how complete your preparation is
- how much information you communicate
- how easy it is to understand you

Quesadillas

Ingredientes que se necesitan
tortillas de harina
queso
frijoles refritos

Cosas que se usan
un cuchillo
una sartén

Preparación
1. Primero se extiende $\frac{1}{4}$ taza de frijoles refritos sobre la mitad de cada tortilla.
2. Luego se ponen dos cucharadas de queso . . .

realidades.com ▼
• Speak & Record

En busca de la verdad

Episodio 9

Antes de ver el video

"Este archivo contiene las respuestas a todas sus preguntas".

"Estamos buscando a mi abuelo, Federico Zúñiga. Ésta es su cuenta".

Resumen del episodio

Antes de salir para el aeropuerto, Tomás le da a Roberto unos documentos muy importantes. Carmen, Linda y Roberto llegan a San Antonio. Al día siguiente, Roberto y Linda van al Banco de la Frontera y conocen al Sr. De León. Él les da la última pista para descubrir la verdad sobre el abuelo de Roberto.

Nota cultural Cuando haces nuevos amigos en México y ellos ya te tienen confianza, es muy común que te digan "Mi casa es tu casa" o "Siéntete como en tu casa". Son expresiones de cortesía.

Palabras para comprender

certificado de nacimiento
  birth certificate

tarjeta de estudiante
  student ID

puede que it may be that

heredero heir

Estoy a cargo del caso. I am in charge of the case.

Después de ver el video

¿Comprendiste?

A. Completa las siguientes frases.

1. Antes de salir para San Antonio, el padre de Roberto le da _____.

2. Enrique es _____.

3. Linda quiere ir primero a su escuela porque _____.

4. Roberto le dice a De León que su familia no usa el apellido Zúñiga porque _____.

5. De León no puede darle a Roberto más información sobre su abuelo porque _____.

6. De León le dice a Roberto que le pueden dar más información en _____.

7. El hombre misterioso viajó a Guanajuato para _____.

8. Roberto descubre que el hombre misterioso es _____.

B. Escribe un resumen de la conversación entre Roberto y De León.

"Buenas tardes, señor. Me llamo Roberto Toledo".

• Web Code: jdd-0209

Repaso del capítulo

Vocabulario y gramática

jdd-0789

Chapter Review

To prepare for the test, check to see if you . . .
- know the new vocabulary and grammar
- can perform the tasks on p. 371

to name foods and items in the kitchen

el aceite	cooking oil
el ajo	garlic
el caldo	broth
el camarón, *pl.* los camarones	shrimp
la estufa	stove
el fregadero	sink
el fuego	fire, heat
el horno	oven
los mariscos	shellfish
el microondas, *pl.* los microondas	microwave
la olla	pot
el pedazo	piece, slice
el refrigerador	refrigerator
la salsa	salsa, sauce
la sartén, *pl.* las sartenes	frying pan
el vinagre	vinegar

to follow a recipe

añadir	to add
no añadas	don't add
batir	to beat
calentar *(e → ie)*	to heat
la cucharada	tablespoon(ful)
freír *(e → i)*	to fry
hervir *(e → ie) (e → i)*	to boil
el ingrediente	ingredient
mezclar	to mix
pelar	to peel
picar	to chop
probar *(o → ue)*	to taste, to try
la receta	recipe

to talk about food preparation

al horno	baked
apagar	to turn off
caliente	hot
¿Cómo se hace . . . ?	How do you make . . . ?
¿Con qué se sirve?	What do you serve it with?
congelado, -a	frozen
dejar	to leave, to let
no dejes	don't leave, don't let
encender *(e → ie)*	to turn on, to light
enlatado, -a	canned
fresco, -a	fresh
frito, -a	fried
olvidarse de	to forget about / to
no te olvides de	don't forget about / to
tirar	to spill, to throw away
no tires	don't spill, don't throw away

another useful expression

se puede	you can

negative *tú* commands

No hables.	Don't speak.
No comas.	Don't eat.
No escribas.	Don't write.

irregular negative *tú* commands

dar	no des
estar	no estés
ir	no vayas
ser	no seas

For *Vocabulario adicional,* see pp. 498–499.

Más práctica

● **Core** Puzzle p. 140, Organizer p. 141
● **Communication** Integrated
Performance Assessment p. 267

realidades.com ▼

• Tutorial
• Flashcards
• Puzzles
• Self-test
• Web Code: jdd-0707

Preparación para el examen

On the exam you will be asked to . . .	Here are practice tasks similar to those you will find on the exam . . .	If you need review . . .

Interpretive

jdd-0789

1 Escuchar Listen to and understand someone giving instructions for cooking a meal

Listen as Gabriel's sister Valeria gives him cooking instructions over the phone. See if you can identify: (a) what he wants to cook; (b) what ingredients he still needs to buy; and (c) the first few steps in the recipe.

pp. 348–351 *Vocabulario en contexto*
p. 354 Actividades 9–10
p. 358 Actividad 15

Interpersonal

2 Hablar Tell someone the first steps in making a particular recipe

Based on the illustrations below, tell someone the first three steps in preparing paella.

pp. 350–351 *Videohistoria*
p. 355 Actividad 11
p. 358 Actividad 15
p. 367 *Presentación oral*

Interpretive

3 Leer Read and understand as someone gives general advice on cooking

You are reading an article about cooking in a Spanish magazine. Tell which of the following suggestions are focused on: (a) things to do before cooking; (b) things to do while cooking; and (c) things to do after cooking.

1. Apaga el horno cuando terminas de cocinar.
2. Lee primero la receta para saber si tienes todos los ingredientes.
3. No salgas nunca de la cocina mientras algo está hirviendo.

pp. 350–351 *Videohistoria*
p. 353 Actividad 6
p. 354 Actividad 10
p. 357 Actividad 13
pp. 364–365 *Lectura*

Presentational

4 Escribir Write rules to promote safety in the kitchen

The home economics teacher asks you to write down a list of five rules for cooking safely for her Spanish-speaking students. You might begin with something like: *Ten cuidado cuando picas las verduras.*

p. 356 Actividad 12
p. 357 Actividad 13
p. 359 Actividad 16

Cultures

5 Pensar Demonstrate an understanding of how certain foods from one culture are incorporated into another culture

You would like to prepare dinner for your family using some recipes from a Mexican cookbook, but your little brother and sister are very picky eaters. What could you tell them about food(s) from another country that they have eaten before and liked? What might be the best American food or dish to introduce to teenagers from other countries? Why?

p. 366 *La cultura en vivo*

Fondo cultural

Estados Unidos

"Sandía / Watermelon" (1986), Carmen Lomas Garza

Gouache painting on paper, 20 x 28 in. Photo Credit: Wolfgang Dietze Collection of Dudley D. Brooks and Tomas Ybarra-Frausto, New York, NY.

Carmen Lomas Garza nació en Kingsville, Texas, en 1948. Ella empezó a pintar cuando tenía 13 años. Los cuadros de Lomas Garza muestran *(show)* escenas familiares de la vida diaria y fiestas y actividades de la comunidad hispana. En este cuadro, titulado "Sandía", una familia hispana se reúne a comer esa fruta al aire libre.

• ¿Se reúne tu familia o algunos amigos o vecinos en tu casa frecuentemente? ¿En qué sentido *(way)* son similares las reuniones de tu familia a la que se ve en el cuadro? ¿En qué sentido son diferentes?

¿Te gusta comer al aire libre?

Chapter Objectives

- Discuss food and outdoor cooking
- Tell people what to do or not to do
- Indicate duration, exchange, reason, and other expressions
- Understand cultural perspectives on special foods and outdoor food vendors

Video Highlights

A primera vista: *Un día al aire libre*
GramActiva Videos: *usted* and *ustedes* commands; uses of *por*
Videomisterio: *En busca de la verdad,* Episodio 10
Videocultura: *Buen provecho*

Country Connection

As you learn to talk about outdoor cooking, you will make connections to these countries and places:

España
Texas
México
Guatemala
Puerto Rico
El Salvador
Ecuador
Perú
Bolivia
Chile
Uruguay
Argentina

Más práctica

- *Real.* para hispanohablantes pp. 270–271

realidades.com
- Leveled Workbook
- Web Code: jde-0002

Una celebración al aire libre

Vocabulario en contexto

jdd-0797

Objectives

Read, listen to, and understand information about
- camping and cookouts
- foods

—Voy a encender el fuego ahora. ¿Me puedes dar los fósforos?

—Claro. ¿Qué vamos a comer?

—Carne de res a la parrilla, tortillas de **maíz** y guacamole. También tengo una salsa que está hecha con chiles verdes y es bien **picante.** Y de postre, piña y sandía. Las dos son muy **dulces.**

—¡Fabuloso! Gracias por hacer todas las preparaciones.

—De nada. Me encanta comer **al aire libre.**

hacer una parrillada

el fósforo

el durazno

el melón

el aguacate

las cerezas

la piedra

la sandía

la piña

la cesta

el pollo **asado**

la salsa de tomate

el pavo

la mostaza

la carne de res

a la parrilla   la chuleta de cerdo

asar

la mayonesa

—¡Ay! No me gustan nada los mosquitos. Hay muchos por aquí.

—Sí, y hay moscas y hormigas también. ¡Qué problema!

—Pedro y Roberto, **traigan** más leña para la fogata. Si no, la fogata se va a apagar. **Póngan**la aquí muy cerca.

—Ahora, no. Vamos a dar una caminata por una hora.

—**Tengan** cuidado. Dicen que va a llover.

—Gracias. ¡Hasta pronto!

las nubes
el cielo
dar una caminata
el sendero
la fogata
la leña
la hormiga   la mosca

secos
mojados

Una hora después . . .

—No **entren** en la cabaña.* Están mojados. Aquí, **dentro de** la cabaña, todo está seco. ¡Y dejen las botas sucias **fuera**!

—¿Qué dicen? ¡**Abran** la puerta ahora!

*cabin

1 ¿Cierta o falsa? 🔊

jdd-0797

Escuchar

Escucha las siguientes frases. Según la información de la escena de la página 374, indica si son ciertas o falsas. Señala con el pulgar hacia arriba si la frase es cierta y con el pulgar hacia abajo si es falsa.

Más práctica

- **Guided** Vocab. Flash Cards pp. 255–260
- **Core** Vocab. Practice pp. 142–143
- **Communication** Writing p. 142
- *Real.* **para hispanohablantes** p. 272

realidades.com Ⓥ
- Fondo cultural Activity
- Video Activities
- Online Atlas
- Web Code: jdd-0711

2 Al aire libre 🔊

jdd-0797

Escuchar

Escucha las frases y preguntas sobre un día al aire libre. Escoge la respuesta correcta para cada pregunta.

1. **a.** la piedra   **b.** el fósforo
2. **a.** unas nubes   **b.** un pavo
3. **a.** mojada   **b.** seca
4. **a.** la piña   **b.** la chuleta de cerdo
5. **a.** el durazno   **b.** la carne de res
6. **a.** la mostaza   **b.** la sandía

Un día al aire libre

Claudia, Teresa, Manolo y Ramón van a pasar el día en el parque Desierto de los Leones. Todos tienen hambre, pero hay un problema. Lee para saber qué pasa.

Estrategia

Using visuals
Using visuals can help you understand the story. Look at the pictures and write what you think the problem is. Then read to see if your prediction was correct.

Ramón   Claudia   Manolo   Teresa

1 **Claudia:** Me encanta ir al parque y comer al aire libre.

Teresa: A mí también.

Manolo: A mí no me gusta. No me gustan ni las moscas ni los mosquitos.

5 **Ramón:** ¡Uumm, chuletas de cerdo! ¡Qué **olor** tan bueno!

Manolo: Sí. Un poco **grasosas,** pero muy ricas. ¡Ahora tengo sed y hambre!

6 **Teresa:** ¿Me pasas las tortillas?

Claudia: Pues, no están aquí. Tampoco está la carne de res. Esta mañana tenía tanta prisa . . . que dejé la comida en la mesa.

Teresa: Pues, ¿qué vamos a comer?

7 **Manolo:** Tenemos hambre. ¡Vamos a comer!

Claudia: Tenemos un problema . . . Toda la comida que preparé . . .

Manolo: Bien. Podemos comprar la comida en uno de **los puestos.** Vamos a comer allí.

2 **Teresa:** Oye, ¿y qué traes en la cesta?

Claudia: Carne de res, tortillas de **harina, frijoles** y guacamole.

Teresa: ¡Qué rico! Ya tengo mucha hambre.

3 **Teresa:** Miren, aquí lo podemos poner.

Claudia: Pero **el suelo** está mojado. Vamos a buscar un lugar seco.

4 **Ramón:** Manolo, ¿quieres dar una caminata?

Manolo: ¿Dar una caminata? Tengo sed. Quiero un refresco.

Ramón: Sí, podemos comprar un refresco también. ¿Quieren **acompañarnos**?

Claudia: Gracias, pero vamos a quedarnos aquí, a charlar.

8 **Manolo:** ¡Qué bien! Claudia no puede cocinar muy bien. Su comida no tiene mucho **sabor.** Será mucho mejor comer la comida de aquí, del parque.

Claudia: ¿Qué dicen?

Manolo: Nada . . .

3 **¿Comprendiste?**

Escribir • Hablar

1. ¿Adónde van los chicos y qué van a hacer?
2. ¿A Manolo le gusta comer al aire libre? ¿Por qué?
3. ¿Qué dice Claudia que trae en la cesta?
4. ¿Adónde van Manolo y Ramón? ¿Qué ven?
5. ¿Qué le pide Teresa a Claudia? ¿Qué le dice Claudia?
6. ¿Qué deciden hacer los chicos? ¿Qué le dice Manolo a Ramón? ¿Lo oye Claudia?

Más práctica

- **Guided** Vocab. Check pp. 261–264
- **Core** Vocab. Practice pp. 144–145
- **Communication** Video pp. 136–138
- *Real.* **para hispanohablantes** p. 273

realidades.com

- Audio Activities
- Video Activities
- Leveled Workbook
- Flashcards
- Web Code: jdd-0712

También se dice . . .

la cesta = la canasta *(muchos países)*

Vocabulario en uso

Objectives

- Say what you like or dislike about outdoor cooking
- Give instructions to a group on how to get ready for a cookout
- Read and understand signs in a park or campground
- Learn to make and use *Ud.* and *Uds.* commands
- Learn the uses of *por*

④ Una parrillada bien organizada

Leer • Escribir

Tú y tus amigos van a hacer una parrillada en el parque. Tus amigos te traen las cosas que necesitan y tú tienes que organizarlas. Lee las listas y escoge cuál de las cosas no debe estar con las demás. Escribe esta palabra y otra palabra que asocias con ella.

Modelo

la parrilla, la leña, el fósforo, el durazno
el durazno, la manzana

1. la carne de res, el pavo, las chuletas de cerdo, el flan
2. la sandía, la harina, la piña, el melón
3. la cereza, la cesta, la leña, la piedra

4. el fósforo, el melón, el maíz, las cerezas
5. los frijoles, el maíz, la piedra, los aguacates
6. la mayonesa, la salsa de tomate, la mostaza, el maíz

⑤ Escucha y escribe   jdd-0793

Escuchar • Escribir

1 Escribe lo que dicen. Después indica si a la persona le gusta o no le gusta comer al aire libre.

2 Habla con otro(a) estudiante. ¿Estás de acuerdo con las seis opiniones? ¿Por qué? Escriban tres razones *(reasons)* para comer o no comer al aire libre.

Fondo cultural

Argentina • Uruguay

La parrillada mixta es una comida típica de la Argentina y el Uruguay. En estos países hay mucho ganado *(cattle)* y se consume mucha carne de res. Las familias se reúnen los domingos para hacer parrilladas mixtas al aire libre. La parrillada mixta puede incluir varios cortes de carne, una variedad de chorizos, salchichas y más.

- ¿Qué tradición en los Estados Unidos es similar a la parrillada? ¿Cuál es el origen de esta tradición? ¿Qué comidas son típicas de esta tradición?

Una parrillada típica de la Argentina y el Uruguay

6 Mi hermano Luis

Leer • Escribir

Lee lo que pasó cuando un joven fue al parque con su hermano. Completa su historia con las palabras apropiadas del recuadro.

El sábado pasado, fuimos al parque para __1.__ y pasar el día __2.__ casa. A mí me encanta hacer muchas actividades al aire libre, pero Luis no quería ir. Mientras __3.__ , él decía que el __4.__ estaba demasiado mojado y que no quería tener los zapatos sucios. Luego Luis no podía encontrar un lugar __5.__ para comer. Pero cuando empezamos a __6.__ las hamburguesas, Luis dijo que le gustaba el olor de la carne __7.__ y que tenía un __8.__ increíble. ¡Comió cuatro hamburguesas! Luego él no podía caminar rápidamente porque no se sentía bien. Creo que si hacemos otra parrillada, Luis no nos va a __9.__ .

dábamos una caminata	sabor
fuera de	asada
hacer una parrillada	seco
sendero	asar
acompañar	

7 ¿Cómo son las comidas?

Escribir • Hablar

1 Haz una lista de tres comidas para cada una de las siguientes categorías de comidas: *dulces, grasosas, picantes*.

2 Compara tu lista con la de otro(a) estudiante. ¿Cuántas comidas pueden poner en la lista para cada categoría?

También se dice . . .

la parrillada = el asado, la barbacoa *(muchos países)*

el fósforo = el cerillo *(países andinos, México)*; la cerilla *(España)*

el durazno = el melocotón *(España)*

los frijoles = las habichuelas *(Puerto Rico)*; las judías *(España)*; las caraotas *(Venezuela)*

el pavo = el guajolote *(México)*

8 ¿Qué vamos a servir?

Hablar

Un(a) amigo(a) y tú quieren decidir qué comidas van a servir en la parrillada. Hablen de las comidas que les gustan y de las que no les gustan. Digan por qué.

Modelo

A —¿Te gusta *la sandía*?
B —¡Sí, claro! *Me encanta* porque es *muy dulce*.
o: —No, *no me gusta nada*. *Es demasiado dulce*.

Estudiante A

1.  2. 3. 4.

5. 6. 7. 8.

Estudiante B

muy	seco, -a
bastante	picante
demasiado	dulce
	grasoso, -a
	sabroso, -a
	delicioso, -a
	riquísimo, -a
	horrible

9 No recuerdo la palabra

Escribir • Hablar

No recuerdas o no sabes la palabra en español para una cosa y tienes que usar otras palabras para describirla. Piensa en un objeto o una comida. Escribe tres descripciones. Luego léelas a diferentes miembros de tu clase. Ellos tienen que decir lo que describes.

Estrategia

Circumlocution
When you don't know or can't remember a word, use other words you know to describe what it looks like, is used for, or is similar to.

Modelo

sandía

A —*Es una fruta grande. El color de la fruta es verde y rojo. Es muy dulce y la comemos en el verano.*

B —*Es una sandía.*

10 La cocina mexicana

Leer • Escribir

¿Conoces bien la cocina[1] mexicana? Hay muchas variaciones regionales, pero por lo general se usa mucho el ajo, la cebolla, el aceite y el cilantro. Casi todas las comidas se sirven con arroz. Lee las descripciones y complétalas con las palabras apropiadas del recuadro. Se puede usar una palabra más de una vez.

aguacate	maíz
carne de res	queso
frijoles	salsa
harina	

El taco: Es una tortilla de __1.__ o de __2.__ . Dentro de la tortilla, hay, por lo general, __3.__ , pollo o __4.__ .

El chile relleno: Es un chile, que generalmente está relleno de[2] queso. Se cubre[3] el chile con la parte blanca del huevo y se fríe.

El burrito: Esta comida viene del norte de México y el suroeste de los Estados Unidos. Se hace con una tortilla de __5.__ . Dentro de la tortilla se pone __6.__ , pollo o __7.__ . A veces se sirve con una __8.__ picante hecha de chiles verdes.

El tamal: Es una masa[4] hecha de harina de maíz rellena de carne de res o cerdo y chiles. Es una comida muy popular para los días festivos, como la Navidad.

La enchilada: Generalmente está hecha de una tortilla de maíz con diferentes ingredientes dentro de la tortilla, como pollo, carne de res o queso. Se sirve con una salsa hecha de chiles rojos o a veces de crema.

El mole: Es una salsa que se hace de chiles rojos y chocolate. Puede ser bastante picante. Muchas veces se come con pollo.

La quesadilla: Es una tortilla de __9.__ que se fríe. Se usa __10.__ dentro de o encima de la tortilla. A veces se usan otros ingredientes, como pollo y chiles jalapeños.

El guacamole: Es una comida fresca que se hace con __11.__ , tomates, ajo y cebolla y se come con muchas otras comidas.

[1]cuisine [2]stuffed with [3]Is covered [4]dough

11 ¿Adentro o al aire libre?

Escribir • Hablar

1 ¿Has ido a una fiesta de familia o de amigos en casa de alguien? ¿Y una fiesta al aire libre? Hay diferencias, ¿verdad? Prepara un diagrama de Venn indicando lo que te gustó de las fiestas dentro de la casa y lo que fue bueno de las fiestas al aire libre. Indica también lo que te gustó hacer adentro *y* al aire libre. Piensa en los olores, el sabor de la comida, el tiempo que hacía, las personas que vinieron y las actividades que hicieron.

2 Después describe tus experiencias a otro(a) estudiante, comparando lo bueno de las fiestas.

> **Modelo**
>
> adentro / adentro y al aire libre / al aire libre
>
> No había moscas. Comimos pasteles. Hicimos una parrillada.

> **Modelo**
>
> *Me gustó la fiesta en casa de mi primo porque no había moscas.*
> **o:** *Prefiero estar al aire libre. Me encantan las parrilladas.*

12 Y tú, ¿qué dices?

Escribir • Hablar

1. ¿Te gusta la comida picante? ¿Cuáles son algunas comidas picantes que tú u otras personas en tu comunidad comen?

2. ¿Qué comidas son grasosas? ¿Qué comidas son dulces? ¿Comes estas comidas a menudo?

3. ¿Cuándo y dónde hicieron Uds. una parrillada la última vez? ¿Qué asaron a la parrilla? ¿Qué otras cosas comieron? ¿Cómo estuvo la comida?

4. Cuando estás al aire libre, ¿qué te gusta hacer? ¿Dar una caminata? ¿Mirar el cielo y las nubes? ¿Encender una fogata?

5. ¿Cuál fue la última comida que compraste en un puesto? ¿Dónde estaba el puesto? ¿Te gustó la comida? ¿Qué otras cosas vendían?

Fondo cultural

El mundo hispano

La comida picante Muchas personas creen que todos los platos de la cocina de los países hispanohablantes son picantes. Esto no es cierto. El chile, ají o pimiento picante es originario de las Américas. Se han encontrado semillas *(seeds)* en Perú y Bolivia, que tienen más de 7,000 años de antigüedad. En países como Ecuador o México el picante es muy popular, pero en la mayoría de los países hispanohablantes, la gente usa el picante con moderación. Se puede decir que el picante es más popular en las regiones cálidas porque el picante hace sudar *(sweat)* y el sudor refresca la piel. Sin embargo, también hay platos picantes en regiones donde hace frío, como en los Andes, en Bolivia y Perú.

• ¿Conoces un plato picante de los Estados Unidos? ¿Se comen en tu casa platos picantes? ¿Por qué crees que a algunas personas les gusta la comida picante?

Gramática

¿**Recuerdas?**

You already know how to give negative *tú* commands.

• **No prepares** los frijoles todavía.

• **No enciendas** la fogata.

• **No salgas** de este sendero.

Usted and ustedes commands

To give an affirmative or negative command in the *Ud.* or *Uds.* form, use the present-tense *yo* form as the stem just as you did for negative *tú* commands.

• Add -*e* or -*en* for -*ar* verbs.

cortar	corto	Señor, **corte** las chuletas de cerdo.
probar	pruebo	Señores, **prueben** la carne asada.

Affirmative and negative *Ud.* and *Uds.* commands have the same spelling changes and irregular forms as negative *tú* commands.

The same rules you know for *tú* commands regarding pronouns apply to *Ud.* and *Uds.* commands as well.

Attach pronouns to affirmative commands.

—¿Dónde ponemos la leña?

—Pónganla en un lugar seco.

With negative commands, pronouns go right before the verb.

—¿Encendemos la fogata ahora?

—No, no la enciendan todavía.

• Add -*a* or -*an* for -*er* and -*ir* verbs.

perder	pierdo	**No pierdan** Uds. los fósforos.
servir	sirvo	Señorita, **sirva** la ensalada.

negative *tú* command	*Ud.* command	*Uds.* command
no busques	(no) busque	(no) busquen
no hagas	(no) haga	(no) hagan
no des	(no) dé	(no) den
no vayas	(no) vaya	(no) vayan
no seas	(no) sea	(no) sean

GramActiva VIDEO

Want more help with *usted* and *ustedes* commands? Watch the **GramActiva** video.

Lave el coche.

13 ¿Qué hacemos ahora?

Escribir

1 Pon en orden las cosas que las personas deben hacer para una parrillada. Usa mandatos e incluye expresiones como *primero, segundo, luego, después* y *entonces*.

sacar los fósforos	poner las cestas en el suelo
apagar la fogata	
recoger leña y piedras	asar la carne
encender la fogata	no dejar la comida al aire libre

2 Luego escribe cada frase del Paso 1 con sólo el pronombre (*pronoun*).

Modelo

buscar un lugar seco
Primero busquen un lugar seco.
Primero búsquenlo.

14 La naturaleza muerta

Observar • Hablar • Escribir

Este cuadro es de la artista mexicana Elena Climent. Sus cuadros representan escenas de la vida diaria. Observa el cuadro con otro(a) estudiante y contesten las preguntas.

Conexiones El arte

En el estilo de arte que se llama naturaleza muerta *(still life)*, un(a) artista trata de pintar unos objetos como frutas y verduras, con realismo.

◄ "Tienda de legumbres" (1992), Elena Climent

Oil on canvas, 36 x 44-1/8 in. Courtesy of Mary-Anne Martin/Fine Art, New York.

1. ¿Qué objetos se ven?
2. ¿Qué colores ha escogido la artista para representar los objetos? ¿Por qué crees que usó estos colores?
3. ¿Cuál fue la belleza que la artista vio en esta escena? ¿Qué hizo ella para pintar el cuadro con un estilo realista?

15 Para ayudar a tu mamá

Observar • Hablar • Escribir

Imagina que estás en México con un(a) amigo(a) y tu mamá necesita varias cosas de la tienda que se ve en el cuadro de Elena Climent. Trabaja con otro(a) estudiante y escriban mandatos con *Uds.* que ella les puede dar.

Modelo

no comprar
No compren juguetes en la tienda.

1. ir
2. pedir
3. traerme
4. escoger
5. preguntar si
6. tener prisa

Exploración del lenguaje

Compound words

Spanish, like English, sometimes combines two existing words to create new vocabulary. The invention of a new type of oven led to the English "micro" + "wave" and the Spanish *micro + ondas.* Like *el microondas,* compound words formed this way are masculine and singular. In the plural, the noun does not change: *los microondas.*

¡Compruébalo! Create a compound word by combining the action (verb) in the orange box with the object (noun) in the blue box. Write a command using each compound word.

abre		latas
corta		césped
lava	+	platos
saca		puntas
salva		vidas

Modelo

el microondas
Señor, use el microondas para preparar la comida rápidamente.

16 Una nueva vecina

Hablar

Con otro(a) estudiante, haz planes para una parrillada. Decide qué comida van a servir y cómo prepararla. Haz preguntas y contéstalas con mandatos con *Ud.*

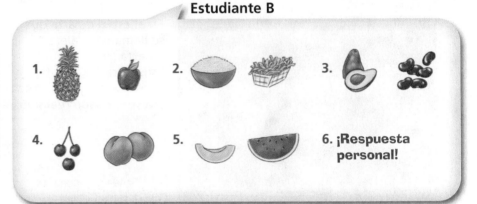

Modelo

asar a la parrilla / carne
A —¿Qué carne aso a la parrilla?
B —Ase el pavo.

Estudiante A

1. comprar / jugo
2. preparar / comida
3. poner / en la ensalada
4. hacer / pastel
5. servir / fruta
6. **¡Respuesta personal!**

Estudiante B

1. 2. 3.

4. 5. 6. **¡Respuesta personal!**

Las vacaciones de verano La mayoría de las familias españolas van de vacaciones en los meses de julio y agosto. Los lugares favoritos son la playa (40 por ciento) y la montaña (30 por ciento). Muchas familias van de vacaciones a una casa de pueblo, otras alquilan un apartamento y otras van a un hotel o a una pensión *(guesthouse)*. Algunas visitan otros países. Los "campings" también son populares porque son baratos.

- ¿Por qué crees que muchos españoles van de vacaciones en julio y agosto? ¿Por qué son populares los "campings"? ¿Cuándo y adónde van de vacaciones las familias de tu comunidad?

Mallorca, España

17 El club de senderismo

Leer • Escribir

A los miembros del club "Aire puro" de Santiago, Chile, les encanta dar caminatas largas por los bosques *(forests)* y por las montañas. Este pasatiempo se llama *senderismo.* Lee el artículo y contesta las preguntas.

Me gusta caminar *con Aire puro*

¿Te gusta dar una larga caminata por un sendero, hacer una buena fogata de leña y dormir bajo las nubes, con el cielo como techo?* El club de senderismo "Aire puro" organiza excursiones al aire libre. Nuestro objetivo es combinar las actividades en la naturaleza con la cultura y el tiempo libre. Escogemos cuidadosamente los lugares de excursión según su belleza, importancia biológica e interés histórico y cultural. No es necesario una preparación o condición física especial y hay muy poco peligro.

Aire puro ¡Es la mejor manera de divertirse en la naturaleza!

*roof

1. ¿Cuál es el objetivo del club "Aire puro"? ¿Qué hace el club?

2. ¿Quién puede dar una caminata en una excursión del club? ¿Se necesita algo especial para participar?

3. ¿De qué cosas puedes disfrutar *(enjoy)* en las excursiones del club?

En los Andes, Chile

18 Las reglas de la caminata

Hablar

Antes de dar una caminata, los miembros tienen que conocer bien las reglas del senderismo. Trabaja con otro(a) estudiante y dile las reglas que los miembros deben seguir. Tu compañero(a) te va a responder.

1. usar / una mochila para llevar sus cosas

2. no jugar / con los fósforos

3. traer / un mapa de los senderos

4. salir / en grupos, nunca solos

5. no dar caminatas / sin compañero(a)

6. no dejar / la basura en las cestas

Modelo

llevar / zapatos adecuados
A —*Lleven zapatos adecuados.*
B —*Tienes razón. Es difícil caminar por los senderos.*

Más práctica

- **Guided** Gram. Practice pp. 265–267
- **Core** Gram. Practice p. 146
- **Communication** Writing p. 143, Test Prep p. 268
- *Real.* **para hispanohablantes** pp. 274–277, 281

realidades.com
- Audio Activities
- Video Activities
- Speak & Record
- Canción de hip hop
- Tutorial
- Leveled Workbook
- Web Code: jdd-0713

Gramática

Uses of *por*

The preposition *por* is used in several ways. You already know many of its uses.

To indicate length of time or distance:

> Dejen el pollo en la parrilla **por** unos minutos más.

To indicate movement through, along, or around:

> Vamos a dar una caminata **por** ese sendero.
>
> Hay un buen lugar **por** allí.

To indicate an exchange of one thing for another:

> No pague Ud. demasiado **por** esos melones.

To indicate reason or motive:

> Las chuletas de cerdo no son muy saludables **por** ser bastante grasosas.

To indicate a substitution or action on someone's behalf:

> Felipe y Marcos, traigan esa leña al fuego **por** su papá.

To indicate means of communication or transportation:

> Nos hablamos **por** teléfono ayer.

GramActiva VIDEO

Want more help with uses of *por*? Watch the **GramActiva** video.

¿Cuánto por . . . ?

---

19 Un viaje a Guatemala

Leer • Escribir

Raquel le está escribiendo una tarjeta postal a su amiga, Anita, en Washington. Lee lo que le dice y escribe las expresiones apropiadas con *por*.

> Querida Anita:
>
> ¡Qué bonito país es Guatemala! Ayer, **1.** (*por lo general / por la mañana*), fuimos a la ciudad de Tikal, unas ruinas mayas bellísimas. Tikal está en medio de una selva tropical.* **2.** (*Por eso / Por lo general*) vimos pájaros en muchos árboles. **3.** (*Por supuesto / Por eso*) hemos probado la comida guatemalteca. El maíz es importante en la comida aquí. **4.** (*Por favor / Por ejemplo*), comen tortillas, tamales y enchiladas. También he probado los postres guatemaltecos. Ayer, **5.** (*por primera vez / por lo general*), comí buñuelos—un tipo de postre frito riquísimo. **6.** (*Por lo general / Por favor*) los guatemaltecos comen postres **7.** (*por la noche / por supuesto*). Mañana visitamos Chichicastenango.
> Raquel
>
> *rain forest

¡Guatemala!

20 ¿Cuál es?

Escribir

Completa las siguientes frases con la expresión correcta de *por*.

1. Fuimos al concierto ___.
2. Omar quiere visitar a su familia en Perú. Va ___.
3. En la ciudad había mucha gente ___.
4. El profesor de español está enfermo hoy. ¿Quién va a enseñar ___?
5. Pagué 200 dólares ___ de avión.

a. por un mes en verano
b. por él
c. por los boletos
d. por la música
e. por todas partes

21 Voy al mercado

Hablar

Imagina que encuentras a un(a) amigo(a) que va a un mercado. Habla con él (ella) sobre qué va a hacer allí.

Modelo

A —¡Hola! ¿Adónde vas?
B —Necesito ir al mercado. ¿Quieres ir conmigo?
A —¿Por cuánto tiempo vas?
B —Voy por una hora, más o menos.

Estudiante A

¿Cómo vas?

¿Por qué vas?

¿A qué mercado vas?

Estudiante B

la calle principal

duraznos frescos

. . . para no pagar mucho por ellos

¡Respuesta personal!

Fondo cultural

El Salvador

El Parque de la Familia se estableció en 1996 a unos 12 kilómetros de San Salvador, la capital de El Salvador. Es el parque de recreo con juegos mecánicos más grande del área. Mucha gente va allí para escapar del ruido *(noise)* de la ciudad. En el parque hay actividades para niños y lugares para practicar deportes. También hay peces y pájaros, un anfiteatro, un mirador panorámico, puestos de artesanías *(handicrafts)*, un área de piñatas, cafetines *(small cafés)* y un parqueadero amplio.

• ¿Hay un parque en tu comunidad similar al Parque de la Familia? ¿En qué sentido es similar? ¿Por qué es tan popular este tipo de parque?

Leyendo en el Parque de la Familia, en El Salvador

22 ¿Por cuánto tiempo?

Hablar

Habla con otro(a) estudiante sobre cuánto tiempo se debe hacer diferentes cosas en la cocina, en los estudios y en los deportes.

Modelo

dejar la leche en el refrigerador

A —¿Por cuánto tiempo se debe dejar la leche en el refrigerador?

B —Por una semana, más o menos.

1. asar hamburguesas a la parrilla
2. estudiar para un examen de español
3. usar la computadora sin descansar
4. hacer ejercicio sin beber agua
5. dormir un chico de 15 años
6. hablar por teléfono celular con un(a) amigo(a)

23 Nuestras recomendaciones

Escribir • Dibujar • Hablar

Imagina que un grupo de jóvenes que no conocen la región donde vives vienen a visitarte. Sabes que les encanta hacer actividades al aire libre.

1 Escribe cinco recomendaciones, usando mandatos en la forma *Uds.*, que puedes darles. Puedes incluir:

- adónde deben ir y qué deben hacer al aire libre
- por dónde deben pasar y cuánto tiempo deben pasar en diferentes lugares
- qué cosas y ropa deben llevar
- qué pueden comer y dónde
- reglas que necesitan seguir
- si deben tener cuidado con algo

2 Trabaja con un grupo de tres estudiantes. Hagan un cartel o folleto *(brochure)* usando visuales. Preséntenlo a la clase.

El español en el mundo del trabajo

¿Te gusta trabajar al aire libre? Las agencias federales de los Estados Unidos tienen más de 300 millones de hectáreas *(aproximadamente 1,214,575 acres)* de bosques *(forests)*, parques y reservas nacionales. El Servicio de Parques Nacionales, formado en 1916, es muy conocido ya que *(since)* administra 48 parques nacionales. El Sistema de Parques Nacionales incluye más de 32 millones de hectáreas y cerca de 340 unidades que incluyen desde Monumentos Nacionales hasta Áreas Nacionales de Recreación. Cada año vienen más turistas hispanohablantes a los Estados Unidos y se necesitan empleados bilingües para ayudarlos. También hay que escribir folletos de turismo, crear programas educativos y escribir información en los sitios Web.

- Piensa en un parque nacional o monumento nacional cerca de tu comunidad. ¿Hablan español los empleados del parque? ¿Hay información en español para los visitantes?

24 **Supermercado El Ranchero** 🔊   jdd-0798

Leer · Escuchar

Lee las preguntas sobre un anuncio. Luego escucha el anuncio para el supermercado El Ranchero. Escribe la letra correcta para cada pregunta.

1. ¿Cuándo empiezan los precios especiales?
   a. mañana por la tarde
   b. mañana por la mañana
   c. hoy por la mañana

2. ¿Qué se vende en la carnicería?
   a. carne de res, pollo y chuletas de cerdo
   b. pescado, chuletas de cerdo y bistec
   c. carne de res, verduras y frutas

3. ¿Cuánto cuesta la carne de res para asar?
   a. $2.99 por libra[1]
   b. $3.49 por libra
   c. $2.49 por libra

Un supermercado en Uruguay

4. ¿Qué ofrecen en la taquería?
   a. carne de res con arroz
   b. pedazos de pollo con tortillas
   c. un pollo gratis[2] si compra un pollo entero

5. ¿Con qué vienen los pollos enteros?
   a. arroz, frijoles, salsa y tortillas
   b. refrescos y verduras con tortillas
   c. sólo tortillas de maíz

[1] pound   [2] free

25 **Un producto delicioso**

Escribir · Hablar

La compañía Productos Festivales quiere crear un anuncio de radio para uno de sus productos, las galletas Zum Zum. La compañía también va a ofrecer precios especiales para las galletas Zum Zum por un tiempo limitado.

1 Trabaja con otro(a) estudiante y escriban un anuncio para la radio.

Modelo

Con galletas Zum Zum, tus niños estarán* más contentos. No compren otras galletas . . .

2 Presenten su anuncio a la clase.

NUEVO PRODUCTO:
¡GALLETAS ZUM ZUM!

- Es un producto divertido y está dirigido a los niños.
- Galleta dulce, tipo sandwich, con crema de distintos sabores.
- Vienen en deliciosos sabores de vainilla, chocolate, fresa y dulce de leche.
- Tienen calcio y vitaminas.
- Vienen también en paquetes individuales que son perfectos para llevar a la escuela.
- A los adultos también les gustan estas galletas porque calman el hambre.

Más práctica

- **Guided** Gram. Practice p. 268
- **Core** Gram. Practice pp. 147–148
- **Communication** Writing p. 144
- **Real.** para hispanohablantes pp. 278–279, 281

- Audio Activities
- Video Activities
- Speak & Record
- Leveled Workbook
- Web Code: jdd-0714

*To say "they will be," use *estarán*.

Lectura

El Yunque

Estrategia

Anticipating meaning
What kind of information would you expect to receive at the information center of a major national park? Look through the reading and see if you find the information you listed.

¡Bienvenidos al Bosque Nacional del Caribe, El Yunque!

El Yunque es una de las atracciones más visitadas de Puerto Rico. Es el único bosque tropical[1] en el Sistema de Bosques Nacionales de los Estados Unidos. El bosque es un espectáculo maravilloso que comprende aproximadamente 28,000 acres. Más de 240 especies de árboles coexisten con animales exóticos, como el coquí y la boa de Puerto Rico.

La mejor forma de explorar este parque es caminando por las varias veredas[2] que pasan por el bosque. Hay más de 13 millas de veredas recreativas que sólo se pueden recorrer a pie (no se permiten ni caballos ni motocicletas ni bicicletas de montaña). También hay varias áreas de recreación con comodidades para hacer picnics y parrilladas y está permitido acampar en muchas áreas del bosque. ¡Venga y disfrute del parque!

La cotorra puertorriqueña es un ave en peligro de extinción.

Vereda la Mina

La Vereda la Mina es la más popular del parque. Tiene una longitud de 0.7 millas (1.2 kilómetros) y se tarda entre 30 y 45 minutos en recorrer solamente el camino de ida.[3] Empiece a caminar en el Centro de Información y el área de recreación Palo Colorado. Este camino va al lado del río de la Mina y se termina en la magnífica Cascada la Mina, un salto de agua[4] de 35 pies de altura que forma una bonita piscina, donde puede usted bañarse para refrescarse después de una larga caminata. Tenga los ojos bien abiertos para ver la cotorra[5] puertorriqueña, una de las diez aves[6] en mayor peligro de extinción[7] en el mundo. En El Yunque sólo hay aproximadamente 40 cotorras.

[1]rain forest   [2]paths   [3]one way   [4]waterfall   [5]parrot   [6]birds   [7]endangered

Consejos para el caminante

1 Nunca camine solo. Siempre vaya acompañado.
2 Traiga agua y algo para comer.
3 Use repelente para insectos.
4 No abandone las veredas para no perderse[8].
5 No toque[9] las plantas del bosque.
6 No moleste ni alimente[10] a los animales.
7 ¡No tire basura en el parque! Por favor, ¡ayúdenos a mantener limpio este parque!

Cascada la Mina

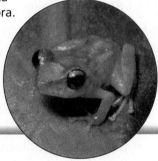

Fondo cultural

El coquí es una ranita (*little frog*) que es un símbolo importante para los puertorriqueños. Hay muchas variedades de estas ranitas y algunas viven sólo en Puerto Rico. Por la noche, el coquí empieza a cantar, y recibe su nombre por el sonido de su canto: *co-quí, co-quí.* En Puerto Rico, se han escrito muchos poemas, canciones e historias sobre esta rana misteriosa y encantadora.

• ¿Hay algún animal tan importante como el coquí en tu región? ¿Y en los Estados Unidos?

¿Comprendiste?

Escribe *C* si la frase es cierta o *F* si la frase es falsa.

1. Casi nadie visita El Yunque.

2. No hay animales exóticos en el bosque.

3. Las veredas del bosque se pueden recorrer en bicicleta de montaña.

4. Se puede hacer una parrillada en el parque.

5. Se puede alimentar a los animales del parque.

6. Si quieres caminar la Vereda la Mina, para caminar desde el Centro de Información hasta la Cascada y volver tardas (*you take*) una hora y media.

Más práctica

• **Guided** Reading Support p. 269
• **Communication** Writing p. 145, Test Prep p. 269
• *Real.* para hispanohablantes pp. 280, 282–283

 realidades.com

• Internet Activity
• Leveled Workbook
• Web Code: jdd-0716

[8]to get lost   [9]touch   [10]feed

trescientos noventa y uno 391
Capítulo 7B

Perspectivas del mundo hispano

La comida mexicana al aire libre

Has salido a caminar con unas amigas. Después de unas horas Uds. tienen hambre. Están cerca de una calle en la que hay muchos puestos de comida o comedores al aire libre. En algunos de los comedores hay tortillas amarillas y delgadas. Se pone la comida dentro de la tortilla, se enrolla[1] y ya está listo el taco. Unos vendedores venden pollo y chuletas de cerdo a la parrilla.

Haciendo tortillas de maíz

Otros venden tamales, que son pasteles de maíz envueltos[2] en hojas[3] de plátano y hervidos en agua. Para acompañar al plato principal, todos los vendedores ofrecen arroz y frijoles.

Los refrescos son jugos naturales de frutas tropicales: mango, piña, papaya. De postre hay quesos de varias clases, dulces y más frutas. ¡Ummm! Todo está recién hecho.[4] ¿Comemos?

En muchos países hispanohablantes es muy popular pasear y comer con familia y amigos en los comedores al aire libre. La comida que se puede comprar es deliciosa y no cuesta mucho. También se puede descansar y divertirse.

Preparando la comida al aire libre

¡Compruébalo! ¿Donde se vende comida al aire libre en los Estados Unidos? ¿Cuáles son algunos lugares en tu comunidad? (Piensa, por ejemplo, en el béisbol.) ¿Hay algunos en tu barrio? ¿Qué clase de comida venden? ¿Cuál es la comida al aire libre favorita de tus compañeros(as) de clase?

¿Qué te parece? ¿Por qué es popular la comida al aire libre? ¿Qué influencia tiene el clima en la popularidad de los lugares donde se vende la comida al aire libre?

Comprando helados de frutas frescas

[1] rolled up [2] wrapped [3] leaves [4] freshly made

Presentación escrita
Comiendo al aire libre

Task
An elementary school that many Spanish-speaking children attend is preparing its students for summer activities. You have been asked to prepare a poster on safety and fun at outdoor cookouts. Prepare a poster that provides directions for what to do and not to do.

1 Prewrite Think about what needs to be done for a cookout to be fun and safe. Tell children what to do and what not to do before and during the cookout. Make two lists that could include:

Antes de la parrillada
- la comida que deben comprar
- otras cosas que deben traer
- el lugar que van a escoger

Durante la parrillada
- cómo deben preparar el lugar
- qué van a hacer para preparar la comida
- cómo van a limpiar el lugar antes de salir

Estrategia

Brainstorming
Brainstorming can help you come up with ideas that you may not have otherwise thought of. When listing items for your poster, write down all the tasks you could possibly suggest. Then, when your list is complete, select the best items.

2 Draft Choose what you will write from the information in the lists you have brainstormed. Present the information in a logical sequence and in an attractive format.

Modelo

Antes de la parrillada
Decidan qué quieren comer.
Escojan un lugar seco.

3 Revise Review the spelling, vocabulary, and the commands. Compare your ideas with those of a classmate, who should review the following:

- Is what you have written easy to understand?
- Have you included appropriate commands?
- Should you change or add anything?

4 Publish Make any necessary changes. Add artwork that conveys the meaning of the commands.

5 Evaluation Your teacher may give you a rubric for how the poster will be graded. You will probably be graded on:

- how easy it is to understand your poster
- whether you have presented the information in a clear and attractive format
- your use of appropriate vocabulary and grammatical forms

En busca de la verdad

Episodio 10

Antes de ver el video

"Por fin se ha resuelto el misterio de mi vida".

> **Nota cultural** En América Latina las celebraciones familiares son muy importantes. Cualquier evento agradable es motivo de celebración. Todos los miembros de la familia se reúnen y siempre invitan a los amigos más cercanos para estar juntos. Normalmente se preparan comidas, se toca música, se canta o se baila. ¡En este videomisterio, la noticia sobre el abuelo es un buen motivo para celebrar!

"Aquí traigo las respuestas a todas nuestras preguntas sobre el abuelo".

Resumen del episodio

En este episodio Roberto finalmente descubre la verdad sobre su abuelo Federico. Regresa a Guanajuato y toda la familia se reúne para celebrar la noticia sobre el abuelo.

Palabras para comprender

pertenece belongs to

cuenta de ahorros savings account

póliza de seguro insurance policy

sobreviviente survivor

Has tenido razón. You were right.

"¡Y ahora hay que celebrar!"

Después de ver el video

¿Comprendiste?

A. ¿Qué personaje dice cada una de las siguientes frases?

(Tomás Toledo / Roberto / Nela / Federico / Linda)

1. "Tengo que regresar a Guanajuato con mi familia".

2. "Qué bien que por fin se resolvió este misterio".

3. "Nunca me ha gustado tocar el pasado".

4. "Nunca me imaginé todo esto. Tanto tiempo . . . tanto tiempo".

5. "Por fin se ha resuelto el misterio de mi vida".

6. "Ahora ya sabes la verdad. No me olvides".

7. "Hola. ¿Cómo estás?"

B. Contesta las siguientes preguntas.

1. ¿Cuál ha sido tu personaje favorito de *En busca de la verdad?* ¿Por qué?

2. ¿Cuál ha sido tu escena favorita? ¿Por qué?

3. ¿Qué va a pasar cuando Linda regrese a Guanajuato en la primavera con el programa de intercambio?

• Web Code: jdd-0209

Repaso del capítulo

Vocabulario y gramática

jdd-0799

to talk about the outdoors

al aire libre	outdoors
el cielo	sky
dar una caminata	to take a walk
dentro de	inside
fuera (de)	outside
la hormiga	ant
la mosca	fly
la nube	cloud
la piedra	rock
el sendero	trail
el suelo	ground, floor

to talk about eating outdoors

la fogata	bonfire
el fósforo	match
hacer una parrillada	to have a barbecue
la leña	firewood
a la parrilla	on the grill
el puesto	(food) stand

to talk about foods

el aguacate	avocado
asado, -a	grilled
asar	to grill, to roast
la carne de res	steak
la cereza	cherry
la cesta	basket
la chuleta de cerdo	pork chop
el durazno	peach
los frijoles	beans
la harina	flour
el maíz	corn
la mayonesa	mayonnaise
el melón, pl. los melones	melon
la mostaza	mustard
el olor	smell, odor
el pavo	turkey
la piña	pineapple
el sabor	taste
la salsa de tomate	ketchup
la sandía	watermelon

to describe foods and the outdoors

dulce	sweet
grasoso, -a	fatty
mojado, -a	wet
picante	spicy
seco, -a	dry

other useful words

acompañar	to accompany

using *usted* and *ustedes* commands

To form an *Ud.* or *Uds.* command, drop the *-o* of the present-tense *yo* form and add *-e* and *-en* for *-ar* verbs, and *-a* and *-an* for *-er* and *-ir* verbs.

Regular *Ud.* and *Uds.* commands:

preparar:	**prepare(n)**
comer:	**coma(n)**
servir:	**sirva(n)**

Irregular *Ud.* and *Uds.* commands:

dar:	**dé, den**
estar:	**esté, estén**
poner:	**ponga, pongan**
ir:	**vaya, vayan**
ser:	**sea, sean**
tener:	**tenga, tengan**
traer:	**traiga, traigan**

using *por* in sentences

To indicate length of time or distance
To indicate movement through, along, or around
To indicate an exchange of one thing for another
To indicate reason or motive
To indicate a substitution or action on someone's behalf
To indicate means of communication or transportation

For *Vocabulario adicional,* see pp. 498–499.

Más práctica

- **Core** Puzzle p. 149, Organizer p. 150
- **Communication** Practice Test
  pp. 271–273, Integrated Performance
  Assessment p. 270

realidades.com

- Tutorial
- Flashcards
- Puzzles
- Self-test
- Web Code: jdd-0717

Preparación para el examen

On the exam you will be asked to . . .	Here are practice tasks similar to those you will find on the exam . . .	If you need review . . .

Interpretive

jdd-0799

1 Escuchar Listen and understand as people talk about their likes and dislikes about outdoor cooking

A group of teenagers is discussing whether to have a picnic or a dinner at someone's home next Saturday to welcome a group of new students. As you listen to their opinions, decide whether the person is in favor or not in favor of an outdoor picnic.

pp. 374–377 *Vocabulario en contexto*
p. 378 Actividad 5

Interpersonal

2 Hablar Give instructions to a group about what to do to prepare for a cookout

You have volunteered to help a troop leader organize a group of ten-year-old boy scouts to make their first campfire. What would you instruct them to do? For example, you might begin by saying: *Busquen un lugar seco.*

p. 381 Actividad 12
p. 384 Actividad 16

Interpretive

3 Leer Read and understand typical signs you would see in a park or overnight camping site

As you look for firewood around the campgrounds, you come across several signs that give instructions to park visitors. Read the signs below. Which signs focus on: (a) hiking; (b) cooking; (c) using the cabins?

pp. 376–377 *Videohistoria*
p. 379 Actividad 6
p. 385 Actividad 17
pp. 390–391 *Lectura*

1 Apaguen los incendios completamente con agua.

2 Apaguen las radios después de las once de la noche.

3 No recojan las flores del sendero.

Presentational

4 Escribir Write a list of instructions for an upcoming outdoor party

You are asked to write a "How to" guide for first time campers who are planning to cook outdoors. Write a list of instructions that include: (a) things to take with you; (b) getting the fire started; (c) suggestions for food to eat or grill; (d) rules campers need to follow.

p. 378 Actividad 4
p. 379 Actividad 6
p. 382 Actividad 13
p. 388 Actividad 23
p. 393 *Presentación escrita*

Cultures

5 Pensar Demonstrate an understanding of outdoor food markets in Spanish-speaking countries

Your friend is going to Buenos Aires, Argentina, on vacation and wants to know about the food. What could you tell her about outdoor food markets? How might the places where people buy things to eat be different there?

p. 392 *Perspectivas del mundo hispano*

Vocabulario Repaso

lugares y atracciones
el campo
la ciudad
el estadio
el hotel
el lago
el lugar
el mar
el mercado
las montañas
el museo
la obra de teatro
el país
el parque de diversiones
el parque nacional
el partido
la piscina
la playa
el teatro
el zoológico

actividades
bucear
comprar recuerdos
dar una caminata
descansar
esquiar
ir de cámping
ir de compras
ir de pesca
ir de vacaciones
montar a caballo
montar en bicicleta
pasar tiempo
pasear en bote
regresar
salir
viajar
visitar
tomar el sol

1 ¿Qué puedo hacer allí?

Escribir

En una hoja de papel, haz dos columnas. En la columna a la izquierda, escribe una lista de ocho lugares adonde se puede ir de vacaciones. En la columna a la derecha, escribe una actividad que se puede hacer en cada lugar. Trata de variar las actividades en la segunda columna.

Modelo

Lugares	Actividades
las montañas	*esquiar*

2 Lugares y actividades

Hablar

Usa las listas de la Actividad 1 y pregúntale a otro(a) estudiante si ha ido a estos lugares de vacaciones y si ha hecho las diferentes actividades.

Modelo

A —*¿Has ido de vacaciones a las montañas alguna vez?*

B —*Sí, he ido a las montañas varias veces.*

A —*¿Has esquiado en las montañas?*

B —*No, hemos ido allí en el verano. Hemos dado caminatas en las montañas.*

Gramática Repaso

The infinitive in verbal expressions

Remember that the infinitive is used in many types of expressions with verbs.

To express plans, desires, and wishes:

desear	pensar
encantar	preferir
gustar	querer
ir + a	

Este verano mis padres **quieren ir** a las montañas, pero mis hermanos y yo **preferimos pasar** tiempo en la playa.

To express obligation:

deber	tener que
necesitar	

Cuando vas a un país latinoamericano, **debes visitar** un mercado al aire libre.

In impersonal expressions:

es divertido	es necesario
es importante	hay que
es interesante	

En Chile **es divertido** ir de cámping y **dar** caminatas en los parques nacionales.

---

3 Tus intereses

Escribir • Hablar

Piensa en las vacaciones que te interesan. Escribe cinco frases usando los verbos de *Gramática* para decir cuándo y dónde prefieres ir y qué te gusta hacer. Lee tus frases a otro(a) estudiante para ver si Uds. tienen los mismos intereses.

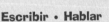

Modelo

preferir

A —*En el invierno mi familia y yo preferimos ir a Utah para esquiar.*

B —*¿De veras? Nosotros preferimos ir a un lugar donde hace calor, como la Florida.*

Más práctica

- **Guided** pp. 271–272
- **Core** pp. 151–152
- *Real.* **para hispanohablantes** p. 290

realidades.com ✔
- Leveled Workbook
- Web Code: jdd-0801

---

4 Recomendaciones para turistas

Escribir • Hablar

Escoge un lugar turístico y escribe un párrafo con recomendaciones para lo que se debe hacer allí. Usa las expresiones de *Gramática* en tu párrafo. Luego, con otro(a) estudiante, intercambien *(exchange)* papeles y haz comentarios o preguntas sobre el lugar.

Modelo

Cuando vas a Puerto Rico, es muy divertido visitar el Viejo San Juan. Es interesante ver los edificios antiguos. También debes . . .

A —*Me gustaría mucho visitar Puerto Rico. ¿Cuándo debo ir?*

B —*Pues, el clima es fantástico durante todo el año, pero hay muchos turistas en el invierno. Creo que debes ir en el verano.*

HORARIO

```
AU  2824  MAR DEL PLATA                    09:20
AR  0974  VILLA  GESELL                    09:45
AR  1402  CORDOBA                          10:00
AR  1852  SALTA                            10:10
AR  1258  PUNTA DEL ESTE                   10:15
AR  1874  SGO DEL ESTERO/ JUJUY            10:20
```

Fondo cultural
México

Juan Ramos nació en Chihuahua, México. Él creció *(grew up)* en los Estados Unidos, pero en el año 2004 regresó a México otra vez y abrió un estudio de arte en la ciudad de Loreto. Los temas principales de sus pinturas son las ciudades pequeñas en la costa de Baja California donde él iba para pintar y practicar surf. Este cuadro es de una calle muy conocida de Loreto que va desde la playa hasta el centro de la ciudad. Cada año esta ciudad recibe a muchos turistas.

• ¿Porqué piensas que muchos turistas visitan Loreto? ¿Piensas que es una ciudad tranquila o con mucha actividad? ¿Te gustaría visitarla?

"Camino de Salvatierra", Juan Ramos

Capítulo 8A

Un viaje en avión

Chapter Objectives

- Talk about visiting an airport
- Plan for a trip to a foreign country
- Make suggestions about safe travel
- Read about travel destinations in Spanish-speaking countries
- Understand cultural perspectives on traveling

Video Highlights

A primera vista: *¡Buen viaje!*

GramActiva Videos: the present subjunctive; irregular verbs in the subjunctive

Videocultura: *Cómo ser un buen turista*

Country Connection

As you learn to talk about planning a trip, you will make connections to these countries and places:

España
República Dominicana
México
Honduras
Puerto Rico
Nicaragua
Colombia
Ecuador
Perú
Bolivia
Argentina

Más práctica

- *Real.* para hispanohablantes pp. 290–291

realidades.com

- Fondo cultural Activity
- Video Activities
- Online Atlas
- Web Code: jde-0002

Vocabulario en contexto

jdd-0887

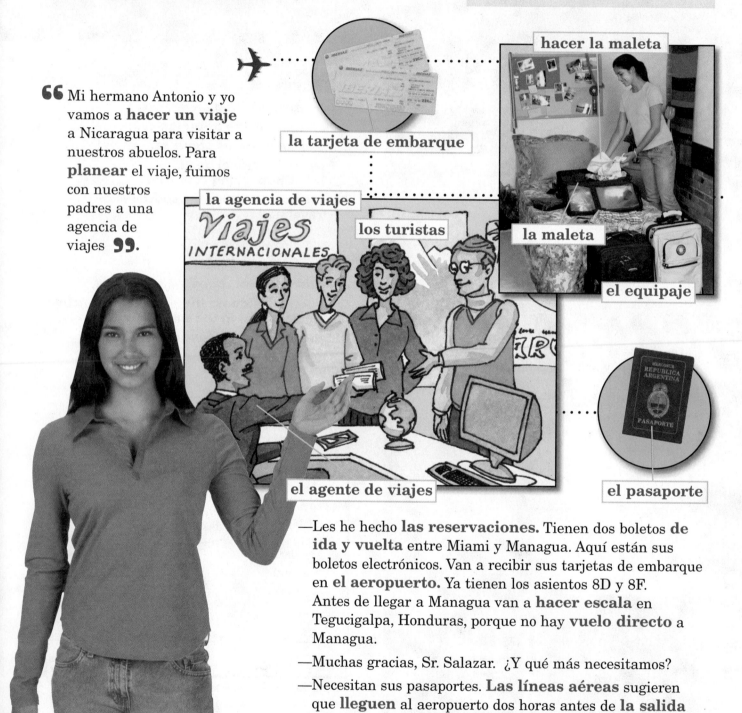

❝ Mi hermano Antonio y yo vamos a **hacer un viaje** a Nicaragua para visitar a nuestros abuelos. Para **planear** el viaje, fuimos con nuestros padres a una agencia de viajes ❞.

la tarjeta de embarque

hacer la maleta

la agencia de viajes

los turistas

la maleta

el equipaje

el agente de viajes

el pasaporte

—Les he hecho **las reservaciones.** Tienen dos boletos **de ida y vuelta** entre Miami y Managua. Aquí están sus boletos electrónicos. Van a recibir sus tarjetas de embarque en **el aeropuerto.** Ya tienen los asientos 8D y 8F. Antes de llegar a Managua van a **hacer escala** en Tegucigalpa, Honduras, porque no hay **vuelo directo** a Managua.

—Muchas gracias, Sr. Salazar. ¿Y qué más necesitamos?

—Necesitan sus pasaportes. **Las líneas aéreas** sugieren que **lleguen** al aeropuerto dos horas antes de **la salida** del vuelo para **facturar** el equipaje. También **insisten en** que **pasen** por **la inspección de seguridad.**

Más vocabulario

sugerir (e→ie) to suggest

la piloto

el piloto

la ventanilla

el auxiliar de vuelo

la auxiliar de vuelo

VUELO: 342
DESTINO A: TEGUCIGALPA
SALIDA: 2:10
LLEGADA: 3:35

la puerta de embarque

la empleada

el anuncio

el pasajero

la pasajera

el pasillo

registrar

la aduanera

el aduanero

la aduana

66 Lo sentimos mucho. Hay un pequeño **retraso** en la salida del vuelo 342 **con destino a** Tegucigalpa, Honduras. Dentro de 20 minutos **tendremos** más información sobre la salida del vuelo 342 **99**.

66 El vuelo 342 con destino a Tegucigalpa está **listo.** En unos minutos vamos a **abordar.** Favor de pasar a la puerta número 17 de la Terminal A **99**.

—**Bienvenido** a Managua. ¿Qué tiene?

—Una maleta y una mochila.

—Pase a la izquierda. Tendremos que ver qué cosas tiene dentro de su equipaje. Ese señor va a registrar el equipaje. Aquí está su pasaporte.

1 En el aeropuerto 🔊 jdd-0887

Escuchar

Estás en un aeropuerto esperando tu vuelo. Oyes muchas conversaciones entre los pasajeros y muchos anuncios. Si escuchas buenas noticias, señala con el pulgar hacia arriba. Si escuchas malas noticias, señala con el pulgar hacia abajo.

2 ¿Quién lo dice? 🔊 jdd-0887

Escuchar

Escucha cada frase, y en una hoja de papel escribe quién lo dijo: una pasajera, una agente de viajes, una auxiliar de vuelo o una aduanera.

Más práctica

- **Guided** Vocab. Flash Cards pp. 273–278
- **Core** Vocab. Practice pp. 153–154
- **Communication** Writing p. 152
- *Real.* **para hispanohablantes** p. 292

realidades.com ✓

- Audio Activities
- Leveled Workbook
- Flashcards
- Web Code: jdd-0802

¡Buen viaje!

Ana y Elena van a Londres para estudiar inglés. Compran los boletos para el viaje en una agencia de viajes, pero hay un problema. Lee para saber qué pasa.

Estrategia

Scanning for basic understanding
Reading a new text can be easier if you already know what the story is about. Before reading the *Videohistoria*, scan it for cognates and words you already know. Based on the words you find, predict what the story is about.

1 **Ana:** ¿Dónde puede estar Elena? Siempre llega tarde.

Agente: **Ten paciencia,** señorita. Seguramente llega pronto. Nuestra agencia está **abierta** hasta la una y media.

la agente de viajes

Elena

Ana

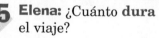

5 **Elena:** ¿Cuánto **dura** el viaje?

Agente: Un poco más de 14 horas.

Elena: Es muy largo.

Ana: Puedes dormir en el tren.

Agente: Te va a gustar. Es muy divertido.

6 **Elena:** Muy bien. Vamos a hacer las reservaciones.

Agente: Aquí tenéis* los boletos. ¡Buen viaje!

7 **Elena:** ¡Caramba! Vamos a mirar los boletos.

Ana: A ver. ¿Dónde están? ¿No los tienes tú?

Elena: No. ¿Los dejamos en la agencia de viajes?

* Remember that in Spain, the *vosotros(as)* form is used when speaking to a group of people you would address individually with *tú.*

2 **Ana:** Elena, ¿por qué no llegas a tiempo?

Elena: Eres tan impaciente. Tenemos mucho tiempo.

3 **Ana:** Queremos hacer reservaciones para ir de Madrid a Londres.

Agente: ¿En avión?

Ana: Creo que sí.

Agente: Hay un vuelo directo que cuesta 92 euros.

Ana: ¿Qué más hay?

4 **Agente:** Hay un tren.

Elena: ¿Un tren?

Ana: ¿Por qué no? ¿Cuánto cuesta?

Agente: El boleto para estudiantes es muy barato. Muchos estudiantes **extranjeros** toman el tren.

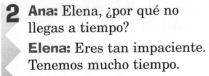

8 **Ana:** Está **cerrada**. ¿Qué hacemos?

Elena: Mira. Allí están nuestros boletos.

Ana: ¿A qué hora abren otra vez?

Elena: A las cuatro y media. Ten paciencia, Ana. Tenemos que esperar.

3 **¿Comprendiste?**

Escribir

Usa cada palabra de la lista en una frase completa para indicar lo que pasó en la *Videohistoria*.

> **Modelo**
> tarde
> *Ana está enojada porque Elena llega tarde.*

1. impaciente
2. Madrid a Londres
3. 92 euros
4. el tren
5. la agencia de viajes
6. cerrado, -a
7. a las cuatro y media

Más vocabulario

extranjero, -a foreign

Más práctica

- **Guided** Vocab. Check pp. 279–282
- **Core** Vocab. Practice pp. 155–156
- **Communication** Video pp. 146–148
- ***Real.* para hispanohablantes** p. 293

realidades.com Ⓥ

- Audio Activities
- Video Activities
- Leveled Workbook
- Flashcards
- Web Code: jdd-0803

Vocabulario en uso

4 Unos consejos

Leer • Escribir

Cuando viajas por primera vez, vas a tener muchas preguntas. Lee los consejos (*advice*) y escribe la palabra apropiada para completar cada frase.

1. Si vas a un país (*extranjero / pasajero*) insisten en que tengas un pasaporte.

2. Puedes recibir información sobre los vuelos en una (*agente de viajes / agencia de viajes*). Si está (*cerrada / llegada*), puedes hacer una búsqueda en la Red.

3. Si no quieres hacer (*reservación / escala*), sugiero que busques un vuelo directo.

4. Es más cómodo tener un asiento en el (*pasillo / retraso*) o al lado de la (*llegada / ventanilla*).

5. Debes llegar al (*aeropuerto / pasillo*) dos horas antes de la (*salida / llegada*) de un vuelo internacional.

6. Cuando los empleados de la línea aérea están (*listos / abiertos*) para abordar el vuelo, hacen un (*directo / anuncio*).

7. Antes de abordar el avión vas a pasar por (*la tarjeta de embarque / la puerta de embarque*).

8. A veces hay un (*retraso / vuelo*) a causa del mal tiempo o problemas mecánicos. Hay que tener (*paciencia / equipaje*) y no enojarse con los empleados.

5 Escucha y escribe

jdd-0888

Escuchar • Escribir

Hay cosas que vas a necesitar para tu viaje. Escucha estos consejos y escribe la cosa que necesitas.

Modelo

(escuchas) La necesitas hacer con la línea aérea antes de comenzar el viaje.
(escribes) *la reservación*

También se dice . . .

la maleta = la valija (*Argentina*); la petaca (*México*)

el boleto = el billete (*España*); el pasaje (*Bolivia*)

Debes llegar temprano al aeropuerto.

6 ¿Quién hace qué?

Hablar

Una persona que no ha viajado mucho tiene muchas preguntas sobre quiénes hacen diferentes cosas durante el viaje y la preparación para el viaje. Trabaja con otro(a) estudiante para hacer preguntas y contestarlas.

pasar por el pasillo con bebidas
A —¿Quién pasa por el pasillo con bebidas?
B —La auxiliar de vuelo pasa por el pasillo con bebidas.

Estudiante A

1. sugerir los vuelos y hacer las reservaciones
2. llevar su pasaporte y tarjeta de embarque
3. facturarles el equipaje a los pasajeros
4. ayudar al pasajero a planear el viaje
5. pasar por la inspección de seguridad
6. registrar las maletas en la aduana
7. decir cuánto dura el vuelo
8. hacer un anuncio sobre la llegada de un vuelo
9. decir "Bienvenidos" a la ciudad adonde llegas

Estudiante B

Fondo cultural

Argentina • Perú • Puerto Rico

Los nombres de los aeropuertos tienen un significado histórico. Por ejemplo, el aeropuerto de San Juan, Puerto Rico, se llama Luis Muñoz Marín, el nombre del gobernador de la isla entre 1949 y 1965. Para muchos puertorriqueños, Luis Muñoz Marín es un héroe porque ayudó a desarrollar la economía de la isla. El aeropuerto de Lima, Perú, se llama Jorge Chávez para conmemorar al gran aviador peruano que murió cuando intentó volar sobre los Alpes en 1910. El aeropuerto de Buenos Aires se llama Ministro Pistarini, por un político que empezó la construcción del aeropuerto. De esta forma, los aeropuertos son parte de la cultura del país porque los nombres reconocen a las personas importantes de su historia.

• ¿Cómo se llama el aeropuerto más cercano a tu ciudad? ¿Por qué tiene ese nombre?

El aeropuerto de San Juan, Puerto Rico

7 Los vuelos internacionales

Hablar

Para decir más . . .

procedente de   arriving from

En el aeropuerto de Buenos Aires, Argentina, los pasajeros tienen muchas preguntas sobre los vuelos internacionales. Trabaja con otro(a) estudiante. Hagan y contesten las preguntas según la información en el letrero electrónico.

Vuelo	Ciudad	Llegada	Salida	Observaciones
927	Asunción		12:45	a tiempo
358	Lima	1:50		retraso de 40 minutos
486	Montevideo		2:05	más información pronto
564	Miami	3:30		vuelo cancelado
872	Río de Janeiro		4:15	a tiempo
199	Santiago		5:35	retraso de 30 minutos
731	La Paz	6:20		a tiempo

Modelo

llegar de / Lima

A —*Perdone, señor (señorita), ¿a qué hora llega el vuelo 358 de Lima?*

B —*Un momento, por favor. El avión llega de Lima a la 1:50. Tiene un retraso de 40 minutos.*

Estudiante A

1. salir para / Montevideo
2. salir para / Santiago
3. llegar de / Miami
4. salir para / Asunción
5. llegar de / La Paz
6. salir para / Río de Janeiro

Estudiante B

Un momento, por favor.
Lo siento.
con destino a
procedente de
Sale / Llega a tiempo.

Tiene un retraso de . . .
Tuvieron que cancelar el vuelo.
Tendremos más información muy pronto.
Tenga paciencia, por favor.

8 En la revista de la línea aérea

Leer • Dibujar • Hablar

Muchas líneas aéreas tienen su propia revista, que generalmente está en tu asiento en el avión. Las revistas tienen una sección que se llama *A bordo*. Esta sección les da a los pasajeros reglas sobre los vuelos.

1 Lee las reglas. Para cada regla, haz un dibujo que se puede usar para explicar la idea principal de la regla.

2 Muéstrale *(Show)* el dibujo para una de las reglas a otro(a) estudiante. Tu compañero(a) tiene que decir, en sus propias palabras, la regla que se representa con el dibujo.

•**El abordaje** Las reservaciones se pueden cancelar si usted se presenta en la puerta de embarque menos de diez minutos antes del despegue[1] en vuelos domésticos.

•**Equipaje de mano** Las piezas de equipaje de mano deben ponerse debajo del asiento del pasajero o en un compartimiento arriba. Los perros y animales domésticos a bordo deben quedarse en todo momento en sus receptáculos correspondientes.

•**Dispositivos[2] electrónicos portátiles** Algunos dispositivos electrónicos portátiles pueden interferir con los equipos de navegación de los aviones.

Se permite el uso de estos dispositivos mientras el avión está en tierra[3] con la puerta de abordaje abierta y durante el vuelo cuando los auxiliares de vuelo así lo permitan.

•**Teléfonos celulares** Se permite el uso de los teléfonos celulares sólo cuando el avión está en la puerta de embarque y la puerta del avión está abierta.

•**Tabaco** Se prohíbe fumar[4] y usar tabaco sin humo en todos los vuelos de esta línea aérea. Se le puede poner una multa de hasta US $2,200 por obstruir los detectores de humo de los servicios.[5]

[1]take off   [2]devices   [3]ground   [4]to smoke   [5]rest rooms

9 El autobús latinoamericano

Observar • Escribir • Hablar

El autobús es un medio *(means)* de transporte común en América Latina. Observa el autobús que es arte folklórico de Colombia. Luego contesta las preguntas.

1. ¿Qué llevan los pasajeros en el autobús? ¿Qué crees que indican estas cosas sobre sus vidas?

2. ¿Adónde crees que van las personas en el autobús? ¿Piensas que sus viajes duran mucho o poco tiempo? ¿Por qué?

Fondo cultural

El mundo hispano

El transporte más usado en los países hispanohablantes es el autobús. Hay autobuses de lujo *(luxury),* de primera clase y de segunda clase. Llevan pasajeros, maletas y hasta animales. En algunos países los autobuses de segunda clase no tienen rutas fijas *(fixed)* y sirven más como taxis. Hay varios nombres para los autobuses. En Colombia y Ecuador, los autobuses se llaman *flotas y se usan para viajar entre provincias.* En España, se llaman *autocares* y en los países del Caribe son *guaguas.* En México y Bolivia los autobuses también se llaman *camiones.*

• ¿Por qué crees que los autobuses son populares en muchos países hispanohablantes?

Una flota de Montecristi, Ecuador

---

10 Dos medios de transporte

Pensar • Comparar • Hablar • Escribir

El avión y el autobús son dos medios de transporte populares. Trabaja con otro(a) estudiante para comparar estos dos medios.

1 Copien el diagrama de Venn en una hoja de papel y escriban palabras y expresiones para describir los dos medios de transporte.

2 Escriban un resumen de los dos medios de transporte. Pueden incluir impresiones de cómo se viaja en los países hispanohablantes y en los Estados Unidos.

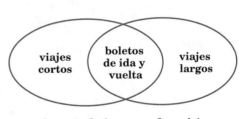

viajes cortos | boletos de ida y vuelta | viajes largos

el autobús   el avión

> **Modelo**
>
> *Las personas que hacen viajes cortos frecuentemente van en autobús, especialmente en los países hispanohablantes. Si hacen un viaje largo, por ejemplo a un país extranjero, muchas veces van en avión. Para los dos medios de transporte se puede comprar boletos de ida y vuelta . . .*

Gramática

The present subjunctive

The subjunctive mood is used to say that one person influences the actions of another.

> Recomendamos **que Uds. hablen** con un agente de viajes.
>
> *We recommend **that you speak** with a travel agent.*
>
> ¿Quiere Ud. **que escribamos** nuestros nombres en las maletas?
>
> *Do you want **us to write** our names on our suitcases?*

Note that the subjunctive sentences have two parts, each with a different subject, connected by the word *que:*

> Ella sugiere que yo aprenda francés.

The first part uses the present indicative verb (recommendation, suggestion, prohibition, and so on) + *que,* and the second part uses the present subjunctive verb (what should happen).

Verbs that are often followed by *que* + subjunctive:

decir	prohibir
insistir en	querer *(e → ie)*
necesitar	recomendar *(e → ie)*
permitir	sugerir *(e → ie)*
preferir *(e → ie)*	

The present subjunctive is formed in the same way as negative *tú* commands and all *Ud. / Uds.* commands. You drop the *-o* of the present-tense indicative *yo* form and add present-tense subjunctive endings.

hablar

hable	hablemos
hables	habléis
hable	hablen

aprender / escribir

aprenda / escriba	aprendamos / escribamos
aprendas / escribas	aprendáis / escribáis
aprenda / escriba	aprendan / escriban

The present subjunctive has the same spelling changes and irregular *yo* form changes used with the negative *tú* commands and *Ud. / Uds.* commands.

llegar

llegue	lleguemos
llegues	lleguéis
llegue	lleguen

hacer

haga	hagamos
hagas	hagáis
haga	hagan

GramActiva VIDEO

Want more help with the present subjunctive? Watch the **GramActiva** video.

Recomiendo que llene . . .

---

11 Escucha y escribe jdd-0888

Escuchar • Escribir

Escucha a una persona que viaja mucho dar recomendaciones sobre su viaje. Escribe sus seis recomendaciones. Después subraya *(underline)* el verbo en la expresión de recomendación y traza *(draw)* un círculo alrededor del verbo que indica lo que debes hacer.

Modelo

Les recomiendo que hagan las reservaciones temprano.

12 **Juego**

Escribir • GramActiva

1 En el pizarrón *(chalkboard),* tu profesor(a) va a dibujar dos triángulos. Cada uno tiene cinco secciones y representa una montaña.

2 La clase se divide en dos equipos. Una persona de cada equipo va al pizarrón. Tu profesor(a) les da un verbo. Los estudiantes deben conjugar el verbo en el presente del subjuntivo, empezando con la forma *yo* en la base de la "montaña". Si cometen un error, su profesor(a) dice *avalancha* y tienen que borrar *(erase)* las palabras y empezar otra vez. El equipo que escribe todas las formas primero gana un punto.

que ellos, ellas, Uds.	*naden*
que nosotros (as)	*nademos*
que él, ella, Ud.	*nade*
que tú	*nades*
que yo	*nade*

13 **Un programa de intercambio**

Leer • Escribir

Lee el anuncio sobre un programa de intercambio en Tegucigalpa, Honduras, y contesta las preguntas.

1. ¿Cuáles son las ventajas *(advantages)* de asistir a un programa como éste?

2. ¿Por cuánto tiempo puedes quedarte allí?

3. ¿Cómo dan la bienvenida a los estudiantes que vienen al programa?

4. ¿Te gustaría participar en un programa como éste? ¿Por qué?

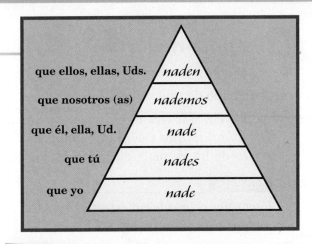

¡Vive con una familia en Tegucigalpa, Honduras!

JÓVENES DE LAS AMÉRICAS

Clases de español diarias • Discursos sobre la cultura e historia hondureña • Excursiones dentro y fuera de la ciudad • Vuelos directos desde los Estados Unidos • Programas que duran de tres semanas a tres meses

Nuestros empleados bilingües te esperan en el aeropuerto y te ayudan a pasar por la aduana. Luego te llevan a la casa de tu familia hondureña.

Llama al 525-8557

14 **Tres semanas en Honduras**

Hablar

El programa de intercambio en Tegucigalpa les envía una carta con recomendaciones a los estudiantes que van a participar. ¿Cuáles son las recomendaciones? Habla con otro(a) estudiante sobre ellas.

Modelo

recomendar

A —¿Qué recomiendan?

B —*Recomiendan que llevemos ropa cómoda de algodón.*

Estudiante A

1. sugerir
2. recomendar
3. prohibir
4. querer
5. insistir en
6. decirnos

Estudiante B

usar el teléfono de la familia
comprar un regalo para la familia
sacar fotos
traer sólo una maleta y una mochila

llevar ropa cómoda de algodón
tener un diccionario
sólo beber agua en botellas
¡Respuesta personal!

15 Estudia mejor

Leer • Escribir • Hablar

Lee el artículo de una revista para jóvenes.

1 Escribe cinco frases usando las expresiones *recomiendan que* y *sugieren que* para hablar de las recomendaciones del artículo.

> **Modelo**
>
> *Recomiendan que no estudies ni en el dormitorio ni en la cocina.*

2 Escribe tres frases adicionales en que das tus propias recomendaciones sobre cómo puedes prepararte para un examen difícil.

> **Modelo**
>
> *Sugiero que escojas un lugar lejos del televisor.*

3 Lee tus frases a otro(a) estudiante. ¿Está de acuerdo con tus recomendaciones? ¿Por qué?

¡Puedes sacarte un diez!

Seguramente te ha pasado que justo cuando tienes el examen más difícil de tu vida no puedes concentrarte para estudiar. El secreto está en encontrar el lugar perfecto para estudiar, y créelo o no, tu dormitorio y la cocina no son buenas opciones. El lugar ideal tiene una ventana porque la luz natural te ayuda a desestresarte*. Pero, ¡cuidado! Se recomienda no mirar directamente la ventana porque siempre hay distracciones en el exterior.

En el lugar ideal, también hay un escritorio con sólo los materiales necesarios para estudiar. Con este sistema de estudio, será posible sacarse un diez y con él puedes impresionar a tus padres y a tus profesores.

*relax, release stress

16 Reglas de la casa

Escribir • Hablar

Probablemente hay muchas cosas que tus padres quieren o no quieren que hagas.

1 Escribe frases sobre cinco cosas que quieren (o no quieren) que hagas. Usa las expresiones *quieren que, insisten en que, necesitan que, me dicen que* y *me prohíben que.*

2 Trabaja con otros dos estudiantes. Comparen sus listas. Escriban una lista para su grupo de las cosas en que insisten los padres en general. Presenten sus listas a la clase.

> **Modelo**
>
> *Mis padres me prohíben que gaste mucho dinero en la ropa.*

Más práctica

- **Guided** Gram. Practice pp. 283–287
- **Core** Gram. Practice p. 157
- **Communication** Writing p. 153, Test Prep p. 274
- **Real. para hispanohablantes** pp. 294–297

realidades.com ✔

- Audio Activities
- Video Activities
- Speak & Record
- Canción de hip hop
- Animated Verbs
- Tutorial
- Leveled Workbook
- Web Code: jdd-0804

Fondo cultural
El mundo hispano

Los programas de intercambio ofrecen la oportunidad de vivir con una familia anfitriona *(host)*. Es la mejor manera de aprender el idioma y conocer la cultura del país. Los estudiantes de intercambio deben respetar las diferencias culturales y las reglas de la familia. Sobre todo, hay que mantener una actitud positiva y abierta.

- ¿Qué consejos te gustaría dar a un(a) estudiante de intercambio que llega a tu comunidad? ¿Qué sería *(would be)* lo más difícil para él (ella)?

Gramática

Irregular verbs in the subjunctive

Verbs that have irregular negative *tú* and *Ud. / Uds.* commands also have irregular subjunctive forms.

dar

dé	demos
des	deis
dé	den

estar

esté	estemos
estés	estéis
esté	estén

ir

vaya	vayamos
vayas	vayáis
vaya	vayan

saber

sepa	sepamos
sepas	sepáis
sepa	sepan

ser

sea	seamos
seas	seáis
sea	sean

El agente sugiere que **vayamos** a la puerta de embarque.

*The agent suggests that **we go** to the boarding gate.*

GramActiva VIDEO

Want more help with irregular verbs in the subjunctive? Watch the **GramActiva** Video.

Necesito que vayas . . .

⓱ Un viaje con la profesora

Escribir

Unos estudiantes acaban de llegar al aeropuerto para hacer un viaje al extranjero *(abroad)*. Completa lo que dice su profesora sobre lo que quiere que todos hagan. Usa una forma de los verbos *dar, estar, ir, saber* o *ser* en cada frase.

1. Quiero que Uds. ____ dónde están sus pasaportes.
2. El empleado necesita que nosotros le ____ los pasaportes antes de facturar el equipaje.
3. Les prohíbo que ____ fuera del aeropuerto.
4. Insisto en que todos ____ cerca de la puerta de embarque media hora antes de la salida del vuelo.
5. Necesito que todos Uds. ____ responsables.
6. Insisto en que todos Uds. ____ listos para abordar el avión.
7. Quiero que el viaje ____ una buena experiencia.

Un aeropuerto peruano

18 Algunas sugerencias

Hablar

Unos amigos están planeando un viaje al extranjero. Tú acabas de regresar de un viaje similar y tienes muchas sugerencias para darles. Trabaja con otro(a) estudiante para dar tus recomendaciones.

Modelo

A —¿Cuándo debemos estar en el aeropuerto?

B —Les sugiero que lleguen dos horas antes de la salida del vuelo.

Estudiante A

1. qué / saber sobre la inspección de seguridad
2. qué / darles a los empleados de la línea aérea
3. qué forma de identificación / tener
4. qué / decir en la aduana
5. cómo / ir al hotel

Estudiante B

todas las reglas sobre lo que no puedes llevar en el avión
en taxi porque no van a conocer la ciudad todavía
un número de teléfono donde van a estar en el extranjero
que son estudiantes y turistas norteamericanos
un pasaporte y un permiso de manejar

19 ¡No viajes sin leer esto!

Leer • Escribir • Hablar

¿Qué recomiendan los expertos que hagas para no tener problemas financieros durante un viaje al extranjero? Lee el artículo y contesta las preguntas según el modelo.

Modelo

¿Qué recomiendan para no tener problemas financieros cuando viajas al extranjero?
Te recomiendan que tomes precauciones.

Para no tener problemas financieros en un viaje al extranjero, toma precauciones.

✦ Tarjeta de crédito
Con ella puedes pagar las compras, comidas y otros gastos, y sacar dinero de cajeros automáticos, pero hay que tener cuidado de no perderla. Por eso se debe llevarla en un lugar seguro[1] muy cerca de tu cuerpo y saber el teléfono del banco para informar de su pérdida.

✦ Cheques de viajero
Se aceptan exactamente como el dinero en efectivo y se reembolsan[2] en menos de 24 horas si los pierdes o te los roban. Se deben firmar y

escribir sus números antes de salir del banco, así otra persona no los puede usar. En muchos lugares hay que mostrar[3] una forma de identificación para usarlos.

✦ "Cash"
Si traes dinero en efectivo, ponlo en diferentes bolsillos.[4] Cuando llegues a tu destino, pregunta en el hotel por un lugar donde se puede obtener moneda local. En muchos países las casas de cambio[5] son más accesibles para efectuar esta transacción que los bancos.

[1]safe   [2]they are refunded   [3]show   [4]pockets   [5]currency exchange offices

1. ¿Qué sugieren para no perder la tarjeta de crédito?
2. ¿Qué recomiendan saber si pierdes la tarjeta de crédito?
3. ¿Qué recomiendan hacer con los cheques de viajero?
4. ¿En qué insisten muchos lugares para usar los cheques de viajero?
5. ¿Dónde sugieren poner el dinero en efectivo?
6. ¿Adónde dicen ir para cambiar *(exchange)* el dinero?

20 Un viaje sin estrés

Escribir • Hablar

1 Dos amigos tuyos planean un viaje al extranjero. Escribe seis frases para ayudarles a hacer las preparaciones, pasar por el aeropuerto y abordar el avión. Usa expresiones como *sugiero que* y *recomiendo que*.

2 Lean las recomendaciones de otros dos estudiantes, decidan cuáles son las tres mejores y preséntenlas a la clase.

> **Modelo**
> *Sugiero que vayan a una agencia de viajes para planear su viaje.*

> **Modelo**
> *Recomendamos que siempre lleven los pasaportes durante el viaje.*

21 La República Dominicana

Leer • Hablar

Vas de vacaciones con tu familia. Imagina que otro(a) estudiante es el (la) agente de viajes. Hablen sobre lo que le gustaría a tu familia hacer allí.

> **Modelo**
> a mí / sacar fotos
> **A** —*A mí me gusta sacar fotos.*
> **B** —*Recomiendo que vaya a la zona colonial.*

Pasándolo bien en la República Dominicana

Zona Colonial
Es uno de los lugares favoritos de los jóvenes, por sus cafés y sus tiendas al aire libre. Aquí hay muchos edificios históricos, como la catedral.

Las Terrenas
En la costa norte de la isla, se encuentra la playa más larga y bonita de todo el país. Aquí se puede tomar el sol o bucear en las tranquilas aguas.

Los Haitises
Es un parque nacional formado por un grupo de islas cubiertas de selva tropical.* Aquí se pueden apreciar diferentes especies de plantas, pájaros y animales exóticos.

Altos del Chavón
Es un lugar muy bonito situado en una montaña. Aquí se puede estudiar en la escuela de arte, visitar el museo arqueológico, o escuchar conciertos y festivales de jazz en el gran anfiteatro.

*covered with rain forests

1. a nosotros / visitar playas bonitas
2. a mí / tomar lecciones de arte
3. a mis hermanos / observar los pájaros
4. a mi madre / bucear
5. a mi hermana / ir de compras
6. a mis padres / escuchar música

22 Viajar y sentirse bien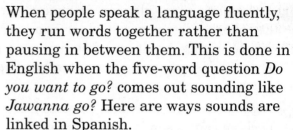

Leer • Hablar • Escribir

Estos ejercicios se recomiendan a los pasajeros de vuelos largos para estimular y estirar *(stretch)* los músculos.

1 Lee las instrucciones con otro(a) estudiante. Luego observen los diagramas y decidan qué diagrama corresponde a cada ejercicio.

Conexiones | La salud

1. Círculos de tobillo
Levantar los pies del piso. Hacer un círculo con las puntas de los pies moviéndolas en direcciones contrarias.

2. Flexiones de pie
Tres pasos: Con los talones *(heels)* en el piso, llevar las puntas de los pies hacia arriba. Poner luego los dos pies en el piso. Levantar después los talones y dejar las puntas en el piso.

3. Elevaciones de rodilla
Levantar la pierna con la rodilla doblada. Alternar las piernas. Repetir 20 a 30 veces con cada pierna.

4. Rotación de hombros
Mover los hombros hacia adelante, luego moverlos hacia arriba, hacia atrás y hacia abajo con un movimiento circular.

2 Escojan dos de los ejercicios y escriban las recomendaciones que les pueden hacer a los pasajeros.

Modelo

Les recomendamos que muevan los hombros hacia adelante . . .

3 Lean sus recomendaciones a otro grupo. Ellos van a seguir sus instrucciones.

Pronunciación

Linking sounds   jdd-0888

When people speak a language fluently, they run words together rather than pausing in between them. This is done in English when the five-word question *Do you want to go?* comes out sounding like *Jawanna go?* Here are ways sounds are linked in Spanish.

Two identical sounds are pronounced together as one sound. Listen and repeat:

tarjeta‿de‿embarque
línea‿aérea
va‿a‿hacer la maleta

Two vowels are usually run together. Listen and repeat:

de‿ida‿y‿vuelta
la‿empleada
su‿equipaje‿amarillo

The consonant at the end of a word is linked with the next word. Listen and repeat:

país‿extranjero
hablar‿al‿agente
insisten‿en

¡Compruébalo! Practice reading this riddle as a poem, connecting the sounds. Then figure out its meaning.

> **Sin ser ángel tengo alas,[1]**
> **sin ser auto tengo motor,**
> **y viajo sobre las aguas,**
> **sin ser yate ni vapor.[2]**
> **¿Quién soy yo?**

[1]wings [2]steamship

23 Para una visita divertida

Hablar • Escribir

Unos amigos de un país hispanohablante vienen a tu ciudad para pasar el verano.

1 Trabaja con otro(a) estudiante y escriban seis recomendaciones de lo que deben hacer y ver mientras estén allí. Pueden comenzar sus frases con *recomendar que, sugerir que, querer que* y *preferir que*. Pueden incluir estas ideas u otras:

- adónde ir
- dónde y qué comer
- qué partidos, espectáculos y más ver
- dónde dar una caminata o hacer otras actividades al aire libre
- cómo pasar el tiempo libre
- cómo viajar o llegar

2 Trabajen con otra pareja. Lean sus recomendaciones. ¿Están de acuerdo con sus ideas? Presenten sus ideas a la clase y hagan una lista completa de ideas para visitantes.

24 Y tú, ¿qué dices?

Escribir • Hablar

1. ¿Adónde has viajado? ¿Qué hiciste para planear el viaje? ¿Qué le sugieres a un(a) amigo(a) para planear un viaje?

2. Escoge tres lugares interesantes para visitar en los Estados Unidos. ¿Cómo sugieres que alguien viaje de tu ciudad a estos lugares? ¿Por qué?

3. ¿Qué recomiendas que una persona lleve en su maleta o mochila para no aburrirse en un vuelo largo?

Más práctica

- **Guided** Gram. Practice p. 288
- **Core** Gram. Practice pp.158–159
- **Communication** Writing p. 154
- *Real.* **para hispanohablantes** pp. 298–301

realidades.com

- Audio Activities
- Video Activities
- Speak & Record
- Tutorial
- Leveled Workbook
- Web Code: jdd-0805

El español en la comunidad

Las personas de los países hispanohablantes que visitan los Estados Unidos a veces necesitan ayuda porque han perdido su pasaporte o tienen otro problema. Los países hispanohablantes tienen representantes en los Estados Unidos para ayudar a sus ciudadanos *(citizens)*. Uno de éstos es el cónsul, un diplomático que tiene funciones políticas y económicas en un país extranjero. Ayuda al turista de su país y también ofrece información cultural sobre su propio país y, a veces, hace presentaciones culturales para grupos de estudiantes o adultos.

- Busca información sobre un consulado o embajada *(embassy)* de un país hispanohablante que está cerca de tu comunidad. Pide información sobre cómo se puede visitar el consulado o invitar a un representante a tu escuela.

Lectura

Objectives

- **Read a travel article about Ecuador**
- **Learn about historic travel chronicles**
- **Research and talk about taking a trip to a Spanish-speaking country**

ECUADOR
país de maravillas

El Ecuador está en la costa Pacífica del norte de América del Sur y representa un país típico de la zona andina. Es un país pequeño, pero tiene paisajes para todos los gustos[1]. Desde playas tropicales hasta montañas nevadas, desde ciudades coloniales hasta parques naturales, el Ecuador es una joya que deleita[2] al visitante. Le invitamos a descubrir este país de maravillas.

Estrategia

Previewing
Before you read a magazine article, look at the photos and read the title, subheads, and photo captions. This will help you determine what type of information you will be reading. What do the title and subheads of this article tell you about the information it's likely to contain? What types of places are featured in the photos?

La iglesia la Compañía de Jesús, Quito

la altitud, le puede resultar difícil respirar y puede sentirse cansado.

Declarada parte del patrimonio mundial por la UNESCO en 1978, Quito mantiene el centro histórico colonial mejor preservado de América Latina. La iglesia La Compañía de Jesús, con un interior muy rico en oro, representa el estilo barroco típico de Quito. Otras iglesias interesantes para el turista son La iglesia de San Francisco y la Catedral.

Quito
Quito, la capital del Ecuador, es una ciudad cosmopolita situada en un valle rodeado por las cimas[3] nevadas de Pichincha y de Cotopaxi. La ciudad está a 9.200 pies de altura. Para el visitante que no está acostumbrado a

Mitad del Mundo
A 30 minutos al norte de Quito está el monumento a la Mitad del Mundo. Se llama así porque la Línea Ecuatorial que divide al planeta en dos hemisferios pasa por este lugar. Los turistas se divierten tomando fotos con un pie en el hemisferio norte y el otro en el hemisferio sur. ¡De un lado, es invierno, y del otro, verano! Durante los equinoccios del 21 de marzo y del 23 de septiembre, las personas y los objetos no tienen sombra[4].

La Mitad del Mundo

[1]tastes   [2]delights   [3]peaks   [4]shadow

Haciendo tejidos en un mercado Otavalo, Ecuador

Dentro del monumento hay un museo que celebra las distintas culturas indígenas del Ecuador. De hecho, el 25 por ciento de la población del país es de origen indígena. Entre los grupos más conocidos están los salasacas, los shuars y los otavalos. Cada grupo se viste de una manera diferente, habla su propio idioma y se especializa en algún tipo de artesanía, como los tejidos, los sombreros, las joyas o las canastas[5].

El Ecuador le ofrece al visitante un viaje inolvidable por su gran riqueza cultural y natural. Como dijo el científico Humboldt[6], "Un viaje por el Ecuador se puede comparar con un viaje desde la Línea Ecuatorial casi hasta el Polo Sur"[7].

Las Islas Galápagos

Islas Galápagos

Las Islas Galápagos representan una de las atracciones turísticas más importantes del Ecuador. Estas islas, así llamadas por las gigantescas tortugas galápagos que viven allí, están en el océano Pacífico a más de 600 millas de la costa del Ecuador. El archipiélago tiene 125 islas e islotes. Para proteger las especies de animales que viven en las islas, como las iguanas, los leones marinos[8] y la gran variedad de pájaros, los turistas no pueden visitar las islas por su cuenta[9]. Tienen que tomar una excursión organizada dirigida por un guía naturalista.

La mejor manera de llegar a las islas es por avión desde el aeropuerto de Quito o de Guayaquil. Vuelos diarios[10] salen hacia la isla de Baltra. De ahí, se llega a la Isla de Santa Cruz, donde está la Estación Científica Charles Darwin. El científico inglés visitó las islas en el siglo XIX y su teoría de la evolución se basa en los estudios que hizo durante su viaje. Desde la Isla de Santa Cruz salen barcos para explorar el archipiélago. La mejor época del año para visitar las islas es entre los meses de enero y mayo porque las temperaturas son más cálidas. Los turistas pueden disfrutar de[11] actividades al aire libre, como el buceo y las caminatas que les permite entrar en contacto con la inmaculada naturaleza de estas bellas islas.

[5]baskets   [6]German scientist who traveled extensively in Latin America   [7]South Pole   [8]sea lions   [9]on their own   [10]daily   [11]enjoy

¿Comprendiste?

1. ¿Por qué crees que el Ecuador es una destinación turística tan popular?

2. ¿Por qué puede ser difícil un viaje al Ecuador?

3. ¿Por qué es tan importante el centro histórico de Quito?

4. ¿Por qué se llama así el monumento a la Mitad del Mundo?

5. ¿Por qué son importantes las culturas indígenas en el Ecuador?

6. ¿Qué hace el gobierno del Ecuador para preservar las Islas Galápagos?

Y tú, ¿qué dices?

1. ¿Qué partes del Ecuador te gustaría visitar? ¿Por qué?

2. ¿Crees que el turismo es bueno para las Islas Galápagos? ¿Por qué?

Más práctica

- **Guided** Reading Support p. 289
- **Communication** Writing p. 155, Test Prep p. 275
- *Real.* **para hispanohablantes** pp. 302–303

- Internet Activity
- Leveled Workbook
- Web Code: jdd-0806

La cultura en vivo
Los códices

Antiguamente los indígenas americanos viajaban de un sitio a otro para explorar nuevos lugares, comunicarse con otros grupos indígenas y buscar rutas para el transporte de sus productos. A veces, los viajes eran largos, y cuando se alejaban mucho[1] necesitaban anotar el camino para poder regresar a sus casas. Para recordar el camino de regreso, las cosas que veían y los resultados de sus intercambios comerciales, anotaban sus observaciones en unos libros llamados *códices*.

Los antiguos indígenas americanos anotaban sus observaciones en códices.

Objetivo

• Contar un viaje imitando un códice

Materiales

• papel para dibujar (sirven las bolsas de papel)
• marcadores o pinturas acuarelas[2]
• pinceles[3] y lápices

Instrucciones

1 Piensa en un viaje que quieres contar en tu códice. Incluye entre cuatro a seis eventos.

2 Escoge los momentos importantes y represéntalos siguiendo una secuencia lógica. Haz una esquema[4] en una hoja de papel para planear el códice. Piensa en cómo vas a representar con dibujos y símbolos los lugares, medios de transporte, actividades y otros detalles importantes.

3 Dibuja el códice usando una variedad de colores. Lo más importante es que el lector pueda leer la historia de tu viaje por medio del códice. El códice debe ser un dibujo continuo.

4 Cuando termines los dibujos, dobla[5] el códice como lo hacían los aztecas.

Algunos códices muestran el contacto entre los indígenas americanos y los europeos.

Algunos códices famosos: Código Florentino, Código Borgia, Código de Tlaxcala, Código Mendocino, Código Madrid

[1]traveled far from home [2]water colors [3]brushes [4]outline [5]fold

Presentación oral
Un viaje al extranjero

Task
You have a job at a travel agency. A client wants to take her family on a summer trip to a Spanish-speaking country. She wants to spend a few days in a nice city, a day or two visiting ruins or historical sites, and a few days at the beach. Recommend a country and provide key travel information.

1 Prepare Choose a country that meets the client's criteria. Be sure to look at several countries before deciding which one to select. Research the following information for your client:

- **Lugar**

  ¿Qué país, ciudad, lugares históricos y playas recomiendas que visiten? ¿Qué itinerario sugieres?

- **Documentos**

  ¿Necesitan un pasaporte u otro documento?

- **Transporte y equipaje**

  ¿Cómo recomiendan que viajen? ¿Cuánto cuesta el boleto? ¿Cuánto equipaje pueden llevar? ¿Qué ropa deben levar?

2 Practice Go through your presentation. You can use your notes in practice, but not when you present. Try to:

- provide all the information on each point
- present the information in a logical sequence
- speak clearly

Modelo

Recomiendo que Uds. viajen a Puerto Rico. Allí pueden ver muchos lugares interesantísimos. La ciudad de San Juan es muy grande y les ofrece mucho a los turistas . . .

3 Present Present the trip you've planned to your client. You may want to include a map or visuals to assist with your presentation.

4 Evaluation Your teacher may give you a rubric for how the presentation will be graded. You will probably be graded on:

- how complete your research is
- how much information you communicate
- how easy it is to understand you

Estrategia

Brainstorming with a word web
To make sure you have all the information you need for your presentation, start by making a word web. Begin by writing the country you choose in the center of a piece of paper. Around the country name, write the words *lugar, documentos,* and *transporte y equipaje.* For each topic, write as many related ideas as you can. This way, you will have your ideas on paper in an organized format.

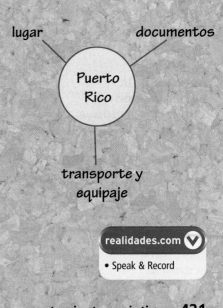

realidades.com
• Speak & Record

Repaso del capítulo

Vocabulario y gramática

jdd-0889

Chapter Review

To prepare for the test, check to see if you . . .
- **know the new vocabulary and grammar**
- **can perform the tasks on p. 423**

to talk about making travel plans

la agencia de viajes	travel agency
el / la agente de viajes	travel agent
el equipaje	luggage
extranjero, -a	foreign
hacer un viaje	to take a trip
la maleta	suitcase
hacer la maleta	to pack the suitcase
el pasaporte	passport
planear	to plan
la reservación, pl. las reservaciones	reservation
la tarjeta de embarque	boarding pass
el / la turista	tourist

to talk about airports

abordar	to board
la aduana	customs
el aduanero, la aduanera	customs officer
el aeropuerto	airport
el anuncio	announcement
el / la auxiliar de vuelo	flight attendant
con destino a	going to
de ida y vuelta	round-trip
directo, -a	direct
durar	to last
el empleado, la empleada	employee
facturar	to check (luggage)
hacer escala	to stop over
la inspección, pl. las inspecciones de seguridad	security checkpoint
la línea aérea	airline
la llegada	arrival
el pasajero, la pasajera	passenger
el pasillo	aisle
el / la piloto	pilot
la puerta de embarque	departure gate
registrar	to inspect, to search (luggage)

el retraso	delay
la salida	departure
la ventanilla	(airplane) window
el vuelo	flight

other useful words and expressions

abierto, -a	open
bienvenido, -a	welcome
cerrado, -a	closed
insistir en	to insist
listo, -a	ready
sugerir (e → ie)	to suggest
tendremos	we will have
tener paciencia	to be patient

verbs often followed by que + subjunctive

decir	prohibir
insistir en	querer (e → ie)
necesitar	recomendar (e → ie)
permitir	sugerir (e → ie)
preferir (e → ie)	

present subjunctive

hablar

hable	hablemos
hables	habléis
hable	hablen

aprender / escribir

aprenda escriba	aprendamos escribamos
aprendas escribas	aprendáis escribáis
aprenda escriba	aprendan escriban

irregular verbs in the subjunctive

dar	hacer	llegar	ser
estar	ir	saber	

(To see these verbs fully conjugated in the present subjunctive, refer to pp. 410 and 413.)

For *Vocabulario adicional,* see pp. 498–499.

Más práctica

- **Core** Puzzle p. 160, Organizer p. 161
- **Communication** Integrated Performance Assessment p. 276

realidades.com ✔
- Tutorial
- Flashcards
- Puzzles
- Self-test
- Web Code: jdd-0808

Preparación para el examen

On the exam you will be asked to . . .	Here are practice tasks similar to those you will find on the exam . . .	If you need review . . .

Interpretive

jdd-0889

1 Escuchar Listen and understand as someone gives travel recommendations

A student from Spain gives travel tips to students who are thinking of traveling there this summer. Decide if the suggestion includes: (a) planning tips; (b) packing tips; (c) airport arrival tips; or (d) in-flight tips.

pp. 402–405 *Vocabulario en contexto*
p. 406 Actividad 5
p. 410 Actividad 11

Interpersonal

2 Hablar Make recommendations for planning a stress-free trip

Your teacher asks you to give the class travel tips. You might talk about (a) getting to the airport; (b) checking in at the airline desk; (c) going through security checks; and (d) things to do on the plane. Begin with: *Sugiero que llegues al aeropuerto dos horas antes de la salida de tu vuelo.*

p. 407 Actividad 6
p. 411 Actividad 14
p. 414 Actividades 18–19
p. 415 Actividades 20–21
p. 417 Actividad 24
p. 421 *Presentación oral*

Interpretive

3 Leer Read and understand a pamphlet about air travel

While at a travel agency, you pick up the pamphlet *Sugerencias para viajar a España*. Look at their suggestions and place them in order, starting with the planning stages and ending with your arrival in Madrid. Label them from A–D.

pp. 402–403 *Vocabulario en contexto*
p. 406 Actividad 4
p. 408 Actividad 8
p. 414 Actividad 19
p. 416 Actividad 22

_1._ Recomendamos que hagas una reservación seis meses antes de su viaje. _2._ Sugerimos que duermas durante el vuelo. _3._ Recomendamos que bebas mucha agua antes de abordar el vuelo. _4._ Sugerimos que pases por la aduana con todos los documentos necesarios.

Presentational

4 Escribir Write suggestions for a safe and enjoyable vacation

A travel agency asked your class to design a Web page for its Spanish-speaking clients. You are writing the section *Sugerencias para un buen viaje*. Write four suggestions or more. Include advice about such things as planning your trip through a travel agent vs. on the Internet, packing your suitcase, or asking for a particular seat on the plane.

p. 410 Actividad 11
p. 413 Actividad 17
p. 414 Actividad 19
p. 415 Actividades 20–21
p. 417 Actividad 24

Cultures

5 Pensar Demonstrate an understanding of historical record-keeping

Explain how accounts of travel and trade were recorded by the indigenous peoples and Spaniards in Latin America. What information was recorded? What purpose did the documents serve? Who used the documents? What modern documents perform a similar function?

p. 420 *La cultura en vivo*

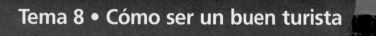

Tema 8 • Cómo ser un buen turista

Fondo cultural

México

Artesanía de Oaxaca En Oaxaca, México, el tallado de madera *(wood carving)* es una tradición de los indígenas zapotecas. Los tallados más famosos se llaman alebrijes. Son figuras de animalitos como gatos, caballos, iguanas y vacas, y de animales fantásticos como dragones y monstruos míticos. Hoy en día, en Oaxaca hay alrededor de 200 familias que tallan madera.

• ¿Cuáles son algunos ejemplos de artesanía típica de la región donde vives? ¿En qué sentido *(way)* son similares a los alebrijes de Oaxaca? ¿En qué sentido son diferentes?

Alebrije *(Oaxacan wood carving)* de un armadillo

La pirámide de Kukulcán,
Chichén Itzá, México

Capítulo 8B

Quiero que disfrutes de tu viaje

Chapter Objectives

- Discuss traveling in a foreign city
- Talk about staying in a hotel
- Explain how to be a good tourist
- Make recommendations for sightseeing
- Understand cultural perspectives on traveling in Spanish-speaking countries

Video Highlights

A primera vista: *Un día en Toledo*

GramActiva Videos: present subjunctive with impersonal expressions; present subjunctive of stem-changing verbs

Videocultura: Cómo ser un buen turista

Country Connection

As you learn about traveling, you will make connections to these countries and places:

España
República
Dominicana
Puerto Rico
México
Guatemala
Colombia
Panamá
Ecuador
Uruguay

Más práctica

- *Real.* para hispanohablantes
  pp. 310–311

realidades.com V
- Leveled Workbook
- Web Code: jde-0002

Vocabulario en contexto

 jdd-0897

Objectives

Read, listen to, and understand information about
- staying in a hotel
- appropriate tourist behavior
- traveling in a foreign city

" Aquí tienen nuestro **itinerario**. Vamos a pasar diez días visitando Madrid, la capital de España, la ciudad **histórica** de Toledo y la ciudad de Valencia "

El Palacio Real en Madrid

El Escorial

Ciudad de las Artes y las Ciencias, Valencia

ITINERARIO
para el grupo de la Sra. Guzmán

Día 1 Llegada al Aeropuerto de Barajas en Madrid. Transporte en autobús al hotel en Madrid.

Días 2 a 4 Primero vamos a **hacer una gira** de la capital y en los días **siguientes** vamos a regresar a los lugares más **famosos** de la ciudad.
- La Plaza Mayor: un lugar histórico con tiendas y cafés al aire libre
- **El Palacio** Real: palacio ceremonial de **los reyes**
- El Parque del Buen Retiro: un parque **bello,** originalmente lugar privado de los reyes
- El Museo del Prado: uno de los museos de arte más grandes y famosos del mundo

Día 5 Lugares cerca de Madrid. El autobús sale a las 8:00 A.M. **en punto;** no vamos a salir tarde.
- El Escorial: palacio impresionante de Felipe II, **el rey** de España entre los años 1556 y 1598
- El Valle de los Caídos: monumento a los españoles que murieron en la Guerra Civil (1936–1939)

Día 6 **Excursión** a Toledo. El autobús sale a las 7:30 A.M. y regresa a las 5:00 P.M.
- El Alcázar: originalmente un palacio árabe y después palacio del rey Carlos V en 1545
- La Iglesia de Santo Tomé: para ver el famoso cuadro de El Greco, "El entierro del conde de Orgaz" (1586–88)
- **La Catedral:** un buen ejemplo de la arquitectura gótica y una de las catedrales más **estupendas** del mundo

Más práctica

- **Guided** Vocab. Flash Cards pp. 291–296
- **Core** Vocab. Practice pp. 162–163
- **Communication** Writing p. 162
- *Real.* **para hispanohablantes** p. 312

realidades.com V

- Fondo cultural Activity
- Video Activities
- Online Atlas
- Web Code: jdd-0811

Madrid • Toledo • Valencia

Días 7 a 8 Viaje en tren a Valencia. Dos días de excursiones en Valencia.

- Ciudad de las Artes y las Ciencias: un lugar con un poco de todo
- Museo Nacional de Cerámica: una colección de cerámica en un edificio histórico

Día 9 Descansar en la playa cerca de Valencia. Con el permiso de sus padres, pueden hacer surf de vela, esquí acuático y moto acuática. También podemos ir con nuestro **guía** a **navegar** en un bote de vela.

el surf de vela

la moto acuática

el esquí acuático

el bote de vela

Día 10 Regresamos a los Estados Unidos en el vuelo 519.

REGLAS PARA EL VIAJE

Para **disfrutar de** este viaje a España, tenemos que ser buenos turistas. Por eso necesitamos prestar atención a las siguientes reglas.

Durante el viaje hay que . . .

- Ser **cortés**. Los buenos modales siempre son importantes.

- Estar en **la habitación** a las 11:00 en punto. No debes **hacer ruido** en las habitaciones.

- Darle **una propina** al hombre que lleva el equipaje. Es una costumbre que debes **observar**.

- Estar muy **atento**. Prestar atención a los (las) guías cuando hacemos excursiones y giras.

- Quedarse en grupos y ser **puntual**. Es necesario llegar a tiempo.

- Usar el tiempo libre para **cambiar** dinero. Se puede ir a **una casa de cambio**, al banco o se puede usar **el cajero automático**.

---

1 ¿Madrid, Toledo o Valencia? 🔊

jdd-0897

Escuchar

Vas a escuchar varias descripciones de lugares en España. En una hoja de papel, escribe el nombre de la ciudad (Madrid, Toledo o Valencia) donde se encuentra cada lugar.

2 ¿Es buena idea o no? 🔊

jdd-0897

Escuchar

Imagina que eres turista en España con tu clase de español. Escucha lo que dicen tus compañeros y si es buena idea, señala con el pulgar hacia arriba. Si es mala idea, señala con el pulgar hacia abajo.

Un día en Toledo

¡Acompaña a Ignacio y a
Javier durante su visita a
la ciudad de Toledo!

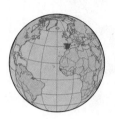

Estrategia

Using prior experience
Have you ever taken a trip to a
historical site or seen a movie about
one? Think about experiences such
as checking into the hotel, reading
a guide book, walking to various
destinations, and buying a souvenir.
Prior to reading, look at the visuals
to see if Javier's experience is similar.

Ignacio

Javier

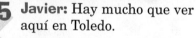

1 Ignacio: Me dijeron que
nuestro hotel queda muy
cerca de aquí. ¿Dejamos
nuestras cosas y vamos a
caminar por la ciudad?
¿Quieres conocerla?

Javier: Sí, me gustaría
mucho y **tal vez** comprar
recuerdos, como **artesanía**
de la ciudad.

5 Javier: Hay mucho que ver
aquí en Toledo.

Ignacio: Sí, la catedral, **el
castillo,** el museo de El
Greco . . .

Javier: Y no te olvides que
quiero comprar algo **típico.**

Ignacio: Sí, después de ver
los museos buscamos una
tienda de artesanía.

6 Ignacio: Aquí está el museo
de El Greco. . . . pero está
cerrado. Mejor vamos a una
tienda.

Javier: Sí, buena idea.

Ignacio: Entonces vamos a
buscar una tienda de
artesanía.

7 Ignacio: ¡Qué grande es
esta espada!

Javier: Sí, debe ser muy
cara. ¿Podemos ofrecerle
menos dinero?

Ignacio: No, hombre. No se
puede **regatear** aquí. No
estamos en un mercado. Vas
a **ofender** al **vendedor.**

Javier: Entonces creo que
sólo voy a comprar **unas
tarjetas postales.**

2 *Están en la recepción del hotel.*

Empleado: ¿Queréis* una **habitación doble** o dos **habitaciones individuales**?

Ignacio: Una habitación doble, por favor.

Empleado: Bien, pues aquí está **la llave**.

3 **Ignacio:** Vamos a subir la **escalera**.

Javier: De acuerdo. No me gusta esperar el **ascensor**.

Javier: ¿Adónde vamos primero?

Ignacio: Necesitamos **conseguir** un libro sobre la ciudad.

4 **Ignacio:** Este **quiosco** tiene una buena selección. Esta **guía** parece muy buena. Tiene mucha información y mapas de Toledo. Vamos a empezar el tour.*

*Hacer una gira is common usage for planning to take a tour of a city, but el tour is also used in many Spanish-speaking countries.

8 **Javier:** Es mejor. No cuestan tanto. Toledo sí que es una ciudad muy bella.

Ignacio: Tienes razón. Hemos visto muchas cosas interesantes e históricas. Pero ahora debemos descansar un poco. Mañana tenemos un partido de fútbol muy importante.

*Remember that in Spain, the vosotros(as) form of verbs is used when speaking to a group of people you would address individually with tú.

(3) ¿Comprendiste?

Escribir • Hablar

1. ¿Por qué están Javier e Ignacio en Toledo?
2. ¿Adónde van primero después de llegar a Toledo?
3. ¿Qué les da el empleado del hotel?
4. ¿Qué compra Ignacio después de salir del hotel?
5. ¿Qué visitan los dos jóvenes en Toledo?
6. ¿Por qué no entran en el museo de El Greco?
7. ¿Por qué no compra Javier la espada?
8. ¿Qué decide comprar Javier? ¿Por qué?
9. ¿Qué van a hacer los dos después de salir de la tienda?

Más práctica

- **Guided** Vocab. Check pp. 297–300
- **Core** Vocab. Practice pp. 164–165
- **Communication** Video pp. 156–158
- *Real.* **para hispanohablantes** p. 313

realidades.com ✓

- Audio Activities
- Video Activities
- Leveled Workbook
- Flashcards
- Web Code: jdd-0812

Vocabulario en uso

Objectives

- Talk about being a tourist in a foreign country
- Use the subjunctive with impersonal expressions
- Learn to use stem-changing verbs in the subjunctive

4 ¿Qué clase de turista eres?

Leer • Escribir • Hablar

Piensa en lo que hace un(a) turista bueno(a) en un país extranjero.

> **Nota**
>
> *La guía* is both a book you refer to when you travel and a female tour guide. *El guía* always refers to a male tour guide.

1 Lee las frases y escribe las palabras correctas para completarlas.

1. Cuando llegas a tu habitación, no *(haces ruido / disfrutas)* porque no quieres molestar a las otras personas en el hotel.

2. Tratas de *(ofender / observar)* a las personas en un país extranjero para aprender más de su cultura.

3. Consultas tu *(itinerario / llave)* para saber las horas de salida de las excursiones y los vuelos para no llegar tarde. Eres una persona muy *(bella / puntual)*.

4. Estás muy *(famoso / atento)*. Prestas atención al guía durante una gira.

5. Le dejas una *(propina / recepción)* para la persona que te sirvió en un restaurante.

6. Compras la *(artesanía / habitación)* típica del país que visitas y les preguntas a los *(castillos / vendedores)* sobre quiénes la han hecho.

7. Haces una gira de los lugares *(siguientes / históricos)* para saber más de la historia del lugar que visitas.

8. Tienes buenos modales y eres *(típico / cortés)*. Siempre les dices *por favor* y *gracias* a los demás.

2 En otra hoja escribe los números del 1 al 8 y lee las frases de arriba otra vez. Usa los siguientes números para indicar con qué frecuencia haces cada cosa.

⑤ siempre	② a veces
④ casi siempre	① casi nunca
③ a menudo	

3 Suma *(Add up)* tus puntos. Luego explícale a otro(a) estudiante qué clase de turista eres.

(40–32) Eres un(a) turista estupendo(a). Sabes lo que debes hacer en el extranjero *(abroad)*.

(31–23) Eres un(a) turista bueno(a). Vas a disfrutar de tus viajes si observas las costumbres del país que visitas.

(22–14) Eres un(a) turista típico(a). Debes estar más atento(a) a las costumbres y la cultura del país que visitas.

(13–0) Eres el (la) típico(a) turista feo(a). Debes leer otra vez y aprender de memoria todos los *Fondos culturales* en *REALIDADES* 1 y 2.

▼ Turistas en un mercado en Ixtapa, México

5 Recomendaciones para los turistas

Hablar

Habla con otro(a) estudiante y hagan
recomendaciones para los turistas.

dejar

Estudiante A

1. pedir
2. conseguir
3. cambiar
4. regatear con los vendedores sobre
5. ver la residencia de
6. sacar
7. subir a

Estudiante B

usar   buscar
ir a   visitar

6 Escucha y escribe

jdd-0898

Escuchar · Escribir

Vas a escuchar lo que puede hacer un(a) turista en un país
extranjero. En una hoja de papel, haz dos columnas. Sobre
una columna, escribe *cortés*. Sobre la otra columna, escribe
descortés (impolite). Escribe cada acción que escuchas en la
columna correcta.

cortés	descortés

Fondo cultural
El mundo hispano

Regatear es una costumbre de negociar precios,
y es muy común en los mercados de los países
hispanohablantes. En cambio, es una costumbre menos
común en las tiendas. Si quieres comprar algo en un
mercado, le pides el precio al vendedor. El vendedor y el
cliente ofrecen y piden precios hasta acordar *(agree)* un
precio final. Si no sabes si debes regatear o no, puedes
preguntar: "¿Son precios fijos *(fixed)?*".

• Imagina que eres vendedor(a) en un mercado. ¿Te
gustaría regatear con los clientes para vender tus
cosas? ¿Por qué?

En el mercado de Otavalo, en el Ecuador

7 Vacaciones en Punta del Este

Leer • Escribir • Hablar

Lee el siguiente anuncio para Punta del Este, Uruguay. Luego contesta las preguntas.

Punta del Este:
Destino acuático

EL CLUB NÁUTICO PUNTA DEL ESTE, FAMOSO A NIVEL[1] NACIONAL Y LOCAL, TIENE MUCHAS ACTIVIDADES NÁUTICAS PARA LOS TURISTAS EN, TAL VEZ, EL LUGAR MÁS BELLO DE URUGUAY.

Tanto en el puerto[2] como en la playa se encuentran lugares que alquilan pequeños botes de vela para navegar dentro de la bahía[3] o para llegar hasta la isla Gorriti.

Para los aficionados de la moto acuática, también se puede alquilarlas en la playa. Infórmese de los lugares designados para el deporte porque no se permite su práctica en todas partes.

El surf de vela es un deporte muy popular en Punta del Este. Se puede encontrar escuelas de surf de vela y hay la posibilidad de alquilar tablas[4] en el arroyo[5] Maldonado y en la laguna del Diario. En los días de mucho viento siempre es posible ver la habilidad de los navegantes con sus tablas de salto.

Gracias a la tranquilidad de las aguas del área, Punta del Este es un lugar estupendo para hacer esquí acuático. Hay varias escuelas aquí donde se puede encontrar un gran número de expertos que ofrecen sus servicios de instructor en el arroyo Maldonado y en la laguna del Diario.

[1]level   [2]port   [3]bay   [4]surfboards   [5]stream

1. ¿Qué deportes puedes practicar en Punta del Este?

2. ¿Qué palabras indican que Punta del Este es un buen lugar para los turistas?

3. Si no sabes hacer ni el surf de vela ni el esquí acuático, ¿puedes disfrutar de unas vacaciones en Punta del Este? ¿Por qué?

4. Imagina que no puedes llevar tu propio equipo para practicar los deportes acuáticos en Punta del Este. ¿Qué puedes hacer?

8 Los deportes acuáticos

Hablar

Habla con otro(a) estudiante sobre los deportes acuáticos que se mencionan en el anuncio de Punta del Este. Puedes hacer preguntas como:

- ¿Has hecho . . . alguna vez?
- ¿Dónde lo (la) practicas (practicaste)?
- ¿Te diviertes (divertiste) mucho practicando . . . ?

- ¿Te gustaría practicarlo(la) alguna vez?
- ¿Cuál de los deportes te parece más interesante?

9 **Los mejores hoteles**   jdd-0898

Leer • Escuchar

Imagina que eres agente de viajes y puedes recomendarles a tus clientes uno de los hoteles en estos anuncios. Lee los anuncios. Después escucha las preferencias de las personas y escribe *Hotel Real*, *Hotel Canarias* o *los dos hoteles* según la información en los anuncios.

El centro turístico de Cancún, el **Hotel Real** está sobre una de las más bellas playas de arena[1] blanca y frente a la Laguna Nichupté. Su arquitectura moderna y servicios de primera clase, hacen el hotel ideal para cualquier[2] vacacionista.

Habitaciones: Tenemos 300 habitaciones que están perfectamente equipadas con aire acondicionado, televisión a color vía satélite, teléfono directo, balcón privado, tina de baño[3] y secadora de pelo.

Servicios adicionales:
• **Restaurantes (3)**
• **Piscina y gran Jacuzzi**
• **Salones de reuniones**

De enero hasta abril:
Habitación individual o doble: $146
De abril hasta diciembre:
Habitación individual o doble: $78

Tel: 289-06-59

Hotel Real

[1]sand   [2]any   [3]bathtub

El Hotel Canarias, en la República Dominicana, es uno de los más bellos y exclusivos destinos turísticos / vacacionales del Caribe. Este centro turístico se extiende sobre unos 7,000 acres con árboles tropicales y ofrece villas, habitaciones hoteleras, campos de golf (3), canchas de tenis (13), piscinas (19), así como la playa Minitas.

Tel: 59-28-59

También ofrecemos:
• Restaurantes (9: desde gourmet hasta informal)
• Tiendas de regalo
• Salones de belleza
• Aeropuerto privado
• Oficina de aerolínea
• Gimnasio
• Banco

Villas de 2 a 6 habitaciones: $136 hasta $615

Fondo cultural

El mundo hispano

Cinco estrellas Un sistema internacional de evaluar un hotel es el sistema de estrellas: cinco estrellas es el mejor. ¿Qué necesita tener un hotel de cinco estrellas? En España, el hotel necesita tener aire acondicionado y calefacción *(heating)*, salones sociales, garaje y salón de belleza. En México, tiene que tener un restaurante, cafetería, discoteca y seguridad.

• ¿Prefieres un hotel con muchos servicios?, ¿una habitación de gran lujo? Si vas a un país extranjero, ¿es mejor gastar tu dinero en un hotel de cinco estrellas, en restaurantes caros o en comprar recuerdos?

Gramática

Present subjunctive with impersonal expressions

¿Recuerdas?
You know that the subjunctive mood is used to say that one person influences the actions of another.

Sometimes you use an impersonal expression to express how you influence another person's actions.

Here are some impersonal expressions that are often followed by *que* + subjunctive:

> **es importante   es necesario   es mejor   es bueno**

> **Es necesario que Uds. tengan** buenos modales. *It's necessary that you have good manners.*

> **Es mejor que consigamos** una habitación doble. *It's better that we get a double room.*

- Note that in the examples above, a specific person is mentioned in the second half of the sentence. If no person is specified, the infinitive is used without *que*. Compare the following sentences.

> Para ser un buen turista, **es importante ser** muy cortés. *To be a good tourist, **it's important to be** very polite.*

> **Es importante que seas** un turista cortés. ***It's important that you be** a polite tourist.*

GramActiva VIDEO

Need more help with the present subjunctive with impersonal expressions? Watch the **GramActiva** video.

Es importante que salga . . .

---

⑩ Para ser cortés . . .

Leer • Escribir

Para ser cortés en un país extranjero, ¿qué debes hacer? Completa las frases con la forma apropiada del verbo.

Modelo

Es importante que no *(hacer / ser)* mucho ruido en la habitación del hotel.
Es importante que no hagas mucho ruido en la habitación del hotel.

El Viejo San Juan, Puerto Rico

1. Es mejor que no *(llegar / llevar)* pantalones cortos si visitas la catedral.

2. Es importante que le *(dar / ir)* una propina al hombre que te ayuda con el equipaje.

3. Es necesario que *(ser / ver)* puntual para no enojar a los otros miembros de tu grupo.

4. Es bueno que les *(ofender / ofrecer)* a los ancianos tu asiento en el autobús.

5. Es mejor que *(poder / ponerse)* algo sobre tu traje de baño cuando entras en el hotel.

6. Es importante que *(observar / asistir)* las costumbres de las personas que viven allí.

11 Debes visitar Cartagena

Leer • Escribir

Lee el correo electrónico de un joven, Isidoro, que visitó Cartagena, Colombia. Completa sus recomendaciones a Daniela con la forma apropiada de uno de los verbos del recuadro.

acompañar	pasar
buscar	usar
decir	ver
ir	

Querida Daniela:

Me preguntaste sobre qué lugares en América del Sur les recomiendo para pasar unas vacaciones estupendas. Pues, en mi opinión, es necesario que Uds. __1.__ a Cartagena, Colombia. Es una combinación de lugares históricos y de playas bellas. Es mejor que un guía local los __2.__ a Uds. Es importante que Uds. __3.__ los servicios de un guía profesional licenciado. Es necesario que Uds. le __4.__ al guía que quieren hacer una gira por el castillo, la catedral y la antigua universidad. También es importante que __5.__ el Museo del Oro—un museo impresionante. Es bueno también que __6.__ por los barrios coloniales para ver las casas históricas. Para más información, es mejor que __7.__ en la Red, porque hay unos sitios Web muy buenos sobre Cartagena.

Tu amigo,
Isidoro

12 En la Red

Leer • Escribir

Lee la información que Daniela encuentra en la Red sobre Cartagena, Colombia. Daniela quiere que su familia vaya allí. Completa las frases usando la información del artículo y otras ideas.

Modelo

es bueno / los policías *(estar)* en las playas porque . . .
Es bueno que los policías estén en las playas porque así no hay ningún problema para los turistas.

1. es importante / nosotros *(planear)* ir a las playas porque . . .

2. es bueno / los turistas *(tomar)* el autobús a las playas porque . . .

3. es mejor / nosotros *(ir)* a una de las playas populares porque . . .

4. es mejor / nosotros *(mirar)* la artesanía de los vendedores porque . . .

5. es necesario / Uds. *(hablar)* con un agente de viajes sobre Cartagena porque . . .

Cartagena

Cartagena está rodeada[1] por el Mar Caribe. Sus bellas playas se encuentran a pocos metros del centro histórico. A menos de 35 minutos en autobús desde la Ciudad Vieja, se pueden encontrar las playas llamadas La Boquilla y Manzanillo. Para que los turistas disfruten de estas playas, el gobierno local las limpia todas las noches. Además, las playas son patrulladas[2] por la policía para evitar cualquier problema. Aquí los vendedores se acercan a los turistas para ofrecerles artesanías.

La gente de Cartagena es muy sociable y está acostumbrada a tratar a los turistas. Todas las playas de Cartagena se consideran seguras[3] para bañarse. Estas playas no tienen corrientes fuertes[4]. Las playas más frecuentadas tienen banderas de seguridad que informan a los bañistas sobre el estado del tiempo.

¡Cartagena lo tiene TODO!

[1]surrounded [2]patrolled [3]safe [4]strong currents

13 Para disfrutar de las vacaciones

Hablar

Con otro(a) estudiante, habla de lo que es necesario que hagan tu familia y tú para disfrutar de las vacaciones. Usen las expresiones *es importante, es necesario, es mejor* y *es bueno.*

1. quedarse en un hotel elegante

2. comer comidas típicas del país

3. sacar fotos de todo

Modelo

ver edificios históricos

A —*Para mí, es importante que veamos los edificios históricos de una ciudad.*

B —*Para mí, no. No es importante que veamos edificios históricos. Prefiero ir a un cine.*

4. practicar deportes acuáticos

5. hacer una gira de una ciudad principal

6. observar con cuidado el itinerario

Exploración del lenguaje

The suffix *-ero(a)*

The Spanish suffix *-ero(a)* indicates *someone* or *something* that performs an action:

Alguien que **viaja** es un(a) **viajero(a).**

Algo que muestra *(shows)* **letras** es un **letrero.**

¡Compruébalo! Here are some words that you have learned so far. Complete each sentence with the logical word to tell what the people do or where they work.

1. Alguien que trabaja en la **aduana** es un(a) ___.

2. Algo que te trae **noticias** es un ___.

3. Esa señora es **cocinera.** Ella ___ bien.

4. Mi tía es **florera.** Es artística y trabaja con ___.

5. Cuando fui al ___ hablé con una **banquera** sobre cómo conseguir cheques de viajero.

Refrán

Zapatero, a tus zapatos.

Fondo cultural

El mundo hispano

Los hostales y albergues son una opción popular para jóvenes turistas. Ellos pueden visitar el campo y las ciudades grandes y sentirse seguros y cómodos sin gastar mucho dinero. En estos lugares los jóvenes también pueden conocer a otros turistas de todo el mundo.

• ¿Por qué crees que los hostales y albergues son tan populares entre los jóvenes?

Un cartel *(sign)* de un hostal en México

Más práctica

- **Guided** Gram. Practice pp. 301–302
- **Core** Gram. Practice p. 166
- **Communication** Writing p. 163, Test Prep p. 277
- *Real.* **para hispanohablantes** pp. 314–317

realidades.com ✓

- Audio Activities
- Video Activities
- Speak & Record
- Canción de hip hop
- Tutorial
- Leveled Workbook
- Web Code: jdd-0813

Gramática

Present subjunctive of stem-changing verbs

Stem-changing verbs ending in *-ar* and *-er* have the same stem changes in the subjunctive as in the indicative.

recordar (o → ue)

recuerde	recordemos
recuerdes	recordéis
recuerde	recuerden

perder (e → ie)

pierda	perdamos
pierdas	perdáis
pierda	pierdan

¿Recuerdas?

You know that stem-changing verbs in the present indicative have a stem change in all forms except *nosotros* and *vosotros*.

Es importante que **recordemos** los buenos modales.
Es mejor que no te **pierdas** en el centro. Cómprate una guía.

Stem-changing verbs ending in *-ir* have changes in all forms of the present subjunctive.

pedir (e → i)

pida	pidamos
pidas	pidáis
pida	pidan

divertirse (e → ie), (e → i)

me divierta	nos divirtamos
te diviertas	os divirtáis
se divierta	se diviertan

dormir (o → ue), (o → u)

duerma	durmamos
duermas	durmáis
duerma	duerman

Es necesario que **pidas** la llave.
Queremos que **se diviertan**.
Es bueno que **duermas** durante el vuelo.

GramActiva VIDEO

Need help with the present subjunctive of stem-changing verbs? Watch the **GramActiva** video.

Quieren que empiecen . . .

14 ¿Qué debemos hacer?

Escribir

Si vas a otro país con un grupo de estudiantes, ¿qué deben y no deben hacer Uds.? Escribe frases usando *es importante, es necesario, es mejor* y *(no) es bueno*.

Modelo

conseguir cheques de viajero antes de salir
Es importante que consigamos cheques de viajero antes de salir.

1. sentirse superiores a los demás
2. reírse de las costumbres de otras personas
3. seguir las instrucciones de los líderes
4. mentir en la aduana
5. dormir durante el vuelo muy largo
6. divertirse mucho en el viaje

15 Una excursión en Ponce ♻

En Ponce, Puerto Rico, en medio de la zona histórica turística, está el Museo Castillo Serralles. Completa las reglas del guía de una gira del castillo.

El castillo Serralles originalmente fue la casa de la familia Serralles, una familia que ganó mucho dinero con la producción de azúcar en los años 30.

1. Quiero que Uds. *(entender / perder)* mis explicaciones. ¿Hablo muy rápidamente?

2. Es necesario que me *(seguir / conseguir)* siempre. No pueden ir solos a otras partes del castillo.

3. Si tienen preguntas sobre algún aspecto del castillo, prefiero que me *(poder / pedir)* que se lo explique.

4. Si Uds. quieren que yo *(repetir / reír)* algo, sólo tienen que decírmelo.

5. Es importante *(pensar / recordar)* que muchos de los objetos en el comedor son de los años 30.

6. En la Sala doña Mercedes, no permitimos que *(sentirse / sentarse)* en las sillas ni en los sofás.

7. Por favor, le pido a la última persona que entra en la sala que *(despertar / cerrar)* la puerta.

8. Después de la gira, recomiendo que *(volver / competir)* a los jardines para disfrutar de las vistas impresionantes de la ciudad y del mar.

9. Si quieren hacer otra gira, es necesario que *(conseguir / despedirse)* otro boleto para entrar.

16 Una entrenadora frustrada ♻

Hablar

Una entrenadora está bastante frustrada con las jugadoras en su equipo. Trabaja con otro(a) estudiante para describir el problema y dar recomendaciones.

Modelo

no tener energía durante las prácticas
A —*Las jugadoras no tienen energía durante las prácticas.*
B —*Es importante que almuercen comida que es buena para la salud.*

Estudiante A

1. estar cansadas durante las prácticas
2. parecer estar aburridas durante los partidos
3. no saber qué hacer durante un partido
4. jugar como personas que no se conocen
5. no llegar a las prácticas a tiempo

Estudiante B

es importante	jugar con entusiasmo
es necesario	empezar a jugar como un equipo unido
les pido	acostarse a las 11:00 de la noche en punto
les recomiendo	seguir mis instrucciones
insisto en	vestirse 15 minutos antes de la práctica
sugiero	

438 cuatrocientos treinta y ocho
Tema 8 • Cómo ser un buen turista

17 Una carta de Pablo

Leer · Escribir

Pablo aprendió mucho durante su viaje a Panamá. Lee su carta a su madre y, según las experiencias de Pablo, escribe seis recomendaciones para los viajeros al extranjero.

Modelo

Es importante que no pierdas tu pasaporte.

> Querida mamá:
>
> He aprendido mucho aquí en Panamá. Por ejemplo, mi maleta era demasiado grande y tuve que facturarla. No sabía que aquí hace tanto calor y tuve que comprar más ropa.
>
> Compré unos recuerdos en el mercado, pero probablemente pagué demasiado porque no regateé con los vendedores. Aprendí que en Panamá ahora se aceptan los dólares estadounidenses.
>
> En el hotel tuve algunos problemas. Olvidé el número de mi habitación y perdí mi llave y tuve que conseguir otra. Pero afortunadamente no he perdido mi pasaporte. Las habitaciones aquí son muy cómodas, pero es difícil dormir porque a veces algunos estudiantes hacen ruido en el hotel.
>
> Un abrazo,
> Pablo

18 Juego

Escribir · Hablar · GramActiva

1 Trabajen en grupos de tres. En pequeñas hojas de papel o tarjetas, escriban tres preguntas sobre el tema de viajar. Pongan todas las preguntas en una bolsa para cada equipo.

2 El (La) profesor(a) divide a la clase en dos equipos, "México" y "España".

3 Una persona del equipo "México" lee una de las preguntas que está en la bolsa a una persona del equipo "España". Si esta persona puede contestar correctamente usando el subjuntivo y la información apropiada, gana una letra de su país, "España," para su equipo. ¡El primer equipo que gana todas las letras de su país gana el juego!

Modelo

México: *¿Adónde voy para cambiar un cheque de viajero?*

España: *Recomiendo que vayas a una casa de cambio.*

¿Adónde voy para cambiar un cheque de viajero?

¿Qué tengo que conseguir antes de ir a un país extranjero?

¿Dónde se puede regatear por la artesanía?

El español en el mundo del trabajo

Hoy en día el turismo en los países hispanohablantes es más popular que nunca. Los turistas de todo el mundo están descubriendo la riqueza histórica y cultural del mundo hispano. Muchas compañías de turismo ofrecen giras a varios países y necesitan empleados que hablan español, conocen la cultura hispana y tienen interés en ayudar a sus clientes.

- ¿Cómo puedes usar el español trabajando para una compañía de turismo o una agencia de viajes? ¿Qué le recomiendas a alguien que quiere hacer este tipo de trabajo?

19 Recomendaciones

Hablar • Pensar • Escribir

Trabajen en grupos de cuatro estudiantes y hagan recomendaciones sobre las vacaciones. Dos estudiantes van a escribir cinco recomendaciones para las personas que no gastan mucho en las vacaciones y dos van a escribir cinco recomendaciones para las personas que gastan demasiado. Compartan sus recomendaciones con las del otro grupo. Preparen reacciones a las recomendaciones y explíquenselas al otro grupo.

Modelo

Grupo 1: *Para no gastar tanto en las vacaciones, es importante que viajen en coche y no en avión.*
Grupo 2: *Muchas veces no es posible viajar en coche. Queremos ir de vacaciones a Puerto Rico.*

20 Y tú, ¿qué dices?

Escribir • Hablar

1. Para aprender a hablar español muy bien, ¿qué es importante que haga un(a) estudiante?

2. ¿Qué es muy importante que una persona haga para indicar que es cortés?

3. ¿Qué recomiendas que haga un(a) turista cuando acaba de llegar a un país extranjero?

Más práctica

- **Guided** Gram. Practice pp. 303–304
- **Core** Gram. Practice pp. 167–168
- **Communication** Writing p. 164
- ***Real.* para hispanohablantes** pp. 318–319

realidades.com
- Audio Activities
- Video Activities
- Speak & Record
- Animated Verbs
- Tutorial
- Leveled Workbook
- Web Code: jdd-0814

Fondo cultural

España

El Parador de Sigüenza es uno de los muchos paradores que hay en España. Estos edificios históricos fueron restaurados y convertidos en alojamientos *(lodgings)* por el gobierno español. Aunque son lujosos *(luxurious)*, quedarse en un parador no es muy caro, y es una manera muy conveniente de conocer España.

- ¿Por qué crees que estos edificios se llaman paradores? ¿Qué palabra que ya sabes forma parte de la palabra parador? ¿Qué prefieres tú, una habitación en un albergue juvenil, en un hotel de cinco estrellas o en un parador? ¿Por qué?

El Parador de Sigüenza, España

21 Las vacaciones

Hablar • Leer • Pensar • Escribir

¿Crees que los estadounidenses y los españoles piensan lo mismo sobre la importancia de gastar dinero en las vacaciones?

Conexiones | Las matemáticas

- Pregúntales a tres adultos si creen que los estadounidenses gastan demasiado en las vacaciones. Escribe el nombre de la persona y su respuesta.

- Compartan y sumen *(add up)* las respuestas a la pregunta con tres estudiantes. Calculen el porcentaje de personas que contestaron afirmativamente y de las que contestaron negativamente.

- Estudia la gráfica que representa cómo contestó un grupo de adultos españoles la misma pregunta. Copia la gráfica y añade la información de tu clase. Luego contesta las siguientes preguntas.

¿Cree Ud. que las personas gastan demasiado de lo que ganan en las vacaciones?		
NO	Uno trabaja 11 de cada 12 meses, al menos,[1] para disfrutar del mes que le queda.	66%
SÍ	Gastarlo todo en vacaciones y no ahorrar[2] es un error muy extendido.	34%

[1]at least [2]to not save

1. ¿En qué sentido son similares las respuestas de los estadounidenses y de los españoles? ¿En qué sentido son diferentes?
2. Para tu familia y las familias de tus amigos, ¿es importante pasar tiempo de vacaciones? ¿Adónde van y qué hacen durante las vacaciones?

22 Mi ciudad

Escribir • Hablar

1. Tienes que crear un anuncio para promocionar el turismo en tu comunidad. Escribe sobre cuatro o cinco lugares que recomiendas que visiten los turistas. Usa las expresiones *es mejor que, es importante que, es necesario que, sugiero que* y *recomiendo que.* Incluye consejos *(advice)* sobre lo siguiente:

- la mejor estación para visitar tu ciudad
- lugares para comer, atracciones culturales, los horarios y los precios
- lugares para ir de compras y lo que se puede comprar allí
- consejos sobre las costumbres y los modales
- puntos de interés y actividades divertidas

2. Compara tus recomendaciones con las de otro(a) estudiante y hablen de ellas.

Lectura

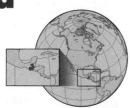

Antigua, una ciudad colonial

SITUADA a 45 minutos de la Ciudad de Guatemala, Antigua le fascina al turista por sus calles de piedras, su arquitectura colonial y sus ruinas de iglesias y monasterios. El español Francisco de la Cueva fundó la ciudad el 10 de marzo de 1543. La "Ciudad de las Perpetuas Rosas," nombrada así por sus jardines con flores, tiene un clima muy agradable y preserva un sabor colonial único. Caminar por sus calles es como visitar el pasado y descubrir una ciudad típica española del siglo[1] XVII. ¡Los invitamos a venir y a disfrutar de esta ciudad!

Estrategia

Using heads and subheads
Heads and subheads help to organize information. Before you read each section, use its subhead to think about the information you're likely to read.

¡Bienvenidos a la hermosa ciudad de Antigua!

HOTELES
Antigua ofrece una gran variedad de hoteles. Los precios pueden variar entre $35.00 y $300.00 la noche. El mejor hotel de Antigua es la Casa de Santo Domingo. Este hotel de cinco estrellas, construido en un antiguo convento, tiene muchas comodidades modernas, como computadoras, piscina, sauna y varios jacuzzis. Las ruinas del convento están todavía en el hotel y así el visitante puede apreciar lo moderno con lo antiguo.

RESTAURANTES
La ciudad de Antigua tiene toda clase de restaurantes; desde restaurantes donde preparan platos guatemaltecos típicos hasta pizzerías. Le recomendamos La Fonda de la Calle Real, establecida en 1975. Este restaurante ofrece comida típica de Guatemala, como la deliciosa carne adobada[2] y muchos postres típicos.

◄ La Iglesia La Merced, Antigua

Una linterna de una casa guatemalteca, Antigua ►

[1]century [2]marinated

▲ El Templo I de la Gran Plaza, Tikal

¿Qué hay que ver en la ciudad de Antigua?

La ciudad de Antigua tiene muchos sitios de interés. Se puede apreciar toda la historia de esta ciudad mirando sus casas y monumentos coloniales. En el centro de la ciudad está la Plaza Mayor. Los edificios principales son el Ayuntamiento[3], la Catedral y el Palacio de los Capitanes.

Vaya al reino de la cultura maya

Si le interesan las ruinas, le recomendamos que haga planes para visitar Tikal, una de las ciudades más importantes de la cultura maya. Desde el aeropuerto de la Ciudad de Guatemala, un avión lo lleva a Flores, la entrada a la zona arqueológica de Tikal. Duerma en uno de los pequeños hoteles de la región. ¡Esperamos[4] que disfrute de esta excursión!

Una experiencia inolvidable

La ciudad de Antigua no es sólo un lugar turístico para visitar parques, volcanes y monumentos históricos. Su gente es tan simpática que usted va a sentirse como en su propia casa. ¡Visite Antigua, lo(a) esperamos con anticipación!

[3]City hall   [4]We hope

¿Comprendiste?

1. ¿Qué palabra en inglés es similar a la palabra *antigua?* ¿Por qué piensas que Antigua se llama así?

2. ¿Qué puedes ver en Antigua que representa su historia colonial?

3. ¿Qué puedes ver del mundo moderno en esta ciudad?

4. Según este folleto de turismo *(travel brochure)*, ¿cuáles son los lugares más interesantes para visitar?

El Ayuntamiento, Antigua ▶

Más práctica

- **Guided** Reading Support p. 305
- **Communication** Writing p. 165, Test Prep p. 278
- *Real.* **para hispanohablantes** pp. 322–323

realidades.com

- Internet Activity
- Leveled Workbook
- Web Code: jdd-0816

Perspectivas del mundo hispano

La Red Nacional de Ferrocarriles Españoles

¿Te gustaría viajar por un país hispanohablante en un vehículo moderno, cómodo, rápido, seguro, limpio y económico? Puedes hacerlo en España si viajas en los trenes de la Red Nacional de Ferrocarriles Españoles (RENFE). El ferrocarril, o tren, es un medio de transporte muy popular en España y en toda Europa. El tren es una buena alternativa al automóvil porque transporta a muchos pasajeros y mercancías. Consume menos energía y por eso es más limpio y contamina menos.

La red[1] ferroviaria española tiene más de 12,000 kilómetros y se extiende por todo el país. Hay servicios de metro[2] en Madrid, Barcelona, Valencia y Bilbao y trenes que comunican la ciudad con los suburbios, con otras ciudades de la región y con ciudades lejanas en el país y en otros países. RENFE ofrece billetes[3] más baratos para jóvenes y personas mayores.

Recientemente, RENFE ha introducido los trenes de alta velocidad, o AVE, que viajan a velocidades superiores a los 200 kilómetros por hora y recorren largas distancias. Con estos servicios tan rápidos, mucha gente prefiere viajar en tren en vez de en avión.

¡Compruébalo! ¿Hay metro en tu ciudad? ¿Tiene tu estado un sistema de ferrocarriles? ¿Qué servicios ofrece? ¿Lo has usado alguna vez? ¿Lo usa algún miembro de tu familia?

¿Qué te parece? ¿Qué te parece el transporte por ferrocarril? ¿Cuáles son algunas de sus ventajas[4] y desventajas?[5]

[1]system [2]subway [3]tickets [4]advantages [5]disadvantages

El AVE, España

Presentación escrita
Viajemos juntos

Task
You are part of a group of students who are going with your teacher to a Spanish-speaking country. Prepare an illustrated brochure for your group.

La Plaza de Armas en Lima, Perú

1 Prewrite Think of the preparations you must make before your trip. Answer the following questions to organize the information for your brochure.

- ¿Qué país van a visitar y cómo van a viajar?
- ¿Qué deben llevar? ¿Una cámara? ¿Unos anteojos de sol?
- ¿Qué lugares van a visitar? ¿Qué excursiones o giras van a hacer? ¿Qué actividades van a hacer?
- ¿Cómo deben vestirse? ¿Hay restricciones de vestido?

2 Draft Use your responses to develop a brochure that will help your classmates to prepare thoroughly. Include photos or drawings in your brochure.

3 Revise Reread your draft and check the spelling, vocabulary, verb usage, and agreement. Share what you've written with a classmate, who will check the following:

- Is the information clear and well organized?
- Have you included all the necessary information?
- Are the visuals useful?
- Is there anything you should add or change?
- Are there any errors?

4 Publish Make a new version of the brochure with the necessary changes and corrections. Make a final copy for your teacher or include it in your portfolio.

5 Evaluation Your teacher may give you a rubric for how the brochure will be graded. You will probably be graded on:

- how much information you provide
- how clear and attractive the brochure is
- appropriate use of vocabulary and grammar

Estrategia

Using key questions
Key questions are a good way to brainstorm. Jot down answers to a wide range of questions and you will have many ideas to help you with your writing.

Ruinas de una misión, en la Argentina

Repaso del capítulo

Vocabulario y gramática

jdd-0899

to talk about places to visit in a city

el cajero automático	ATM
la casa de cambio	currency exchange
el castillo	castle
la catedral	cathedral
histórico, -a	historical
el palacio	palace
el quiosco	newsstand

to talk about staying in a hotel

el ascensor	elevator
conseguir (e → i)	to obtain
la habitación, pl. las habitaciones	room
la habitación doble	double room
la habitación individual	single room
la llave	key
la recepción	reception desk

to talk about appropriate tourist behaviors

atento, -a	attentive
cortés	polite
hacer ruido	to make noise
observar	to observe
ofender	to offend
la propina	tip
puntual	punctual

For *Vocabulario adicional*, see pp. 498–499.

to talk about tourist activities

la artesanía	handicrafts
el bote de vela	sailboat
cambiar	to change, to exchange
disfrutar de	to enjoy
el esquí acuático	waterskiing
la excursión, pl. las excursiones	excursion, short trip
el guía, la guía	guide
la guía	guidebook
hacer una gira	to take a tour
el itinerario	itinerary
la moto acuática	personal watercraft
navegar	to sail, to navigate
regatear	to bargain
el surf de vela	windsurfing
la tarjeta postal	postcard
el vendedor, la vendedora	vendor

other useful words and expressions

bello, -a	beautiful
en punto	exactly (time)
estupendo, -a	stupendous, wonderful
famoso, -a	famous
el rey, pl. los reyes	king, king and queen
siguiente	next, following
tal vez	maybe, perhaps
típico, -a	typical

present subjunctive with impersonal expressions

Es bueno que los estudiantes **hagan** la tarea.
Es importante que comas un buen desayuno.
Es mejor que no **vayamos** al museo hoy.
Es necesario que hagas una gira de la ciudad.

present subjunctive of stem-changing verbs

recordar (o → ue)	divertirse (e → ie), (e → i)
perder (e → ie)	
pedir (e → i)	dormir (o → ue), (o → u)

(To see these verbs fully conjugated in the present subjunctive, see p. 437.)

Más práctica

- **Core** Puzzle p. 169, Organizer p. 170
- **Communication** Practice Test pp. 280–282, Integrated Performance Assessment p. 279

realidades.com ⓥ
- Tutorial
- Flashcards
- Puzzles
- Self-test
- Web Code: jdd-0817

Preparación para el examen

On the exam you will be asked to . . .	Here are practice tasks similar to those you will find on the exam . . .	If you need review . . .

Interpretive

jdd-0899

1 Escuchar Listen and understand as people make recommendations for travel

You need some advice for your trip to Mexico. Listen to these recommendations and determine what is the most important thing to do when you get there. What is the best thing to do there?

pp. 426–429 *Vocabulario en contexto*
p. 431 Actividad 6
p. 433 Actividad 9

Interpersonal

2 Hablar Talk about ways to have an enjoyable vacation when you travel away from home

Give a group at a Spanish Club meeting some advice about travel in Mexico. How can they be "good" tourists? What is the best way to get to know the city they visit?

p. 430 Actividad 4
p. 431 Actividad 5
p. 432 Actividad 7
p. 436 Actividad 13
p. 440 Actividades 19–20

Interpretive

3 Leer Read and understand vacation postcards from friends and family

Read a postcard from a classmate in Mexico. Is the person: (a) having a good or bad trip; (b) using Spanish; and (c) learning about Mexico?

Querido Juan:
Estoy aquí en Cancún. Es muy divertido pasar tiempo en la playa y luego ir al mercado. Me encanta hablar español para regatear. Es importante que no ofendas a los vendedores cuando regateas por el mejor precio.

p. 432 Actividad 7
p. 433 Actividad 9
p. 434 Actividad 10
p. 435 Actividades 11–12
p. 439 Actividad 17
pp. 442–443 *Lectura*

Presentational

4 Escribir Write a "tip sheet" for students planning to travel to a foreign country

You are developing a Web site for teen travelers. Complete the following sentences with at least three suggestions per topic: (a) Para ser un(a) turista bueno(a), es importante que . . . ; (b) Para disfrutar mucho de tu viaje, te recomiendo que . . .

p. 430 Actividad 4
p. 434 Actividad 10
p. 435 Actividades 11–12
p. 437 Actividad 14
p. 439 Actividad 17
p. 445 *Presentación escrita*

Cultures

5 Pensar Demonstrate an understanding of cultural practices related to travel in Spanish-speaking countries

Think about how American tourists would most likely travel within a Spanish-speaking country. To get from one city to another, what kind of transportation would they use? How would this compare with how tourists would travel while visiting the United States?

pp. 442–443 *Lectura*
p. 444 *Perspectivas del mundo hispano*

Vocabulario **Repaso**

las plantas y los animales

el árbol, *pl.* los árboles
la flor, *pl.* las flores
el mono
el oso
el pájaro
el pez, *pl.* los peces
el tigre

los lugares

al aire libre
el jardín, *pl.* los jardines
el lago
el mar
las montañas
el mundo
el parque nacional
el río
el zoológico

el reciclaje

el centro de reciclaje
reciclar
recoger
separar
tirar
trabajar como voluntario, -a
usar

los materiales

la botella
el cartón
la lata
el papel
el periódico
el plástico
la revista
el vidrio

---

1 ¿Qué es?

Escribir • Hablar

1 Lee las siguientes definiciones y escribe la palabra que se define.

1. lugar donde se ven los animales
2. animal que come plátanos
3. publicación que da las noticias
4. material usado para hacer cajas
5. rosa, tulipán, orquídea

2 Ahora escribe tres definiciones más. Léelas a otro(a) estudiante para ver si puede decir la palabra que se define.

2 Lugares interesantes

Escribir • Hablar

Contesta las siguientes preguntas.

1. ¿Cuál es el zoológico más impresionante que has visitado? ¿Por qué te pareció tan fantástico?

2. ¿En tu comunidad hay parques o jardines públicos? Describe uno.

3. ¿Has ido alguna vez a un parque nacional? ¿Cómo era? ¿Qué había? ¿Qué hiciste allí?

4. ¿Has trabajado como voluntario(a) en un centro de reciclaje alguna vez? ¿Qué hacen los voluntarios allí?

Gramática (Repaso)

Verbs with spelling changes in the present tense

Remember that some verbs have spelling changes in the present tense to preserve the pronunciation of the infinitive in the conjugated forms.

Remember that *g* has a hard or soft sound depending on the vowel that follows it. To maintain the soft consonant sound before the vowel *o,* verbs that end in *-ger,* like *escoger* and *recoger,* change from *g* to *j* in the present-tense *yo* form.

> **Recojo** basura en la calle y la tiro en el basurero. Otras personas no la **recogen**.

In the present-tense *yo* form of verbs like *seguir* and *conseguir,* the silent *u* used in the infinitive and other forms in which the *g* is followed by *e* or *i* is dropped to preserve the sound of *g* as in *get.*

> En el jardín botánico, algunos turistas **siguen** a una guía por los senderos. Yo no la **sigo;** prefiero caminar solo.

Verbs like *enviar* and *esquiar* have an accent mark on the *i* in all present-tense forms except *nosotros* and *vosotros.*

> **Enviamos** cartas a las compañías que destruyen los árboles. Yo también **envío** información por correo electrónico.

3 Una semana de vacaciones

Leer • Escribir

Lee lo que dice una muchacha sobre sus vacaciones. Completa su historia con las formas apropiadas de los verbos *escoger, esquiar* y *seguir.*

Cada año mi familia y yo vamos a las montañas para esquiar. Yo __1.__ muy bien porque hace cinco años que tomo lecciones de esquí. Mis padres me dicen, "Amalia, __2.__ : o esquías con nosotros o tomas una lección". Yo siempre __3.__ un día de lecciones porque los instructores __4.__ estupendamente. Escucho con atención y __5.__ sus instrucciones. Algunos chicos en las lecciones son demasiado atrevidos y no __6.__ instrucciones.

Más práctica

- **Guided** pp. 307–308
- **Core** pp. 171–172
- *Real.* **para hispanohablantes** p. 330

realidades.com ✔
- Leveled Workbook
- Web Code: jdd-0901

4 Un proyecto en la comunidad

Escribir

Un grupo de personas de una escuela decide ayudar a limpiar su comunidad. Escribe frases para decir qué hacen.

Modelo

mi profesor de ciencias / conseguir permiso para . . .
Mi profesor de ciencias consigue permiso para hacer el proyecto.

1. yo
2. mis amigos
3. mi mejor amigo(a)
4. nosotros
5. nuestros profesores

enviar cartas a la comunidad para . . .
recoger basura en . . .
seguir las instrucciones de . . .
escoger el lugar donde . . .
conseguir bolsas de plástico para . . .

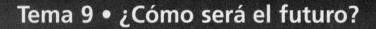

David Alfaro Siqueiros (1896–1974) En una de las paredes principales de la Universidad Autónoma de México está este gran mural del famoso artista mexicano David Alfaro Siqueiros. La Universidad le pidió a Siqueiros una obra pública, monumental, relacionada con la educación. Los estudiantes representados en el mural comparten sus conocimientos con el pueblo mexicano. Siqueiros terminó el mural en 1956.

• ¿Hay algún mural o alguna obra de arte monumental en tu escuela o tu comunidad? ¿Cómo es?

◄ "El Pueblo a la Universidad y la Universidad al Pueblo" (1950–1954), David Alfaro Siqueiros

(Detail) © 2010 Artists Rights Society (ARS), New York/SOMAAP, Mexico City/photo: Paul Almasy/Corbis

Capítulo 9A

¿Qué profesión tendrás?

Chapter Objectives

- Discuss professions and make plans for the future
- Talk about future events
- Understand cultural perspectives on folk art

Video Highlights

Videocultura: *¿Cómo será el futuro?*

A primera vista: *Y tú, ¿qué vas a ser?*

GramActiva Videos: the future tense; the future tense: irregular verbs

Country Connection

As you learn about professions, you will make connections to these countries and places:

México · El Salvador · Ecuador

Más práctica

- *Real.* para hispanohablantes pp. 330–331

El pintor David Alfaro Siqueiros trabajando en su taller, 1966

Vocabulario en contexto

jdd-0987

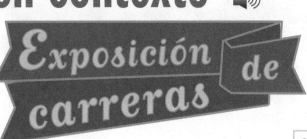
Exposición de carreras

Objectives

Read, listen to, and understand information about
- professions
- making plans for the future
- earning a living

la oficina — **el (la) secretario(a)**

el (la) contador(a)

En el mundo de **los negocios** es importante tener a personas **bilingües**. En **el futuro** hablar dos **idiomas**, como el inglés y el español, será más importante.

" Bienvenidos a la Exposición de **carreras**. Hoy les vamos a hablar sobre las posibilidades que hay para Uds. después de **graduarse** del **colegio**. Después de **la graduación** de la escuela secundaria, algunos de Uds. asistirán a **la universidad** y estudiarán para **una profesión**. Otros irán a **una escuela técnica**, y otros conseguirán un trabajo inmediatamente. Tenemos información para todos "

el (la) arquitecto(a)

el (la) diseñador(a)

el (la) técnico(a)

Habrá carreras importantes en la tecnología: arquitectos para la construcción de casas y edificios y diseñadores para sitios Web y juegos de computadoras.

el juez, la jueza

Algunos de Uds. **seguirán** la carrera de **derecho** y tendrán un **programa de estudios** muy interesante. Para ser abogado o juez hay que ir a la universidad y estudiar **leyes** seis u ocho años.

el (la) abogado(a)

el hombre de negocios

la mujer de negocios

el (la) agricultor(a)

el (la) cartero(a)

Hay muchas otras oportunidades de trabajo: carreras de agricultor, mecánico, bombero o cartero, por ejemplo. Tal vez algunos seguirán una carrera **militar**.

el (la) mecánico(a)

66 Me gusta estudiar ciencias sociales. Creo que seguiré una carrera en **la política** 99.

el (la) político(a)

el (la) ingeniero(a)

66 Las matemáticas siempre han sido fáciles para mí. Me gustaría ser ingeniero 99.

el (la) científico(a)

66 A mí me encantan las ciencias. Seré científica y trabajaré en un laboratorio 99.

el (la) gerente

el (la) veterinario(a)

66 Hace dos años que trabajo como dependiente en una tienda de ropa. Quisiera ser gerente de la tienda 99.

66 Me interesa el estudio de la medicina, pero también me gustan los animales. Estudiaré para ser veterinaria 99.

1 Las profesiones jdd-0987

Escuchar

Escucha las descripciones de diferentes profesiones. Mira los dibujos y las fotos y señala la profesión que se describe en cada frase.

2 ¿Lógico o no? jdd-0987

Escuchar

¿Qué sabes sobre las profesiones y las carreras? Levanta una mano si lo que escuchas es lógico y levanta las dos manos si no es lógico.

Más práctica

- **Guided** Vocab. Flash Cards pp. 309–316
- **Core** Vocab. Practice pp. 173–174
- **Communication** Writing p. 172
- *Real.* **para hispanohablantes** p. 332

realidades.com ✓

- Audio Activities
- Leveled Workbook
- Flashcards
- Web Code: jdd-0902

Y tú, ¿qué vas a ser?

¿Qué van a ser Angélica, Esteban y Pedro? ¿Qué le pasa a Pedro? Lee la historia.

Estrategia

Activating background knowledge
As you read the *Videohistoria*, think about what you already know about the professions being discussed.

• What do the characters need to do in order to work in their chosen professions?

Angélica   Lisa   Pedro   Esteban

1 **Angélica:** Hola, Pedro, ¿qué tal?

Pedro: Hola. Muy bien, ¿y tú? ¿Está Esteban?

Angélica: ¿Adónde van?

Esteban: A la escuela. Hay un concurso de arte, de dibujos. Y Pedro va a participar.

5 **Pedro:** No sé. Es difícil ganarse la vida como **artista.** Quizás podré ser **escritor.** Sabes que también me gusta mucho escribir. Y tú, ¿qué piensas hacer?

6 **Esteban:** Pues a mí me gustan las profesiones técnicas. Quiero estudiar para ingeniero o arquitecto . . .

7 **Directora:** Todos los trabajos son excelentes, pero uno de ellos es el mejor . . . ¡Pedro Ríos! ¡Felicidades!

2 **Pedro:** Y bien, ¿qué te parece?

Esteban: ¡Genial!

Angélica: A mí no me gusta.

Esteban: Porque tú no comprendes el mundo de las artes.

Angélica: Sí, lo comprendo, pero . . .

3 **Angélica: Algún día** prefiero **ganarme la vida** como mujer de negocios. Tendré **un salario** decente y **beneficios.**

Esteban: Sí, y querrás ser **dueña** de tu negocio . . .

Pedro: Mejor vamos o llegaremos tarde al concurso.

4 **Esteban:** Oye, creo que eres muy talentoso. Algún día podrás ser **pintor** . . .

8 **Lisa:** ¡Felicidades, Pedro!

Pedro: Gracias, Lisa. Es un momento muy importante para mí.

Esteban: ¿Un autógrafo, por favor?

Pedro: ¿Cómo? Ah, sí, por supuesto. Voy a ser un pintor muy famoso.

3 ¿Comprendiste?

Escribir • Hablar

1. ¿Adónde van Pedro y Esteban? ¿Por qué?

2. ¿Qué más piensa hacer Angélica en el futuro? ¿Por qué?

3. ¿Qué más le gusta hacer a Pedro? ¿Qué profesión piensa seguir?

4. ¿Qué profesión le gustaría seguir a Esteban?

5. ¿Quién ganó el concurso? ¿Qué le pide Esteban a Pedro?

Más práctica

- **Guided** Vocab. Check pp. 317–320
- **Core** Vocab. Practice pp. 175–176
- **Communication** Video pp. 166–168
- *Real.* **para hispanohablantes** p. 333

realidades.com Ⓥ

- Audio Activities
- Video Activities
- Leveled Workbook
- Flashcards
- Web Code: jdd-0903

Vocabulario en uso

4 ¡A trabajar en el periódico!

Escribir

Un joven trabaja en un periódico y tiene que organizar los anuncios clasificados. Escribe la profesión que no corresponde a cada una de estas categorías.

Modelo

la tecnología: arquitecta, contador, diseñador, técnica
contador

1. los negocios: contadora, secretario, gerente, mecánica
2. las artes: pintora, artista, escritor, cartero
3. la política y el derecho: agricultor, jueza, político, abogada
4. la tecnología: diseñadora, arquitecta, juez, ingeniero
5. las ciencias: veterinario, científico, médica, mujer de negocios
6. el servicio público: policía, cartera, política, cantante

5 Así es mi trabajo jdd-0988

Escuchar • Escribir

Copia la tabla en una hoja de papel. Vas a escuchar a seis personas hablar de su trabajo. Escribe lo que escuchas sobre los estudios de cada persona, lo que hace en su trabajo y cuál es su profesión.

los estudios	lo que hace	su profesión

6 Una carrera en negocios internacionales

Leer • Escribir

Lee la historia de un hombre que ahora tiene una carrera en los negocios internacionales. Escoge y escribe las palabras apropiadas para completar la descripción de su preparación profesional y de su trabajo ahora.

colegio	programa de estudios
idioma	universidad
me gradué	

Hace nueve años __1.__ del colegio. Decidí asistir a la __2.__ para seguir un __3.__ en los negocios. Durante mis años en el __4.__, estudié español y quería seguir estudiando este __5.__ en la universidad también. Por eso tomé clases avanzadas de español.

beneficio	me gano la vida
bilingüe	oficinas
hombre de negocios	salario

Soy __6.__ ahora y por eso conseguí un trabajo como __7.__ con una compañía internacional después de graduarme de la universidad. Uno de los buenos aspectos de mi carrera en los negocios internacionales es que __8.__ viajando a varios países de América del Sur durante el año. Otro __9.__ es que recibo un __10.__ muy bueno porque puedo comunicarme con los empleados que trabajan en nuestras __11.__ en estos países.

7 Los planes para el futuro

Hablar

Con otro(a) estudiante, hablen de sus planes para el futuro.

1.

2.

3.

4.

5.

8 Las profesiones de mis amigos

Piensa en las personas a quienes conoces. ¿Qué profesión tendrán ellos en el futuro?

1 Para cada dibujo, escribe la profesión de la persona. Luego escribe el nombre de una persona a quien conoces que puede tener esta profesión en el futuro.

2 Trabaja con otro(a) estudiante. Usen lo que escribieron y hablen sobre quiénes tendrán estas profesiones en el futuro.

Modelo

A —¿Quién será *ingeniero* algún día?
B —*Mi primo Alejandro será ingeniero. Le gusta mucho estudiar matemáticas.*

1.  **2.**  **3.**

4.  **5.**  **6.**

9 Juego ♻

1 Tu profesor(a) va a dividir a la clase en grupos de cuatro o cinco estudiantes. Va a decir una categoría de trabajo y cada grupo va a escribir diferentes carreras y profesiones para esta categoría.

2 Cuando tu profesor(a) indica que no hay más tiempo, un grupo lee su lista en voz alta. El grupo recibe un punto por cada carrera o profesión que tiene y que otro grupo no tiene. Luego otro grupo lee las carreras o profesiones que no leyó el primer grupo. Van a seguir hasta no tener más carreras o profesiones diferentes.

3 Luego el (la) profesor(a) les da otra categoría. El grupo con más puntos al final gana. Van a usar las listas de carreras y profesiones en la Actividad 10.

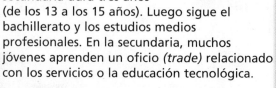

LOS VIAJES:
agente de
viajes
auxiliar de
vuelo
piloto
empleado de una
línea aérea
guía

Fondo cultural

El mundo hispano

La educación básica en los países hispanohablantes incluye *(includes)* la educación preescolar, la primaria y la secundaria. Todos los jóvenes tienen que completarla; es decir, es obligatoria. La educación secundaria dura tres años (de los 13 a los 15 años). Luego sigue el bachillerato y los estudios medios profesionales. En la secundaria, muchos jóvenes aprenden un oficio *(trade)* relacionado con los servicios o la educación tecnológica.

• ¿Te parece similar o diferente la educación básica en los países hispanohablantes a cómo es en los Estados Unidos?

10 Se busca . . .

Hablar • Escribir • Escuchar

Usa las listas de carreras y profesiones de la Actividad 9 para crear anuncios clasificados de un periódico.

1 Trabaja con otro(a) estudiante y escriban tres anuncios. Cada anuncio debe indicar el trabajo, describir lo que necesita hacer o saber la persona e indicar un beneficio del trabajo.

2 Lean los anuncios clasificados a otro grupo, sin decir el trabajo que se busca. El otro grupo tiene que escuchar y decirles a Uds. la persona que se busca, según la descripción.

Modelo

Se busca secretario bilingüe. Debe tener experiencia trabajando en una oficina. Es necesario que hable inglés y español y que sepa usar la computadora. No hay que trabajar los fines de semana.

11 Y tú, ¿qué dices?

Escribir • Hablar

1. Describe a un adulto a quien conoces bien. ¿Qué profesión tiene? ¿Se preparó para su carrera en la universidad? ¿En una escuela técnica? ¿Qué programa de estudios siguió?

2. ¿Qué vas a hacer después de graduarte del colegio? ¿Piensas asistir a la universidad o a una escuela técnica, o comenzar a trabajar?

3. ¿Te gustaría seguir una carrera militar? ¿Crees que hay beneficios de una carrera militar? ¿Cuáles son?

4. ¿Te interesa ser dueño(a) de tu propio negocio algún día? ¿Por qué?

Pronunciación

Diéresis 🔊 jdd-0987

As you have seen, when *gu* is used before *e* and *i*, the *u* is silent. To indicate that the *u* is pronounced, it is written with a *diéresis (ü)*. Listen to and say the following sentences:

Ramón **Gue**vara es bilin**güe**. Quiere se**guir** una carrera como **guía** para los turistas extranjeros.

¡Compruébalo! Listen to the sentences as they are read. Complete the spelling of the words by adding *güe* or *güi*. ¡Ojo! In one case, you will also have to add a written accent mark to the *e* or *i*.

1. Un ave *(bird)* graciosa de la Antártida es el pin___no.

2. Si hablas sólo un idioma, eres monolin___.

3. El estudio de lenguaje *(language)* se llama la lin___stica.

¡Trabalenguas!

Gárgaras
Gla-gle-gli-glo-glu-güe-güi,
¡qué difícil es así!
Güi, güe, glu, glo, gli, gle, gla,
¡qué trabajo igual me da!

Gramática

The future tense

Another way to talk about future events is to use the future tense. The future tense expresses what will happen. To form the future tense of regular *-ar, -er,* and *-ir* verbs, use the same set of endings for all verbs and add them to the infinitive.

-é	-emos
-ás	-éis
-á	-án

(yo)	trabajaré seré viviré	(nosotros) (nosotras)	trabajaremos seremos viviremos
(tú)	trabajarás serás vivirás	(vosotros) (vosotras)	trabajaréis seréis viviréis
Ud. (él) (ella)	trabajará será vivirá	Uds. (ellos) (ellas)	trabajarán serán vivirán

¿Recuerdas?

You already know two ways to talk about future events.

Using the present tense:

- Mañana **comenzamos** el trabajo.
  *Tomorrow **we begin** work.*

Using *ir + a +* infinitive:

- El futuro **va a ser** mejor.
  *The future **is going to be** better.*

Note that all forms have a written accent mark except *nosotros(as).*

Mañana **comenzaremos** el trabajo.
*Tomorrow **we will begin** work.*

El futuro **será** mejor.
*The future **will be** better.*

GramActiva VIDEO

Want more help with regular verbs in the future tense? Watch the **GramActiva** video.

Seré . . .

---

12 Escucha y escribe jdd-0988

Escuchar • Escribir

Un estudiante va a escribir un artículo para el periódico de su escuela sobre los planes de los estudiantes que se graduarán del colegio este año. Escucha los planes de sus compañeros y escríbelas según el modelo.

Modelo

Escuchas: Voy a ir de vacaciones a Costa Rica.
Escribes: *Iré de vacaciones a Costa Rica.*

Estrategia

Using memory cues
To learn the endings for the future tense, remember the present-tense forms of *haber (he, has, ha, hemos, habéis, han).* The sound of these is identical for all forms except *vosotros(as).*

Haciendo deportes en las playas de Florida

13 ¿Y ustedes?

Escribir • Hablar

En la Actividad 12, Uds. escucharon los planes de unos estudiantes después de terminar el año escolar. Ahora van a hablar sobre los planes de otras personas para el verano.

1 Escribe frases sobre qué van a hacer estas personas.

> **Modelo**
>
> mi profesor(a) de . . .
> *Mi profesora de matemáticas tomará cursos en la universidad.*

1. yo
2. mis amigos(as) y yo
3. muchos estudiantes
4. mi mejor amigo(a)

2 Trabaja con otro(a) estudiante. Comparen sus ideas para el verano.

> **Modelo**
>
> A —*Mi profesora de matemáticas tomará cursos en la universidad.*
> B —*¿De veras? Mi profesor de español viajará por América Central.*

14 Las profesiones del futuro

Leer • Escribir

Lee el artículo del periódico y escribe qué van a hacer las personas en las profesiones del futuro.

> **Modelo**
>
> trabajar
> *Los técnicos médicos trabajarán en consultorios y hospitales.*

- **Ciencias ambientales[1]** Las compañías del futuro **1.** *(entender)* que la planificación[2] y la conservación de nuestro planeta **2.** *(ser)* esenciales.

- **Experto en turismo** La gran demanda de turismo pronto **3.** *(resultar)* que no exista ninguna parte del planeta sin ser visitada. Los expertos en turismo **4.** *(ayudar)* a los clientes a escoger las vacaciones apropiadas.

- **Ingeniero de robots** Los robots **5.** *(estar)* en nuestras casas y lugares de trabajo con más frecuencia. Por eso (nosotros) **6.** *(necesitar)* miles de diseñadores y técnicos para crear y reparar las máquinas.[3]

- **Médico** Los ancianos **7.** *(visitar)* a sus médicos con más frecuencia. Y los científicos **8.** *(tratar)* de encontrar nuevas curas para las enfermedades que existen hoy en día.

[1]environmental   [2]planning   [3]machines

15 Y tú, ¿qué dices?

Escribir • Hablar

1. En tu opinión, de los cuatro grupos de profesiones mencionados en el artículo, ¿cuál será más importante? ¿Por qué?

2. Escoge uno de los cuatro grupos y escribe tres frases diciendo lo que las personas van a hacer en el futuro en estas carreras.

3. ¿Qué serás tú algún día? ¿Crees que tu profesión será tan importante en el futuro como es ahora? ¿Por qué?

Más práctica

- **Guided** Gram. Practice pp. 321–322
- **Core** Gram. Practice p. 177
- **Communication** Writing p. 173
- *Real.* **para hispanohablantes** pp. 334–337, 340

realidades.com

- Audio Activities
- Video Activities
- Speak & Record
- Animated Verbs
- Tutorial
- Leveled Workbook
- Web Code: jdd-0904

Gramática

The future tense: irregular verbs

Irregular verbs in the future use the same endings as regular verbs, but the stems are irregular. Here are some irregular future stems:

hacer	**har-**	¿Qué clase de trabajo **hará** ella?
poder	**podr-**	En el futuro **podremos** usar el Internet para seguir más carreras.
saber	**sabr-**	¿**Sabrás** hablar más de dos idiomas en el futuro?
tener	**tendr-**	Algún día **tendré** un trabajo con un salario muy bueno.
haber	**habr-**	**Habrá** muchas oportunidades para usar el español en mi carrera.

> **¿Recuerdas?**
>
> Future-tense endings
>
> | | |
> |---|---|
> | -é | -emos |
> | -ás | -éis |
> | -á | -án |

GramActiva VIDEO

Want more help with irregular verbs in the future tense? Watch the **GramActiva** video.

Podré bailar.

16 Una carta de una amiga

Leer • Escribir

Dos chicas son muy buenas amigas, pero ya no viven en la misma ciudad.
Las dos se graduaron y están haciendo sus planes para ir a la universidad.
Lee la carta y escribe la forma apropiada de los verbos en el futuro.

Querida Manola:

¿Cómo estás? No puedo creer que por fin me gradué y que en agosto yo __1.__ (salir) para la universidad. Estoy muy emocionada. Todavía no sé qué clases tomaré, así que __2.__ (tener) que hablar primero con un representante de la universidad. Él __3.__ (saber) qué cursos debo tomar. Y tú, ¿has decidido a qué universidad __4.__ (asistir)? Claro que __5.__ (sentirse) triste si no puedes ir conmigo a la Universidad del Norte, pero si no, tú y yo __6.__ (poder) tomar las vacaciones juntas, ¿no? Bueno, nosotros __7.__ (tener) tiempo para hablar de eso en julio. ¡Estoy muy emocionada que vengas a visitarme! Tengo mucho que contarte, y ¡por supuesto __8.__ (haber) mucho que hacer! Estoy segura que nosotras __9.__ (hacer) muchas cosas con nuestras familias y por supuesto, ¡con los amigos también! Bueno, eso es todo por ahora. Escríbeme pronto.

Con cariño,
Mónica

17 **La vida profesional**

Escribir

Los consejeros (counselors) del colegio saben que los intereses que tienen los estudiantes mientras están en el colegio afectarán mucho a su vida profesional en el futuro. Lee la primera parte de lo que dicen y escribe el resultado usando un verbo del recuadro.

asistir	ganar	poder	tener
estudiar	ganarse la vida	ser	trabajar
enseñar	haber	seguir	usar

1. Si eres buen(a) estudiante de matemáticas, . . .
2. Si a los jóvenes les interesan mucho las ciencias sociales, . . .
3. Si a una persona le gusta dar discursos y sabe mucho de leyes, . . .
4. Si una persona trabaja ahora en una tienda, . . .
5. Si te gusta mucho trabajar al aire libre, . . .
6. Si un(a) estudiante tiene talento en música o drama, . . .

Nota

The future tense is often used with *si* + a present-tense verb.

• Si tenemos suficiente dinero, **podré** asistir a la universidad.

*If we have enough money, **I will be able** to attend the university.*

Modelo

Si te interesan mucho los animales, . . .
Si te interesan mucho los animales, podrás ser veterinaria algún día.

18 **La vida en el campo**

Hablar • Escribir

¿Cómo es la vida diaria en los pueblos pequeños? En esta pintura, Fausto Pérez muestra la vida diaria en un pueblo rural de su país.

1 Trabaja con otro(a) estudiante para escribir tres frases sobre el futuro de las personas que viven en este pueblo.

2 Lean sus frases a la clase y decidan qué grupo tiene las ideas más originales.

Modelo

Los agricultores trabajarán todos los días . . .

"El Granjero" by Fausto Pérez, 2009, mixed media

Fondo cultural

El Salvador

Fausto Pérez, un artista de El Salvador, vivió en una granja (farm) cuando era joven y pasó mucho tiempo al aire libre disfrutando de la naturaleza (nature) con sus abuelos. Ahora la vida sencilla del campo y las memorias de su niñez (childhood) son la inspiración para sus pinturas.

• ¿Expresa el pintor una actitud positiva o negativa hacia el pueblo rural en el cuadro? ¿Por qué piensas esto?

19 ¿Cómo será esta escuela?

Escribir • Hablar

Tienes que escoger los cursos para el año que viene. Tus amigos y tú tienen muchas preguntas para los profesores.

1 Escribe cinco preguntas que puedes hacerles a los profesores. Puedes usar verbos como *tener (que), poder, dar, permitir, haber, hacer, empezar, terminar, escribir* y *leer.*

2 Trabaja con otro(a) estudiante. Hagan los papeles de un(a) estudiante y un(a) profesor(a).

Modelo
¿Tendremos mucha tarea? ¿Podremos llevar gorras en la clase?

Modelo
A —*¿Tendremos mucha tarea?* **B** —*Sí, por supuesto que tendrán mucha tarea en la clase.* **o:** —*No, pero tendrán que escuchar y trabajar en la clase.*

20 Un programa de televisión

Hablar • Escribir

A veces los programas de televisión parecen ser verdaderas y pensamos en lo que les pasará a nuestros personajes favoritos.

1 Piensa en dos o tres programas de televisión. Es mejor que escojas programas que cuentan alguna historia, como una telenovela o un programa de detectives. Busca a otro(a) estudiante en tu clase que conozca uno de los programas que has escogido.

2 Con tu compañero(a), escribe cinco predicciones sobre lo que pasará en este programa. Luego léeles las predicciones a otros grupos para ver si están de acuerdo con Uds.

Modelo
En la telenovela Días trágicos, *Raquel se casará con el hermano de su médico.*

21 Juego

Escribir • Hablar • GramActiva

1 Vas a recibir tres tiras *(strips)* de papel. En cada papel, escribe una frase sobre tu propio futuro.

Modelo
En diez años viviré en España. *Tendré una esposa y tres hijos.*

2 Trabaja con un grupo de cuatro estudiantes. Todos van a poner sus papeles en una cesta. Saca una tira de papel y léela. Si es tu propio papel, devuélvelo a la cesta y saca otro. Pregúntale a otro(a) estudiante si él (ella) hará esto en el futuro.

Si contesta *sí* la primera vez, recibes cinco puntos. Si contesta *no,* pregunta a otro(a) estudiante y si contesta *sí,* recibes tres puntos y la persona que escribió la frase recibe cinco puntos. La persona con más puntos al final gana.

Modelo
Roberto, ¿vivirás en España en diez años?

22 Los niños que trabajan

Leer • Hablar

Lee la información sobre el Programa del Muchacho Trabajador en Ecuador. Después trabaja con otro(a) estudiante y contesten las preguntas.

¿Sabías que en algunos países pobres muchos niños comienzan a trabajar a los ocho o diez años de edad?

El Programa del Muchacho Trabajador (PMT) en Ecuador fue fundado en 1983 para proteger y hacer efectivas las leyes sobre los derechos de los niños[1]. El PMT también ayuda a los niños y jóvenes que viven en condiciones de pobreza[2].

Los Espacios Alternativos que están en 29 barrios de ocho ciudades del país ofrecen un lugar seguro para los niños. Voluntarios del mundo entero vienen a ayudarlos. Alejandro Morales, por ejemplo, viene de México.

Él dice: "En este mundo hay muchas personas y hay que tratar de ayudar a que todas las personas lleguen al triunfo". Laura Soulié, una voluntaria de Argentina, afirma: "Odio la mentira, la violencia y la injusticia".

Las instituciones como el Programa del Muchacho Trabajador son muy importantes porque permiten establecer un mundo en el cual los niños pueden tener una vida mejor.

Muchos niños tienen que trabajar en las plantaciones de banano.

[1]children's rights
[2]poverty

1. ¿A qué edad comienzan a trabajar los niños en algunos países?

2. ¿Cómo ayuda a los niños el Programa del Muchacho Trabajador?

3. ¿Conoces otras instituciones como el PMT en los Estados Unidos o en otro país?

4. ¿Te gustaría trabajar como voluntario(a) en una de estas organizaciones? ¿Por qué?

23 Algunas soluciones

Escribir • Hablar

Imagina que eres el (la) presidente de una organización internacional. Tienes que sugerir soluciones para la situación de los niños trabajadores. Trabaja con otro(a) estudiante para escribir tres cosas que podremos hacer nosotros o que podrán hacer en Ecuador. Compartan sus ideas con la clase.

Modelo

1. *Construiremos más Espacios Alternativos para ayudar a los niños.*
2. *No compraremos productos hechos por compañías en las cuales trabajan niños.*

24 **¿Qué harás en el futuro?**

Hablar • Pensar • Escribir

¿Qué profesión tendrás en el futuro? Haz una encuesta en la clase y suma los resultados para determinar cuáles son las profesiones más populares.

Conexiones | Las matemáticas

1 Trabaja con un grupo de cuatro o cinco personas. Hagan una tabla con las profesiones indicadas. Indiquen el número de estudiantes del grupo que trabajará en cada profesión.

2 Escriban una o dos frases sobre la tabla y compartan la información con la clase.

> **Modelo**
>
> *Dos personas de nuestro grupo trabajarán en el mundo de la tecnología . . . y una persona es indecisa (undecided).*

3 Reúnan las tablas de la clase y sumen entre todos el número de estudiantes que trabajará en cada profesión.

4 Hagan entre todos una gráfica circular *(pie chart)* para indicar el porcentaje *(percentage)* de estudiantes que trabajará en cada profesión. Expliquen la gráfica circular.

> **Modelo**
>
> *El 33 por ciento de los estudiantes en la clase seguirán una carrera en la tecnología. Asistirán a la universidad o a una escuela técnica para ser ingenieros o diseñadores.*

Profesiones	Número de estudiantes
Tecnología	✓✓
Técnica / Mecánica	
Artes	✓
Ciencias	
Negocios	✓
Derecho	
Música / Drama	
Servicio público	
Política	
Indecisos / Otros	✓

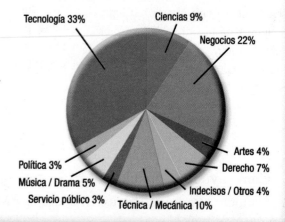

Tecnología 33% — Ciencias 9% — Negocios 22% — Artes 4% — Derecho 7% — Indecisos / Otros 4% — Técnica / Mecánica 10% — Servicio público 3% — Música / Drama 5% — Política 3%

25 En la exposición de carreras

Escribir • Hablar

Imaginen que Uds. asisten a la exposición de carreras.

1 Con otro(a) estudiante, escriban preguntas que los jóvenes pueden hacerles a los adultos sobre la universidad o las escuelas técnicas, las carreras, el salario y otra información.

Modelo

¿Tendremos que asistir a la universidad si queremos seguir una carrera en la música?

2 Formen un grupo de cuatro estudiantes. Una pareja de los jóvenes hace las preguntas y los adultos tienen que contestarlas. Después cambien papeles.

Una exposición de carreras en una escuela secundaria

26 Y tú, ¿qué dices?

Escribir • Hablar

1. ¿Qué clases tienes ahora? ¿Crees que estudiarás estas materias en la universidad? ¿Por qué?

2. ¿Has pensado en qué profesión tendrás en el futuro? ¿Cómo será? ¿Podrás ganar un buen salario? ¿Qué otros beneficios habrá?

3. ¿Qué cosas hay hoy en día que no habrá en el futuro? ¿Qué cosas habrá que no existen ahora?

El español en la comunidad

Ya sabes la importancia de poder comunicarse en español en una variedad de trabajos y profesiones. En muchísimas comunidades en los Estados Unidos, se necesitan empleados bilingües: que hablen inglés y español, u otros idiomas e inglés.

• ¿En qué trabajos o profesiones en tu comunidad es necesario ser bilingüe? ¿Qué idiomas se hablan en tu comunidad?

Más práctica

- **Guided** Gram. Practice pp. 323–324
- **Core** Gram. Practice pp. 178–179
- **Communication** Writing p. 174, Test Prep p. 283
- *Real.* **para hispanohablantes** pp. 338–339, 341

realidades.com ⊘

- Audio Activities
- Video Activities
- Speak & Record
- Canción de hip hop
- Tutorial
- Leveled Workbook
- Web Code: jdd-0905

¡Adelante!

Lectura

¿Qué vas a hacer después de graduarte? Visita un centro de carreras para decidir.

Objectives

- Read about careers
- Make a work of folk art
- Give a presentation about your future career plans

Estrategia

Using heads and subheads
You can quickly learn what an article or brochure is about by reading the heads and subheads. Quickly read the heads in the following brochure to find out what information is provided.

¡Descubre tu futuro!

El Centro de Carreras les ofrece servicios e información a todos los estudiantes de nuestra comunidad que desean ir a la universidad. Nosotros pensamos que todos los jóvenes que tienen este sueño[1] deben tener la oportunidad de hacerlo.

El portafolio personal es una carpeta con toda tu información académica del colegio. Después de terminar las clases y recibir las notas, escribe la información en tu portafolio. El portafolio te ayudará cuando completes las solicitudes[6] universitarias porque tendrás toda la información necesaria en un sólo lugar.

Los estudiantes que vienen al centro pueden . . .

* crear y mantener un portafolio personal de las notas y actividades escolares
* buscar información sobre cientos de universidades del país
* investigar diferentes carreras y explorar las opciones
* asistir a presentaciones sobre cómo financiar los estudios
* buscar y solicitar becas,[2] ayuda financiera y préstamos[3]
* recibir información sobre distintos planes de ahorro[4]
* conversar con consejeros[5] que hablan español

Nombre: _____

Dirección: _____

Clases y Notas

Grado:

   9 _____

  10 _____

  11 _____

  12 _____

Intereses extracurriculares: _____
_____
_____
_____

Universidades que me interesan: _____
_____
_____

[1]dream [2]scholarships [3]loans [4]savings [5]counselors [6]fill out applications

Una prueba de aptitud puede ayudarte a encontrar la mejor profesión para ti. Lo primero que debes hacer es determinar tu personalidad. Lee las siguientes descripciones. ¿Cuál te describe?

✻ Personalidad

a. realista

b. investigadora

c. artística

d. sociable

e. emprendedora[7]

f. analítica

✻ Te gusta . . .

a. trabajar con animales, máquinas[8] y herramientas.[9]

b. estudiar y resolver problemas de ciencias o de matemáticas.

c. participar en actividades creativas como el arte, el teatro y la música.

d. hacer cosas con otras personas.

e. ser el líder.

f. trabajar con números y máquinas de manera ordenada.

✻ Prefieres . . .

a. cosas prácticas que se pueden tocar y ver.

b. las ciencias.

c. actividades creativas.

d. enseñar o ayudar a otras personas.

e. la política y los negocios.

f. el éxito en los negocios.

✻ Evitas[10] . . .

a. situaciones sociales.

b. ser el líder.

c. actividades repetitivas.

d. las máquinas, los animales y las herramientas.

e. actividades científicas.

f. actividades desordenadas.

Profesiones

Para saber la carrera más relacionada a tus gustos e intereses, revisa tus respuestas. Haz la suma para ver qué letra marcaste más y compara este resultado con la siguiente información. Si marcaste dos letras diferentes o más, puede ser que tengas aptitud para varias carreras.

✻ Si marcaste más la letra *a*, debes ser ingeniero(a) o arquitecto(a).

✻ Si marcaste más la letra *b*, debes ser científico(a) o médico(a).

✻ Si marcaste más la letra *c*, debes ser actor o actriz o diseñador(a) de ropa.

✻ Si marcaste más la letra *d*, debes ser profesor(a) o enfermero(a).

✻ Si marcaste más la letra *e*, debes ser vendedor(a) o abogado(a).

✻ Si marcaste más la letra *f*, debes ser contador(a) o cajero(a).

[7]enterprising   [8]machines   [9]tools   [10]You avoid

¿Comprendiste?

1. ¿Qué es un centro de carreras? ¿Qué servicios ofrece?

2. ¿Qué información debes incluir en tu expediente personal?

3. ¿Para qué sirve una prueba de aptitud?

Más práctica

● **Guided** Reading Support p. 325
● **Communication** Writing p. 175, Test Prep p. 284
● *Real.* **para hispanohablantes** pp. 342–343

realidades.com ✓
• Internet Activity
• Leveled Workbook
• Web Code: jdd-0907

Y tú, ¿qué dices?

1. ¿Crees que una visita a un centro de carreras sería útil *(would be useful)* para ti? ¿Por qué?

2. ¿Cuál es tu profesión ideal según la prueba? ¿Crees que tiene razón la prueba? Si no, ¿qué te gustaría cambiar para mejorarla?

La cultura en vivo
Los artistas *naif*

Hay un grupo de artistas en los países hispanohablantes que producen arte de origen campesino[1]. Este estilo se conoce como arte *naif*, arte ingenuo o arte campesino. Generalmente los artistas *naif* no tienen una educación artística académica. Sus obras están relacionadas con escenas de la vida rural y los trabajos del campo. Las imágenes son sencillas, espontáneas y llenas de fantasía. Algunas veces los artistas y artesanos añaden los materiales que usan en su trabajo o también productos de la naturaleza, como flores secas, piedras, conchas[2] y pedazos de madera[3].

"Targelia, Christmas Eve" (1990), Julio Toaquiza

Photo courtesy of the Art Archive / Picture Desk, Kobal Collection.

Objetivo

Hacer una pintura[4] imitando el estilo de los artistas *naif*.

Materiales

Busca materiales sencillos, objetos de la naturaleza o cosas que usas en tus actividades diarias. Quizás necesites pintura y pincel[5].

Instrucciones

1 Estudia los cuadros de las artesanías en esta página. Piensa en sus características.

2 Escoge una escena que quieres pintar.

3 ¡Recuerda! Los artistas naif usan ideas sencillas.

4 Antes de empezar el trabajo, haz un dibujo del proyecto.

Opciones

Puedes mostrar el trabajo en clase y explicar qué características del arte *naif* has usado, qué representa tu trabajo y por qué escogiste ese tema.

[1]peasant [2]shells [3]wood [4]painting [5]paintbrush

"Xochimilco, San Miguel de Allende, Guanajuato, México", E. Louis

Presentación Oral
Mi vida hoy y en el futuro

Task
It is increasingly common for people to have more than one job in a lifetime. Prepare a presentation in which you talk about the jobs you expect to have in the future, based on your current hobbies and pursuits.

1 Prepare Think about what your life is like today. What are your favorite subjects in school? What do you do for fun? Which jobs appeal to you? Then think about how these things might influence your future job choices. Make a chart to organize the things you want to include in your presentation.

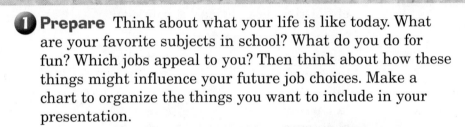

	Ahora	En el futuro
cursos favoritos	las matemáticas y el arte	diseñadora en una escuela técnica
diversiones	trabajo en la computadora	crearé diseños nuevos

Estrategia

Using charts
Create a chart to help you think through the key information you want to talk about. This will help you speak more effectively.

2 Practice Go through your presentation several times. You can use your notes in practice, but not when you present. Try to:
- provide as much information as you can
- use complete sentences
- speak clearly

Modelo

Ahora mis cursos favoritos en la escuela son las matemáticas y el arte. Estudiaré para ser diseñadora en una escuela técnica.

3 Present Tell the audience about your interests today and how they will impact your job choices in the future.

4 Evaluation Your teacher may give you a rubric for how the presentation will be graded. You will probably be graded on:
- how complete your preparation was
- how much information you communicated
- how easy it was to understand you

realidades.com
- Speak & Record

Repaso del capítulo

Vocabulario y gramática

jdd-0989

Chapter Review

To prepare for the test, check to see if you . . .
- know the new vocabulary and grammar
- can perform the tasks on p. 473

to talk about professions in science and technology

el agricultor, la agricultora	farmer
el arquitecto, la arquitecta	architect
el científico, la científica	scientist
el diseñador, la diseñadora	designer
el ingeniero, la ingeniera	engineer
el mecánico, la mecánica	mechanic
el técnico, la técnica	technician
el veterinario, la veterinaria	veterinarian

to talk about professions in business

el cartero, la cartera	mail carrier
el contador, la contadora	accountant
el dueño, la dueña	owner
el / la gerente	manager
el hombre de negocios	businessman
la mujer de negocios	businesswoman
los negocios	business
el secretario, la secretaria	secretary

to talk about professions in the arts

las artes	the arts
el / la artista	artist
el escritor, la escritora	writer
el pintor, la pintora	painter

For *Vocabulario adicional,* see pp. 498–499.

to talk about professions in law and politics

el abogado, la abogada	lawyer
el derecho	*(study of)* law
el juez, la jueza, *pl.* los jueces	judge
la ley	law
la política	politics
el político, la política	politician

to talk about the future

algún día	some day
los beneficios	benefits
bilingüe	bilingual
la carrera	career
el colegio	high school
la escuela técnica	technical school
el futuro	future
ganarse la vida	to make a living
la graduación	graduation
graduarse *(u → ú)*	to graduate
habrá	there will be
el idioma	language
militar	military
la oficina	office
la profesión, *pl.* las profesiones	profession
el programa de estudios	course of studies
el salario	salary
seguir *(e → i)* (una carrera)	to pursue (a career)
la universidad	university

the future tense: irregular verbs

haber	habr-
hacer	har-
poder	podr-
saber	sabr-
tener	tendr-

future-tense endings

-é	-emos
-ás	-éis
-á	-án

Más práctica

- **Core** Puzzle p. 180, Organizer p. 181
- **Communication** Integrated
  Performance Assessment p. 285

realidades.com ✔

- Web Code: jdd-0908

Preparación para el examen

On the exam you will be asked to . . .	Here are practice tasks similar to those you will find on the exam . . .	If you need review . . .

Interpretive

jdd-0989

1 Escuchar Listen and understand as people talk about their future plans

At the Senior Send-off Assembly, some graduating seniors are asked what they will do after they graduate. Listen and identify: (a) what they will do next year; (b) what professions they will pursue; and (c) what they think their salary will be.

pp. 452–455 *Vocabulario en contexto*
p. 456 Actividad 5
p. 459 Actividad 10
p. 460 Actividad 12

Interpersonal

2 Hablar Talk to incoming students about what high school will be like in your school

You volunteer to help incoming Spanish-speaking students enroll for classes. How would you describe what high school will be like for them? You could talk about: (a) classes; (b) extracurricular activities; and (c) advice on how to meet new people. Give as many details as you can.

p. 458 Actividad 8
p. 459 Actividad 11
p. 464 Actividades 19–21
p. 466 Actividad 24
p. 467 Actividad 25
p. 471 *Presentación oral*

Interpretive

3 Leer Read and understand notes sent to graduating seniors about their future

On the inside of Miguel's graduation card is a note from his mother. As you read it, determine what she predicts college will be like for him.

p. 461 Actividad 14
p. 462 Actividad 16
pp. 468–469 *Lectura*

Querido hijo:

El año que viene irás a la universidad. Tú y tus amigos comenzarán una vida nueva en la universidad y tendrán oportunidades de conocer a gente interesante. Tu padre y yo sabemos que sacarás buenas notas.

Con mucho amor,

Mamá

Presentational

4 Escribir Write about your future plans

As part of an application for a summer job, you are asked to write a short paragraph about your future career plans. For example, you might include: *Estudiaré en la universidad por seis años para prepararme para ser veterinario(a).*

p. 458 Actividad 8
p. 460 Actividad 12
p. 461 Actividades 13–14
p. 462 Actividad 16
p. 463 Actividades 17–18
p. 467 Actividades 25–26

Cultures

5 Pensar Demonstrate an understanding of folk art from Spanish-speaking countries

A classmate is going on a trip to South America. Your teacher asks the student to bring back typical handicrafts from the countries she visits. Based on what you have learned in this chapter, what would you expect the student to bring back?

p. 470 *La cultura en vivo*

Fondo cultural

Estados Unidos • México

Alfredo Arreguín nació en Michoacán, México, en 1935. Desde 1958 ha vivido en Seattle, donde estudió arte en la Universidad de Washington. Muchos de sus cuadros tienen elementos de la cultura de su país nativo y de la naturaleza de la región donde vive actualmente *(currently)*. Las garzas *(herons)* viven cerca del agua. Habitan en los Estados Unidos y también en México.

• Cuando miras este cuadro, ¿qué te hace sentir el artista?

◀ "Las garzas" (2002), Alfredo Arreguín
Oil on canvas, 42 x 60 in. Courtesy of Alfredo Arreguín.

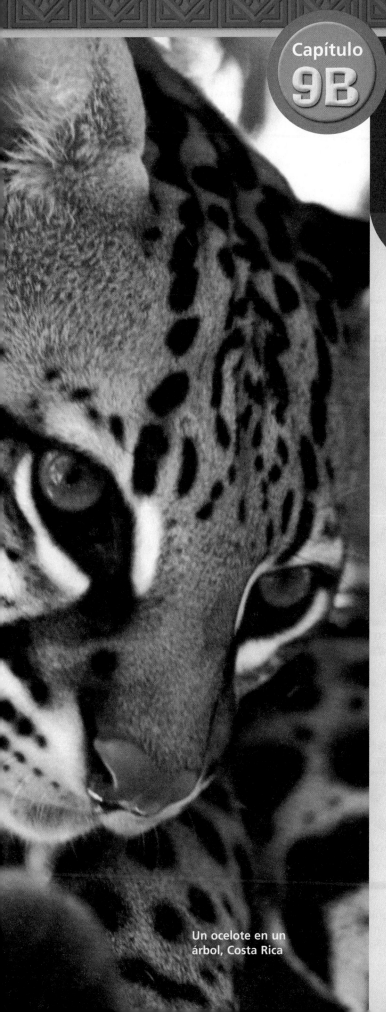

Capítulo 9B

¿Qué haremos para mejorar el mundo?

Chapter Objectives

- Make predictions about the future
- Express doubts about ecological issues
- Discuss environmental problems and possible solutions
- Understand cultural perspectives on ecological problems and solutions

Video Highlights

Videocultura: *¿Cómo será el futuro?*

A primera vista: *¡Caramba, qué calor!*

GramActiva Videos: the future tense: other irregular verbs; the present subjunctive with expressions of doubt

Country Connection

As you learn about the environment, you will make connections to these countries and places:

Texas
España
México
Honduras
Costa Rica
Panamá
Ecuador
Uruguay
Chile
Argentina

Más práctica

- *Real.* para hispanohablantes pp. 350–351

Un ocelote en un árbol, Costa Rica

Vocabulario en contexto

jdd-0997

Objectives

Read, listen to, and understand information about
- what the world may be like in the future
- problems facing the environment
- solutions for the problems in our environment

La destrucción de nuestro **medio ambiente** afecta a cada persona. Tenemos que **luchar contra** este problema **grave.**

Para la salud de la gente de nuestro pueblo, hay que **eliminar** la contaminación del aire y del agua.

la contaminación

el aire **contaminado**

el pueblo

el agua **contaminada**

la calefacción solar

Tenemos que **reducir** el uso de **la electricidad** y usar otras **fuentes** de **energía.**

Debemos **proteger*** a los animales que están **en peligro de extinción.**

Proteger is a regular -er verb with a spelling change in the yo form of the present tense: *protejo*.

la paz

Para **mejorar** la situación del mundo es necesario **resolver** los problemas entre los países. Es importante que **haya** paz y que no haya **guerra**

476 cuatrocientos setenta y seis
Tema 9 • ¿Cómo será el futuro?

¡**Hay** MUCHAS **MANERAS** EN QUE UDS. PUEDEN AYUDAR
A PROTEGER LA BELLEZA DE NUESTRA **NATURALEZA** . . .

. . . **EN LOS BOSQUES!**

. . . EN **EL ESPACIO!**

. . . EN **LAS SELVAS TROPICALES!**

. . . EN **LOS DESIERTOS!**

la Luna

la planta

la colina

la Tierra

el valle

66 **Júntense** con amigos y participen en uno de los
grupos **ecológicos** de nuestra comunidad hoy 99.

1 En las noticias
jdd-0997

Escuchar

Escucha lo que dice el señor del grupo ecológico
en la página 476. Señala con el dedo qué parte
de la escena se describe.

2 ¿Cierta o falsa?
jdd-0997

Escuchar

En una hoja de papel, escribe los números del
1 al 7. Si la frase que escuchas es cierta,
escribe *C*. Si es falsa, escribe *F*.

Más práctica

● **Guided** Vocab. Flash Cards pp. 327–332
● **Core** Vocab. Practice pp. 182–183
● **Communication** Writing p. 181
● *Real.* **para hispanohablantes** p. 352

realidades.com

• Fondo cultural Activity
• Video Activities
• Online Atlas
• Web Code: jdd-0911

¡Caramba, qué calor!

Hoy hace mucho calor en San Antonio. Lee la historia para saber qué hacen Esteban y Pedro.

Estrategia

Recognizing cognates
Before you read the *Videohistoria*, focus on the boldfaced words.

• Which of these words are cognates? Can you find other cognates that have not been boldfaced?

1 **Esteban:** ¿Qué pasa?

Pedro: No sé, pero creo que no tenemos **aire acondicionado.**

Esteban: ¿Cómo? ¿Con este calor? Imposible. Mamá, ¿qué pasa con el aire acondicionado?

Esteban **Angélica** **Pedro**

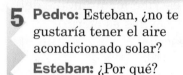  

5 **Pedro:** Esteban, ¿no te gustaría tener el aire acondicionado solar?

Esteban: ¿Por qué?

Pedro: Pues, **conserva** energía y reduce el uso de la electricidad. Debemos usar mejor lo que ya tenemos. ¿Ves? El autobús es muy **eficiente.**

Esteban: Sí, es cierto. También es **económico.**

6 **Pedro:** El aire contaminado es un problema grave. Para tener aire más **puro** debemos montar en bicicleta.

Esteban: Sí, pero con tanto calor el coche es más cómodo y más rápido.

Pedro: ¡Ay, Esteban, pero así podemos **ahorrar** energía y dinero al mismo tiempo!

7 **Esteban:** ¿No **funciona** el aire acondicionado?

Cajera: No, y dudo que funcione mañana tampoco.

2 **Angélica:** ¿Qué necesitas, Esteban? Mamá no está.

Esteban: Pues, parece que el aire acondicionado está mal. No lo oigo. ¿Puedes ver lo que pasa?

Angélica: ¡Por supuesto que no! Hazlo tú. **Además,** ¡no hace tanto calor!

Pedro: ¡Silencio! Yo mismo voy a ver lo que pasa.

3 **Pedro:** Me parece que el aire acondicionado se rompió. **Dudo que sea** la electricidad.

4 **Esteban:** No podemos quedarnos aquí. ¿Por qué no vamos al cine? Angélica, ¿nos puedes llevar en el coche?

Angélica: Bueno, pero tendrán que esperar media hora. Tengo que terminar algo.

Pedro: ¿Por qué no caminamos? El cine no está muy lejos.

8 **Esteban:** Sí, Angélica. Aquí, Esteban. Oye, ¿nos puedes venir a recoger en tu coche?

Angélica: ¡Esteban!

3 **¿Comprendiste?**

Escribir • Hablar

1. ¿Dónde están los jóvenes? ¿Cuál es el problema?

2. ¿Quién piensa que hace mucho calor, Angélica o Esteban?

3. ¿Adónde deciden ir Pedro y Esteban? ¿Cómo van a ir?

4. Según Pedro, ¿por qué es bueno usar el aire acondicionado solar?

5. Según Pedro, ¿qué pueden hacer para no crear más contaminación del aire?

6. ¿Qué pasa cuando Pedro y Esteban llegan al cine? ¿Qué solución tiene Esteban?

Más práctica

- **Guided** Vocab. Check pp. 333–336
- **Core** Vocab. Practice pp. 184–185
- **Communication** Video pp. 176–178
- *Real.* para hispanohablantes p. 353

realidades.com ✓

- Audio Activities
- Video Activities
- Leveled Workbook
- Flashcards
- Web Code: jdd-0912

Vocabulario en uso

4 Descripciones del medio ambiente

jdd-0998

Escuchar • Escribir

Escucha las descripciones del medio ambiente. En una hoja de papel, escribe los números del 1 al 8. Escribe el nombre de lo que está describiendo.

Modelo

Escuchas: Es un lugar donde llueve mucho y donde hay muchos árboles y plantas.
Escribes: *la selva tropical*

5 ¿Dónde se encuentra . . . ?

Hablar

Para cada dibujo de la Actividad 4, piensa en dónde se encuentra este aspecto del medio ambiente. Puede estar cerca de tu comunidad, en un país hispanohablante que has estudiado o en el espacio. Habla con otro(a) estudiante sobre los lugares.

Modelo

A —¿Dónde se encuentran _desiertos_?
B —Hay _desiertos_ en _Chile_.

El desierto de Atacama, en Chile

6 Las analogías

Leer • Pensar • Escribir

Completa cada analogía según el modelo.
Usa las palabras del recuadro.

Modelo

flor : jardín :: árbol : *bosque*

ahorrar	económico	guerra
calefacción	energía	luchar
dudar	espacio	

1. resolver : problema :: conservar : _____
2. volver : regresar :: pelear : _____
3. llegar : salir :: gastar : _____
4. verano : aire acondicionado :: invierno : _____
5. puro : contaminado :: paz : _____
6. añadir : eliminar :: creer : _____
7. océano : la Tierra :: la Luna : _____
8. quizás : tal vez :: barato : _____

7 Una reunión del club de ecología

Leer • Escribir

Un estudiante asistió a una reunión del club de ecología.
Tomó apuntes *(notes)* para después escribir un artículo para
el periódico. Escribe los verbos que completan las frases.

Modelo

*Para resolver los problemas
ecológicos, hay que tener leyes
estrictas.*

1. Tendremos que hacer leyes más estrictas para _____ *(luchar / mejorar)* el medio ambiente.

2. Si reciclamos las latas, los periódicos y el cartón, podemos _____ *(reducir / conservar)* la basura que está en el mundo.

3. Si queremos vivir en un mundo limpio, debemos _____ *(eliminar / mejorar)* la destrucción del medio ambiente.

4. Es importante _____ *(luchar / mejorar)* contra la destrucción de las selvas tropicales.

5. Las leyes que protegen la naturaleza no pueden _____ *(reducir / funcionar)* si no las obedecemos.

6. Todos deben _____ *(juntarse / dudar)* con otras personas para participar en una organización que trabaja por la protección del medio ambiente.

Fondo cultural

Argentina • Chile

Los pingüinos *(penguins)* de la Patagonia, una región al sur de
Argentina y Chile, comen peces. Están amenazados *(threatened)*
por la pesca excesiva y la contaminación de la industria petrolera.
Antes los buques petroleros *(oil tankers)* descargaban *(unloaded)*
en el mar el agua de lastre *(ballast)* sucia, y la contaminación
petrolera causó la muerte de más de 40,000 pingüinos al año.
Ahora, para proteger a los pingüinos, los buques petroleros pasan
por rutas más alejadas de la costa.

• ¿Qué impacto tienen las industrias de tu comunidad en el medio
ambiente?

Pingüinos magallánicos, Argentina

8 Un artículo para el periódico

Leer • Escribir

El estudiante de la Actividad 7 ha comenzado
a escribir su artículo. Completa el párrafo con las
formas apropiadas de los adjetivos en el recuadro.

cierto	eficiente
contaminado	grave
ecológico	puro
económico	solar

Tenemos una situación __1.__ en nuestro pueblo. Los ríos y lagos están __2.__ y cada día
mueren más peces. Si no reducimos la contaminación, no habrá ni agua __3.__ para
beber ni aire para respirar. ¿Cómo podemos resolver estos problemas? Primero, los
científicos deben buscar otras fuentes de energía __4.__, como la calefacción __5.__.
Segundo, debemos usar nuestros coches menos y usar el transporte público más. Es
mejor para el medio ambiente y más __6.__. Tercero, podemos trabajar en alguna
organización __7.__ que trata de conservar el medio ambiente. Es __8.__ que nuestra
comunidad tiene un problema, pero si luchamos juntos, podemos resolverlo.

9 ¿Cómo se puede . . . ?

Hablar

Habla con otro(a) estudiante sobre lo que se puede
hacer para conservar el medio ambiente.

> **Modelo**
> **A** —¿Cómo se puede *reducir la basura?*
> **B** —*Se puede reciclar las botellas de vidrio y de plástico.*

Estudiante A

1. proteger — la electricidad
2. resolver — el medio ambiente
3. conservar — a los animales en peligro de extinción
4. mejorar — energía
5. ahorrar — el problema de la contaminación del agua
6. salvar — la condición de la Tierra

Estudiante B

luchar contra la destrucción de . . .
reciclar . . .
no usar el coche y . . .
apagar . . .

no tirar basura en . . .
buscar . . .
juntarse con . . .
eliminar . . .

Exploración del lenguaje

Antonyms

You have learned many ways to increase
your vocabulary. One of these is learning
words as antonym, or opposite, pairs. Write
the antonyms for the following words:

 puro ≠ __?__   aire acondicionado ≠ __?__

falso ≠ __?__   construcción ≠ __?__

¡Compruébalo! Here is a series of
popular *refranes* using *Más vale* ("It's
better, worth more"). Complete each *refrán*
with the antonym of the word in bold type.

Más vale uno en **paz** que ciento en _____.

Más vale **antes** que _____.

Más vale **algo** que _____.

Más vale perro **vivo** que león _____.

10 Animales en peligro de extinción

Leer • Escribir • Hablar

Según los científicos en México, más del 20 por ciento de los animales del país están en peligro de extinción. A causa de la contaminación, la destrucción de su hábitat y la caza *(hunting)*, animales como el oso negro, la ballena *(whale)* gris, la tortuga marina y muchos más podrán desaparecer si no se encuentran soluciones a este grave problema ecológico.[1] En 2002, el Banco de México anunció un programa que podrá ayudar a los animales. Lee el anuncio y contesta las preguntas.

1. Según los científicos, ¿por qué están en peligro de extinción algunos animales en México?

2. ¿Qué programa ofrece el Banco de México? ¿Qué piensas del programa?

3. ¿Te gustaría comprar una moneda? ¿Por qué?

[1]Fuente: *El Universal*, 25 de agosto de 2002

¡Ayuda a proteger el medio ambiente!

Monedas y especies

El Banco de México presenta su colección exclusiva de doce monedas de plata con imágenes de animales en peligro de extinción en México. Con cada moneda que Ud. compra, el Banco de México dona[2] dinero a proyectos de conservación del medio ambiente.

De venta en:
Banamex
Bital
Bancomer
BanRegio

[2]donates

Fondo cultural
Panamá

El Parque Nacional Darién, en el Panamá, es el parque nacional más grande de América Central. Fue creado en 1980 para proteger la gran selva tropical del Darién, que se encuentra en la frontera entre el Panamá y Colombia. Hay siete especies de mamíferos y cinco especies de pájaros que sólo viven en esta selva. Además, tres grupos indígenas precolombinos todavía viven en el Darién: los kunas, los emberá y los wounaan.

• ¿Hay un parque cerca de tu comunidad creado para proteger y conservar la naturaleza? Descríbelo.

Un águila arpía, ave nacional del Panamá

11 Y tú, ¿qué dices?

Escribir • Hablar

1. Describe la naturaleza que existe cerca de tu comunidad. ¿Te gusta estar afuera?

2. ¿Dónde prefieres pasar tiempo: en un bosque, en una selva tropical o en un desierto? Explica por qué.

3. ¿Cuáles son los peores problemas ecológicos de tu región? ¿Cómo se puede mejorar la situación?

4. Además de la electricidad, ¿qué otras fuentes de energía se usan en tu región? ¿Son eficientes y económicas? ¿El uso de estas fuentes de energía conserva o destruye el medio ambiente?

Gramática

The future tense: Other irregular verbs

Other verbs that have irregular stems in the future tense are:

decir	dir-
poner	pondr-
querer	querr-
salir	saldr-
venir	vendr-

En el futuro **dirán** que la destrucción de las selvas tropicales causó muchos problemas ecológicos.
*In the future **they will say** that the destruction of the rain forests caused many ecological problems.*

Pondremos más plantas en nuestra casa.
We will put more plants in our house.

Querremos luchar contra la guerra y por la paz.
We will want to fight against war and for peace.

Saldré muy temprano por la mañana. ¿**Vendrás** conmigo?
*I will leave very early in the morning. **Will you come** with me?*

GramActiva VIDEO

Want more help with other verbs that are irregular in the future tense? Watch the **GramActiva** video.

Querrá jugar.

12 Escucha y escribe jdd-0998

Escuchar • Escribir

Unos jóvenes hablan de sus experiencias como voluntarios en un centro de reciclaje. Hablan de lo que ocurre siempre y de lo que ocurrirá en el futuro. Escucha las seis frases y escríbelas. Después escribe *presente* si ocurre ahora o *futuro* si ocurrirá en el futuro.

Un centro de reciclaje

13 Vamos al centro de reciclaje

Leer • Escribir

Lee la conversación entre dos jóvenes que
van a trabajar en el centro de reciclaje.
Escribe la forma correcta de los verbos en
el futuro.

Angélica: Oye, Pedro. El sábado voy al centro
de reciclaje. ¿ __1.__ *(Venir)* tú
conmigo?

Pedro: Está bien. __2.__ *(Ir)* contigo pero sólo
tengo dos horas. ¿Qué __3.__ *(hacer)*
nosotros?

Angélica: Primero nosotros __4.__ *(tener)* que
llevar estas cajas al centro. Luego
__5.__ *(poner)* los periódicos, el cartón
y el vidrio en sus cajas.

Pedro: Y si no podemos quedarnos por más
de dos horas, ¿qué les __6.__ *(decir)?*

Angélica: La verdad. Yo les __7.__ *(decir)* que
tengo que estudiar. Y tú __8.__ *(poder)*
salir al mismo tiempo. No __9.__
(haber) ningún problema.

El ecoturismo en el Ecuador Hay varias
compañías de ecoturismo que ofrecen excursiones
que benefician al medio ambiente y a las
comunidades que los turistas visitan. Por ejemplo,
en el Ecuador los turistas visitan la región del
Amazonas y se quedan en casas típicas de la región.
Esto no causa problemas para el medio ambiente.
Además, los guías
son indígenas de
la región y con las
excursiones ganan
dinero para sus
comunidades.

• ¿Cómo pueden
causar problemas
los turistas y el
turismo en una
región de mucha
belleza ecológica?
Compara las
excursiones
ecológicas que
puedes hacer en
Ecuador con las
que puedes hacer
en los Estados
Unidos.

Selva tropical en la región amazónica
del Ecuador

14 El turismo

Hablar

Unos amigos tratan de decidir adónde irán
de vacaciones, pero es difícil decidir porque
no están de acuerdo. Con otro(a) estudiante,
pregunta y contesta según el modelo.

Modelo

A —*Saldremos en julio. Iremos*
a la ciudad. ¿De acuerdo?
B —*Pero nos dirán que no hay*
habitaciones libres.

julio

Estudiante A

1. junio
2. octubre
3. agosto
4. julio

Estudiante B

a. Miles de turistas *(estar)* allí. Todos *(ponerse)* los trajes de
baño y *(venir)* a la playa.

b. Las plantas y los árboles *(ser)* muy bonitos pero *(haber)*
muchos mosquitos y moscas y *(llover)* todos los días.

c. *(Hacer)* demasiado calor. Además el aire *(ser)* muy seco.
(Querer) encontrar un lugar con aire acondicionado.

d. No *(saber)* si *(hacer)* frío o calor. *(Querer)* dar caminatas
pero no *(poder)* si hay mucha nieve en los valles.

15 En el presente y en el futuro 👥

Hablar • Escribir

¿Crees que tu vida en el futuro será muy diferente de tu vida ahora?

yo (ahora)	yo (futuro)	mi compañero(a) (ahora)	mi compañero(a) (futuro)
en una tienda de descuentos	en una oficina de abogados		

1 Trabaja con otro(a) estudiante. Copia la tabla en una hoja de papel. Para cada verbo del recuadro, escribe la información que describe tu vida ahora y cómo crees que será en el futuro. Después escribe las respuestas de tu compañero(a).

querer

saber (+ *infinitive*)

salir con

tener que

vivir

¡Respuesta personal!

Modelo

A —*Ahora trabajo en una tienda de descuentos. En el futuro, trabajaré en una oficina de abogados. ¿Y tú?*

B —*Ahora trabajo . . .*

2 Escribe cinco frases para describir las semejanzas *(similarities)* o diferencias entre la vida de tu compañero(a) ahora y su vida en el futuro.

16 ¿Qué resultará? 👥

Escribir • Hablar

¿Qué resultará de las situaciones que existen ahora? Usa los verbos del recuadro para escribir un posible resultado para cada situación. Luego, con otro(a) estudiante, compara los resultados que han escrito. ¿Son muy similares o muy diferentes sus ideas sobre el futuro?

decir	poder	salir
haber	poner	ser
hacer	querer	tener
ir	saber	venir

Modelo

Cada día se destruyen las selvas tropicales.
Habrá más animales en peligro de extinción.

1. Mis padres quieren usar la energía de una manera más eficiente en la casa.

2. Vamos a recoger la basura en el parque.

3. Tratamos de ahorrar la electricidad en la escuela.

4. Los científicos quieren explorar el espacio.

5. La contaminación del aire en la ciudad es muy grave.

6. Hay muchos grupos ecológicos que tratan de conservar el medio ambiente.

Más práctica

- **Guided** Gram. Practice pp. 337–338
- **Core** Gram. Practice p. 186
- **Communication** Writing p. 182
- *Real.* **para hispanohablantes** pp. 354–357, 360

realidades.com ✔
- Audio Activities
- Video Activities
- Speak & Record
- Leveled Workbook
- Web Code: jdd-0913

Gramática

The present subjunctive with expressions of doubt

You have used the subjunctive to say that one person tries to persuade another to do something. It is also used after verbs and expressions that indicate doubt or uncertainty.

Dudamos que puedan resolver todos los problemas.

We doubt that they can solve all the problems.

No es cierto que protejan las selvas tropicales.

It is not certain that they will protect the rain forests.

Other expressions that indicate doubt or uncertainty are:

no creer que	to not believe
no estar seguro, -a de que	to be unsure
es imposible que	it is impossible
es posible que	it is possible

When the verb or expression indicates certainty, use the indicative, *not* the subjunctive.

Estoy seguro de que destruyen los bosques.

I'm sure that they are destroying the forests.

Creemos que es importante proteger la naturaleza.

We believe that it is important to protect nature.

- The subjunctive form of *hay* is *haya*, from *haber*.

Es posible que haya suficiente electricidad.

*It is possible that **there is** enough electricity.*

GramActiva VIDEO

Want more help with the subjunctive with expressions of doubt? Watch the **GramActiva** video.

17 ¿Cierto o no?

Leer • Escribir

Lee lo que dicen estas personas sobre el futuro y decide si es necesario usar el subjuntivo o el indicativo. Luego escribe la forma apropiada del verbo.

Modelo

Es imposible que sólo las leyes protejan los bosques de la contaminación.

1. No creo que ____ *(haber)* soluciones fáciles para los problemas ecológicos en la Tierra.

2. Dudamos que la contaminación del medio ambiente se ____ *(mejorar)* pronto.

3. Es posible que las leyes estrictas ____ *(poder)* ayudar a reducir la contaminación.

4. Es cierto que muchos animales ____ *(estar)* en peligro de extinción.

5. Estoy seguro de que el reciclaje ____ *(eliminar)* la destrucción de las selvas tropicales.

6. El profesor no cree que las guerras ____ *(ir)* a terminar nunca.

7. No estoy seguro de que las leyes para proteger el medio ambiente ____ *(funcionar)* muy bien.

8. Es verdad que la calefacción solar ____ *(ser)* mejor para el medio ambiente que la electricidad.

18 En 15 años

Hablar

Imagina que otro(a) estudiante y tú van a filmar una película sobre qué pasará en el mundo en 15 años. Hablen de si están seguros de que las cosas ocurrirán.

> **Nota**
>
> In a question, *creer que* is followed by the subjunctive if the speaker has doubts about, or suggests the possibility of, the action.

Modelo

A —¿*Crees que haya paz en la Tierra en 15 años?*
B —*No, no creo que haya paz.*
o: —*Sí, estoy seguro(a) de que habrá paz.*

Estudiante A

1. haber guerras
2. funcionar los coches con energía solar
3. viajar a otros planetas
4. encontrar nuevas fuentes de energía
5. tener una mujer como Presidenta
6. todos ser bilingües

Estudiante B

(no) dudar que
es (im)posible que
(no) creer que
(no) estar seguro, -a de que
(no) es cierto que

19 Y ahora, tu opinión

Escribir • Hablar

¿Será posible resolver los problemas ecológicos de hoy? Escribe tus opiniones sobre lo que van a hacer las personas de la lista en el futuro. Luego trabaja con otro(a) estudiante y di si Uds. están de acuerdo o no en sus opiniones.

Modelo

Creo que viviremos en la Luna algún día.
o: *Es imposible que vivamos algún día en la Luna.*

los científicos	los problemas ecológicos
nosotros	el aire acondicionado solar
yo	por la paz y contra la guerra
el Presidente	a los animales en peligro de extinción
toda la gente	la destrucción de las selvas tropicales
¡Respuesta personal!	**¡Respuesta personal!**

20 La contaminación acústica

Leer • Escribir • Hablar

Cuando pensamos en la contaminación, casi siempre nos referimos al aire y al agua. Pero la contaminación acústica (*noise*) es también un gran problema, especialmente en las grandes ciudades. Lee este artículo sobre la contaminación acústica en Buenos Aires y contesta las preguntas.

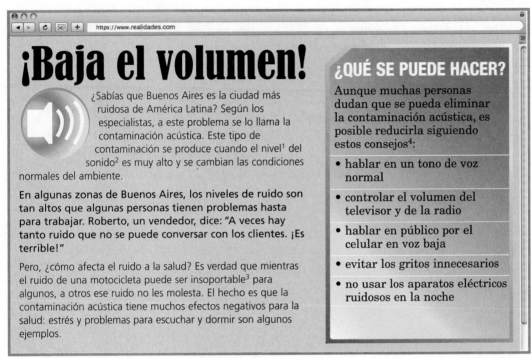

¡Baja el volumen!

¿Sabías que Buenos Aires es la ciudad más ruidosa de América Latina? Según los especialistas, a este problema se lo llama la contaminación acústica. Este tipo de contaminación se produce cuando el nivel[1] del sonido[2] es muy alto y se cambian las condiciones normales del ambiente.

En algunas zonas de Buenos Aires, los niveles de ruido son tan altos que algunas personas tienen problemas hasta para trabajar. Roberto, un vendedor, dice: "A veces hay tanto ruido que no se puede conversar con los clientes. ¡Es terrible!"

Pero, ¿cómo afecta el ruido a la salud? Es verdad que mientras el ruido de una motocicleta puede ser insoportable[3] para algunos, a otros ese ruido no les molesta. El hecho es que la contaminación acústica tiene muchos efectos negativos para la salud: estrés y problemas para escuchar y dormir son algunos ejemplos.

¿QUÉ SE PUEDE HACER?

Aunque muchas personas dudan que se pueda eliminar la contaminación acústica, es posible reducirla siguiendo estos consejos[4]:

- hablar en un tono de voz normal
- controlar el volumen del televisor y de la radio
- hablar en público por el celular en voz baja
- evitar los gritos innecesarios
- no usar los aparatos eléctricos ruidosos en la noche

[1] level [2] sound [3] unbearable [4] pieces of advice

1. ¿Estás de acuerdo de que un sonido puede ser agradable para una persona y no para otra? Da otro ejemplo de esto.

2. ¿Crees que la contaminación acústica es un gran problema donde vives? ¿Por qué? ¿Qué recomendaciones resolverían (*would solve*) problemas acústicos en tu comunidad?

3. ¿Qué leyes o reglas hay en tu escuela o comunidad para reducir la contaminación acústica? ¿Crees que funcionan?

4. Escribe otras dos sugerencias que puedan ayudar a reducir la contaminación acústica.

21 ¿La campaña puede tener éxito?

Hablar

¿Crees que sea posible reducir la contaminación acústica? Usa ideas de la página Web de "¡Baja el volumen!" y tus propias ideas de la Actividad 20 para decirle a otro(a) estudiante si crees que la campaña pueda tener éxito. Usa también las expresiones de la Actividad 18 de la página 488.

Modelo
Dudo que muchas personas reduzcan el volumen de su televisor o radio.

22 Dos lugares muy distintos

Pensar • Escribir

Joaquín Torres-García nació en Uruguay, un país urbano y moderno. José Antonio Velásquez nació en Honduras, un país más rural y menos moderno que Uruguay. En los cuadros de estos dos artistas, vemos dos mundos diferentes.

"Paisaje hondureño de San Antonio de Oriente" (1972), José Antonio Velásquez

Oil on canvas, 47 1/4" x 60 1/2". Museum of Modern Art of Latin America, Washington D.C.

1. Describe el primer cuadro. ¿Qué cosas puedes identificar? ¿Ves algún elemento de la naturaleza? ¿Cómo te hace sentir?

2. Describe el segundo cuadro. ¿Qué elementos de la naturaleza ves? ¿Qué cosas hechas por personas hay? ¿Cómo te hace sentir?

3. Compara los cuadros. ¿Qué crees que los artistas están tratando de decirnos sobre la gente y su relación con la naturaleza? ¿Con cuál estás de acuerdo? ¿Por qué?

"Nueva York a vista de pájaro" (1920), Joaquín Torres-García

Gouache and watercolor on cardboard, 33.8 x 48.5. Yale University Art Gallery, Gift of Collection Societé Anonymé.

23 El uso y abuso del agua

Leer • Pensar • Escribir • Hablar

Trabajen en grupos de cuatro y observen los dibujos. Túrnense para leer las sugerencias para ahorrar el agua. Luego contesta las preguntas.

Conexiones La ecología

1. Tomar duchas más cortas. Si se usa la bañera,[1] llenarla sólo hasta la mitad.[2]

2. Lavar las verduras en un recipiente y no bajo el grifo.[3]

3. Cerrar el grifo cuando se cepilla los dientes.

4. Regar[4] el jardín por la mañana o al anochecer[5] para que el sol no evapore el agua.

5. Usar la lavadora sólo cuando esté llena de ropa.

[1]bathtub [2]halfway [3]faucet [4]Water [5]dusk

1. ¿En tu comunidad hay restricciones sobre el uso del agua? ¿Cuáles son?

2. Trabaja con otro(a) estudiante. Escriban cuatro frases para decir qué sugerencias darán más resultado en sus casas y qué sugerencias dudan que tengan resultado.

24 El Día de la Tierra

Leer • Escribir • Hablar

Lee el lema *(slogan)* que usó Costa Rica en 1998 para su Día de la Tierra y contesta las preguntas.

1. ¿Qué aspectos del medio ambiente y qué problemas ecológicos se incluyen en el lema?

2. Usa lo que has aprendido sobre Costa Rica y explica por qué se preocupan *(worry)* los costarricenses.

3. Explica lo que entiendes de "entenderemos que no se puede comer el dinero".

Solamente . . .
cuando el último árbol esté muerto,
el último río esté contaminado,
y el último pez esté atrapado,
entenderemos que . . .
no se puede comer el dinero.

—*sabiduría indoamericana**

*indigenous saying

25 La conservación

Escribir • Dibujar • Hablar

Trabaja con otro(a) estudiante. Creen su propio lema para animar *(encourage)* a otras personas a pensar en la conservación.

1 Hagan una lista de los problemas ecológicos que quieren mencionar y escriban un lema basado en la lista.

2 Pon su lema en un cartel o una camiseta. Añadan dibujos o fotos. Preséntenlo a la clase.

Más práctica

- **Guided** Gram. Practice pp. 339–341
- **Core** Gram. Practice pp. 187–188
- **Communication** Writing p. 183, Test Prep p. 286
- *Real.* **para hispanohablantes** pp. 358–359, 361

realidades.com Ⓥ

- Audio Activities
- Video Activities
- Speak & Record
- Canción de hip hop
- Leveled Workbook
- Web Code: jdd-0914

El español en el mundo del trabajo

Conservation International (CI) es una de varias organizaciones sin fines de lucro *(nonprofit)* cuya misión es proteger el medio ambiente. Tiene sus oficinas principales en Washington, D.C., pero muchos de sus empleados hablan español o portugués. Gran parte de sus esfuerzos *(efforts)* ecológicos se centran en los países de América Central y América del Sur. Por eso, también tiene empleados en México, Costa Rica, Panamá, Ecuador, Bolivia y Perú.

- Además de hablar español, ¿cómo debe ser la persona que trabajará para *Conservation International*? ¿Qué le interesará a esta persona?

Homero Aridjis, famoso escritor y naturalista mexicano

Lectura

Estrategia

Detecting point of view
When reading an article, you need to be aware that the author might have strong opinions about certain issues. While you read this article, try to identify those passages and sentences that support the point of view of the author. Do you agree or disagree?

Protejamos la Antártida

Pingüinos juanitos

Con un área de 16.5 millones de kilómetros cuadrados, la Antártida es un continente de hielo, y es el quinto en tamaño de la Tierra. El 90 por ciento del hielo de la Tierra se encuentra en la Antártida. Es un desierto frígido donde casi nunca llueve. El continente está rodeado por islas que tienen un clima menos frío y por esto hay una variedad de plantas. Estas plantas mantienen un gran número de pájaros y animales. La existencia de especies está limitada por el clima y el hielo, pero existe una abundancia de vida en el agua: plancton, coral, esponjas, peces, focas,[1] ballenas y pingüinos.

¡Estamos en peligro!

Las regiones polares son muy importantes para la supervivencia[2] de la Tierra entera. Los casquetes de hielo[3] en las zonas polares reflejan luz solar y así regularizan la temperatura de la Tierra. Cuando se destruyen estos casquetes, hay menos luz solar que se refleja y la Tierra se convierte en un receptor termal. Esto se llama el efecto de invernadero.[4] Es en la Antártida que en 1985 se reportaron por primera vez los hoyos[5] en la capa[6] del ozono y aquí es donde hoy día se trata de encontrar una solución.

El Tratado Antártico

A través de los años, muchos países han declarado soberanía de derechos[7] sobre la Antártida y esto ha producido problemas, especialmente en la Argentina y Chile. Pero el 1ro de diciembre de 1959, los problemas se acabaron con el Tratado[8] Antártico.

[1]seals [2]survival [3]ice caps [4]greenhouse effect [5]holes [6]layer [7]sovereign land rights [8]Treaty

Ushuaia, Argentina

Un crucero, la Antártida

proteger el medio ambiente de la Antártida. La región de Tierra del Fuego dividida entre Chile y la Argentina es hoy un centro de investigación científica polar. La ciudad de Ushuaia se ha convertido en el punto de partida[10] para los que visitan la Antártida.

Ushuaia

Es la ciudad más al sur del mundo. Desde aquí salen equipos científicos a la Antártida para estudiar el clima, la naturaleza, el hielo y la roca. También salen excursiones turísticas dirigidas

por científicos especializados en el medio ambiente de la región. Los barcos tardan dos días en llegar a la Antártida y los visitantes pueden quedarse en las bases de actividad científica que se encuentran en el continente.

El tratado estableció reglas para el uso de la región. Las dos más importantes son el uso pacífico del continente para objetivos científicos y la prohibición de la explotación minera. La Argentina y Chile, entre otros, han tomado medidas[9] para

Base científica de la
Argentina, Antártida

[9]have taken steps [10]departure

¿Comprendiste?

1. Según el artículo, ¿cómo afectan las regiones polares al medio ambiente?

2. ¿Por qué se considera la Antártida un desierto?

3. ¿Por qué fue importante el Tratado Antártico?

Y tú, ¿qué dices?

¿Te gustaría visitar la Antártida? ¿Por qué?

Más práctica

- **Guided** Reading Support p. 342
- **Communication** Writing p. 184, Test Prep p. 287
- *Real.* para hispanohablantes pp. 362–363

realidades.com ⓥ

- Internet Activity
- Leveled Workbook
- Web Code: jdd-0915

Perspectivas del mundo hispano
La deforestación de los bosques tropicales

La selva amazónica

La selva o el bosque tropical son bosques con una vegetación rica y abundante, situados alrededor de la zona de la línea ecuatorial. En América Latina y el Caribe, los bosques cubren[1] el 47 por ciento del área total, y la región del río Amazonas tiene el 33 por ciento de todos los bosques tropicales del mundo.

Hace tres o cuatro mil años, los bosques tropicales cubrían el 14 por ciento de la Tierra. Hoy en día los bosques tropicales sólo cubren el dos por ciento de la Tierra. La mayoría de la deforestación ha ocurrido en los últimos 250 años, producida por el aumento[2] de la producción industrial y de la población. El 84 por ciento de la deforestación en América Latina es causada por la expansión de áreas para la agricultura, el 12.5 por ciento se debe a la tala[3] de árboles y el 3.5 por ciento a la construcción de carreteras, puentes y otras obras públicas.

Es importante proteger los bosques porque en ellos viven personas y animales que están perdiendo sus hogares.[4] Además, los bosques tropicales son una fuente muy importante de recursos naturales y medicinas.

¡Compruébalo! Busca información en Internet sobre el porcentaje[5] de bosques en tu estado.[6] ¿Ha aumentado[7] o bajado en los últimos 50 años? ¿Hay programas para proteger los bosques? Descríbelos.

¿Qué te parece? Compara el problema de la deforestación de los bosques tropicales con la situación que existe en tu estado. ¿En qué sentido es similar? ¿En qué sentido es diferente?

La deforestación en la zona amazónica, Brasil

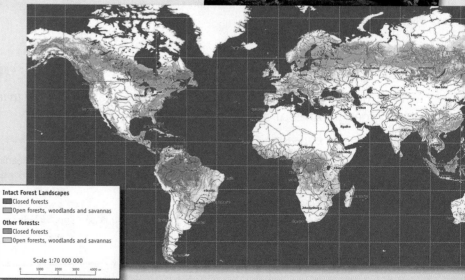

Intact Forest Landscapes
- Closed forests
- Open forests, woodlands and savannas

Other forests:
- Closed forests
- Open forests, woodlands and savannas

Scale 1:70 000 000

0   1000   2000   3000   4000 km

[1]cover   [2]increase   [3]logging   [4]homes
[5]percentage   [6]state   [7]increased

Presentación escrita
Prestemos servicio

Task
Summer vacation is a good time to do something to improve your community. You are organizing a volunteer project and have been asked to write an article for the daily paper explaining your project.

1 Prewrite To write your article, jot down answers to the following:

- ¿Qué . . . ?
- ¿Quién(es) . . . ?
- ¿Por qué . . . ?
- ¿Dónde . . . ?
- ¿Cuándo . . . ?
- Para más información . . .

2 Draft Using the answers to the key questions, write the first draft of your article. Try to use a title that captures the interest of your readers. It is important to present your ideas in a logical, concise, and interesting format so that others will want to participate.

3 Revise Read your article and correct the spelling, agreement, verb forms, and use of vocabulary. Have a classmate check the following:

- Did you present your plan in a logical, concise format?
- Did you include all the necessary information?
- Should you add or change anything?
- Are there errors in spelling, verb forms, or agreement?

4 Publish Rewrite the article, making the necessary corrections and changes. Make a copy for your teacher and include another in your portfolio.

5 Evaluation Your teacher may give you a rubric for how the article will be graded. You will probably be graded on:

- how logical and concise the article is
- how complete the information is
- accuracy in the use of the future and the present subjunctive

Estrategia

Key questions
Before writing an article, it's always a good idea to organize the information you will need. Questions such as Who?, What?, When?, Where?, and Why? are useful in planning your article.

Proyecto	
¿Qué?	
¿Quién?	
¿Por qué?	
¿Dónde?	
¿Cuándo?	

Repaso del capítulo

Vocabulario y gramática

jdd-0999

Chapter Review

To prepare for the test, check to see if you . . .
- **know the new vocabulary and grammar**
- **can perform the tasks on p. 497**

to talk about Earth

el bosque	forest
la colina	hill
el desierto	desert
el espacio	(outer) space
la Luna	the moon
la naturaleza	nature
la planta	plant
el pueblo	town
la selva tropical	rain forest
la Tierra	Earth
el valle	valley

to talk about energy

ahorrar	to save
el aire acondicionado	air conditioning
la calefacción	heat
económico, -a	economical
eficiente	efficient
la electricidad	electricity
la energía	energy
solar	solar

to talk about the environment

conservar	to conserve
la contaminación	pollution
contaminado, -a	polluted
contra	against
la destrucción	destruction
ecológico, -a	ecological
eliminar	to eliminate
en peligro de extinción	endangered, in danger of extinction
la fuente	source
funcionar	to function, to work
grave	serious
la guerra	war
juntarse	to join
luchar	to fight
la manera	way, manner
el medio ambiente	environment
mejorar	to improve

la paz	peace
proteger	to protect
puro, -a	pure
reducir	to reduce
resolver (o→ue)	to solve

other useful words and expressions

además (de)	in addition (to), besides
dudar	to doubt
es cierto	it is certain
haya	there is, there are (subjunctive)

other verbs that have irregular stems in the future tense

decir	dir-
poner	pondr-
querer	querr-
salir	saldr-
venir	vendr-

the present subjunctive with expressions of doubt

No creo que los estudiantes **lleguen** a tiempo.

Dudamos que el aire acondicionado **funcione.**

Ramón **no está seguro de que** el concierto **empiece** a las siete.

Es posible que veamos al Presidente.

Es imposible que la gente **viva** en el espacio.

No es cierto que el agua del río **sea** pura.

For *Vocabulario adicional,* see pp. 498–499.

Más práctica

- **Core** Puzzle p. 189, Organizer p. 190
- **Communication** Practice Test
  pp. 289–291, Integrated Performance
  Assessment p. 288

realidades.com ⌄
- Tutorial
- Flashcards
- Puzzles
- Self-test
- Web Code: jdd-0916

Preparación para el examen

On the exam you will be asked to . . .	Here are practice tasks similar to those you will find on the exam . . .	If you need review . . .

Interpretive

jdd-0999

1 Escuchar Listen and understand as students talk about people's actions with respect to the environment

In honor of *"Día de la Tierra"*, a class is discussing what people currently do or will do to improve the environment. Listen to their comments, and write *presente* if their statements deal with the present or *futuro* if they deal with the future.

pp. 476–479 *Vocabulario en contexto*
p. 480 Actividad 4
p. 484 Actividad 12

Interpersonal

2 Hablar Tell what you will do personally to save the environment

The director from the Hispanic Youth Center asks you to talk to a group about five things that *you* will do this year to make a positive impact on the environment. For example, you might say: *Trabajaré en un centro de reciclaje.*

p. 482 Actividad 9
p. 483 Actividad 10
p. 486 Actividad 16
p. 488 Actividad 19
p. 489 Actividades 20–21
p. 490 Actividad 23
p. 491 Actividad 25

Interpretive

3 Leer Read and understand a description of the future

Read a description of a film director's portrayal of how the world will be in 30 years. Where will people live? What will we use for energy? Does he include anything you consider impossible?

En el futuro, habrá apartamentos debajo del océano o en las estaciones del espacio. Dudo que usemos la gasolina para los coches. Será necesario usar la energía solar. Para conservar la energía, no tendremos más que una computadora y un televisor en cada apartamento.

p. 481 Actividad 7
p. 482 Actividad 8
p. 485 Actividad 13
p. 487 Actividad 17
p. 490 Actividad 23
p. 491 Actividad 24

Presentational

4 Escribir Write information to include on a *"Proteger nuestro medio ambiente"* poster

Your science teacher asks you to write a Spanish version of an environmental poster. What recommendations would you include on the poster? For example, you might write: *Sugerimos que reciclen los periódicos.*

p. 481 Actividad 7
p. 482 Actividad 8
p. 487 Actividad 17
p. 488 Actividad 19
p. 491 Actividades 24–25
p. 495 *Presentación escrita*

Cultures

5 Pensar Demonstrate an understanding of efforts to protect natural resources in the Spanish-speaking world

Think about what you have learned in this chapter about how the people and governments in Spanish-speaking countries address environmental problems. Compare these efforts to those in the United States. Does this seem to be a regional or a worldwide problem?

p. 481 *Fondo cultural*
p. 483 Actividad 10, *Fondo cultural*
p. 485 *Fondo cultural*
p. 494 *Perspectivas del mundo hispano*

Vocabulario adicional

Las actividades en la clase

anotar to take notes

el ensayo essay

reflexionar to reflect on, to think about

responder (a) to respond

el resumen, *pl.* **los resúmenes** summary

Las cosas de la escuela

el borrador, *pl.* **los borradores** eraser

el marcador, *pl.* **los marcadores** marker

el pisapapeles, *pl.* **los pisapapeles** paperweight

el pizarrón *pl.* **los pizarrones** blackboard

el sujetapapeles, *pl.* **los sujetapapeles,** paper clip

la tiza chalk

Las cosas para arreglarse

el esmalte de uñas nail polish

la espuma de afeitar shaving foam

el fijador hair spray

el lápiz de labios, *pl.* **los lápices de labios** lipstick

la loción, *pl.* **las lociones** lotion

la loción astringente astringent

la loción humectante moisturizing lotion

la loción para después de afeitarse aftershave lotion

la maquinilla de afeitar razor

la sombra de ojos eye shadow

Las compras de ropa

estar pasado, -a de moda to be out of style

Los precios

accesible affordable

Los lugares en la comunidad

el asilo para ancianos senior citizen home

el ayuntamiento city hall

el centro cultural cultural center

el centro de salud health center

Las cosas en la tienda deportiva

los anteojos de esquí / de natación goggles

el balón, *pl.* **los balones** ball (football, soccer, and so on)

el bate de béisbol baseball bat

el casco helmet

el guante de béisbol baseball glove

el uniforme del equipo team uniform

Las cosas relacionadas con el banco

el billete bill

el cambio change

la cuenta corriente checking account

depositar un cheque to deposit a check

Las expresiones para el correo

el correo aéreo air mail

el correo urgente express mail

el sobre envelope

Las expresiones para manejar

la acera sidewalk

el bache pothole

Las expresiones para el metro

bajar de to get off

hacia toward

la parada (del autobús, del metro, . . .) (bus, metro, . . .) stop

subir a to get on

Las expresiones para los eventos especiales

agradecer *(c → zc)* to be grateful for, to be appreciative of

el bautizo baptism

brindar to propose a toast

el Día de Acción de Gracias Thanksgiving

el Día de San Valentín Saint Valentine's Day

la Nochebuena Christmas Eve

la Víspera del Año Nuevo New Year's Eve

Los miembros de la familia

el bisabuelo great-grandfather

la bisabuela great-grandmother

el cuñado brother-in-law

la cuñada sister-in-law

el nieto grandson

la nieta granddaughter

el padrino godfather

la madrina godmother

el sobrino nephew

la sobrina niece

Las expresiones para describir cómo era de niño(a)

creativo, -a creative

inquieto, -a restless

juguetón, juguetona playful

mentiroso, -a fibber

prudente prudent, sensible

El equipo para niños

el cajón de arena sandbox

el carrusel merry-go-round

el columpio swing

el patio de recreo playground

la subibaja seesaw

el tobogán, *pl.* **los toboganes** slide

Los animales en las fábulas

el águila, *pl.* **las águilas** *f. eagle*

el conejo rabbit

el cuervo raven

la gallina hen

el gallo rooster

la oveja sheep

la rana frog

el toro bull

la vaca cow

el zorro, la zorra fox

Las expresiones para las emergencias

la alergia allergy

el análisis, *pl.* **los análisis** medical test

el antibiótico antibiotic

la aspirina aspirin

la camilla stretcher

el cirujano, la cirujana surgeon

estar resfriado to have a cold

estornudar to sneeze

la fiebre fever

la fractura fracture

la gripe flu

la hinchazón swelling

el jarabe cough syrup

la **lesión**, *pl.* **las lesiones** injury

el **oído** ear (inner)

la **operación**, *pl.* **las operaciones** operation

el **pecho** chest

la **picadura** sting

sufrir to suffer

la **tos** cough

Las expresiones para hablar sobre los desastres naturales

el **ciclón**, *pl.* **los ciclones** cyclone

el **daño** damage

el **derrumbe** landslide

la **erupción volcánica** volcanic eruption

huir *(i → y)* to flee

el **maremoto** tidal wave

seguro, -a safe

sobrevivir to survive

la **tempestad** storm

el **tifón**, *pl.* **los tifones** typhoon

el **tornado** tornado, twister

Las expresiones para hablar sobre las noticias

los **detalles** details

en vivo live

el / la **periodista** journalist, reporter

el **titular** headline

Los eventos deportivos

el **atletismo** track and field

la **carrera** race

la **corona** crown

empatar to tie

la **meta** finish line (in a race)

el **resultado** score

el **torneo** tournament

el **trofeo** trophy

vencer *(c → z)* to defeat, to conquer

Los sentimientos

alegrarse to be happy

estar conmovido, -a to be moved

Las expresiones para el cine

el **bandido**, la **bandida** bandit

el / la **culpable** guilty person

el / la **delincuente** delinquent

el **documental** documentary

el **festival de cine** film festival

filmar to shoot, film

el **monstruo** monster

Las cosas de la cocina

la **cafetera** coffee maker

el **cucharón**, *pl.* **los cucharones** ladle

la **licuadora** blender

el **molde** baking pan

las **tazas para medir** measuring cups

Las comidas al aire libre

el **aceite de oliva** olive oil

el **ají** pepper; hot sauce made with this pepper

el **apio** celery

los **calamares** squid

el **chorizo** sausage

la **ciruela** plum

el **cordero** lamb

los **espárragos** asparagus

las **espinacas** spinach

la **fruta de estación** seasonal fruit

el **hígado** liver

la **langosta** lobster

el **pepino** cucumber

la **ternera** veal

la **toronja** grapefruit

Las expresiones para describir comidas

agrio, -a bitter

cocido, -a cooked

crudo, -a raw

jugoso, -a juicy

salado, -a salty

Los viajes

acampar to camp

el / la **excursionista** excursionist

la **expedición**, *pl.* **las expediciones** expedition

el **explorador**, la **exploradora** explorer

ir al extranjero to go abroad

el **paisaje** landscape

el **paseo** trip

el **recorrido** route

la **tienda de acampar** tent

el / la **trotamundos** globe-trotter, world traveler

Las expresiones para el avión

abrocharse el cinturón to fasten one's seat belt

la **almohada** pillow

aterrizar *(z → c)* to land

el **compartimiento sobre la cabeza** overhead compartment

despegar to take off

procedente de arriving from

la **tripulación** crew

la **turbulencia** turbulence

la **salida de emergencia** emergency exit

la **señal de no fumar** no smoking sign

Expresiones y palabras

asombroso, -a amazing

extraordinario, -a extraordinary

glorioso, -a glorious

maravilloso, -a wonderful

tradicional traditional

único, -a unique, special

Más expresiones sobre trabajos

el / la **electricista** electrician

el **horario fijo** regular schedule

el / la **intérprete** interpreter

el **plomero**, la **plomera** plumber

el **programador**, la **programadora** computer programmer

el **puesto** job position

el **tiempo completo** full time

el **tiempo parcial** part time

el **título universitario** college degree

el **trabajador social**, la **trabajadora social** social worker

el **traductor**, la **traductora** translator

El medio ambiente

el **aluminio** aluminum

prevenir to prevent

la **reserva natural** nature reserve

Resumen de gramática

Grammar Terms

Adjectives describe nouns: *a **red** car.*

Adverbs usually describe verbs; they tell when, where, or how an action happens: *He read it **quickly.*** Adverbs can also describe adjectives or other adverbs: ***very** tall, **quite well.***

Articles are words in Spanish that can tell you whether a noun is masculine, feminine, singular, or plural. In English, the articles are ***the, a,*** and ***an.***

Commands are verb forms that tell people to do something: ***Study!, Work!***

Comparatives compare people or things.

Conjugations are verb forms that add endings to the stem in order to tell who the subject is and what tense is being used: *escribo, escribiste.*

Conjunctions join words or groups of words. The most common ones are ***and, but,*** and ***or.***

Direct objects are nouns or pronouns that receive the action of a verb: *I read the **book.** I read **it.***

Future tense is used to talk about actions in the future and to express what will happen: *Tomorrow **we will begin** working.*

Gender in Spanish tells you whether a noun, pronoun, or article is masculine or feminine.

Imperfect tense is used to talk about actions that happened repeatedly in the past; to describe people, places, and situations in the past; to talk about a past action or situation where no beginning or end is specified; and to describe an ongoing action in the past. The imperfect tense may also be used to tell what time it was or to describe weather in the past and to describe the past physical, mental, and emotional states of a person or thing.

Imperfect progressive tense is used to describe something that was taking place over a period of time in the past: *He **was skiing** when he broke his leg.*

Indirect objects are nouns or pronouns that tell you to whom / what or for whom / what something is done: *I gave **him** the book.*

Infinitives are the basic forms of verbs. In English, infinitives have the word "to" in front of them: ***to walk.***

Interrogatives are words that ask questions: ***What** is that? **Who** are you?*

Nouns name people, places, or things: ***students, Mexico City, books.***

Number tells you if a noun, pronoun, article, or verb is singular or plural.

Prepositions show relationship between their objects and another word in the sentence: *He is **in** the classroom.*

Present tense is used to talk about actions that always take place, or that are happening now: *I always **take** the bus; I **study** Spanish.*

Present perfect tense is used to say what a person *had done: We **have** seen the new movie.*

Present progressive tense is used to emphasize that an action is happening *right now: I **am doing** my homework; he **is finishing** dinner.*

Preterite tense is used to talk about actions that were completed in the past: *I **took** the train yesterday; I **studied** for the test.*

Pronouns are words that take the place of nouns: ***She** is my friend.*

Reflexive verbs are used to say that people do something to or for themselves: *I **wash** my hair.* Other reflexive verbs often describe a change in mental, emotional, or physical state, and can express the idea that someone "gets" or "becomes": *They **became** angry.*

Subjects are the nouns or pronouns that perform the action in a sentence: ***John** sings.*

Subjunctive mood is used to say that one person influences the actions of another: ***I recommend that you speak** with your doctor; **it is important that she have** good manners.* It is also used after verbs and expressions that indicate doubt or uncertainty: ***It's possible that there's** enough food.*

Superlatives describe which things have the most or least of a given quality: *She is the **best** student.*

Verbs show action or link the subject with a word or words in the predicate (what the subject does or is): *Ana **writes;** Ana **is** my sister.*

Nouns, Number, and Gender

Nouns refer to people, animals, places, things, and ideas. Nouns are singular or plural. In Spanish, nouns have gender, which means that they are either masculine or feminine.

Singular Nouns	
Masculine	Feminine
libro	carpeta
pupitre	casa
profesor	noche
lápiz	ciudad

Plural Nouns	
Masculine	Feminine
libros	carpetas
pupitres	casas
profesores	noches
lápices	ciudades

Definite Articles

El, la, los, and *las* are definite articles and are the equivalent of "the" in English. *El* is used with masculine singular nouns; *los* with masculine plural nouns. *La* is used with feminine singular nouns; *las* with feminine plural nouns. When you use the words *a* or *de* before *el*, you form the contractions *al* and *del: Voy **al** centro; Es el libro **del** profesor.*

Masculine	
Singular	**Plural**
el libro	los libros
el pupitre	los pupitres
el profesor	los profesores
el lápiz	los lápices

Feminine	
Singular	**Plural**
la carpeta	las carpetas
la casa	las casas
la noche	las noches
la ciudad	las ciudades

Indefinite Articles

Un and *una* are indefinite articles and are the equivalent of "a" and "an" in English. *Un* is used with singular masculine nouns; *una* is used with singular feminine nouns. The plural indefinite articles are *unos* and *unas*.

Masculine	
Singular	**Plural**
un libro	unos libros
un baile	unos bailes

Feminine	
Singular	**Plural**
una revista	unas revistas
una mochila	unas mochilas

Pronouns

Subject pronouns tell who is doing the action. They replace nouns or names in a sentence. Subject pronouns are often used for emphasis or clarification: *Gregorio escucha música. **Él** escucha música.*

A *direct object* tells who or what receives the action of the verb. To avoid repeating a direct object noun, you can replace it with a *direct object pronoun.* Direct object pronouns have the same gender and number as the nouns they replace: *¿Cuándo compraste **el libro**? **Lo** compré ayer.*

An *indirect object* tells to whom or for whom an action is performed. *Indirect object pronouns* are used to replace an indirect object noun: ***Les** doy dinero. (I give money to them.)* Because *le* and *les* have more than one meaning, you can make the meaning clear, or show emphasis, by adding *a* + the corresponding name, noun, or pronoun: ***Les** doy el dinero **a ellos.***

A *reflexive pronoun* is used to show that someone does an action to or for herself or himself. Each reflexive pronoun corresponds to a different subject and always agrees with the subject pronoun: *Todos los días **me ducho** y **me arreglo** el pelo.* You know that a verb is reflexive if its infinitive form ends with the letters *se: ducharse, arreglarse.*

After most prepositions, you use *mí* and *ti* for "me" and "you." The forms change with the preposition *con: conmigo, contigo.* For all other persons, you use subject pronouns after prepositions.

The personal a

When the direct object is a person, a group of people, or a pet, use the word *a* before the object. This is called the "personal *a*": *Visité **a** mi abuela. Busco **a** mi perro, Capitán.*

Subject Pronouns		Direct Object Pronouns		Indirect Object Pronouns		Reflexive Pronouns		Objects of Prepositions	
Singular	**Plural**	**Singular**	**Plural**	**Singular**	**Plural**	**Singular**	**Plural**	**Singular**	**Plural**
yo	nosotros, nosotras	me	nos	me	nos	me	nos	(para) mí, conmigo	nosotros, nosotras
tú	vosotros, vosotras	te	os	te	os	te	os	(para) ti, contigo	vosotros, vosotras
usted (Ud.), él, ella	ustedes (Uds.), ellos, ellas	lo, la	los, las	le	les	se	se	Ud., él, ella	Uds., ellos, ellas

Adjectives

Words that describe people and things are called adjectives. In Spanish, most adjectives have both masculine and feminine forms, as well as singular and plural forms. Adjectives must agree with the nouns they describe in both gender and number. When an adjective describes a group including both masculine and feminine nouns, use the masculine plural form.

Masculine	
Singular	**Plural**
alto	altos
inteligente	inteligentes
trabajador	trabajadores
fácil	fáciles

Feminine	
Singular	**Plural**
alta	altas
inteligente	inteligentes
trabajadora	trabajadoras
fácil	fáciles

Shortened Forms of Adjectives

When placed before masculine singular nouns, some adjectives change into a shortened form.

bueno	→	buen chico
malo	→	mal día
primero	→	primer trabajo
tercero	→	tercer plato
grande	→	gran señor

One adjective, ***grande,*** changes to a shortened form before any singular noun: *una **gran** señora, un **gran** libro.*

Possessive Adjectives

Possessive adjectives are used to tell what belongs to someone or to show relationships. Like other adjectives, possessive adjectives agree in number with the nouns that follow them.

Only *nuestro* and *vuestro* have different masculine and feminine endings. *Su* and *sus* can have many different meanings: *his, her, its, your,* or *their.*

The long forms of possessive adjectives are used for emphasis and come *after* the noun. They may also be used without a noun: *Esta chaqueta es **tuya?** Sí, es **mía.***

Singular	Plural
mi	mis
tu	tus
su	sus
nuestro, -a	nuestros, -as
vuestro, -a	vuestros, -as
su	sus

Singular	Plural
mío/mía	míos/mías
tuyo/tuya	tuyos/tuyas
suyo/suya	suyos/suyas
nuestro/nuestra	nuestros/nuestras
vuestro/vuestra	vuestros/vuestras
suyo/suya	suyos/suyas

Demonstrative Adjectives

Like other adjectives, demonstrative adjectives agree in gender and number with the nouns that follow them. Use *este, esta, estos, estas* ("this" / "these") before nouns that name people or things that are close to you. Use *ese, esa, esos, esas* ("that" / "those") before nouns that name people or things that are at some distance from you.

Use *aquel, aquella, aquellos,* or *aquellas* ("that [those] over there") before nouns that name people or things that are far from both you and the person to whom you are speaking.

Singular	Plural
este libro	estos libros
esta casa	estas casas
ese niño	esos niños
esa manzana	esas manzanas
aquel bolso	aquellos bolsos
aquella blusa	aquellas blusas

Interrogative Words

You use interrogative words to ask questions. When you ask a question with an interrogative word, you put the verb before the subject. All interrogative words have a written accent mark.

¿Adónde?	¿Cuándo?	¿Dónde?
¿Cómo?	¿Cuánto, -a?	¿Por qué?
¿Con quién?	¿Cuántos, -as?	¿Qué?
¿Cuál?	¿De dónde?	¿Quién?

Comparatives and Superlatives

Comparatives Use *más . . . que* or *menos . . . que* to compare people or things: *más interesante que . . . , menos alta que . . .*

When talking about number, use *de* instead of *que: Tengo más de cien monedas en mi colección.*

To compare people or things that are equal, use *tan . . . como:* **tan** *popular* **como** *. . . Tanto / tanta . . . como* is used to say *"as much as"* and *tantos / tantas . . . como* is used to say "as many as": **tanto** *dinero* **como** *. . .* **tantas** *amigas*

como *. . . Tanto* and *tanta* match the number and gender of the noun to which they refer.

Superlatives Use this pattern to express the idea of "most" or "least."

el
la + *noun* + más / menos + *adjective*
los
las

Es **el programa de televisión más interesante.**
Son **los perritos más pequeños.**

Several adjectives are irregular when used with comparisons and superlatives.

older	mayor
younger	menor
better	mejor
worse	peor

To say that something is "the most," "the least," "the best," or "the worst" in a group or category, use *de.*

Es **la chica más seria de** *la clase.*
Es **la mejor película del** *festival de cine.*

Affirmative and Negative Words

To make a sentence negative in Spanish, *no* usually goes in front of the verb or expression. To show that you do not like either of two choices, use *ni . . . ni.*

Alguno, alguna, algunos, algunas and *ninguno, ninguna* match the number and gender of the noun to which they refer. When *alguno* and *ninguno* come before a masculine singular noun, they change to *algún* and *ningún.*

Affirmative	Negative
algo	nada
alguien	nadie
algún	ningún
alguno, -a, -os, -as	ninguno, -a
siempre	nunca
también	tampoco

Adverbs

To form an adverb in Spanish, *-mente* is added to the feminine singular form of an adjective. This *-mente* ending is equivalent to the "-ly" ending in English. If the adjective has a written accent, such as *rápida, fácil,* and *práctica,* the accent appears in the same place in the adverb form.

general	→ generalmente
especial	→ especialmente
fácil	→ fácilmente
feliz	→ felizmente
rápida	→ rápidamente
práctica	→ prácticamente

Verbos

Regular Present, Preterite, Imperfect, Future, and Subjunctive

Here are the conjugations for regular -*ar*, -*er*, and -*ir* verbs in the present, preterite, imperfect, future, and subjunctive tenses.

Infinitive	Present		Preterite		Imperfect		Future		Subjunctive	
estudiar	estudio	estudiamos	estudié	estudiamos	estudiaba	estudiábamos	estudiaré	estudiaremos	estudie	estudiemos
	estudias	estudiáis	estudiaste	estudiasteis	estudiabas	estudiabais	estudiarás	estudiaréis	estudies	estudiéis
	estudia	estudian	estudió	estudiaron	estudiaba	estudiaban	estudiará	estudiarán	estudie	estudien
correr	corro	corremos	corrí	corrimos	corría	corríamos	correré	correremos	corra	corramos
	corres	corréis	corriste	corristeis	corrías	corríais	correrás	correréis	corras	corráis
	corre	corren	corrió	corrieron	corría	corrían	correrá	correrán	corra	corran
vivir	vivo	vivimos	viví	vivimos	vivía	vivíamos	viviré	viviremos	viva	vivamos
	vives	vivís	viviste	vivisteis	vivías	vivíais	vivirás	viviréis	vivas	viváis
	vive	viven	vivió	vivieron	vivía	vivían	vivirá	vivirán	viva	vivan

Present Progressive and Imperfect Progressive

When you want to emphasize that an action is happening *right now*, you use the present progressive tense.

To describe something that was taking place over a period of time *in the past,* use the imperfect progressive.

Infinitive	Present Progressive				Imperfect Progressive	
estudiar	estoy	estudiando	estamos	estudiando	estaba estudiando	estábamos estudiando
	estás	estudiando	estáis	estudiando	estabas estudiando	estabais estudiando
	está	estudiando	están	estudiando	estaba estudiando	estaban estudiando
correr	estoy	corriendo	estamos	corriendo	estaba corriendo	estábamos corriendo
	estás	corriendo	estáis	corriendo	estabas corriendo	estabais corriendo
	está	corriendo	están	corriendo	estaba corriendo	estaban corriendo
vivir	estoy viviendo		estamos viviendo		estaba viviendo	estábamos viviendo
	estás viviendo		estáis viviendo		estabas viviendo	estabais viviendo
	está viviendo		están viviendo		estaba viviendo	estaban viviendo

Present Perfect Tense

When you want to say what a person *has done,* use the present perfect tense.

Infinitive	Present Perfect	
estudiar	he estudiado	hemos estudiado
	has estudiado	habéis estudiado
	ha estudiado	han estudiado
correr	he corrido	hemos corrido
	has corrido	habéis corrido
	ha corrido	han corrido
vivir	he vivido	hemos vivido
	has vivido	habéis vivido
	ha vivido	han vivido

Commands

When telling a friend, a family member, or a young person to do something, use an affirmative *tú* command. To give these commands for most verbs, use the same present-tense forms that are used for *Ud., él, ella.* Some verbs have an irregular affirmative *tú* command.

When telling a friend, a family member, or a young person *not* to do something, use a negative *tú* command. To give these commands for most verbs, drop the *-o* of the present-tense *yo* form and add *-es* for *-ar* verbs and *-as* for *-er* and *-ir* verbs. Some verbs have an irregular negative *tú* command.

To give affirmative or negative commands in the *Ud.* or *Uds.* form, drop the *-o* of the present-tense *yo* form and add *-e* or *-en* for *-ar* verbs and *-a* or *-an* for *-er* and *-ir* verbs. Some verbs have an irregular *Ud.* or *Uds.* command.

For stem-changing and spelling-changing verbs see the tables on pages 506–509.

Infinitive	Tú	Negative *tú*	Usted	Ustedes
estudiar	estudia	no estudies	(no) estudie	(no) estudien
correr	corre	no corras	(no) corra	(no) corran
vivir	vive	no vivas	(no) viva	(no) vivan

Infinitive	Tú	Negative *tú*	Usted	Ustedes
dar	da	no des	(no) dé	(no) den
decir	di	no digas	(no) diga	(no) digan
estar	está	no estés	(no) esté	(no) estén
hacer	haz	no hagas	(no) haga	(no) hagan
ir	ve	no vayas	(no) vaya	(no) vayan
poner	pon	no pongas	(no) ponga	(no) pongan
salir	sal	no salgas	(no) salga	(no) salgan
ser	sé	no seas	(no) sea	(no) sean
tener	ten	no tengas	(no) tenga	(no) tengan
venir	ven	no vengas	(no) venga	(no) vengan

Stem-changing Verbs

Here is a list of the stem-changing verbs. Only conjugations with changes are highlighted.

Infinitive in *-ar*

Infinitive	Present Indicative		Present Subjunctive	
pensar (e→ie)	**pienso**	pensamos	**piense**	pensemos
	piensas	pensáis	**pienses**	penséis
	piensa	**piensan**	**piense**	**piensen**

Verbs like **pensar**: calentar, comenzar,[1] despertar(se), recomendar, tropezar

Infinitive	Present Indicative		Present Subjunctive	
contar (o→ue)	**cuento**	contamos	**cuente**	contemos
	cuentas	contáis	**cuentes**	contéis
	cuenta	**cuentan**	**cuente**	**cuenten**

Verbs like **contar**: acostar(se), almorzar, costar, encontrar(se), probar(se), recordar

Infinitive	Present Indicative		Present Subjunctive	
jugar (u→ue)	**juego**	jugamos	**juegue**	juguemos
	juegas	jugáis	**juegues**	juguéis
	juega	**juegan**	**juegue**	**jueguen**

Infinitive in *-er*

	Present Indicative		Present Subjunctive	
entender (e→ie)	**entiendo**	entendemos	**entienda**	entendamos
	entiendes	entendéis	**entiendas**	entendáis
	entiende	**entienden**	**entienda**	**entiendan**

Verbs like **entender**: encender, perder

	Present Indicative		Present Subjunctive	
devolver (o→ue)	**devuelvo**	devolvemos	**devuelva**	devolvamos
past participle:	**devuelves**	devolvéis	**devuelvas**	devolváis
devuelto	**devuelve**	**devuelven**	**devuelva**	**devuelvan**

Verbs like **devolver**: mover(se), resolver, torcer(se),[2] volver (past participle: **vuelto**)

[1]Remember that verbs like *comenzar* and *tropezar* also have a spelling change *(z → c)* in all forms of the present subjunctive. See p. 508 for a complete conjugation of *empezar*.

[2]Verbs like *torcer(se)* also have a spelling change *(c → z)* in all forms of the present subjunctive. See p. 509 for a complete conjugation of *torcer(se)*.

Stem-changing Verbs (continued)

Infinitive in -ir

	Indicative				Subjunctive	
	Present		**Preterite**		**Present**	
pedir (e→i) (e→i) present participle: pidiendo	pido pides pide	pedimos pedís piden	pedí pediste pidió	pedimos pedisteis pidieron	pida pidas pida	pidamos pidáis pidan
Verbs like **pedir**: conseguir,* despedir(se), repetir, seguir, vestir(se)						
preferir (e→ie) (e→i) present participle: prefiriendo	prefiero prefieres prefiere	preferimos preferís prefieren	preferí preferiste prefirió	preferimos preferisteis prefirieron	prefiera prefieras prefiera	prefiramos prefiráis prefieran
Verbs like **preferir**: divertir(se), hervir, mentir, sugerir,						
dormir (o→ue) (o→u) present participle: durmiendo	duermo duermes duerme	dormimos dormís duermen	dormí dormiste durmió	dormimos dormisteis durmieron	duerma duermas duerma	durmamos durmáis duerman
Verbs like **dormir**: morir(se) (past participle: **muerto**)						

*Verbs like *conseguir* and *seguir* also have a spelling change *(gu → g)* in all forms of the present subjunctive. See p. 509 for a complete conjugation of *seguir*.

Spelling-changing Verbs

These verbs have spelling changes in the present, preterite, and/or subjunctive. The spelling changes are indicated in boldface blue type.

Infinitive, Present Participle, Past Participle	Present		Preterite		Subjunctive	
almorzar (z → c) almorzando almorzado	See regular -ar verbs		**almorcé** almorzaste almorzó	almorzamos almorzasteis almorzaron	**almuerce** **almuerces** **almuerce**	**almorcemos** **almorcéis** **almuercen**
buscar (c → qu) buscando buscado	See regular -ar verbs		**busqué** buscaste buscó	buscamos buscasteis buscaron	**busque** **busques** **busque**	**busquemos** **busquéis** **busquen**
comunicarse (c → qu) comunicándose comunicado	See reflexive verbs		See reflexive verbs and **buscar**		See reflexive verbs and **buscar**	
conocer (c → zc) conociendo conocido	**conozco** conoces conoce	conocemos conocéis conocen	See regular -er verbs		**conozca** **conozcas** **conozca**	**conozcamos** **conozcáis** **conozcan**
creer (i → y) creyendo creído	See regular -er verbs		creí creíste **creyó**	creímos creísteis **creyeron**	See regular -er verbs	
destruir (i → y) destruyendo destruido	**destruyo** **destruyes** **destruye**	destruimos destruís **destruyen**	destruí destruiste **destruyó**	destruimos destruisteis **destruyeron**	**destruya** **destruyas** **destruya**	**destruyamos** **destruyáis** **destruyan**
empezar (z → c) empezando empezado	See stem-changing verbs		**empecé** empezaste empezó	empezamos empezasteis empezaron	**empiece** **empieces** **empiece**	**empecemos** **empecéis** **empiecen**
enviar (i → í) enviando enviado	**envío** **envías** **envía**	enviamos enviáis **envían**	See regular -ar verbs		**envíe** **envíes** **envíe**	enviemos enviéis **envíen**
escoger (g → j) escogiendo escogido	**escojo** escoges escoge	escogemos escogéis escogen	See regular -er verbs		**escoja** **escojas** **escoja**	**escojamos** **escojáis** **escojan**
esquiar (i → í) esquiando esquiado	See **enviar**		See regular -ar verbs		See **enviar**	
jugar (g → gu) jugando jugado	See stem-changing verbs		**jugué** jugaste jugó	jugamos jugasteis jugaron	See stem-changing verbs	
leer (i → y) leyendo leído	See regular -er verbs		See **creer**		See **creer**	
obedecer (c → zc) obedeciendo obedecido	See **conocer**		See regular -er verbs		See **conocer**	

Spelling-changing Verbs (continued)

Infinitive, Present Participle Past Participle	Present		Preterite		Subjunctive	
ofrecer (c → zc) ofreciendo ofrecido	See **conocer**		See regular -er verbs		See **conocer**	
pagar (g → gu) pagando pagado	See regular -ar verbs		See **jugar**		pague pagues pague	paguemos paguéis paguen
parecer (c → zc) pareciendo parecido	See **conocer**		See regular -er verbs		See **conocer**	
practicar (c → qu) practicando practicado	See regular -ar verbs		See **buscar**		See **buscar**	
recoger (g → j) recogiendo recogido	See **escoger**		See regular -er verbs		See **escoger**	
reír(se) (e → í)* riendo (riéndose) reído	me río te ríes se ríe	nos reímos os reís se ríen	me reí te reíste se rió	nos reímos os reísteis se rieron	me ría te rías se ría	nos riamos os riáis se rían
reunirse (u → ú)* reuniéndose reunido	me reúno te reúnes se reúne	nos reunimos os reunís se reúnen	See preterite regular -ir verbs		me reúna te reúnas se reúna	nos reunamos os reunáis se reúnan
sacar (c → qu) sacando sacado	See regular -ar verbs		See **buscar**		See **buscar**	
seguir (e → i) (gu → g)* siguiendo seguido	sigo sigues sigue	seguimos seguís siguen	See **pedir**		siga sigas siga	sigamos sigáis sigan
tocar (c → qu) tocando tocado	See regular -ar verbs		See **buscar**		See **buscar**	
torcer(se) (o → ue) (c → z) torciendo torcido	me tuerzo te tuerces se tuerce	nos torcemos os torcéis se tuercen	See **conocer**		me tuerza te tuerzas se tuerza	nos torzamos os torzáis se tuerzan

*Verbs like **reír(se):** sonreír, freír (past participle: fr**it**o)
*Verbs like **reunirse:** graduarse (present: *me gradúo, te gradúas, se gradúa,* nos graduamos, os graduáis, *se gradúan;* preterite: see preterite of regular -ar verbs; subjunctive: *me gradúe, te gradúes, se gradúe,* nos graduemos, os graduéis, *se gradúen)*
*Verbs like **seguir:** conseguir

Irregular Verbs

These verbs have irregular patterns.

1	2		3	
Infinitive Present Participle Past Participle	Present		Preterite	
dar dando dado	doy das da	damos dais dan	di diste dio	dimos disteis dieron
decir diciendo dicho	digo dices dice	decimos decís dicen	dije dijiste dijo	dijimos dijisteis dijeron
estar estando estado	estoy estás está	estamos estáis están	estuve estuviste estuvo	estuvimos estuvisteis estuvieron
haber habiendo habido	he has ha	hemos habéis han	hube hubiste hubo	hubimos hubisteis hubieron
hacer haciendo hecho	hago haces hace	hacemos hacéis hacen	hice hiciste hizo	hicimos hicisteis hicieron
ir yendo ido	voy vas va	vamos vais van	fui fuiste fue	fuimos fuisteis fueron
oír* oyendo oído	oigo oyes oye	oímos oís oyen	oí oíste oyó	oímos oísteis oyeron
poder pudiendo podido	puedo puedes puede	podemos podéis pueden	pude pudiste pudo	pudimos pudisteis pudieron
poner poniendo puesto	pongo pones pone	ponemos ponéis ponen	puse pusiste puso	pusimos pusisteis pusieron

*Verbs like **oír**: caerse

Irregular Verbs (continued)

	4			5			6	
	Imperfect			**Future**			**Subjunctive**	
daba	dábamos		daré	daremos		dé	demos	
dabas	dabais		darás	dareis		des	deis	
daba	daban		dará	darán		dé	den	
decía	decíamos		diré	diremos		diga	digamos	
decías	decíais		dirás	diréis		digas	digáis	
decía	decían		dirá	dirán		diga	digan	
estaba	estábamos		estaré	estaremos		esté	estemos	
estabas	estabais		estarás	estaréis		estés	estéis	
estaba	estaban		estará	estarán		esté	estén	
había	habíamos		habré	habremos		haya	hayamos	
habías	habíais		habrás	habréis		hayas	hayáis	
había	habían		habrá	habrán		haya	hayan	
hacía	hacíamos		haré	haremos		haga	hagamos	
hacías	hacíais		harás	haréis		hagas	hagáis	
hacía	hacían		hará	harán		haga	hagan	
iba	íbamos		iré	iremos		vaya	vayamos	
ibas	ibais		irás	iréis		vayas	vayáis	
iba	iban		irá	irán		vaya	vayan	
oía	oíamos		oiré	oiremos		oiga	oigamos	
oías	oíais		oirás	oiréis		oigas	oigáis	
oía	oían		oirá	oirán		oiga	oigan	
podía	podíamos		podré	podremos		pueda	podamos	
podías	podíais		podrás	podréis		puedas	podáis	
podía	podían		podrá	podrán		pueda	puedan	
ponía	poníamos		pondré	pondremos		ponga	pongamos	
ponías	poníais		pondrás	pondréis		pongas	pongáis	
ponía	ponían		pondrá	pondrán		ponga	pongan	

Irregular Verbs (continued)

1 Infinitive Present Participle Past Participle	2 Present		3 Preterite	
querer queriendo querido	quiero quieres quiere	queremos queréis quieren	quise quisiste quiso	quisimos quisisteis quisieron
saber sabiendo sabido	sé sabes sabe	sabemos sabéis saben	supe supiste supo	supimos supisteis supieron
salir saliendo salido	salgo sales sale	salimos salís salen	salí saliste salió	salimos salisteis salieron
ser siendo sido	soy eres es	somos sois son	fui fuiste fue	fuimos fuisteis fueron
tener teniendo tenido	tengo tienes tiene	tenemos tenéis tienen	tuve tuviste tuvo	tuvimos tuvisteis tuvieron
traer trayendo traído	traigo traes trae	traemos traéis traen	traje trajiste trajo	trajimos trajisteis trajeron
venir viniendo venido	vengo vienes viene	venimos venís vienen	vine viniste vino	vinimos vinisteis vinieron
ver viendo visto	veo ves ve	vemos veis ven	vi viste vio	vimos visteis vieron

Irregular Verbs (continued)

	4		5		6
Imperfect		**Future**		**Subjunctive**	
quería	queríamos	querré	querremos	quiera	queramos
querías	queríais	querrás	querréis	quieras	queráis
quería	querían	querrá	querrán	quiera	quieran
sabía	sabíamos	sabré	sabremos	sepa	sepamos
sabías	sabíais	sabrás	sabréis	sepas	sepáis
sabía	sabían	sabrá	sabrán	sepa	sepan
salía	salíamos	saldré	saldremos	salga	salgamos
salías	salíais	saldrás	saldréis	salgas	salgáis
salía	salían	saldrá	saldrán	salga	salgan
era	éramos	seré	seremos	sea	seamos
eras	erais	serás	seréis	seas	seáis
era	eran	será	serán	sea	sean
tenía	teníamos	tendré	tendremos	tenga	tengamos
tenías	teníais	tendrás	tendréis	tengas	tengáis
tenía	tenían	tendrá	tendrán	tenga	tengan
traía	traíamos	traeré	traeremos	traiga	traigamos
traías	traíais	traerás	traeréis	traigas	traigáis
traía	traían	traerá	traerán	traiga	traigan
venía	veníamos	vendré	vendremos	venga	vengamos
venías	veníais	vendrás	vendréis	vengas	vengáis
venía	venían	vendrá	vendrán	venga	vengan
veía	veíamos	veré	veremos	vea	veamos
veías	veíais	verás	veréis	veas	veáis
veía	veían	verá	verán	vea	vean

Reflexive Verbs

Infinitive and Present Participle	Present	
lavarse lavándose	me lavo	nos lavamos
	te lavas	os laváis
	se lava	se lavan
	Preterite	
	me lavé	nos lavamos
	te lavaste	os lavasteis
	se lavó	se lavaron
	Subjunctive	
	me lave	nos lavemos
	te laves	os lavéis
	se lave	se laven

Familiar (tú) Commands
lávate
no te laves

Formal (Ud. and Uds.) Commands
lávese
no se lave

Sometimes the reflexive pronouns *se* and *nos* are used to express the idea "(to) each other." These are called reciprocal actions: **Nos** *dábamos la mano.*

Vocabulario español-inglés

The *Vocabulario español-inglés* contains all active vocabulary from the text, including vocabulary presented in the grammar sections.

A dash (—) represents the main entry word. For example, **pasar la —** after **la aspiradora** means **pasar la aspiradora**.

The number following each entry indicates the chapter in which the word or expression is presented. A Roman numeral (I) indicates that the word was presented in REALIDADES 1.

The following abbreviations are used in this list: *adj.* (adjective), *dir. obj.* (direct object), *f.* (feminine), *fam.* (familiar), *ind. obj.* (indirect object), *inf.* (infinitive), *m.* (masculine), *pl.* (plural), *prep.* (preposition), *pron.* (pronoun), *sing.* (singular).

A

a to *(prep.)* (I)

— **...le gusta(n)** he/she likes (I)

— **...le encanta(n)** he/she loves (I)

— **casa** (to) home (I)

— **causa de** because of (5A)

— **la derecha (de)** to the right (of) (5A)

— **la izquierda (de)** to the left (of) (I)

— **la una de la tarde** at one (o'clock) in the afternoon (I)

— **las ocho de la mañana** at eight (o'clock) in the morning (I)

— **las ocho de la noche** at eight (o'clock) in the evening / at night (I)

— **menudo** often (I)

— **mí también** I do (like to) too (I)

— **mí tampoco** I don't (like to) either (I)

¿— **qué hora?** (At) what time? (I)

— **tiempo** on time (1A)

— **veces** sometimes (I)

— **ver.** Let's see. (I)

al (a + el), a la to the (I)

abierto, -a open (8A)

el abogado, la abogada lawyer (9A)

abordar to board (8A)

abrazar(se) to hug (4B)

el abrigo coat (I)

abril April (I)

abrir to open (I)

el abuelo, la abuela grandfather, grandmother (I)

los abuelos grandparents (I)

aburrido, -a boring (I)

aburrir to bore (I)

aburrirse to get bored (6A)

me aburre(n) it bores me (they bore me) (I)

acabar de + *inf.* to have just ... (I)

el accidente accident (5B)

acción: película de — action film (6B)

el aceite cooking oil (7A)

acompañar to accompany (7B)

acostarse (o →ue) to go to bed (2A)

las actividades extracurriculares extracurricular activities (1B)

el actor actor (I)

la actriz, *pl.* **las actrices** actress (I)

la actuación acting (6B)

acuerdo:

Estoy de —. I agree. (I)

No estoy de —. I don't agree. (I)

además (de) in addition (to), besides (9B)

adhesiva: la cinta —

transparent tape (1A)

¡Adiós! Good-bye! (I)

¿Adónde? (To) where? (I)

la aduana customs (8A)

el aduanero, la aduanera customs officer (8A)

el aeropuerto airport (8A)

afeitarse to shave (2A)

el aficionado, la aficionada fan (6A)

afortunadamente fortunately (5A)

la agencia de viajes travel agency (8A)

el / la agente de viajes travel agent (8A)

agitado, -a agitated (6A)

agosto August (I)

el agricultor, la agricultora farmer (9A)

el agua *f.* water (I)

el — de colonia cologne (2A)

el aguacate avocado (7B)

ahora now (I)

ahorrar to save (9B)

aire: al — libre outdoors (7B)

el aire acondicionado air conditioning (9B)

el ajedrez chess (1B)

el ajo garlic (7A)

al *(a + el),* **a la** to the (I)

— **aire libre** outdoors (7B)

— **final** at the end (6A)

— **horno** baked (7A)

— **lado de** next to (I)

alegre happy (6A)

la alfombra rug (I)

algo something (I)

¿— más? Anything else? (I)

el algodón cotton (2B)

alguien someone, anyone (1A)

algún, alguno, -a some (1A)

— **día** some day (9A)

algunos, as some, any (1A)

allí there (I)

el almacén, *pl.* **los almacenes** department store (I)

almorzar (o→ue) (z→c) to have lunch (1A)

el almuerzo lunch (I)

en el — for lunch (I)

alquilar to rent (6B)

alrededor de around (4B)

alto, -a tall (I); high (2B)

amarillo, -a yellow (I)

la ambulancia ambulance (5B)

el amor love (6B)

anaranjado, -a orange (I)

ancho, -a wide (3B)

el anciano, la anciana older man, older woman (I)

los ancianos older people (I)

el anillo ring (I)

el animador, la animadora cheerleader (1B)

el animal animal (I)

el aniversario anniversary (4B)

anoche last night (I)

los anteojos de sol sunglasses (I)

antes de before (I, 2A)

antiguo, -a old, antique (4B)

anunciar to announce (2B)

el anuncio announcement (8A)

añadir to add (7A)

no añadas don't add (7A)

el año year (I)

el — pasado last year (I)

¿Cuántos —s tiene(n)...? How old is / are ...? (I)

Tiene(n)...—s. He / She is / They are ...(years old). (I)

apagar (g → gu) to put out (fire) (5A); to turn off (7A)

el apartamento apartment (I)

aplaudir to applaud (6A)

aprender (a) to learn (I)

— de memoria to memorize (1A)

apretado, -a tight (2B)

aproximadamente approximately (3B)

aquel, aquella that (over there) (2B)

aquellos, aquellas those (over there) (2B)

aquí here (I)

el árbol tree (I)

los aretes earrings (I)

el argumento plot (6B)

el armario closet, locker (I, 1A)

el arquitecto, la arquitecta architect (9A)

arreglar (el cuarto) to straighten up (the room) (I)

arreglarse (el pelo) to fix (one's hair) (2A)

arrestar to arrest (6B)

el arroz rice (I)

el arte: la clase de — art class (I)

las artes the arts (9A)

las — marciales martial arts (1B)

la artesanía handicrafts (8B)

el artículo article (5A)

el artista, la artista artist (9A)

artístico, -a artistic (I)

asado, -a grilled (7B)

asar to grill, to roast (7B)

el ascensor elevator (8B)

asco: ¡Qué —! How awful! (I)

el asiento seat (1A)

asistir a to attend (1B)

asustado, -a frightened (5A)

atención: prestar to pay attention (1A)

atento, -a attentive (8B)

el / la atleta athlete (6A)

la atracción, pl. las atracciones attraction (I)

atrevido, -a daring (I)

la audición, pl. las audiciones audition (2A)

el auditorio auditorium (6A)

el autobús, pl. los autobuses bus (I)

el / la auxiliar de vuelo flight attendant (8A)

la avenida avenue (3B)

el avión airplane (I)

¡Ay! ¡Qué pena! Oh! What a shame / pity! (I)

ayer yesterday (I)

la ayuda help (1A)

ayudar to help (I)

el azúcar sugar (I)

azul blue (I)

B

bailar to dance (I)

el bailarín, la bailarina, pl. los bailarines dancer (1B)

el baile dance (I)

bajar to go down (5A)

bajar (información) to download (I)

bajo, -a short (stature) (I); low (2B)

el banco bank (3A)

la banda (musical) band (1B)

la bandera flag (I)

bañarse to take a bath (2A)

el baño bathroom (I)

el traje de — swimsuit (I)

barato, -a inexpensive, cheap (I)

el barco boat, ship (I)

el barrio neighborhood (I)

basado, -a: estar — en to be based on (6B)

el básquetbol: jugar al — to play basketball (I)

Basta! Enough! (3B)

bastante enough, rather (I)

batir to beat (7A)

el bebé, la bebé baby (4B)

beber to drink (I)

béisbol: jugar al — to play baseball (I)

bello, -a beautiful (8B)

los beneficios benefits (9A)

besar(se) to kiss (4B)

la biblioteca library (I)

bien well (I)

— educado, -a well-behaved (4A)

bienvenido, -a welcome (8A)

bilingüe bilingual (9A)

el bistec beefsteak (I)

blanco, -a white (I)

los bloques blocks (4A)

la blusa blouse (I)

la boca mouth (I)

la boda wedding (2A)

el **boleto** ticket (I)

el **bolígrafo** pen (I)

los **bolos: jugar a los —** to bowl (1B)

la **bolsa** bag, sack (I)

el **bolso** purse (I)

el **bombero, la bombera** firefighter (5A)

bonito, -a pretty (I)

el **bosque** forest (9B)

las **botas** boots (I)

el **bote:**

    pasear en — to go boating (I)

    el — de vela sailboat (8B)

la **botella** bottle (I)

el **brazo** arm (I)

bucear to scuba dive, to snorkel (I)

bueno (buen), -a good (I)

    Buenas noches. Good evening. (I)

    Buenas tardes. Good afternoon. (I)

    Buenos días. Good morning. (I)

buscar (c→qu) to look for, to search (for) (I)

la **búsqueda** search (1B)

    hacer una — to do a search (1B)

el **buzón,** *pl.* **los buzones** mailbox (3A)

C

el **caballo: montar a —** to ride horseback (I)

la **cabeza** head (I)

cada día every day (I)

la **cadena** chain (I)

caerse to fall (5B)

    (yo) me caigo I fall (5B)
    (tú) te caes you fall (5B)

    se cayó he/she fell (5B)

    se cayeron they/you fell (5B)

el **café** coffee, café (I)

la **caja** box (I); cash register (2B)

el **cajero, la cajera** cashier (2B)

el **— automático** ATM (8B)

los **calcetines** socks (I)

la **calculadora** calculator (I)

el **caldo** broth (7A)

la **calefacción** heat (9B)

calentar (e→ie) to heat (7A)

caliente hot (7A)

la **calle** street, road (I)

calor:

    Hace —. It's hot. (I)

    tener — to be warm (I)

la **cama** bed (I)

    hacer la — to make the bed (I)

la **cámara** camera (I)

    la — digital digital camera (I)

el **camarero, la camarera** waiter, waitress (I)

el **camarón,** *pl.* **los camarones** shrimp (7A)

cambiar to change, to exchange (8B)

caminar to walk (I)

la **caminata** walk (7B)

    dar una — take a walk (7B)

el **camión,** *pl.* **los camiones** truck (3B)

la **camisa** shirt (I)

la **camiseta** T-shirt (I)

el **campamento** camp (I)

el **campeón, la campeona,** *pl.* **los campeones** champion (6A)

el **campeonato** championship (6A)

el **campo** countryside (I)

el **canal** (TV) channel (I)

la **canción,** *pl.* **las canciones** song (I, 1B)

    canoso: pelo — gray hair (I)

cansado, -a tired (I)

el / la **cantante** singer (1B)

cantar to sing (I)

capturar to capture (6B)

la **cara** face (2A)

cara a cara face-to-face (I)

caramba good gracious (3A)

la **carne** meat (I)

    la — de res steak (7B)

el **carnet de identidad** ID card (1A)

caro, -a expensive (I)

la **carpeta** folder (I)

    la — de argollas three-ring binder (I)

la **carrera** career (9A)

la **carretera** highway (3B)

la **carta** letter (I, 3A)

    echar una — to mail a letter (3A)

el **cartel** poster (I)

la **cartera** wallet (I)

el **cartero, la cartera** mail carrier (9A)

el **cartón** cardboard (I)

la **casa** home, house (I)

    a — (to) home (I)

    en — at home (I)

    — de cambio currency exchange (8B)

casarse (con) to get married (to) (4B)

casi almost (I, 3A)

castaño: pelo — brown (chestnut) hair (I)

el **castillo** castle (8B)

la **catedral** cathedral (8B)

catorce fourteen (I)

la **causa** cause (5A)

    a — de because of (5A)

la **cebolla** onion (I)

celebrar to celebrate (I)

la **cena** dinner (I)

el **centro** center, downtown (I, 3A)

    el — comercial mall (I)

    el — de reciclaje recycling center (I)

cepillarse (los dientes) to brush (one's teeth) (2A)

el **cepillo** brush (2A)

    el — de dientes toothbrush (3A)

cerca (de) close (to), near (I)

el cerdo pork (7B)

    la chuleta de — pork chop (7B)

el cereal cereal (I)

la cereza cherry (7B)

cero zero (I)

cerrado, -a closed (8A)

cerrar to close (3A)

la cesta basket (7B)

el champú shampoo (3A)

la chaqueta jacket (I)

charlar to chat (4B)

el cheque:

    cobrar un — to cash a check (3A)

    el — de viajero traveler's check (2B)

    el — (personal) (personal) check (2B)

la chica girl (I)

el chico boy (I)

chocar (c→qu) con to crash into, to collide with (5B)

la chuleta de cerdo pork chop (7B)

el cielo sky (7B)

cien one hundred (I)

las ciencias:

    la clase de — naturales science class (I)

    la clase de — sociales social studies class (I)

el científico, la científica scientist (9A)

(es) cierto (it is) certain (9B)

cinco five (I)

cincuenta fifty (I)

el cine movie theater (I)

la cinta adhesiva transparent tape (1A)

el cinturón, *pl.* **los cinturones** belt (2A)

la cita date (2A)

la ciudad city (I)

claro, -a light (color) (2B)

la clase class (I)

    la sala de clases classroom (I)

¿Qué — de ...? What kind of ...? (I)

el club, *pl.* **los clubes** club (1B)

    el — atlético athletic club (1B)

cobrar un cheque to cash a check (3A)

el coche car (I)

la cocina kitchen (I)

cocinar to cook (I)

el codo elbow (5B)

la colección, *pl.* **las colecciones** collection (4A)

coleccionar to collect (4A)

el colegio secondary school, high school (9A)

la colina hill (9B)

el collar necklace (I)

el color, *pl.* **los colores** color (I)

    ¿De qué — ...? What color ...? (I)

    de sólo un — solid-colored (2B)

la comedia comedy (I)

el comedor dining room (I)

el comentario commentary (6A)

comenzar (e →ie) (z →c) to start (5A)

comer to eat (I)

cómico, -a funny, comical (I)

la comida food, meal (I)

como like, as (I)

¿Cómo?:

    ¿— eres? What are you like? (I)**¿— es?** What is he / she like? (I)

    ¿— está Ud.? How are you? *formal* (I)

    ¿— estás? How are you? *fam.* (I)

    ¿— lo pasaste? How was it (for you)? (I)

    ¿— se dice...? How do you say ...? (I)

    ¿— se escribe...? How is...spelled? (I)

    ¿— se hace...? How do you make...? (7A)

¿— se llama? What's his / her name? (I)

¿— se va...? How do you go to...? (3B)

¿— te llamas? What is your name? (I)

¿— te queda(n)? How does it (do they) fit (you)? (I)

¡Cómo no! Of course! (3A)

la cómoda dresser (I)

cómodo, -a comfortable (2A)

compartir to share (I)

la competencia competition (6A)

competir (e→i) to compete (6A)

complicado, -a complicated (I, 3B)

la composición, *pl.* **las composiciones** composition (I)

comprar to buy (I)

comprar recuerdos to buy souvenirs (I)

comprender to understand (I)

la computadora computer (I)

    la — portátil laptop computer (I)

    usar la — to use the computer (I)

comunicarse (c→qu) to communicate (I)

    (tú) te comunicas you communicate (I)

    (yo) me comunico I communicate (I)

la comunidad community (I)

con with (I)

    — destino a going to (8A)

    — mis / tus amigos with my / your friends (I)

    ¿— qué se sirve? What do you serve it with? (7A)

    ¿— quién? With whom? (I)

el concierto concert (I)

el concurso contest (2A)

    el — de belleza beauty contest (6A)

    el programa de —s game show (I)

el **conductor, la conductora**
driver (3B)

congelado, -a frozen (7A)

conmigo with me (I)

conocer (c→zc) to know, to be
acquainted with (I, 1A)

conseguir (e → i) to obtain (8B)

consentido, -a spoiled (4A)

conservar to conserve (9B)

el **consultorio** doctor's /dentist's
office (3A)

el **contador, la contadora**
accountant (9A)

la **contaminación** pollution (9B)

contaminado, -a polluted (9B)

contar (o→ue) (chistes) to tell
(jokes) (4B)

contento, -a happy (I)

contestar to answer (1A)

contigo with you (I)

contra against (9B)

la **corbata** tie (I)

el **coro** chorus, choir (1B)

el **correo** post office (3A)

el **correo electrónico** e-mail (I)

escribir por — to write
e-mail (I)

correr to run (I)

cortar to cut (I, 7A)

— el césped to mow the lawn
(I)

—se to cut oneself (5B)

—se el pelo to cut one's hair
(2A)

cortés, *pl.* **corteses** polite (8B)

las **cortinas** curtains (I)

corto, -a short *(length)* (I)

los pantalones —s shorts (I)

la **cosa** thing (I)

costar (o→ue) to cost (I)

¿Cuánto cuesta(n)...? How
much does (do) … cost? (I)

la **costumbre** custom (4B)

crear to create (I)

— una página Web to create
a Web page (1B)

creer (i→y):

Creo que... I think...

Creo que no. I don't think so.
(I)

Creo que sí. I think so. (I)

el **crimen** crime (6B)

el / la **criminal** criminal (6B)

el **crítico, la crítica** critic (6B)

el **cruce de calles** intersection (3B)

cruzar to cross (3B)

el **cuaderno** notebook (I)

la **cuadra** block (3B)

el **cuadro** painting (I)

¿Cuál? Which? What? (I)

¿— es la fecha? What is the
date? (I)

¿Cuándo? When? (I)

¿Cuánto?:

¿— cuesta(n)...? How much
does (do)...cost? (I)

¿— tiempo hace que...? How
long...? (1B)

¿Cuántos, -as? How many? (I)

¿—s años tiene(n)...? How
old is / are...? (I)

cuarenta forty (I)

cuarto, -a fourth (I)

y — quarter past *(in telling
time)* (I)

el **cuarto** room (I)

cuatro four (I)

cuatrocientos, -as four hundred
(I)

la **cuchara** spoon (I)

la **cucharada** tablespoon(ful) (7A)

el **cuchillo** knife (I)

el **cuello** neck (5B)

la **cuenta** bill (I)

la **cuerda** rope (4A)

el **cuero** leather (2B)

cuidar a to take care of (3A)

el **cumpleaños** birthday (I)

¡Feliz —! Happy birthday! (I)

cumplir años to have a birthday
(4B)

el **cupón de regalo,** *pl.* **los
cupones de regalo** gift
certificate (2B)

el **curso: tomar un curso** to take
a course (I)

D _____

dar to give (I)

— + *movie or TV program* to
show (I)

— de comer al perro to feed
the dog (I)

— puntadas to stitch
(surgically) (5B)

— un discurso to give a
speech (1A)

— una caminata to take a
walk (7B)

dar(se) la mano to shake hands
(4B)

de of, from (I)

— acuerdo. OK. Agreed. (3B)

— algodón cotton (2B)

— cuero leather (2B)

¿— dónde eres? Where are
you from? (I)

— ida y vuelta round trip
(8A)

**— la mañana / la tarde / la
noche** in the morning /
afternoon / evening (I)

— lana wool (2B)

— moda in fashion (2B)

— negocios business (9A)

— niño as a child (4A)

— oro gold (2A)

— pequeño as a child (4A)

— plata silver (2A)

— plato principal as a main
dish (I)

— postre for dessert (I)

— prisa in a hurry (5A)

¿— qué color ...? What
color ...? (I)

¿— qué está hecho, -a?
What is it made of? (2B)

— repente suddenly (5A)

— seda silk (2B)

— **sólo un color** solid-colored (2B)

— **tela sintética** synthetic fabric (2B)

¿— **veras?** Really? (I)

— **vez en cuando** once in a while (4A)

debajo de underneath (I)

deber should, must (I)

decidir to decide (I)

décimo, -a tenth (I)

decir to say, to tell (I)

¿**Cómo se dice ...?** How do you say ...? (I)

dime tell me (I)

¡**No me digas!** You don't say! (I)

¿**Qué quiere — ...?** What does...mean? (I)

Quiere — ... It means ... (I)

Se dice... You say... (I)

las **decoraciones** decorations (I)

decorar to decorate (I)

el **dedo** finger (I)

Déjame en paz. Leave me alone. (3B)

dejar to leave *(something)*, to let (3B)

no dejes don't leave, don't let (7A)

delante de in front of (I)

delicioso, -a delicious (I)

los **demás, las demás** others (I)

demasiado too (I)

el / la **dentista** dentist (3A)

dentro de inside (7B)

depende it depends (2A)

el **dependiente, la dependienta** salesperson (I)

deportista athletic, sports-minded (I)

derecha: a la — (de) to the right (of) (I)

derecho straight (3B)

el **derecho** *(study of)* law (9A)

el **desayuno** breakfast (I)

en el — for breakfast (I)

descansar to rest, to relax (I)

los **descuentos: la tienda de —** discount store (I)

desde from, since (3B)

desear to wish (I)

¿**Qué desean (Uds.)?** What would you like? *formal* (I)

el **desfile** parade (4B)

el **desierto** desert (9B)

desobediente disobedient (4A)

el **desodorante** deodorant (2A)

desordenado, -a messy (I)

despacio slowly (3B)

el **despacho** office (home) (I)

despedirse (e→i) (de) to say good-bye *(to)* (4B)

el **despertador** alarm clock (I)

despertarse (e→ie) to wake up (2A)

después (de) afterwards, after (I)

destino: con — a going to (8A)

la **destrucción** destruction (9B)

destruir (i→y) to destroy (5A)

el / la **detective** detective (6B)

detrás de behind (I)

devolver (o→ue) (un libro) to return (a book) (3A)

el **día** day (I)

Buenos —s. Good morning. (I)

cada — every day (I)

el — festivo holiday (4B)

¿**Qué — es hoy?** What day is today? (I)

todos los —s every day (I)

la **diapositiva** slide (I)

dibujar to draw (I)

el **diccionario** dictionary (I)

diciembre December (I)

diecinueve nineteen (I)

dieciocho eighteen (I)

dieciséis sixteen (I)

diecisiete seventeen (I)

los **dientes** teeth (2A)

cepillarse — to brush one's teeth (2A)

el **cepillo de —** toothbrush (2A)

diez ten (I)

difícil difficult (I)

digital: la cámara — digital camera (I)

dime tell me (I)

el **dinero** money (I)

el **dinosaurio** dinosaur (4A)

la **dirección,** *pl.* **las direcciones** direction (6B)

la — electrónica e-mail address (I)

directo, -a direct (8A)

el **director, la directora** *(school)* principal (6B)

el **disco compacto** compact disc (I)

grabar un — to burn a CD (I)

el **discurso** speech (1A)

discutir to discuss (1A)

el **diseñador, la diseñadora** designer (9A)

disfrutar de to enjoy (8B)

el **disquete** diskette (I)

divertido, -a amusing, fun (I)

divertirse (e→ie) (e→i) to have fun (4B)

doblar to turn (3B)

doce twelve (I)

el **documento** document (I)

doler (o→ue) to hurt (I, 5B)

el **dolor** pain (5B)

domingo Sunday (I)

dónde:

¿—? Where? (I)

¿**De — eres?** Where are you from? (I)

dormido, -a asleep (5A)

dormir (o→ue) (o→u) to sleep (I)

—se to fall asleep (6A)

el **dormitorio** bedroom (I)

dos two (I)

los / las dos both (I)

doscientos, -as two hundred (I)

el **drama** drama (I)

la **ducha** shower (2A)

ducharse to take a shower (2A)

dudar to doubt (9B)

el **dueño, la dueña** owner (9A)

dulce sweet (7B)

los **dulces** candy (I)

durante during (I)

durar to last (I, 8A)

el **durazno** peach (7B)

E

echar una carta to mail a letter (3A)

ecológico, -a ecological (9B)

económico, -a economical (9B)

el **edificio de apartamentos** apartment building (5A)

la **educación física: la clase de —** physical education class (I)

efectivo: en — cash (2B)

los **efectos especiales** special effects (6B)

eficiente efficient (9B)

ejemplo: por — for example (2A)

el **ejercicio: hacer —** to exercise (I)

el *m. sing.* the (I)

él he (I)

la **electricidad** electricity (9B)

los **electrodomésticos: la tienda de —** household-appliance store (I)

electrónico, -a: la dirección — e-mail address (I)

elegante elegant (2A)

eliminar to eliminate (9B)

ella she (I)

ellas *f.* they (I)

ellos *m.* they (I)

emocionado, -a excited, emotional (6A)

emocionante touching (I)

el **empate** tie (6A)

empezar (e→ie) (z→c) to begin, to start (I, 1A)

el **empleado, la empleada** employee (8A)

en in, on (I)

— **+** *vehicle* by, in, on (I)

— **casa** at home (I)

— **efectivo** cash (2B)

— **la ... hora** in the ... hour (class period) (I)

— **la Red** online (I)

— **línea** online (1B)

— **medio de** in the middle of (3B)

— **peligro de extinción** endangered, in danger of extinction (9B)

— **punto** exactly *(time)* (8B)

¿— **qué puedo servirle?** How can I help you? (I)

— **realidad** really (2B)

— **seguida** right away (3A)

enamorado, -a de in love with (6B)

enamorarse (de) to fall in love (with) (6B)

encantado, -a delighted (I)

encantar to please very much, to love (I)

a él / ella le encanta(n) he / she loves (I)

me / te encanta(n)... I / you love ... (I)

encender (e→ie) to turn on, to light (7A)

encima de on top of (I)

encontrar (o→ue) to find (2B)

la **energía** energy (9B)

enero January (I)

el **enfermero, la enfermera** nurse (5B)

enfermo, -a sick (I)

enlatado, -a canned (7A)

enojado, -a angry (6A)

enojarse to get angry (6A)

enorme enormous (4B)

la **ensalada** salad (I)

la — de frutas fruit salad (I)

ensayar to rehearse (1B)

el **ensayo** rehearsal (1B)

enseñar to teach (I)

entender (e→ie) to understand (1A)

entonces then (I)

la **entrada** entrance (2B)

entrar to enter (I)

entre among, between (1B)

entregar to turn in (1A)

el **entrenador, la entrenadora** coach, trainer (6A)

la **entrevista** interview (6A)

entrevistar to interview (6A)

entusiasmado, -a excited (2A)

enviar (i→í) to send (I, 3A)

el **equipaje** luggage (8A)

facturar el — to check luggage (8A)

el **equipo** team (1B)

el — de sonido sound (stereo) system (I)

el — deportivo sports equipment (3A)

¿**Eres...?** Are you ...? (I)

es is; (he / she / it) is (I)

— **cierto** it's true (9B)

— **el** *(number)* **de** *(month)* **it is the... of...** *(in telling the date)* (I)

— **el primero de** *(month).* It is the first of ... (I)

— **la una.** It is one o'clock. (I)

— **necesario.** It's necessary. (I)

— **un(a) ...** It's a ... (I)

la **escala** stopover (8A)

la **escalera** stairs, stairway (I), ladder (5A)

escaparse to escape (5A)

la **escena** scene (6B)

escoger (g→j) to choose (2B)

esconder(se) to hide (oneself) (5A)

escribir:

¿**Cómo se escribe ...?** How

is ... spelled? (I)

— **cuentos** to write stories (I)

— **por correo electrónico** to write e-mail (I)

— **un informe sobre...** to write a report about...

Se escribe ... It's spelled ... (I)

el **escritor, la escritora** writer (9A)

el **escritorio** desk (I)

escuchar música to listen to music (I)

la **escuela primaria** primary school (I)

la **escuela técnica** technical school (9A)

ese, esa that (I, 2B)

eso: por — that's why, therefore (I)

esos, esas those (I, 2B)

el **espacio** (outer) space (9B)

los **espaguetis** spaghetti (I)

la **espalda** back (5B)

el **español: la clase de —** Spanish class (I)

especial special (2A)

especialmente especially (I)

el **espejo** mirror (I)

esperar to wait (3B)

la **esposa** wife (I)

el **esposo** husband (I)

el **esquí acuático** waterskiing (8B)

esquiar to ski (I)

la **esquina** corner (3B)

Está hecho, -a de ... It is made of ... (2B)

esta noche this evening (I)

esta tarde this afternoon (I)

la **estación,** *pl.* **las estaciones** season (I)

la — de servicio service station (3A)

el **estadio** stadium (I)

el **estante** shelf, bookshelf (I)

estar to be (I)

¿Cómo está Ud.? How are

you? *formal* (I)

¿Cómo estás? How are you? fam. (I)

— + *present participle* to be + *present participle* (I)

— **basado, -a en** to be based on (6B)

— **de moda** to be in fashion (2B)

— **en línea** to be online (I, 1B)

— **enamorado, -a de** to be in love with (6B)

— **seguro, -a** to be sure (3B)

No estoy de acuerdo. I don't agree. (I)

la **estatua** statue (3B)

este, esta this (I, 2B)

este fin de semana this weekend (I)

el **estilo** style (2B)

el **estómago** stomach (I)

estos, estas these (I, 2B)

¿Qué es esto? What is this? (I)

estrecho, -a narrow (3B)

la **estrella (del cine)** (movie) star (6B)

el / la **estudiante** student (I)

estudiar to study (I)

estudioso, -a studious (I)

la **estufa** stove (7A)

estupendo, -a stupendous, wonderful (8B)

el **evento especial** special event (2A)

exagerado, -a outrageous (2B)

el **éxito** success (6B)

tener — to be successful (6B)

examinar to examine, to check (5B)

la **excursión,** *pl.* **las excursiones** excursion, short trip (8B)

la **experiencia** experience (I)

explicar to explain (1A)

la **explosión,** *pl.* **las explosiones** explosion (5A)

extracurricular extracurricular

(1B)

extranjero, -a foreign (8A)

el / la **extraterrestre** alien (6B)

F _____

fácil easy (I)

facturar to check (luggage) (8A)

la **falda** skirt (I)

faltar to be missing (I)

famoso, -a famous (8B)

fantástico, -a fantastic (I)

la **farmacia** pharmacy (3A)

fascinante fascinating (I)

fascinar to fascinate (6B)

favorito, -a favorite (I)

febrero February (I)

la **fecha: ¿Cuál es la —?** What is the date? (I)

¡Felicidades! Congratulations! (4B)

felicitar to congratulate (4B)

¡Feliz cumpleaños! Happy birthday! (I)

fenomenal phenomenal (6A)

feo, -a ugly (I)

la **fiesta** party (I)

la — de sorpresa surprise party (4B)

el **fin de semana:**

este — this weekend (I)

los fines de semana on weekends (I)

final: al final at the end (6A)

flojo, -a loose (2B)

la **flor,** *pl.* **las flores** flower (I)

la **fogata** bonfire (7B)

el **fósforo** match (7B)

la **foto** photo (I)

la **fotografía** photography (1B)

el **fotógrafo, la fotógrafa** photographer (1B)

el **fracaso** failure (6B)

frecuentemente frequently (4B)

el **fregadero** sink (7A)

freír (e→í) to fry (7A)

las **fresas** strawberries (I)

fresco, -a fresh (7A)

los **frijoles** beans (7B)

el **frío:**

    Hace —. It's cold. (I)

    tener — to be cold (I)

frito, -a fried (7A)

fue it was (I)

    — un desastre. It was a disaster. (I)

el **fuego** fire (7A)

los **fuegos artificiales** fireworks (4B)

la **fuente** fountain (3B); source (9B)

fuera (de) outside (7B)

funcionar to function, to work (9B)

furioso, -a furious (6A)

el **fútbol: jugar al —** to play soccer (I)

el **fútbol americano: jugar al —** to play football (I)

el **futuro** future (9A)

G

el **galán,** *pl.* **los galanes** leading man (6B)

la **galleta** cookie (I)

ganar to win (I); to earn *(money)* (1B)

    —se la vida to make a living (9A)

la **ganga** bargain (2B)

el **garaje** garage (I)

la **gasolina** gasoline (3A)

gastar to spend (2B)

el **gato** cat (I)

el **gel** gel (2A)

generalmente generally (I)

generoso, -a generous (4A)

¡Genial! Great! (I)

la **gente** people (I)

el / la **gerente** manager (9A)

la **gimnasia** gymnastics (1B)

    hacer — to do gymnastics (1B)

el **gimnasio** gym (I)

gira: — hacer una — to take a tour (8B)

el **globo** balloon (I)

el **gol** goal (in sports) (6A)

    meter un — to score a goal (6A)

el **golf: jugar al —** to play golf (I)

la **gorra** cap (I)

grabar to record (1B)

    — un disco compacto to burn a CD (I)

gracias thank you (I)

gracioso, -a funny (I)

la **graduación,** *pl.* **las graduaciones** graduation (9A)

graduarse (u→ú) to graduate (9A)

los **gráficos** computer graphics (I)

grande large (I)

la **grapadora** stapler (1A)

grasoso, -a fatty (7B)

grave serious (9B)

gris gray (I)

gritar to scream (5A)

los **guantes** gloves (I)

guapo, -a good-looking (I)

la **guardería infantil** day-care center (4A)

la **guerra** war (9B)

el / la **guía** guide (8B)

la **guía** guidebook (8B)

los **guisantes** peas (I)

gustar:

    a él / ella le gusta(n) he / she likes (I)

    (A mí) me gusta ... I like to ... (I)

    (A mí) me gusta más... I like to ... better (I prefer to ...) (I)

    (A mí) me gusta mucho ... I like to ... a lot (I)

    (A mí) no me gusta ... I don't like to ... (I)

    (A mí) no me gusta nada ... I don't like to...at all. (I)

    Le gusta ... He / She likes... (I)

Me gusta ... I like... (I)

Me gustaría... I would like ... (I)

Me gustó. I liked it. (I)

No le gusta ... He / She doesn't like ... (I)

¿Qué te gusta hacer? What do you like to do? (I)

¿Qué te gusta hacer más? What do you like better (prefer) to do? (I)

Te gusta ... You like ... (I)

¿Te gusta ...? Do you like to ...? (I)

¿Te gustaría? Would you like? (I)

¿Te gustó? Did you like it? (I)

H

haber to have *(as an auxiliary verb)* (6B)

    había there was / there were (4B)

la **habitación,** *pl.* **las habitaciones** room (8B)

    la — doble double room (8B)

    la — individual single room (8B)

    hablar to talk (I)

    — por teléfono to talk on the phone (I)

habrá there will be (9A)

hacer to do (I)

    ¿Cómo se hace...? How do you make...? (7A)

    ¿Cuánto tiempo hace que...? How long...? (1B)

    hace + *time expression* ago (I)

    Hace + *time* **+ que ...** It has been ... (1B)

    Hace calor. It's hot. (I)

    Hace frío. It's cold. (I)

    Hace sol. It's sunny. (I)

    — ejercicio to exercise (I)

    — el papel de to play the role of (6B)

    — escala to stop over (8A)

    — gimnasia to do gymnastics

(1B)

— la cama to make the bed (I)

— la maleta to pack the suitcase (8A)

— ruido to make noise (8B)

— un picnic to have a picnic (4B)

— un viaje to take a trip (8A)

— un video to videotape (I)

— una búsqueda to do a search (1B)

— una gira to take a tour (8B)

— una parrillada to have a barbecue (7B)

— una pregunta to ask a question (1A)

¿Qué hiciste? What did you do? (I)

¿Qué tiempo hace? What is the weather like? (I)

(tú) haces you do (I)

(yo) hago I do (I)

hambre: Tengo —. I'm hungry. (I)

la **hamburguesa** hamburger (I)

la **harina** flour (7B)

has visto you have seen (6B)

hasta until (3A); as far as, up to (3B)

— luego. See you later. (I)

— mañana. See you tomorrow. (I)

— pronto. See you soon. (3A)

hay there is, there are (I)

— que one must (I)

haya *(subjunctive)* there is, there are (9B)

haz *(command)* do, make (I)

he visto I have seen (6B)

hecho: ¿De qué está — ? What is it made of? (2B)

el **helado** ice cream (I)

herido, -a injured (5A)

el **herido, la herida** injured person (5A)

el **hermano, la hermana** brother, sister (I)

el **hermanastro, la hermanastra** stepbrother, stepsister (I)

los **hermanos** brothers, brother(s) and sister(s) (I)

el **héroe** hero (5A)

la **heroína** heroine (5A)

hervir (e→ie) (e→i) to boil (7A)

el **hijo, la hija** son, daughter (I)

los **hijos** children, sons (I)

histórico, -a historical (8B)

el **hockey** hockey (1B)

la **hoja de papel** sheet of paper (I)

¡Hola! Hello! (I)

el **hombre** man (I)

el — de negocios businessman (9A)

el **hombro** shoulder (5B)

la **hora: en la... —** in the...hour (class period) (I)

¿A qué —? (At) what time? (I)

el **horario** schedule (I)

la **hormiga** ant (7B)

el **horno** oven (7A)

al — baked (7A)

horrible horrible (I)

el **horror: la película de —** horror movie (I)

el **hospital** hospital (I)

el **hotel** hotel (I)

hoy today (I)

hubo there was, there were (5A)

el **hueso** bone (5B)

los **huevos** eggs (I)

el **humo** smoke (5A)

el **huracán,** *pl.* **los huracanes** hurricane (5A)

I

ida y vuelta round-trip (8A)

identidad: carnet de — ID card

el **idioma** language (9A)

la **iglesia** church (I)

igualmente likewise (I)

impaciente impatient (I)

importante important (I)

importa(n): me/te — it matters (it's important)/they matter to me/to you (2B)

impresionante impressive (I)

el **incendio** fire (5A)

increíble incredible (I)

infantil childish (I)

la **información** information (I)

el **informe** report (I, 1A)

el **ingeniero, la ingeniera** engineer (9A)

el **inglés: la clase de —** English class (I)

el **ingrediente** ingredient (7A)

inmediatamente immediately (2B)

inolvidable unforgettable (I)

insistir en to insist (8A)

la **inspección,** *pl.* **las inspecciones de seguridad** security checkpoint (8A)

inteligente intelligent (I)

el **interés** interest (1B)

interesante interesting (I)

interesar to interest (I)

me interesa(n) it interests me (they interest me) (I)

la **inundación,** *pl.* **las inundaciones** flood (5A)

investigar (g → gu) to investigate (5A)

el **invierno** winter (I)

la **inyección,** *pl.* **las inyecciones** injection, shot (5B)

poner una — to give an injection (5B)

ir to go (I)

— a + *inf.* to be going to + *verb* (I)

— a la escuela to go to school (I)

— a pie to go on foot (3A)

— de cámping to go camping (I)

— de compras to go shopping (I)

— de pesca to go fishing (I)

— de vacaciones to go on vacation (I)

¡Vamos! Let's go! (I)

el **itinerario** itinerary (8B)

la **izquierda: a la — (de)** to the left (of) (I)

J

el **jabón** soap (3A)

el **jardín,** *pl.* **los jardines** garden, yard (I)

los **jeans** jeans (I)

joven *adj.* young (I)

el / la **joven** young man, young woman (I)

los **jóvenes** young people (1B)

las **joyas (de oro, de plata)** (gold, silver) jewelry (2A)

la **joyería** jewelry store (I)

las **judías verdes** green beans (I)

jueves Thursday (I)

el **juez, la jueza,** *pl.* **los jueces** judge (9A)

el **jugador, la jugadora** player (6A)

jugar (a) (u→ue) (g→gu) to play *(games, sports)* (I)

— **a los bolos** to bowl (1B)

— **al básquetbol** to play basketball (I)

— **al béisbol** to play baseball (I)

— **al fútbol** to play soccer (I)

— **al fútbol americano** to play football (I)

— **al golf** to play golf (I)

— **al tenis** to play tennis (I)

— **al vóleibol** to play volleyball (I)

— **videojuegos** to play video games (I)

el **jugo:**

el **— de manzana** apple juice (I)

el **— de naranja** orange juice (I)

el **juguete** toy (I)

julio July (I)

junio June (I)

juntarse to join (9B)

L

la the *f. sing.* (I); it, her *f. dir. obj. pron.* (I)

los **labios** lips (2A)

el **laboratorio** laboratory (I, 1A)

el **lado: al — de** next to (I)

el **ladrón, la ladrona,** *pl.* **los ladrones** thief (6B)

el **lago** lake (I)

la **lámpara** lamp (I)

la **lana** wool (2B)

el **lápiz,** *pl.* **los lápices** pencil (I)

largo, -a long (I)

las the *f. pl.;* them, you *formal pl. f. dir. obj. pron.* (I)

— **dos, los dos** both (I)

lástima: ¡Qué —! What a shame! (5B)

lastimarse to hurt oneself (5B)

la **lata** can (I)

lavar to wash (I)

— **el coche** to wash the car (I)

— **la ropa** to wash the clothes (I)

— **los platos** to wash the dishes (I)

—se la cara to wash one's face (2A)

le (to / for) him, her, you *formal sing. ind. obj. pron.* (I)

— **gusta ...** He / She likes... (I)

— **traigo ...** I will bring you ... (I)

No — gusta ... He / She doesn't like ... (I)

la **lección,** *pl.* **las lecciones de piano** piano lesson (class) (I)

tomar lecciones to take lessons (1B)

la **leche** milk (I)

la **lechuga** lettuce (I)

el **lector DVD** DVD player (I)

leer (i→y) revistas to read magazines (I)

lejos (de) far (from) (I)

lentamente slowly (2A)

la **leña** firewood (7B)

les (to / for) them; you *(formal) pl. ind. obj. pron.* (I)

el **letrero** sign (2B)

levantar pesas to lift weights (I)

levantarse to get up (2A)

la **ley** law (9A)

la **librería** bookstore (I)

el **libro** book (I)

la **liga** league (6A)

la **limonada** lemonade (I)

limpiar el baño to clean the bathroom (I)

limpio, -a clean (I)

la **línea:**

estar en — to be online (I, 1B)

la — aérea airline (8A)

la **liquidación,** *pl.* **las liquidaciones** sale (2B)

listo, -a ready (8A)

llamar:

— **por teléfono** to call on the phone (5A)

¿Cómo se llama? What's his / her name? (I)

¿Cómo te llamas? What is your name? (I)

Me llamo ... My name is ... (I)

la **llave** key (8B)

el **llavero** key chain (I)

la **llegada** arrival (8A)

llegar: llegar tarde to arrive late (1A)

llenar (el tanque) to fill (the tank) (3A)

llevar to wear (I); to take, to carry, to bring (I)

llevarse bien / mal to get along well / badly (4B)

llorar to cry (4B)

llover (o→ue) to rain (5A)

Llueve. It's raining. (I)

la lluvia rain (5A)

lo it, him, you *formal m. dir. obj. pron.* (I)

   — siento. I'm sorry. (I)

lo que what (1A)

loco, -a: volverse (o→ue) — to go crazy (6A)

el locutor, la locutora announcer (5A)

los the *m. pl.* (I); them, you *formal pl. m. dir. obj. pron.* (I)

   — dos, las dos both (I)

   — fines de semana on weekends (I)

   — lunes, los martes... on Mondays, on Tuesdays... (I)

luchar to fight (9B)

luego then (2A)

el lugar place (I)

la Luna the moon (9B)

lunes Monday (I)

   los lunes on Mondays (I)

la luz, *pl.* **las luces** light (I)

M

la madrastra stepmother (I)

la madre (mamá) mother (I)

el maíz corn (7B)

mal bad, badly (I)

la maleta suitcase (8A)

   hacer la — to pack the suitcase (8A)

malo, -a bad (I)

manejar to drive (3B)

la manera way, manner (9B)

la mano hand (I)

   darse la — to shake hands (4B)

mantener: para — la salud to maintain one's health (I)

la mantequilla butter (I)

la manzana apple (I)

   el jugo de — apple juice (I)

mañana tomorrow (I)

la mañana:

   a las ocho de la — at eight

(o'clock) in the morning (I)

   de la — in the morning (I)

el maquillaje make-up (2A)

el mar sea (I)

la marca brand (2B)

los mariscos shellfish (7A)

marrón *pl.* **marrones** brown (I)

martes Tuesday (I)

   los martes on Tuesdays (I)

marzo March (I)

más:

   ¿Qué —? What else? (I)

   — ...que more...than (I)

   — de more than (I)

   — o menos more or less (I)

matar to kill (6B)

las matemáticas: la clase de — mathematics class (I)

los materiales supplies, materials (1A)

mayo May (I)

la mayonesa mayonnaise (7B)

mayor, *pl.* **mayores** *adj.* older (I)

los mayores grown-ups (4B)

me (to / for) me *dir., ind. obj. pron.* (I)

   — aburre(n) it / they bore(s) me (I)

   — estás poniendo nervioso, -a. You are making me nervous. (3B)

   — falta(n) ... I need ... (I)

   — gustaría I would like (I)

   — gustó. I liked it. (I)

   — importa(n) it matters (it's important) they matter to me (2B)

   — interesa(n) it / they interest(s) me (I)

   — llamo ... My name is ... (I)

   — parece que it seems to me (2B)

   — queda(n) bien / mal. It / They fit(s) me well / poorly. (I)

   — quedo en casa. I stay at home. (I)

¿— trae...? Will you bring me ...? *formal* (I)

el mecánico, la mecánica mechanic (9A)

media, -o half (I)

   y — thirty, half past (I)

mediano, -a medium (2B)

la medicina medicine (5B)

el médico, la médica doctor (3A)

medio ambiente environment (9B)

mejor:

   el/ la —, los / las —es the best (I)

   —(es) que better than (I)

mejorar to improve (9B)

el melón, *pl.* **los melones** melon (7B)

memoria: aprender de — to memorize (1A)

menor younger (I)

menos:

más o — more or less (I)

   — ... que less / fewer ... than (I)

   — de less / fewer than (I)

mentir (e→ie) (e→i) to lie (4A)

el menú menu (I)

menudo: a — often (I)

el mercado market (2B)

el mes month (I)

la mesa table (I)

   poner la — to set the table (I)

la mesita night table (I)

meter: — un gol to score a goal (6A)

el metro subway (3B)

mezclar to mix (7A)

la mezquita mosque (I)

mi, mis my (I)

mí:

   a — también I do (like to) too (I)

   a — tampoco I don't (like to) either (I)

   para — in my opinion, for me (I)

el microondas microwave (7A)

el miedo: tener — (de) to be

scared (of), to be afraid (of) (I)

el **miembro** member (1B)

ser — to be a member (1B)

mientras (que) while (4B)

miércoles Wednesday (I)

mil thousand (I)

militar *(adj.)* military (9A)

un **millón de / millones de** a million / millions of (6A)

mío, -a, -os, -as mine (2A)

mirar to look (at) (I)

mismo, -a same (I)

la **mochila** bookbag, backpack (I)

moda: de — in fashion (2B)

los **modales** manners (4B)

mojado, -a wet (7B)

molestar to bother (4A)

el **momento: un —** a moment (I)

la **moneda** coin (4A)

el **mono** monkey (I)

las **montañas** mountains (I)

montar:

— a caballo to ride horse back (I)

— en bicicleta to ride a bicycle (I)

— en monopatín to skateboard (I)

el **monumento** monument (I)

morado, -a purple (I)

morirse (o →ue)(o →u) to die (6A)

se murieron they died (5A)

la **mosca** fly (7B)

la **mostaza** mustard (7B)

la **moto acuática** jet skiing (8B)

moverse (o→ue) to move (5B)

mucho, -a a lot (I)

— gusto pleased to meet you (I)

muchos, -as many (I)

los **muebles** furniture (5A)

muerto, -a dead (5A)

la **mujer** woman (I)

la — de negocios

businesswoman (9A)

las **muletas** crutches (5B)

la **multa** ticket (3B)

el **mundo** world (4A)

la **muñeca** doll (4A); wrist (5B)

el **muñeco** action figure (4A)

el **músculo** muscle (5B)

el **museo** museum (I)

el **músico, la música** musician (1B)

muy very (I)

— bien very well (I)

N _____

nacer to be born (4B)

nada nothing (I)

(A mí) no me gusta — ... I don't like to...at all. (I)

nadar to swim (I)

nadie no one, nobody (1A)

la **naranja: el jugo de —** orange juice (I)

la **nariz,** *pl.* **las narices** nose (I)

la **natación** swimming (1B)

la **naturaleza** nature (9B)

navegar to sail, to navigate (8B)
— en la Red to surf the Web (I, 1B)

necesario: Es —. It's necessary. (I)

necesitar:

necesitas you need (I)

necesito I need (I)

los **negocios** business (9A)

el hombre de — business man (9A)

la mujer de — business woman (9A)

negro: el pelo negro black hair (I)

nervioso, -a nervous (2A)

nevar (e→ie) to snow (5A)

Nieva. It's snowing. (I)

ni ... ni neither ... nor, not ... or (I)

ningún, ninguno, -a no, none, not any (1A)

el **niño, la niña** young boy, young girl (I)

los **niños** children (I)

No comas. Don't eat. (7A)

No dejes Don't leave, don't let (7A)

No escribas. Don't write. (7A)

No estoy de acuerdo. I don't agree. (I)

No hables. Don't speak. (7A)

¡No me digas! You don't say! (I)

no ... todavía not yet (6B)

la **noche:**

a las ocho de la — at eight (o'clock) in the evening, at night (I)

Buenas —s. Good evening. (I)

de la — in the evening, at night (I)

esta — this evening, tonight (I)

nos (to / for) us *dir., ind. obj. pron.* (I)

¡— vemos! See you later! (I)

nosotros, -as we (I)

la **nota** grade, mark (in school) (1A)

sacar una buena — to get a good grade (1A)

el **noticiero** newscast (5A)

novecientos, -as nine hundred (I)

noveno, -a ninth (I)

noventa ninety (I)

noviembre November (I)

el **novio, la novia** boyfriend, girlfriend (I)

la **nube** cloud (7B)

nuestro, -a, -os, -as our, ours (I)

nueve nine (I)

nuevo, -a new (I)

el **número** shoe size (2B)

nunca never (I)

O _____

o or (I)

obedecer (c→zc) to obey (4A)

obediente obedient (4A)

la **obra de teatro** play (I)

observar to observe (8B)

ochenta eighty (I)

ocho eight (I)

ochocientos, -as eight hundred (I)

octavo, -a eighth (I)

octubre October (I)

ocupado, -a busy (I)

ocurrir to occur (5A)

ofender to offend (8B)

la **oficina** office (9A)

ofrecer (c→zc) to offer (4A)

oír to hear (5A)

el **ojo** eye (I)

la **olla** pot (7A)

el **olor** smell, odor (7B)

olvidarse de to forget about (7A)

   no te olvides de don't forget about / to (7A)

   se me olvidó I forgot (3A)

once eleven (I)

la **oportunidad** opportunity (1B)

ordenado, -a neat (I)

el **oro** gold (2A)

la **orquesta** orchestra (1B)

os (to / for) you *pl. fam. dir., ind. obj. pron.* (I)

oscuro, -a dark (2B)

el **oso** bear (I)

   el — de peluche teddy bear (4A)

el **otoño** fall, autumn (I)

otro, -a other, another (I)

otra vez again (I)

¡Oye! Hey! (I)

P _____

la **paciencia** pacience (8A)

   tener — to be patient (8A)

paciente *adj.* patient (I)

el **padrastro** stepfather (I)

el **padre (papá)** father (I)

los **padres** parents (I)

pagar (por) to pay (for) (I)

la **página Web** Web page (I)

el **país** country (I)

el **pájaro** bird (I)

la **palabra** word (1A)

el **palacio** palace (8B)

el **palo de golf** golf club (3A)

el **pan** bread (I)

   el — tostado toast (I)

la **pantalla** (computer) screen (I)

los **pantalones** pants (I)

   los — cortos shorts (I)

las **papas** potatoes (I)

   las — fritas French fries (I)

el **papel** role (6B)

   el — picado cut-paper decorations (I)

   hacer el — de to play the role of (6B)

la **papelera** wastepaper basket (I)

para for (I)

   — + *inf.* in order to (I)

   — la salud for one's health (I)

   — mantener la salud to maintain one's health (I)

   — mí in my opinion, for me (I)

   ¿— qué sirve? What's it (used) for? (I)

   — ti in your opinion, for you (I)

el **paramédico, la paramédica** paramedic (5A)

parar to stop (3B)

parecer:

   me parece que it seems to me (2B)

   ¿Qué te parece? What do you think? / How does it seem to you? (2B)

la **pared** wall (I)

los **parientes** relatives (4B)

el **parque** park (I)

   el — de diversiones amusement park (I)

   el — nacional national park (I)

parrilla: a la — on the grill (7B)

participar (en) to participate (in) (1B)

el **partido** game, match (I)

el **pasajero, la pasajera** passenger (8A)

el **pasaporte** passport (8A)

pasar to pass, to go (3B)

   ¿Cómo lo pasaste? How was it (for you)? (I)

   — la aspiradora to vacuum (I)

   — tiempo con amigos to spend time with friends (I)

   ¿Qué pasa? What's happening? (I)

   ¿Qué te pasó? What happened to you? (I, 5B)

el **pasatiempo** pastime (1B)

pasear en bote to go boating (I)

el **pasillo** aisle (8A)

la **pasta dental** toothpaste (3A)

pastel *adj.* pastel *(color)* (2B)

el **pastel** cake (I)

los **pasteles** pastries (I)

las **pastillas** pills (5B)

patinar to skate (I)

los **patines** skates (3A)

el **patio de recreo** playground (4A)

el **pavo** turkey (7B)

la **paz** peace (9B)

el **peatón,** *pl.* **los peatones** pedestrian (3B)

el **pedazo** piece, slice (7A)

pedir (e→i) to order, to ask for (I)

   — ayuda to ask for help (1A)

   — prestado, -a (a) to borrow (from) (2A)

el **peine** comb (2A)

pelar to peel (7A)

pelearse to fight (4A)

la **película** film, movie (I)

   la — de acción action film (6B)

   la — de ciencia ficción science fiction movie (I)

   la — de horror horror movie

(I)

la — policíaca crime movie, mystery (I)

la — romántica romantic movie (I)

ver una — to see a movie (I)

(en) peligro de extinción in danger of extinction, endangered (9B)

peligroso, -a dangerous (3B)

pelirrojo, -a red-haired (I)

el **pelo** hair (I, 2A)

el — canoso gray hair (I)

el — castaño brown (chestnut) hair (I)

el — negro black hair (I)

el — rubio blond hair (I)

la **pelota** ball (3A)

peluche: el oso de — teddy bear (4A)

pensar (e→ie) to plan, to think (I)

peor:

el / la —, los / las —es the worst (I)

—(es) que worse than (I)

pequeño, -a small (I)

perder (e→ie) to lose (6A)

Perdón. Excuse me. (I)

perezoso, -a lazy (I)

el **perfume** perfume (I)

el **periódico** newspaper (I)

el **permiso de manejar** driver's license (3B)

permitir to permit, to allow (4A)

pero but (I)

el **perrito caliente** hot dog (I)

el **perro** dog (I)

la **persona** person (I)

el **personaje principal** main character (6B)

pesas: levantar — to lift weights (I)

el **pescado** fish *(as a food)* (I)

el **pez,** *pl.* **los peces** fish (4A)

picante spicy (7B)

picar to chop (7A)

el **picnic** picnic (4B)

el **pie** foot (I)

la **piedra** rock (7B)

la **pierna** leg (I)

el / la **piloto** pilot (8A)

la **pimienta** pepper (I)

pintarse (las uñas) to paint, to polish (one's nails) (2A)

el **pintor, la pintora** painter (9A)

la **piña** pineapple (7B)

la **piñata** piñata (I)

la **piscina** swimming pool (I)

el **piso** story, floor (I)

primer — second floor (I)

segundo — third floor (I)

la **pizza** pizza (I)

planear to plan (8A)

la **planta** plant (9B)

la **planta baja** ground floor (I)

el **plástico** plastic (I)

la **plata** silver (2A)

el **plátano** banana (I)

el **plato** plate, dish (I)

de — principal as a main dish (I)

el — principal main dish (I)

la **playa** beach (I)

la **plaza** plaza (3B)

pobre poor (I)

pobrecito, -a poor thing (5B)

poco: un — (de) a little (I)

poder (o→ue) to be able to (I)

(tú) puedes you can (I)

(yo) puedo I can (I)

se puede you can (7A)

el / la **policía** police officer (3B)

policíaca: la película — crime movie, mystery (I)

la **política** politics (9A)

el **político, la política** politician (9A)

el **pollo** chicken (I)

poner to put, to place (I)

pon *(command)* put, place (I)

— la mesa to set the table (I)

— una inyección to give an injection (5B)

— una multa to give a ticket (3B)

—se to apply, to put on *(clothing, make up, etc.)* (2A); *+ adj.* to become (6A)

(tú) pones you put (I)

(yo) pongo I put (I)

por for (how long) (3A); by, around, along, through (3B)

— ejemplo for example (2A)

— eso that's why, therefore (I)

— favor please (I)

— lo general in general (4A)

¿— qué? Why? (I)

— supuesto of course (I)

— ... vez for the ... time (6A)

porque because (I)

portarse bien / mal to behave well / badly (4A)

la **posesión,** *pl.* **las posesiones** possession (I)

el **postre** dessert (I)

de — for dessert (I)

la **práctica** practice (1B)

practicar (c→qu) deportes to play sports (I)

práctico, -a practical (I)

el **precio** price (I, 2B)

preferir (e→ie) (e→i) to prefer (I)

(tú) prefieres you prefer (I)

(yo) prefiero I prefer (I)

la **pregunta** question (1A)

hacer una — to ask a question (1A)

el **premio** prize (6A)

preparar to prepare (I)

—se to get ready (2A)

la **presentación,** *pl.* **las presentaciones** presentation (I)

el **presentador, la presentadora** presenter (6A)

prestar atención to pay attention (1A)

la **primavera** spring (I)

primer (primero), -a first (I)

  — piso second floor (I)

el **primo, la prima** cousin (I)

los **primos** cousins (I)

  prisa hurry (3B)

    de — in a hurry (5A)

    tener — to be in a hurry (3B)

  probar (o→ue) to taste, to try (7A)

  probarse (o→ue) to try on (2B)

el **problema** problem (I)

la **profesión,** *pl.* **las profesiones** profession (9A)

el **profesor, la profesora** teacher (I)

el **programa** program, show (I)

    el — de concursos game show (I)

    el — de dibujos animados cartoon (I)

    el — de entrevistas interview program (I)

    el — de estudios course of studies (9A)

    el — de la vida real reality program (I)

    el — de noticias news program (I)

    el — deportivo sports program (I)

    el — educativo educational program (I)

    el — musical musical program (I)

  prohibir: se prohíbe it is forbidden (1A)

  pronto soon (3A)

    Hasta —. See you soon. (3A)

la **propina** tip (8B)

  propio, -a own (I)

  proteger (g→j) to protect (9B)

el **proyecto** project (1A)

    el — de construcción construction project (I)

el **público** audience (6A)

el **pueblo** town (9B)

  puede: se — you can (7A)

puedes: (tú) — you can (I)

puedo: (yo) — I can (I)

el **puente** bridge (3B)

la **puerta** door (I)

    la — de embarque departure gate (8A)

pues well *(to indicate pause)* (I)

el **puesto** (food) stand (7B)

la **pulsera** bracelet (I)

    el reloj — watch (I)

las **puntadas** stitches (5B)

    dar — to stitch *(surgically)* (5B)

puntual punctual (8B)

el **pupitre** desk (I)

puro, -a pure (9B)

Q

que who, that (I)

qué:

    ¿Para — sirve? What's it (used) for? (I)

    ¡— + *adj.!* How ...! (I)

    ¡— asco! How awful! (I)

    ¡— buena idea! What a good / nice idea! (I)

    ¿— clase de...? What kind of ... ? (I)

    ¿— desean (Uds.)? What would you like? *formal* (I)

    ¿— día es hoy? What day is today? (I)

    ¿— es esto? What is this? (I)

    ¿— hiciste? What did you do? (I)

    ¿— hora es? What time is it? (I)

    ¡— lástima! What a shame! (5B)

    ¿— más? What else? (I)

    ¿— pasa? What's happening? (I)

    ¡— pena! What a shame / pity! (I)

    ¿— quiere decir... ? What does ... mean? (I)

    ¿— tal? How are you? (I)

    ¿— tal es ...? How is (it)...? (6B)

    ¿— te gusta hacer? What do you like to do? (I)

    ¿— te gusta hacer más? What do you like better (prefer) to do? (I)

    ¿— te parece? What do you think? / How does it seem to you? (I, 2B)

    ¿— te pasó? What happened to you? (I, 5B)

    ¿— tiempo hace? What's the weather like? (I)

quedar to fit, to be located (I, 3B)

quedarse to stay (3A)

el **quehacer (de la casa)** (household) chore (I)

quemar(se) to burn (oneself), to burn up (5A)

querer (e→ie) to want (I)

    ¿Qué quiere decir...? What does...mean? (I)

    Quiere decir... It means... (I)

    quisiera I would like (I)

    (tú) quieres you want (I)

    (yo) quiero I want (I)

¿Quién? Who? (I)

quince fifteen (I)

quinientos, -as five hundred (I)

quinto, -a fifth (I)

el **quiosco** newsstand (8B)

quisiera I would like (I)

quitar to take away, to remove (3B)

    — el polvo to dust (I)

quizás maybe (I)

R

la **radiografía** X-ray (5B)

    sacar una — to take an X-ray (5B)

rápidamente quickly (I, 2A)

la **raqueta de tenis** tennis racket (3A)

el **ratón,** *pl.* **los ratones** (computer) mouse (I)

razón: tener — to be correct (I)

realista realistic (I)

la recepción reception desk (8B)

la receta prescription (5B); recipe (7A)

recetar to prescribe (5B)

recibir to receive (I)

reciclar to recycle (I)

recientemente recently (2B)

recoger (g→j) to collect, to gather (I)

recomendar (e→ie) to recommend (6B)

recordar (o→ue) to remember (4B)

los recuerdos souvenirs (I)

comprar — to buy souvenirs (I)

la Red:

en la — online (I)

navegar (g→gu) en la — to surf the Web (I, 1B)

reducir to reduce (9B)

el refresco soft drink (I)

el refrigerador refrigerator (7A)

regalar to give (a gift) (4B)

el regalo gift, present (I)

regatear to bargain (8B)

registrar to inspect, to search (*luggage*) (8A)

la regla rule (1A)

regresar to return (I)

regular okay, so-so (I)

la reina queen (6A)

reírse (e→í) to laugh (4B)

el reloj clock (I)

el — pulsera watch (I)

repente: de — suddenly (5A)

repetir (e → i) to repeat (1A)

el reportero, la reportera reporter (5A)

rescatar to rescue (5A)

la reservación, *pl.* **las reservaciones** reservation (8A)

reservado, -a reserved, shy (I)

resolver (o→ue) to solve (9B)

respetar to respect (1A)

el restaurante restaurant (I)

resultar to result, to turn out (6A)

el retraso delay (8A)

la reunión, *pl.* **las reuniones** meeting (1B); gathering (4B)

reunirse (u→ú) to meet (4B)

el rey, king *pl.* **los reyes** king and queen (8B)

rico, -a rich, tasty (I)

el río river (I)

robar to rob, to steal (6B)

la rodilla knee (5B)

rojo, -a red (I)

romántico, -a: la película — romantic movie (I)

romper to break (I)

—se to break, to tear (5B)

la ropa: la tienda de — clothing store (I)

rosado, -a pink (I)

roto, -a broken (5B)

rubio, -a blond (I)

ruedas: silla de — wheelchair (5B)

el ruido noise (8B)

S

sábado Saturday (I)

saber to know (how) (I, 1B)

(tú) sabes you know (how to) (I)

(yo) sé I know (how to) (I)

el sabor taste (7B)

sabroso, -a tasty, flavorful (I)

el sacapuntas, *pl.* **los sacapuntas** pencil sharpener (I)

sacar (c→qu):

— fotos to take photos (I)

— la basura to take out the trash (I)

— un libro to take out, to check out a book (3A)

— una buena nota to get a good grade (1A)

— una radiografía to take an X-ray (5B)

la sal salt (I)

la sala living room (I)

la — de clases classroom (I)

la — de emergencia emergency room (5B)

el salario salary (9A)

la salchicha sausage (I)

la salida exit (2B); departure (8A)

salir to leave, to go out (I)

el salón de belleza, *pl.* **los salones de belleza** beauty salon (2A)

los salones de chat chat rooms (1B)

la salsa salsa, sauce (7A)

la — de tomate ketchup (7B)

saltar (a la cuerda) to jump (rope) (4A)

la salud:

para la — for one's health (I)

para mantener la — to maintain one's health (I)

saludar(se) to greet (4B)

salvar to save (5A)

la sandía watermelon (7B)

el sándwich de jamón y queso ham and cheese sandwich (I)

la sangre blood (5B)

la sartén frying pan (7A)

se abre opens (3A)

se cierra closes (3A)

se me olvidó I forgot (3A)

se murieron they died (5A)

se prohíbe ... it's forbidden ... (1A)

se puede you can (7A)

sé: (yo) — I know (how to) (I)

el secador blow dryer (2A)

secarse to dry (2A)

seco, -a dry (7B)

el secretario, la secretaria secretary (9A)

sed:

Tengo —. I'm thirsty. (I)

la seda silk (2B)

seguida: en — right away (3A)

seguir (e→i) to follow, to continue (3B)

— una carrera to pursue a career (9A)

según according to (I)

— mi familia according to my family (I)

segundo, -a second (I)

— piso third floor (I)

seguro, -a sure (3B)

seis six (I)

seiscientos, -as six hundred (I)

el **sello** stamp (3A)

la **selva tropical** rain forest (9B)

el **semáforo** stoplight (3B)

la **semana** week (I)

este fin de — this weekend (I)

la — pasada last week (I)

los fines de — on weekends (I)

el **sendero** trail (7B)

sentirse (e→ie) (e→i) to feel (5B)

la **señal** sign (3A)

la — de parada stop sign (3B)

señor (Sr.) sir, Mr. (I)

señora (Sra.) madam, Mrs. (I)

señorita (Srta.) miss, Miss (I)

separar to separate (I)

septiembre September (I)

séptimo, -a seventh (I)

ser to be (I)

¿Eres...? Are you...? (I)

es he / she is (I)

fue it was (I)

no soy I am not (I)

soy I am (I)

ser: será it, he, she will be (6B)

serio, -a serious (I)

la **servilleta** napkin (I)

servir (e→i) to serve, to be useful (I)

¿En qué puedo —le? How can I help you? (I)

¿Para qué sirve? What's it (used) for? (I)

sirve para it is used for (I)

sesenta sixty (I)

setecientos, -as seven hundred (I)

setenta seventy (I)

sexto, -a sixth (I)

si if, whether (I)

sí yes (I)

siempre always (I)

siento: Lo —. I'm sorry. (I)

siete seven (I)

siguiente next, following (8B)

la **silla** chair (I)

la — de ruedas wheelchair (5B)

simpático, -a nice, friendly (I)

sin without (I)

— duda without a doubt (5A)

la **sinagoga** synagogue (I)

el **sitio Web** Web site (I)

sobre on, about (I, 1A)

sociable sociable (I, 1A)

¡Socorro! Help! (5A)

el **software** software (I)

el **sol:**

Hace —. It's sunny. (I)

los anteojos de — sunglasses (I)

tomar el — to sunbathe (I)

solar solar (9B)

sólo only (I)

de — un color solid-colored (2B)

solo, -a alone (I)

Son las... It is ... *(in telling time)* (I)

sonreír (e→i) to smile (4B)

la **sopa de verduras** vegetable soup (I)

la **sorpresa** surprise (4B)

el **sótano** basement (I)

soy I am (I)

su, sus his, her, your *formal, their* (I)

subir to go up (5A)

sucio, -a dirty (I)

la **sudadera** sweatshirt (I)

el **suelo** ground, floor (7B)

sueño: tener — to be sleepy (I)

el **suéter** sweater (I)

sugerir (e→ie) (e→i) to suggest (8A)

el **supermercado** supermarket (3A)

supuesto: por — of course (I)

el **surf de vela** windsurfing (8B)

suyo,-a,-os,-as his, hers, yours, theirs (2A)

T

tal: ¿Qué — ? How are you? (I)

¿Qué — es? How is it? (6B)

tal vez maybe, perhaps (8B)

talentoso, -a talented (I)

la **talla** size (2B)

también also, too (I)

a mí — I do (like to) too (I)

tampoco: a mí — I don't (like to) either (I)

tan so (2B)

— + *adj.* so + adj. (2B)

— + *adj.* **+ como** as + *adj.* + as (1B)

el **tanque** tank (3A)

el **tanteo** score (6A)

tanto so much (I)

tantos, -as + *noun* **+ como** as much / many + *noun* + as (1B)

tarde late (I)

la — afternoon (I)

a la una de la — at one (o'clock) in the afternoon (I)

Buenas —s. Good afternoon.(I)

de la — in the afternoon (I)

esta — this afternoon (I)

llegar (g→gu) — to arrive late (1A)

la **tarea** homework (I)

la **tarjeta** card (I, 3A)

la — de crédito credit card (2B)

la — de embarque boarding pass (8A)

la — postal postcard (8B)

la **taza** cup (I)

te (to / for) you *sing. dir., ind. obj. pron.* (I)

¿— gusta ... ? Do you like to...? (I)

¿— gustaría? Would you like? (I)

¿— gustó? Did you like it? (I)

— importa(n) it matters (it's important), they matter to you (2B)

— ves (bien) you look (good) (2A)

el **té** tea (I)

el **— helado** iced tea (I)

el **teatro** theater (I)

el **teclado** (computer) keyboard (I)

el **técnico, la técnica** technician (9A)

la **tecnología** technology / computers (I)

la clase de — technology / computer class (I)

la **tela sintética** synthetic fabric (2B)

la **telenovela** soap opera (I)

el **televisor** television set (I)

el **templo** temple, Protestant church (I)

temprano early (I)

tendremos we will have

el **tenedor** fork (I)

tener to have (I)

¿Cuántos años tiene(n) ...? How old is / are...? (I)

— calor to be warm (I)

— cuidado to be careful (3B)

— éxito to succeed, to be successful (6B)

— frío to be cold (I)

— miedo (de) to be scared (of), to be afraid (of) (I)

— paciencia to be patient (8A)

— prisa to be in a hurry (3B)

— razón to be correct (I)

— sueño to be sleepy (I)

Tengo hambre. I'm hungry. (I)

Tengo que ... I have to... (I)

Tengo sed. I'm thirsty. (I)

Tiene(n)...años. He / She is / They are ... (years old). (I)

el **tenis: jugar al —** to play tennis (I)

tercer (tercero), -a third (I)

terminar to finish, to end (I)

el **terremoto** earthquake (5A)

ti you *fam. after prep.*

¿Y a —? And you? (I)

para — in your opinion, for you (I)

el **tiempo:**

a — on time (1A)

¿Cuánto — hace que...? How long have you been...? (1B)

el — libre free time (I)

pasar — con amigos to spend time with friends (I)

¿Qué — hace? What's the weather like? (I)

la **tienda** store (I)

la — de descuentos discount store (I)

la — de electrodomésticos household-appliance store (I)

la — de ropa clothing store (I)

Tiene(n)...años. He / She is / They are ... (years old). (I)

la **Tierra** Earth (9B)

las **tijeras** scissors (1A)

tímido, -a timid (4A)

típico, -a typical (8B)

el **tío, la tía** uncle, aunt (I)

los **tíos** uncles, aunt(s) and uncle(s) (I)

tirar to spill, to throw away (7A)

no tires don't spill, don't throw away (7A)

la **toalla** towel (2A)

el **tobillo** ankle (5B)

tocar (c→qu) la guitarra to play the guitar (I)

el **tocino** bacon (I)

todavía still (3A)

no... — not yet (6B)

todo el mundo everyone (4A)

todos, -as all (I)

— los días every day (I)

tomar:

— el sol to sunbathe (I)

— lecciones to take lessons (1B)

— un curso to take a course (I)

los **tomates** tomatoes (I)

tonto, -a silly, stupid (I)

torcerse (o→ue) (c→z) to twist, to sprain (5B)

la **tormenta** storm (5A)

la **tortuga** turtle (4A)

trabajador, -ora hardworking (I)

trabajar to work (I)

el **trabajo** work, job (I)

el — voluntario volunteer work (I)

traer:

Le traigo... I will bring you... (I)

¿Me trae ...? Will you bring me ...? *formal* (I)

el **tráfico** traffic (3B)

el **traje** suit (I)

el — de baño swimsuit (I)

tranquilo, -a calm (2A)

tratar de to try to (5A)

tratarse de to be about (6B)

travieso, -a naughty, mischievous (4A)

trece thirteen (I)

treinta thirty (I)

treinta y uno thirty-one (I)

tremendo, -a tremendous (I)

el **tren** train (I)

el — eléctrico electric train (4A)

tres three (I)

trescientos, -as three hundred (I)

el **triciclo** tricycle (4A)

triste sad (I)

tropezar (e→ie) (z→c) (con) to trip (over) (5B)

tu, tus your (I)

tú you *fam.* (I)

el / la **turista** tourist (8A)

tuyo, -a, -os, -as yours (2A)

U

Ud. (usted) you *formal sing.* (I)

Uds. (ustedes) you *formal pl.* (I)

¡Uf! ugh!, yuck! (I)

último, -a the last / final (6A)

un, una a, an (I)

— **poco (de)** a little (I)

la **una: a la —** at one o'clock (I)

la **universidad** university (9A)

uno one (I)

unos, -as some (I)

las **uñas** nails (2A)

usado, -a used (I)

usar la computadora to use the computer (I)

usted (Ud.) you *formal sing.* (I)

ustedes (Uds.) you *formal pl.* (I)

las **uvas** grapes (I)

V

las **vacaciones: ir de —** to go on vacation (I)

valiente brave (5A)

el **valle** valley (9B)

¡Vamos! Let's go! (I)

varios, -as various, several (3A)

el **vaso** glass (I)

el **vecino, la vecina** neighbor (4A)

veinte twenty (I)

veintiuno, -a (veintiún) twenty-one (I)

la **vela** sail (8B)

la **venda** bandage (5B)

el **vendedor, la vendedora** vendor (8B)

vender to sell (I)

venir to come (I)

la **ventana** window (I)

la **ventanilla** (airplane) window (8A)

ver to see (I)

a — ... Let's see... (I)

¡Nos vemos! See you later! (I)

te ves (bien) you look good (2A)

— la tele to watch television (I)

— una película to see a movie (I)

el **verano** summer (I)

veras: ¿De —? Really? (I)

la **verdad** truth (4A)

¿Verdad? Really? (I)

verde green (I)

el **vestido** dress (I)

vestirse (e→i) to get dressed (2A)

el **veterinario, la veterinaria** veterinarian (9A)

la **vez, *pl.* las veces:**

a veces sometimes (I)

de — en cuando once in a while 4A)

otra — again (I)

por ... — for the ... time (6A)

viajar to travel (I)

el **viaje** trip (I)

la **víctima** victim (6B)

la **vida** life (5A)

el **video** videocassette (I)

la **videocasetera** VCR (I)

los **videojuegos: jugar —** to play video games (I)

el **vidrio** glass (I)

viejo, -a old (I)

viernes Friday (I)

el **vinagre** vinegar (7A)

la **violencia** violence (6B)

violento, -a violent (I)

visitar to visit (I)

— salones de chat to visit chat rooms (I, 1B)

vivir to live (I)

vivo, -a bright (color) (2B); living, alive (5A)

el **vóleibol: jugar al —** to play volleyball (I)

volver (o→ue) to return (1B)

—se loco, -a to go crazy (6A)

la **voz, *pl.* las voces** voice (1B)

el **voluntario, la voluntaria** volunteer (I)

vosotros, -as you *fam. pl.* (I)

el **vuelo** flight (8A)

vuestro, -a, -os, -as your, yours (I)

W

Web: crear una página Web to create a Web page (1B)

Y

y and (I)

¿— a ti? And you? (I)

— cuarto quarter past (I)

— media thirty (*in telling time*) (I)

¿— tú? And you? *fam.* (I)

¿— usted (Ud.)? And you? *formal* (I)

ya already (I, 3B)

el **yeso** cast (5B)

yo I (I)

el **yogur** yogurt (I)

Z

las **zanahorias** carrots (I)

la **zapatería** shoe store (I)

los **zapatos** shoes (I)

el **zoológico** zoo (I)

English-Spanish Vocabulary

The *English-Spanish Vocabulary* contains all active vocabulary from the text, including vocabulary presented in the grammar sections.

A dash (—) represents the main entry word. For example, **to play** — after **baseball** means **to play baseball**

The number following each entry indicates the chapter in which the word or expression is presented. A Roman numeral (I) indicates that the word was presented in REALIDADES 1.

The following abbreviations are used in this list: *adj.* (adjective), *dir. obj.* (direct object), *f.* (feminine), *fam.*(familiar), *ind. obj.* (indirect object), *inf.* (infinitive), *m.* (masculine), *pl.* (plural), *prep.* (preposition), *pron.* (pronoun), *sing.* (singular).

A

a, an un, una (I)

a little un poco (de) (I)

a lot mucho, -a (I)

able: to be — to poder (o → ue) (I)

about sobre (I, 1A)

    to be — tratarse de (6B)

accident el accidente (5B)

to **accompany** acompañar (7B)

according to según (I)

    — my family según mi familia (I)

accountant el contador, la contadora (9A)

acquainted: to be — with conocer (c → zc) (I, 1B)

acting la actuación (6B)

action figure el muñeco (4A)

action film la película de acción (6B)

actor el actor (I)

actress la actriz, *pl.* las actrices (I)

to **add** añadir (7A)

addition: in — (to) además (de) (9B)

address: e-mail — la dirección electrónica (I)

afraid: to be — (of) tener miedo (de) (I)

after después de (I)

afternoon:

    at one (o'clock) in the afternoon a la una de la tarde (I)

    Good —. Buenas tardes. (I)

    in the — de la tarde (I)

    this — esta tarde (I)

afterwards después (I)

again otra vez (I)

against contra (9B)

agitated agitado, -a (6A)

ago hace + *time expression* (I)

agree:

    I —. Estoy de acuerdo. (I)

    I don't —. No estoy de acuerdo. (I)

Agreed. De acuerdo. (3B)

air conditioning el aire acondicionado (9B)

airline la línea aérea (8A)

airplane el avión (I)

airport el aeropuerto (8A)

aisle el pasillo (8A)

alarm clock el despertador (I)

alien el / la extraterrestre (6B)

alive vivo, -a (5A)

all todos, -as (I)

almost casi (I, 3A)

alone solo, -a (I)

along por (3B)

already ya (I, 3B)

also también (I)

always siempre (I)

am:

    I — (yo) soy (I)

    I — not (yo) no soy (I)

ambulance la ambulancia (5B)

among entre (1B)

amusement park el parque de diversiones (I)

amusing divertido, -a (I)

and y (I)

— you? ¿Y a ti? *fam.* (I); ¿Y tu? *fam.* (I); ¿Y usted (Ud.)? *formal* (I)

angry enojado, -a (6A)

    to get — enojarse (6A)

animal el animal (I)

ankle el tobillo (5B)

anniversary el aniversario (4B)

to **announce** anunciar (2B)

announcement el anuncio (8A)

announcer el locutor, la locutora (5A)

another otro, -a (I)

to **answer** contestar (1A)

ant la hormiga (7B)

antique antiguo, -a (4B)

any algunos, -as (1A)

anyone alguien (1A)

Anything else? ¿Algo más? (I)

apartment el apartamento (I)

    — building el edificio de apartamentos (5A)

to **applaud** aplaudir (6A)

apple la manzana (I)

    — juice el jugo de manzana (I)

approximately aproximadamente (3B)

April abril (I)

architect el arquitecto, la arquitecta (9A)

Are you ... ? ¿Eres ... ? (I)

arm el brazo (I)

around por (3A, 3B); alrededor de (4B)

to **arrest** arrestar (6B)

arrival la llegada (8A)

to **arrive late** llegar (g → gu) tarde (1A)

art class la clase de arte (I)

article el artículo (5A)

artist el artista, la artista (9A)

artistic artístico, -a (I)

arts las artes (9A)

    martial — las artes marciales (1B)

as como (I)

> **— a child** de niño (4A); de pequeño (4A)

> **— a main dish** de plato principal (I)

> **— far as** hasta (3B)

as much / many + *noun* + as tantos, -as + *noun* + como

as + *adj.* + as tan + *adj.* + como (1B)

to **ask for** pedir (e → i) (I)

> **— help** pedir ayuda (1A)

to **ask a question** hacer una pregunta (1A)

asleep dormido, -a (5A)

> **to fall—**dormirse (6A)

at:

> **— eight (o'clock)** a las ocho (I)

> **— eight (o'clock) at night** a las ocho de la noche (I)

> **— eight (o'clock) in the evening** a las ocho de la noche (I)

> **— eight (o'clock) in the morning** a las ocho de la mañana (I)

> **— home** en casa (I)

> **— one (o'clock)** a la una (I)

> **— one (o'clock) in the afternoon** a la una de la tarde (I)

> **— the end** al final (6A)

> **— what time?** ¿A qué hora? (I)

athlete el / la atleta (6A)

ATM el cajero automático (8B)

to **attend** asistir a (1B)

attentive atento, -a (8B)

attention: to pay — prestar atención (1A)

attraction(s) la atracción, *pl.* las atracciones (I)

audience el público (6A)

audition la audición, *pl.* las audiciones (2A)

auditorium el auditorio (6A)

August agosto (I)

aunt la tía (I)

aunt(s) and uncle(s) los tíos (I)

autumn el otoño (I)

avenue la avenida (3B)

avocado el aguacate (7B)

B

baby el / la bebé (4B)

back la espalda (5B)

backpack la mochila (I)

bacon el tocino (I)

bad malo, -a (I); mal (I)

badly mal (I)

bag la bolsa (I)

baked al horno (7A)

ball la pelota (3A)

balloon el globo (I)

banana el plátano (I)

band *(musical)* la banda (1B)

bandage la venda (5B)

bank el banco (3A)

barbecue: to have a — hacer una parrillada (7B)

bargain la ganga (2B)

to **bargain** regatear (8B)

baseball: to play — jugar al béisbol (I)

based: to be — on estar basado, -a en (6B)

basement el sótano (I)

basket la cesta (7B)

basketball: to play — jugar al básquetbol (I)

bathroom el baño (I)

to **be** ser (I); estar (I)

> **He / She is / They are ... (years old).** Tiene(n) ... años. (I)

> **How old is / are ... ?** ¿Cuántos años tiene(n)...? (I)

> **to — +** *present participle* estar + *present participle* (I)

> **to — a member** ser miembro (1B)

> **to — able to** poder (o → ue) (I)

to — about tratarse de (6B)

to — acquainted with conocer (c → zc) (I)

to — afraid (of) tener miedo (de) (I)

to — based on estar basado, -a en (6B)

to — born nacer (4B)

to — careful tener cuidado (3B)

to — cold tener frío (I)

to — correct tener razón (I)

to — going to + *verb* ir a + *inf.* (I)

to — in a hurry tener prisa (3B)

to — in fashion estar de moda (2B)

to — in love with estar enamorado, -a de (6B)

to — located quedar (I, 3B)

to — online estar en línea (I, 1B)

to — scared (of) tener miedo (de) (I)

to — sleepy tener sueño (I)

to — sure estar seguro, -a (3B)

to — useful servir (I)

to — warm tener calor (I)

beach la playa (I)

beans los frijoles (7B)

bear el oso (I)

to **beat** batir (7A)

beautiful bello, -a (8B)

beauty contest el concurso de belleza (6A)

beauty salon el salón de belleza, *pl.* los salones de belleza (2A)

because porque (I)

> **— of** a causa de (5A)

to **become** ponerse (6A)

bed la cama (I)

> **to go to —** acostarse (o → ue) (2A)

> **to make the —** hacer la cama (I)

bedroom el dormitorio (I)

beefsteak el bistec (I)

before antes de (I, 2A)

to **begin** empezar (e → ie) (I)

to **behave well / badly** portarse bien / mal (4A)

behind detrás de (I)

belt el cinturón, *pl.* los cinturones (2A)

benefits los beneficios (9A)

besides además (de) (9B)

best: the — el / la mejor, los / las mejores (I)

better than mejor(es) que (I)

between entre (1B)

bicycle: to ride a — montar en bicicleta (I)

bilingual bilingüe (9A)

bill la cuenta (I)

binder: three-ring — la carpeta de argollas (I)

bird el pájaro (I)

birthday el cumpleaños (I)

    Happy —! ¡Feliz cumpleaños! (I)

    to have a — cumplir años (4B)

black hair el pelo negro (I)

block la cuadra (3B)

blocks los bloques (4A)

blond hair el pelo rubio (I)

blood la sangre (5B)

blouse la blusa (I)

blow dryer el secador (2A)

blue azul (I)

to **board** abordar (8A)

boarding pass la tarjeta de embarque (8A)

boat el barco (I)

    sail — el bote de vela (8B)

boating: to go — pasear en bote (I)

to **boil** hervir (e → ie) (e → i) (7A)

bone el hueso (5B)

bonfire la fogata (7B)

book el libro (I)

bookbag la mochila (I)

bookshelf el estante (I)

bookstore la librería (I)

boots las botas (I)

to **bore** aburrir (I)

    it / they bore(s) me aburre(n) (I)

    to get bored aburrirse (6A)

boring aburrido, -a (I)

born: to be — nacer (4B)

to **borrow (from)** pedir (e → i) prestado, -a (a) (2A)

both los dos, las dos (I)

to **bother** molestar (4A)

bottle la botella (I)

to **bowl** jugar a los bolos (1B)

box la caja (I)

boy el chico (I)

    young — el niño (I)

boyfriend el novio (I)

bracelet la pulsera (I)

brand la marca (2B)

brave valiente (5A)

bread el pan (I)

to **break** romper (I); romperse (5B)

breakfast el desayuno (I)

    for — en el desayuno (I)

bridge el puente (3B)

bright *(color)* vivo, -a (2B)

to **bring** traer (I); llevar (I)

    I will — you ... Le traigo ... (I)

    Will you — me ... ? ¿Me trae ... ? (I)

broken roto, -a (5B)

broth el caldo (7A)

brother el hermano (I)

brothers; brother(s) and sister(s) los hermanos (I)

brown marrón (I)

    — (chestnut) hair el pelo castaño (I)

brush el cepillo (2A)

    tooth — el cepillo de dientes (3A)

to **brush (one's teeth)** cepillarse (los dientes) (2A)

to **burn a CD** grabar un disco compacto (I)

to **burn (oneself), to burn up** quemar(se) (5A)

bus el autobús, *pl.* los autobuses (I)

business los negocios (9A)

    — man el hombre de negocios (9A)

    — woman la mujer de negocios (9A)

busy ocupado, -a (I)

but pero (I)

butter la mantequilla (I)

to **buy** comprar (I)

    — souvenirs comprar recuerdos (I)

by por (3B)

    — + *vehicle* en + *vehicle* (I)

C

café el café (I)

cake el pastel (I)

to **call: to — on the phone** llamar por teléfono (5A)

calculator la calculadora (I)

calm tranquilo, -a (2A)

camera la cámara (I)

    digital — la cámara digital (I)

camp el campamento (I)

can la lata (I)

can:

    I — (yo) puedo (I)

    you — (tú) puedes (I); se puede (7A)

candy los dulces (I)

canned enlatado, -a (7A)

cap la gorra (I)

to **capture** capturar (6B)

car el coche (I)

card la tarjeta (I, 3A)

    credit — la tarjeta de crédito (2B)

    ID — el carnet de identidad

    post — la tarjeta postal (8B)

cardboard el cartón (I)

care: to take — of cuidar a (3A)

career la carrera (9A)

careful: to be — tener cuidado (3B)

carrots las zanahorias (I)

to **carry** llevar (I)

cartoon el programa de dibujos animados (I)

cash en efectivo (2B)

to **cash a check** cobrar un cheque (3A)

cash register la caja (2B)

cashier el cajero, la cajera (2B)

cast el yeso (5B)

castle el castillo (8B)

cat el gato (I)

cathedral la catedral (8B)

cause la causa (5A)

CD: to burn a — grabar un disco compacto (I)

to **celebrate** celebrar (I)

center el centro (I, 3A)

cereal el cereal (I)

certain: it is — es cierto (9B)

chain la cadena (I)

chair la silla (I)

    wheel — la silla de ruedas (5B)

champion el campeón, la campeona, *pl.* los campeones (6A)

championship el campeonato (6A)

to **change** cambiar (8B)

channel *(TV)* el canal (I)

character: main — el personaje principal (6B)

to **chat** charlar (4B)

chat rooms los salones de chat (1B)

cheap barato, -a (I)

check:

    to cash a — cobrar un cheque (3A)

    traveler's — el cheque de viajero (2B)

    personal — el cheque personal (2B)

to **check** *(luggage)* facturar (el equipaje) (8A); examinar (5B)

to **check out** sacar (c → qu) (3A)

cheerleader el animador, la animadora (1B)

cherry la cereza (7B)

chess el ajedrez (1B)

chicken el pollo (I)

child: as a — de niño (4A); de pequeño (4A)

childish infantil (I)

children los hijos (I); los niños (I)

choir el coro (1B)

to **chop** picar (c → qu) (7A)

chore: household — el quehacer (de la casa) (I)

chorus el coro (1B)

to **choose** escoger (g → j) (2B)

church la iglesia (I)

    Protestant — el templo (I)

city la ciudad (I)

class la clase (I)

classroom la sala de clases (I)

clean limpio, -a (I)

to **clean the bathroom** limpiar el baño (I)

clock el reloj (I)

to **close** cerrar (3A)

close (to) cerca (de) (I)

closed cerrado, -a (8A)

closes se cierra (3A)

closet el armario (I)

clothing store la tienda de ropa (I)

cloud la nube (7B)

club el club, *pl.* los clubes (1B)

    athletic — el club atlético (1B)

coach el entrenador, la entrenadora (6A)

coat el abrigo (I)

coffee el café (I)

coin la moneda (4A)

cold:

    It's —. Hace frío. (I)

    to be — tener frío (I)

to **collect** recoger (g → j) (I)

to **collect** coleccionar (4A)

collection la colección, *pl.* las colecciones (4A)

to **collide with** chocar (c → qu) con (5B)

cologne el agua de colonia (2A)

color:

    What — ... ? ¿De qué color ... ? (I)

    —s los colores (I)

comb el peine (2A)

to **come** venir (I)

comedy la comedia (I)

comfortable cómodo, -a (2A)

comical cómico, -a (I)

commentary el comentario (6A)

to **communicate** comunicarse (c → qu) (I)

    I — (yo) me comunico (I)

    you — (tú) te comunicas (I)

community la comunidad (I)

compact disc el disco compacto (I)

    to burn a — grabar un disco compacto (I)

to **compete** competir (e → i) (6A)

competition la competencia (6A)

complicated complicado, -a (I, 3B)

composition la composición, *pl.* las composiciones (I)

computer la computadora (I)

    — graphics los gráficos (I)

    — keyboard el teclado (I)

    — mouse el ratón (I)

    — screen la pantalla (I)

    —s / technology la tecnología (I)

    laptop — la computadora portátil (I)

    to use the — usar la computadora (I)

concert el concierto (I)

to **congratulate** felicitar (4B)

Congratulations! ¡Felicidades! (4B)

to **conserve** conservar (9B)

construction project el proyecto de construcción (I)

contest el concurso (2A)

    beauty — el concurso de belleza (6A)

to **continue** seguir (e → i) (3B)

to **cook** cocinar (I)

cookie la galleta (I)

cooking oil el aceite (7A)

corn el maíz (7B)

corner la esquina (3B)

correct: to be — tener razón (I)

to **cost** costar (o → ue) (I)

    How much does (do) ... —? ¿Cuánto cuesta(n)? (I)

cotton el algodón (2B)

country el país, *pl.* los países (I)

countryside el campo (I)

course:

    to take a — tomar un curso (I)

    — of studies el programa de estudios (9A)

cousin la prima, el primo (I)

    —s los primos (I)

to **crash into** chocar (c → qu) con (5B)

crazy: to go – volverse loco, -a (6A)

to **create** crear (I)

    to — a Web page crear una página Web (1B)

credit card la tarjeta de crédito (2B)

crime el crimen (6B)

    — movie la película policíaca (I)

criminal el / la criminal (6B)

critic el crítico, la crítica (6B)

to **cross** cruzar (3B)

crutches las muletas (5B)

to **cry** llorar (4B)

cup la taza (I)

currency exchange la casa de cambio (8B)

curtains las cortinas (I)

custom la costumbre (4B)

customs la aduana (8A)

customs officer el aduanero, la aduanera (8A)

to **cut** cortar (I, 7A)

    to — oneself cortarse (5B)

    to — one's hair cortarse el pelo (2A)

    to — the lawn cortar el césped (I)

cut-paper decorations el papel picado (I)

D

dance el baile (I)

to **dance** bailar (I)

dancer el bailarín, la bailarina *pl.* los bailarines (1B)

dangerous peligroso, -a (3B)

daring atrevido, -a (I)

dark oscuro, -a (2B)

date: What is the —? ¿Cuál es la fecha? (I)

date la cita (2A)

daughter la hija (I)

day el día (I)

    every — todos los días (I); cada día (I)

    What — is today? ¿Qué día es hoy? (I)

day care center la guardería infantil (4A)

dead muerto, -a (5A)

December diciembre (I)

to **decide** decidir (I)

to **decorate** decorar (I)

decorations las decoraciones (I)

delay el retraso (8A)

delicious delicioso, -a (I)

delighted encantado, -a (I)

dentist el / la dentista (3A)

deodorant el desodorante (2A)

department store el almacén,

pl. los almacenes (I)

departure la salida (8A)

departure gate la puerta de embarque (8A)

depend: it depends depende (2A)

desert el desierto (9B)

designer el diseñador, la diseñadora (9A)

desk el pupitre (I); el escritorio (I)

dessert el postre (I)

    for — de postre (I)

to **destroy** destruir (i → y) (5A)

destruction la destrucción (9B)

detective el / la detective (6B)

dictionary el diccionario (I)

Did you like it? ¿Te gustó? (I)

to **die** morirse (o → ue) (o → u) (6A)

difficult difícil (I)

digital camera la cámara digital (I)

dining room el comedor (I)

dinner la cena (I)

dinosaur el dinosaurio (4A)

direct directo, -a (8A)

direction la dirección, *pl.* las direcciones (6B)

director el director, la directora (6B)

dirty sucio, -a (I)

disaster: It was a —. Fue un desastre. (I)

discount store la tienda de descuentos (I)

to **discuss** discutir (1A)

dish el plato (I)

    as a main — de plato principal (I)

    main — el plato principal (I)

diskette el disquete (I)

disobedient desobediente (4A)

to **do** hacer (I)

    — (command) haz (I)

    — you like to ... ? ¿Te gusta ... ? (I)

I — (yo) hago (I)

to — a project hacer un proyecto (1A)

to — a search hacer una búsqueda (1B)

to — gymnastics hacer gimnasia (1B)

you — (tú) haces (I)

What did you —? ¿Qué hiciste? (I)

doctor el médico, la médica (3A)

doctor's / dentist's office el consultorio (3A)

document el documento (I)

dog el perro (I)

to feed the — dar de comer al perro (I)

doll la muñeca (4A)

Don't eat. No comas. (7A)

Don't leave, Don't let No dejes (7A)

Don't speak. No hables. (7A)

Don't write. No escribas. (7A)

door la puerta (I)

double room la habitación doble (8B)

doubt: without a — sin duda (5A)

to doubt dudar (9B)

to download bajar (información) (I)

downtown el centro (3A)

drama el drama (I)

to draw dibujar (I)

dress el vestido (I)

dressed: to get — vestirse (2A)

dresser la cómoda (I)

to drink beber (I)

drinks las bebidas (I)

to drive manejar (3B)

driver el conductor, la conductora (3B)

driver's license el permiso de manejar (3B)

dry seco, -a (7B)

to dry secarse (c → qu) (2A)

dryer: blow — secador (2A)

during durante (I)

to dust quitar el polvo (I)

DVD player el lector DVD (I)

E _____

e-mail:

— address la dirección electrónica (I)

to write — escribir por correo electrónico (I)

to earn ganar (1B)

to enjoy disfrutar de (8B)

early temprano (I)

to earn *(money)* ganar (1B)

earrings los aretes (I)

Earth la Tierra (9B)

earthquake el terremoto (5A)

easy fácil (I)

to eat comer (I)

ecological ecológico, -a (9B)

economical económico, -a (9B)

educational program el programa educativo (I)

efficient eficiente (9B)

eggs los huevos (I)

eight ocho (I)

eight hundred ochocientos, -as (I)

eighteen dieciocho (I)

eighth octavo, -a (I)

eighty ochenta (I)

either tampoco (I)

I don't (like to) — a mí tampoco (I)

elbow el codo (5B)

electric train el tren eléctrico (4A)

electricity la electricidad (9B)

elegant elegante (2A)

to eliminate eliminar (9B)

elevator el ascensor (8B)

eleven once (I)

else:

Anything —? ¿Algo más? (I)

What —? ¿Qué más? (I)

emergency room la sala de

emergencia (5B)

emotional emocionado, -a (6A)

employee el empleado, la empleada (8A)

end: at the — al final (6A)

to end terminar (I)

endangered en peligro de extinción (9B)

energy la energía (9B)

engineer el ingeniero, la ingeniera (9A)

English class la clase de inglés (I)

to enjoy disfrutar de (8B)

enormous enorme (4B)

enough bastante (I)

Enough! ¡Basta! (3B)

to enter entrar (I)

entrance la entrada (2B)

environment medio ambiente (9B)

to escape escaparse (5A)

especially especialmente (I)

evening:

Good —. Buenas noches. (I)

in the — de la noche (I)

this — esta noche (I)

every day cada día (I), todos los días (I)

everyone todo el mundo (4A)

exactly en punto (8B)

to examine examinar (5B)

example: for — por ejemplo (2A)

excited entusiasmado, -a (2A); emocionado, -a (6A)

exchange: currency — la casa de cambio (8B)

to exchange cambiar (8B)

excursion la excursión, *pl.* las excursiones (8B)

Excuse me. Perdón. (I)

to exercise hacer ejercicio (I)

exit la salida (2B)

expensive caro, -a (I)

experience la experiencia (I)

to **explain** explicar (c → qu) (1A)

explosion la explosión, *pl.* las explosiones (5A)

extinction: in danger of — en peligro de extinción (9B)

extracurricular extracurricular (1B)

    — activities las actividades extracurriculares (1B)

eye el ojo (I)

F

fabric: synthetic — la tela sintética (2B)

face la cara (2A)

face-to-face cara a cara (I)

failure el fracaso (6B)

to **fall** caerse (5B)

    I — (yo) me caigo (5B)

    to — asleep dormirse (o→ue) (o→u) (6A)

    to — in love (with) enamorarse (de) (6B)

    you — (tú) te caes (5B)

fall el otoño (I)

famous famoso, -a (8B)

fan el aficionado, la aficionada (6A)

fantastic fantástico, -a (I)

far (from) lejos (de) (I)

farmer el agricultor, la agricultora (9A)

to **fascinate** fascinar (6B)

fascinating fascinante (I)

fashion: to be in — estar de moda (2B)

fast rápidamente (I)

father el padre (papá) (I)

fatty grasoso, -a (7B)

favorite favorito, -a (I)

February febrero (I)

to **feed the dog** dar de comer al perro (I)

to **feel** sentirse (e → ie) (e → i) (5B)

fewer:

    — ... than menos ... que (I)

    — than ... menos de ... (I)

fifteen quince (I)

fifth quinto, -a (I)

fifty cincuenta (I)

to **fight** luchar (9B)

to **fight** pelearse (4A)

to **fill (the tank)** llenar (el tanque) (3A)

film la película (I)

final último, -a (6A)

to **find** encontrar (o → ue) (2B)

finger el dedo (I)

to **finish** terminar (I)

fire el incendio (5A); el fuego (7A)

firefighter el bombero, la bombera (5A)

firewood la leña (7B)

fireworks los fuegos artificiales (4B)

first primer (primero), -a (I)

fish el pescado (I); el pez, *pl.* los peces (4A)

    to go —ing ir de pesca (I)

to **fit: It / They —(s) me well / poorly.** Me queda(n) bien / mal. (I)

five cinco (I)

five hundred quinientos, -as (I)

to **fix (one's hair)** arreglarse (el pelo) (2A)

flag la bandera (I)

flavorful sabroso, -a (I)

flight el vuelo (8A)

flight attendant el / la auxiliar de vuelo (8A)

flood la inundación, *pl.* las inundaciones (5A)

floor el piso (I); el suelo (7B)

    ground — la planta baja (I)

    second — el primer piso (I)

    third — el segundo piso (I)

flour la harina (7B)

flower la flor, *pl.* las flores (I)

fly la mosca (7B)

folder la carpeta (I)

to **follow** seguir (e → i) (3B)

following siguiente (8B)

food la comida (I)

food stand el puesto (7B)

foot el pie (I)

football: to play — jugar (u → ue) (g → gu) al fútbol americano (I)

for para (I); por (3A)

    — breakfast en el desayuno (I)

    — example por ejemplo (2A)

    — lunch en el almuerzo (I)

    — me para mí (I)

    — the ... time por ... vez (6A)

    — you para ti (I)

for (how long) por (3A)

forbidden: It is —. Se prohíbe. (1A)

foreign extranjero, -a (8A)

forest el bosque (9B)

    rain — la selva tropical (9B)

to **forget about/to** olvidarse de (7A)

    don't — no te olvides de (7A)

forgot: I — se me olvidó (3A)

fork el tenedor (I)

fortunately afortunadamente (5A)

forty cuarenta (I)

fountain la fuente (3B)

four cuatro (I)

four hundred cuatrocientos, -as (I)

fourteen catorce (I)

fourth cuarto, -a (I)

free time el tiempo libre (I)

French fries las papas fritas (I)

frequently frecuentemente (4B)

fresh fresco, -a (7A)

Friday viernes (I)

fried frito, -a (7A)

friendly simpático, -a (I)

frightened asustado, -a (5A)

from de (I); desde (3B)

    Where are you —? ¿De dónde eres? (I)

frozen congelado, -a (7A)

fruit salad la ensalada de frutas (I)

to **fry** freír (e → í) (7A)

frying pan la sartén, *pl.* las sartenes (7A)

fun divertido, -a (I)

    to have — divertirse (e → ie) (e → i) (4B)

to **function** funcionar (9B)

funny gracioso, -a (I); cómico, -a (I)

furious furioso, -a (6A)

furniture los muebles (5A)

future el futuro (9A)

G _____

game el partido (I)

game show el programa de concursos (I)

garage el garaje (I)

garden el jardín, *pl.* los jardines (I)

garlic el ajo (7A)

gasoline la gasolina (3A)

to **gather** recoger (g → j) (I)

gathering la reunión, *pl.* las reuniones (4B)

gel el gel (2A)

general: in — por lo general (4A)

generally generalmente (I)

generous generoso, -a (4A)

get:

    to — a good grade sacar (c → qu) una buena nota (1A)

    to — along well / badly llevarse bien / mal (4B)

    to — angry enojarse (6A)

    to — bored aburrirse (6A)

    to — dressed vestirse (e → i) (2A)

    to — married casarse (con) (4B)

    to — ready prepararse (2A)

    to — up levantarse (2A)

gift el regalo (I)

gift certificate el cupón de

regalo, *pl.* los cupones de regalo (2B)

girl la chica (I)

    young — la niña (I)

girlfriend la novia (I)

to **give** dar (I); regalar (4B)

    to — a speech dar un discurso (1A)

    to — a ticket poner una multa (3B)

    to — an injection poner una inyección (5B)

glass el vaso (I); el vidrio (I)

gloves los guantes (I)

to **go** ir (I); pasar (3B)

    Let's —! ¡Vamos! (I)

    to be —ing to + *verb* ir a + *inf.* (I)

    to — to bed acostarse (o → ue) (2A)

    to — boating pasear en bote (I)

    to — camping ir de cámping (I)

    to — crazy volverse (o → ue) loco, -a (6A)

    to — down bajar (5A)

    to — fishing ir de pesca (I)

    to — on foot ir a pie (3A)

    to — on vacation ir de vacaciones (I)

    to — out salir (I)

    to — shopping ir de compras (I)

    to — to bed acostarse (o → ue) (2A)

    to — to school ir a la escuela (I)

    to — up subir (5A)

goal *(in sports)* el gol (6A)

    to score a — meter un gol (6A)

going to con destino a (8A)

gold el oro (2A)

golf:

    — club el palo de golf (3A)

    to play — jugar (u → ue) (g → gu) al golf (I)

good bueno (buen), -a (I)

    — afternoon. Buenas tardes. (I)

    — evening. Buenas noches. (I)

    — gracious caramba (3A)

    — morning. Buenos días. (I)

Good-bye! ¡Adiós! (I)

good-looking guapo, -a (I)

grade *(in school)* la nota (1A)

    to get a good — sacar una buena nota (1A)

to **graduate** graduarse (u → ú) (9A)

graduation la graduación, *pl.* las graduaciones (9A)

grandfather el abuelo (I)

grandmother la abuela (I)

grandparents los abuelos (I)

grapes las uvas (I)

gray gris (I)

    — hair el pelo canoso (I)

greasy grasoso, -a (7B)

Great! ¡Genial! (I)

green verde (I)

    — beans las judías verdes (I)

to **greet** saludar(se) (4B)

to **grill** asar (7B)

grill: on the — a la parrilla (7B)

grilled asado, -a (7B)

ground el suelo (7B)

ground floor la planta baja (I)

grown-ups los mayores (4B)

guide el / la guía (8B)

guidebook la guía (8B)

guitar: to play the — tocar la guitarra (I)

gym el gimnasio (I)

gymnastics la gimnasia (1B)

H _____

hair el pelo (I, 2A)

    black — el pelo negro (I)

    blond — el pelo rubio (I)

    brown (chestnut) — el pelo castaño (I)

gray — el pelo canoso (I)

    to cut one's — cortarse el pelo (2A)

    to fix one's — arreglarse el pelo (2A)

half media, -o (I)

    — **past** y media *(in telling time)* (I)

ham and cheese sandwich el sándwich de jamón y queso (I)

hamburger la hamburguesa (I)

hand la mano (I)

    to shake —s darse la mano (4B)

handicrafts la artesanía (8B)

happy contento, -a (I); alegre (6A)

    — **birthday!** ¡Feliz cumpleaños! (I)

hardworking trabajador, -ora (I)

to **have** tener (I)

    I — to ... tengo que + *inf.* (I)

    to — a barbecue hacer una parrillada (7B)

    to — a birthday cumplir años (4B)

    to — a picnic hacer un picnic (4B)

    to — fun divertirse (e → ie) (e → i) (4B)

    to — just... acabar de + *inf.* (I)

    to — lunch almorzar (o → ue) (z → c) (1A)

to **have** haber *(as an auxiliary verb)* (6B)

he él (I)

he / she is es (I)

    He / She is / They are ... (years old). Tiene(n) ... años. (I)

head la cabeza (I)

health:

    for one's — para la salud (I)

    to maintain one's — para mantener la salud (I)

to **hear** oír (5A)

heat el fuego (7A); la calefacción (9B)

to **heat** calentar (e → ie) (7A)

Hello! ¡Hola! (I)

to **help** ayudar (I)

    How can I — you? ¿En qué puedo servirle? (I)

help la ayuda (1A)

Help! ¡Socorro! (5A)

her su, sus *possessive adj.* (I); la *dir. obj. pron.* (I); le *ind. obj. pron.* (I)

hers suyo, -a (2A)

here aquí (I)

hero el héroe (5A)

heroine la heroína (5A)

Hey! ¡Oye! (I)

to **hide (oneself)** esconder(se) (5A)

high alto, -a (2B)

high school el colegio (9A)

highway la carretera (3B)

hill la colina (9B)

him lo *dir. obj. pron.* (I); le *ind. obj. pron.* (I)

his su, sus (I); suyo, -a (2A)

historical histórico, -a (8B)

hockey el hockey (1B)

holiday el día festivo (4B)

home la casa (I)

    at — en casa (I)

    — **office** el despacho (I)

    (to) — a casa (I)

homework la tarea (I)

horrible horrible (I)

horror movie la película de horror (I)

horseback: to ride — montar a caballo (I)

hospital el hospital (I)

hot caliente (7A)

    — **dog** el perrito caliente (I)

    It's —. Hace calor. (I)

hotel el hotel (I)

hour: in the ... — en la ... hora *(class period)* (I)

house la casa (I)

household:

—**appliance store** la tienda de electrodomésticos (I)

    — **chore** el quehacer (de la casa) (I)

how!

    — + *adj.!* ¡Qué + *adj.!* (I)

    — **awful!** ¡Qué asco! (I)

How? ¿Cómo? (I)

    — **are you?** ¿Cómo está Ud.? *formal* (I); ¿Cómo estás? *fam.* (I); ¿Qué tal? *fam.* (I)

    — **can I help you?** ¿En qué puedo servirle? (I)

    — **do you go to ... ?** ¿Cómo se va...? (3B)

    — **do you make ... ?** ¿Cómo se hace ...? (7A)

    — **do you say ... ?** ¿Cómo se dice... ? (I)

    — **does it (do they) fit (you)?** ¿Cómo te queda(n)? (I)

    — **does it seem to you?** ¿Qué te parece? (2B)

    — **is ... spelled?** ¿Cómo se escribe ... ? (I)

    — **is (it) ... ?** ¿Qué tal es...? (6B)

    — **long ... ?** ¿Cuánto tiempo hace que...? (1B)

    — **many?** ¿Cuántos, -as? (I)

    — **much?** ¿Cuánto?

    — **much does (do) ... cost?** ¿Cuánto cuesta(n) ... ? (I)

    — **old is / are ... ?** ¿Cuántos años tiene(n) ... ? (I)

    — **was it (for you)?** ¿Cómo lo pasaste? (I)

to **hug** abrazar(se) (z → c) (4B)

hundred: one — cien(to) (I)

hungry: I'm —. Tengo hambre. (I)

hurricane el huracán, *pl.* los huracanes (5A)

hurt doler (o → ue) (I, 5B)

to **hurt oneself** lastimarse (5B)

hurry prisa (3B)

    in a — de prisa (5A)

    to be in a — tener prisa (3B)

husband el esposo (I)

I

I yo (I)

— **am** soy (I)

— **am not** no soy (I)

— **don't think so.** Creo que no. (I)

— **have seen** he visto (6B)

— **stay at home.** Me quedo en casa. (I)

— **think ...** Creo que ... (I)

— **think so.** Creo que sí. (I)

— **will bring you ...** Le traigo ... (I)

—**'m hungry.** Tengo hambre. (I)

—**'m sorry.** Lo siento. (I)

—**'m thirsty.** Tengo sed. (I)

I do too a mí también (I)

I don't either a mí tampoco (I)

I forgot se me olvidó (3A)

I would like Me gustaría (I); (yo) quisiera (I)

ice cream el helado (I)

iced tea el té helado (I)

ID card el carnet de identidad (1A)

if si (I)

immediately inmediatamente (2B)

impatient impaciente (I)

important importante (I)

impressive impresionante (I)

to **improve** mejorar (9B)

in en (I)

— **danger of extinction** en peligro de extinción (9B)

— **front of** delante de (I)

— **general** por lo general (4A)

— **love with** enamorado, -a de (6B)

— **my opinion** para mí (I)

— **order** to para + *inf.* (I)

— **the ... hour** en la ... hora (*class period*) (I)

— **the middle of** en medio de (3B)

— **your opinion** para ti (I)

incredible increíble (I)

inexpensive barato, -a (I)

information la información (I)

ingredient el ingrediente (7A)

injection la inyección, *pl.* las inyecciones (5B)

to give an — poner una inyección (5B)

injured herido, -a (5A)

injured person el herido, la herida (5A)

inside dentro de (7B)

to **insist** insistir en (8A)

to **inspect** registrar (8A)

intelligent inteligente (I)

interest el interés (1B)

to **interest** interesar (I)

it / they interest(s) me me interesa(n) (I)

interesting interesante (I)

intersection el cruce de calles (3B)

interview la entrevista (6A)

— **program** el programa de entrevistas (I)

to **interview** entrevistar (6A)

to **investigate** investigar (g → gu) (5A)

is es (I)

he / she — es (I)

it — **true** es cierto (9B)

it la, lo *dir. obj. pron.* (I)

— **depends** depende (2A)

— **fits (they fit) me well / poorly.** Me queda(n) bien / mal. (I)

— **has been ...** Hace + *time* + que ... (1B)

— **is ...** Son las (*in telling time*) (I)

— **is forbidden ...** Se prohíbe ... (1A)

— **is made of ...** Está hecho, -a de ... (2B)

— **is one o'clock.** Es la una. (I)

— **is the ... of ...** Es el (*number*) de (*month*) (*in telling the date*) (I)

— **is the first of ...** Es el primero de (*month*). (I)

— **seems to me** me parece que (2B)

— **was** fue (I)

— **was a disaster.** Fue un desastre. (I)

—**'s a ...** es un / una ... (I)

—**'s cold.** Hace frío. (I)

—**'s hot.** Hace calor. (I)

—**'s necessary.** Es necesario. (I)

—**'s raining.** Llueve. (I)

—**'s snowing.** Nieva. (I)

—**'s sunny.** Hace sol. (I)

it / he / she will be será (6B)

itinerary el itinerario (8B)

J

jacket la chaqueta (I)

January enero (I)

jeans los jeans (I)

jet skiing la moto acuática (8B)

jewelry (gold, silver) las joyas (de oro, de plata) (2A)

jewelry store la joyería (I)

job el trabajo (I)

to **join** juntarse (9B)

judge el juez, la jueza, *pl.* los jueces (9A)

juice:

apple — el jugo de manzana (I)

orange — el jugo de naranja (I)

July julio (I)

to **jump (rope)** saltar (a la cuerda) (4A)

June junio (I)

just: to have — ... acabar de + *inf.* (I)

K

ketchup la salsa de tomate (7B)

key la llave (8B)

key chain el llavero (I)

keyboard (computer) el teclado (I)

to **kill** matar (6B)

kind: What — of ... ? ¿Qué clase de ... ? (I)

king el rey (8B)

to **kiss** besar(se) (4B)

kitchen la cocina (I)

knee la rodilla (5B)

knife el cuchillo (I)

to **know** saber (I); conocer (c → zc) (I, 1A)

    I — (yo) conozco (I)

    I — (how to) (yo) sé (I)

    you — (tú) conoces (I)

    you — (how to) (tú) sabes (I)

L

laboratory el laboratorio (I, 1A)

ladder la escalera (5A)

lake el lago (I)

lamp la lámpara (I)

language el idioma (9A)

laptop computer la computadora portátil (I)

large grande (I)

last último, -a (6A)

last:

    — night anoche (I)

    — week la semana pasada (I)

    — year el año pasado (I)

to **last** durar (I, 8A)

late tarde (I)

to arrive — llegar tarde (1A)

later: See you — ¡Hasta luego!; ¡Nos vemos! (I)

to **laugh** reírse (e → í) (4B)

law la ley (9A); *(study of)* el derecho (9A)

lawyer el abogado, la abogada (9A)

lazy perezoso, -a (I)

leading man el galán, *pl.* los galanes (6B)

league la liga (6A)

to **learn** aprender (a) (I)

leather el cuero (2B)

to **leave** salir (I); *(something)* dejar (3B)

    don't — no dejes (7A)

Leave me alone. Déjame en paz. (3B)

left: to the — (of) a la izquierda (de) (I)

leg la pierna (I)

lemonade la limonada (I)

less:

    — ... than menos ... que (I)

    — than menos de (I)

lessons: to take — tomar lecciones (1B)

to **let** dejar (3B)

    don't — no dejes (7A)

Let's go! ¡Vamos! (I)

Let's see ... A ver ... (I)

letter la carta (I, 3A)

    to mail a — echar una carta (3A)

lettuce la lechuga (I)

library la biblioteca (I)

to **lie** mentir (e → ie) (e → i) (4A)

life la vida (5A)

to **lift weights** levantar pesas (I)

to **light** encender (e → ie) (7A)

light *(color)* claro, -a (2B); la luz, *pl.* las luces (I)

like como (I)

to **like:**

    Did you — it? ¿Te gustó? (I)

    Do you — to ... ? ¿Te gusta ... ? (I)

    He / She doesn't — ... No le gusta ... (I)

    He / She —s ... Le gusta ... (I); A él / ella le gusta(n) ... (I)

    I don't — to ... (A mí) no me gusta ... (I)

I don't — to ... at all. (A mí) no me gusta nada ... (I)

I — ... Me gusta ... (I)

I — to ... (A mí) me gusta ... (I)

I — to ... a lot (A mí) me gusta mucho ... (I)

I — to ... better (A mí) me gusta más ... (I)

I —d it. Me gustó. (I)

I would — Me gustaría (I); quisiera (I)

What do you — better (prefer) to do? ¿Qué te gusta hacer más? (I)

What do you — to do? ¿Qué te gusta hacer? (I)

What would you — ? Qué desean (Uds.)? (I)

Would you —? ¿Te gustaría? (I)

You — ... Te gusta ... (I)

likewise igualmente (I)

lips los labios (2A)

to **listen to music** escuchar música (I)

little: a — un poco (de) (I)

to **live** vivir (I)

living vivo, -a (5A)

    to make a — ganarse la vida (9A)

living room la sala (I)

located: to be — quedar (3B)

locker el armario (1A)

long largo, -a (I)

    How — ? ¿Cuánto tiempo hace que ...? (1B)

to **look:**

    to — (at) mirar (I)

    to — for buscar (c → qu) (I)

    you — (good) te ves (bien) (2A)

loose flojo, -a (2B)

to **lose** perder (e → ie) (6A)

    lot: a — mucho, -a (I)

to **love** encantar (I)

    He / She —s ... A él / ella le encanta(n) ... (I)

I / You — ... Me / Te
encanta(n) ... (I)

love el amor (6B)

to be in — with estar
enamorado, -a de (6B)

to fall in — with enamorarse
de (6B)

low bajo, -a (2B)

luggage el equipaje (8A)

to check — facturar el
equipaje (8A)

lunch el almuerzo (I)

for — en el almuerzo (I)

to have — almorzar (o → ue)
(z → c) (1A)

M

madam (la) señora (Sra.) (I)

made:

It's — of ... Está hecho, -a de
(2B)

What's it — of? ¿De qué está
hecho, -a?

magazines: to read — leer
revistas (I)

mail:

— carrier el cartero, la
cartera (9A)

—box el buzón, *pl.* los
buzones (3A)

to — a letter echar una carta
(3A)

main:

— character el personaje
principal (6B)

— dish el plato principal (I)

as a — de plato
principal (I)

to **maintain one's health** para
mantener la salud (I)

to **make:**

— (command) haz (I)

to — a living ganarse la vida
(9A)

to — noise hacer ruido (8B)

to — the bed hacer la cama (I)

**You are making me
nervous.** Me estás poniendo
nervioso, -a. (3B)

make-up el maquillaje (2A)

mall el centro comercial (I)

man el hombre (I)

leading — el galán *pl.* los
galanes (6B)

older — el anciano (I)

business— el hombre de
negocios (9A)

manager el / la gerente (9A)

manner la manera (9B)

manners los modales (4B)

many muchos, -as (I)

as — as tantos, -as + *noun* +
como (1B)

How —? ¿Cuántos, -as? (I)

March marzo (I)

mark (in school) la nota (1A)

to get a good — sacar
(c → qu) una buena nota (1A)

market el mercado (2B)

married: to get — (to) casarse
(con) (4B)

martial arts las artes marciales
(1B)

match el fósforo (7B); el partido
(I)

materials los materiales (1A)

mathematics class la clase de
matemáticas (I)

**matter: It (They) matter(s) to
me / to you** me / te importa(n)
(2B)

May mayo (I)

maybe quizás (I); tal vez (8B)

mayonnaise la mayonesa (7B)

me me *ind., dir. obj. pron* (I)

for — para mí (I), me (I)

**it matters / they matter to
—** me importa(n) (2B)

it seems to — me parece que
(2B)

— too a mí también (I)

to — me (I)

with — conmigo (I)

meal la comida (I)

to **mean:**

It —s ... Quiere decir ... (I)

What does ... —? ¿Qué quiere
decir ... ? (I)

meat la carne (I)

mechanic el mecánico, la
mecánica (9A)

medicine la medicina (5B)

medium mediano, -a (2B)

to **meet** reunirse (u → ú)
(4B)

meeting la reunión, *pl.* las
reuniones (1B)

melon el melón, *pl.* los melones
(7B)

member el miembro (1B)

to be a — ser miembro (1B)

to **memorize** aprender de
memoria (1A)

menu el menú (I)

messy desordenado, -a (I)

microwave el microondas (7A)

middle: in the — of en medio de
(3B)

military *(adj.)* militar (9A)

milk la leche (I)

million un millón (6A)

—s of millones de (6A)

mine mío, -a, -os, -as (2A)

mirror el espejo (I)

mischievous travieso, -a (4A)

Miss (la) señorita (Srta.) (I)

missing: to be — faltar (I)

to **mix** mezclar (7A)

moment: a — un momento (I)

Monday lunes (I)

on —s los lunes (I)

money el dinero (I)

money exchange la casa de
cambio (8B)

monkey el mono (I)

month el mes (I)

monument el monumento (I)

moon la Luna (9B)

more:

    — ... than más ... que (I)

    — or less más o menos (I)

    — than más de (I)

morning:

    Good — Buenos días. (I)

    in the — de la mañana (I)

mosque la mezquita (I)

mother la madre (mamá) (I)

mountains las montañas (I)

mouse (computer) el ratón, *pl.* los ratones (I)

mouth la boca (I)

to **move** moverse (o → ue) (5B)

movie la película (I)

    action — la película de acción (6B)

    — theater el cine (I)

    to see a — ver una película (I)

to **mow the lawn** cortar el césped (I)

Mr. (el) señor (Sr.) (I)

Mrs. (la) señora (Sra.) (I)

much:

    as — tanto, -a (1B)

    how —? ¿Cuánto? (I)

    so — tanto (I)

muscle el músculo (5B)

museum el museo (I)

music:

    to listen to — escuchar música (I)

musical program el programa musical (I)

musician el músico, la música (1B)

must deber (I)

    one — hay que (I)

mustard la mostaza (7B)

my mi (I); mis (I)

    — name is ... Me llamo ... (I)

mystery la película policíaca (I)

nails las uñas (2A)

name:

    My — is ... Me llamo ... (I)

    What is your —? ¿Cómo te llamas? (I)

    What's his / her —? ¿Cómo se llama? (I)

napkin la servilleta (I)

narrow estrecho, -a (3B)

national park el parque nacional (I)

nature la naturaleza (9B)

naughty travieso, -a (4A)

to **navigate:** navegar (g → gu) (8B)

near cerca (de) (I)

neat ordenado, -a (I)

necessary: It's —. Es necesario. (I)

neck el cuello (5B)

necklace el collar (I)

to **need:**

    I — necesito (I)

    I — ... Me falta(n) ... (I)

    you — necesitas (I)

neighbor el vecino, la vecina (4A)

neighborhood el barrio (I)

neither ... nor ni ... ni (I)

nervous nervioso, -a (2A)

never nunca (I)

new nuevo, -a (I)

news program el programa de noticias (I)

newscast el noticiero (5A)

newspaper el periódico (I)

newsstand el quiosco (8B)

next siguiente (8B)

    — to al lado de (I)

nice simpático, -a (I)

night:

    at — de la noche (I)

    last — anoche (I)

    — table la mesita (I)

nine nueve (I)

nine hundred novecientos, -as (I)

nineteen diecinueve (I)

ninety noventa (I)

ninth noveno, -a (I)

no no (I); ningún, ninguno (1A)

no one nadie (1A)

nobody nadie (1A)

noise el ruido (8B)

none ningún, ninguno, -a (1A)

nose la nariz, *pl.* las narices (I)

not:

    — yet no ... todavía (6B)

    — ... or ni ... ni (I)

notebook el cuaderno (I)

nothing nada (I)

November noviembre (I)

now ahora (I)

nurse el enfermero, la enfermera (5B)

obedient obediente (4A)

to **obey** obedecer (c → zc) (4A)

to **observe** observar (8B)

to **obtain** conseguir (e → i) (8B)

to **occur** ocurrir (5A)

o'clock:

    at eight — a las ocho (I)

    at one — a la una (I)

October octubre (I)

odor el olor (7B)

of de (I)

    — course por supuesto (I), ¡Cómo no! (3A)

    What is it made —? ¿De qué está hecho, -a? (2B)

to **offend** ofender (8B)

to **offer** ofrecer (c → zc) (4A)

office (home) el despacho (I)

office la oficina (9A)

often a menudo (I)

Oh! What a shame / pity! ¡Ay! ¡Qué pena! (I)

okay regular (I); De acuerdo. (3B)

old viejo, -a (I); antiguo, -a (4B)

    He / She is / They are ... years —. Tiene(n) ... años. (I)

How — is / are ... ? ¿Cuántos años tiene(n) ... ? (I)

—er mayor, *pl.* mayores (I)

—er man el anciano (I)

—er people los ancianos (I)

—er woman la anciana (I)

on en (I), sobre (1A)

— **Mondays, on Tuesdays ...** los lunes, los martes ... (I)

— **the grill** a la parrilla (7B)

— **time** a tiempo (1A)

— **top of** encima de (I)

— **weekends** los fines de semana (I)

once in a while de vez en cuando (4A)

one uno (un), -a (I)

at — (o'clock) a la una (I)

— **hundred** cien (I)

— **must** hay que (I)

— **thousand** mil (I)

onion la cebolla (I)

online en la Red (I)

to be — estar en línea (I, 1B)

only sólo (I)

to **open** abrir (I)

open abierto, -a (8A)

opens se abre (3A)

opinion: in my — para mí (I)

opportunity la oportunidad (1B)

or o (I)

orange anaranjado, -a (I)

— **juice** el jugo de naranja (I)

orchestra la orquesta (1B)

to **order** pedir (e→ i) (I)

other otro, -a (I)

others los / las demás (I)

our nuestro(s), -a(s) (I)

ours nuestro(s), nuestra(s) (2A)

outdoors al aire libre (7B)

outer space el espacio (9B)

outrageous exagerado, -a (2B)

outside fuera (de) (7B)

oven el horno (7A)

own propio, -a (I)

owner el dueño, la dueña (9A)

P

to **pack the suitcase** hacer la maleta (8A)

page: Web — la página Web (1B)

pain el dolor (5B)

to **paint (one's nails)** pintarse (las uñas) (2A)

painter el pintor, la pintora (9A)

painting el cuadro (I)

palace el palacio (8B)

pants los pantalones (I)

paper: sheet of — la hoja de papel (I)

parade el desfile (4B)

paramedic el paramédico, la paramédica (5A)

parents los padres (I)

park el parque (I)

amusement — el parque de diversiones (I)

national — el parque nacional (I)

to **participate** (in) participar (en) (1B)

party la fiesta (I)

surprise — la fiesta de sorpresa (4B)

to **pass** pasar (3B)

passenger el pasajero, la pasajera (8A)

passport el pasaporte (8A)

pastel *(colors)* pastel *adj.* (2B)

pastime el pasatiempo (1B)

pastries los pasteles (I)

patience la paciencia (8A)

patient paciente (I)

to be — tener paciencia (8A)

to **pay (for)** pagar (g → gu) (por) (I)

to **pay attention** prestar atención (1A)

peace la paz (9B)

peach el durazno (7B)

peas los guisantes (I)

pedestrian el peatón, *pl.* los peatones (3B)

to **peel** pelar (7A)

pen el bolígrafo (I)

pencil el lápiz, *pl.* los lápices (I)

— **sharpener** el sacapuntas, *pl.* los sacapuntas (I)

people la gente (I)

older — los ancianos (I)

young — los jóvenes (1B)

pepper la pimienta (I)

perfume el perfume (I)

perhaps tal vez (8B)

to **permit, to allow** permitir (4A)

person la persona (I)

pharmacy la farmacia (3A)

phenomenal fenomenal (6A)

phone: to talk on the — hablar por teléfono (I)

photo la foto (I)

to take —s sacar (c → qu) fotos (I)

photographer el fotógrafo, la fotógrafa (1B)

photography la fotografía (1B)

physical education class la clase de educación física (I)

piano lesson (class) la lección de piano (I)

picnic el picnic (4B)

piece el pedazo (7A)

pills las pastillas (5B)

pilot el / la piloto (8A)

piñata la piñata (I)

pineapple la piña (7B)

pink rosado, -a (I)

pizza la pizza (I)

place el lugar (I)

to **place** poner (I)

to **plan** pensar (e → ie) + *inf.* (I); planear (8A)

plant la planta (9B)

plastic el plástico (I)

plate el plato (I)

play la obra de teatro (I)

to **play** jugar (u → ue) (g → gu) (a) *(games, sports)* (I); tocar *(an instrument)* (I)

to — baseball jugar al béisbol (I)

to — basketball jugar al básquetbol (I)

to — football jugar al fútbol americano (I)

to — golf jugar al golf (I)

to — soccer jugar al fútbol (I)

to — sports practicar deportes (I)

to — tennis jugar al tenis (I)

to — the guitar tocar la guitarra (I)

to — the role of hacer el papel de (6B)

to — video games jugar videojuegos (I)

to — volleyball jugar al vóleibol (I)

player el jugador, la jugadora (6A)

playground el patio de recreo (4A)

plaza la plaza (3B)

please por favor (I)

to — very much encantar (I)

pleased to meet you mucho gusto (I)

plot el argumento (6B)

police officer el / la policía (3B)

to **polish (one's nails)** pintarse (las uñas) (2A)

polite cortés, *pl.* corteses (8B)

politician el político, la política (9A)

politics la política (9A)

polluted contaminado, -a (9B)

pollution la contaminación (9B)

pool la piscina (I)

poor pobre (I)

— thing pobrecito, -a (5B)

pork el cerdo (7B)

— chop la chuleta de cerdo (7B)

possession la posesión, *pl.* las posesiones (I)

postcard la tarjeta postal (8B)

post office el correo (3A)

poster el cartel (I)

pot la olla (7A)

potatoes las papas (I)

practical práctico, -a (I)

practice la práctica (1B)

to **prefer** preferir (e → ie) (e → i) (I)

I — (yo) prefiero (I)

I — to ... (a mí) me gusta más ... (I)

you — (tú) prefieres (I)

to **prepare** preparar (I)

to **prescribe** recetar (5B)

prescription la receta (5B)

present el regalo (I)

presentation la presentación, *pl.* las presentaciones (I)

presenter el presentador, la presentadora (6A)

pretty bonito, -a (I)

price el precio (I, 2B)

principal *(of a school)* el director, la directora (6B)

primary school la escuela primaria (I)

prize el premio (6A)

problem el problema (I)

profession la profesión, *pl.* las profesiones (9A)

program el programa (I)

project el proyecto (1A)

Protestant church el templo (I)

to **protect** proteger (g → j) (9B)

punctual puntual (8B)

pure puro, -a (9B)

purple morado, -a (I)

purse el bolso (I)

to **pursue a career** seguir (e → i) una carrera (9A)

to **put** poner (I)

— *(command)* pon (I)

I — (yo) pongo (I)

to — on *(clothing, make-up, etc.)* ponerse (2A)

to — out *(fire)* apagar (g → gu) (5A)

you — (tú) pones (I)

Q —————————

quarter past y cuarto (I)

queen la reina (6A)

question la pregunta (1A)

to ask a — hacer una pregunta (1A)

quickly rápidamente (I, 2A)

R —————————

rain la lluvia (5A)

rain forest la selva tropical (9B)

to **rain** llover (o → ue) (5A)

It's —ing. Llueve. (I)

rather bastante (I)

to **read magazines** leer revistas (I)

ready listo, -a (8A)

to get — prepararse (2A)

realistic realista (I)

reality program el programa de la vida real (I)

really en realidad (2B)

Really? ¿Verdad? (I); ¿De veras? (I)

to **receive** recibir (I)

recently recientemente (2B)

reception desk la recepción (8B)

recipe la receta (7A)

to **recommend** recomendar (e → ie) (6B)

to **record** grabar (1B)

to **recycle** reciclar (I)

recycling center el centro de reciclaje (I)

red rojo, -a (I)

—haired pelirrojo, -a (I)

to **reduce** reducir (9B)

refrigerator el refrigerador (7A)

rehearsal el ensayo (1B)

to **rehearse** ensayar (1B)

relatives los parientes (4B)

to **relax** descansar (I)

to **remember** recordar (o → ue) (4B)

to **remove** quitar (3B)

to **rent** alquilar (6B)

to **repeat** repetir (e → i) (1A)

report el informe (I, 1A)

reporter el reportero, la reportera (5A)

to **rescue** rescatar (5A)

reservation la reservación, *pl.* las reservaciones (8A)

reserved reservado, -a (I)

to **respect** respetar (1A)

to **rest** descansar (I)

restaurant el restaurante (I)

to **result** resultar (6A)

to **return** regresar (I); volver (o→ue) (1B)

> to **— a book** devolver (o → ue) (un libro) (3A)

rice el arroz (I)

rich rico, -a (I)

to **ride:**

> to **— a bicycle** montar en bicicleta (I)

> to **— horseback** montar a caballo (I)

right:

> to the **— (of)** a la derecha (de) (I)

> **— away** en seguida (3A)

ring el anillo (I)

river el río (I)

road la calle (I)

to **roast** asar (7B)

to **rob** robar (6B)

rock la piedra (7B)

role el papel (6B)

> to play the **— of** hacer el papel de (6B)

romantic movie la película romántica (I)

room el cuarto (I); la habitación, *pl.* las habitaciones (8B)

> **chat —** el salón de chat, *pl.* los salones de chat (1B)

> **double —** la habitación doble (8B)

> **single —** la habitación individual (8B)

to **straighten up the —** arreglar el cuarto (I)

rope la cuerda (4A)

round-trip ida y vuelta (8A)

ruins las ruinas (8B)

rug la alfombra (I)

rule la regla (1A)

to **run** correr (I)

S

sack la bolsa (I)

sad triste (I)

to **sail** navegar (g → gu) (8B)

sailboat el bote de vela (8B)

salad la ensalada (I)

> **fruit —** la ensalada de frutas (I)

salary el salario (9A)

sale la liquidación, *pl.* las liquidaciones (2B)

salesperson el dependiente, la dependienta (I)

salon: beauty — el salón de belleza, *pl.* los salones de belleza

salsa la salsa (7A)

salt la sal (I)

same mismo, -a (I)

sandwich: ham and cheese — el sándwich de jamón y queso (I)

Saturday sábado (I)

sausage la salchicha (I)

to **save** ahorrar (9B); salvar (5A)

to **say** decir (I)

> **How do you —?** ¿Cómo se dice? (I)

> to **— good-bye** despedirse (e → i) de (4B)

> **You —** ... Se dice ... (I)

> **You don't —!** ¡No me digas! (I)

scared: to be — (of) tener miedo (de) (I)

scene la escena (6B)

schedule el horario (I)

school la escuela (I)

> **high —** el colegio (9A)

primary — la escuela primaria (I)

technical — la escuela técnica (9A)

science:

> **— class** la clase de ciencias naturales (I)

> **— fiction movie** la película de ciencia ficción (I)

scientist el científico, la científica (9A)

scissors las tijeras (1A)

score el tanteo (6A)

to **score (a goal)** meter un gol (6A)

to **scream** gritar (5A)

screen: computer — la pantalla (I)

to **scuba dive** bucear (I)

sea el mar (I)

search la búsqueda (1B)

> **to do a —** hacer una búsqueda (1B)

to **search (for)** buscar (I)

season la estación, *pl.* las estaciones (I)

seat el asiento (1A)

second segundo, -a (I)

> **— floor** el primer piso (I)

secretary el secretario, la secretaria (9A)

security checkpoint la inspección, *pl.* las inspecciones de seguridad (8A)

to **see** ver (I)

> **Let's —** A ver ... (I)

> **— you later!** ¡Nos vemos!; Hasta luego. (I)

> **— you soon.** Hasta pronto. (3A)

> **— you tomorrow.** Hasta mañana. (I)

> to **— a movie** ver una película (I)

seem:

> **How does it — to you?** ¿Qué te parece? (2B)

> **it —s to me** me parece que (2B)

seen:

> **I have —** he visto (6B)

> **you have —** has visto (6B)

to **sell** vender (I)

to **send** enviar (i → í) (I, 3A)

to **separate** separar (I)

September septiembre (I)

serious serio, -a (I); grave (9B)

to **serve** servir (e → i) (I)

> **What do you — it with?**
> ¿Con qué se sirve? (7A)

service station la estación de servicio (3A)

to **set the table** poner la mesa (I)

seven siete (I)

seven hundred setecientos, -as (I)

seventeen diecisiete (I)

seventh séptimo, -a (I)

seventy setenta (I)

several varios, -as (3A)

shake hands dar(se) la mano (4B)

shame: What a —! ¡Qué lástima! (5B)

shampoo el champú (3A)

to **share** compartir (I)

to **shave** afeitarse (2A)

she ella (I)

sheet of paper la hoja de papel (I)

shelf el estante (I)

shellfish los mariscos (7A)

ship el barco (I)

shirt la camisa (I)

> **T—** la camiseta (I)

shoe store la zapatería (I)

shoes los zapatos (I)

shoe size el número (2B)

short bajo, -a *(stature);* corto, -a *(length)* (I)

shorts los pantalones cortos (I)

shot la inyección, *pl.* las inyecciones (5B)

should deber (I)

shoulder el hombro (5B)

show el programa (I)

to **show** + *movie or TV program* dar (I)

shower la ducha (2A)

> **to take a —** ducharse (2A)

shrimp el camarón, *pl.* los camarones (7A)

shy reservado, -a (I)

sick enfermo, -a (I)

sign el letrero (2B); la señal (3A)

> **stop —** la señal de parada (3B)

silk seda (2B)

silly tonto, -a (I)

silver la plata (2A)

since desde (3B)

to **sing** cantar (I)

singer el / la cantante (1B)

sink el fregadero (7A)

sir (el) señor (Sr.) (I)

sister la hermana (I)

site: Web — el sitio Web (I)

six seis (I)

six hundred seiscientos, -as (I)

sixteen dieciséis (I)

sixth sexto, -a (I)

sixty sesenta (I)

size *(shoe)* el número, la talla (2B)

to **skate** patinar (I)

to **skateboard** montar en monopatín (I)

skates los patines (3A)

to **ski** esquiar (i → í) (I)

skirt la falda (I)

sky el cielo (7B)

to **sleep** dormir (o→ue) (o → u) (I)

to **fall asleep** dormirse (o → ue) (o → u) (6A)

sleepy: to be — tener sueño (I)

slice el pedazo (7A)

slide la diapositiva (I)

slowly lentamente (2A); despacio (3B)

small pequeño, -a (I)

smell el olor (7B)

to **smile** sonreír (e → í) (4B)

smoke el humo (5A)

to **snorkel** bucear (I)

to **snow:** nevar (e → ie) (5A)

> **It's —ing.** Nieva. (I)

so tan (2B)

so + *adj.* tan + *adj.* (1B)

so much tanto (I)

so-so regular (I)

soap el jabón (3A)

soap opera la telenovela (I)

soccer: to play — jugar (u → ue) (g → gu) al fútbol (I)

sociable sociable (I)

social studies class la clase de ciencias sociales (I)

socks los calcetines (I)

soft drink el refresco (I)

software el software (I)

solar solar (9B)

solid-colored de sólo un color (2B)

to **solve** resolver (o → ue) (9B)

some unos, -as (I); algún, alguno, -a (1A)

> **— day** algún día (9A)

someone alguien (1A)

something algo (I)

sometimes a veces (I)

son el hijo (I)

> **—s; —(s) and daughter(s)** los hijos (I)

song la canción, *pl.* las canciones (I, 1B)

soon pronto (3A)

> **See you —.** Hasta pronto. (3A)

sorry: I'm —. Lo siento. (I)

sound (stereo) system el equipo de sonido (I)

soup: vegetable — la sopa de verduras (I)

source la fuente (9B)

souvenirs los recuerdos (I)

> **to buy —** comprar recuerdos (I)

space el espacio (9B)

spaghetti los espaguetis (I)

Spanish class la clase de español (I)

special especial (2A)

special effects los efectos especiales (6B)

special event el evento especial (2A)

speech el discurso (1A)

to spell:

    How is ... spelled? ¿Cómo se escribe ... ? (I)

    It's spelled ... Se escribe ... (I)

to spend gastar (2B)

    to — time with friends pasar tiempo con amigos (I)

spicy picante (7B)

to spill tirar (7A)

    don't — no tires (7A)

spoiled consentido, -a (4A)

spoon la cuchara (I)

sports:

    — equipment el equipo deportivo (3A)

    —-minded deportista (I)

    — program el programa deportivo (I)

    to play — practicar (c → qu) deportes (I)

spring la primavera (I)

stadium el estadio (I)

stairs, stairway la escalera (I)

stamp el sello (3A)

stand (*food*) el puesto (7B)

stapler la grapadora (1A)

star: movie — la estrella (del cine) (6B)

to start empezar (e → ie) (I); comenzar (e → ie) (z → c) (5A)

statue la estatua (3B)

to stay: quedarse (3A)

    I — at home. Me quedo en casa. (I)

steak la carne de res (7B)

to steal robar (6B)

stepbrother el hermanastro (I)

stepfather el padrastro (I)

stepmother la madrastra (I)

stepsister la hermanastra (I)

stereo system el equipo de sonido (I)

still todavía (3A)

to stitch (*surgically*) dar puntadas (5B)

stitches las puntadas (5B)

stomach el estómago (I)

to stop parar (3B)

to stop over hacer escala (8A)

stop sign la señal de parada (3B)

stoplight el semáforo (3B)

stopover la escala (8A)

store la tienda (I)

    book— la librería (I)

    clothing — la tienda de ropa (I)

    department — el almacén, *pl.* los almacenes (I)

    discount — la tienda de descuentos (I)

    household-appliance — la tienda de electrodomésticos (I)

    jewelry — la joyería (I)

    shoe — la zapatería (I)

stories: to write — escribir cuentos (I)

storm la tormenta (5A)

story el piso (I)

stove la estufa (7A)

to straighten up the room arreglar el cuarto (I)

straight derecho (3B)

strawberries las fresas (I)

street la calle (I)

student el / la estudiante (I)

studies: course of — el programa de estudios (9A)

studious estudioso, -a (I)

to study estudiar (I)

stupendous estupendo, -a (8B)

stupid tonto, -a (I)

style el estilo (2B)

subway el metro (3B)

to succeed tener éxito (6B)

success el éxito (6B)

    to be —ful tener éxito (6B)

suddenly de repente (5A)

sugar el azúcar (I)

to suggest sugerir (e → ie) (e → i) (8A)

suit el traje (I)

suitcase la maleta (8A)

summer el verano (I)

to sunbathe tomar el sol (I)

Sunday domingo (I)

sunglasses los anteojos de sol (I)

sunny: It's —. Hace sol. (I)

supermarket el supermercado (3A)

supplies los materiales (1A)

sure seguro, -a (3B)

to surf the Web navegar (g → gu) en la Red (I, 1B)

surprise la sorpresa (4B)

sweater el suéter (I)

sweatshirt la sudadera (I)

sweet dulce (7B)

to swim nadar (I)

swimming la natación (1B)

swimsuit el traje de baño (I)

synagogue la sinagoga (I)

synthetic fabric la tela sintética (2B)

T

T-shirt la camiseta (I)

table la mesa (I)

    to set the — poner la mesa (I)

tablespoon(ful) la cucharada (7A)

to take llevar (I)

    to — a bath bañarse (2A)

    to — a course tomar un curso (I)

    to — a shower ducharse (2A)

to — **a tour** hacer una gira (8B)

to — **a trip** hacer un viaje (8A)

to — **a walk** dar una caminata (7B)

to — **away** quitar (3B)

to — **care of** cuidar a (3A)

to — **lessons** tomar lecciones (1B)

to — **out** sacar (c → qu) (3A)

to — **out the trash** sacar la basura (I)

to — **photos** sacar fotos (I)

to — **an X-ray** sacar una radiografía (5B)

talented talentoso, -a (I)

to **talk** hablar (I)

to — **on the phone** hablar por teléfono (I)

tall alto, -a (I)

tank el tanque (3A)

tape: transparent — la cinta adhesiva (1A)

taste el sabor (7B)

to **taste** probar (o → ue) (7A)

tasty sabroso, -a (I); rico, -a (I)

tea el té (I)

iced — el té helado (I)

to **teach** enseñar (I)

teacher el profesor, la profesora (I)

team el equipo (1B)

to **tear** romperse (5B)

technical school la escuela técnica (9A)

technician el técnico, la técnica (9A)

technology / computers la tecnología (I)

technology / computer class la clase de tecnología (I)

teddy bear el oso de peluche (4A)

teeth los dientes (2A)

to brush one's — cepillarse los dientes (2A)

television: to watch — ver la tele (I)

television set el televisor (I)

to **tell** decir (I)

— **me** dime (I)

to — **jokes** contar (o → ue) (chistes) (4B)

temple el templo (I)

ten diez (I)

tennis: to play — jugar (u → ue) (g → gu) al tenis (I)

tennis racket la raqueta de tenis (3A)

tenth décimo, -a (I)

thank you gracias (I)

that que (I); ese, esa (I); *(over there)* aquel, aquella (2B)

—**'s why** por eso (I)

the el, la (I) los, las (I)

— **best** el / la mejor, los / las mejores (I)

— **worst** el / la peor, los / las peores (I)

theater el teatro (I)

movie — el cine (I)

their su, sus (I)

theirs suyo, -a, suyos, -as (2A)

them las, los *dir. obj. pron.* (I), les *ind. obj. pron.* (I)

then entonces (I); luego (2A)

there allí (I)

— **is / are** hay (I); haya *(subjunctive)* (9B)

— **was** hubo (5A)

— **was / — were** había (4B)

— **will be** habrá (9A)

therefore por eso (I)

these estos, estas (I)

they ellos, ellas (I)

they died se murieron (5A)

thief el ladrón, la ladrona, *pl.* los ladrones (6B)

thing la cosa (I)

to **think** pensar (e → ie) (I)

I don't — **so.** Creo que no. (I)

I — **...** Creo que ... (I)

I — **so.** Creo que sí. (I)

What do you — **(about it)?** ¿Qué te parece? (I)

third tercer (tercero), -a (I)

third floor el segundo piso (I)

thirsty: I'm —. Tengo sed. (I)

thirteen trece (I)

thirty treinta (I); y media *(in telling time)* (I)

thirty-one treinta y uno (I)

this este, esta (I)

— **afternoon** esta tarde (I)

— **evening** esta noche (I)

— **weekend** este fin de semana (I)

What is — ? ¿Qué es esto? (I)

those esos, esas (I); (over there) aquellos, aquellas (2B)

thousand: a — mil (I)

three tres (I)

three hundred trescientos, -as (I)

three-ring binder la carpeta de argollas (I)

through por (3B)

to **throw away** tirar (7A)

Thursday jueves (I)

ticket el boleto (I); la multa (3B)

to give a — poner una multa (3B)

tie la corbata (I); el empate (6A)

tight apretado, -a (2B)

time:

At what —? ¿A qué hora? (I)

for the ... — por ... vez (6A)

free — el tiempo libre (I)

on — a tiempo (1A)

to spend — **with friends** pasar tiempo con amigos (I)

What — **is it?** ¿Qué hora es? (I)

timid tímido, -a (4A)

tip la propina (8B)

tired cansado, -a (I)

to a *prep.* (I)

in order — para + *inf.* (I)

— the a la, al (I)

— the left (of) a la izquierda (de) (I)

— the right (of) a la derecha (de) (I)

toast el pan tostado (I)

today hoy (I)

tomatoes los tomates (I)

tomorrow mañana (I)

See you —. Hasta mañana. (I)

tonight esta noche (I)

too también (I); demasiado (I)

I do (like to) — a mí también (I)

me — a mí también (I)

toothbrush el cepillo de dientes (3A)

toothpaste la pasta dental (3A)

top: on — of encima de (I)

touching emocionante (I)

tour: to take a — hacer una gira (8B)

tourist el / la turista (8A)

towel la toalla (2A)

town el pueblo (9B)

toy el juguete (I)

traffic el tráfico (3B)

trail el sendero (7B)

train el tren (I)

electric — el tren eléctrico (4A)

trainer el entrenador, la entrenadora (6A)

transparent tape la cinta adhesiva (1A)

to **travel** viajar (I)

travel agency la agencia de viajes (8A)

travel agent el / la agente de viajes (8A)

tree el árbol (I)

tremendous tremendo, -a (I)

tricycle el triciclo (4A)

trip el viaje (I)

to take a — hacer un viaje (8A)

to **trip** (over) tropezar (e → ie) (z → c) (con) (5B)

tropical rain forest la selva tropical (9B)

truck el camión, *pl.* los camiones (3B)

truth la verdad (4A)

to **try** probar (o → ue) (7A)

to **try on** probarse (o → ue) (2B)

to **try to** tratar de (5A)

Tuesday martes (I)

on —s los martes (I)

turkey el pavo (7B)

to **turn** doblar (3B)

to — in entregar (g → gu) (1A)

to — off apagar (g → gu) (7A)

to — on encender (e → ie) (7A)

to — out resultar (6A)

turtle la tortuga (4A)

TV channel el canal (I)

twelve doce (I)

twenty veinte (I)

twenty-one veintiuno (veintiún) (I)

to **twist** torcerse (o → ue) (c → z) (5B)

two dos (I)

two hundred doscientos, -as (I)

typical típico, -a (8B)

Ugh! ¡Uf! (I)

ugly feo, -a (I)

uncle el tío (I)

uncles; uncle(s) and aunt(s) los tíos (I)

underneath debajo de (I)

to **understand** comprender (I); entender (e → ie) (1A)

university la universidad (9A)

unforgettable inolvidable (I)

until hasta (3A)

up to hasta (3B)

us: (to / for) — nos *dir., ind. obj. pron.* (I)

to **use:**

to — the computer usar la computadora (I)

What's it —d for? ¿Para qué sirve? (I)

used usado, -a (I)

useful:

to be — servir (e → i) (I)

is — for sirve para (I)

vacation: to go on — ir de vacaciones (I)

to **vacuum** pasar la aspiradora (I)

valley el valle (9B)

various varios, -as (3A)

VCR la videocasetera (I)

vegetable soup la sopa de verduras (I)

vendor el vendedor, la vendedora (8B)

very muy (I)

— well muy bien (I)

veterinarian el veterinario, la veterinaria (9A)

victim la víctima (6B)

video games: to play — jugar videojuegos (I)

videocassette el video (I)

to **videotape** hacer un video (I)

vinegar el vinagre (7A)

violence la violencia (6B)

violent violento, -a (I)

to **visit** visitar (I)

to — chat rooms visitar salones de chat (I, 1B)

voice la voz, *pl.* las voces (1B)

volleyball: to play — jugar (u → ue) (g → gu) al vóleibol (I)

volunteer el voluntario, la voluntaria (I)

— work el trabajo voluntario (I)

W

to **wait** esperar (3B)

waiter, waitress el camarero, la camarera (I)

to **wake up** despertarse (e → ie) (2A)

to **walk** caminar (I)

    to take a — dar una caminata (7B)

wall la pared (I)

wallet la cartera (I)

to **want** querer (e → ie) (I)

    I — (yo) quiero (I)

    you — (tú) quieres (I)

war la guerra (9B)

warm: to be — tener calor (I)

was fue (I)

to **wash** lavar (I)

    to — the car lavar el coche (I)

    to — the clothes lavar la ropa (I)

    to — the dishes lavar los platos (I)

    to — one's face lavarse la cara (2A)

wastepaper basket la papelera (I)

watch el reloj pulsera (I)

to **watch television** ver la tele (I)

water el agua (I)

watermelon la sandía (7B)

waterskiing el esquí acuático (8B)

way la manera (9B)

we nosotros, -as (I)

to **wear** llevar (I)

weather: What's the — like? ¿Qué tiempo hace? (I)

Web:

    to create a — page crear una página Web (1B)

    to surf the — navegar (g → gu) en la Red (I, 1B)

    — page la página Web (I, 1B)

    — site el sitio Web (I)

Wednesday miércoles (I)

wedding la boda (2A)

week la semana (I)

    last — la semana pasada (I)

weekend:

    on —s los fines de semana (I)

    this — este fin de semana (I)

welcome bienvenido, -a (8A)

well bien (I); pues ... *(to indicate pause)* (I)

    very — muy bien (I)

    — -behaved bien educado, -a (4A)

wet mojado, -a (7B)

What? ¿Cuál? ¿Qué? (I)

    — are you like? ¿Cómo eres? (I)

    (At) — time? ¿A qué hora? (I)

    — color ... ? ¿De qué color ... ? (I)

    — day is today? ¿Qué día es hoy? (I)

    — did you do? ¿Qué hiciste? (I)

    — do you like better (prefer) to do? ¿Qué te gusta hacer más? (I)

    — do you like to do? ¿Qué te gusta hacer? (I)

    — do you serve it with? ¿Con qué se sirve? (7A)

    — do you think (about it)? ¿Qué te parece? (I, 2B)

    — does ... mean? ¿Qué quiere decir ... ? (I)

    — else? ¿Qué más? (I)

    — happened to you? ¿Qué te pasó? (I, 5B)

    — is it made of? ¿De qué está hecho, -a? (2B)

    — is she / he like? ¿Cómo es? (I)

    — is the date? ¿Cuál es la fecha? (I)

    — is this? ¿Qué es esto? (I)

    — is your name? ¿Cómo te llamas? (I)

    — kind of ... ? ¿Qué clase de ...? (I)

    — time is it? ¿Qué hora es? (I)

    — would you like? ¿Qué desean (Uds.)? (I)

    —'s happening? ¿Qué pasa? (I)

    —'s his / her name? ¿Cómo se llama? (I)

    —'s it (used) for? ¿Para qué sirve? (I)

    —'s the weather like? ¿Qué tiempo hace? (I)

what!:

    — a good / nice idea! ¡Qué buena idea! (I)

    — a shame / pity! ¡Qué pena! (I); ¡Qué lástima! (5B)

what lo que (1A)

wheelchair la silla de ruedas (5B)

When? ¿Cuándo? (I)

Where? ¿Dónde? (I)

    — are you from? ¿De dónde eres? (I)

    (To) —? ¿Adónde? (I)

whether si (I)

Which? ¿Cuál? ¿Cuáles? (I)

while mientras (que) (4B)

    once in a — de vez en cuando (4A)

white blanco, -a (I)

who que (I)

Who? ¿Quién? (I)

Why? ¿Por qué? (I)

wide ancho, -a (3B)

wife la esposa (I)

will be será (6B)

Will you bring me ... ? ¿Me trae ... ? (I)

to **win** ganar (1B)

window la ventana (I)

window *(airplane)* la ventanilla (8A)

windsurfing el surf de vela (8B)

winter el invierno (I)

with con (I)

— **me** conmigo (I)

— **my / your friends** con mis / tus amigos (I)

— **whom?** ¿Con quién? (I)

— **you** *familiar* contigo (I)

What do you serve it —? ¿Con qué se sirve? (7A)

without sin (I)

— **a doubt** sin duda (5A)

woman la mujer (I)

older woman la anciana (I)

business— la mujer de negocios (9A)

wonderful estupendo, -a (8B)

wool la lana (2B)

word la palabra (1A)

work el trabajo (I)

volunteer — el trabajo voluntario (I)

to   **work** trabajar (I); funcionar (9B)

world el mundo (4A)

worse than peor(es) que (I)

worst: the — el / la peor, los / las peores (I)

Would you like? ¿Te gustaría? (I)

wrist la muñeca (5B)

to   **write:**

to — e-mail escribir por correo electrónico (I)

to — stories escribir cuentos (I)

writer el escritor, la escritora (9A)

X

X-ray la radiografía (5B)

Y

yard el jardín, *pl.* los jardines (I)

year el año (I)

last — el año pasado (I)

yellow amarillo, -a (I)

yes sí (I)

yesterday ayer (I)

yet: not — no ... todavía (6B)

yogurt el yogur (I)

you *fam. sing.* tú (I); *formal sing.* usted (Ud.) (I); *fam. pl.* vosotros, -as (I); *formal pl.* ustedes (Uds.) (I); *fam. after prep.* ti (I); *sing. ind., dir. obj. pron* te (I), *pl. fam. ind. obj. pron.* os (I), *formal ind. obj. pron.* le, les (I), *formal dir. obj. pron.* lo, la, los, las

And —? ¿Y a ti? (I)

for — para ti (I)

it matters (it's important), they matter to — te importa(n) (2B)

to / for — *fam. pl.* os (I)

to / for — *fam. sing.* te (I)

with — contigo (I)

— **can** se puede (7A)

— **don't say!** ¡No me digas! (I)

— **have seen** has visto (6B)

— **look (good)** te ves (bien) (2A)

— **say ...** Se dice ... (I)

young joven (I)

— **boy / girl** el niño, la niña (I)

— **man** el joven (I)

— **people** los jóvenes (1B)

— **woman** la joven (I)

—**er** menor, *pl.* menores (I)

—**est** el / la menor, los / las menores (I)

your *fam.* tu (I); *fam.* tus, vuestro(s), -a(s) (I); *formal* su, sus (I)

yours *fam.* tuyo, -a, -os, -as, *formal* suyo, -a, -os, -as (2A)

yuck! ¡Uf! (I)

Z

zero cero (I)

zoo el zoológico (I)

Grammar Index

Structures are most often presented first in *A primera vista,* where they are practiced lexically in conversational contexts. They are then explained in a *Gramática* section or are placed as reminders in a *¿Recuerdas?* or *Nota.* Lightface numbers refer to the pages where these structures are initially presented lexically or, after explanation, where student reminders occur. Lightface numbers also refer to pages that review structures first presented in Level 1. **Boldface numbers** refer to pages where new structures are explained.

a personal with **conocer** 56

absolute superlatives 183

accents:
    to separate diphthongs 254
    written 144

adjectives:
    agreement of 3
    demonstrative 102, 104, **114,** 124
    making comparisons with 47, **53**
    possessive 76, **88,** 96
    used as nouns **116**

adverbs, formation of 79

affirmative and negative words 19, 20, **31**

cardinal numbers 99

commands:
    affirmative *tú* 158–159, **168,** 353
    irregular affirmative *tú* 159, **168,** 180
    irregular negative *tú* **356,** 370
    negative *tú* 350, **356,** 370, 382
    usted, ustedes 375, **382,** 396

como: *see* comparisons

comparisons 46, 47, **53**

conocer:
    with **alguien, nadie** 32
    with personal **a** 32, 56
    vs. **saber** 56, 68

contractions 43

creer que + subjunctive 488

dar, preterite of 142

decir:
    affirmative *tú* command 168
    present 155

diéresis 459

diminutives (**-ito, -ita**) 183

direct object pronouns; *see* pronouns

estar vs. **ser** 86, 96

exclamations with **¡Qué!** 237

Exploración del lenguaje:
    antonyms 482
    compound words 383
    false cognates 272
    gestos 170
    origins of words from Arabic 113
    prefixes: **des-, im-, in-, ir-** 221
    suffix **-ero(a)** 436
    suffixes: **-oso(a), -dor(a)** 327
    verbs and corresponding **-ción** nouns 60

future tense:
    of regular verbs 452, **460,** 462, 463, 472
    of irregular verbs **decir, poner, querer, salir, venir** 463, **484,** 496
    of irregular verbs **haber, hacer, poder, saber, tener** 452, **462,** 463, 472, 484

haber:
    imperfect 222, **248**
    preterite 240, **248**

hacer:
    affirmative *tú* command 168
    irregular *yo* form of present tense 15, 155
    with time expressions 46, **58**

hay que 19

imperfect and preterite 248, 272, 307

imperfect progressive 288
    and preterite 266, **277**

imperfect tense:
    of **haber** 222, **248**

of irregular verbs **ir, ser, ver** 186, 189, **196,** 208

of **jugar, ser, tener** 208

of regular verbs 186, 188–189, **194**

other uses of **248**

to describe a situation 213, **219,** 234, 307

to describe weather; physical, mental, emotional states; states of being 241, **248**

impersonal **se** 350–351, **360**

indicative mood 410
    of stem-changing verbs 437

indirect object pronouns; *see* pronouns

infinitive:
    in verbal expressions 399
    used after prepositions 81
    with certain verbs and expressions 71

ir:
    affirmative *tú* command 168
    imperfect **196,** 208
    ir + a + infinitive 43, 460
    present 43
    to indicate future 460

nationalities 6

nouns, making comparisons with 46, **53**

numbers:
    cardinal numbers 99
    in telling time 127

oír:
    ¡Oye! 250
    present **250,** 262
    preterite **250,** 262

para 24

parecer 116

past participles **331,** 342

personal **a,** with **conocer** 56

poner:
    affirmative *tú* command 168
    irregular *yo* form of present 15, 155

por 386, 396

present participles **277,** 288

present perfect 320, **331,** 342

present progressive:

   irregular forms **171,** 180

   regular forms 159, 171, 277

present subjunctive 402, **410,** 422

   of irregular verbs **dar, estar, ir, saber, ser 413**

   of stem-changing verbs **437,** 446

   with **creer + que 488**

   with expressions of doubt 479, **487,** 496

   with impersonal expressions **434,** 446, 476

   with spelling changes 402, **410**

present tense:

   of irregular verbs **salir, decir,** and **venir** 155

   stem-changing verbs 27, 302

   to indicate future 460

   with irregular *yo* forms 345

preterite tense:

   and imperfect 248, 272, 307

   and imperfect progressive **277**

   of **caerse, leer** 278

   of **-ir** stem-changing verbs 294, **302,** 316

   of irregular verbs **hacer, tener, estar, poder** 133, **142,** 152

   of irregular verbs **ir, ser** 131, **140,** 152

   of irregular verbs **venir, poner, decir, traer** 266–268, **274,** 288

   of **oír, leer, creer, destruir** 240, 242, **250,** 262

   of regular verbs 103, 110, 124, 194

   with spelling changes 240, 242, **250,** 262

pronouns:

   direct object pronouns 138, 152, 159, 166, 180

   indirect object pronouns 199, 208, 342

      with certain verbs 116, 291, 320, 328

   reflexive pronouns 212–213, **224**

Pronunciación:

   accent marks to separate diphthongs 254

   b / *v* / *d* 29

   c / *g* followed by *a, o, u,* or *e, i* 89

   diéresis 459

   dividing words into syllables 359

   linking sounds 416

   ll / *y* and *c* / *z* 308

   r / *rr* 193

   written accents 144

question words 10

   with **ser** 2

reciprocal actions 212–213, **224,** 234

reflexive pronouns; *see* pronouns

reflexive verbs 74–75, 77, **80,** 294, **305**

saber vs. **conocer** 56, 68

salir:

   affirmative *tú* command 168

   present 155

se; *see* impersonal **se**

se prohíbe 19, 360

ser:

   affirmative *tú* command 168

   and **estar** 86, 96

   imperfect **196,** 208

   present 5

si + present tense and future 463

spelling-changing verbs; *see* verbs

stem-changing verbs; *see* verbs

subjunctive mood 402, **410,** 422

   of irregular verbs **dar, estar, ir, saber, ser 413**

   of stem-changing verbs **437,** 446

   with **creer + que 488**

   with expressions of doubt 479, **487,** 496

   with impersonal expressions **434,** 446, 476

   with spelling changes 402, **410**

suffixes **-ito, ísimo** 183

syllables, dividing words into 359

tan (tantos/tantas) . . . como 46, 47, **53**

telling time 127

tener:

   affirmative *tú* command 168

   expressions with 237

   imperfect tense 208

   irregular *yo* form of present 15, 155

   tener que 15

time expressions with **hacer** 46, **58**

traer, irregular *yo* form of present 15, 155

venir:

   affirmative *tú* command 168

   present 155

ver, imperfect of **196**

verbs:

   future tense; *see* future tense

   present tense of regular **-ar, -er, -ir** 9

   stem-changing **e → i** 18, **27,** 40, 216, 302

   stem-changing **e → ie** 27, 40, 216, 302

   stem-changing **o → ue** 27, 40, 96, 216, 302

   stem-changing **u → ue** 27

   stem-changing in the present subjunctive 446, **437**

   stem-changing in the preterite 294, **302,** 316

   that use indirect object pronouns 116, 291, 320, 328

   with irregular *yo* forms 15, 155, 345

   with spelling changes in the present 449

   with spelling changes in the preterite 240, 242, **250,** 262

Acknowledgments

Technical Illustration Herman Adler Design; p. xxxi

Illustrations Wilkinson Studios Artists: Bob Brugger 029, 309, 327, 330, 436; Dennis Dzielak 092; Seitu Hayden 012, 081, 427; Reggie Holladay 023, 089, 130, 144, 186, 187, 212, 213, 266, 267, 330, 427 (l), 431; Tim Jones 004, 008, 019, 022, 058, 060, 074, 075, 087, 106, 145, 154, 158, 159, 190, 191, 217, 225, 241, 249, 270, 271 (tr), 272, 277, 281 (t), 306 (b), 374, 375, 402, 403; Albert Lorenz 164, 256; Judy Love 018, 079, 102, 103, 294, 348, 371, 452, 456, 457, 458 (r), 490; Miguel Luna 023, 228; Jonathan Massie 019 (tl), 036, 046, 047 (m), 051, 064, 083, 107, 135, 139, 163, 169, 271 (m), 275, 281 (br), 310, 320 (l), 352, 354, 390, 476; Tom McKee 034, 083, 114, 131, 134, 136, 229, 240, 244, 246, 248, 249, 251, 270, 295, 306 (tl), 308, 320 (tl), 321, 324, 332, 339; Donna Perrone 035; Tammy Smith 197, 459, 482; Shari Warren 221, 254, 255, 273, 278, 379, 384, 407, 416, 453 (l), 458; Nicole Wong 078, 111, 116, 199, 202 (m), 203 (t), 204, 272, 458, 480, 485, XNR Productions: 254.

Photography Corbis = CO. Front Cover: Left, © Kevin Dodge/CO; Top, © Peter Adams/Getty Images; Second from top, © Atlantide Phototravel/CO; Center, © O. Alamany & E. Vicens/CO; Second from bottom, © Elisa Cicinelli/Jupiter Images; Bottom, © Glowimages/Getty Images.

vi (m) David Woods/CO; vii Kevin Schafer; vii, (t) (tr) Joseph Sohm/Visions of America/Corbis; viii, © Nan Coulter/Dallas Morning News; ix John Morrison Photography; xi Jay Penni Photography; xii Carol Maglitta; xix Jay Penni Photography; xvi–xvii Danny Lehman/CO; xvi (l) xvi Heriberto Rodríguez Reuters NewMedia, Inc./CO; xvii © Gary Yim/Shutterstock; xviii–xix Kevin Schafer/CO; xx (bl) Maresa Pryor/Danita Delimont Photography/Newscom; xx–xxi Don Hebert/Taxi/GettyImages; xxii–xxiii Chris Huxley/eStock Photography/PictureQuest; xxiv–xxv Bob Krist/CO; xxvi (bl) V.C.L./Taxi/GettyImages; xxvi–xxvii Michael Busselle/CO; xxvii Sean Sprague/The Image Works; xxviii (bl) Bob Daemmrich/The Image Works; xxviii–xxix NewsCom xxix Bill Ross/CO; xxix Jay Penni Photography; xxxi Pat LaCroix/The Image Bank/Getty Images, Inc.; xxxi Jay Penni Photography; xxxii (tl) HIRB/Index Stock Imagery; xxxii (bl) John Phelan/DDB Stock Photo; 1 (t) Dan Gair Photographic/Index Stock Imagery; (b) © Hemis/Alamy; 2 (bm) Bill Burlingham Photography; (tr) Jay Penni Photography; 3 (br) Reuters NewMedia, Inc./CO; 4 (tr) Richard T. Nowitz/CO; 7 (m) Digital Vision/GettyImages; (tm) Alamy Images; (bm) Digital Vision; (tl) Mad Cow Studio/firstlight/PictureQuest; (bl) PhotoDisc/GettyImages; (r) Thinkstock/PictureQuest; (m) Royalty-Free/CO; (ml) Barbara Penoyar/PhotoDisc/GettyImages; (tr) Royalty-Free/CO; (br) Stanley Fellerman/Royalty-Free/CO; 8(m) Jay Penni Photography; 11 Getty Images; 16 (bl) Silva, Simón, (b. 1961), El día del maestro; 16–17 (bg) Robert Frerck/Odyssey/Chicago; 18 (tl) Jay Penni Photography; 19 (mr) Jay Penni Photography; 24 (bl) Russell Gordon/Danita Delimont Photography/Newscom; 25 (tr) Bill Burlingham Photography; (br) Rudi von Briel/PhotoEdit; 26 (mr) Hero Images Inc./Alamy; 28 (br) © Latin Stock Collection/Corbis; 29 (tr) Ralf-Finn Hestoft/Index Stock Imagery; 32 (br) Keith Dannemiller/Alamy; 33 Photo courtesy of Craig Reubelt; 35 (tr) © David R. Frazier Photolibrary, Inc./Alamy, © Bayard Presse; 37 (tr) Jay Penni Photography; (br) Jay Penni Photography; 38 (br) Buddy Mays/CO; (mr) © 2003 Danny Lehman/CO; (tr) Jack Kurtz/The Image Works; 39 (m) Jan Murray/Alamy Limited; 39 (tr) © Scot Harger/iStockphoto; 42 (t) Bob Daemmrich Photography; 44 (bl) Berni, Antonio (1905–1981), Club Atlético Nueva Chicago (New Chicago Athletic Club), 1942, oil on canvas, 6' 3/4" x 9' 10-1/4", The Museum of Modern Art/licensed by SCALA, photo courtesy of Art Resource, NY.; (bg) © OSOMEDIA/AGE Fotostock; 46 (ml) Jay Penni Photography; 47 (tr) Jay Penni Photography; 50 (tr) Emilio Guzmán/Reuters NewMedia, Inc./CO; 51 (tr) Todd Powell/Index Stock Imagery; 52 (mr) Pearson Education; 54 (b) John R. Amelia/Fotolia; 55 (tm, tr) Fernando Botero, Courtesy, Marlborough Gallery, NY; 55 (br) Botero, Fernando (b. 1933), El pájaro (Little Bird), 1988–medium series, bronze sculpture, photo courtesy of Jeremy Horner/CO.; 57 (bl) Tom & Dee Ann McCarthy/CO; 59 (bl) Michael Ochs Archives; (bl) Lucy Nicholson/AFP/CO; 60 (tm) Bill Burlingham Photography; 61 (tl) Getty Images, Inc.; (tr) Tom Rosenthal/Superstock; (br) Ghislain & Marie David de Lossy/The Image Bank/GettyImages; 62 (mr) Jimmy Dorantes/Latin Focus; (br) Ilene Perlman/Alamy; 63 (br) Newscom Bonnie Kamin/Photo Edit 64 (both) Bill Burlingham Photography; 65 (all) Bill Burlingham Photography; 66(m) Stephen Simpson/Taxi/GettyImages; (br) Andre Jenny/Focus Group/PictureQuest; (tr) Michael S. Yamashita/CO; (mr) Danny Lehman/CO; 67 (tr) Macduff Everton/CO; 70 (tm) Bill Burlingham Photography; 72 (m) Paul Perez/Latin Focus; 72 (m) Rivera, Diego (1886–1957), Baile en Tehuantepec (Dance in Tehuantepec), 1935, Charcoal and watercolor, 18 15/16 x 23 7/8 inches. Los Angeles County Museum of Art, gift of Mr. and Mrs. Milton W. Lipper, from the Milton W. Lipper Estate. ©2009 Banco de México Diego Rivera & Frida Kahlo Museums Trust/Artists Rights Society (ARS), New York. Photo: ©Museum Associates/LACMA.; 74 (all) Bill Burlingham Photography; 75 (all) Bill Burlingham Photography; 79 (b) Ryan McVay/Getty Images, Inc.; 81 (tr) John Morrison Photography; 82 (tr) Bill Burlingham Photography; (t) © Digital Vision; (br) Bob Daemmrich Photography; 83 (tr) Rob Lewine/CO; 84 (br) Bob Daemmrich/Stock Boston; 85 (ml) Jimmy Dorantes/Latin Focus.com; (tr) Bill Burlingham Photography; (br) © Nik Wheeler/CO; (bl) © Bob Daemmrich/The Image Works, Inc.; 86 (br) Bob Daemmrich Photography; 88 (br) © Ronald de Hommel/Digital Railroad; 90 (m) Carlos Goldin/DDB Stock Photo; 90 (bl) Carlos Goldin/DDB Stock Photo; 91 (tr) Charlie Westerman/ImageState; 91 (mr) Exactostock/Superstock; 92 (tr) Jeremy Horner/CO; (mr) Tiziana and Gianni Baldizzone/CO; 93 (tr) Images Bazaar / Alamy; (mr) Francesco Venturi/CO; (br) Nik Wheeler/CORBIS; 94 Danny Lehman/CO; 95 (all) Danny Lehman/CO; 98 (tm) Alamy Inc.; 100 (bg) © travelstock44/Alamy; (bl) Infanta Margarita (1651–73) in Blue Dress, 1659 (oil on canvas) by Diego Rodríguez de Silva y Velázquez (1599–1660) Kunsthistorisches Museum, Vienna, Austria/Bridgeman Art Library; 102 (bl) Bill Burlingham Photography; 108 (br) Bill Burlingham Photography; 109 (tr) Isaac Hernández/MercuryPress.com; 112 (bl) Bob Daemmrich/Stock Boston; (br) The Granger Collection, New York; 113 Diaphor Agency/Index Stock Imagery, Inc.(bm) Bettmann/CO; (tr) Dallas & John Heaton/CO; 115 (tr) First Light/Alamy; Daniel Ciccone 117 (both) AP/Wide World; 118 (bm) Royalty-Free/CO; (bl) Bettmann/CO; 119 (mr) Paul A. Souders/CO; (tr) Rick Piper Photography/Alamy Inc.; (ml) Crabill/Bettmann/CO; 120 (tr) Tony Freeman/PhotoEdit; (br) Paul Rodriguez/© Jimmy Dorantes/LatinFocus.com; 121 (t) Blend Images/Alamy; 123 © Jimmy Dorantes/Latin Focus.com; Courtesy, U.S. Latino and Latina WWII Oral History Project/UT Austin; KJ Historical/CO; 126 (tl) Alamy Images; (tr) Ray Juno/CO; 128 (bl) Julio Alpuy (b. 1919), Buenos Aires, 1957, photo courtesy of Cecilia de Torres, Ltd., New York.; 128–129 Jan Butchofsky-Houser/CO; 130 (all) Jay Penni Photography; 135 (br) Dave G. Houser/CO; 136 (br) Bill Burlingham Photography; 137 (tr) graficart.net/Alamy; (br) Jay Penni Photography; (mr) Bjorn Svensson/Alamy; 139 Bob Thomas/Stone/GettyImages; 140 (br) © Alin Dragulin/AgeFotostock; 141 (tm) Hulton Archive/GettyImages; 142 (br) Radius Images/Alamy; 143 (both) PhotoDisc/GettyImages; 144 (br) Despotovic Dusko/CO Sygma; 145 (br) Jimmy Dorantes/Latin Focus.com; 147 © L. Clarke/Corbis, © Gavin Hellier/Getty Images.; 148 (tr) Paul Almasy/CO; (mr) Jeremy Horner/CO; 149 (tr) Robert Fried Photography; (tr) Gisela Damm/eStock Photo; 156 (bl) Rivera, Diego (1886–1957), La elaboración de un fresco (The Making of a Fresco), 1931, 271 x 357 inches, The San Francisco Art Institute, California. ©2009 Banco de México Diego Rivera & Frida Kahlo Museums Trust/Artists Rights Society (ARS), New York. Photo: Museum Associates/LACMA.; (bg) Stephen Wilkes/The Image Bank/GettyImages; 156 (background) © PhotoDisc; 158 (bl) Bill Burlingham Photography; 162 (m) Alamy Inc.; 164 (tr) © Dorling Kindersley Ltd; (tl) Steve Vidler/eStock Photography; 165 (br) Paul Franklin/Dorling Kindersley Ltd; (br) © Sime s.a.s./eStock Photography/PictureQuest; 167 © D. Huest/Alamy, © John Tomaselli/Alamy.; 169 (br) Bettmann/CO; 171 (br) Ferrer y Miró, Juan (b. 1850), An Exposition of Painting, 19th century, photo courtesy of Superstock.; 172 (br) Daniel Ciccone; 173 (m) (t) Kahlo, Frida (1907–1954), El camión (The Bus), 1929, oil on canvas, 26 x 55 cm., © 2009 Banco de México Diego Rivera & Frida Kahlo Museums Trust/Artists Rights Society (ARS), New York.; 173 (b)Washington DC Convention and Tourism Corporation; 174 (br) Alamy Inc.; 175 (tr) Shutterstock; 176 (mr) Rudi von Briel/PhotoEdit; (br) Alamy Inc.; (tr) Richard Glover/CO; 177 (tr) Nobilior/Fotolia; (br) Pearson Education; 182 (tm) Robert Frerck/Odyssey/Chicago; 183 (tr) PhotoDisc/GettyImages; 184–185 Danita Delimont/Alamy; (bl) Picasso, Pablo (1881–1973), Primeros pasos (First Steps), 1943, Yale University Art Gallery/Gift of Stephen Carlton Clark, B.A. © 2009 Estate of Pablo Picasso/Artists Rights Society (ARS),

New York.; 186 (1) Paul Barton/Corbis; (2) Dorling Kindersley Media Library/Pearson; 3) Siede Preis/PhotoDisc/GettyImages; (4) PhotoDisc/GettyImages; (6) Royalty-Free/CO; (7) Jupiter Images; (8) Jay Penni Photography; (bl) Bill Burlingham Photography; (5) PhotoDisc/GettyImages; 190 (br) PhotoDisc/GettyImages; 191 (tr) Robert Van Der Hilst/Stone/GettyImages; 192 (br) Ellen Senisi/The Image Works; 193 (tl) © Getty Images; (br) Carol Shanahan; 194 (br) Alamy Inc.; 195 Photo courtesy of Carol Shanahan; 196 (br) Rob Tringall, Jr./SportsChrome; 197 (tr) The Granger Collection, New York; 198 (mr) Hulton Archive/GettyImages; 200 (br) Lorenzo Armendariz/Latin Focus; (m) Bridgeman Art Library International Ltd.; 201 (mr) Goya y Lucientes, Francisco José (1746–1828), Don Manuel Osorio Manrique de Zúñiga, 1788–9, 127 x 101 in., Metropolitan Museum of Art, NY/ Bridgeman Art Library.; (bl) NewsCom; 205 Photo courtesy of Carol Shanahan; 210–211 (bg) Peter Adams Photography Ltd; 210 (ml) Ruiz, Antonio "El Corcito" (1897–1964), Desfile cívico escolar (Schoolchildren on Parade), 1936, oil on canvas, 24.5 x 33.5 cm., Col. Averco Patrimonial, Secretaria de Hacienda y Crédito Público.; 212 (tm, ml) Bill Burlingham Photography; (mr) Jay Penni Photography; 212 (m) Jay Penni Photography; 216 (br) © Javier Larrea/AGE Fotostock; 218 (br) NewsCom; 220 (tr) Bill Burlingham Photography; (br) Stewart Aitchison/DDB Stock Photo; 220 (bm) Courtesy Peggy Palo Boyles; (bl) Bill Burlingham Photography; 221 (tr) Tony Freeman/PhotoEdit; 222 (tr) Garza, Carmen Lomas (b. 1948), Tamalada (Making Tamales), 1988, oil on linen mounted on wood, 24" x 32", Collection of Paula Maciel-Benecke and Norbert Benecke, Aptos, California.; 223 (tr, br) Bettmann/CO; (mr) Goya, Francisco de (1746–1828), Los fusilamientos del 3 de mayo, 1808 (The Shooting of May 3, 1808), 1814, oil on canvas, 8'6" x 11'4", Museo del Prado, Madrid.; 224 (mr) Alamy Inc.; 225 (br) Steve Dunwell/Index Stock Imagery; 226 (tr) Jacques Janquox/Stone/GettyImages; 227 (tl) Alamy Inc.; (bm) © www.andycaulfield.com; 228 (bm) Bill Burlingham Photography; 229 (bl) Suzanne Murphy-Larronde/DDB Stock Photo; (mr) Peggy Boyles; 230 (tr) Jimmy Dorantes/Latin Focus; (br) J.P. Courau/DDB Stock Photo; (b) Ryan McVay/PhotoDisc/GettyImages; 231 (tr) NewsCom; 236 (tl) Royalty-Free/CO; (tm, tr) Massimo Listri/CO; 238–239 AFP/CO; (bl) Gotay de Anderson, Zulia, The Storm, 2002, oil on masonite, 24 x 30 in.; 240 (m) Bill Burlingham Photography; (bm) Bill Gentile/CO; (br) Jorge Silva/Reuters NewMedia, Inc./CO; (br) Tomas del Amo/Index Stock Imagery; (bl) Daniel Anguilar/Reuters NewMedia, Inc./CO; (tm) Robert Brenner/PhotoEdit; (mr) Nigel Shuttleworth/Life File/GettyImages; 241 (tl) Bill Burlingham Photography; 245 (br) Pablo Corral Vega/CO; 246 AFP/EPA/EFE/Robin Townsend/CO; 247 (b) Reuters NewMedia, Inc./CO; 251 (r) Oswaldo Rivas/Reuters NewMedia, Inc./CO; 252 (tr) Bettmann/Corbis; (br) Botero, Fernando (b. 1933), Terremoto en Popayán (Earthquake in Popayán), 1999, oil on canvas, 173 x 112 cm., Museo Botero of the Banco de la República de Colombia.; 255 (b) AFP/CO; 256 (r) Bettmann/CO; 257 (tl) Bettmann/CO; 258 (tr) Dave G. Houser/CO; 259 (tr) Bill Burlingham Photography; (b) Bob Krist/CO; 264 (bl) Rivera, Diego (1886–1957), La medicina antigua y la moderna (The History of Medicine in Mexico), 1953, mural, 24-1/4 x 35-1/2 ft., © 2009 Banco de México Diego Rivera & Frida Kahlo Museums Trust/Artists Rights Society (ARS), New York.; 264–265 (m) Associated Press, Lake-Sumter Emergency Services; 271 (br) pf/Alamy; 273 (br) Ted Spiegel/CO; 274 D.Donne Bryant Stock Photography; 276 (br) Ronnie Kaufman/CO; 278 (both) Patrulla Aérea Colombiana - Antioquia; 279 (t) Jim Cummins/CO; (tr) Franck Sequin/TempSport/CO; 280 (t) © Albert Gea/Reuters Media; (br) Pablo San Juan/CO; 282 (mr) Pan American Health Organization/Regional Office for the Americas of the World Health Organization; (b) © Alexander Tamargo/Getty Images Entertainment; 283 (tr) Mordzinski/SIPA/Newscom; (tl) Vince Bucci/GettyImages; (mr) Peace Corps; 284 (tr) Spencer Grant/PhotoEdit; (mr) PhotoDisc/GettyImages; 285 (tr) epa european pressphoto agency b.v./Alamy; (br) Tom Stewart/CO; 292–293 Despotovic Dusko/CO Sygma; 292 (bl) Dalí, Salvador (1904–1989), El futbolista (The Football Player), 1973, lithograph on zinc, 19 x 24 in., © 2009 Salvador Dalí, Gala-Salvador Dalí Foundation, Artists Right Society (ARS), New York, photo courtesy of Natalie Rubin.; 294 (tl) AFP/Jorge Uzon/CO; (tr) Henry Romero/Reuters NewMedia, Inc./CO; (ml) Jay Penni Photography; 298 (tr) Patricio Crooker/Fotosbolivia/The Image Works; 299 (ml) Francisco J. Rangel; 299 Victor Englebert; 300 Chris Trotman/Duomo/ CO; (bm) Albert Gea/Reuters/Corbis; 301 (br) Mike Segar/Reuters/Landov; (tl) AP/Wide World; 303 (t) © Stu Forster/Getty Images, (b) © Clive Rose/ Getty Images; 304 (mr) NASA; (tl) CO; (mr) Jan Butchofsky-Houser/CO; (tr) ABC News/GettyImages; 305 Luis Diez Solano/COVER/The Image Works; 307 (mr) Sapia, Mariano (b. 1964), Pantallas (Screens), 2002, oil on canvas, 120 x 170 cm., photo courtesy of Praxis International Art, NY.; Shelley Gazin/CO; 308 (tr) Despotovic Dusko/CO Sygma; 310 (br) Organizing Committee of XVI Pan-American Games; (l) AFP/John Gibson/CO; 311 (1) Comité Olímpico Cubano; (tl) © Comite Organizador Juegos Pan Americanos Rio 2007/© AP Photo; (1) Comité Olímpico Argentino: (mr) © mtrommer/Fotolia (tr) © Martin Bernetti/Getty Images; 312 (tr) © Telemundo/Photofest; 313 (tr) Spencer Rowell/Taxi/GettyImages; (br) CBS Photo Archive; 318–319 Maury Christian/CO Sygma; (br) Servicio Postal Mexicano, 1996.; 325 (r) Columbia Tristar Motion Pictures Group; (br) Billie L. Porter/Photofest; 326 (br) Sorel/Photofest; 328 (br) Photofest; 330 (bl) © Vince Bucci/Getty Images; 332 (b) © 2004 Focus Features. All Rights Reserved; 334 (br) © Jimmy Dorantes/Latin Focus; 335 (tr) © Jason Kempin/Getty Images Entertainment; 336 (both) Photofest; 337 (tl) Photofest; 338 (br) John Morrison Photography; (tr) Daniel Ciccone; (mr) HIRB/Index Stock Imagery; 344 (tm) Pat LaCroix/The Image Bank/GettyImages; 346–347 Owen Franken/CO; (bl) Silva, Simón, (b. 1961), Tomates (Tomatoes), 1997, gouache on canvas, 18 x 24 in.; 349 (all) Jay Penni Photography; 352 (br) Takehiko Sunada/HAGA/The Image Works; 353 (ml) jorgedasi/Shutterstock; (bl) Michelle Garrett/CO; (mr) Becky Luigart-Stayner/CO; (br) holbox/Shutterstock; 355 (br) Norman Owen Tomalin/Photoshot; (tr) Bruce Coleman Photography; 357 (r) foodcolors/Fotolia; 358 (br) Pablo Corral Vega/CO; (tr) Morton Beebe/CO; 359 (mr) Chris Everard/Stone/GettyImages; 360 (m) Nik Wheeler/CO; (1) emirkoo/Fotolia; (2) Bruce Coleman Photography; (3) photomatz/Shutterstock; (4) Japack Company/CO; (5) Lynda Richardson/CO; (6) Michelle Garrett/CO; (7) Paul Webster/Stone/ GettyImages; (8) JJAVA/Fotolia; 361 (mr) Photolibrary.com/Index Stock Imagery; 362 (tr) Danny Lehman/CO; 363 (b) Michael Newman/PhotoEdit; (br) © Jimmy Dorantes/Latin Focus.com; (tr) Danny Lehman/CO; 364 (all) Jay Penni Photography; 365 (Neruda) Hulton Archive/GettyImages; (all) Jay Penni Photography; 366 (tr) JJAVA/Fotolia; (br) Jay Penni Photography; 367 (br) Jay Penni Photography; 372–373 Chuck Savage/CO; (bl) Garza, Carmen Lomas (b. 1948), Sandía (Watermelon), 1986, gouache painting on paper, 20 x 28 in., Collection of Dudley D. Brooks & Tomas Ybarra-Frausto, NY., photo courtesy of Wolfgang Dietze.; 377 Jay Penni Photography; 378 (br) SuperStock, Inc.; 380 (l) John Dominis/Index Stock Imagery/ PictureQuest; (br) SuperStock, Inc.; (bl) PhotoDisc/GettyImages; 381 (br) Lois Ellen Frank/CO; 383 (tl) Climent, Elena (b. 1955), Tienda de legumbres (Vegetable Store), 1992, oil on canvas, 36 x 44-1/8 in., courtesy of Mary-Anne Martin/Fine Art, New York.; 384 (br) Thomas Hoeffgen/Taxi/ GettyImages; 385 (tr) SuperStock, Inc.; 386 (br) Alison Wright/CO; 387 (br) Latin Focus.com; 388 (br) James P. Blair/CO; 389 (tr) WoodyStock/Alamy; 390–391 SuperStock, Inc.; 390 (l) Angelina Lax/Photo Researchers; 390 (inset) John Mitchell/Photo Researchers; 391 (tr) Chip and Rosa María de la Cueva Peterson; (m) Kevin Schafer/CO; (br) Bob Krist/CO; (mr) Kevin Schafer/CO; 392 Latin Focus.com; 393 (t) Paul Barton/CO; (b) Lawrence Sawyer/Index Stock Imagery; 398 (1) Michael S. Yamashita/CO; (2) Doug Stamm/Seapics.com; (3) Paul Steel/CO; (4) Buddy Mays/CO; 400 (bl) "Camino de Salvatierra," John Ramos; 400–401 Mark Wagner/aviation-images.com; 402 (bl) Jay Penni Photography; (mr) John Morrison Photography; (t) John Morrison Photography; (tr) Jay Penni Photography; 403 (mr) Najlah Feanny/CO SABA; (tr) James Marshall/CO; (tl) World Images News Service; (tm) Mark Peterson/CO SABA; 406 (br) Larry Luxner/Luxner News; 407 (br) Larry Luxner/Luxner News; 409 (tr) John Morrison Photography; (mr) Pablo Corral Vega/CO; 411 (tr) Alain Le Garsmeur/CO; 412 (mr) John Lei/Omni-Photo; 413 (br) Alamy Inc.; 415 (1) Abbie Enock; Travel Ink/CO; (2) Franz-Marc Frei/CO; (3) Giraud Philippe/CO Sygma; (4) Suzanne Murphy-Larronde; 417 (br) Larry Luxner/Luxner News; 418 (b) Pablo Corral Vega/CO; (m) Paul Rodriguez/Latin Focus; (br) © Tim Whitby/Alamy; 419 (tr) Owen Franken/CO; (m) © Dr. Morley Read/Shutterstock; (tl) Albrecht G. Schaefer/CO; 420 (both) Benson Latin American Collection, University of Texas Library; 421 (tr) Erv Schowengerdt; 424 (bl) Jimmy Dorantes/Latin Focus; 424–425 Danny Lehman/CO; 426 (tl) Pearson Education; (br) Nik Wheeler/CO; (ml) jorgedasi/Shutterstock; (bl) José Fuste Raga/CO; 427 (tl) Pearson Education; (coins) John Morrison Photography; 430 Jan Butchofsky-Houser/CO; 431 (br) David Simchock/Vagabond Vistas Photography; 432 (tm) Jimmy Dorantes/Latin Focus; (tr) D. Stonek/Latin Focus; 433 (l) David Stoecklein/CO; (tr) Tony Arruza/CO; 434 (br) Suzanne Murphy-Larronde; 435 (mr) Jeremy Horner/CO; 436 (mr) © Mike Hipple/Alamy; 438 (tr) Sven Martson/The Image Works; 439 Jason Lindsey/Alamy; 440 (br) Photolibrary Royalty Free; 442–443 Massimo Listri/CO; 442 (bl) Peter M. Wilson/CO; 443 (br) Larry Luxner/Luxner News; (tr) ML Sinibaldi/ CO; 444 (tr) Sappa/Photo Researchers; (br) John Morrison Photography; 445 (tr) Bettmann/CO; (br) Hubert Stadler/CO; 448 (tm) Paul A. Souders/CO; 450 (bl) Siqueiros, David Alfaro (1896–1974), El pueblo a la Universidad y la Universidad al Pueblo (The People for the University and the University for the People) detail, 1950–1954, © 2010 Artists Rights Society (ARS), New York/SOMAAP, Mexico City/photo: Paul Almasy/Corbis; 450–451 Farrel

Grehan/CO; 452 (bl) Jay Penni Photography; 453 (all) Jay Penni Photography (bl) Richard Haynes; 457 (tr) Jan Halaska/Index Stock Imagery; 458 (br) Daniel Ciccone; 460 (br) Bob Daemmrich Photography; 461 (t) © djjohn/iStockphoto; 463 (br) © Fausto Pérez/Galería Hidalgo; 465 (tr) Owen Franken/CO; (mr) Pablo Corral Vega/CO; 467 (t) Jeff Greenberg / Photo Edit, Inc.; Bob Daemmrich Photography; 468 (bl) Monika Graff/The Image Works; Daniel Ciccone; (mr) Michael Newman/PhotoEdit; 469 (tl) Alamy Royalty Free; (br) Bill Bachmann/Stock Boston; 470 (tr) Toaquiza, Julio. Targelia, Christmas Eve, 1990, photo courtesy of Pablo Corral Vega/CO.; (br) Louis, E., Xochimilco, San Miguel de Allende, Guanajuato, México, 20th century, photo courtesy of the Art Archive/Mireille Vautier.; 471 (tr) José Luis Pelaez/CO; 474 (bl) Arreguín, Alfredo (b. 1935), Las garzas (The Herons), 2002, oil on canvas, 42 x 60 in.; 474–475 LOOK Die Bildagentur der Fotografen GmbH/Alamy; 476 Jay Penni Photography; 477 (br) © Didier Dorval/Masterfile; (bl inset) © Donald Barger/Shutterstock; (mr inset) BsChan/Shutterstock; m Andre Nantel/Shutterstock; (tr) © szefei/Shutterstock; (l) Mark Garlick/Photo Researchers; 480 (br) © Albert Mendelewski/Shutterstock; 481 (br) Charles Philip/Painet; 483 (eagle coin) David Macias/Photo Researchers; (other coins) Jay Penni Photography/Coins Courtesy of Don Bailey Numismatic Services; (bl) W. Perry Conway/CO; 484 (br) Frank Siteman/PhotoEdit; 485 (tr) © Dr. Morley Read/Shutterstock; 490 (mr) Torres-García, Joaquín (1874–1949), Nueva York a vista de pájaro (New York City: Bird's Eye View), 1920, gouache and watercolor on cardboard, 33.8 x 48.5 cm., Yale University Art Gallery /© 2009 Artists Rights Society (ARS), New York/VEGAP, Madrid.; 490 (tr) Velásquez, José Antonio (1906-1983), Paisaje hondureño de San Antonio de Oriente, 1972, oil on canvas, 47-1/4 x 60-1/2 in., Art Museum of the Americas/Courtesy Organization of American States.; 491 (tr) David Stoecklein/CO; 491 (b) AFP/Getty Images; 492 © Mike Matas/iStockphoto; 493 (tl) © SF Photo/ Shutterstock; (mr) © brytta/iStockphoto; (b) © George D. Lepp/CORBIS; 494 (tr) Dr. Morley Read/Shutterstock; (mr) Mark Edwards/Peter Arnold; (br) © Greenpeace; 495 (tr) SuperStock/SuperStock/PictureQuest.

Text Chapter 1A, p. 34: "Reglas de oro para estudiar mejor" from *Okapi*, May 2002 © Okapi Bayard Presse. Reprinted by permission. Chapter 3B, p. 174: "Manejo Defensivo" from Manual de Educación y Seguridad Vial www.costaricaweb.com. Reprinted by permission. Chapter 5B, p. 282: "Campeones de la Salud" from the Pan American Health Organization - PAHO. Reprinted by permission. Chapter 6A, p. 310: "Logos y Mascotas" from *Panamericanos Rio 2007* from the Pan American Sports Organization. Chapter 7A, p. 359: Pablo Neruda excerpt from "Oda a las papas fritas" poem belonging to the work *Navegaciones y regresos* © Fundación Pablo Neruda, 2008. Reprinted by permission of Agencia Literaria Carmen Balcells, S.A. Chapter 7A, p. 364: Pablo Neruda excerpt from "Oda al Tomate" poem belonging to the work *Odas elementales* © Fundación Pablo Neruda, 2008. Reprinted by permission of Agencia Literaria Carmen Balcells, S.A. Chapter 7A, p. 365: Pablo Neruda excerpt from "Oda a la cebolla" poem belonging to the work *Odas elementales* © Fundación Pablo Neruda, 2008. Reprinted by permission of Agencia Literaria Carmen Balcells, S.A. Chapter 7B, p. 390: General Trail Information from USDA Forest Service, Southern Region, Caribbean National Forest. Chapter 9B, p. 483: "En Riesgo de extinción 20% de los animales en México" by Julián Sánchez from EL UNIVERSAL domingo, el 25 de agosto de 2002.

Note: Every effort has been made to locate the copyright owner of material used in this textbook. Omissions brought to our attention will be corrected in subsequent editions.